Dogmatik für das Lehramt

Erwin Dirscherl / Markus Weißer

Dogmatik für das Lehramt

12 Kernfragen des Glaubens

VERLAG FRIEDRICH PUSTET
REGENSBURG

Bibliografische Information der Deutschen Nationalbibliothek

Die Deutsche Nationalbibliothek verzeichnet diese Publikation
in der Deutschen Nationalbibliografie; detaillierte bibliografische Daten
sind im Internet über http://dnb.dnb.de abrufbar.

ISBN 978-3-7917-3050-9

Umschlag: Martin Veicht, Regensburg
Satz: SATZstudio Josef Pieper, Bedburg-Hau
Druck und Bindung: Friedrich Pustet, Regensburg
Printed in Germany 2019

eISBN 978-3-7917-7234-9 (pdf)

Weitere Publikationen aus unserem Programm finden Sie auf
www.verlag-pustet.de
Informationen und Bestellungen unter verlag@pustet.de

Inhaltsverzeichnis

Zu Risiken und Nebenwirkungen ...

Wenn wir als Autoren mit diesem Lehrbuch den Versuch unternehmen, die katholische Dogmatik kompakt für Studierende des Lehramtes, die sich auf Examina vorbereiten, aber auch für die schulische oder pastorale Praxis und Interessierte anderer Fächer und Wissenschaften exemplarisch zu entfalten, dann sind wir uns dabei der Risiken und Nebenwirkungen bewusst. Gottes-/Trinitätslehre, Schöpfungslehre und theologische Anthropologie, Christologie und Soteriologie, Sakramentenlehre, Ekklesiologie, Taufe, Eucharistie und Eschatologie stehen zur Debatte. Das ist nicht wenig „Stoff".

Wir müssen uns daher in diesem Rahmen auf das Wesentliche beschränken und Prioritäten setzen. Damit steht die Herausforderung im Raum, sich nicht in der Vielzahl der Details und Positionen oder im Dickicht der Dogmengeschichte zu verlieren, sondern einen Weg durch die Fülle möglicher Informationen zu bahnen, der eine klare Richtung sowie einen roten Faden erkennen lässt und das eigene Verstehen ermöglicht. Verstehen ist mehr als nur Wissen. Denn Wissen kann man erwerben, indem man Fakten auswendig lernt. Das führt zum sogenannten „Bulimielernen": Man stopft sich das Wissen anlässlich einer Prüfung rein, um es in diesem Rahmen auszuspucken und nachher möglichst schnell wieder zu vergessen, um Platz für neuen Stoff zu schaffen. Diese Art von „Wissen" wäre eigentlich durch digitale Suchmaschinen ersetzbar. Für das Verstehen reicht es nicht, denn dieses sucht nach Erklärungen und Argumenten auch für all das, was vermeintlich selbstverständlich ist, unhinterfragt oder unverständlich bleibt. Ein gesunder Glaube *sucht* auf der Basis des Wissens immer auch das Verstehen – *fides quaerens intellectum.*

Wir wollen in der Vermittlung des Wissens Verbindungen und *Zusammenhänge* aufzeigen, die dabei helfen sollen, den umfassenden Stoff ordnen, überblicken und dann – mitten im Leben – nachvollziehen zu können. Für die Menschen der Bibel bedeutet „Erkennen" ein körperliches Geschehen: Wenn Mann und Frau sich „erkennen", dann bedeutet dies im Alten Testament eine spürbare, leibhaftige Gemeinschaft, die nicht äußerlich bleibt, sondern auch innerlich berührt. Wenn Gott erkannt wird, dann geht diese Erkenntnis ebenfalls unter die Haut. Denn Gott kann man nicht auswendig lernen; den anderen Menschen ja übrigens auch nicht. Theologisches Wissen bleibt nicht auf Theorie und Erkenntnis beschränkt. Es will die *Kompe-*

tenz vermitteln, ganz bestimmte Glaubenszeugnisse und Erfahrungen reflektiert zu deuten, verstehen und selbst nachvollziehen zu können. Theologie hat also keinen theoretischen Selbstzweck, und auch Dogmen sind nicht um ihrer selbst willen da. Die Lehre der Kirche entwickelt sich aus einem *lebendigen Dialog* zwischen Gott und Menschen und den Menschen untereinander und muss sich selbst wieder auf diese *Dynamik* hin überschreiten, wenn sie dem Gegenstand ihrer Untersuchung gerecht werden will.

Zwölf zentrale Fragen bilden das Grundgerüst der nun folgenden Darstellungen, die von den beiden Autoren jeweils eigenständig vorgestellt, aber gemeinsam getragen werden. Der Weg führt dabei über die Selbstoffenbarung des dreifaltigen Gottes, seine Schöpfung und das christliche Menschenbild hin zur erlösenden Menschwerdung des Wortes Gottes in Jesus Christus, dem Ursakrament. Nach der Beleuchtung der sakramentalen Denkstruktur wird diese über das Grundsakrament der Kirche und ihre Entfaltung in der Taufe und Eucharistie bis hin zur christlichen Hoffnung auf eschatologische Vollendung weitergeführt.

Warum wir den Modus der Frage wählen, wird vorab in einem Einleitungskapitel erläutert, das – in groben Zügen – die Arbeitsweise der Dogmatik skizziert. Weil in diesem Buch nicht alle Themen zufriedenstellend behandelt werden können, beschränken wir uns auf jene Themenbereiche der Dogmatik, die für die Lehramtsprüfungsordnung (LPO) des bayerischen Staatsexamens im Fach Religion (rk) relevant sind. Mit diesem sehr umfangreichen Kerncurriculum dürfte auch der Bedarf der Prüfungsordnungen anderer Länder abgedeckt werden. Für alle möglichen weiteren Fragen, die sich ergeben, wird auf weiterführende Literatur verwiesen. Theologie lässt sich – Gott sei Dank – nämlich nicht mit Multiple-Choice-Tests oder binären Codes betreiben, und so stellt sie in ihrer geisteswissenschaftlichen Diskursivität und der Pluralität ihrer Zugänge immer wieder das umfassende Bildungsideal der Universität als einer „universitas scientiarum" vor Augen, die offen bleibt für Fragen und Dialogprozesse.

Wir danken an dieser Stelle unseren Regensburger Studierenden, die dieses Buch im Kontext unseres Examenskurses mehrfach gefordert und vielfach geprägt haben. Besonderer Dank gilt Alicia Dachs, Christoph Naglmeier, Marion Sommer und Tobias Zehntner für die Korrektur des Manuskripts. Herrn Dr. Rudolf Zwank und dem Verlagshaus Pustet danken wir ganz herzlich für die angenehme und konstruktive Zusammenarbeit.

Regensburg, Ostern 2019 *Erwin Dirscherl* und *Markus Weißer*

Dogmatik – Mehr Antworten als Fragen?

Erwin Dirscherl / Markus Weißer

Die für die *Identität* der Christinnen und Christen konstitutiven und verbindlichen Inhalte ihres Glaubens, wie sie in einer katholischen Dogmatik reflektiert werden, sind in mehrfacher Hinsicht frag-würdig. Sie sind es wert, dass man sie immer wieder befragt und hinterfragt. Sie sind zu jeder Zeit neu angefragt und herausgefordert. In unserer heutigen Zeit sind sie für viele fraglich geworden. Der junge Professor Joseph Ratzinger sprach in seiner „Einführung in das Christentum" einst vom beunruhigenden „Vielleicht", das gläubige und ungläubige Menschen gleichermaßen umtreibt und verbindet. Der *Zweifel* – am Glauben ebenso wie am Unglauben – werde zum „Ort der Kommunikation" und hindere beide daran, sich völlig in sich selbst zu runden. „Keiner kann dem Zweifel ganz, keiner dem Glauben ganz entrinnen; für den einen wird der Glaube *gegen* den Zweifel, für den andern *durch* den Zweifel und in der *Form* des Zweifels anwesend."[1]

Dass der christliche Glaube einen redlichen Dialog mit der Vernunft keineswegs scheuen darf, sondern selbst vernünftig durchdrungen werden soll und sich kritischen Fragen stellen muss – dies ist nicht nur ein Herzensanliegen von Benedikt XVI., sondern der Theologie insgesamt.

Das interessierte, offene und respektvolle Gespräch zwischen Glaubenden und vermeintlich Ungläubigen oder Andersgläubigen erscheint in unserer heutigen pluralistischen Gesellschaft dringend notwendig und unumgänglich. Es ist von allerhöchster Relevanz für ein friedliches Zusammenleben und den respektvollen Umgang miteinander. Dass nämlich Religion lediglich eine reine Privatsache sei, ist leicht dahingesagt und doch falsch. Wann sind wir mit unserer innersten Überzeugung *nur* Privatleute, wann hingegen engagierte Bürger/innen und Träger des öffentlichen Lebens? Bleibt unser Handeln und Entscheiden in Beruf, Familie, Staat und Gesellschaft wirklich unbeeinflusst von dem, was uns heilig ist, was uns bewegt und was wir für zutiefst wahr und erstrebenswert halten?

Wie glaub-würdig ist dann jedoch der christliche Glaube, was motiviert ihn und worin gründen seine Wertmaßstäbe? Die Nachfrage lohnt sich. Sobald alte Sprachformen, Ausdrucksweisen und Denkmuster fraglich geworden sind und das Gespräch mit Fragenden und Suchenden eher behindern als ermöglichen, ist es Aufgabe der Dogmatik, den eigentlichen Kern dieses Glaubens zu *übersetzen* und neu zu *erschließen*.

Theologie im Modus der Frage

Eine christliche Dogmatik ist deshalb immer frag-würdig, denn sie selbst entsteht *im Modus der Frage*. Das ist nicht neu. Vom Taufbekenntnis bis hin zur scholastischen Disputation ist die Frage stets der eigentliche Motor der dogmengeschichtlichen Entwicklung, welche in eine Suchbewegung und in ein gemeinsames Ringen um die Wahrheit mündet. Das wird von Fundamentalisten nur allzu gerne ausgeblendet.

Was wurde früher geglaubt und warum? Was gehört unaufgebbar zur christlichen Identität? Was sind zeit- und kulturbedingte Ausdrucksformen – was die *inhaltlichen Kernbestandteile*, die in der Selbstoffenbarung Gottes gründen und Christen über zwei Jahrtausende hinweg zu einer Gemeinschaft des Glaubens verbinden? Wo bedarf es der Kontinuität, um glaubhaft zu sein und wo der neuen Wege, um die Aktualität und Relevanz dieses Glaubens zur Geltung zu bringen?

Wenn dabei oftmals der Eindruck entsteht, die katholische Kirche hätte mehr Antworten als die Menschen heute Fragen stellen, so darf man nicht vergessen, dass in ihrem Gedächtnis die Fragen unzähliger Generationen aus beinahe 2000 Jahren bewahrt worden sind. Man ließ sich also immer wieder auf die Anfragen der Menschen ein und konnte selbst daran wachsen, im eigenen Glaubensbewusstsein reifen und lernen.

Einige dieser Antworten haben heute ihre Bedeutung verloren, weil die Fragen so nicht mehr gestellt werden. Andere Problemhorizonte sind entstanden und werfen völlig neue Fragen auf. Zugleich gibt es zentrale Antworten, die für das Christentum unhintergehbar bleiben und auch heute noch einer ebenso kritischen wie interessierten Frage würdig sind.

Die Rede von der Menschwerdung des Wortes Gottes steht im Zentrum all der Fragen des christlichen Glaubens, die unser Denken herausfordern: Was geschieht in unserem Leben und was bedeutet das, was ich erlebe, für mich? Was bzw. wer ist der *Sinn* und die *Erfüllung* meines Lebens? Wie finde ich mein Glück? Wer bin ich? Was bedeuten mir Vertrauen, Hoffnung, Liebe? Und wie tragfähig sind sie? Wie sieht die Zukunft aus? Wer oder was ist der Mensch? Wer oder was ist „Gott"? Welche Bedeutung hat dabei dieser Jesus von Nazareth für uns? Was begegnet mir im Tod? Solche Fragen stellen sich auch für die Menschen der Bibel, die ebenso wie wir Zeiten der

Unsicherheit und Gewalt, des Hasses und Misstrauens, der politischen Krisen und Fluchtbewegungen, aber auch Zeiten der Geborgenheit und des Vertrauens, der Liebe und des Friedens, der Gerechtigkeit und der Gastfreundschaft erleben. Diesen menschlichen Grundfragen, in denen es um Leben und Tod geht, kommt Gott liebend entgegen, indem er sich inmitten von Freude und Hoffnung, Trauer und Angst selbst *offenbart* und jeden Menschen persönlich anspricht und beansprucht.[2]

Bereits im Alten Testament bindet er sich an das Volk Israel und wird in Verbindung mit dessen Geschichte und Geschick erzählend zur Sprache gebracht, als treuer Wegbegleiter in einem ewigen Bund, der die ganze Schöpfung im Blick hat. Wenn schließlich seine Selbstaussage und Selbstzusage – sein Wort – in Jesus Christus Mensch wird, so wird durch ihn *für alle* Menschen erfahrbar: Gott will das Leben der Menschen begleiten, die er geschaffen hat, und ihnen nicht nur im Gelingen, sondern auch im Scheitern nahe sein. Der Mensch als Bild Gottes ist dazu berufen, als Repräsentant des Schöpfers die Verantwortung und Sorge für das Leben der Welt mitzutragen. Diese menschliche Verantwortung muss sich auch in der Art und Weise widerspiegeln, wie Dogmatik betrieben wird. Denn kein abstraktes Wissen erlöst oder befreit, sondern nur die persönliche Beziehung zu jenem Gott, der die Welt und jeden von uns mit allen Brüchen und Fehlern dennoch liebt, uns zusammenführt und verbindet.

Ein Grundsatz der Dogmatik lautet daher, dass alle Aussagen des Glaubens ein *soteriologisches* Ziel haben: Das heißt, dass sie dem *Heil* der Menschen – und zwar aller Menschen – *dienen* wollen.[3] Der theologisch oft inflationär gebrauchte Begriff „Heil“ (griech.: *soteria*) kann Rettung, Erhaltung, Wohlergehen, Sicherheit, Dauer, Bestand etc. umschreiben. Das Verbum *sozein* hat entsprechende Konnotationen: gesund machen, retten, wiederherstellen, am Leben erhalten, glücklich ans Ziel oder nach Hause führen und bewahren. Im Blick ist dabei der gesamte Mensch mit Leib und Seele – mit allem, was ihn und seine Person, seine Geschichte und Beziehungen letztlich ausmacht. Aus biblischer Sicht ist der sich als *Liebe* offenbarende und sich so schenkende Gott selbst das Leben, die bergende und erfüllende Vollendung seines Geschöpfes. Das bedeutet, nur *in* der Dynamik der Liebe, die Gott ist, kann der Mensch sein endgültiges Heil, sein Ziel und seine Bestimmung finden, die ihn sogar über die Grenzen des Todes hinausführt und trägt. Aber wo und wie wird dieser Gott heilsam erfahrbar bzw. spürbar, wenn er nicht nur Lückenbüßer unserer Wünsche und Sehnsüchte sein soll?

Wie steht es angesichts dieser soteriologischen Bedeutung der Dogmatik um die Relevanz und Plausibilität kirchlicher Lehre in heutiger Zeit? Immerhin zeigen empirische Studien deutlich, dass es eine Diskrepanz zwischen dem faktischen Glauben der Katholiken und den offiziellen Lehraussagen der Kirche gibt.[4] Können wir voraussetzen, dass alle Getauften die Aussagen des Glaubensbekenntnisses verstanden haben, geschweige denn ansatzweise erklären könnten? Wenigstens die drei Grundmysterien: Dreifaltigkeit, Menschwerdung des göttlichen Wortes und die Gnade seines Geistes? Was bedeutet es konkret, von der Liebe und Barmherzigkeit Gottes zu sprechen? Und wie sieht es mit der Relevanz und Attraktivität der kirchlichen Lehre aus, wenn wir über die Grenzen der Kirche hinausblicken?

Haben Kirche und Theologie das konkrete Leben der Menschen und deren Fragen im Blick und versuchen sie eine Sprache zu sprechen, die von den Menschen tatsächlich verstanden wird? Oder inszeniert man formelhaft Diskurse, die nur Insider verstehen und nur diese interessieren, die gar nicht weiter erklärt werden, weil man dabei an die vermeintlich Eingeweihten denkt, aber nicht an *alle* Menschen als Adressaten des Evangeliums?

Um nicht missverstanden zu werden: Die Dogmatik als systematisch-theologische Darstellung und Reflexion des christlichen Glaubens hat, wie jede andere Wissenschaft auch, ihre eigene Terminologie und Methoden, die man im Theologiestudium kennenlernen und beherrschen muss. Aber die Herausforderung besteht darin, die Begriffe und Zusammenhänge nicht nur zu kennen, sondern angesichts heutiger Fragen erklären und *übersetzen* zu können, indem man sie für sich selbst und für andere neu zur Sprache bringt – und zwar in einer Weise, die dem Leben der Menschen gerecht wird.

Dieses Leben ist nicht schwarz oder weiß, sondern äußerst komplex. Es geschieht nicht nur im isolierten Kirchenraum oder Hörsaal, sondern in den Beziehungen zu anderen Menschen, zu Dingen und anderen Lebewesen, zum gesamten Kosmos und seiner Entwicklung, deren Spuren wir in unserem Körper tragen, in der Beziehung zu uns selbst und, wie dem glaubenden Menschen bewusst wird, in der Beziehung zu Gott. Leben ist pure *Dynamik*, es geschieht und steht nicht still; es vollzieht sich nicht nur in der Gegenwart, im Jetzt, sondern bleibt verbunden mit dem, was geschehen ist, mit der Vergangenheit, aus der wir kommen. Und auch mit dem, was kommen wird, stehen wir jetzt schon in Verbindung. Unser Leben geschieht als ständiger Übergang *(Pascha)* zwischen dem was war, was ist und was kommen wird. Wenn die Dogmatik diesem Leben dienen will, dann muss auch sie permanent in *Bewegung* bleiben und versuchen, den Übergang zwischen alt und neu, die fragile Spannung[5] von Kontinuität und Veränderung zu wagen und aktiv mitzugestalten. Das kann sie nur tun, wenn sie sich je neu als auf Gott und die Menschen hörende und fragende Disziplin versteht, die mit ihren Antworten wieder zu neuen Fragen Anlass gibt, die die Menschen umtreiben. Immer nur alte Antworten in Form von Formeln zu geben, schließt Prozesse des Suchens und Findens ab. Wenn aber gilt, dass nur derjenige findet, der auch sucht, dann sollten wir ein Leben lang auf der *Suche* bleiben, um Gott in jeder Situation wieder *neu finden* zu können: Gott suchen und finden in allen Dingen, wie Ignatius von Loyola einmal sagte. Wir bewegen uns damit auf einer Spurensuche in Schrift und Tradition hin zu Gott, hinein in den Horizont seiner alles umfassenden Weite, die er für uns eröffnet hat, um darin *uns* zu suchen: „Adam, Mensch, wo bist Du?" (Gen 3,9) – Wenn sogar Gott Fragen stellt, wie sollten wir in der Dogmatik dann fraglos vorgehen können?[6]

Der kirchliche Glaube beruht auf *Inhalten*, die man für glaubwürdig hält – oder eben nicht. Diese Inhalte verdanken sich dem *Zeugnis* einer Glaubens- und Überlieferungsgemeinschaft, deren Zeugen und Überzeugungen man *Vertrauen* schenkt, falls sie uns persönlich in Wort und Tat überzeugen. Dieses Vertrauen soll kein blindes oder naives sein, sondern vernünftig, nach bestem Wissen und Gewissen. Insofern besteht eigentlich kein Widerspruch zwischen Glaube und Wissen, auch wenn beide immer wieder neu in Balance gebracht werden müssen.[7]

Die Dogmatik entfaltet die *fides quae (creditur)*, den *Glaubensinhalt*, der von der Gemeinschaft der Kirche überliefert und geglaubt wird. Von diesen Inhalten ist der persönliche Glaube als *freier Vollzug* zu unterscheiden, „mit dem" man selbst glaubt: *fides qua (creditur)*. Beides hängt aber untrennbar zusammen, weil der Glaubensvollzug immer an Inhalte gebunden ist. An dieser Stelle taucht automatisch die Frage auf, ob wir alles, was die Kirche überliefert und lehrt, selbst glauben, nachvollziehen und mitvollziehen können oder müssten, um „selig" zu werden.

Wer's glaubt, wird selig?

Für die katholische Dogmatik sind keineswegs alle Gegenstände ihrer Lehre gleich wichtig und verbindlich. Das II. Vatikanische Konzil[8] spricht daher von einer *Hierarchie der Wahrheiten*. Traditionelle neuscholastische Darstellungen der Dogmatik differenzierten ebenso hinsichtlich des Grades an Verbindlichkeit und der jeweiligen theologischen Gewissheitsgrade.[9]

„Die Frage nach dem Gewicht kirchlicher Lehrverkündigung hängt nicht vom Terminus ‚Dogma', sondern von der Verbindlichkeit der Aussage ab. Eine bloß schematische Anwendung dieses späten Fachbegriffs ‚Dogma' ist dem Sachverhalt nicht angemessen."[10] Zentrale Glaubensaussagen und Entscheidungen der frühen Kirche lassen sich durch ein äußerst formalisiertes Dogmenverständnis des 19. Jh. kaum erfassen. Daher ist stets die *Sachfrage* zu stellen, wie Gerhard Ludwig Müller betont hat. An diesem sachlichen *Kern* orientiert sich die unterschiedliche Gewichtung: „Gegenüber einer unterschiedslosen Gleichstellung aller einzelnen Dogmen […] ergibt sich […]

eine inhaltliche Gewichtung und organische Zuordnung zum Zentrum der Offenbarung: der Selbsterschließung des dreieinen Gottes. Darum muss vom einzelnen Gläubigen nicht für jedes Dogma eine ausdrückliche und vollreflexe Aneignung gefordert werden".[11]

Der Begriff *Dogma* (griech.: Meinung, Überzeugung, Entscheidung, Lehre) ist schillernd und macht selbst eine Entwicklung durch, die aber erst in der Neuzeit zunehmend verengt wird.[12] *Dogmen* im engeren Sinne[13] sind verbindende und verbindliche, ausdrückliche und definitive Glaubensaussagen der Kirche, die in der Selbstoffenbarung des dreifaltigen Gottes gründen. Sie werden nach kirchlich geprägten, zeit- und kulturbedingten Sprachmustern formuliert und müssen auf ihren Aussagesinn hin je neu interpretiert und aktualisiert werden. Sie müssen im Einklang mit dem Zeugnis der Hl. Schrift und der apostolischen Tradition stehen und sind an ihre geschichtliche Rezeption und die lebendige Glaubenspraxis der Kirche gebunden.[14]

Bei der *Art ihrer Vorlage* unterscheidet man zwischen a) *außerordentlichen* und feierlichen Entscheidungen, wenn Allgemeine Ökumenische Konzilien mit dem Papst oder der Papst alleine *ex cathedra*[15] jeweils repräsentativ für die Gesamtkirche allgemein gültige und definitive Aussagen zu Fragen des Glaubens und der Sitten treffen, die ausdrücklich als untrüglich *(infallibel)* und unüberholbar *(irreformabel)* gekennzeichnet sind; b) der *ordentlichen* und allgemeinen Lehrverkündigung, *wenn* alle Bischöfe (mit dem Papst als Bischof von Rom) eine solche Glaubens- oder Sittenlehre einmütig übereinstimmend definitiv und ausdrücklich bezeugen, „insofern die Bischöfe den Inhalt der im Glaubenssinn der Gläubigen bezeugten Offenbarung konkret aussprechen"[16] (vgl. LG 25). Damit ist die den Dogmen zukommende „Untrüglichkeit" stets rückgebunden an den *sensus fidelium*, das Glaubensgespür der Gläubigen: Wo die Gesamtheit der Gläubigen der Gegenwart im Dialog miteinander *und* im Dialog mit Schrift und Tradition der Kirche früherer Zeiten zu einem *Konsens* in Glaubens- oder Sittenfragen kommt *(consensus fidelium)*, dort wird der Geist der Wahrheit die Kirche nicht in die Irre führen. Sie gilt dann als *infallibel*, untrüglich, und kann ihr Ziel nicht verfehlen (vgl. LG 12). Solchen Konsens gibt es aber nicht ohne Dialog und aufrichtige Bemühung um gegenseitiges Verständnis.[17] Er muss immer wieder neu gesucht und gefunden werden.

Die Kirche geht davon aus, dass ihr Glaube in seiner Herkunft von Jesus Christus trotz seiner vielstimmigen Bezeugung auf den einen Gott zielt. Der Glaube hat ein *Gespür* für das, was alle unausgesprochen miteinander verbindet. Es ist der Hl. Geist, der die Einheit in Verschiedenheit leben lässt und immer wieder Eintracht und Verständigung ermöglicht. Er führt die Kirche auf ihrer Suche nach der Wahrheit (vgl. Joh 16,12 f.; 14,26).

Dogmen erinnern an die in der Bibel bezeugte Offenbarung, an das Wort – den Zuspruch – Gottes, das durch menschliche Erfahrungen gedeutet, in menschlichen Worten erzählt und überliefert wird.[18] Sie sind bezogen auf ihre Vor-, Rezeptions- und Wirkungsgeschichte, bezogen auf ihren Sitz im Leben der Gemeinschaft der Kirche und den Kontext ihrer Entstehung.

Was ergibt sich unmittelbar aus Gottes Selbstoffenbarung als untrügliche Glaubensgewissheit? Was ist aufgrund von vernünftigen Schlussfolgerungen gewiss damit verbunden? Mit den Dogmen legt das kirchliche Lehramt definitive und unaufgebbare Inhalte des christlichen Glaubens vor, von denen die Kirche fest überzeugt ist, dass sie nicht in die Irre führen und unbedingt festgehalten werden müssen – auch wenn sie angesichts der Zeichen der Zeit weiterer *Deutung*, *Aktualisierung* und *Entfaltung* bedürfen![19]

Dogmen treten oft erst ins Bewusstsein, wenn sie bedroht oder geleugnet werden. Ihre Aussagen sind Wegweiser und Eckpfeiler, „Leitplanken" des christlichen Glaubens, auf die sich die Kirche als Glaubens- und Kommunikationsgemeinschaft verständigt hat.[20] Auf ihrer Basis gibt es weitere Lehren, die nur wahrscheinlich oder eine theologische Meinung sind, die im Wandel der Zeit und bei fortschreitender Erkenntnis dann vielleicht ganz anders verstanden, ja sogar aufgegeben werden können. Es handelt sich womöglich um zeit- und kulturbedingte Anschauungen. Das kirchliche Lehramt legt auch sogenannte „authentische", *nicht* definitive bzw. untrügliche Lehren vor, denen dann zwar eine gewisse Verbindlichkeit und Respekt zukommt, die es ernst zu nehmen und nach bestem Wissen und Gewissen wahr- und aufzunehmen gilt, die sich im Laufe der Zeit aber vielleicht als belanglos, nicht hilfreich oder sogar falsch erweisen könnten und abgelehnt werden dürfen. Der *sensus fidelium*, das „Glaubensgespür" der Gläubigen, kann der Kirche auch hier ihren Weg im Geiste Jesu weisen.

Ein Beispiel dafür: Mit Berufung auf den *universalen Heilswillen Gottes* und die *Hierarchie der Wahrheiten* hat die Internationale Theologische Kommission 2007 die tradierte Lehre eines *limbus infantium*, einer Art „Vorhölle" für ungetauft sterbende Kleinkinder, die angeblich Gottes ewige Seligkeit nicht erlangen könnten, verworfen.[21] „Diese Theorie, die von Theologen seit dem Mittelalter ausgearbeitet wurde, hat niemals in die dogmatischen Definitionen des Lehramts Eingang gefunden, auch wenn dasselbe Lehramt sie in seiner ordentlichen Lehre bis zum II. Vatikanischen Konzil erwähnt hat."[22] Durch die Eigendynamik theologischer Theoriebildung und ihre systemimmanenten Zwänge bestand die Gefahr, die ursprünglich positive Botschaft der Hoffnung in ein Schreckensszenario zu verkehren. Beim *Limbus* handelt es sich lediglich um eine Hypothese, die sich aus theologischen Spekulationen entwickelt und dann hartnäckig in der Lehre der Kirche festgesetzt hatte, teilweise mit fatalen Folgen. Hier hat sich die Lehre der Kirche aufgrund der Erfahrung und des Glaubensgespürs der Gläubigen aber klar *weiterentwickelt*. Eine solche Entwicklung im Glaubensbewusstsein der Kirche und das Reifen im tieferen Verständnis der Offenbarung ist möglich.[23] So kommt die Internationale Theologische Kommission zu dem Ergebnis, „dass es theologische und liturgische Gründe zur Hoffnung gibt, dass ungetauft sterbende Kinder gerettet und zur ewigen Seligkeit geführt werden können [...]".[24] Das mindere zwar nicht die Heilsbedeutsamkeit der Taufe. Aber es ist eine Konsequenz aus der Zusage der Barmherzigkeit Gottes, die in Jesus Christus offenbar wurde. Sie gibt Orientierung und ist viel stärker zu gewichten als sekundäre theologische Spekulationen, die daran immer wieder neu normiert und überprüft werden müssen.

Nicht alle kirchlichen Lehraussagen sind also Dogmen, auch wenn dies in den Medien oft undifferenziert behauptet wird. Es gibt *sekundäre* Elemente und Konsequenzen des Glaubens, die, wie es Joseph Ratzinger als Präfekt der Glaubenskongregation einst formulierte, keineswegs die „Essentials" des Christentums sind.[25]

Doch auch unter den Dogmen gibt es, wie wir sehen konnten, eine unterschiedliche Gewichtung. Hier kommt z. B. dem Glauben an die Inkarnation des Wortes Gottes oder seiner Dreifaltigkeit ein völlig anderes Gewicht zu als der Frage nach der Ausgestaltung kirchlicher Amtstheologie, die das Leben des Einzelnen nicht unbedingt unmittelbar betrifft.

Was ist relevant für das *Heil* des Menschen? Letztlich kann es sich dabei allein um *Gott selbst*, seine erlösende und befreiende *Selbstoffenbarung* durch Jesus Christus und seine bleibende Präsenz im Hl. Geist handeln, die in der Gemeinschaft der Kirche je neu sakramental vergegenwärtigt wird und die Gläubigen über die Grenzen des Todes hinaus in Hoffnung und Liebe verbindet. Auch wenn alle Glaubensinhalte zusammenhängen und somit ein sinnvolles Gesamtbild ergeben, so gibt es zentralere *articuli* (Glieder) im Corpus der Glaubenswahrheiten und seinen Verknüpfungen.[26] Problematisch wird es immer, wenn einzelne Glaubensartikel und Verästelungen aus diesem Gesamtzusammenhang *(nexus mysteriorum)* gerissen, isoliert und verabsolutiert werden, denn sie sind aufeinander bezogen. Sie alle lassen sich letztlich zurückführen auf das eine Mysterium des dreifaltigen Gottes *(reductio in mysterium)*. Daher müssen sie in ihrer Betrachtung und Auslegung positiv relativiert werden, d. h. wörtlich: *rückgebunden* an die Tradition der apostolischen *regula fidei*: den *Kanon* – „Richtschnur" – des Glaubens in Form der Hl. Schrift und des kirchlichen Glaubensbekenntnisses, das ursprünglich aus dem Taufdialog entsteht. Das sogenannte Apostolische Glaubensbekenntnis, in dem die wichtigsten Erkennungsmarken, die „Essentials" für die Identität des Christentums, sehr kompakt begegnen, lautet:

Ich glaube **an** *Gott*, den *Vater*, den *Allmächtigen*,
den *Schöpfer* des Himmels und der Erde.
Und **an** *Jesus Christus*, seinen einziggeborenen *Sohn*, unsern Herrn,
empfangen durch den Hl. Geist, *geboren* von der Jungfrau Maria,
gelitten unter Pontius Pilatus, *gekreuzigt*, *gestorben* und *begraben*,
hinabgestiegen in das Reich des Todes, am dritten Tage
auferstanden von den Toten,
aufgefahren in den Himmel; er sitzt *zur Rechten Gottes*,
des allmächtigen Vaters; von dort wird er kommen,
zu richten die Lebenden und die Toten.
Ich glaube **an** den *Heiligen Geist*,
die heilige katholische *Kirche*, *Gemeinschaft der Heiligen*,
Vergebung der Sünden, *Auferstehung* der Toten
und das *ewige Leben*.
Amen.

Wenn Christinnen und Christen ihren *Glauben* bekennen, dann halten sie diese Inhalte nicht nur für wahr, sie glauben nicht nur, dass es sich so oder so verhält und bejahen einen ganzen Katalog damit verbundener Lehren, die sie mehr oder weniger verstehen oder betreffen. Nein, sie glauben primär *an* Gott, *an* Christus, *an* den Hl. Geist und richten insofern ihr gesamtes Leben an dieser einen *personalen* Glaubensüberzeugung aus, indem sie sich selbst ganz dem dreifaltigen Gott hoffend und liebend *anvertrauen* und teilhaben an der Zeugnisgemeinschaft eben dieses Glaubens und seiner Überlieferung.[27] Sie vollziehen ihren Glauben *in* Gott *hinein (credo in)*, auf ihn hin. Dieses *existenzielle Glaubensverständnis*, das sich immer wieder vernünftig reflektiert und inhaltlich entfalten lässt, ist entscheidend. Mit Wolfgang Beinert kann man sagen: „*Lehre* bleibt für das Christentum sekundär gegenüber der *Nachfolge*."[28] Die Lehre der Kirche dient der Vermittlung und Ermöglichung des Glaubens an Gott in der – inhaltlich zu konkretisierenden – Nachfolge Jesu Christi, dessen Bedeutung es zu klären gilt. Wie wir zuvor feststellen konnten: Nicht abstrakte Lehren und Inhalte erlösen den Menschen und können seine Seligkeit und Vollendung bewirken, sondern nur eine existentielle *Haltung*, die den Menschen und sein Leben *verwandelt*, ihn über sich selbst und die starren Grenzen seiner eigenen Enge hinausführt in ein Leben in Gemeinschaft und Liebe. „Gott ist die Liebe" – so lautet *die* zentrale Wahrheit des Christentums, wie Benedikt XVI. in seiner ersten Enzyklika unmissverständlich deutlich gemacht hat.[29] Alle Glaubenswahrheiten müssen sich auf diese *eine* Überzeugung beziehen, an der allein die ganze Seligkeit des Menschen hängt. Papst Franziskus betont mit Verweis auf das II. Vaticanum und seine Lehre von der „Hierarchie der Wahrheiten" darum mit Nachdruck:

„In Wirklichkeit ist das Zentrum und das Wesen des Glaubens immer dasselbe: der Gott, der seine unermessliche Liebe im gestorbenen und auferstandenen Christus offenbart hat."[30]

Wer sich und sein Leben der Liebe anvertraut und an ihre Tragfähigkeit glaubt, der wird – das ist die Frohe Botschaft des christlichen Glaubens – nicht zuschanden werden, er wird sich nicht verirren und darf fest darauf vertrauen, dass er in dieser Liebe, die Gott ist und die uns je persönlich anspricht, sein ewiges Heil, seine Vollendung und Erfüllung finden wird, weil er in der Nachfolge Jesu den *Weg des Lebens* beschreitet.

„Am Anfang des Christseins steht nicht ein ethischer Entschluss oder eine große Idee, sondern die Begegnung mit einem Ereignis, mit einer Person, die unserem Leben einen neuen Horizont und damit seine entscheidende Richtung gibt."[31]

Aus der Quelle dieser befreienden, uns *für andere öffnenden*, über uns selbst und unsere eigene Vergänglichkeit hinausführenden Liebe, die unser Leben mit Sinn erfüllt, entspringt nicht nur die von Franziskus immer wieder betonte Lebensfreude, sondern auch die dienende Dynamik einer Kirche, die in ihrer Heilssorge *sensibel* sein muss für die Umwelt und alle Mitmenschen.[32]

Die Konzentration auf dieses Zentrum, nämlich auf die Begegnung mit der dreifaltigen Liebe Gottes, erlöst und befreit auch die Kirche immer wieder neu, richtet sie auf ihre *Sendung* aus und bringt sie wieder auf Spur, auf ihren *Weg* hin zu den Menschen, der es ihr verbietet, einzelne Traditionselemente zu vergötzen. Gegen restaurative und legalistische Scheinsicherheiten, die verhindern, neue Räume für Gott zu eröffnen, verweist Papst Franziskus auf „eine dogmatische Sicherheit": Gott sei im Leben *jeder* Person, im Leben *jedes* Menschen. Auch wenn dieses Leben ein Land voller Dornen und Unkraut sei.[33] Dieses Bewusstsein zu fördern, ist in der Nachfolge Jesu der Maßstab des kirchlichen Handelns und Lehrens. Er müsste es jedenfalls sein. Weil dies jedoch Auswirkungen auf mehrere Teilbereiche des menschlichen Lebens und Denkens, Fragens und Glaubens hat, gilt es, diese Wahrheit des Glaubens aus ihrem Ursprung heraus und im Hinblick auf ihre Konsequenzen vertiefend zu entfalten und die mit diesem Evangelium verbundenen Inhalte systematisch zu reflektieren. Das hier vorliegende Buch will darum die wesentlichsten Inhalte des Christentums im Modus der Frage nachzeichnen und erschließen.

1. Gott – wer oder was ist das?

Erwin Dirscherl

Auf der Grenze des Sagbaren: „Gott"

Es gibt das Wort „Gott" in unserer Sprache. Oft gebrauchen wir dieses Wort fast beiläufig, wenn wir sagen: Oh mein Gott!, um ein Geschehen spontan zu kommentieren, oder wir sagen in Bayern traditionell „Grüß Gott". Politiker und Fundamentalisten benutzen das Wort, um im Namen Gottes Konflikte oder Kriege anzuzetteln und ihre Pläne mit seinem Segen zu rechtfertigen: Gott mit uns gegen die anderen. Das Wort „Gott" wird missbraucht, übergangen, bestritten oder auch bewusst von gläubigen Menschen im Gebet ehrfürchtig ausgesprochen und auf eine Weise zur Sprache gebracht, die Menschen die tröstende, stärkende, vergebende und aufrichtende Liebe und Nähe Gottes spüren lässt. Aber auch unter Gläubigen kann der Name Gottes missbraucht werden. Im November 2016 hat ein Pater und ehemaliger Dogmatikprofessor in einem katholischen Radiosender in Italien behauptet, die verheerenden Erdbeben in seinem Land seien eine Strafe Gottes für die Verleugnung christlicher Werte in der säkularen Gesellschaft. Zahlreiche Bischöfe und der Vatikan distanzierten sich klar von dieser Aussage. Ein Erzbischof der Kurie sagte, ein solches Denken beleidige die Gläubigen und entspreche nicht dem christlichen Gottesbild. Die Sendereihe des Paters wurde abgesetzt. Auch glaubende Menschen sollten sorgfältig mit dem Wort „Gott" umgehen, denn eine unbedachte oder verfehlte Rede von Gott wird nicht nur Gott, sondern auch den Menschen nicht gerecht. Gerade Theologinnen und Theologen sollten reflektiert, behutsam und differenziert mit dem Wort „Gott" umgehen.

Der bedeutende katholische Theologe Karl Rahner (1904–1984) hat in seinem „Grundkurs des Glaubens" darüber nachgedacht, dass es das Wort „Gott" in unserer Sprache gibt. Jeder Mensch erlernt eine Sprache und lebt in der Sprache seines Landes bzw. seiner Kultur. Jeder Mensch macht seine Erfahrungen nur in und mit der Sprache. Ihr kann der Mensch nicht entrinnen und sie ist ihm vorgegeben. Von ihr muss sich der Mensch, ob er will oder nicht, etwas sagen lassen. In dieser Sprache, in der wir leben, gibt es das Wort „Gott".

Dieses Wort wirkt zunächst wie ein Eigenname, denn man muss irgendwoher wissen, was oder wer damit gemeint ist. Wenn jemand uns etwas von einem Max oder einer Maria erzählt, hilft uns das wenig, wenn wir Max oder Maria nicht kennen. Würden wir statt „Gott" „Vater", „Mutter", „Heiliger" oder „Schöpfer" sagen, so würden wir damit eine Bedeutung und bestimmte Erfahrungen verbinden. Rahner bemerkt, dass das Wort „Gott" nichts über das damit Gemeinte aussagt und spricht von einer schrecklichen *Konturlosigkeit dieses Wortes*. Das Wort „Gott" blickt uns zunächst an wie ein erblindetes Antlitz. Gerade so spiegelt die Gestalt dieses Wortes aber das wider, was mit dem Wort gemeint ist. Denn es spricht von dem Unsagbaren, das „nicht in die benannte Welt als ein Moment an ihr einrückt; das ‚Schweigende', das immer da ist und doch immer übersehen, überhört und – weil es alles im Einen und Ganzen sagt – als Sinnloses übergangen werden kann, das, was eigentlich kein Wort mehr hat, weil jedes Wort nur innerhalb eines Feldes von Wörtern Grenze, Eigenklang und so verständlichen Sinn bekommt".[34] Das Wort „Gott" funktioniert nicht wie das Wort „Tisch" oder „Stuhl", es verweist nicht auf etwas Greifbares und Bekanntes, das wir definieren, also eingrenzen könnten. Dieses Wort verweist in ein Jenseits von Raum und Zeit, in eine *unendliche Offenheit* hinein, die unsere Erfahrung *transzendiert*, d. h. überschreitet und zugleich ermöglicht. Gott ist kein konkreter Gegenstand unseres Handelns oder Denkens, er ist der tragende Grund, der alles umfasst und zu uns in Beziehung tritt.

> „Wenn ich zu Gott komme, so wie ich ihn verstehe, dann bin ich erst bei ihm, wenn ich ihn begreife als das absolute, mich überfordernde Geheimnis. Und dort, wo das nicht gegeben wäre, da müsste ich dann sagen: Halt, hier bist du auf dem falschen Weg; hier kann es ganz gewiss nicht zu dem wahren Gott des Christentums, des ewigen Lebens gehen. Wenn du dazu kommst, diesen Gott mit einer solchen rationalistischen Aufgeklärtheit zu ‚erklären' – wie sie ja auch oft in der katholischen Theologie vorhanden ist –, dann hast du deine Aufgabe sicher verfehlt. Gott ist für mich gerade jenes Geheimnis unbegreiflicher Unaussagbarkeit, auf das ich in jedem Punkt meines Lebens immer wieder verwiesen bin. […] Stell dir unter dem Wort ‚Gott' nicht irgend etwas Komisches, einen alten Herrn mit Bart oder einen Moraltyrannen, der über dein Leben wacht, oder irgendetwas Ähnliches vor. Damit dieses Missverständnis vermieden wird, das doch bei sehr vielen naiven Atheisten des Alltags vorhanden ist, darum sage ich immer wieder so ein wenig umständlich: das Geheimnis, das wir Gott nennen."[35]

Das Wort „Gott" ist für Rahner das „letzte Wort vor dem Verstummen"[36], in dem der Mensch das Ganze der Wirklichkeit fragend zur Sprache bringt. Nur so kann es uns von Gott reden, nur so haben wir es durch das Verschwinden alles benennbaren Einzelnen mit dem gründenden Ganzen als solchem zu tun. Das Wort ist uns unverfügbar vorgegeben und stellt die ganze Sprachwelt, in der die Wirklichkeit für uns gegeben ist, infrage. Dieses Wort ist eine unausweichliche Wirklichkeit, die mindestens als Frage da ist. Auf dieses „Wortereignis" müssen wir reagieren. Denn es zwingt uns, vor das Ganze der Welt und unserer selbst zu kommen, obwohl wir das Ganze weder sind noch beherrschen können: „... wir hören erleidend das Wort ‚Gott', es kommt auf uns in der Sprachgeschichte, in die wir ... eingefangen sind, die uns, den einzelnen, stellt und fragt, ohne selbst in unserer Verfügung zu sein."[37]

Das Wort „Gott" ist nicht einfach unsere Schöpfung. Es ist kein Ergreifen Gottes durch uns, vielmehr ein Sich-ergreifen-lassen von einem anwesenden und sich dennoch entziehenden Geheimnis, das sich in diesem Wort verbergend zeigt.[38] Eher schafft es uns, weil es uns zu Menschen macht, die der Sprache fähig sind, in der sich dieses Wort findet. Dieses Wort ist unsere Geschichte und macht unsere Geschichte. Es ist ein Wort und deshalb auch überhörbar, aber es bleibt immer unausweichlich da. Von wem erhält dieses Wort seine Bedeutung? Von uns oder von Gott? Ist das Wort „Gott" die Öffnung in das unbegreifliche Geheimnis unseres Wovonher und Woraufhin? Rahner sagt: „Es überanstrengt uns, es mag uns gereizt machen ob der Ruhestörung in einem Dasein, das den Frieden des Übersichtlichen, Klaren, Geplanten haben will."[39] Dieses Wort bringt uns auf die Spur, nach Gott und seiner Beziehung zu uns zu fragen, denn es steht für die *Verwiesenheit* des Menschen auf den unendlich offenen Horizont seines Fragens und Suchens nach Sinn. Der Mensch horcht hinaus in die Weite der Welt, ob ihm eine Selbstoffenbarung Gottes begegnet. Er ist als Fragender und Suchender der Hörer eines potentiellen Wortes Gottes, das sich an ihn richtet, ihn anspricht und beansprucht.

Biblische Grundlagen der Rede von Gott

Gott spricht – Gottes Wort in menschlichen Worten

Gott spricht zu uns Menschen: Das ist die Botschaft der Bibel und ihr wesentlicher Inhalt. Der sprechende Gott und sein Wort stehen im Zentrum des Alten und Neuen Testaments.[40] Die spürbare Präsenz und Offenbarung Gottes, die von Menschen als persönliche Zusage eines erfüllten Lebens wirksam erfahren wird, wird in der Geschichte Israels erinnert, erzählend zur Sprache gebracht und in der Brechung menschlicher Worte nach und nach verschriftlicht.

Die Offenbarungskonstitution des II. Vatikanischen Konzils „Dei Verbum" hält fest: „Da Gott in der Heiligen Schrift durch Menschen nach Menschenart gesprochen hat, muss der Schrifterklärer, um zu erfassen, was Gott uns mitteilen wollte, sorgfältig erforschen, was die heiligen Schriftsteller wirklich zu sagen beabsichtigten und was Gott mit ihren Worten kundtun wollte" (DV 12). Gottes Wort können wir nur in menschlichen Worten finden. Papst Johannes Paul II. hat der Dogmatik deshalb ins Stammbuch geschrieben, dass sie akzeptieren müsse, mit einer Spannung zu leben: Weil das Zeugnis der Hl. Schrift als *Gottes Wort im Menschenwort nicht eindeutig* ist, muss es immer wieder neu *gedeutet* werden, in jeder Kultur und in jeder Zeit. Dieser Papst betonte, dass diejenigen, die meinen, jedes Wort der Bibel müsse eine absolute Bedeutung haben, weil es vom absoluten Gott stamme, eine falsche Vorstellung von der Absolutheit Gottes haben. „Nach ihrer Meinung besteht also kein Grund, diese Einflüsse zu studieren und Unterscheidungen zu treffen, die die Tragweite der Worte relativieren würden. Doch hier verfällt man einer Illusion und lehnt in Wirklichkeit die Geheimnisse der Inspiration der Heiligen Schrift und der Menschwerdung ab, um sich an eine falsche Auffassung vom Absoluten zu klammern."[41] Wenn Gott sich in der menschlichen Sprache ausdrückt, „gibt er keineswegs einem jeden Ausdruck eine einheitliche Bedeutung, er verwendet vielmehr auch mit äußerster Geschmeidigkeit die möglichen Nuancen und nimmt auch deren Begrenzungen in Kauf"[42]. Die Frage nach dem Ursprung der Hl. Schrift in Gott konfrontiert mit einer *Vielfalt*, nicht mit Eindeutigkeit. Eine falsche Auffassung vom Absoluten ist diejenige, die Unterschiedenheit und Vieldeutigkeit, also alles Relativierende leugnet.

Das ist die grundlegendste Spannung überhaupt für die biblische Gottrede: Gottes Wort geschieht im vielfältigen und uneindeutigen Menschenwort, nirgends anders! Hier kann man dem hl. Johannes Paul II. nur zustimmen. Die Deutungsbemühung um den Sinn der Bibel kommt nie an ein Ende, solange die Geschichte Gottes mit den Menschen andauert. Das sieht die jüdische Schriftauslegung ebenso wie die christliche. Immer wieder muss das Geschriebene neu übersetzt und gedeutet werden, nur so bleibt die Schrift präsent und aktuell. Damit wird der Text relativiert, d. h. in eine Beziehung versetzt, an Gott und die deutenden Menschen gebunden, weil er von beiden herkommt und sie verbindet. Diese Bindung geschieht zwischen Gottes Wort und menschlichem Wort in der Zeit. Diese Beziehung ist nicht symmetrisch, weil sie von einem Ursprung her geschieht, der uns in diachroner, d. h. die Zeit unterbrechender und überschreitender Weise entzogen ist: Ein unverfügbarer Ursprung des Wortes, der uns unmittelbar betrifft und nach dem wir immer wieder suchen, indem wir Gottes Wort auslegen. Die Unumkehrbarkeit dieser Beziehung hat zur Folge, dass wir von uns aus nicht eindeutig an den Ursprung heranreichen können. Wir hören ein Wort, das unserer Verfügung entzogen ist. Gottes Wort geschieht im Menschenwort.

Wenn diese Uneindeutigkeit für das Wort Gottes in der Hl. Schrift gilt, dann muss sie auch für die Vorlage des kirchlichen Glaubens, für das sogenannte kirchliche Dogma gelten, denn das kirchliche Lehramt steht nicht über dem Wort Gottes, sondern dient ihm, so sagt es die Dogmatische Konstitution Dei Verbum (DV 10). Man kann der Hl. Schrift als grundlegender Urkunde und Richtschnur des Glaubens nicht eine Vieldeutigkeit zuschreiben und den nachgeordneten Sätzen kirchlicher Lehre oder Theologie dann eine Absolutheit und Eindeutigkeit zuerkennen, die man noch nicht einmal der Hl. Schrift als Gottes Wort im Menschenwort zuspricht. Auch Lehrsätze als Deutungen des Wortes Gottes sind nicht *per se* eindeutig, sondern müssen in der Gemeinschaft der Kirche immer wieder neu gedeutet und rezipiert werden, wobei dem bischöflichen Lehramt eine entscheidende, aber nicht alleinige Verantwortung zukommt. Es gilt, hier eine grundlegende Offenheit und, wie Walter Kasper betont, eine Relativität, d. h. eine Rückgebundenheit des Dogmas zu beachten.[43] Denn, so die Päpstliche Bibelkommission: „Als geschriebenes Wort Gottes hat die Bibel einen Sinnreichtum, der nicht voll und ganz ausschöpfbar ist und in keiner systematischen Theologie adäquat eingeschlossen werden kann. Eine der hauptsächlichsten Funktionen der Bibel ist es, die theologischen Systeme herauszufordern und die Existenz wichtiger Aspekte der göttlichen Offenbarung und der menschlichen Realität beständig in Erinnerung zu rufen, die in der systematischen Reflexion manchmal vergessen oder vernachlässigt wurden."[44] Dogmen sind erinnernde und relationale Aussagen, die in Beziehung zur Schrift und zur Tradition stehen. Es kann also kein geschlossenes System der Dogmatik geben, sondern nur eine Offenheit, die den Beziehungen und der Anderheit Gottes Raum lässt und sie nicht fixiert und damit verrät. Auch Dogmen haben eine Geschichte. *Traditio* kommt von *tradere*, das „überliefern" und „verraten" bedeuten kann. Solche traditio steht als geschichtliche Deutung des Wortes Gottes immer vor einem Wagnis und in einer Spannung; positiv: das Wort Gottes treu zu überliefern, oder negativ: es zu verraten. Davon zeugen das mutige Schuldbekenntnis und die Vergebungsbitte von Papst Johannes Paul II. im Jahr 2000, in denen auch das Versagen, die Schuld und die Fehler der Kirche im Laufe ihrer Geschichte offen ausgesprochen wurden.[45]

Nun könnte man an diesen Papst die Frage richten, ob er das Wort Gottes oder Gott selbst für uneindeutig hält, so dass eine Deutung erforderlich ist. Diese Frage greift zu kurz, denn die Uneindeutigkeit liegt nicht in Gott und seinem Wort, sondern ergibt sich aus der Verbindung, die es zum menschlichen Wort sucht. Wir haben das göttliche Wort nicht in absoluter Reinheit und Eindeutigkeit vor uns. Ein solcher Glaube wäre, so Papst Johannes Paul II., reiner Fundamentalismus. Es gibt das Wort Gottes für uns nur im menschlichen Wort, darin liegt die Spannung der Uneindeutigkeit, die unsere Deutung und Entscheidung sucht.

Gott bleibt auch als Sprechender der Unbegreifliche und Unverfügbare. Die Frage der *reductio*, der Zurückführung des Wortes Gottes auf seinen Ursprung, konfrontiert uns mit einer Beziehung und einem Geheimnis: Gott bleibt das *Mysterium*, das uns unmittelbar nahe ist und ein Wagnis der Liebe, d. h. des Sich-Verlassens eingeht. Gott bindet sich an das menschliche Wort. Sein Wort geschieht nicht so, dass es mit einer Eindeutigkeit erfolgen würde, die nur die Zustimmung möglich macht. Zu Recht weist auch Thomas von Aquin zwingende Gottesbeweise zurück. Die Frage der Beziehung zu Gott entscheidet sich nicht an Kriterien zwingender Beweisbarkeit, sondern freier Zustimmung, die so weit wie möglich rational nachvollziehbare Gründe sucht, bis sie an die Grenze des Verstummens gelangt. Die Uneindeutigkeit, die in der von Gott ermöglichten bedeutungsoffenen Beziehung geschieht, lässt unserer Entscheidung und unserem Deuten Raum und setzt uns in eine unvertretbare Verantwortung ein. Das Wort Gottes, das in menschlicher Sprache gehört und überliefert wird, wird nur durch menschliches *Zeugnis* hörbar, das den Zeuginnen und Zeugen der Bibel eine Entscheidung abverlangt – und eine Antwort. Wir müssen Gott und den Menschen, die von ihm Zeugnis ablegen, *Glauben* schenken, also *vertrauen*. Ohne dieses Grundvertrauen kann es keinen Glauben und keine Kirche geben. Aber dieses Vertrauen muss nicht fraglos bleiben, es darf sich kritische Rückfragen erlauben und Zweifeln Raum geben, gerade weil das, was wir hören und lesen, nicht eindeutig ist, sondern mehrere Deutungen zulässt.

Gott als Schöpfer und Bewahrer des Kosmos

Wenn wir die Hl. Schrift aufschlagen und mit Gen 1 zu lesen beginnen, werden wir mit einem grundlegenden Bekenntnis konfrontiert: Gott hat Himmel und Erde erschaffen. Das erste hebräische Wort *bereschit* kann übersetzt werden als „Im Anfang“ oder „Als Anfang“. Was ist der Unterschied zwischen den beiden Formulierungen?

Gen 1,1 eröffnet den Pentateuch, die fünf Bücher Mose, in denen eine Geschichte göttlicher Setzungen, die in die Berufung des Volkes Israel mündet, erzählt wird. „Als Anfang schuf Gott Himmel und Erde“: Diese Variante betont, dass die Schöpfung der *Beginn* und die *Ermöglichung* einer Geschichte Gottes mit den Menschen ist und dass der Gott Israels für alle Menschen verantwortlich ist. Diese Einsicht entsteht erst in der priesterschriftlichen und weisheitlichen Tradition des Alten Testaments und setzt die Heilserfahrung Israels im befreienden Exodusgeschehen (Auszug aus Ägypten), die Zerstörung des Tempels (586 v. Chr.), die Krisenerfahrung des Exils sowie einen *reflektierten Monotheismus* voraus: Aufgrund dieser Erfahrungen kommt es zu der

Überzeugung, dass Gott für alle Menschen das Heil will und nicht nur die Geschichte Israels, sondern die Geschichte *der ganzen Welt* trägt und bestimmt. In der Geschichte Israels zeigt sich exemplarisch, dass die universale Geschichte sich einer Beziehung zu Gott verdankt, der die Welt als Lebensraum für alle geschaffen hat, als Haus und Wohnung der Menschen, aber auch als Wohnort Gottes. Himmel und Erde verdanken sich einem guten Anfang und sind nicht schon fertig, sie werden sich *entwickeln* und auf ein Ende hin bewegen. Die Geschichte des Kosmos wird getragen von einem Gott, der die Welt setzt, sie liebevoll begleitet und vollenden wird. Diese Erkenntnis wird im Kontext der Entwicklung und Kanonbildung der Bibel Israels schließlich an den Anfang der Hl. Schriften gesetzt, um die grundlegende *Bekenntnisaussage* zu treffen: Gott will das Leben und Heil aller Lebewesen, er ist deren Schöpfer und Vollender, er setzt die Ordnung der Welt, die von Anfang an eine Ordnung des Heils ist, er schafft den Menschen als sein Bild, das dazu befähigt ist, den Schöpfer zu repräsentieren und Verantwortung für das Leben aller zu übernehmen. Diese Rede von Gott als Schöpfer hat eine *ethische Bedeutung*, sie betrifft nicht nur das Nachdenken über oder das Fragen nach einem Anfang, sondern sie betrifft auch unser Verhalten und unsere Lebenspraxis.

Die Übersetzung „Im Anfang" legt den Akzent auf das Ursprungsgeschehen als solches. Wie fing es mit der Welt an, wodurch entstand sie? Was bedeutet das berühmte „Tohuwabohu", das Chaos, von dem zu Beginn die Rede ist und das von Gott geordnet wird? Ist die Materie ewig wie Gott, gab es vor der Schöpfung schon etwas? Oder gibt es eine Schöpfung aus dem Nichts? Dazu mehr in der Schöpfungstheologie in diesem Buch. Diese Fragen zielen auf das „Woher" und „Warum", auf den *Grund* und ein Geschehen in der Vergangenheit. Die Übersetzung „Als Anfang" zielt vielmehr auf *die Geschichte als Ganze* und fragt nach dem „Wozu" der Schöpfung, nach ihrem *Sinn*. Die Übersetzung eines Bibeltextes von der Ursprache in eine andere Sprache ist immer auch eine Interpretation, aufgrund der Vieldeutigkeit der Sprache gibt es nicht nur eine Übersetzungsmöglichkeit. Um das nachvollziehen zu können, sollte man die Bibel im optimalen Fall im Original lesen können, d. h. in Hebräisch und Griechisch.

Gott schafft sprechend, durch sein Wort. Es ist nicht nur informativ und gibt über etwas Auskunft, sondern performativ: Es schafft Wirklichkeit. Das ist auch eine Art der Übersetzung: Sprache wird in Wirklichkeit übersetzt. Und wir können die Wirklichkeit in unsere Sprache übersetzen, nach ihr fragen, ihre Bedeutung suchen. Sprache und Wirklichkeit bilden also eine spannende Beziehung, denn ohne Sprache bliebe die Welt stumm, sprachlos und wir hätten keinen Zugang zur Realität unseres Lebens. Die Sprache eröffnet uns die Welt in ihrer ganzen Fülle und Bedeutung. Der Mensch erfährt sich dabei als der *persönlich Angesprochene.* Das, was als Anfang geschieht, setzt sich in anderer Weise in unserer Sprache fort, die eine schöpferische Qualität besitzt, Geschichte und Beziehungen eröffnet. Gott hat das erste und letzte Wort in der Geschichte der Welt, und in der Zwischenzeit ist sein Wort an unser Sprechen, an unsere Antwort *gebunden*.

Der ewige Bund als Ausdruck der Treue Gottes

Gott spricht nicht nur am Anfang. Das Volk Israel erfährt die Nähe eines Gottes, der sich den Menschen immer wieder neu zusagt, zu ihnen spricht und sich ansprechen lässt. Die Bundestheologie bringt das auf den Punkt. Das hebräische Wort *berith* bedeutet *Bund* oder *Verpflichtung*. Diese Beziehung kennzeichnet eine *unmittelbare Nähe* zwischen Gott und seinem Volk bzw. allen Menschen, die von Gott her aus reiner Gnade (lat.: *gratia*, also frei und ungeschuldet, gratis) geschenkt wird. Der Bund ist die *Gabe Gottes* an Israel, die aus Gnade und Liebe *geschenkt* wird. Gott führt weiter, was er in der Schöpfung begonnen hat, die Geschöpfe empfangen von ihm das Leben, und sie empfangen seine Nähe. Der Mensch ist der Antwortende, der dem Zuspruch und Anspruch Gottes zu entsprechen versucht. Er kann sich diesen Bund nicht verdienen. Daher spricht das Alte Testament immer wieder von Gottes Huld und Gnade. Alles Leben kommt dauerhaft von Gott, der einen Bund mit der Welt schließt, um mit diesem Leben auf ewig in Verbindung zu bleiben und den Geschöpfen Raum und Zeit zu eröffnen, dieses Leben verantwortlich zu gestalten. Der weise Mensch, der das erkennt, wird mit einer Haltung der Dankbarkeit antworten und den Weisungen Gottes Beachtung schenken, denn sie dienen dem Leben.

Bereits im Alten Testament ist von einer ständigen Erneuerung des einen Bundes die Rede. In der kanonischen Abfolge der biblischen Texte finden wir zuerst:

- den *Noachidischen Bund*, den Gott mit der Welt schließt (Gen 9,8–17)
- den *Abrahamsbund*, der auf die Nachkommenschaft und Erwählung Israels zielt (Gen 15)
- den *Sinaibund* mit Mose als Mittlergestalt und der Offenbarung des Namens Gottes und des Dekalogs (Ex 19)
- den *Davidsbund*, der den Bestand des davidischen Reiches im Blick hat (2 Sam 7) und in Jes 55 wieder auf ganz Israel und alle Völker hin ausgeweitet wird
- die Rede vom *neuen*, endzeitlichen Bund in Jer 31.

Der Bund hat eine Geschichte, die *Treue Gottes* bedeutet *keine statische Unveränderlichkeit*. Denn Gott ist Beziehung, er lässt sich auf die Geschichte und Entwicklung der Welt ein, er steht zu seiner Schöpfung, die er gut geschaffen hat und die er dereinst vollenden wird. Die gute Schöpfung ist die Voraussetzung und Ermöglichung des Bundes, den Gott mit den Menschen schließen will. Die Erzählung vom Paradies kann daher als Anfangs- und Vollendungsgeschichte gelesen werden. Alles kommt von dem Guten her und soll zum Guten zurückkehren, das ist die Verheißung von Anfang an.

Die Erfahrungen der Sterblichkeit, der mühevollen Arbeit in wüstem Land, der Begrenztheit, des Scheiterns, des Leidens und der Schuld werfen immer wieder die Frage nach der Gutheit der Schöpfung und des Schöpfers auf und provozieren letztlich die *Theodizeefrage*, die im Buch Ijob in aller Deutlichkeit gestellt wird.[46] In dieser spannenden Erzählung klagt Ijob Gott als Verantwortlichen für seine Schöpfung an und verlangt Rechenschaft für sein ungerechtes Leiden. Ijobs Freunde warnen ihn davor, Gott anzuklagen und halten das für Gotteslästerung. Ijob wird aber von Gott ins Recht gesetzt. Er erhält von Gott keine Antwort, die eine einfache Lösung dieser Frage bereithält, aber er darf Gottes Antlitz schauen, d. h. seine *Nähe* erfahren, und wird mit der Unbegreiflichkeit Gottes und seiner Schöpfung konfrontiert. Gott begleitet Ijob durch das Leiden hindurch und lässt ihn nicht fallen. Und Ijob hielt auch an Gott fest, er sprach zu ihm, auch wenn er klagte. Er blieb mit dem Schöpfer im Gespräch und der Schöpfer mit ihm. In diesem Dialog werden zwar nicht alle Fragen beantwortet, aber die Treue Gottes wird je neu zugesprochen, auch im Leiden und Scheitern, das in der Schöpfung geschieht.

Wie ist Gott ansprechbar? – Der Name Gottes

In Gen ist ein auffallender *Wechsel des Gottesnamens* festzustellen. JHWH (Tetragramm), Elohim (Gott) und ha-Elohim (Gottheit) kommen dort vor, und von Gott ist auch als dem Höchsten, dem Allmächtigen, dem Ewigen die Rede. Diese Unterschiede wurden oft so interpretiert, dass verschiedene Text- und Überlieferungsschichten im Zuge der Kanonisierung der Hl. Schriften unvermittelt nebeneinander gestellt wurden und man so diese Schichten auch voneinander unterscheiden kann. Erich Zenger hat darauf aufmerksam gemacht, dass für den Namenswechsel auch andere theologische oder funktionale Gründe verantwortlich sein können. Die rabbinische Exegese hat gezeigt, dass JHWH zur Anwendung kommt, wenn vom rettenden und barmherzigen Gott gesprochen wird, Elohim ist eher der Gott des Gerichts; JHWH ist der Gott, wie Israel ihn konkret erfährt, Elohim der universale Gott der Welt und aller Völker.[47]

In Ex 6,2 nennt Gott Mose seinen Namen JHWH und fügt hinzu, dass dieser Name Abraham, Isaak und Jakob noch nicht bekannt war. Das überrascht, weil in Gen 15,7 oder 28,13 schon von einer Selbstvorstellung Gottes unter diesem Namen erzählt und betont wird, dass schon die Erzväter Gott unter diesem Namen verehrt haben (Gen 12,8; 13,18; 22,14 u. ö.). Auch Mose wird bereits in Ex 3,13–15 und nicht erst in Ex 6,2 mit dem Namen Gottes konfrontiert. Der Alttestamentler Christoph Dohmen hat in seinem Kommentar zum Buch Exodus die These aufgestellt, dass der Name Gottes schon zuvor bekannt war, aber seine Bedeutung auf dem Hintergrund der Erfahrungen des Exodus nun erst erschlossen werden kann. In *Ex 3,14* wird also nicht in erster Linie auf die Nennung, sondern auf die *Bedeutung des Namens* abgehoben. Dohmen übersetzt *„Ehye asher Ehye"* als „Ich werde sein, der ich sein werde".[48] Das Tetragramm JHWH ist nicht einfach übersetzbar. Daher tritt der erklärende Satz hinzu. Damit wird Mose und dem Volk Israel *Gottes Nähe* auf dem Weg in eine offene und unbekannte Zukunft zugesprochen.

Das wahrt die *Unverfügbarkeit* dessen, der seinen Namen nicht in einem herkömmlichen Sinn ausspricht. Es gibt hier kein „Rumpelstilzchen-Paradigma" im Sinn des „Ach wie gut, dass niemand weiß, dass ich Rumpelstilzchen heiß". In diesem Märchen bedeutet die ausspionierte Kenntnis des Namens, über die damit bezeichnete Person verfügen und sie Schach matt setzen zu können. Wenn Gott seinen Namen nennt, dann bleibt er bei aller Nähe das souveräne, freie Gegenüber des Menschen, das sich ansprechen, aber nicht manipulieren lässt. Alles, was kommen wird, steht in Verbindung zu ihm, die einzigartige Beziehung zu Gott geschieht aus Freiheit.[49] Aber die *Spannung* zwischen der Immanenz Gottes, der *in* der Welt gegenwärtig ist, und seiner Transzendenz *gegenüber* der Welt bleibt bestehen. Die unmittelbare *Nähe* Gottes ist nicht ohne *Entzogenheit*, d. h. ohne Differenz und Unterschiedenheit zu denken, weil es in einer Beziehung immer einen Zwischen- und Zeitraum gibt, der Freiheit, Verantwortung und Handlungsmöglichkeit eröffnet. Genau diesen Zeitraum hat JHWH in der Schöpfung für uns alle eröffnet.

Die idem-per-idem- (dasselbe durch dasselbe erklärende) Aussage „Ich werde sein, der ich sein werde" zielt auf das Mitgehen und den Beistand Gottes, der Mose und sein Volk begleiten will. Auf die Frage Moses hin wird ihm also nicht einfach ein Name genannt, sondern ihm wird verheißen, dass Gott für ihn da sein wird. JHWH wird die Verheißungen erfüllen, die schon die Erzväter erhalten haben. Der Name weist in eine Zukunft und verbindet diese Zukunft mit einer Vergangenheit, in der Gott seinen Beistand auch schon erwiesen hat. Somit zielt die Kombination von JHWH mit dem „Gott eurer Väter" auf die unbedingte *Beziehungstreue* Gottes. „Sie ist in den Verheißungen Gottes zu erkennen, die von Gott als fortbestehend und gültig bestätigt werden und die darin auch als ‚erfüllt' gelten."[50]

Damit wird auch der zutreffende biblische Begriff von Verheißung markiert: Im Alten Testament gibt es nicht nur Verheißung, sondern auch Erfüllung. Es ist immer noch ein weit verbreitetes Missverständnis, dass im Alten Testament nur Verheißung und keine Erfüllung gegeben sei. Vielmehr ist in der Verheißung die Erfüllung rückblickend schon gegenwärtig, und so ist z. B. der Exodus als Befreiung aus der Knechtschaft eine erfüllte Verheißung. Aus katholischer Sicht gilt auch für das Judentum, dass es in einem gültigen Bund mit Gott lebt, also im Heil und nicht etwa nur in einer Verheißung, in der kein Heil gegenwärtig wäre. Die Gegenwart Gottes selbst verbindet Vergangenes und Zukünftiges, Verheißung und Erfüllung, denn seine Präsenz ist das Heil der Menschen. Heil bedeutet die Gemeinschaft mit dem lebendigen Gott, und die wird mit dem Bund gestiftet, der ewig ist, weil er von Gott stets aus Gnade erneuert wird.

JHWH sagt Mose seine Präsenz zu, er will mit ihm zusammen für sein Volk handeln. Die Fragen des Mose an Gott resultieren auch aus seinen Zweifeln: Gott will ihn senden, und er hält sich nicht für geeignet, weil er nicht redegewandt ist und doch im Namen Gottes sprechen soll. In diese fragile Situation hinein ergeht keine zeitlose Aussage Gottes, sondern eine konkrete *Beistandszusage an den Fragenden und Zweifelnden*.

Die Gegenwart des Ewigen

Das ist eine andere Deutung als die wirkmächtige und doch ambivalente *Übersetzung* der Septuaginta (LXX), die JHWH folgendermaßen ins Griechische übersetzte: *„Ego eimi ho on"* = Ich bin der Seiende. Dies ist eine Übertragung in den griechischen Kulturraum, die stark von der dort herrschenden Philosophie beeinflusst ist. Das nicht nur bei Platon oder Aristoteles zu findende Nachdenken über das Sein und das Seiende sowie die Rede von Gott als dem ewigen Sein fließen in diese Übertragung ein und zeigen, dass Übersetzung immer auch Interpretation ist. Dann hätte Gott also dem Mose geantwortet: Ich bin der Seiende! Und Mose hätte sich gefragt: Und was soll das jetzt heißen? Er hatte ja noch keinen Grundkurs in Ontologie (Rede vom Sein) besucht. Damit wird die Namensoffenbarung vom konkreten Kontext gelöst und in eine ab-solute (losgelöste) Aussage überführt. Was bedeutet „Sein"? Was bedeutet „seiend"? Diese spannenden philosophischen Fragen würden Mose in seiner von einer konkreten Not gezeichneten Fraglichkeit nicht helfen. Wenn dieser Gott ihm Hilfe zusprechen und Zukunft eröffnen will, dann betont er nicht seine Existenz als Seiender, sondern bringt die Bedeutung dieser Existenz zur Sprache: Es handelt sich um ein *„Da-sein für"* Mose und sein Volk.[51] Damit ist eine *soteriologische* Bedeutung vorgegeben, die die gesamte Gottrede der Bibel durchzieht, in der die Liebe, Barmherzigkeit und Gerechtigkeit Gottes sowie das Heil des Menschen im Zentrum stehen.

Das „Da-sein" Gottes vollzieht sich in der Zeit, in der Gegenwart, die zwischen Vergangenheit und Zukunft liegt und beide miteinander verbindet. Das Exodusgeschehen beginnt mit der Herausführung aus Ägypten und dem ersten Teil der Wüstenwanderung, der Sinaiaufenthalt leitet den zweiten Teil der Wanderung ein, die in das verheißene Land führt und damit ihr Ziel erreicht. Das Zeichen der Gegenwart Gottes im durch ihn ermöglichten Gottesdienst am Sinai erfolgt genau in der Mitte dieses Wüstenzuges und zeigt, dass die *Bedeutung des Namens Gottes* nur aufgrund der konkreten geschichtlichen *Erfahrung* zu erschließen ist, in der sich *JHWH als Retter und Befreier* aus Unterdrückung, Zwang und Unrecht *erweist.* Mose erhält die Zusage, dass der Gott Abrahams, Isaaks und Jakobs beschlossen hat, sein Volk zu befreien und wirkmächtig an ihm zu handeln. Auf der Mitte des Weges durch die Wüste ist schon Entscheidendes geschehen, und wenn nun der Gottesdienst am Ort der Beauftragung des Mose durch Gott ermöglicht wird, dann ist das eine Bestätigung dafür, „dass mit dem Auszug aus Ägypten im eigentlichen Sinn die notwendige Voraussetzung für die Erfüllung der Landverheißung gegeben ist".[52] Das Wort „notwendig" bedeutet hier vor allem, eine Not zu wenden und meint nicht in erster Linie eine unbedingt zu erfüllende Bedingung im Sinne zwingender Kausalität nach dem Motto: Damit B geschehen kann, muss erst mal A erledigt werden. Vielmehr erzählt das Buch Exodus eine Geschichte, die sich der Freiheit Gottes und der Menschen verdankt und in der Gott sich entschließt, die Not seines Volkes zu lindern.

Der Gottesdienst am Berg Sinai deutet für Mose zeichenhaft die *Gottesgegenwart* an. Diese Gegenwart liegt im „Schnittpunkt von Zeit (Ablauf des Exodus-Geschehens) und Raum (Gottesberg)"[53] und verbindet somit nicht nur diese beiden Dimensionen, sondern bildet auch den unfassbaren Zeitpunkt zwischen Vergangenheit und Zukunft. Gegenwart bedeutet permanente Dynamik und Bewegung, es geschieht in ihr je neu ein *Übergang,* in dem sich Vergangenheit und Zukunft berühren und ineinander übergehen. Dieses unfassbare Geschehen der Gegenwart wird durch „die Raumvorstellung des *Amselben-Ort-Seins* begreifbar".[54] Eine solche rätselhafte Verbindung von Raum und Zeit wird Mose schon in der Geschichte vom brennenden Dornbusch (Ex 3,2–6) vorgestellt. Gott vermag zu jedem innerweltlichen Geschehen in Verbindung zu treten. Er selbst steigt im Feuer auf den Sinai herab. Das Feuer brennt, ohne etwas zu verbrennen – das symbolisiert die *Zeitlosigkeit Gottes,* der einer für die menschliche Zeit konstitutiven Vergänglichkeit und Veränderung entzogen ist und über ihr steht. Diese Passage greift auf Ex 3,14 voraus: Ich werde sein, der ich sein werde! Gott ist der Ewige, der in die Welt herabzusteigen vermag, um den Menschen nahe zu sein und sie zu begleiten. Die Ewigkeit Gottes verbraucht sich nicht in der Zeit, sie wird nicht weniger, sie ist nicht begrenzt, sie ist unerschöpflich und reicht für alle.

Die Gegenwart Gottes *geschieht an mehreren Orten*, d. h. die Konzeption der heiligen Stätten gründet in der Begegnung von Gott und Mensch und nicht umgekehrt. Es geht nicht um heilige Orte an sich, vielmehr bindet Gott seine Gegenwart an Menschen und ihre Erfahrungen, an das Volk Israel, das dadurch zum Volk Gottes wird und auch bei einem Ortswechsel die Gegenwart Gottes nicht verliert.[55] Im Bundeszelt, das mit den Israeliten durch die Zeit zieht, zeigt sich die vorübergehende und mitgehende Präsenz Gottes in der Geschichte, der seiner Schöpfung nahe bleibt.

Gott sehen? – Vorübergang und Erfahrung im Nachhinein

Die frühen Traditionen des Alten Testaments kennen die Rede vom *Antlitz Gottes*. Jakob kämpft am Jabbok mit einem Mann, der ihn überraschend überfallen hat. Er wird sagen: „Ich habe Gott von Angesicht zu Angesicht gesehen und bin doch mit dem Leben davongekommen" (Gen 32,31). Daher nennt Jakob diesen Ort Penuël, Antlitz Gottes. Gott von Angesicht zu Angesicht zu sehen und am Leben zu bleiben – das ist die Sehnsucht der Menschen. Bei den Propheten erscheint Gott in Traumvisionen, mit Mose aber redet er von Mund zu Mund, von Angesicht zu Angesicht.

Von Mose wird bezeugt, dass er die Gestalt des Herrn sehen darf (Num 12,8). Aber in Spannung dazu steht der Dialog Gottes mit Mose in Ex 33,18–23, wo Mose bittet, JHWHs Herrlichkeit sehen zu dürfen, und Gott ihm antwortet: „Du kannst mein Angesicht nicht schauen; denn kein Mensch kann mich schauen und am Leben bleiben."[56] Mose bittet um eine Bestätigung der Zusage Gottes, die dem entspricht, was Gott ihm nach dem Bundesschluss in Ex 24,9 f. gewährte. Er erbittet eine sichtbare Weise der ihm gewährten Offenbarung und zielt auf eine sichtbare Gestalt des Verhältnisses Gottes zu Israel im Gegenüber zu allen anderen Völkern.

Dabei kommt der Gedanke des *Vorbeiziehens* in den Blick, denn Gott spricht in Ex 34,19 vom Vorüberzug all seiner Güte, in V. 22 vom Vorüberzug seiner Herrlichkeit und schließlich ist es in Ex 34,6 JHWH selbst, der vorüberzieht. Neben das Wort Vorüberziehen tritt das Wort Angesicht, hebr.: *panim*. Das Vorüberziehen bzw. Vorüberziehenlassen setzt sich von allem statischen Begreifen des Sehens, wie es etwa der Anblick von Götterbildern implizieren könnte, ab, indem ein Verb der Bewegung verwendet wird, das eine Dynamik in das Geschehen einträgt. Der Begriff des Angesichts weist auf das Ziel des Sehens, das nicht im Äußerlichen eines Kultbildes bestehen kann, sondern auf das *Wesen* abzielt. Das mögliche Missverständnis eines unmittelbaren Sehenwollens Gottes wird in V. 19 ausgeschaltet, wenn dort Gott mit all seiner Güte, d. h. Gnade und Zuwendung, vorüberziehen will und das Beste anbietet: die Nennung seines Namens als Quintessenz seiner Offenbarung.[57] Die Frage nach dem Sehen der Herrlichkeit Gottes in V. 18 wird auf die Offenbarung des Namens verwiesen und diese als Fülle der Güte Gottes bezeichnet. Sie will Gott nicht einfach sehen lassen, wie Mose es erbittet, sondern an seinem Angesicht vorüberziehen lassen. Der Hinweis auf den generellen Grundsatz einer Verbindung von Gott-Sehen und Sterben, der sich mehrfach in der Bibel findet, bekommt hier einen spezifischen Kontext. Der Kern des Problems liegt nämlich im Sehen Gottes, denn Mose hatte nicht darum gebeten, das Angesicht Gottes zu sehen, sondern seine Herrlichkeit, seine *kābôd.*

Christoph Dohmen weist darauf hin, dass die Allgemeingültigkeit des begründenden Satzes in der Differenz zwischen Gott und Mensch liegt. Als lebendiger Mensch ist dieser von Gott so unterschieden, dass eine Unmittelbarkeit, die die Erkenntnis des Wesens Gottes in seiner Ganzheit beinhalten würde, unmöglich ist.[58] Mose wird als sterblicher Mensch charakterisiert, und es zeigt sich, dass Gottes Wort sich im menschlichen Zeugnis des Mose zeigen möchte. Die offenbarungstheologische Relevanz von V. 20 wird in einer Rezeption von Dtn 5,24 deutlich, wo es heißt: „Wir haben gesehen, dass Gott zum Menschen spricht und er dennoch lebt“.

Die Gottesbegegnung geschieht als Vorüberziehen, als dynamisches Geschehen. Durch dieses Verb kommt der *Aspekt der Zeit* in den Offenbarungsvorgang hinein. Dieser zeitliche Bezug des Vorüberziehens lässt das in V. 23 erwähnte Sehen bzw. Nicht-Sehen-können Gottes eben nicht räumlich (von vorne oder von hinten), sondern *zeitlich*, als später oder früher, verstehen. Somit ist nicht, wie zahlreiche Übersetzungen es nahelegen, vom Rücken Gottes die Rede, den Mose sieht, sondern vom Späteren.[59] Gemeint ist *ein Sehen und Erkennen im Nachhinein*, das sich den Menschen aus den Wirkungen der göttlichen Nähe erschließt und in dem vorliegenden Kontext auf die Namensoffenbarung Gottes zielt, auf jenen Weg, den Gott mit seinem Volk gehen will. Das Wort ist sichtbar, insofern es sich in seinen Wirkungen in der Zeit zeigt, im Nachhinein.

Wie ist Gott in der Welt gegenwärtig?

Im Alten Testament wird aus verschiedenen Perspektiven und Erfahrungen heraus erzählt, wie Gott den Menschen nahekommt. Seine Präsenz im *Wort* zeigt sich in der Welt durch Engel, in der Bundeslade bzw. im Heiligtum, im

Gottesdienst, im Herzen des Menschen, im Amt des Königs, des Messias oder der Propheten. Und neben dem Wort wird noch von anderen Verbindungsmöglichkeiten zwischen JHWH und seinem Volk gesprochen. In Gen 1 wird die Bedeutung des *Atems Gottes* (hebr.: *ruach*; griech.: *pneuma*) als *dynamische und belebende Größe* gewürdigt. Bei Jes ist es dieser *Geist Gottes*, der die Propheten zur Verkündigung inspiriert und auf dem Messias ruht. Bei Ez, Joël und Jer wird erzählt, dass die Ruach am Ende der Zeiten in die Herzen der Menschen gegossen wird, um sie zu verwandeln und zu erneuern. Die Könige werden wie der Messias mit dem Geist gesalbt. Im Buch der Weisheit wird von der *Weisheit Gottes* gesprochen, die unter den Menschen wohnt und sie zur Erkenntnis befähigt. Mit der Weisheit und dem Geist, die im hebräischen beide *feminin* sind, wird auch die frauliche/mütterliche Seite Gottes, der nicht nach Menschenart auf das männliche/väterliche Geschlecht festgelegt werden kann, bezeugt. Das Wort Erbarmen *(raehem)* bedeutet im Hebräischen Mutterschoß. Gottes Empfindsamkeit und liebende Fürsorge, die auch im Bild der Ehe ausgedrückt werden (Hld, Hosea), zeigen seine *Emotionalität*: Gott lässt sich vom Menschen und seiner Not bewegen und er bleibt in *Bewegung*, weil er sich auf die *Beziehungen* zu den Menschen einlässt und sie, denen er ein für alle Mal seine Nähe zugesagt hat, nicht verlassen will.

Mit dem Bekenntnis zur Einzigkeit Gottes ist der Gedanke der *Unvergleichlichkeit* verbunden. JHWH kann nicht mit anderem verglichen werden. Als der *Ewige* umfasst er alle Zeiten, er ist universal präsent, nicht einmal Himmel und Erde vermögen ihn zu erfassen (1 Kön 8,27). *Gott kann weder räumlich noch zeitlich eingegrenzt werden, er ist der Unendliche, der sich allen öffnen will.*[60] Die unvergleichbare Anderheit Gottes wird auch in seiner Benennung als allein *Heiliger* zum Ausdruck gebracht. Der Mensch kann diese Heiligkeit nicht aus eigener Kraft erreichen, nur wenn Gott sie schenkt, werden Menschen geheiligt und können sich bemühen, heilig zu leben, d. h. Gottes Willen zu tun (vgl. Lev 11,44 f.).

Die Anderheit und Unvergleichbarkeit Gottes zeigt sich auch in der Rede von seiner *Bildlosigkeit*. Jedes Bild würde seine Offenheit und Grenzenlosigkeit einschränken, daher wird das *Bilderverbot* geachtet, das ein Alleinstellungsmerkmal unter den orientalischen Religionen im Umfeld Israels darstellt. Der Mensch kann sich kein Bild von Gott machen, aber er ist als Bild des Schöpfers geschaffen worden und daher selbst von einer Einzigkeit geprägt, die erhebliche ethische Konsequenzen hat. Alle, vor allem die Schwachen, stehen unter dem Schutz Gottes, jeder Mensch ist einzig und unvergleichbar, jedem kommt eine unantastbare Würde zu, die Gott gesetzt hat und die nicht von menschlicher Zuschreibung abhängt. Gott ist für die Bibel die *höchste Autorität*, seine Herrschaft ist nicht von dieser Welt, aber er übt sie in der Welt *zum Wohle alles Lebens* aus.

Gottes Herrschaft ist von Macht und Ohnmacht gekennzeichnet, er ist der Höchste, der sich auch erniedrigt und sich den Schwachen zuneigt. Gegensätze, die sich für uns auf den ersten Blick gegenseitig ausschließen, finden in ihm zu einer Verbindung. Er ist der Gott, der sich zeigt und sich verbirgt; der als abwesender anwesend ist; der Mitleid zeigt und wieder zurückzieht; der zornig sein kann, wenn Unrecht geschieht, und den sein Zorn um des Menschen willen wieder reut; der redet und schweigt; der Schuld anrechnet und tausendfach vergibt; der ungeduldig und geduldig ist.[61]

Diese Gegensätze sind jedoch umfangen von seiner ewigen Treue, Güte und Gerechtigkeit, denn die Bibel spricht nirgends davon, dass Gott Gut und Böse oder Recht und Unrecht in sich vereint. Die genannten Polaritäten und Spannungen stehen für eine letzte Unbegreiflichkeit Gottes, die wir zwar erfahren, aber gedanklich nicht auflösen können. Doch wurzeln sie aus biblischer Sicht eindeutig in der begründeten Hoffnung auf den barmherzigen und rettenden Gott, der das Heil aller Menschen will, denn in der Erwählung Israels zeigt sich exemplarisch, wie JHWH eine „*liebende Beziehung zu allen Menschen* unterhalten möchte".[62]

Gewalt im biblischen Gottesbild?

Diese Frage ist von hoher Aktualität und Brisanz, denn vor allem durch religiösen Fundamentalismus, der in allen Religionen vorhanden ist, wird ein Zusammenhang zwischen Gott und Gewalt hergestellt und wahrgenommen, der Theologie und Kirche massiv herausfordert. Auch die Bibel und die Geschichte des Christentums konfrontieren uns mit dem Phänomen der Gewalt und es stellen sich die Fragen, ob Gewalt im Namen Gottes geschehen darf, ob dieser Gott selber gewalttätig ist, oder ob im Namen Gottes Gewalt zurückgedrängt und verhindert werden muss.

Kritik am biblischen Monotheismus

Der Ägyptologe, Religions- und Kulturwissenschaftler Jan Assmann, u. a. bekannt durch seine Arbeiten zum „Kulturellen Gedächtnis", hat schon vor geraumer Zeit eine Debatte angestoßen, die von der Frage ausgeht, warum in den kanonischen Texten der Bibel „die Themen Gewalt, Hass und Sünde eine auffallend große Rolle spielen und eine andere, nämlich spezifisch religiöse Bedeutung annehmen als in den traditionellen, ‚heidnischen' Religionen. Dort gibt es Gewalt im Zusammenhang mit dem politischen Prinzip der Herrschaft, aber nicht im Zusammenhang mit der Gottesfrage."[63] Gewalt sei dort eine Frage der Macht, nicht der Wahrheit. Assmann betont, dass er nicht behaupte, der Monotheismus habe Hass und Gewalt in eine bis dahin friedliche Welt gebracht, denn natürlich war die Welt schon vor der Entstehung des Monotheismus voller Gewalt gewesen. Aber seine *Frage* sei, warum die Durchsetzung des Monotheismus, also der Glaube und die Bindung an einen einzigen Gott, in einer Sprache der Gewalt erzählt und erinnert werde.[64]

Assmann unterscheidet *zwei Formen des Monotheismus*, einen *inklusiven* und einen *exklusiven*. Der erste könne auf die Formel: „Alle Götter sind Eins" gebracht werden und finde sich im ägyptischen, babylonischen, indischen und antiken griechisch-römischen Kontext als Reifezustand des Polytheismus (Glaube an viele Götter); der andere auf die Formel: „Keine anderen Götter außer Gott" und finde sich ab 1350 v. Chr. in Texten des Echnaton von Amarna und in jüdischen, christlichen und islamischen Texten als Revolution gegen den Polytheismus.[65] Der *exklusive* Monotheismus verlange eine *Entscheidung* zwischen wahrem und falschem Gott als Wahrheitsentscheidung. Wer sich gegen die Götter wende, vollziehe eine Konversion, eine Umkehr, ohne die er nicht in die Wahrheit gelangen kann.

Dieses Einfordern der Notwendigkeit einer Entscheidung wird mit der Gestalt des Mose verbunden und als *mosaische Unterscheidung* bezeichnet.[66] Der Monotheismus lässt die Existenz anderer Götter nicht mehr zu. Der Gott Israels wird zum despotischen Herrschergott stilisiert, der von seinen Untertanen jene Treue fordere, die ein despotischer Herrscher seinen Vasallen abverlangt. Durch diese Umwertung gelinge es Israel, nur Gott als Herrscher anzuerkennen und sich anderen Herrschaftsansprüchen durch weltliche Herrscher zu entziehen und Unabhängigkeit zu erlangen.[67]

Hauptgegner Israels war der Weltherrschaftsanspruch der Neu-Assyrer. Die Durchsetzung des Monotheismus hänge daran, dass es fortan nicht mehr nur um eine machtpolitische, sondern um eine religiöse Position ging. Der eine Gott habe nurmehr den Menschen, nicht mehr andere Götter als Bündnispartner und verlange unbedingte Treue. Seine Eifersucht werde für das Gottesbild prägend, das Eifern der Menschen für seinen Gott ist die Folge. Die *Eifersucht* entspringe zwar der Liebe Gottes für sein Volk, aber aufgrund der *Unterscheidung zwischen Freund und Feind* wird sie zum *Ursprung von Gewalt*, die sich vor allem nach innen wendet.[68]

Assmann schließt seine Überlegungen mit der Feststellung, dass „die Gewalt dem Monotheismus nicht als eine notwendige Konsequenz eingeschrieben ist."[69] Die Sprache der Gewalt entstamme „dem politischen Druck, aus dem der Monotheismus gerade befreien" wolle, sie gehöre „in die revolutionäre Rhetorik der Konversion, der radikalen Wende und Abkehr".[70] Assmanns Sorge ist, dass diese Rhetorik in den Händen der Fundamentalisten zündet, die nichts von einer historischen Genese wissen wollen und keine entsprechende Relativierung zulassen.

Reflektierter Monotheismus und Menschenwürde

Der Alttestamentler Erich Zenger will hingegen zeigen, dass der *reflektierte Monotheismus* im Alten Testament einen *Weg hin zu Gewaltfreiheit und Frieden* darstellt. Er stellt fest, dass Assmann seine Position im Laufe der Jahre präzisiert und z. T. revidiert hat.[71] Es gehe nicht mehr um ein Loblied auf den angeblich weniger gewalttätigen Polytheismus oder Frieden stiftenden Atheismus, sondern um die Anerkennung, dass der biblische Monotheismus *nicht per se gewalttätig* ist.[72] „Aber es ist nicht zu übersehen, dass in der Hebräischen Bibel Ausgrenzung, Hass, Gewalt und Sündenvorwurf eine auffallende Rolle spielen – und zwar gerade im Zusammenhang mit der Frage nach dem wahren Gott."[73] Die Durchsetzung des Monotheismus gegenüber dem Polytheismus in der Umgebung Israels werde von der Bibel in Bildern und Geschichten grausamer Gewalt erzählt. Die Frage, die Zenger umtreibt, lautet: Warum werden solche Geschichten erzählt und erfunden und was können diese Geschichten heute bedeuten?

Zenger argumentiert, dass in der *Entwicklung des Monotheismus* eine Denkbewegung ausgelöst wurde, „die als Proprium der ‚wahren' Religion gerade das Ende der Gewalt und den Gewaltverzicht erkannte und als Ideal propagierte. Dort, wo der biblische Monotheismus sich selbst und seine Implikationen reflektierte, wo er insbesondere seine universalistische Dimension schöpfungstheologisch und weltpolitisch bedachte, präsentierte er sich gewaltkritisch und gewaltlos zugleich."[74]

Dies komme bei Jan Assmann zu kurz. Die Gewaltspur in der Bibel sei dort besonders groß, wo die Texte noch nicht den reflektierten Monotheismus bieten, sondern noch in polytheistischen Kategorien denken. Als Beispiel nennt Zenger den babylonischen Schöpfungsmythos, in dem Marduk „das göttliche Urflutmonster Tiamat" gewaltsam zerstückelt, „um dann einen Teil ihres Leichnams zum Bau des Kosmos zu verwenden".[75] Die Schöpfungserzählung in Gen 1 spreche hingegen nicht von einem Götterkampf, sondern von einer Schöpfung durch das Wort Gottes, der die Welt als Lebenshaus *für alle* Lebewesen schaffe. Während im religiösen Umfeld Israels nur der König oder Oberpriester Bild Gottes sei und so eine Sonderstellung einnehme, komme diese Qualifikation in Gen 1,26 ff. allen Menschen zu, sie sind Könige und Hirten der Schöpfung an Gottes Stelle. *In dieser universalen Perspektive wird jeder Mensch in seiner gleichen Würde anerkannt und damit die Menschenwürde theologisch begründet.* Der Polytheismus kann bis heute Klassengesellschaften legitimieren, der biblische Ansatz sei demgegenüber „herrschaftskritisch, antielitär und ‚demokratisch'".[76]

Eine *gewaltkritische Komponente* zeige sich in der idealen Lebensordnung von Gen 1,29 f., weil hier das Gebot vegetarischer Ernährung das Blutvergießen für den Fleischgenuss ausschließe. In der „realistischen Akzeptanz des den Menschen und den Tieren faktisch eigenen Hangs zur Gewalt toleriert der Schöpfergott das Töten von Tieren unter bestimmten Bedingungen (vgl. Gen 9,1–7)".[77] Zenger erinnert dagegen an griechische Theogonien und Kosmogonien, in denen die Welt aus Götterkämpfen hervorgeht und sogar in der Philosophie Heraklits der Krieg als Vater aller Dinge bezeichnet werde.[78] Ein *gewalttätiges Gottesbild* und die mit ihm verbundene *Theologie des Jerusalemer Königtums* zeige sich in Psalm 2, in dem JHWHs Machtbereich gegenüber dem Anspruch des Gottes Assur ausgeweitet wird, um sich dem assyrischen Machtanspruch im 8. und 7. Jh. v. Chr. entgegenzusetzen. Das Nordreich wurde Assyrien einverleibt und das Südreich kam in Knechtschaft. Der Schutzgott JHWH überträgt seine Vollmacht dem Jerusalemer König. Jerusalem hatte 701 v. Chr. den Angriff überstanden, und dies wurde als Rettung durch JHWH gedeutet. So heißt es in Ps 2: „Warum toben die Völker, warum ersinnen die Nationen nichtige Pläne? Die Könige der Erde stehen auf, die Großen tun sich zusammen gegen den HERRN und seinen Gesalbten: Lasst uns ihre Fesseln zerreißen und von uns werfen ihre Stricke!" (Ps 2,1 ff.) Und dann kommt die Ansage: „Ich selber habe meinen König eingesetzt auf dem Zion, meinem heiligen Berg. Den Beschluss des HERRN will ich kundtun. Er sprach zu mir: Mein Sohn bist du. Ich selber habe dich heute gezeugt. Fordere von mir und ich gebe dir die Völker zum Erbe und zum Eigentum die Enden der Erde."

Dieses gewalttätige Gotteskonzept wird durch die Geschichte des 6. Jh. v. Chr. massiv infrage gestellt. Gottrede und die Erfahrungsgeschichte der Menschen gehören zusammen. Solche Katastrophen bzw. Unterbrechungen führen zu neuen Fragen und zum Suchen nach neuen Antworten. In der Krise sucht man den Neuanfang und die Hoffnung auf eine bessere Zukunft. Die Zerstörung des Tempels 586 v. Chr. und die Entmachtung des davidischen Königtums durch die Babylonier führen zu einer Revision der Gewaltaspekte, mit der die weitere Entwicklung eines *reflektierten Monotheismus* einhergeht.[79] Die exilische und nachexilische Theologie entwirft eine Königstheologie, die explizit auf Gewalt verzichtet und die Solidarität mit den Schwachen zum Leitprinzip macht. Nun wird ein *messianisches Konzept des Gewaltverzichts* entfaltet. Zenger verweist auf Jes 7–11. Dort findet sich die Vision des *Friedensfürsten*, der *Gerechtigkeit für alle Schöpfung* bringen soll. „Der Wolf findet Schutz beim Lamm, der Panther liegt beim Böcklein. Kalb und Löwe weiden zusammen, ein kleiner Junge leitet sie" (Jes 11,6). Aus der

Wurzel Jesse geht ein Reis hervor, der Frucht bringen wird (Jes 11,1). Hier wird *Gewaltlosigkeit zum göttlichen Lebensprinzip.* Das Feindsein soll überwunden werden, damit Gastfreundschaft möglich wird. Wenn Zion zum Ort gewaltfreien Friedens werde, dann werden alle Völker dorthin ziehen. In Sach 9–11 wird auch das Bild des rettenden Königs entworfen, der in Armut und Schwachheit kommen wird, auf einem Esel reitend. Gott will sein Gottsein durch Abschaffung der Kriege erweisen.[80] Israel als erwähltes Volk soll ebendiese Gewaltlosigkeit vorleben. Der *Dekalog* gilt als jener grundlegende Text, der den Raum der Freiheit, der Gerechtigkeit und Solidarität öffnen und stiften soll.[81] Hier verschmelzen Religion und Ethik und auch dies ist ein Ertrag des *reflektierten Monotheismus.* Die Rede von Gott erhält eine *ethische* Bedeutung, denn es ist das zu tun, was dem Leben der Menschen und der Geschöpfe dient und so Gott die Ehre erweist.

Entwicklungsstufe	Polytheistischer Kontext (Existenz mehrerer Götter wird angenommen)	Vom Henotheismus (JHWH ist Gott des Volkes, andere Götter werden toleriert) hin zur Monolatrie (Existenz anderer Götter möglich, aber nur ein Gott wird verehrt)	Reflektierter Monotheismus (es gibt nur einen einzigen Gott, andere Götter werden ausgeschlossen)
Zeit	Vorväter Israels	Vorexilische Zeit	Exilische und nachexilische Zeit (ab 6. Jh. v. Chr.)
Inhalt	Orientalischer Kontext Kulturelle Vorgaben Götter mit verschiedenen Zuständigkeiten	Entwicklung eigener Identität Regionale Bedeutung der Gottrede für das eigene Volk	Bundestheologie Treueverhältnis Universalität der Gottrede Schöpfungstheologie
Gottesbild	El, Elohim	Sonderstellung von JHWH gegenüber den anderen Göttern Exklusive Verehrung	JHWH ist einzig, es gibt keine anderen Götter
Belege	Lasst uns Menschen machen (Gen 1,26)	Ps 89,7: Wer von den Göttern ist JHWH gleich? Ps 82,1: JHWH steht auf in der Versammlung der Götter Hos 2,19: Ich lasse die Namen der Baale aus ihrem Mund verschwinden.	Dtn 4 Jer Jes 7–11 Weish

Übersicht zur Entstehung des Monotheismus im Alten Testament

Die Rede von Gott im Neuen Testament

Verkündet Jesus einen anderen Gott? – Die Versuchung Marcions

Im 2. Jh. n. Chr. hat *Marcion* († um 160 n. Chr.) behauptet, dass Jesus einen anderen Gott verkündet habe als den ambivalenten Schöpfergott des Judentums. Jesus verkünde einen guten Gott der Gnade und Liebe, der Gott Israels sei hingegen ein Gott der gescheiterten Schöpfung und der Gewalt. Marcion wollte deshalb jene jüdischen Schriften, die in den christlichen Gottesdiensten gelesen und später als christliches Altes Testament kanonisiert wurden, nicht als Hl. Schrift des Christentums anerkennen. Er versuchte sogar, die zu seiner Zeit rezipierten Evangelien von jüdischen Einflüssen zu bereinigen und favorisierte das Lukasevangelium und Paulus. Diese Position Marcions ist insofern erstaunlich, weil auch ihm hätte klar sein müssen, dass nicht nur Jesus Jude war, sondern auch die Apostel und die Autoren der Evangelien und sonstigen Schriften des Neuen Testaments.

Selbstverständlich ist das christliche Denken zutiefst vom Judentum und dessen Bundestheologie geprägt. Doch es gab zur Zeit des Marcion noch keinen endgültigen Kanon der Bibel, spannenderweise weder auf christlicher noch auf jüdischer Seite. Es gab zwar rezipierte Schriftensammlungen, die dadurch Geltung erhielten, dass man sie im Gottesdienst las und auslegte oder zwischen den Gemeinden austauschte und kommentierte. Aber die Auswahl war noch in Bewegung, die paulinischen Briefe etwa waren lange, auch wegen ihrer Radikalität, umstritten und hatten sich nicht überall durchsetzen können. Das wusste Marcion, und so provozierte er die Entscheidung der Kirche zu einer Zeit, in der sich die Ablösung des Christentums vom Judentum mehr und mehr abzeichnete und aus einer gemeinsamen Herkunft getrennte Wege und sogar Gegnerschaft wurden.

Vor allem *Irenäus* († um 200 n. Chr.) wendet sich gegen einen Dualismus, der bei Marcion den Gott Jesu Christi gegen den Gott des Alten Testaments ausspielen will. Irenäus betont die *Einheit und Einzigkeit Gottes* und damit zusammenhängend *die Einheit von Schöpfung und Erlösung, Schöpfungs- und Heilsgeschichte.* Dabei geht es ihm auch um die Einheit Jesu Christi und um die adäquate Rede von der Menschwerdung Gottes, bei der das göttliche Wort und der Mensch Jesus nicht auseinanderfallen dürfen. Aber Irenäus denkt an eine spannungsvolle Einheit in Unterschiedenheit, wenn er sagt, dass es viele Stimmen gibt, die Gott in Jesus Christus bezeugen und dass das eine Evangelium vier Gesichter hat.[82] Das göttliche Wort ist für ihn der Baumeister des Alls, der alles zusammenhält und den Menschen in Jesus Christus erschienen ist. Dieses Wort hat das Evangelium in vier Gestalten geschenkt, das durch den einen Hl. Geist zusammengehalten wird, durch den „Hauch des Lebens".

Mit dem Bild des Hauches oder des Atems kommt die Etymologie des Wortes *ruach / pneuma / spiritus* zum Tragen und wird die Rede von der Inspiration vorbereitet, die bei Irenäus aber noch nicht voll ausgeführt wird. Der Geist steht für eine Einheit in der Vielheit, und er steht für eine Bindung an Christus, an das Wort. Der eine Geist bewirkt das Viele und wirkt im Vielen die Einheit. Das wird auch ekklesiologisch mit Blick auf die Kirche durchgeführt. So ist es für Irenäus *derselbe* Gott, der die Welt geschaffen hat und in Jesus Christus zur Vollendung führt. Und es ist ein und derselbe Jesus Christus, den wir als Sohn Gottes und als Jesus von Nazareth bekennen. Von daher kann Irenäus auch noch weitere Schriften als die vier Evangelien integrieren und sich gegen das Selektieren eines Marcion und anderer wenden, die sich, böse formuliert, nur das für ihre Gottrede aus den Texten heraussuchen, was ihnen gerade passt. Auch der für viele sperrige, von Dualisten und Gnostikern gerne rezipierte und daher für andere manchmal verdächtige Paulus hat somit sein Recht in diesem Konzert der Stimmen. Kriterium ist für Irenäus, dass die Vielheit der Zeugnisse von der Einzigkeit Gottes, der *Einheit* von Schöpfung und Erlösung, der *Einheit* Jesu Christi und der Schrift kündet.

Man könnte daran anschließend fast sagen, dass gerade die Pluralität und Sperrigkeit bzw. Widersprüchlichkeit der Schriften, die sich im Rahmen der Kanonisierung durchsetzten, von einer Inspiration durch den Geist Gottes zeugen, der die Vielfalt und Vieldeutigkeit nicht zerstört, sondern ins Recht setzt. In der Vielfalt muss die Einheit aufgrund der Deutung gefunden werden, einer Deutung, die nach Vereindeutigung verlangt, aber doch nicht an der Vieldeutigkeit vorbeikommt. Diese Deutung geschieht im Gottesdienst, in der Predigt, Verkündigung und Katechese. Die Frage nach der Einheit der Schrift verweist auf den einzigen Gott, in dem sie ihre Einheit findet. Eine Harmonisierung der Texte hätte nicht nur den Raum der Deutung eingeengt, sondern wäre auch zu sehr auf Kosten der Anderheit und Unbegreiflichkeit Gottes gegangen.

Die Kirche reagierte und entschied, dass Marcion im Unrecht war. Es wird deutlich festgestellt: *Der Gott Jesu Christi ist der Gott Israels, kein anderer!* Und es wird nun ein Kanon der heiligen Schriften festgelegt, der neben den Texten des Neuen Testaments, die von jüdischen Autoren stammen, die Christus nachfolgen wollen, auch jene bedeutenden Schriften des Judentums enthält, die aus christlicher Sicht als Altes Testament bezeichnet werden und mit geringen Abweichungen vom Judentum als Bibel Israels kanonisiert wurden. Nach heutigem Kenntnisstand lag die Bibel Israels zu dieser Zeit der Kanonisierung der christlichen Bibel nicht schon abgeschlossen vor, sondern sie wurde möglicherweise in Reaktion auf die christliche Festlegung einer eigenen Hl. Schrift erst im 3. und 4. Jh. n. Chr. vollendet. Der jüdische und der christliche Kanon als endgültige Fixierung eines zuvor noch für Fortschreibungen offenen Textbestandes entstehen also zur gleichen Zeit, sie dienen der Findung und Profilierung der je eigenen Identität von Juden und Christen in jener Phase, in der die Christen sich nicht länger innerhalb des jüdischen Glaubens verorten können und auch von jüdischer Seite nicht mehr als Interpreten desselben Glaubens akzeptiert werden.

Kirche und Judentum

Auf diesem Hintergrund ist die *Entscheidung der frühen Kirche, das Alte Testament als Hl. Schrift beizubehalten* und vom selben Gott zu sprechen, von herausragender Bedeutung. Denn damit wird die bleibende Verbindung zum Volk Israel und die Glaubwürdigkeit des Alten Testaments ebenso festgehalten wie der Monotheismus und die Theozentrik der Botschaft Jesu. Den Gott Israels und keinen anderen bezeichnet Jesus als seinen Vater und greift damit eine vertrauliche Anrede Gottes auf, die auch im jüdischen Umfeld schon gegeben ist. Auch Jesus kennt die überlieferten Schriften seines Volkes, aus dem er kommt und zu dem er sich gesandt weiß. Er selbst ist an die Schriften Israels gebunden, die daher als Vor-Gabe des Neuen Testaments und seiner Botschaft gelten müssen. Jesus, so betonte Johannes Paul II., hört das Wort Gottes in der Synagoge, er lernt Gottes Wort als wahrer Mensch durch die mündliche und schriftliche Überlieferung seiner Zeit kennen, er legt die Schriften aus.[83] Diese Kenntnis des Gotteswortes verdankt er dem Zeugnis jenes Volkes, dem er entstammt. Um wie viel mehr ist die Kirche bleibend an diese Vor-Gabe verwiesen! Daraus ergibt sich ein *einzigartiges Verhältnis zwischen Kirche und Judentum.*

Johannes Paul II. hat die Begründung dieser Einzigkeit theologisch in zwei Schritten entfaltet: Die erste Dimension des christlich-jüdischen Dialogs ist die Begegnung „zwischen dem Gottesvolk des von Gott nie gekündigten Alten Bundes und dem des Neuen Bundes". Die zweite Dimension besteht darin, dass dies auch ein Dialog im Inneren der Kirche ist, „gleichsam zwischen dem ersten und zweiten Teil ihrer Bibel".[84] Gemeint ist das Verhältnis von Altem und Neuem Testament. Die Bibel der Christen gibt es nicht ohne die Bibel Israels. In beiden Schriften spricht derselbe Gott sein ungeteiltes Wort. Damit bleibt das Christentum nicht nur äußerlich, sondern auch innerlich an die jüdischen Wurzeln gebunden. Und das ist der Grund, warum Johannes Paul II. von den Juden als den älteren Brüdern im Glauben sprach. Die Rede von zwei gleichaltrigen Geschwistern ist aus der Sicht der Forschung über die Entstehung des rabbinischen Judentums und des Christentums, des jüdischen und des christlichen Kanons der Hl. Schrift heute sachgerechter, aber für Johannes Paul II. waren aus der Sicht ntl. Diktion die Juden, denen Jesus entstammt, im theologischen Konzept eine vorgeordnete, eben „ältere“ Größe.

Das Phänomen einer *gemeinsamen Hl. Schrift* ist von besonderer theologischer Würde, und zwar nicht nur für die Frage nach den jüdischen Wurzeln des Christentums, sondern auch für die soteriologische Bewertung des eigenständigen Weges des Judentums in der Zeit nach Christus. Joseph Ratzinger formulierte als Kardinal, dass es die Verantwortung von Juden und Christen ist, „die Wahrheit des einen Gotteswillens vor der Welt zu vertreten und so den Menschen vor seine innere Wahrheit zu stellen, die zugleich sein Weg ist“.[85] Die Juden leben also in der Wahrheit und können bei aller Unterschiedenheit wie die Christen davon Zeugnis ablegen, dass der Kern der biblischen Botschaft im Bekenntnis des einzigen Gottes sowie in der Einheit der Gebote von Gottes- und Nächstenliebe liegt. Israel ist nicht nur in Bezug auf die Vergangenheit, sondern auch in Bezug auf die Gegenwart, wie der damalige Kardinal mit Verweis auf Paulus betont, im Besitz der Sohnschaft (denn Israel wird im Alten Testament als erwählter Sohn Gottes verstanden), der Herrlichkeit (d. h. der Präsenz Gottes), der Bundesordnungen, des Gesetzes, des Gottesdienstes, der Verheißungen und der Väter.[86] Er ringt wie Paulus mit der Verhältnisbestimmung zwischen dem Glauben an Jesus Christus als einzigem Erlöser der Menschen und der Anerkennung des anderen Glaubensweges des Judentums:

> „Auch wenn die Christen wünschen, dass Israel eines Tages Christus als den Sohn Gottes erkennen möge und dass damit der Spalt sich schließe, der beide noch trennt, so sollten sie doch Gottes Verfügung anerkennen, der Israel offenbar in der ‚Zeit der Heiden‘ eine eigene Sendung aufgetragen hat, die die Väter so umschreiben: Sie müssen als die ersten Eigentümer der Heiligen Schrift uns gegenüber bleiben, um gerade so ein Zeugnis vor der Welt aufzurichten.“[87]

Juden und Christen beten auf je andere Weise den einen – denselben – Gott an.

Universale Herrschaft Gottes und Bindung an den Messias

Die Bedeutung Jesu, nach der seine Jünger und die Autoren des Neuen Testaments immer wieder neu suchen, führt sie in das Leben Gottes hinein. Diese Frage nach der Bedeutung Jesu Christi wird in der Christologie näher beleuchtet, wir beschränken uns hier vor allem auf die theo-logischen Auswirkungen.

Der Johannesprolog spricht vom *Wort Gottes*, das in Jesus Christus *Mensch geworden* ist (Joh 1). Die Christen können nicht mehr von Gott sprechen, ohne im selben Atemzug von Jesus dem Christus zu sprechen und umgekehrt. Die christliche Kanonisierung und Tradierung der Schriften des Alten und Neuen Testaments schafft ab dem 3./4. Jh. eine verbindliche Textgrundlage, ohne die es nicht zur Entfaltung einer trinitarischen Gottrede gekommen wäre, die vor allem in der Gebetspraxis und Liturgie der Taufe und Eucharistie gründet. Die Texte des Neuen Testaments, die im Gottesdienst gelesen und gedeutet werden, bringen die Einzigkeit Jesu und seine Heilsbedeutung zur Sprache und suchen die Rückbindung an das Alte Testament, denn vor diesen heiligen Schriften muss sich die Verkündigung Jesu als des Messias rechtfertigen lassen. Im Alten Testament liegen die Kriterien für den Monotheismus und die ntl. Gottrede bereit, und die christliche Erweiterung der Hl. Schrift durch das Neue Testament will das Alte Testament in anderer Weise fortschreiben als das Judentum. Erst die Anerkennung der ntl. Schriften als von Gott inspirierte Texte im verbindlich abgeschlossenen Kanon ermöglicht eine christologisch geprägte Entfaltung der Gottrede. Nicht nur das Alte, auch das Neue Testament wird nun als Gottes Wort im menschlichen Wort betrachtet.

Die Texte des Neuen Testaments entstehen in den Jahrzehnten nach dem Tod Jesu und *setzen das Ostergeschehen voraus*. Sie werden niedergeschrieben unter dem Eindruck der Auferweckung des Herrn, und diese einzigartige Erfahrung, dass der Gekreuzigte zu Gott erhöht wurde und von dort her auf verwandelte Weise weiterhin unter seinen Jüngerinnen und Jüngern präsent ist, prägt das Zeugnis der ntl. Autoren.

Der ntl. Kanon wird durch das MtEv (80–90 n. Chr.) eröffnet. Es beginnt mit einer Genealogie, d. h. mit dem Stammbaum Jesu, und dies ist das Signal, dass das im Neuen Testament bezeugte Christusgeschehen nicht ohne die vorausgehende Bundesgeschichte zwischen Israel und seinem Gott verstanden und gedeutet werden kann. Der Akzent liegt auf „der Idee des gerechten ‚Gottes mit uns', der einen Bund mit seinem Volk geschlossen hat, an dem er festhält …, was er im Wirken Jesu, des ‚Immanuel' (Mt 1,23; 28,20), noch einmal ganz unmissverständlich"[88] deutlich macht. *Immanuel* bedeutet übersetzt „Gott mit uns", und wenn dieser Name auf Jesus angewendet wird, dann wird die *Präsenz Gottes* in besonderer Weise *mit ihm verbunden*. Der *Bund* wird, wie im Alten Testament, als eine das ganze Leben bestimmende Größe verstanden, die sich im Tun des Gotteswillens, wie er in der Tora überliefert ist, ausdrückt. Daher steht in Mt 5–7 mit den Texten der *Bergpredigt* und der *Seligpreisungen* die radikale *Auslegung des Gesetzes* im Zentrum, das nicht aufgehoben, sondern von Jesus eigenständig gedeutet wird.[89] Die Feindesliebe wird als *Radikalisierung der Nächstenliebe* ebenso eingefordert wie die *Bereitschaft zur Vergebung*: „Denn wenn ihr den Menschen ihre Verfehlungen vergebt, dann wird euer himmlischer Vater auch euch vergeben. Wenn ihr aber den Menschen nicht vergebt, wird euer Vater eure Verfehlungen nicht vergeben“ (Mt 6,14 f.).

Dieses Motiv findet sich auch im *Vaterunser* wieder. Die nahegekommene Königsherrschaft Gottes ist der herausragende Inhalt der Verkündigung Jesu, der als Sohn Gottes bezeichnet wird. Mt bevorzugt allerdings die Rede von der Königsherrschaft der Himmel, um die *universale Herrschaft Gottes* über die ganze Welt zu betonen und eine Beschränkung allein auf Israel zu vermeiden. Dieser Gott darf als „unser Vater“ angesprochen werden und dies verweist auf die Innigkeit der Beziehung zu ihm. Die Vollkommenheit Gottes wird zum Maßstab menschlichen Handelns (Mt 5,48). Daher stehen menschliche Vorstellungen oft nicht in Übereinstimmung mit dem Willen Gottes. Dies zeigt z. B. das Gleichnis von den Arbeitern im Weinberg. Der Weinbergbesitzer gibt jedem, wie abgesprochen, den gleichen Lohn. Aber diejenigen, die länger gearbeitet haben als die anderen, die erst später kamen, murren und wollen nun mehr Geld. Der Herr des Weinbergs fragt sie: „Bist du neidisch, weil ich gut bin?“ (Mt 20,15) Gott schaut nicht wie wir nur auf die Leistung, sondern auf den Menschen und will jedem das zukommen lassen, was er zum Leben braucht.[90]

Das MkEv (um 70 n. Chr.) steht an zweiter Stelle im ntl. Kanon und ist das älteste der Evangelien. Jesus wird als von Gott bevollmächtigter Sohn verstanden, dessen Sendung der Durchsetzung der *Königsherrschaft Gottes* dienen soll.[91] Gott selbst ist der König, und diese schon im Alten Testament gegebene Vorstellung relativiert bei Mk jeden menschlichen Machtanspruch und stellt ihn unter das kritische Maß der Gerechtigkeit Gottes. Das ist vor allem gegen die römische Fremdherrschaft der damaligen Zeit gerichtet, die auch die Zerstörung des Tempels in Jerusalem (70 n. Chr.) zu verantworten hat. Der sprechende Gott *offenbart* in der Taufszene die Bedeutung Jesu als Sohn Gottes („Du bist mein geliebter Sohn, an dir habe ich Wohlgefallen“, Mk 1,11), und bei der Verklärung Jesu erfolgt die Aufforderung an Petrus, Jakobus und Johannes: „Auf ihn sollt ihr hören“ (Mk 9,7). Das spielt auf Dtn 18,15 an, wo Mose einen Propheten ankündigt, der nach ihm auftreten wird.[92] Das Wort „Kyrios“, Herr, kann in Mk 1,3 sowohl auf Gott als auch auf Jesus bezogen werden: „Bereitet dem Herrn den Weg.“ Schon im Leben Jesu vor Tod und Auferweckung wird die Nähe der Gottesherrschaft spürbar, in seiner von den Gleichnissen geprägten Verkündigung und in seinen Taten, durch die er viele Menschen im Namen Gottes heilt, von Sünden und Isolation befreit und versöhnt. So ist das Evangelium eine Frohe Botschaft, weil Gott in und durch Jesus den Christus handelt und Rettung schon jetzt unter den Menschen geschieht. Dieses Evangelium ist für alle Menschen relevant, daher verlässt Jesus bei Mk immer wieder jüdische Kerngebiete und wird mit nicht-jüdischen Personen konfrontiert.

Im LkEv (Ende des 1. Jh. n. Chr.) wird erneut deutlich, dass der Gott Jesu Christi der *Gott Israels* ist. Das Magnificat, das Maria spricht, um Gott zu preisen, ist voll von Motiven atl. Theologie (Lk 1,46–55). Gott ist der Mächtige und Heilige, der Großes tut und dessen Erbarmen von Geschlecht zu Geschlecht reicht (Lk 1,49 f.). Er stürzt die Mächtigen vom Thron und erhöht die Niedrigen, die Hungrigen beschenkt er mit seinen Gaben und lässt die Reichen leer ausgehen (Lk 1,52 f.). Dies sind Motive aus den Psalmen und aus Dtn, und wenn es am Ende heißt, dass Gott sich seines Knechtes Israel erbarmt und an sein *Erbarmen* denkt, das er schon Abraham verheißen hat, dann wird auf die ganze *Bundesgeschichte* Bezug genommen. Und der Lobpreis des greisen Zacharias (Lk 1,68–79), der vom Geist erfüllt wird, preist den Herrn, den Gott Israels, der sich seines Volkes erbarmt und an seinen heiligen Bund denkt, den er Abraham geschworen hat. Das erwartete Kind wird das Volk mit der Erfahrung des Heils beschenken durch die Vergebung der Sünden, das Licht allen bringen, die in Finsternis und im Schatten des Todes wandeln und die Schritte der Menschen auf den Weg des Friedens lenken (Lk 1,77–79).

Gott will Unrecht in Gerechtigkeit verwandeln, die Verhältnisse in der Welt verändern. Er ist der Herr und der „Soter“, der Retter bzw. Heiland. Der Titel „Soter“ wurde zur Zeit des Lk auch auf weltliche Herrscher wie Caesar oder Augustus angewendet, Kaiser Hadrian ließ sich sogar „Soter des Kosmos“ nennen.[93] Wenn Lk diesen Titel für Gott reserviert, dann hat dies im Magnificat auch eine konkrete politische Dimension und kritisiert deutlich den Umgang mit der Macht. Gott ist nicht auf der Seite der Mächtigen und will den Schwachen zu ihrem Recht verhelfen. Deshalb sucht er in Christus, seinem Sohn, sein Volk heim. Das bedeutet „keine ‚Heimsuchung‘ im heutigen negativen Sinne des Wortes, sondern die Idee, dass Gott in Christus in seinem Volk wie ein Gast ankommt, der allerdings – wie bereits die Weihnachtsgeschichte (Lk 2,1–11) zeigen soll – immer wieder auf Ablehnung stößt.“[94] Gott sucht das Heim der Menschen auf, so wie Jesus dem Zöllner Zachäus sagt: „Ich muss heute in deinem Hause zu Gast sein!“ (Lk 19,5) Durch diesen Besuch wird dem Haus das Heil geschenkt (Lk 19,9). Die Menschen empören sich über Jesus, der bei einem Sünder zu Gast sein will. Aber genau mit diesem Verhalten tut er den Willen Gottes und steht für dessen barmherzige Präsenz bei den Menschen. Das Gleichnis vom barmherzigen Vater in Lk 15,11–32 drückt ebendieses Gottesbild auf beeindruckende Weise aus und wurde nicht von ungefähr zum Leitbild des von Papst Franziskus ausgerufenen Jahres der Barmherzigkeit. Ähnlich wie in der

Erzählung von den Arbeitern im Weinberg bei Mt wird auch hier der Neid zum Thema gemacht, denn der Sohn, der immer beim Vater blieb, ist nicht einverstanden mit der Versöhnung und dem Fest, das der Vater aus Freude über die Rückkehr des Bruders geben will. „Mit dieser Erzählung von der Zumutung der Liebe Gottes *zum anderen*, den ich selbst nur sehr schwer lieben kann, steht das Lukasevangelium nicht alleine da; seine vielleicht deutlichste Parallele jedoch findet es wohl weniger im Neuen Testament als im atl. Buch Jona, wo der Prophet zusehen muss, wie Ninive, dessen Untergang er soeben prophezeit hat, wegen der Barmherzigkeit Gottes nicht zerstört wird.“[95]

Inkarnation des Wortes Gottes

Das JohEv (um 100 n. Chr.) findet sich nach den Synoptikern an vierter Stelle im ntl. Kanon. Der berühmte Prolog (Joh 1,1–15) beginnt mit einer Reminiszenz an Gen 1,1: „Im Anfang war das Wort und das Wort war bei Gott und das Wort war Gott“ (Joh 1,1). Damit wird der Bogen zur Schöpfung und zum ersten Buch des atl. Kanons geschlagen. Das heilbringende Christusgeschehen beginnt nicht erst mit der Taufe Jesu oder seiner Geburt bzw. Zeugung, sondern bereits mit der Schöpfung. Gott als Schöpfer wird von Joh ins Zentrum gerückt, sein schöpferisches Wort, durch das alles geworden ist, wird Fleisch (Joh 1,14) und wohnt unter den Menschen. Damit ist der Gedanke der Inkarnation, der Menschwerdung des Wortes Gottes so deutlich formuliert wie in keinem anderen Evangelium.

Die Schau der Herrlichkeit Gottes ist dadurch möglich, denn: „Niemand hat Gott je gesehen. Der Einzige, der Gott ist und am Herzen des Vaters ruht, er hat Kunde gebracht“ (Joh 1,18). In der Zeit der Vollendung sendet der Vater seinen Sohn, um alle, die an ihn glauben, zu Kindern Gottes zu machen (Joh 1,12). Die Ablehnung des Lichtes durch die Finsternis der Welt treibt den Autor des JohEv um, und wenn er den Widerstand vor allem bei „den Juden“ gegeben sieht, dann birgt dies antijüdisches Potential in sich[96] und zeugt von den sich verschärfenden Konflikten, die schließlich zur Trennung von Christen und Juden führen werden. Christus und Gott werden nicht nur in Joh 1,1 in eine besonders enge Beziehung gesetzt.

Auch in den Abschiedsreden Jesu (Joh 13–17) wird das *Zueinander und Ineinander von Vater und Sohn als Liebesbeziehung* betont. Die besondere Einheit im Wirken zwischen beiden wird später von der Theologie der Väter als eine Einheit im Sein interpretiert werden. Vater und Sohn unterscheiden sich voneinander, aber sie bilden eine Einheit. In Joh 14,28 spricht der Sohn: „... denn der Vater ist größer als ich.“ In den Zeichen, die Jesus tut, zeigt sich das Wirken des Vaters und seiner Liebe. „Wie mich der Vater geliebt hat, so habe ich euch geliebt. Bleibt in meiner Liebe“ (Joh 15,9).

In 1 Joh 4,7 f. wird das *Wesen Gottes* als *Liebe* zur Sprache gebracht. Dies hat konkrete *ethische Konsequenzen*, denn „wer seinen Bruder nicht liebt, den er sieht, der kann Gott nicht lieben, den er nicht sieht“ (1 Joh 4,20). Die *Einheit von Gottes- und Nächstenliebe* ist das Vorzeichen, unter dem das eschatologische Gericht Gottes steht, das Vater und Sohn gemeinsam vollziehen werden. Der Sohn aber kann von sich aus nichts tun, er richtet so, wie er es vom Vater hört (Joh 5,30).

Immer wieder wird bei aller Betonung der *Einheit* von Vater und Sohn auch der *Unterschied* zwischen beiden markiert. Jesus offenbart den Namen des Vaters (Joh 17,6) vor allem in den „Ich-bin-Worten“, die an die Namensoffenbarung in Ex 3,14 erinnern,[97] auf die wir bereits im atl. Teil ausführlich geblickt haben. Die dadurch vom JohEv ausgesagte *besondere Nähe zwischen Jesus und Gott* führt zu Konflikten in der Synagoge und wirft die Frage nach der Einzigkeit Gottes auf. Vor allem der Satz „Ich und der Vater sind eins“ (Joh 10,30) wird von vielen Juden als Blasphemie verstanden. Wenn nicht mehr von Gott die Rede sein kann, ohne im selben Atemzug vom Sohn zu sprechen und umgekehrt – was bedeutet das für das Gottesbild?

Die Formulierung vom fleischgewordenen Wort Gottes, das unter uns gewohnt hat (Joh 1,14a), greift den atl. Gedanken der *Schekhina*, d. h. des Wohnens bzw. Zeltens Gottes im Heiligtum (Bundeszelt, Tempel), in der Welt und in seinem Volk auf. Auch dieses Motiv wird christologisch zugespitzt, wenn der auferweckte Christus und „der Tempel seines Leibes“ als Wohnort Gottes gedeutet werden (Joh 2,21).[98] Doch in dieser Zuspitzung bleibt eine Patro- bzw. *Theozentrik* leitend, die auf den Vater, d. h. den Gott Israels als in der Geschichte für das Heil der Menschen handelnden Retter zielt und ihn ins Zentrum rückt.

Gottes rettendes Handeln durch Jesus Christus

Paulus versteht sich als Apostel, der auserwählt wurde, um das Evangelium Gottes von seinem Sohn Jesus Christus zu verkünden (Röm 1,1). Wie in den Evangelien wird Jesus fast selbstverständlich mit dem Titel *Christus* versehen. Dies bedeutet, von seiner *Messianität* zu sprechen. Damit wird das Signal gegeben, dass in Jesus dem Christus die Zeit der endgültigen Entscheidung, die Endzeit, angebrochen ist, in der Gott seinem Frieden und seinem Heil universal zum Durchbruch verhelfen und Gerechtigkeit schaffen will. *Paulus* entfaltet eine *Theologie der Rechtfertigung*, die Gottes Gerechtigkeit ins Zentrum stellt. Gottes Gerechtigkeit bedeutet grammatikalisch einen Genitivus subiectivus und obiectivus: Gott ist gerecht (Gen. subj.) und er macht die Menschen gerecht (Gen. obj.). Gott schaut nicht auf das Verdienst oder das Ansehen des Menschen (Röm 2,11), sondern er schenkt seine Gnade *bedingungslos*. Das ist die Gerechtigkeit, die der Glaube schenkt. Alle, die an Christus glauben, werden durch ihn gerecht gemacht, d. h. sie haben Teil an der Gerechtigkeit Gottes, weil Jesus für uns alle am Kreuz gestorben ist zur Vergebung der Sünden.

> „Ja, Gott war es, der in Christus die Welt mit sich versöhnt hat, indem er den Menschen ihre Verfehlungen nicht anrechnete und unter uns das Wort von der Versöhnung aufgerichtet hat. Wir sind also Gesandte an Christi statt, und Gott ist es, der durch uns mahnt. Wir bitten an Christi statt: Lasst euch mit Gott versöhnen! Er hat den, der keine Sünde kannte, für uns zur Sünde gemacht, damit wir in ihm Gerechtigkeit Gottes würden." (2 Kor 5,19 ff.)

Diese Deutung des Kreuzestodes führt Paulus zu der Konsequenz, dass alle Menschen, Juden wie Heiden, Sünder sein müssen, denn sonst wäre der Messias nicht für alle gestorben. Gott handelt in und durch Christus zum Heil der verlorenen Welt, er hat ihn von den Toten auferweckt und so als Sohn in Macht dem Geist der Heiligkeit nach eingesetzt (Röm 1,4; 1 Kor 15,4). Im Philipperhymnus (Phil 2,6–11) wird Jesus Christus allerdings als jener gepriesen, der Gott zunächst gleich war, sich entäußerte und den Menschen gleich wurde. Franz Dünzl deutet die Gleichheit als „Daseinsform" und spricht von einem Abstieg-Aufstieg-Schema.[99] Die Selbsterniedrigung Jesu im Gehorsam bis hin zum Tod am Kreuz führt zur Erhöhung durch Gott. „Jesus Christus ist der Herr zur Ehre Gottes, des Vaters" (Phil 2, 11). Der Kyrios-Titel findet hier seine Anwendung und zielt auf die Göttlichkeit Jesu. Entscheidend ist es aber auch hier für Paulus, den Willen Gottes zu tun, wie er in Christus und in der Tora offenbar wurde. Denn der Philipperhymnus zielt auf eine entsprechende Praxis der Gemeinde, die Jesus nachahmen soll: „Seid untereinander so gesinnt, wie es dem Leben in Christus Jesus entspricht" (Phil 2,5). An anderer Stelle zitiert Paulus das Liebesgebot aus Lev 19,18 und sieht darin die Erfüllung des Gesetzes (Röm 13,9–10; Gal 5,14). Da jedoch kein Mensch in der Lage ist, die Tora voll zu erfüllen, bleiben alle hinter dem Anspruch der Liebe Gottes zurück und werden zu Sündern. Keiner ist gerecht, weder Juden noch Heiden. Nur einer konnte für uns eintreten: Jesus Christus als Sohn Gottes. In ihm will der „liebende und versöhnende Gott" Heil für alle Völker schaffen.[100] Paulus hält daran fest, dass allein der Glaube an und das Vertrauen auf Jesus Christus den Menschen gerecht macht und rettet, aber er stellt sich dennoch der Frage, ob die Juden, die nicht an Christus glauben, verworfen sind oder nicht.

In Röm 9–11 kommt es zu einer vielfältigen und spannenden Argumentation, die in die Überzeugung mündet, dass am Ende ganz Israel gerettet werden wird (Röm 11,26). Denn *Gott verwirft sein Volk nicht und bleibt seinem Bund treu.* Ist der Glaube an Christus also nicht heilsnotwendig? Es ist und bleibt für Paulus ein „Mysterion" (Röm 11,25), d. h. ein Geheimnis im Sinne einer von Gott geoffenbarten Verfügung,[101] dass die Rettung ganz Israels zugesagt wird. Damit wird auch der Gedanke der *Vorherbestimmung* berührt, denn der treue Gott will das Heil für sein Volk und schenkt es ihm bedingungslos. Die Verstockung Israels geschieht auf Gottes Verfügung hin, damit das Evangelium zu allen Völkern gelangen kann (Röm 11,30–32).

Paulus geht es auch darum, von den Heiden nicht die Erfüllung aller jüdischen Gebote (bes. Speisegebote, Beschneidung) zu fordern, wenn sie Christen werden wollen. Diese von Paulus propagierte Freiheit vom Gesetz um der Heidenmission willen führt im Galaterbrief zu überspitzten Gegenüberstellungen von Gesetz und Evangelium, die aber nicht die grundsätzliche Anerkennung der Tora infrage stellen, sondern eine andere Deutung vornehmen will. Der Glaube an Gott zielt auf eine Haltung der Liebe und des Vertrauens und nicht auf eine exakte Gesetzesobservanz.

Im deuteropaulinischen Kolosserbrief wird das Verhältnis von Vater und Sohn mithilfe des antiken Urbild-Abbild-Denkens reflektiert. Im *Kolosserhymnus* Kol 1,15a wird der Sohn als *„Bild des unsichtbaren Gottes"* zur Sprache gebracht. Im Bild ist das Urbild präsent, obwohl es auch eine Differenz zwischen beiden gibt. Damit wird nicht nur ein Bezug zu 2 Kor 4,4 geschaffen, wo ebenfalls von Christus als Gottes Bild die Rede ist, sondern auch die jüdische Weisheitsspekulation eingespielt, die von der personifizierten *Weisheit als Bild der Güte Gottes* spricht (Weish 7,26c).[102] Der Hebräerbrief sieht im Sohn den „Abglanz der Herrlichkeit" und das „Abbild des Wesens" Gottes (Hebr 1,3). In beiden Briefen wird die besondere Beziehung zwischen Gott und seinem Bild in den Kontext der Schöpfungstheologie gesetzt. Der Sohn ist der „Erstgeborene der Schöpfung", „in ihm wurde alles erschaffen", er ist „vor aller Schöpfung und in ihm hat alles Bestand" (Kol 1,16 f.). Hier wird der Gedanke der Präexistenz berührt, der durch die Schöpfungsmittlerschaft (d. h. die Weisheit Gottes hat schon bei der Schöpfung mitgewirkt) unterstrichen wird. Gott „wollte mit seiner ganzen Fülle in ihm wohnen, um durch ihn alles auf ihn hin zu versöhnen" (Kol 1,19 f.). Der Gedanke der universalen Versöhnung und des Friedens durch Christus steht im Zentrum der Reflexionen und wird bereits zu Beginn in Kol 1,14 betont: „Durch ihn haben wir die Erlösung, die Vergebung der Sünden." Die *Sündenvergebung* wird als *universales kosmisches Geschehen* in Gott selbst verankert und Jesus Christus kann Sünden vergeben und versöhnen, weil er das Bild Gottes ist. Auch Hebr 1,3 stellt den Zusammenhang zwischen Sündenvergebung und Schöpfungsmittlerschaft her: „[...] er trägt das All durch sein machtvolles Wort, hat die Reinigung von den Sünden bewirkt und sich dann zur Rechten der Majestät in der Höhe gesetzt." Die soteriologische Sinnspitze der Rezeption des platonischen Urbild-Abbild-Denkens ist unübersehbar.

Nach der Apg und der weiteren Briefliteratur, die hier nicht mehr eigens vorgestellt werden, schließt die Offenbarung des Johannes (um 100 n. Chr.) den Kanon des Neuen Testaments ab und verkündet Gott als Schöpfer und Vollender der Welt. Gott ist zusammen mit dem Lamm, das christologisch gedeutet wird (Lamm Gottes), Pantokrator (Allherrscher), Alpha und Omega der Welt. Die Vision des himmlischen Thronsaals, die an Ezechiel erinnert, verzichtet auf eine Beschreibung dessen, der auf dem Thron sitzt. *Die Transzendenz Gottes und seine Geheimnishaftigkeit werden bewahrt.* Sie stehen zusammen mit seiner Ewigkeit für seine „absolute Souveränität"[103], denn Gott hat machtvoll die Welt geschaffen. Die Offb spricht konkret in eine Situation der christlichen Gemeinden hinein, die von außen her unter Druck stehen und auch im Innern durch Krisen erschüttert werden. So will die Apokalypse Hoffnung eröffnen, weltliche Herrschaftsansprüche relativieren und auf Gottes alleinige Macht verweisen. Auf dem Hintergrund der Blutzeugen, die ihr Leben für den Glauben geopfert haben, stellt sich brennend die Frage nach der Gerechtigkeit Gottes. Tobias Nicklas spricht zu Recht von der Theodizeefrage, die hier, wie schon im Buch Ijob, aufbricht.[104] Erst in Offb 21,1–5 wird aus dem Mund des Thronenden zu hören sein: „Seht, ich mache alles neu!" Wenn alles vollendet ist, wird der entzogene Gott in der Mitte des Volkes wohnen. Dann wird alles Leid ein Ende haben und im himmlischen Jerusalem werden Gott und das Lamm in der Stadt wohnen, und alle Bewohner werden Gottes Antlitz schauen.

2. Warum und wie dreifaltig?

Erwin Dirscherl

Dreierstrukturen innerhalb der jüdischen Gottrede

Zur Zeit Jesu und des Paulus lehrte der Jude *Philo von Alexandrien* (erste Hälfte des 1. Jh. n. Chr.), dass die Gestalten *Logos* und *Sophia* als personifizierte göttliche Wesen zu verstehen seien. Sie sind Gott untergeordnet, aber durch sie wirkt er in der Welt. Damit will er das biblische Denken für die Philosophie seiner Zeit anschlussfähig werden lassen und für den jüdischen Monotheismus werben. Im Buch der Weisheit werden der Logos, das Pneuma und die Sophia als drei göttliche Wirkkräfte erwähnt und zum Teil miteinander gleichgesetzt. Logos kann Wort, Vernunft oder Sprache bedeuten; die Sophia zielt auf die Weisheit als Schöpfungsmacht (Spr 8,22–31). Das schöpferische Wort aus Gen 1 wird von Philo mit der stoischen und mittelplatonischen *Weltvernunft* in Zusammenhang gebracht, die schöpferisch ist und alles durchwirkt. Der *Logos* ist ein *Schöpfungswerkzeug* Gottes und Vorbild der realen Welt.[105] Hier kommt wieder die Bildkategorie zum Einsatz. Der Logos ist Bild Gottes, der ersterzeugte Sohn. Gott ist für Philo der König der Welt, aber er hat, wie ein weltlicher König, Verwalter und daher als Vertreter den Logos als erstgeborenen Sohn eingesetzt, um die Welt zu führen.[106] Der Logos steht *zwischen* Gott und der Welt, er ist älter als die Schöpfung, aber er ist weder ungeschaffen noch geschaffen.

Damit wird der Glaube an die Einzigkeit Gottes gefährdet, denn es gibt scheinbar weitere göttliche Instanzen. Philo spricht von dem einen Gott im wahrhaftigen Sinne, aber von mehreren Göttern im uneigentlichen Sinne. Daher gebe es in Gen 31,13 den Unterschied zwischen „der Gott" *(ho theos)* und „Gott".[107] Wie im Prolog des Johannesevangeliums wird zwischen der Rede von Gott mit bestimmtem Artikel und ohne Artikel unterschieden.

Analoges sagt Philo auch von der Weisheit. Der *Logos* wird als „zweiter Gott" *(deuteros theos)* dem einen Gott *untergeordnet.* „Zwar kann Philo den Logos auch als Gesandten und Hohepriester Gottes bezeichnen, aber er identifiziert keine konkrete Person, keinen Messias mit dem Logos. Hier geht das Christentum seinen ganz eigenen Weg."[108] Aber Philo wird zur Inspiration für die christliche Reflexion, denn Phil, Kol und Hebr greifen solche Gedanken auf, um das Christusgeschehen zu deuten. Und der Johannesprolog identifiziert den Logos mit Jesus Christus, das wird zur Unterscheidung vom Judentum führen.

Das christliche Nachdenken über die Möglichkeiten der Gegenwart Gottes in der Welt konnte an das griechischsprachige antike Judentum sowie an philosophische und kosmologische Traditionen der frühen Kaiserzeit anknüpfen, die über Vermittlergestalten des einen Gottes verschiedene Theorien aufstellten.[109] Auch die *jüdische Weisheitsliteratur* hat schon den Dialog mit der griechischen Philosophie gesucht, das Buch der Weisheit, auf das sich Philo bezieht, legt davon Zeugnis ab. So ist der Versuch, den eigenen Glauben mit dem Denken der jeweiligen Zeit in Verbindung zu bringen, schon in den biblischen Schriften präsent und wird aufgrund der Differenz in der Christologie von Juden und Christen auf je eigene Weise fortgeführt, oft auch in deutlicher Abgrenzung voneinander.

Grundlagen der Trinitätslehre im Neuen Testament

Präsenz des Auferstandenen im Heiligen Geist

Ohne das Christusgeschehen, das im Neuen Testament bezeugt wird, wäre es nicht zur Entfaltung einer trinitarischen Gottrede gekommen. Daher kann man nicht davon sprechen, dass es im Alten Testament für sich genommen schon eine Trinitätstheologie gäbe oder dass eine Deutung des Alten Testaments zwingend zu einem trinitarischen Gottesbild führen müsse. Die biblischen Grundlagen einer trinitarischen Gottrede finden sich erst im Neuen Testament und werden von dorther zu der Frage führen, ob es Anknüpfungspunkte für ein solches Gottesbild auch im Alten Testament gibt, etwa in der Rede vom Wort oder der Weisheit oder dem Geist Gottes. Und auch im Neuen Testament ist noch keine explizit reflektierte Trinitätstheologie enthalten, denn sonst hätte es wohl kaum so lange Zeit gebraucht, bis das I. Konzil von Konstantinopel sich 381 n. Chr. zu diesem Glauben durchringt.

Die *Gegenwart des Auferstandenen* wird von Paulus als eine Geistgegenwart gedeutet. „Der Herr aber ist der Geist; wo aber der Geist des Herrn ist, da ist Freiheit“ (2 Kor 3,17). Die *Erfahrung der Gegenwart des Hl. Geistes* ist für Paulus eine Frucht der Taufe, durch die alle Christen an Kreuz und Auferweckung Jesu Anteil erhalten und so von Sünde und Tod befreit zu neuem Leben und Gnade geführt werden. Jesus ist der rettende Messias, der uns durch den Geist Gottes verwandelt und eine neue Existenz schenkt. Vor allem 1 Kor 12 bietet eine Summe der Pneumatologie, der Rede vom Hl. Geist, wenn Paulus von den Charismen, den Gaben des Geistes Gottes spricht, die jedem nach seinen Fähigkeiten zum Nutzen aller geschenkt werden. Durch die Taufe werden alle in dem einen Geist zu dem einen Leib geformt, die vielen Glieder mit ihren unterschiedlichen Begabungen bilden den einen Leib des Herrn, d. h. einen lebendigen Organismus. Die Getauften werden von jenem Geist der Heiligkeit erfasst, dem gemäß Jesus als Sohn Gottes in Macht aufgrund der Auferstehung von den Toten eingesetzt wurde (Röm 1,4).

Für Paulus ist die Erfahrung des Hl. Geistes untrennbar mit der Erfahrung der wirksamen Präsenz des Auferweckten in seiner Gemeinde verbunden. Alle Getauften sind Tempel des Hl. Geistes, *„pneumatikoi"*, die im und aus dem Geist Gottes leben (1 Kor 3,16), wenn der eine für den anderen da ist und in Liebe dient. Die praktizierte Gottes- und Nächstenliebe ist ein Zeichen für das Wirken des Auferweckten und seines Geistes in der Kirche. Für Paulus besteht kein Zweifel, dass Jesus als Messias *von Anfang an* mit diesem Geist gesalbt ist, der auch seine *Beziehung zu Gott* verbürgt. An dieser Sohnschaft können die Getauften *partizipieren*: „Weil ihr aber Söhne seid, sandte Gott den Geist seines Sohnes in unsere Herzen, den Geist, der ruft: Abba, Vater. Daher bist du nicht mehr Sklave, sondern Sohn; bist du aber Sohn, dann auch Erbe, Erbe durch Gott" (Gal 4,6 f.). *Die Gottesbeziehung wird durch die Sendung des Geistes geschenkt und bindet uns durch Christus an den Vater.* Die Freiheit der Kinder Gottes zeigt sich nicht in bindungs- und verantwortungslosem Libertinismus (d. h. jeder macht rücksichtslos, was er will), sondern im Tun der Liebe (Gal 5,13), die als höchste Geistesgabe gilt (1 Kor 13). Die *Dynamik* der Verkündigung des Evangeliums wird von diesem Geist getragen.

Auch die *Pfingsterzählung* in Apg 2 deutet die Sendung des Geistes als Frucht der Auferstehung und Erhöhung Jesu Christi. Ein Sturm erfasst das Haus, in dem die Apostel versammelt sind, „Feuerzungen" senken sich auf jeden von ihnen herab. Sie beginnen, vom Geist erfüllt, in verschiedenen Sprachen zu sprechen – und verstehen sich doch untereinander. Menschen aus verschiedenen Ländern, die sich in der Nähe aufhalten und das Geschehen mitbekommen, sind verwundert, denn jeder hört die Apostel in seiner Sprache reden und die Taten Gottes verkünden. Einige spotten und sagen: Die sind doch betrunken! (Apg 2,13) Petrus ergreift das Wort, um die Situation zu deuten und betont, man sei nicht voll des Weines, denn es sei ja erst die dritte Stunde des Tages (Apg 2,15). Er greift auf den Propheten Joël zurück und erinnert an dessen Vision von der Ausgießung des Geistes über alle Menschen durch Gott am Ende der Tage (Apg 2,17 mit Bezug auf Joël 3,1–5). Es werden Zeichen und prophetische Reden geschehen und jeder, der den Namen des Herrn anruft, wird gerettet werden. Diese eschatologische Vision bezieht Petrus nun auf das Christusgeschehen:

> „Diesen Jesus hat Gott auferweckt, dafür sind wir alle Zeugen. Zur Rechten Gottes erhöht, hat er vom Vater den verheißenen Heiligen Geist empfangen und ihn ausgegossen, wie ihr seht und hört. … Mit Gewissheit erkenne also das ganze Haus Israel: Gott hat ihn zum Herrn und Christus gemacht, diesen Jesus, den ihr gekreuzigt habt. Als sie das hörten, traf es sie mitten ins Herz, und sie sagten zu Petrus und den übrigen Aposteln: Was sollen wir tun, Brüder? Petrus antwortete ihnen: Kehrt um und jeder von euch lasse sich auf den Namen Jesu Christi taufen zur Vergebung eurer Sünden; dann werdet ihr die Gabe des Heiligen Geistes empfangen." (Apg 2,32–33.36–38)

Erneut wird die Bedeutung der *Taufe* für das Leben der jungen Gemeinden deutlich, die *auf den Namen Jesu Christi* zur Vergebung der Sünden gespendet wird und mit dem *Empfang des Hl. Geistes* verbunden ist.

Im JohEv findet sich nicht nur der berühmte Prolog, der Christus als *fleischgewordenes Wort* (Logos) Gottes verkündet (Joh 1), sondern auch die Rede vom *Hl. Geist als Parakletos*, als Anwalt bzw. Beistand der Christen. Er ist derjenige, der die Welt vor die eschatologische Krisis, d. h. vor die endgültige Entscheidung stellt (Joh 16,8–11). Er lehrt die Gemeinde, *steht ihr bei und führt sie in die Wahrheit Gottes ein*, indem er an das Christusgeschehen *erinnert*. Denn *Christus* selber ist *der Weg, die Wahrheit und das Leben* (Joh 14,6). Den Herrn erkennt und versteht nur derjenige, der den Geist empfangen hat. *Erkennen* bedeutet hier, wie schon im Alten Testament, *Gemeinschaft mit dem Erkannten* zu haben. Die Wahrheit ist für das JohEv der Herrschaftsbereich Gottes. Jesus Christus als die Wahrheit Gottes in Person verkündet die Gottesherrschaft als Reich des Himmels, des Lichtes und des Geistes. Der Hl. Geist ist die eschatologische Kraft und Gegenwart Gottes und seines Logos in der Gemeinde, er trägt die Vollmacht der Sündenvergebung. In den Abschiedsreden Jesu (Joh 14–16) sollen die Parakletsprüche mit der Verheißung und der Erinnerung an die Präsenz des Geistes die Gemeinde mahnen, trösten und dazu ermutigen, das Leben in der Wahrheit und der Liebe zu wagen. Das *Wirken des Geistes* ist für die johanneische Gemeinde eine *erfahrbare Größe*. Im Gottesdienst, in den Feiern von Taufe und Abendmahl, im Gebet, in der Verkündigung und im alltäglichen Tun der Liebe wirkt der Geist in der Welt als *Dynamik der lebendigen Präsenz Gottes* in seinem Wort für die Menschen.

Taufe Jesu und frühe Taufpraxis: Vater – Sohn – Geist

Diese Erfahrungen der Präsenz des Auferweckten und seines Geistes, die ausgehend von der Taufe in die Gemeinschaft mit Gott, dem Vater, führen, stehen auch im Hintergrund der Synoptiker und ihrer Erzählungen von der Taufe Jesu. Die Taufe durch Johannes den Täufer findet in den Evangelien am Beginn des öffentlichen Auftretens Jesu statt. In Mk 1,9–11 lesen wir: „In jenen Tagen kam Jesus aus Nazareth in Galiläa und ließ sich von Johannes im Jordan taufen. Und als er aus dem Wasser stieg, sah er, dass der Himmel sich öffnete und der Geist wie eine Taube auf ihn herabkam. Und eine Stimme aus dem Himmel sprach: Du bist mein geliebter Sohn, an dir habe ich Gefallen gefunden." Hier wird mit biblischen Bildern und Symbolen (Himmel, Geist, Taube) gearbeitet, die die unfassbare Präsenz Gottes im Leben Jesu anschaulich ausdrücken und in der Erfahrungswelt der Menschen verankern wollen. So wie in den Gleichnissen Jesu werden vertraute Bilder (Schatz im Acker, Samenkorn) verwendet, um das verborgene Wirken Gottes in der Welt zur Sprache zu bringen.

Im Unterschied zu den Synoptikern wird im JohEv das Zeugnis von Johannes dem Täufer abgelegt, denn nur dieser sieht den Geist auf Jesus herabsteigen und bezeugt, dass Jesus der Sohn Gottes ist (Joh 1,32–34). „Auch ich kannte ihn nicht; aber er, der mich gesandt hat, mit Wasser zu taufen, er hat mir gesagt: Auf wen du den Geist herabkommen und auf ihm bleiben siehst, der ist es, der mit dem Heiligen Geist tauft" (Joh 1,33). Johannes der Täufer hat die Menschen mit Wasser zur Umkehr und Vergebung der Sünden getauft (Mk 1,4), und auch Jesus lässt sich von ihm taufen. Jesus wird auf andere Weise Sünden vergeben, indem er in Begegnungen mit Sünderinnen und Sündern im Namen Gottes die menschliche Schuld hinwegnimmt und Versöhnung ermöglicht. Dies geschieht in der Kraft des Geistes Gottes.

Im LkEv und MtEv wird die Verbindung zwischen Jesus und dem Hl. Geist nicht nur anhand der Taufe verdeutlicht, sondern schon mit seiner Geburt verbunden. In Lk 1,35 wird Maria verheißen, dass der Hl. Geist sie (wie eine Wolke, die atl. für die Nähe Gottes stehen kann) überschatten und sie den Sohn Gottes zur Welt bringen wird. Zu Beginn der Versuchung Jesu in der Wüste wird betont, dass er vom Hl. Geist erfüllt ist (Lk 4,1). Mt 1,18 spricht von der Geistempfängnis des Kindes. Und in Mt 12,17–21 wird der Hintergrund dieser Deutungen des Geistwirkens klar: Es erfolgt dort der Verweis auf den Propheten Jesaja und seine *Gottesknechtstheologie*, denn auf dem *Erwählten* wird der *Geist Gottes* ruhen. Die Deutung des Christusgeschehens im Neuen Testament geschieht auf dem Hintergrund der atl. Texte, die nun auf Jesus Christus und sein Wirken in der Kraft des Geistes bezogen und fokussiert werden. Wenn Jesus aufgrund der Auferweckung der verheißene Sohn Gottes und *Messias* ist, dann ist er *erfüllt vom Hl. Geist*, der als eschatologische, d. h. endzeitliche Gabe die Zeit der Entscheidung anbrechen lässt. Und die *Taufe*, die sich sehr schnell in den Gemeinden etabliert, ist der *Anfang einer neuen Existenz* in der Nachfolge Christi und dadurch im Geist Gottes. Diese Überzeugung prägt aus nachösterlicher Perspektive alle ntl. Texte und auch die Erzählungen von der Taufe Jesu, die drei Namen für die unterschiedlichen Präsenzweisen Gottes in der Welt benennen: Vater, Sohn und Geist stehen für die Beziehungen Gottes zur Welt.

Der nachösterliche Taufbefehl in Mt 28,19 spiegelt diese Erfahrung der frühen Gemeinden und zeugt davon, dass die Taufe auf den Namen des Vaters, des Sohnes und des Hl. Geistes schnelle Verbreitung als Ritus christlicher Identität fand.

Diese Texte des Neuen Testaments werden in den folgenden Jahrhunderten eine entscheidende Rolle für die Entwicklung der christlichen Trinitätstheologie spielen. Jesus wird von der göttlichen Stimme bzw. von Johannes dem Täufer als *Sohn* bezeichnet und er wird mit dem *Geist* erfüllt, er wird Gott als Abba *(Vater)* ansprechen und dessen *Nähe* unter den Menschen *verkörpern*. Vater, Sohn und Hl. Geist werden benannt, um die Bedeutung Jesu Christi herauszustellen. Diese einzigartige Vater-Sohn-Beziehung und die eschatologische und messianische Bedeutung der Gabe des Hl. Geistes zur Vergebung der Sünden in der Endzeit, in der Zeit der endgültigen Entscheidung, werden für die ersten Christinnen und Christen mehr und mehr zum Zentrum einer Heilserfahrung und zum Ausgangspunkt einer trinitarischen Rede von Gott, die den biblischen Monotheismus *nicht* aufkündigen will. Die Reflexion über das Wirken des Hl. Geistes in den christlichen Gemeinden ermöglicht es schließlich auch, von einer Inspiration der ntl. Schriften zu sprechen und damit deren Charakter als Gottes Wort und eine Erweiterung des Kanons über das Alte Testament hinaus zu begründen.

Dogmengeschichtliche Entwicklung

Liturgie und Theologie

Die Liturgie stiftet, zumal im Kontext der Feier der Taufe und der Eucharistie, die Identität des christlichen Glaubens.[110] Hier werden jene Beziehungen gefeiert, die das Leben (das Heil) des Christen ausmachen. In der Gebetspraxis kommt es zu jenen Formeln, Doxologien (Lobpreis Gottes) etc., die der Theologie mehr und mehr zu denken aufgeben. In der Liturgie wird der dreieine Gott ausgehend vom Zeugnis der ntl. Schriften nicht nur angerufen, sondern im wahrsten Sinne des Wortes zur Sprache gebracht. Das gilt vor allem im Kontext der Tauftheologie und der Feier des Herrenmahles. Walter Kasper stellt in seiner Gotteslehre fest: „Der wichtigste Sitz im Leben des trinitarischen Bekenntnisses war die Taufe".[111] Neben dem Taufbefehl von Mt 28,19 f. wird auch die Taufe Jesu als Beleg für eine trinitarische Gottrede herangezogen.

Basil Studer spricht davon, dass die Doxologien und Segenssprüche eine Antwort auf das Heilswirken Gottes geben.[112] Recht früh richten die Christen den Lobpreis an Gott als den Vater Jesu Christi. Wenn der Vater Jesu offensichtlich der Gott Israels ist, dann ist hier auch die bleibende Gültigkeit des Alten Testaments als Wort Gottes für die Christen ausgesagt. Man konnte sich im Gebet aber auch an Christus selbst wenden, so von Röm 9,5 oder 2 Petr 3,18 her. 1 Clem spricht im Sinne des *„dia"* – durch – von Christus als Mittler der Preisungen, und Justin wird explizit die Doxologie auf den Hl. Geist ausweiten. In der christlichen Rezeption des jüdischen Trishagion (dreimal wird das Wort „Heilig" ausgesprochen, das nur JHWH zukommt) werden, so legen es Irenäus und Origenes nahe, Wort und Geist als Mittler des Lobes gedeutet.[113]

Der Name Gottes ist von entscheidender Bedeutung. Die Christen wenden sich durch den Namen des Sohnes und des Geistes an den Vater. Und sie wenden sich auch an den Sohn und den Geist selber. In der Taufliturgie bezeugt die Epiklese (Anrufung), dass das Heil von Vater, Sohn und Geist kommt. Studer macht darauf aufmerksam, dass die trinitarische Taufepiklese im 2. Jh. noch nicht für die theologische Reflexion herangezogen wird, erst bei Tertullian wird es der Fall sein. Und in der Eucharistiefeier erfolgt zunächst eher eine christologische Epiklese: Durch die Anrufung des Wortes werden die Gaben zu Leib und Blut Jesu Christi. Dennoch wird in zentralen Vollzügen des christlichen Glaubens mehr und mehr eine trinitarische Gottrede im Gebet auf den Weg gebracht. „Das frühchristliche Bekenntnis des Glaubens an den dreifaltigen Gott und sein Heilswirken in der Geschichte, wie es im Beten und Ermahnen der ersten Christen zum Ausdruck kommt, stellt sowohl formal als auch inhaltlich im Wesentlichen eine Übernahme des urchristlichen Glaubens an die Heilstat Gottes dar. Formal hat dieses Bekenntnis eine Entfaltung durchgemacht, die schließlich zur Bildung des Taufsymbols führte [...] Es erscheint immer klarer die Tendenz, die drei in der Heilsgeschichte [...] Handelnden auf die gleiche Ebene zu stellen, sie mindestens zusammen von den Geschöpfen zu unterscheiden."[114] Dafür ist vor allem die soteriologische Motivation ausschlaggebend: Wenn Jesus Christus und der Hl. Geist nicht auf der Seite Gottes stehen, wie sollen sie dann den Menschen in der Taufe erlösen und vergöttlichen können? In der Christologie und trinitarischen Gottrede sieht man, zumal wenn der schmerzvolle Ablösungsprozess vom Judentum in Gang gekommen sein wird, zunehmend das spezifisch Christliche. Und die Herausforderung besteht darin, das „Neue" mit dem Bekenntnis zum Gott Israels als dem einzigen vereinbaren zu können. Dies verlangt mehr und mehr nach einer expliziten theologischen Durchdringung. Die Anrufung von Vater, Sohn und Hl. Geist bedeutet, dass die eine Beziehung zu Gott in drei Namen ausgesagt wird. Mit den drei göttlichen Namen werden die wichtigsten Ereignisse der Gottes- und Christusgeschichte erinnernd genannt und in ihrer gegenwärtigen und zukünftigen Bedeutung erschlossen.[115]

Erste Ansätze und Gegenreaktionen

Das grundlegende Problem der trinitarischen Gottrede besteht darin, wie die *Transzendenz* des einen Gottes *gegenüber der Welt* und seine *Immanenz*, also *Gegenwart in der Welt* verbunden und gedacht werden können. Wie und wo zeigt sich die konkrete Präsenz Gottes in der Welt? Sie zeigt sich dort, wo das Heil geschieht, d. h. wo die Gegenwart Gottes das Leben hervorbringt, begleitet und, wo es zerstört ist, wieder erneuert und über den Tod hinaus bewahrt.

Die ersten christlichen Reflexionen über die Beziehungen zwischen Vater, Sohn und Hl. Geist wurden vor allem von zwei Denkrichtungen herausgefordert: dem Subordinatianismus und dem Modalismus.

Beide entspringen dem sogenannten *Monarchianismus*, der daran festhalten will, dass der Vater der alleinige göttliche *Ursprung* (Mon-archia) ist und dass der Sohn und der Geist ihm entweder deutlich nachgeordnet (subordiniert) sind und mit ihm höchstens in einer besonderen Beziehung stehen können (Adoptianismus) oder aber mit ihm identisch sind, weil der Vater nur in verschiedenen Rollen/Masken *(modi)* erscheint (Modalismus).

Subordinatianismus/Adoptianismus	**Modalismus (Sabellianismus)**
Jesus ist Gott, dem Vater, seinsmäßig *untergeordnet.* In ihm wohnte eine *göttliche Kraft* (Dynamis): Das Wort/ die Weisheit/ der Geist Gottes haben sich mit ihm verbunden Durch seine Taufe und/oder die Auferweckung von den Toten wird Jesus als Sohn Gottes *erwählt/adoptiert* bzw. zum Sohn Gottes eingesetzt.	Gott spielt wie ein Schauspieler *verschiedene Rollen*: Er *erscheint auf dreierlei Weise* (modi) als Vater im AT, als Sohn im NT und als Hl. Geist nach Ostern/Pfingsten. Vater, Sohn und Hl. Geist sind die *Masken* Gottes (prosopa, personae), durch die er sich zeigt und erscheint. Der Vater selbst leidet am Kreuz und stirbt (Patripassianismus).
Vertreter: Ebioniten (2. Jh. n. Chr.), Theodot der Gerber (2.–3. Jh. n. Chr.), Paul von Samosata (3. Jh. n. Chr.)	Vertreter: Noet von Smyrna (2. Jh. n. Chr.), Sabellius (3. Jh. n. Chr.) (daher der Begriff Sabellianismus)
Problem: Wenn Christus nicht selbst zum Wesen Gottes gehört, dann kann er uns das Heil, d. h. die Gemeinschaft mit Gott, nicht schenken und uns nicht erlösen.	Problem: Wenn Gott nur verschiedene, sich abwechselnde Rollen spielt, dann ist er in seinem Wesen nicht so, wie er uns erscheint. Er macht uns etwas vor und offenbart sich uns nicht so wie er ist.

Irenäus von Lyon (2. Jh. n. Chr.) entwickelt das schöne, auch in der christlichen Ikonografie rezipierte *Bild von den beiden Händen* Gottes. Damit will er zeigen: Der Vater handelt *durch* den Sohn und den Hl. Geist in der Welt und ist so in der Schöpfung gegenwärtig (Schöpfungsimmanenz). In der Heilsökonomie, d. h. in der Heilsgeschichte zeigt sich, wer Gott ist. Was der Vater in der Schöpfung durch sein Wort und Pneuma beginnt, wird durch die Menschwerdung des Wortes und das Wirken des Hl. Geistes am Ende der Zeiten vollendet. Irenäus spricht von einer innergöttlichen Geburt des Sohnes aus dem Vater im Unterschied zum zeitlichen Hervorgang der Schöpfung aus Gott. Wie Sohn und Geist aus dem Vater hervorgehen, bleibt für ihn jedoch unbegreiflich. Damit wird der Adoptianismus ausgeschlossen, denn der Sohn ist klarer an die Seite Gottes gestellt.

Tertullian († um 220 n. Chr.) nimmt *Bilder aus der Schöpfung* auf und vergleicht z. B. die Sonne, ihre Strahlen und wärmenden Spitzen mit dem Vater, dem Sohn und dem Hl. Geist. Flussquelle, Flusslauf und Mündung bilden ein weiteres Bild, um die Präsenz Gottes in der Welt deutlich werden zu lassen, der seine Fülle des Lebens durch Christus allen zukommen lassen will. Der Blick in die Heilsgeschichte gibt ihm die Ordnung vor, und er beginnt von einer *Trinitas* („Dreiheit") zu sprechen. Die sog. „prosopografische" Exegese führt ihn zur Unterscheidung von drei „Personen" (griech. *prosopa*), die sprechen und agieren. In der Septuaginta (LXX) wurde das hebräische Wort *panim adonai* (Antlitz des Herrn) durch das Wort *prosopon* ins Griechische übersetzt. Das Antlitz ist der Ort des Sprechens. Wer spricht das Wort Gottes? Wer handelt im Namen Gottes? Hat Gott drei Gesichter? Oder hat er drei Masken? *Persona/prosopon* bedeutet damals umgangssprachlich die Maske oder Rolle eines Schauspielers, durch den der Autor des Stückes spricht bzw. hindurchtönt *(personare)*.

Für Tertullian sind der Vater, der Sohn und der Hl. Geist jedoch anders zu unterscheiden. Er versucht auf spekulative Weise zur Sprache zu bringen, dass es *in dem einen Wesen (substantia)* Gottes *drei Personen (personae)* im Sinne einer *relativen (beziehungsgemäßen) Verschiedenheit* gibt. Die Personen sind zwar füreinander je ein anderer *(alius)*, aber sie sind nicht etwas anderes *(aliud)*, d. h. nicht von anderem Wesen. Der Vater steht für die bleibende Transzendenz Gottes gegenüber der Welt, Sohn und Hl. Geist sind *bezogen auf* die Welt und stehen für die Schöpfungsimmanenz Gottes, für seine Gegenwart in der Welt. Die drei Personen sind Träger des einen göttlichen Wesens. Gegen den Modalismus und dessen Rede vom Rollenwechsel in Gott argumentiert Tertullian, dass Vater, Sohn und Hl. Geist in Gott *unterschieden* werden müssen, weil auch in der Hl. Schrift etwa zwischen Vater und Sohn deutlich unterschieden wird. Christus betet zum Vater und ist ihm gehorsam, also gibt es eine Differenz zwischen beiden. Und Tertullian kritisiert deutlich die merkwürdige Konsequenz des modalistischen Denkens, dass der Vater selbst am Kreuz gelitten haben muss und gestorben ist, wenn der Sohn nur seine Maske ist.

Origenes († ca. 254 n. Chr.) wendet sich ebenfalls gegen die modalistische Rede von den drei Erscheinungsweisen Gottes und bringt den Begriff der *Hypostase (hypostasis)* ins Spiel. Damit will er das Verhältnis von Einheit und Dreiheit bzw. Vielfalt in den Griff bekommen. Denn die klassische Frage, wie sich aus einem Ursprung das Viele entwickeln kann, betrifft nicht nur das Verhältnis zwischen Gott und Welt, sondern nun auch das Verhältnis in Gott selbst, insofern in ihm drei „Personen" unterschieden werden. Origenes kennt die Stufungen, die sein Zeitgenosse Plotin ausgehend von der Philosophie Platons entwickelt: Das Eine steht an der Spitze, ungeteilt und ewig, aus ihm geht der Geist hervor und durch das Denken bzw. Sich-Erkennen kommt es zur Unterscheidung von Erkennendem und Erkanntem im Geist. Damit ist eine Zweiheit gegeben, aus der die Seele als drittes Prinzip hervorgeht, die nun die Vielfalt zur Welt hin vermittelt. Diese drei Prinzipien nennt Plotin „Hypostasen" und spricht ihnen ein je eigenständiges Sein über den Dingen zu. Da aber das Eine an der Spitze steht und die anderen Stufen von ihm herkommen, kommt es zu einer Unterordnung zwischen den dreien.

Origenes übernimmt den *Begriff der Hypostasen* und versucht ihn auf die Trinität anzuwenden. Damit kommt es auch bei ihm zu einer gewissen Unterordnung: Der Vater steht an der Spitze in Gott, dann folgen in je abgestufter Form der Sohn und der Hl. Geist. Der Vater ist „der Gott" *(ho theos)*, der Sohn und der Geist sind „Gott" *(theos)*. Origenes spricht vom Sohn als zweitem/anderem Gott *(deuteros theos)*.[116] Aber er betont, dass auch Sohn und Geist ewig sind, weil sie nicht in einem zeitlichen, sondern einem ewigen Prozess aus Gott hervorgehen. Origenes benutzt ein Bild Plotins: Der Sohn geht aus dem Vater hervor wie der Abglanz aus dem Licht. Da der Abglanz schwächer ist als das Licht, wird auch durch dieses Bild eine deutliche Unterordnung nahegelegt, allerdings als Stufung in Gott, denn der Glanz ist ewig wie das Licht, von dem es kommt. Der Logos ist das Abbild des Vaters, das nicht in einem zeitlichen, sondern ewigen Geschehen gezeugt wird. Die Zeugung dauert ewig an, sie ist kein abgeschlossenes Geschehen, sie hat keinen Anfang und kein Ende. Damit wird Gott dynamisch, nicht statisch gedacht. Er ist unveränderlich, unwandelbar, aber es geschehen ewige Prozesse in ihm zwischen Vater, Sohn und Hl. Geist, die nie ohne einander waren und sind. Durch den Logos, der den Willen Gottes umsetzt, bringt der Vater die Welt hervor.

Es bleibt bei all diesen Überlegungen das Problem, wie ein *Subordinatianismus* vermieden werden kann, der die Vorgeordnetheit des Vaters als einzigem Ursprung nicht gefährden will, indem er Sohn und Geist deutlich *unterordnet (subordinatio)*. Dieses Denken ist in den ersten drei Jahrhunderten weit verbreitet und auch schon im Adoptianismus gegeben. Auch die eben vorgestellten Positionen von Irenäus und Co. sind nicht von einem subordinierenden Denken frei, aber sie versuchen Sohn und Hl. Geist zumindest in der Sphäre Gottes zu verankern und in ihrer Bezogenheit auf den Vater hin relational (nicht im Rang des göttlichen Seins) abzustufen. Es gab jedoch auch den entschiedenen Versuch, Jesus Christus und den Hl. Geist als *Geschöpfe* zu verstehen und Gott radikal unterzuordnen.

Arius und sein Gegner Athanasius

Der Hauptvertreter dieser Richtung ist Arius, der im 4. Jh. harte christologische Streitigkeiten auslöste, als er Jesus Christus in einer ganz bestimmten Weise als vermittelnden Logos zwischen Gott und Mensch beschrieb. Eine Reihe von Synoden versuchte den Streit zu schlichten. Diese christologischen Streitigkeiten waren zur damaligen Zeit auch ein Politikum. Kaiser Konstantin hatte größtes Interesse, den Streit zu beenden, um die Einheit seines Reiches nicht zu gefährden.

Arius († ca. 327 n. Chr.) sieht in Jesus Christus das erste, wenn auch vornehmste Geschöpf Gottes. Das ist eine radikale Spielart subordinatianischen Denkens. Arius behauptet, dass *Jesus Christus als Logos dem Vater nachgeordnet* ist, *nicht aus der Substanz des Vaters*, sondern aus dem Nichts geschaffen. Der Logos ist für ihn *das erste Geschöpf* des Vaters, das die Schöpfung vermittelt. *Es habe eine Zeit bei Gott gegeben, da der Logos noch nicht war.* Er kann nur Gott genannt werden aufgrund einer Teilhabe an Gott, die auch uns in gewisser Weise zukommt. So wird der Logos ein *Mittelwesen* zwischen Gott und Welt. Zur *Prüfung* musste dieser Logos Mensch werden, und diese Menschwerdung denkt Arius so, dass der *Logos* in dem Menschen Jesus die *Stelle der menschlichen Seele einnimmt*, Jesus also keine menschliche Seele hatte. Jesus habe sich während seines Lebens fortschreitend ethisch vervollkommnet, so dass er am Ende zu Recht den Namen Gott bekam. In diesem Konzept wird die Gottheit Jesu Christi nicht akzeptiert, sondern er steht sozusagen zwischen Gott und Mensch. Arius kann sich im Rahmen eines neuplatonischen Denkens die Vermittlung zwischen dem unbegreiflichen und einen Gott und der vielfältigen Welt nur so vorstellen, dass ein *Zwischenwesen* eingeschaltet werden muss. Der Sohn kann für ihn nicht Gott sein, weil dann zwei in Gott wären und damit die göttliche Einheit und der *Monotheismus* gesprengt würden. Wo Vielfalt ist, wo zwei sind, da kann nicht mehr ein Gott sein.

Arius wird die Aussage unterstellt, dass es eine Zeit gab, in der der Sohn nicht existiert habe. Der Kirchenhistoriker Roland Kany betont demgegenüber, dass Arius über den Logos nur gesagt habe: „Es war einmal, dass er nicht war" und ihn als „göttliches Geschöpf"[117] des Vaters verstanden habe. Kany will also zeigen, dass Arius keinen schlichten Adoptianismus vertritt, sondern dem Sohn eine Existenz vor der Zeit zubilligt: „Der Sohn ist nicht innerhalb der Zeit geworden …, sondern aus dem Willen Gottes heraus gleichsam in der Stunde Null, als die Zeit begann".[118] Man sieht, dass Arius bis heute auf verschiedene Weise verstanden werden kann.

Der für Arius zuständige Bischof Alexander († 328) besteht auf der Ewigkeit des göttlichen Logos, denn durch ihn sei schon die Welt geschaffen worden. Außerdem müsse der Logos gottgleich sein, weil er nur so das göttliche Leben und Heil vermitteln kann.

Athanasius († 373 n. Chr.) nimmt diese Argumente auch auf und wendet sich scharf gegen Arius. Er argumentiert, dass Arius dem Wort Gottes, wie es in der Hl. Schrift und der Lehre der Kirche gegeben ist, widerspricht. *Wenn der Sohn erst in/mit der Zeit geschaffen worden wäre, dann wäre Gott-Vater nicht von Ewigkeit her Vater.* Als Geschöpf könne Jesus Christus nicht für die heilsbedeutsame unmittelbare Nähe Gottes bei uns Menschen stehen, ebenso wenig wie im Adoptianismus, der in Jesus nur einen Menschen sieht und dann das Problem bekommt, wie genau in diesem Leben Gott selbst im Spiel sein kann. Wenn Christus nicht Gott ist, so Athanasius, dann ist die Taufe im Namen des Vaters, des Sohnes und des Hl. Geistes sinnlos.[119] *Kann Jesus die Gemeinschaft mit dem lebendigen Gott, die Vergöttlichung und Unsterblichkeit schenken oder nicht?* Das ist die entscheidende Frage. Wenn er es kann, muss er Mensch und Gott sein.

Athanasius entwickelt den Gedanken der *Zeugung* weiter. Der Sohn ist gezeugt, d. h. aus dem Wesen des Vaters hervorgegangen und teilt mit ihm die Fülle der Gottheit. Wie das Licht aus der Sonne strahlt oder ein Gedanke aus dem Geist hervorgeht, so ist im Bild die Zeugung zu verstehen. Vater und Sohn sind gleich ewig, sie unterscheiden sich, haben aber *dasselbe Wesen*.

Das Konzil von Nizäa

Athanasius bietet jene Argumente, die das Konzil von Nizäa (325 n. Chr.) aufgreift. Das Konzil hält Arius das Credo entgegen:

> „Gottes Sohn, als einzig Geborener gezeugt vom Vater, d. h. aus der Wesenheit des Vaters, Gott von Gott, Licht vom Licht, wahrer Gott vom wahren Gott, gezeugt, nicht geschaffen, eines Wesens mit dem Vater." (DH 125)

Die Aussage der *Wesenseinheit* von Vater und Sohn im Begriff des *homoousios* ist sozusagen die Kurzformel dieses Konzils, das sich damit bewusst einer philosophischen Terminologie bedient, um den biblischen Glauben argumentativ zu entfalten und zu begründen. Mit der Formulierung *„gezeugt, nicht geschaffen"* wird die Meinung zurückgewiesen, Jesus der Christus sei nur ein Mensch gewesen, ein Geschöpf wie wir. Seine Wesenseinheit mit Gott wird umschrieben in der Metaphorik des Gezeugtseins. Diese Zeugung bedeutet, dass er aus dem Wesen des Vaters kommt. Er ist wirklich Gott, *wahrer Gott vom wahren Gott*. Um diesen Begriff des *homoousios* wurde fortan gestritten, denn es war nicht klar, welche Bedeutung er haben sollte. Bedeutet er „eines Wesens" (im überzogenen Sinn besteht die Gefahr des Modalismus) oder „gleichen Wesens" (im überzogenen Sinn besteht die Gefahr des Ditheismus, also zweier Götter) wie der Vater? Die Anhänger des Arius stimmten dem Bekenntnis zwar zu, hatten aber weiterhin kritische Vorbehalte und wollten das Credo durch Interpretation entschärfen. Im Kapitel zur Christologie wird hierzu noch Näheres gesagt werden.

Das Konzil hat darauf verzichtet, genauer zu erklären, wie das innere Leben Gottes zu denken ist. Es setzt lediglich negative Markierungen und bedient sich in der Bezeichnung des Verhältnisses von Vater und Sohn des biblischen Begriffes der Zeugung. Gegen einen Di- bzw. Tritheismus wurde die vollkommene *Einheit* Gottes ausgesagt. *Gegen ein subordinatianisches Denken der Arianer oder ein modalistisches Denken der Sabellianer stellte man heraus, dass Jesus Christus wahrer Gott und doch vom Vater unterschieden ist.* Der an das Credo angefügte Text führt aus, der Sohn stamme aus dem Wesen bzw. der Hypostase des Vaters. Dies deutet darauf hin, dass hier die Begriffe Wesen *(ousia)* und Hypostase *(hypostasis)* noch nicht unterschieden, sondern im selben Sinne gebraucht werden, was zu erheblichen Irritationen zwischen lateinischer und griechischer Theologie führen wird.

Nach dieser Definition des Konzils trat nun ein, was man als spannungsvolles Phänomen der *Rezeption von Konzilsaussagen* bezeichnen kann. Es gibt weitere Diskussionen und Interpretationen des Begriffes *homoousios*. Die arianische Fraktion spaltet sich in die sogenannten Anhomöer, die meinten, der Sohn sei dem Vater gänzlich unähnlich. Ferner gab es die Homöer, die sagten, der Sohn sei dem Vater ähnlich *(homoios)* gemäß der Schrift, und dann gab es noch die Semiarianer, die eine strikte Wesenseinheit nicht akzeptierten und sagten, der Sohn sei *in allem* dem Vater ähnlich. Aber diese Ähnlichkeit besagt eine Abstufung. Diese Ansicht gewann mehr und mehr Anhänger und wurde auch vom Kaiser begünstigt. Erst als diese Unterstützung nachließ, setzte sich die Lehre des Konzils von Nizäa allmählich durch, aber es gab immer wieder Krisen. Denn es war nun die Frage zu klären: Wie kann noch von einem Gott die Rede sein, wenn Vater und Sohn beide göttlich sind und dann ja auch noch vom Hl. Geist gesprochen wird?

Ab 360 n. Chr. tritt die Pneumatologie, die Rede vom Hl. Geist, noch stärker in den Fokus.[120] Wurde von ihm im Symbolum (Glaubensbekenntnis) des Konzils von Nizäa nur kurz gesprochen, so spielen sich nun um die Frage nach seiner Gottheit ähnliche Konflikte ab wie zuvor in der Christologie.

Die drei Kappadozier

Für den Weg hin zum Konzil von Konstantinopel im Jahr 381 waren vor allem drei Theologen von großer Bedeutung, die man nach ihrer Herkunft die *Kappadozier* nennt. Dies sind *Basilius von Cäsarea*, sein Bruder *Gregor von Nazianz* und sein Freund *Gregor von Nyssa*, die alle etwa um das Ende des 4. Jh. gestorben sind. Das besondere Verdienst dieser Kappadozier lag darin, auch für den Hl. Geist eine Klärung seiner göttlichen Personalität herbeizuführen. Es hatte sich nämlich ähnlich wie beim Arianismus in der Christologie eine Richtung gebildet, die das subordinatianische Denken nun konsequent auf den Geist anwenden wollte. Diese Richtung nannte man die *Mazedonianer*, nach dem Bischof Mazedonius in der Mitte des 4. Jh. Wie so oft wurde auch dieser Bischof für etwas verantwortlich gemacht, das erst seine Nachfolger vertraten.

Die Richtung der *Geistbestreiter*, die sogenannten *Pneumatomachen*, behaupteten, dass der Hl. Geist der Schrift nach nur ein Geschöpf oder eine Art Mittelwesen zwischen Gott und seiner Schöpfung sein könne, auf jeden Fall also dem einzigen Gott untergeordnet werden müsse. Die Kappadozier wandten dagegen das *homoousios* von Nizäa auch auf den Hl. Geist an. Dabei spielten Geisterfahrung und Schriftreflexion eine bedeutsame Rolle. Gregor von Nazianz stellt im Anschluss an das Johannesevangelium eine Parallele her zwischen dem Hervorgehen des Sohnes und des Geistes aus dem Vater. Auf den arianischen Einwand, der Sohn und der Geist seien also Brüder, erwiderte Gregor von Nyssa, dass der Geist aus dem Vater *durch* den Sohn hervorgehe und sich sein Hervorgang von der Zeugung des Sohnes unterscheide. Auch hier spielte wieder das soteriologische Argument eine zentrale Rolle: Nur wenn der Hl. Geist ganz zu Gott gehört, kann er uns die rettende Gemeinschaft mit dem Vater und dem Sohn schenken. Später wird der Hervorgang des Hl. Geistes als *Hauchung* zur Sprache gebracht.

Damit sind die Voraussetzungen für das trinitarische Dogma gegeben. Die Kappadozier hielten daran fest, dass das göttliche Wesen unbegreiflich ist. Dieses Wesen entfalte sich aber innergöttlich lebendig in einer Dreiheit von Vater, Sohn und Geist. Diese drei haben *hypostatische* und d. h. *nicht mitteilbare Eigenschaften* (idiomata), die jeweils nur sie auszeichnen. Dem *Vater* kommt das *Ungezeugtsein* zu, er ist der *ursprunglose Ursprung* in Gott. Dem *Sohn* kommt das *Gezeugtsein* zu und dem *Geist* das *Hervorgegangensein.* In ihrem Wesen werden die Drei als eins bezeichnet, und zwar *eins in dem unendlichen Wesen* des Vaters, aus dem Sohn und Geist hervorgehen, ohne es zu verlassen. *Unterschieden* sind sie aufgrund ihres Hervorgegangenseins (der Sohn gezeugt, der Hl. Geist gehaucht) oder Nichthervorgegangenseins (ursprungloser Vater). So kommen sie zu der Formulierung: *Das eine göttliche Wesen (ousia/substantia) existiert oder realisiert sich in drei Hypostasen.* Die Kappadozier deuten prosopon/Person im Sinne von Hypostase/Subsistenz (Vollzug). Damit gibt es drei *Wesensträger* oder auch *Ursprungsbeziehungen* in Gott.

Vom biblischen Zeugnis her war Gottes Nähe im Sohn und im Hl. Geist erfahrbar, ohne dass er durch diese Offenbarung aufhören würde, ein einziges Wesen im Sinne des Monotheismus zu sein. Durch die Reflexion des Glaubens wurde explizit gemacht, dass dieser Selbstoffenbarung Gottes nach außen hin auch eine innergöttliche Trinität entspricht.

Die drei Kappadozier lehnten es ab, die drei Hypostasen in Gott mit drei Menschen zu vergleichen, die ja auch drei Hypostasen genannt werden können: Drei Menschen haben die eine Menschennatur, das Menschsein gemeinsam, das aber bei drei Menschen in drei selbstständigen Hypostasen mit jeweils eigenen Merkmalen und Eigenschaften zum Ausdruck kommt und jeweils durch ein individuelles Bewusstsein zusammengehalten wird. So ist es bei Gott aber gerade *nicht.* Bei Gott haben die drei Hypostasen nicht viele konkrete besondere Merkmale, sondern nur eines: Ursprungsein beim Vater, Gezeugtsein beim Sohn, Hervorgegangensein beim Geist. *Durch diese Unterschiede entstehen nicht drei selbstständige Subjekte.* Das göttliche Wesen oder Gottes Natur existiert nicht als eigenes neben den drei Hypostasen, sondern es ist nichts anderes als das Wesen des Vaters, an dem die beiden anderen durch Mitteilung ohne Teilung teilhaben.

Das Konzil von Konstantinopel

Auf die pneumatologischen Streitigkeiten reagierte das *Konzil von Konstantinopel,* das Kaiser Theodosius im Jahr 381 einberief. Auf dieses Konzil geht das sogenannte nicäno-konstantinopolitanische Glaubensbekenntnis zurück. Dort wird im Hinblick auf den Hl. Geist formuliert:

> „Ich glaube an den Heiligen Geist, den Herrn und Lebensspender, der vom Vater ausgeht. Er wird mit dem Vater und dem Sohn zugleich angebetet und verherrlicht. Er hat gesprochen durch die Propheten." (DH 150)

In diesen Zeilen verbirgt sich ein weiteres wichtiges Argument, das für die Ausbildung der trinitarischen Gottrede von einiger Bedeutung war. Es ist die Feststellung, dass der Hl. Geist mit dem Vater und dem Sohn zugleich angebetet und verherrlicht wird (griech.: *Homotimie*, gleiche Verehrung). Er steht für die Gemeinde und nach ihrer Erfahrung ganz auf der Seite Gottes, denn nur zu Gott kann man beten und nur ihm gebührt Verherrlichung. Das Recht auf Ehrerbietung, das allein Gott gebührt, das spricht die Gemeinde in ihrer Praxis dem Hl. Geist zu, und dieses Beten der Gemeinde erhält hier in diesem Konzil einen dogmatischen Rang. Dies zeigt, dass die Glaubenspraxis der Menschen und die Liturgie auch eine entscheidende Rolle bei der Entfaltung kirchlicher Lehre spielen. Hinzu treten natürlich auch wieder grundlegend die Auslegung der Hl. Schrift und der Bezug auf frühere Traditionen bzw. Konzilien.

Mit dem Konzil von Konstantinopel und dem Synodalschreiben von 382 ist ein bedeutender Endpunkt einer kirchlichen Lehrentwicklung erreicht, die das trinitarische Dogma endgültig ausspricht.

Damit ist folgende Sprachregelung bis heute vorgegeben:

	Deutsch	**Griechisch**	**Lateinisch**
1	Wesen	ousia	essentia/substantia
3	Personen	prosopoi/hypostaseis	personae/subsistentiae

Person bedeutet also nicht Maske/Rolle, sondern Hypostase oder Subsistenz, d. h. es gibt drei Realisierungen/Seinsweisen/Verwirklichungen des einen göttlichen Wesens.

Systematische Zugänge zur Dreifaltigkeit

Verschiedene Ansatzpunkte

In der Trinitätstheologie unterscheiden wir zwei Varianten bzw. Denkmodelle.

1. Das *monosubjektive* oder *monarchianische* Modell geht davon aus, dass Gott *ein* Subjekt ist, in dem es einen Handelnden gibt, nämlich Gott Vater.

Er ist die Mon-archia, der eine ursprunglose Ursprung in Gott, und aus ihm gehen der ewige Logos und der Hl. Geist hervor. Beide werden von ihm in die Welt gesendet, um die Menschen mit dem Heil, mit der Nähe Gottes zu beschenken, die auch von Sünde und Tod erlöst. Dem Sohn und dem Geist kommt in diesem Denkmodell nur eine passive Rolle zu. Der Vater offenbart *sich* durch den Logos und im Hl. Geist, es gibt eine zweifache Selbstmitteilung in die Geschichte (Sohn) und in die Innerlichkeit des Menschen (Hl. Geist) hinein. Dadurch wird die *Einheit* Gottes betont und der Monotheismus ernst genommen. Die innergöttliche Trinität wird im Sinne der Selbsterkenntnis und Selbstliebe Gottes so zur Sprache gebracht, dass sich der Vater im Logos als seinem vollkommenen Ebenbild erkennt und im Hl. Geist als Liebe vollzieht. So wird Gott als Erkennender und Liebender gedeutet. Das Problem liegt darin, Gott in seiner Selbstbezüglichkeit so zu betonen, dass die relative Eigenständigkeit der Hypostasen und die Liebe Gottes des Vaters als Beziehung zu einem ganz Anderen zu kurz kommen.

2. Das *Communio-* oder *tripersonale* Modell sieht in Gott eine Gemeinschaft von drei relativ eigenständigen Personen, die eine göttliche Liebesgemeinschaft bilden. Liebe wird hier nicht in erster Linie als Selbstliebe, sondern als Liebe zum Anderen verstanden, die es auch in der Trinität geben müsse, wenn es sich um eine vollkommene Liebe handeln soll. Vater, Sohn und Hl. Geist werden als drei Handelnde gedeutet, die zwar den einen Willen Gottes realisieren, aber ihn gemeinsam beschließen. So wird der Logos nicht nur vom Vater auf passive Weise gesandt, sondern er entschließt sich als ewiger Sohn auch selber dazu, zu den Menschen zu gehen. Damit werden die drei Personen wie drei Individuen, begabt mit eigener Erkenntnis- und Entscheidungsfähigkeit verstanden und es kommt zu der *Gefahr*, die Dreiheit Gottes so stark zu betonen, *dass das Missverständnis von drei Göttern nahe liegt*.

Diese beiden Modelle sind bis heute prägend und es werden im Folgenden drei bedeutende und wirkmächtige Vertreter vorgestellt: Augustinus und Karl Rahner (monosubjektives Modell) sowie Hans Urs von Balthasar (tripersonales Modell).

Ein Klassiker der Tradition: Augustinus

In seinem großen Werk über die Dreifaltigkeit versucht Augustinus aufzuzeigen, inwiefern der dreifaltige Gott in der Schöpfung und im Leben des Menschen *erfahrbar* ist. Gibt es irgendwelche *Spuren oder Anzeichen in der Natur* dafür, dass Gott nicht nur einer, sondern der Dreieine ist? Dies ist in der Tat eine gewagte Fragestellung. Aber Augustinus geht davon aus, dass die

Schöpfung irgendwelche Spuren des Schöpfers in sich tragen muss. Und wenn der Schöpfer nun einmal der dreieine Gott ist, dann müsste es doch auch irgendwelche Spuren dieser Dreieinigkeit geben.

Für Augustinus steht in seinem Denken die Einheit des göttlichen Wesens bei Weitem im Vordergrund. In diesem Horizont seines Denkens von einer Einheit her wird die Rede von den drei Personen in Gott zu einem Problem, zu einem Rätsel, einem Enigma.

Der *Personbegriff* ist fast eine Art Verlegenheitsbegriff bei Augustinus. Er findet kein besseres Wort. Zum Personbegriff gehört bei Augustinus neben dem Selbststand eine Beziehung auf etwas anderes hin. Allerdings hat er Probleme, Selbststand und Relationalität zusammenzubekommen. Vor allem die Selbstbezüglichkeit steht im Vordergrund seiner Überlegungen.

Das zeigt sich auch daran, dass Augustinus interpersonale Vergleiche wie etwa die von den drei Freunden oder von der Familie zwar als Vestigium (Spur) für die Trinität anerkennt, sie aber als Bild für die Trinität strikt *ablehnt*, um nicht in einen Tritheismus zu verfallen. Eine Phänomenologie göttlicher Liebe offenbart ihm zwar die trinitarische Struktur zwischen dem Liebenden, der Liebe und dem, was geliebt wird, doch bezieht Augustinus diese Struktur auf die Selbstliebe, also auf das immanente (meint *hier:* innergöttliche) Leben Gottes und, in analoger Weise, des Menschen in der Seele. Die höchstmögliche Analogie mit dem trinitarischen Leben Gottes liegt nicht in der Gemeinschaft menschlicher Personen, sondern in der selbstbezüglichen triadischen (dreifachen) Geiststruktur des menschlichen Bewusstseins. In der Selbstliebe oder auch Selbsterkenntnis ist die untrennbare Einheit einer trinitarischen Struktur für Augustinus gegeben. In der von Michael Schmaus so genannten *psychologischen* (psyche = Seele) *Trinitätslehre* des Augustinus wird der menschliche Geist oder die *menschliche Seele* als *imago trinitatis*, als Abbild der Trinität verstanden.

Augustinus bietet Ternare, also Dreierstrukturen, die den menschlichen Geist in seinem Wesen und Vollzug ausmachen und ihn als Bild Gottes zu verstehen erlauben. Dabei muss der Glaube an den dreieinen Gott schon vorausgesetzt werden, weil sich sonst die Dreierstruktur des Abbildes nicht erschließen könnte. Es gibt keinen zwingenden rationalen Beweis dafür, dass Gott ein trinitarischer sein müsste. Diese Sicht verdankt sich allein der Offenbarung.

Der Geist ist für Augustinus als *imago trinitatis* zu verstehen, insofern er durch die Dreiheit von *mens – notitia – amor* sowie als Dreiheit von *memoria – intellectus – voluntas* beschrieben werden kann. Die erste Dreiheit umfasst die Begriffe Geist, Erkenntnis und Liebe, das zweite Ternar umfasst die Begriffe Bewusstsein/Gedächtnis, Verstand und Wille. Im Gefolge seiner Überlegung gelingt es Augustinus in faszinierender Weise, deutlich herauszuarbeiten, wie unter Rückgriff auf die Trinitätslehre, aber unter voller Beachtung der Analogie des Vergleichs, die drei Glieder des Ternars jeweils ineinander greifen und aufeinander hingeordnet sind. Sie bilden eine *Einheit* in der Dreiheit, wobei die Dreiheit von einem *Ursprung* her gedacht wird.

In dem Ternar *mens – notitia – amor* ist der Geist *(mens)* der Ursprung der Vorgänge von Erkennen und Lieben. Er vollzieht sich in der Weise von Erkenntnis und Liebe, er kann also nicht ohne diese beiden gedacht werden, und ebenso kann die Erkenntnis nicht ohne den Geist und die Liebe, die Liebe nicht ohne den Geist und die Erkenntnis gedacht werden. Es geht um eine wechselseitige Verwiesenheit von einem Ursprung, dem Geist, her. Sofern der Geist das Medium darstellt, in dem sich Erkennen und Lieben vollziehen, bleibt besonders die Einsicht in den Zusammenhang von Erkenntnis und Liebe die Pointe einer augustinischen Erkenntnislehre. Dabei spielt auch das Verständnis der Sprache eine Rolle, denn Augustinus charakterisiert das Wort als eine mit Liebe verbundene Erkenntnis.

Im zweiten Ternar *memoria – intellectus – voluntas* wird entsprechend auf das Ineinander und die Zuordnung der Vollzüge des Gedächtnisses bzw. Bewusstseins, des Verstandes und des Willens abgehoben. Auch hier ist die *memoria* sozusagen der Ursprung, aus dem der Verstand und der Wille hervorgehen bzw. in dem sie sich vollziehen. Und beide Ternare greifen wiederum ineinander, wenn Augustinus in seinem großen Werk über die Trinität deren Glieder auch austauschbar verwendet. Als ausgefaltete Einheit in der Dreiheit und als Dreiheit in der Einheit verweisen sie auf das Mysterium des dreieinen Gottes.

Die Bedeutung Augustins liegt in dem Aufweis, dass der menschliche Geist als solcher durch selbstreferentielle Vollzüge ausgezeichnet ist. Damit hat Augustinus das Bewusstsein von sich selbst, das Selbstbewusstsein, in seiner ganzen Radikalität mit entdeckt. Deshalb bezieht man sich auch immer wieder auf sein Denken bis in unsere Zeit hinein. Analoges gilt dann auch für Gott, der auch ein geistiges Wesen ist. Der Blick Augustins, der sich mit der Schau Gottes als reiner Einheit in selbstreferentieller Dreiheit befasst, konnte nicht die interpersonale *Communio* als Höchstform der Einheit in den Blick nehmen. Inwiefern aber gibt es eine Intersubjektivität in Gott? Augustinus bleibt dem Vorzeichen des Einen verhaftet, ihm geht die Einheit des Wesens Gottes über alles andere. Damit hat er eine der folgenschwersten Entwicklungen in der abendländischen Kirche angestoßen. Augustinus legt die Einheit Gottes in die göttliche Substanz, in das göttliche Wesen, das Unterscheidende in Gott kommt aber als Relation der Personalität zu. Relationen, die unterschiedlichen Hervorgänge, machen das Unterscheidende in Gott aus.

Ein Klassiker des 20. Jahrhunderts: Karl Rahner

Karl Rahner gehört zu den großen Theologen des 20. Jh. und hat auch die Trinitätstheologie durch seinen transzendental- und gnadentheologischen Ansatz entscheidend geprägt. Die Menschwerdung Gottes in Jesus Christus ist für ihn Ausgangs- und Endpunkt theologischer Reflexion. Denn in dieser Menschwerdung des Wortes Gottes geschieht zu unserem Heil die entscheidende, vergebende und erlösende universale Nähe Gottes in der Welt. Wir können nur von diesem Phänomen ausgehen, um adäquat von Gott als dreieinem zu sprechen. Zwei Fragen trieben Rahner in besonderer Weise um:

1. Er versteht unter Offenbarung die *Selbstmitteilung Gottes,* und er will, dass diese unverkürzt ausgesagt werden kann. Der Vater teilt sich uns im Sohn und im Hl. Geist selbst mit. Daher fragt sich Rahner, wie das *Verhältnis von immanenter (innergöttlicher) und ökonomischer (heilsgeschichtlich erfahrbarer) Trinität* zu bestimmen ist.

2. Wenn wir heute unreflektiert von drei „Personen" in Gott sprechen und das den Menschen nicht genau erklären, dann werden alle daran denken, dass es in Gott drei Personen gibt, so wie wir von drei Menschen sprechen. Denn Person bedeutet in unserer Alltagssprache ein eigenständiges Individuum mit eigenem Bewusstsein und eigenem Willen. Würde dieser Begriff auf Gott angewendet, dann sprächen wir von drei individuellen Göttern! Damit wäre der Monotheismus abgeschafft. Karl Rahner fragt sich: Wie können wir dieses *Missverständnis* ausschließen? Sollten wir den Begriff Person lieber durch einen anderen Begriff ersetzen?

Immanente und ökonomische Trinität

Beginnen wir mit der ersten Frage. Rahner hat das Axiom formuliert: *Die immanente Trinität ist die ökonomische Trinität und umgekehrt.*

Damit will er verdeutlichen, dass Gott sich uns so offenbart, wie er in seinem innersten Wesen ist. Er schenkt sich uns selbst, damit wir Gemeinschaft mit ihm haben können. Der Vater sendet seinen Sohn/sein Wort in unsere Geschichte. Aufgrund der Menschwerdung des Logos können wir im Nächsten Jesus Christus in der Geschichte konkret begegnen. Die Christologie behandelt die Selbstmitteilung Gottes des Vaters in unsere menschliche *Geschichte* hinein. Die Selbstmitteilung Gottes im Hl. Geist zielt auf unsere *Innerlichkeit.* Durch ihn wohnt Gott in unserem Herzen bzw. in unserem Gewissen. Die Pneumatologie handelt von der Nähe Gottes in uns, in unserem Leib. Zwischen der innergöttlichen und der ökonomischen (heilsgeschichtlich erfahrbaren) Trinität gibt es keine Trennung, denn Gott spielt uns nicht irgendwelche Rollen vor, sondern kommt so in unsere Nähe, *wie er ist.* Wir können ihn wirklich in unserer Zeit erfahren: leibhaftig spürbar in unserem Leben, im Alltag, in der Liturgie und in den Sakramenten!

Aus der menschlichen Perspektive unserer Erfahrung ist die ökonomische Trinität unser Einstieg in die Rede von Gott: Ohne eine geschichtliche Erfahrung der Nähe Gottes könnten wir nicht zu ihm sprechen und beten. In der Ordnung der Erfahrung/Erkenntnis ist also die ökonomische Trinität die erste, d. h. der notwendige Zugang für uns. Aber wenn wir dann aufgrund der Offenbarung erkennen, dass Gott in seinem innersten Wesen immer schon dreifaltig ist, dann ist in der Seinsordnung die immanente Trinität die erste, d. h. die Voraussetzung, denn ohne sie gäbe es keine Offenbarung. Die immanente Trinität ist die vorausgehende Bedingung der Möglichkeit einer Offenbarung Gottes, also der ökonomischen Trinität. Locker ausgedrückt: Etwas, was es (vorher) nicht gibt, kann sich uns nicht mitteilen. Die ewige innergöttliche Trinität liegt in der Ordnung des Seins voraus; weil es sie immer schon gibt, kann sie sich uns in der Zeit schenken.

Man hat Karl Rahner vorgeworfen, dass er durch das Wort „ist" die beiden Formen der Trinität identifizieren und somit das Geheimnis Gottes auflösen würde. Denn es würde kein Unterschied mehr zwischen dem innergöttlichen Wesen und seiner Offenbarung gemacht und somit würde Gott in die Geschichte hinein aufgelöst. Die immanente Trinität ist die ökonomische Trinität: Dieser Satz wäre die Auflösung der Unbegreiflichkeit Gottes, denn wenn er sich so zeigt, wie er ist, dann bleibt kein Geheimnis mehr, dann wissen wir doch alles über ihn.

Diese Kritik übersieht, dass Rahner zum einen das Wort „ist" symbolisch versteht und dass er immer wieder von einer Selbstmitteilung Gottes *als* Geheimnis spricht. *Der Ankerpunkt der These Rahners ist der Glaube an die Inkarnation.*

Ist Jesus Christus das Wort und Realsymbol Gottes[121] nach außen hin (ad extra), dann ‚muss' es als Bedingung der Möglichkeit für die Selbstmitteilung Gottes eine innergöttliche Mitteilung des Vaters an den Logos geben, als ewige Dynamik in Gott, als seine *Selbstäußerung und -entäußerung.* Würde dies nicht festgehalten, wäre

1. die Gefahr gegeben, das Werden Gottes „am Andern seiner selbst", also seine Menschwerdung, doch noch als Selbstwerdung Gottes misszuverstehen (in dem Sinne: die Trinität *wird* erst im Geschehen der Inkarnation) und nicht als freie Selbstmitteilung und Dynamik Gottes im Logos, der in der Menschheit unvermischt und ungetrennt eine geschöpfliche Wirklichkeit *wird*;
2. der Modalismus nicht zu umgehen, der nur den Vater in der menschlichen Rolle des Sohnes ausmachen will und das Gegenüber von Vater und Sohn leugnet.

Daher ist der Vater innertrinitarisch er selbst,

> „*indem* er das ihm wesensgleiche Abbild als den von sich anderen gegenüberstellt und so sich selbst hat. Das aber heißt: der Logos ist das ‚Symbol' des Vaters, und zwar in ebendem Sinn, den wir dem Wort gegeben haben: das innere und doch vom Symbolisierten verschiedene, von diesem selbst gesetzte Symbol, in dem der Symbolisierte sich selbst ausdrückt und so sich selbst hat."[122]

Die innertrinitarische Wirklichkeit ist also eine symbolische, analog der geschöpflichen Wirklichkeit. Genau dieses Symbolverhältnis hat, wenn es über die Heilsökonomie erschlossen wurde, Konsequenzen für das Handeln Gottes nach außen. Dann kann *nicht* einfach behauptet werden, jede der drei göttlichen Personen hätte Mensch werden können. So wie Gott sich innergöttlich ausdrückt (ausdrücken „muss"), kann er sich auch nach außen aussagen, so dass die geschöpflich-endliche Aussage nach außen eine freie Fortsetzung der innergöttlichen Setzung ist und wirklich durch den Logos geschieht (Joh 1,3). Es gibt einen Zusammenhang zwischen innergöttlicher und außergöttlicher Symbolwirklichkeit, der nicht ausgelassen werden darf und auch von der Tradition, so Rahner, irgendwie gesehen wurde. Rahner überträgt, wie es schon in der geschichtlichen Entwicklung der Trinitätslehre geschah, die Relation Jesu Christi als des Sohnes Gottes, wie sie sich in der Heilsökonomie gezeigt hat, analog in das Wesen Gottes selbst hinein, und nur so kann von einer Selbstmitteilung Gottes gesprochen werden. Die Frage nach der Bedeutung des Christusgeschehens „für uns" impliziert damit notwendig die Frage nach der Bedeutung des Christusgeschehens für Gott bzw. für unser Nachdenken über Gott. *Die Differenzierung, die sich nach außen hin zeigt, muss Gott an sich selbst zukommen.*

Personalität Gottes

Wenden wir uns nun der anderen Frage Karl Rahners zu. Was bedeutet *Person* in diesem Kontext? Wegen der Missverständlichkeit des Personbegriffes ging er ein Wagnis ein und prägte einen sperrigen Ersatzbegriff: Das Wort Person im trinitarischen Kontext bedeute, von einer „distinkten Subsistenzweise" zu sprechen. Das schockt, denn nicht nur Walter Kasper meinte kritisch, zu distinkten Subsistenzweisen könne man nicht beten. Wer kann sich darunter denn etwas vorstellen? Doch die Provokation Rahners war eine kalkulierte, denn allen war klar, dass ein aus der Alltagssprache unbedacht übernommener Personbegriff zum Tritheismus führen muss: Wer heute an drei Personen denkt, denkt an drei selbstständige Individuen und schon ist es passiert, drei Götter gehen auf die Reise …

Und was macht Rahner? Wer bei der Rede von drei distinkten Subsistenzweisen an die Begriffe Subsistenz und Hypostase denkt, liegt vollkommen richtig. Rahner holt den Personbegriff der drei Kappadozier und des Konzils von Konstantinopel heran, um deutlich zu machen, dass wir an etwas völlig anderes als menschliche Personen denken müssen, wenn wir von den drei göttlichen Personen sprechen. Es sind drei *distinkte*, d. h. unterschiedene *Subsistenz-* bzw. *Seinsweisen*, die hier gemeint sind. Die Unterschiede ergeben sich durch die unterschiedlichen Beziehungen (Relationen) in Gott. Rahner ist vom Denkmodell des Augustinus beeinflusst und will von dem einen liebenden und erkennenden Gott sprechen, der sich als Vater, der für die bleibende Transzendenz und Unbegreiflichkeit Gottes steht, im Sohn und im Hl. Geist den Menschen selbst mitteilt.

Rahner betont, dass Gottes Personalität sich trinitarisch vollzieht, d. h. dass in den drei Hypostasen je auf spezifische (distinkte) Weise deutlich wird, was die Personalität Gottes bedeutet. Das personale Sein bzw. Wesen Gottes realisiert sich immer schon in drei distinkten Seinsweisen, die jene Bewegung bedeuten sollen, in der der Vater als transzendenter ursprungloser Ursprung sich im Logos selbst mitteilt, entäußert und im Hl. Geist als Liebe ekstatisch weggibt an das ganz Andere seiner selbst, an den Menschen, um bei ihm anzukommen und so dessen Personalität zu begründen.

> „In Gott an sich existiert die reale Differenz zwischen dem einen und selben Gott, insofern er in einem und notwendig der ursprunglose, zu sich selbst sich vermittelnde (Vater), der in Wahrheit für sich Ausgesagte (Sohn) und der in Liebe für sich selbst Empfangene und Angenommene (Geist) ist, und *dadurch* derjenige ist, der in Freiheit sich ‚nach außen' selbstmitteilen [sic!] kann."[123]

Die Personalität Gottes in seinem Verhältnis zum Menschen bedeutet ein Kommunikationsgeschehen in drei göttlichen Subsistenzen, in denen sich der Vater dem ganz Anderen, dem Menschen schenkt. Dieses Mitteilungsgeschehen ist ein Wortgeschehen, und daher ist der Logos von größter Bedeutung. Gott ist von Ewigkeit her Logos und Hl. Geist – dies bedeutet, dass der Vater sich im Wort selbst mitteilen will an die Welt, ohne sich zu verlieren. Diese Selbstmitteilung geschieht nicht nur konkret einmalig in der Geschichte, um erkannt zu werden und sich zu zeigen (Inkarnation), sondern auch, um alle Menschen in seine unbegreifliche vergebende Liebe hineinzunehmen (Sendung des Hl. Geistes). Die immanente Trinität „ermöglicht", dass Gott auf die Welt hin personal handeln kann, sie steht als ganze, als dreipersönliche für die Personalität Gottes ein, für den Vater, der sich durch den Logos und den Hl. Geist mitteilt. Der Trinitätsbegriff Rahners ist insofern kommunikativ, weil er die Personen so versteht, dass es eine ökonomische Selbstmitteilung Gottes des Vaters im Sohn und im Hl. Geist geben kann (in drei Gegebenheitsweisen), die innergöttlich schon immer als Wort- und Liebesgeschehen von Ewigkeit her da sind (in drei Seinsweisen).[124]

Natürlich bleibt festzuhalten, dass der Begriff „distinkte Subsistenzweisen“ höchst abstrakt und zunächst schwer vermittelbar ist. Aber er trägt jenen Personbegriff in sich, der durch die Kappadozier begründet wurde und in der Tradition prägend geblieben ist. Er ist zudem durch die biblischen Grundlagen gedeckt:

> „Es zieht sich durch das ganze Alte Testament das Grundthema, daß Gott das absolute Geheimnis ist, das keiner sehen kann, ohne zu sterben, und daß dennoch eben dieser Gott *selbst* mit den Vätern geschichtlich handelnd verkehrt hat. Diese enthüllende Selbstdarbietung ist aber im Alten Testament vor allem [...] vermittelt durch das ‚Wort‘, das Gott selbst einerseits machtvoll anwesend sein läßt und ihn doch vertritt, und im ‚Geist‘, der das Wort verstehen und verkündigen läßt. Wo diese beiden nicht walten, ist Jahwe von seinem Volk gewichen [...].“[125]

Relationen in Gott

Es ist auch möglich, von den Personen als Relationen, als (Ursprungs-)Beziehungen zu sprechen, die es in Gott gibt und denen eine relative Eigenständigkeit zukommt. Gott ist in sich ein Beziehungswesen, seine Einheit geschieht in einer Unterschiedenheit: ein Gott, der sich in drei Hypostasen *vollzieht*. Jedoch bleibt auch ein solcher Begriff der Beziehung erklärungsbedürftig. Letztlich kommen wir nicht an einer Unbegreiflichkeit Gottes vorbei, die in der Trinitätstheologie festgehalten und auf spannungsvolle Weise zur Sprache gebracht wird: Gott kommt als Geheimnis grenzenloser personaler Liebe in unsere unmittelbare Nähe, in unsere universale Geschichte durch Jesus Christus und in unser je einzigartiges Gewissen/Herz durch den Hl. Geist. Die innergöttlichen Beziehungen ermöglichen Gottes Entäußerung, sein Eintreten in die Welt, die er geschaffen hat, um sich ihr mitteilen zu können. Rahner geht konsequent von der Menschwerdung Gottes in Jesus Christus aus, um von daher das Wesen Gottes als Geheimnis der Trinität zu verstehen. Aber er will bei aller Einheit zwischen der immanenten und ökonomischen Trinität auch einen Unterschied festhalten. Denn von der innergöttlichen Trinität können wir nur sprechen, *weil* sich Gott uns in der Geschichte und in unserem Herzen geoffenbart hat, d. h. nur über die ökonomische, heilsgeschichtliche Trinität können wir die innergöttliche erreichen. Hätte sich uns Gott nicht geoffenbart, so wie er ist (ökonomische Trinität), dann könnten wir in ihm nicht das von Ewigkeit her dreieine Wesen (immanente Trinität) erkennen. Immanente und ökonomische Trinität bilden eine Einheit in Unterschiedenheit. Denn die Trinitätstheologie ist kein Bescheidwissen über Gott. Eine trinitarische Gottrede verschärft die Unbegreiflichkeit Gottes eher, als dass sie diese schwächt, denn sie übersteigt unsere Vorstellungs- und Denkmöglichkeiten. Daher ist es so wichtig zu sehen, dass auch die drei Kappadozier oder Augustinus ebenso wie ein Thomas von Aquin im Mittelalter die Geheimnishaftigkeit Gottes ins Zentrum ihrer trinitätstheologischen Versuche gestellt haben. „Si comprehendis, non est Deus" – wenn du es verstehen könntest, wäre es nicht mehr Gott! Daher *verzichtet* Rahner auf weitere Spekulationen über die immanente Trinität und will im Vater jene Person erblicken, die nicht, wie der Logos, in das Weltgeschehen eingeht, sondern der Schöpfung gegenüber bei aller Nähe der transzendente und unverfügbare Schöpfer bleibt:

> „Insofern er als das uns vergöttlichende Heil in der innersten Mitte des Daseins eines einzelnen Menschen angekommen ist, nennen wir ihn wirklich und in Wahrheit ‚Heiliges Pneuma', ‚Heiligen Geist'.
> Insofern eben dieser eine und selbe Gott in der konkreten Geschichtlichkeit unseres Daseins streng als er selber für uns in Jesus Christus da ist – er selber und nicht in Vertretung –, nennen wir ihn ‚Logos' oder den Sohn schlechthin.
> Insofern eben dieser Gott, der als Geist und Logos so bei uns ankommt, immer der Unsagbare, das heilige Geheimnis, der unumfassbare Grund und Ursprung seines Ankommens in Sohn und Geist ist und sich als solcher behält, nennen wir ihn den einen Gott, den Vater."[126]

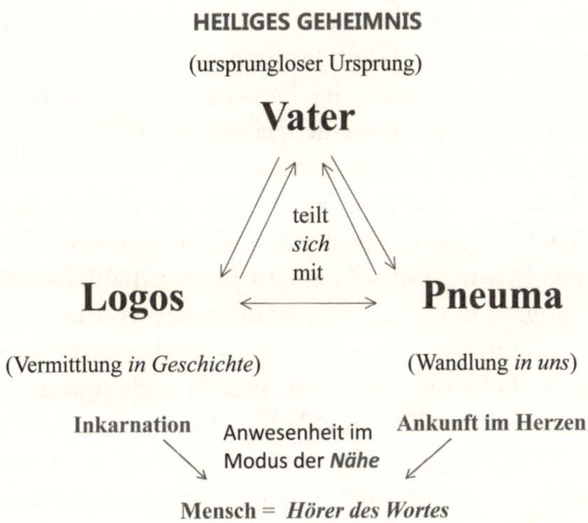

Ein weiterer Klassiker des 20. Jahrhunderts: Hans Urs von Balthasar

Nachdem wir bislang zwei Vertreter eines monosubjektiven Denkmodells betrachtet haben, kommt nun das andere Modell zum Tragen. Hans Urs von Balthasar vertritt eine Position, die die immanente Trinität von der Offenbarung her spekulativ erfassen und in einem wahrhaft theodramatischen Sinne zur Sprache bringen will. Er ist von der platonischen Philosophie und

Mystik, vor allem auch von den Visionen der Ärztin und Mystikerin Adrienne von Speyr geprägt, deren Werke er bearbeitete und herausgab. Seine großen mehrbändigen Werke „Herrlichkeit", „Theodramatik" und „Theologik" versuchen, den dynamischen Zusammenhang zwischen Gott und Mensch in der Geschichte unter verschiedenen Perspektiven zu entfalten.

Theodramatik

Sein mehrbändiges Werk „Theodramatik" geht von der Inkarnation des Sohnes Gottes in Jesus Christus aus und sieht von allem, was Jesus lebt und erlebt, Gottes innerstes Wesen betroffen. Insofern sich die Sünde des Menschen als dramatische Zurückweisung der Liebe Gottes erweist und den Gottessohn, der die Schuld der Welt auf sich nimmt, ans Kreuz bringt, betreffen auch die Sünde und der Tod das Innerste Gottes. Denn Jesus Christus wird als wahrer Gott und wahrer Mensch verstanden. Wenn der ewige Sohn als menschgewordener Logos stirbt, dann betrifft das seine Beziehung zum Vater nicht nur als gott-menschliche, sondern auch als innergöttliche Beziehung. Schon in der immanenten Trinität geschieht für von Balthasar in der Zeugung des Sohnes die *Selbsthingabe* des Vaters.

Der Vater teilt dem Sohn all seine Gottheit mit, und so kommt es schon in der innergöttlichen Trinität zu einer Selbsthingabe oder *Kenose* des Vaters, der sich seiner Gottheit enteignet und sie dem Sohn übereignet. Mit der Zeugung des Sohnes ist eine unendliche Distanz zwischen Vater und Sohn gegeben, denn der Sohn ist gegenüber dem Vater der unendlich andere. Diese innergöttliche Setzung und Distanz ist für von Balthasar die Voraussetzung für die Hingabe des Sohnes am Kreuz. Gott wird nicht erst zu einem kenotischen Gott durch die Menschwerdung des Logos, er ist schon immer diese Hingabe, die bereits in der immanenten Trinität geschehen ist. Die unendliche Distanz zwischen Vater und Sohn umfasst und „unterfasst" alle Abstände, die in der Welt gegeben sind bis hin zur Sünde. Kein innerweltlicher Abstand zwischen Menschen oder zwischen Gott und Mensch, auch nicht die Abkehr in der Sünde können größer sein als der unendliche Abstand zwischen Vater und Sohn. Die Trennung Gottes von sich selbst ist ein Akt selbstloser Liebe des Vaters. Jede andere Trennung kann sich nur innerhalb dieser Trennung ereignen.[127] Balthasar geht davon aus, dass die immanente Trinität die Voraussetzung für die ökonomische Trinität ist. Gottes Wesen ist in sich kein „starrer Identitätsblock", sondern ein im Vater sich mitteilendes, im Sohn empfangenes, von Vater und Sohn gemeinsam dem Geist geschenktes, von Sohn und Geist verdanktes Wesen.[128]

„[...] die Distanz zwischen den Personen ist innerhalb der Dynamik des göttlichen Wesensgeschehens unendlich, so sehr, daß jedes in der Endlichkeit sich abspielende Geschehen sich nur *innerhalb* dieser Dynamik, die es umgreift, ereignen kann. Ist doch die Zeugung des Vaters die Freigabe des Sohnes in ein gleich-absolutes, gleich-freies Gottsein; und die dankende Antwort des Sohnes ergeht nicht an einen Vater, der etwas für sich zurückbehalten hätte, sondern an dessen volles Übergebensein, so daß sich die beiderseitige totale Übergabe im gemeinsamen Wir des Geistes aushaucht, der absolute Freiheit und Liebe und Gabe ineins ist, nochmals ‚selbstlos', nur Ausdruck der Vater-Sohnlichen Einheit."[129]

„Verbluten Gottes"

Die göttlichen Personen sind nur im Überstieg zu den Je-Anderen sie selbst, und das prägt auch das geschaffene Sein, das nur im Überstieg auf den Urgrund es selbst sein kann. Hans Urs von Balthasar spricht sogar von einem gegenseitigen „Verbluten Gottes", weil Vater und Sohn sich einander total übergeben und die beiderseitige totale Übergabe sich im gemeinsamen Wir des Geistes aushaucht, der absolute Freiheit und Liebe und Gabe ist und selbstlos die Vater-Sohn-Einheit ausdrückt.[130] Im Verbluten liegt das Fundament des Todes auch in Gott. Entscheidend ist, dass für von Balthasar die Trennung zwischen Vater und Sohn als Einigung geschieht. Die Gottverlassenheit Jesu am Kreuz sei ein Modus seiner Verbundenheit mit dem Vater, weil der Sohn seine göttliche Macht und Herrlichkeit beim Vater hinterlegt habe. Der Sohn nimmt die Entfernung des Kreuzes auf sich und schafft so die Nähe, denn er will den Willen des Vaters tun und richtet sich auf ihn hin aus. Der Hl. Geist verbürgt die *Einheit* zwischen Vater und Sohn auch im Tod und schließlich in der Auferweckung des Gekreuzigten. Balthasar denkt in dialektischen Strukturen, d. h. in Gegensätzen, die sich nicht gegenseitig aufheben, sondern zusammengehören. Leben und Tod, Nähe und Trennung, Licht und Finsternis gehören *in* das Leben Gottes und des Menschen mit hinein, das Leben geht nicht ohne diese Spannungen. Die christliche Aussage „Im Tod ist das Leben" ist eine höchst angespannte Formulierung, die von Balthasar radikal ernst nimmt und theodramatisch durchbuchstabiert.

In der Heilsgeschichte drückt der Sohn das aus, was er im ewigen Leben Gottes immer neu ausdrückt: seine völlige Bereitschaft, den Willen des Vaters zu tun. Wenn der Sohn reicher zum Vater zurückkehrt, dann deshalb, weil Gott keine starre, sondern eine „immer neu in der Liebe zusammenschlagende Einheit ist, eine ewige Steigerung in der ewigen Ruhe".[131] Gott ist ewige Bewegung und Ruhe, Selbsthabe und Hingabe. Das Paradox der Wahrheit besteht darin, dass sich der Sohn vom Vater abscheidet, um ihm die je größere Liebe zu erweisen. Das Starke erscheint in der Schwäche, das Helle in der Finsternis, das Leben im Tod. Das alles ist in Gott eingeborgen, die Welt ist in Gott hineingenommen und wird vom trinitarischen Leben Gottes durchströmt.

Dies ist ein sehr spekulativer Ansatz, der von der Heilsökonomie her auf das Wesen Gottes schließt und alles, was zwischen Gott und Mensch in der Welt geschieht, in das Wesen Gottes hineinliest. Wer das mitvollzieht, ist davon überzeugt, die Gedanken Gottes lesen und dechiffrieren zu können. Die Visionen der Mystik und der Adrienne von Speyr werden nicht nur als Bildwelten gedeutet, sondern real verstanden. Das ist das Faszinierende und zugleich Fragwürdige bzw. Irritierende in diesem Denken von Balthasars, der zwar das paradoxe Denken stark macht, aber die Gottrede dann doch wieder zu sehr vereindeutigt.

Eine Sprachregel: Analoge Gottrede

Auch für die Glaubenden bleibt Gott trotz seiner Inkarnation und seiner Epiphanie in Jesus Christus der unbegreifliche und transzendente Gott, zugleich unmittelbar nah und der ganz andere. Wer an Gott glaubt, hat es immer noch mit einer letzten Sperrigkeit und Rätselhaftigkeit dieses Gottes zu tun, der „stets größer ist" als alles, was wir denken können: „Deus semper maior". Wenn aber Gott größer ist als alles, was wir denken können, dann bedeutet dies, dass unser Sprechen nie ganz an ihn heranreicht.

Genau dieses Problem wird von der sogenannten Analogielehre, wie sie das IV. Laterankonzil im Jahr 1215 definiert hat, angesprochen. Dieses Konzil hat gegen die Lehre des Joachim von Fiore daran festgehalten, dass zwischen dem Schöpfer und dem Geschöpf *keine noch so große Ähnlichkeit formuliert werden könne, ohne dabei eine noch größere Unähnlichkeit festzustellen* (DH 806). Joachim von Fiore war der Meinung, er könne das Geheimnis der Trinität erklären, indem er die göttlichen Personen mit einer bestimmten Abfolge der Heilsgeschichte in Zusammenhang brächte. So war er der Meinung, dass auf das Zeitalter des Vaters, im Alten Testament, das Zeitalter des Sohnes, das Neue Testament, und nun die Zeit des Geistes folge. Diese sei mit der mönchischen Bewegung des Mittelalters, vor allem mit ihm angebrochen. Er glaubte, das Mysterium der Trinität durchschaut zu haben. Dies aber widerstritt der Auffassung, dass das Mysterium der Trinität ein unauflösbares ist: Es handelt sich um ein Mysterium *stricte dictum*. Von daher schärft das Konzil die analoge Redeweise ein, bei der in aller Ähnlichkeit eine je größere Unähnlichkeit festzuhalten ist, weil auch für den Glauben die Differenz zwischen Schöpfer und Geschöpf Bestand hat.

Die Anderheit Gottes kommt zum Tragen, wenn man es mit der analogen Redeweise ernstnimmt. Das bedeutet, die je größere Unähnlichkeit zwischen Gott und Mensch nicht zu verschweigen, die absolute Anderheit zur Sprache zu bringen. Es geht darum, dass Gott Gott bleibt. Wilhelm Breuning hat es folgendermaßen formuliert: „Seine Einheit wird nicht zur Einerleiheit, die alles gleichermaßen umfasst, sondern um der Liebe Gottes willen bleibt diese Liebe noch einmal, um Jes 55,9 zu variieren, soweit wie der Himmel über der Erde. Die Lateranformel geht nicht auf Distanz aus, sondern auf die Wahrheit von Gott und Mensch. Sie ermöglicht übrigens auch dem Menschen noch einmal in eigentümlicher Weise seine Wahrheit: Nicht sein zu wollen wie Gott, sondern seine auch für sich selbst überzeugendste Identität in der Anbetung Gottes zu finden, die Gott als den ganz Anderen anbetet, nicht weil er fremd ist, sondern weil er der beglückend Unbegreifliche, der Deus semper major ist“.[132]

Die analoge Bedeutung eines Wortes oder einer Zuschreibung liegt im alltäglichen Sprachgebrauch etwa in der Mitte zwischen einem univoken und einem äquivoken Ausdruck. Ein Beispiel für eine univoke Verwendung von Worten wäre z. B. der Satz: Peter ist ein Mensch. Ich kann den Begriff Mensch nicht nur Peter, sondern auch allen anderen zuschreiben, und immer wird die Bedeutung dieses Wortes Mensch in ein und derselben Weise gebraucht. Beispiele für äquivoke Begriffe sind etwa „Flügel“ oder „Bank“. Flügel kann den Flügel eines Vogels oder ein etwas groß geratenes Klavier meinen, Bank kann ein Geldinstitut oder eine Sitzgelegenheit bezeichnen. In beiden Fällen hat das Wort jeweils eine deutlich andere Bedeutung, obwohl es sich um dasselbe Wort zu handeln scheint. Die analoge Redeweise verbindet Elemente von beiden genannten Begriffen. Nehmen wir z. B. den Begriff „gesund“, dann kann ich sagen, dass ich gesund bin, dass mein Körper gesund ist, oder dass eine Medizin gesund ist. Dies ist ein Beispiel für eine Analogia *attributionis*. Ein Begriffsinhalt kann von einem Hauptbegriff auf andere übertragen werden, so dass es eine proportionale Ähnlichkeit gibt. So weist etwa die gesunde Hautfarbe auf den gesunden Organismus hin und die Medizin verhilft zu einem gesunden Organismus. Ein anderer Fall der analogen Redeweise ist die Analogia *proportionalitatis*. Sie bedeutet eine Verhältnisähnlichkeit und funktioniert nach dem Schema: a : b = c : d. Nehmen wir ein Beispiel aus der Ekklesiologie: So wie der Leib viele Glieder hat, so hat die Kirche viele Charismen. Oder: Wie der Vater sich zum Kind verhält, so verhält sich Gott zum Menschen. Das IV. Laterankonzil schärft uns aber ein, dass es bei dieser Ähnlichkeit und Unähnlichkeit immer um eine je größere Unähnlichkeit geht. Denn wenn jemand mit seinem Vater negative Erfahrungen gemacht oder gar einen gewalttätigen Vater erlebt hat, dann wird er keinen positiven Zugang zu Gott als Vater finden, es sei denn, es wird die je größere Unähnlichkeit betont. Oder wir können auf andere Bilder und Worte wie Gott als Mutter, als Licht, als Liebe, als Barmherzigkeit ausweichen, die ebenfalls an menschlichen Erfahrungen anknüpfen, aber auch nur in ihrer analogen Bedeutung Sinn machen.

Diese Lehre von der Analogie impliziert einen *Dreischritt.* Dieser sieht folgendermaßen aus:

1. Zunächst wird eine *positive Aussage* gesetzt, z. B.: Gott ist weise. Die *via affirmationis* bedeutet, dass eine positive geschöpfliche Wirklichkeit, in diesem Fall Weisheit, positiv auf Gott hin ausgesagt und angewendet wird. Aufgrund des Verhältnisses von Schöpfer und Geschöpf und aufgrund der Menschwerdung Gottes ist es legitim, einen Begriff oder ein Wort der menschlichen Erfahrungswelt auf Gott anzuwenden.

2. Es kommt aber nun die *via negationis* hinzu: Man stellt fest, dass die konkrete geschöpfliche, begrenzte und endliche Gestalt eines solchen Wortes in Bezug auf Gott wegen seiner Transzendenz *auch verneint* werden muss. Gott ist weise, aber *nicht auf dieselbe Weise*, wie wir weise sind. Denn Gott unterscheidet sich eben grundsätzlich von seinen Geschöpfen. Das ist die Bedeutung einer negativen Theologie.

3. Daraus folgt nun die *via (super-)eminentiae*: der Weg der Überhöhung und *Übersteigerung* der Worte: Gott ist *mehr* als weise, er ist unendlich weise, seine Weisheit *übersteigt* unsere Vorstellung von Weisheit um ein Unendliches.

Auf diese Übersteigung und damit Entgrenzung jeder Gottrede zielt letztlich die analoge Redeweise, die sich eben in diesen drei Stufen entfaltet. Es bedeutet also, dass wir durchaus positiv etwas von Gott in *Bildern* oder *Metaphern* oder *Worten* aussagen können, aber uns bewusst sein müssen, dass diese Worte einen anderen und auch entgrenzten Sinn bekommen müssen, wenn wir sie von Gott aussagen. Letztlich sprengt Gott unsere Sprach- und Vorstellungsmöglichkeiten, und dies muss bei der Gottrede – Theologie – bewusst bleiben und zur Sprache kommen. Dies gehört zu einer legitimen Selbstrelativierung einer jeden Theologie, auch einer kirchlichen Lehre.

Beispiel: Allmacht Gottes

Wenn wir vom allmächtigen Gott sprechen, dann haben wir alle eine bestimmte Vorstellung von Allmacht im Kopf. Sprechen wir von einer unbegrenzten Allmacht, die alles kann, die an nichts gebunden ist, die keine Rücksicht nimmt? Bedeutet Allmacht, dass einer alle Macht hat und andere keine Macht haben? Bedeutet Allmacht Willkür? Auch hier gilt es, die analoge Rede zu beachten. Wir können nicht unsere menschlichen Vorstellungen eins zu eins auf Gott anwenden. Allmacht bekommt einen anderen Sinn, wenn wir sie mit Gott in Verbindung bringen. Die Allmacht Gottes ist gemäß der biblischen Überlieferung „durch Güte zu den Geschöpfen und seinen Heilswillen für Israel und alle Völker geleitet (Ps 36,6; 136; Jes 49,6)".[133] Seine Allwirksamkeit bedeutet keine Alleinwirksamkeit, denn Gott schenkt dem Menschen Freiheit und Verantwortung und achtet sie, er bindet sich durch den Bund an sein Volk und bleibt seiner Verheißung treu, er schenkt das Leben über den Tod hinaus. Gottes Allmacht bedeutet vor allem, dass er die Welt geschaffen hat und sie aus Liebe am Leben erhält. Dies übersteigt jede menschliche Macht und Möglichkeit.

> „Da Größeres nicht denkbar ist als eine Liebe, die andere Freiheit will und zu ihren Gunsten, ohne vernichtet zu sein, auf ihre tötende Negation eingeht, kann erst solche Liebe als wahrhafte Allmacht gelten …"[134]

Hier denkt Thomas Pröpper an die Kreuzigung Jesu, der als wahrer Mensch und wahrer Gottessohn aus Liebe für uns in den Tod geht, auf Gewalt verzichtet und auf die rettende Macht des Vaters vertraut, der ihn von den Toten auferweckt und so alle retten will. Gottes Allmacht nimmt sich zurück, sie lässt dem Menschen als seinem Bundespartner Raum und ermöglicht dessen Freiheit. Gott will das Heil aller Menschen, und dies ist der Grund unserer Hoffnung: Wir trauen ihm zu, dass er als machtvoller Schöpfer der Welt alles in Liebe vollenden wird. Was er uns versprochen hat, wird er halten. Daher erneuert Gott immer wieder den Bund mit seinem Volk, und auch wenn Sünde und Versagen in die Welt kommen, nimmt er seine Zusage nicht zurück. So ist seine Treue auch ein Zeichen seiner Macht, seiner Herrschaft, die Jesus in das Zentrum seiner Botschaft stellt.

Wenn wir von der Allmacht Gottes sprechen, können wir an unsere Erfahrung der Macht der Liebe und Treue anknüpfen *(via affirmationis)*, wir müssen sie aber auch durchkreuzen *(via negationis)*, weil wir uns als endliche Menschen nicht die unendliche Liebe vorstellen können. Im Sinne der *via eminentiae* übersteigt die Bedeutung der Allmacht Gottes unser Sprach- und Vorstellungsvermögen, denn der *„Deus semper maior"* konfrontiert uns mit einer anderen Bedeutung, die sich seiner Offenbarung verdankt, in der er uns seine unendliche Nähe und Liebe machtvoll im sterblichen und verletzbaren Leben Jesu über den Tod hinaus geschenkt hat.

3. Der Mensch – frei gesetzt aus Sternenstaub?

Erwin Dirscherl

Die theologische Anthropologie (griech.: *anthropos* = Mensch) befasst sich mit der Frage nach der Bedeutung des Menschseins: Wer sind wir?

Wir Menschen leben auf einem fast kugelrunden Planeten, der sich mit einer Geschwindigkeit von ca. 107 000 km pro Stunde um die Sonne dreht. Wir befinden uns mit unserer Erde in einem Sonnensystem, das mit rund 1 Million km/h um die Mitte unserer Galaxie, die Milchstraße, kreist. In einer Galaxie gibt es ca. 200 Milliarden Sterne[135], und es gibt wahrscheinlich viele Milliarden Galaxien. Alles ist in Bewegung, wir auch. Wir merken von diesen Geschwindigkeiten im Alltag nichts, denn es gibt die Erdanziehungskraft, wir stehen fest mit beiden Beinen auf dem Boden. Aber vielleicht wird uns ja schwindelig, wenn wir in einer sternklaren Nacht in den Himmel blicken und uns klarmachen, dass wir in einem gigantisch großen und ausgedehnten Weltall leben, dessen Grenzen wir immer noch nicht kennen und das räumlich nach astrophysikalischer Einschätzung unendlich ist und sich immer noch ausdehnt, bevor es sich möglicherweise wieder zusammenzieht. Ob es auch zeitlich ohne Ende ist, wird in der Astrophysik kontrovers diskutiert.

Wer sind wir auf unserem kleinen Planeten, wir, die wir uns für die Krone der Schöpfung und die Herrscher der Welt halten, angesichts dieses atemberaubenden Universums, das sich evolutiv über ca. 13,8 Milliarden Jahre[136] entwickelt und immer mehr ausdifferenziert hat?

Der Mensch im Kosmos

Wir sprechen gerne von der Welt und meinen dann diesen verschwindend kleinen Bereich unserer Erde. Ich spreche von meiner Welt, einem Ausschnitt der Welt, den ich erlebe und der mir vertraut ist. Aber unser Lebensraum, der Kosmos, ist viel größer. Es gibt Menschen, die glauben, ihre Welt sei ein geschlossenes System, in dem sich gar nichts bewege, sondern wo alles bleibe wie es ist und wie es immer war. Alles, was diese ihre Welt stört, wird abgewehrt. Viele haben Angst vor Veränderung, ihnen wäre es lieber, alles wäre statisch und sie könnten sich von allem anderen isolieren. Phänomene des Isolationismus gibt es heutzutage wieder verstärkt in der Politik, in Gesellschaft und Kirche. Trotz immer stärkerer weltweiter Vernetzung ziehen sich immer mehr Menschen in ihren Schutzraum zurück oder konfigurieren sich ihre eigene Welt im Internet. Sie können mit der Realität nicht zurechtkommen und suchen die virtuelle Realität. Wie heißt es schon bei Pippi Langstrumpf: Ich mach' mir die Welt, wie sie mir gefällt.

Diese Einstellung berührt das Phänomen des Fundamentalismus, denn Fundamentalisten wollen festen Boden unter den Füßen haben und sich nicht bewegen. Sie brechen rationale Diskurse ab, verlangen nach Eindeutigkeit und weigern sich, die Wirklichkeit differenziert wahrzunehmen. Daher wollen sie auch Fakten nicht wahrhaben, die nicht in ihre Welt passen, und sich lieber auf „Fake News" verlassen, die gezielt gestreut werden, um die Eindeutigkeit des eigenen statischen Weltbildes auf Kosten differenzierter Wahrnehmung um jeden Preis durchzusetzen. Lebenslanges Lernen ist hier unerwünscht, denn man weiß ja schon alles besser. Solch eine Haltung ist auch der Kirche nicht fremd.

„Und sie bewegt sich doch." Dieser Satz wird Galileo Galilei († 1642) legendarisch zugeschrieben, als er von der päpstlichen Inquisition dazu verurteilt wurde, seinem Weltbild abzuschwören. Diesen Satz murmelnd soll er die Verhandlungen verlassen haben. Seine Entdeckung konnte und wollte man sich damals nicht vorstellen, weil sonst eine Welt zusammengebrochen wäre. Die Erde und der Mensch stehen im Mittelpunkt der Welt! Also muss sich die Sonne bewegen, nicht die Erde. Basta. Sonst stünde ja etwas Verkehrtes in der Hl. Schrift! Viele Fundamentalisten, vor allem in Amerika, denken noch heute so.

Aus dieser Geschichte kann man lernen. Papst Johannes Paul II. hat im Jahr 1992 Galileo Galilei rehabilitiert und Folgendes gesagt: „Merkwürdigerweise zeigte sich Galilei als aufrichtig Glaubender in diesem Punkte weitsichtiger als seine theologischen Gegner. Er schreibt an Benedetto Castelli: ‚Wenn schon die Schrift nicht irren kann, so können doch einige ihrer Erklärer und Deuter in verschiedener Form irren.'"[137] Der Irrtum der Theologen bestand für Johannes Paul II. darin zu meinen, die Zentralstellung der Erde wäre vom Wortsinn der Hl. Schrift gefordert. „Doch wir müssen uns hier an das berühmte Wort erinnern …: ‚Der Heilige Geist wollte uns zeigen, wie wir in den Himmel kommen, nicht wie der Himmel im einzelnen aussieht.' Tatsächlich beschäftigt sich die Bibel nicht mit den Einzelheiten der physischen Welt, deren Kenntnis der Erfahrung und dem Nachdenken des Menschen anvertraut wird."[138]

Die Theologie und der Glaube dürfen sich naturwissenschaftlichen Erkenntnissen gegenüber nicht verschließen. Johannes Paul II. fordert sie daher zum Dialog auf. Die Rede von einer Evolution, einer Entwicklung der Welt, oder von einem „Big Bang" als Beginn des Kosmos stehen *nicht* in Konkurrenz oder gar im Gegensatz zu einer Sinndeutung aus der Perspektive des Glaubens, es sei denn, sie verstehen sich als naturalistische oder materialistische Weltdeutung, die sich gegen jede Art von geistiger Sinndeutung religiöser oder metaphysischer Art stellt und im Menschen nur den Funktionär seiner biologischen oder neurophysiologischen Prägungen sieht. Die Sinndeutung der Welt im Licht der Offenbarung Gottes will nicht Vorgänge in der Natur exakt oder empirisch nachprüfbar beschreiben, sondern nach der Bedeutung einer Gott verdankten Existenz für das Leben der Menschen fragen.

Der Mensch ist eingebettet in eine Schöpfung von kosmischem Ausmaß, die sich entwickelt. Der Frühmensch tritt erst spät auf die Bühne der Welt, vor ca. 2,5 Millionen Jahren, der Homo sapiens vor ca. 300 000 Jahren. Vieles ist zuvor geschehen, das dazu führt, dass der Mensch entstehen kann. Auf der Erde kann sich Leben entwickeln, weil sie in einer bestimmten Entfernung zur Sonne kreist, weit genug weg, um nicht zu verglühen, nahe genug, um gewärmt zu werden. Ein wenig näher an der Sonne und wir könnten nicht überleben. Vieles muss passen, damit sich Leben auf einem Planeten entwickeln kann. Wir wissen noch nicht sicher, ob es noch anderswo im Weltraum intelligentes Leben gibt. Und die spannende Frage lautet: Ist das, was sich da entwickelt und ausdifferenziert hat, alles Zufall, oder steckt ein Plan oder ein Schöpfer dahinter?

Diese Frage ist naturwissenschaftlich und mit empirischen Beweisen nicht endgültig zu beantworten, weil Gott sich einem eindeutigen Zugriff entzieht, der den Glauben zu einem zwingenden Wissen machen würde. Hier treten Theologie und Philosophie auf den Plan, um diese Frage mit verschiedenen Methoden metaphysisch anzugehen, d. h. über die Kategorien von Raum und Zeit hinaus nach Gott zu fragen. Philosophisches Denken muss sich dabei nicht zwingend am Glauben orientieren, aber es gibt auch Entwürfe, die sich explizit auf den Glauben beziehen. Die Theologie hingegen setzt den Glauben an die Offenbarung Gottes stets voraus und stützt sich auf die Hl. Schrift, um sich der Frage nach einer Schöpfung anzunähern, die sich einer dynamischen Entwicklung verdankt.

Die Schöpfungserzählungen

Auch wenn der Kanon des Alten Testaments von den Redaktoren so zusammengestellt wird, dass er mit Gen 1 und 2 beginnt, zeigt sich, dass nicht die zeitliche Entstehung der Schriften, sondern ihre *theologische Aussage* die zentrale Rolle bei ihrer Anordnung in der Bibel spielt. Die erzählte Vergangenheit soll als Gegenwart erlebt werden, denn es geht nicht „um die Welt, wie sie ‚am Anfang' entstanden ist, sondern um das Geheimnis, dass sie ‚von Anfang an' (bzw. ihrem ‚Wesen' nach) eine von Gott belebte und geliebte Welt ist".[139] Das, was in der Exodus-Erfahrung als Rettung von Gott erfahren wird, ist nicht der Anfang der Geschichte Gottes mit seinem Volk Israel, sondern diese Geschichte beginnt viel früher, sie betrifft alle Menschen und hat ihren Anfang in der Schöpfung, in der Gott bleibend den Grundwert Leben gesetzt hat. Das ist der Sinn, wenn im Nachhinein von einem guten Anfang erzählt wird, weil Gott das Heil aller bewirken will. Daher finden wir die Worte: „Und siehe, es war sehr gut" (Gen 1,31), die Gott am Ende des Schöpfungswerkes spricht. Die gesamte Schöpfung wird gutgeheißen, das ist ihre Bestimmung von Anfang an, denn sie ist vom guten Gott geschaffen worden, der sein Volk gerettet und sich als machtvoll erwiesen hat. Das Böse und die Sünde kommen später, sie sind nicht im Wesen der Schöpfung oder Gottes verankert und daher überwindbar. Wäre all das Negative am Anfang schon gesetzt, wie sollten wir in der Hoffnung leben können, dass es nicht das letzte Wort hat? Das letzte Wort Gottes lautet schon im Anfang: „Und siehe, es war sehr gut." Daher hoffen wir auch auf ein gutes Ende dieser Welt. Die Anfangserzählungen stiften den *Sinn* für alle Zeit, sie bleiben aktuell bis zum Ende. Was uns am Beginn unseres Lebens oder am Beginn einer Beziehung widerfährt, prägt uns nachhaltig. Wenn ein guter Anfang mit uns durch das Leben geht, ist das ein positives Vorzeichen für alles, was uns widerfahren mag!

Die Kirche hat gelernt, dass die Schöpfungserzählungen *keine historischen Beschreibungen* des Anfangs oder Theorien über die Entstehung der Welt in Konkurrenz mit den Naturwissenschaften bieten, sondern in erzählender Form (narrativ) menschliche Grunderfahrungen aufgreifen und sinnstiftend deuten wollen. „Gen 1–50 ist ein narrativer Weltentwurf, der die Ursprünge Israels als der Familie JHWHs im Spannungsfeld von Chaos und Kosmos so erzählt, dass er dazu einlädt, an dem hier Erzählten zu partizipieren und das eigene Leben in den Horizont dieser Gottes-Geschichten zu stellen, die nicht nur von Israel, sondern von der Segensfunktion Israels für die Weltvölker erzählen."[140]

Die Schöpfung als guter Anfang einer Geschichte mit Gott

Die beiden sogenannten Urgeschichten in den ersten Kapiteln der Genesis (Gen 1,1–2,4a und Gen 2,4b–2,25) entfalten auf narrative Weise Grundzüge der menschlichen Wirklichkeit und wollen deren Bedeutung zur Sprache bringen. Wenn man beide Texte liest, fallen Spannungen auf, die zeigen, dass sie aus unterschiedlichen Zeiten und Traditionen stammen. Die priesterschriftliche Erzählung aus dem 6. Jh. v. Chr. nimmt in Gen 1 den Wechsel von Tag und Nacht und die Wochentage mit dem Sabbat als Höhepunkt und Ziel in den Blick und will den Sinn von Raum und Zeit zur Sprache bringen. Die zweite Schöpfungserzählung in Gen 2 fragt nach der Bedeutung und dem Ursprung des Menschseins in der Dualität von Mann und Frau, nach dem Gottesverhältnis, nach der Mühsal der menschlichen Arbeit und nach der Zukunft. Es werden Geschichten erzählt, die als *Ätiologie* (griech.: *aitia* = Anfang, Ursprung oder Ursache) bezeichnet werden können, da bestimmte Erfahrungen in eine unvordenkliche Anfangszeit der Welt mythologisch zurückversetzt werden, um ihnen theologisch auf den Grund zu kommen. Schon die Unterschiede zwischen beiden Traditionen, etwa beim Gottesnamen, zeigen, dass sie nicht konkrete Abläufe beschreiben wollen und in ihrer Spannung bewusst nebeneinander gestellt wurden.

Gen 1,1 eröffnet die erste Schöpfungserzählung: „Im Anfang erschuf Gott Himmel und Erde." Das Bekenntnis zum Gott Israels als Schöpfer der Welt setzt die Exoduserfahrung voraus, in der Gott sich als Retter seines Volkes gezeigt hat. Diese heilsgeschichtliche Erfahrung führt schließlich zu der Überzeugung, dass JHWH nicht nur der Gott Israels, sondern der Gott der ganzen Welt ist.[141]

Der spezifische Schöpfungsterminus, das hebr. Verb *bara*, wird nur mit Bezug auf das schöpferische Handeln Gottes verwendet und betont die Dimension des Lebendigen. Dieses Verb qualifiziert auf einzigartige Weise das Schöpferhandeln Gottes in zweifacher Hinsicht: Es meint a) etwas Lebendiges zu schaffen und es so auszugestalten, dass es leben kann und will. *Bara* bedeutet aber auch b) eine Neuschöpfung oder Erlösung, etwa im Kontext von Deuterojesaja. In dieser Perspektive meint *bara* ein Handeln Gottes, in dem er aus der Situation des Exils, aus der Zerstreuung heraus ein neues Volk schafft, eine neue Gemeinschaft stiftet, deren Lebensprinzip er selber ist und bleibt. *Bara* bedeutet, dass Gott (je neu) das Leben schafft und Gemeinschaft ermöglicht.

Im Folgenden wird erzählt, dass Gott schafft, indem er spricht und so Ordnung in das Chaos bringt. Denn Gen 1,2 spricht vom „Tohuwabohu", d. h. die Erde war „wüst und wirr". Es gibt noch kein Licht, „Finsternis lag über der Urflut" und „Gottes Geist schwebte über dem Wasser" (Gen 1,2).

Die Chaos- und Todesmächte Wüste, Finsternis und Wasser werden umgeformt und begrenzt, so dass Leben möglich wird. In einer hymnischen Vision soll schon im Ursprung das Ziel der Schöpfung – ihre Vollendung – deutlich werden. Eine Weltordnung wird gestiftet, die alles umfasst. Das ordnende Sprechen Gottes ist verbunden mit seinem Leben spendenden Atem, mit seiner *Ruach* (hebr.: Atem, Wind, übersetzt als Geist). In der Scheidung von Licht und Finsternis wird mit dem ersten Tag die Ordnung der *Zeit* gestiftet. Der Wechsel von Tag und Nacht ist eine so grundlegende Erfahrung für die Menschen, dass er hier als erste Schöpfungswirklichkeit benannt wird. Als Himmel und Erde geordnet und die tierischen Lebewesen geschaffen sind, wird am 6. Tag auch der Mensch geschaffen.

Schöpfung aus dem Nichts und andauernde Schöpfung

Im Laufe der Theologiegeschichte bilden sich in der Schöpfungslehre zwei zentrale Begriffe heraus, nämlich die Rede von der *creatio ex nihilo* und der *creatio continua*.

Die *creatio ex nihilo* spricht von einer Schöpfung aus dem Nichts. Damit soll ausgedrückt werden, dass Gott durch nichts dazu gezwungen wird, eine Welt zu schaffen. Er schafft die Welt voraussetzungslos. Es gab in der griechischen Philosophie die Meinung, dass es eine ewige Materie gibt. Träfe dies zu, dann würde der ewige Gott eine ewige Materie, die er nicht geschaffen hat, vorfinden, und könnte bzw. müsste sie gestalten oder formen. Gott wäre nicht mehr absolut frei in seinem Handeln, er wäre an die Materie gebunden, die ihm gegenübersteht. Irenäus von Lyon lehnt diese Konzeption von zwei Urprinzipien ab und betont den Monotheismus im Sinne der Rede von einem einzigen ewigen Ursprungsgrund der Welt, der alles durch sein Wort *(logos)* entstehen lässt und aus dem Nichts ins Dasein ruft.

Die Schöpfung ist auch kein Ausfluss göttlicher Substanz, sondern geschaffenes, begrenztes Sein, das aber in einer einzigartigen Beziehung zu Gott steht. Denn die Schöpfung ist kein abgeschlossener Vorgang, sondern sie setzt sich fort. Das meint die Rede von der *creatio continua*: Gott ist und bleibt der tragende Grund der Welt und ihrer Entwicklung. Gott ist in der Schöpfung bleibend gegenwärtig als der sich von ihr unterscheidende und sie transzendierende Schöpfer („Transzendenz" Gottes).

Diese bleibende Präsenz Gottes behindert nicht die eigenständige Entwicklung der Welt oder geschöpflicher Freiheit, sondern *eröffnet, trägt und ermöglicht* sie. Denn „das beständige Ja Gottes zur Welt wird auch durch die *Sünde*, das geschöpfliche Nein zum Schöpfer, nicht aufgehoben. In der biblischen Perspektive des Heilshandelns Gottes entspricht deswegen der creatio continua die unbedingte *Treue* Gottes … Von sich her bleibt Gott der seiner Schöpfung unvermindert zugewandte und sie so tragende Grund."[142]

Transzendentales Denken: Hinterm Horizont geht's weiter …

Karl Rahner hat betont, dass das einzigartige transzendente Schöpfungshandeln Gottes, das ja die Grenze zwischen Ewigkeit und Zeit überschreitet, sich prinzipiell von allen Formen innerweltlicher Kausalitäten (Ursache-Wirkung-Verhältnisse) unterscheidet und daher von uns nicht adäquat denkerisch und begrifflich erfasst werden kann. Die Einzigartigkeit besteht darin, dass die Schöpfung die transzendentale Bedingung der Möglichkeit dafür ist, dass die Welt mit ihrer Dynamik existieren kann. Der von Immanuel Kant entlehnte Begriff „transzendental" fragt nach der *Bedingung der Möglichkeit*, der Voraussetzung von etwas. Für Rahner ist Gott selbst in seinem schöpferischen Handeln und seiner bleibenden Präsenz in der Welt die Bedingung der Möglichkeit allen Lebens. Einfach gesagt: Er ist der Lebensgrund, die Quelle des Lebens, die nicht versiegt und uns in jedem Augenblick im Leben erhält. Er zieht seinen Atem nicht zurück, der uns das Leben immer neu schenkt. Weil uns Gott ein Leben schenkt, das bleibend von ihm abhängt, will Rahner hervorheben, dass diese Abhängigkeit von Gott keine negativ zu bewertende Abhängigkeit ist, die uns an der kurzen Leine halten will. Daher sagt er:

> „Radikale Abhängigkeit und echte Wirklichkeit des von Gott herkünftigen Seienden wachsen im gleichen und nicht im umgekehrten Maße."[143]

Normalerweise würden wir in unseren Kategorien denkend sagen: Je mehr ich von jemandem abhängig bin, desto weniger eigenständig bin ich. Also: entweder – oder, eine dritte Möglichkeit gibt es nicht. Das ist theologisch zu kurz gesprungen. Denn das Schöpfer-Geschöpf-Verhältnis funktioniert nicht so, und das macht seine Einmaligkeit aus. Je mehr mein Leben an Gott hängt, d. h. je mehr mir mein Leben von Gott geschenkt wird (denn ich habe es mir nicht selber gegeben), desto mehr kann ich leben und meine Freiheit verwirklichen. Dieser Ursprung *ermöglicht* meine Eigenständigkeit, er bedroht sie nicht, sondern setzt sie frei! Und er ist als Ursprung ein entzogener, ab-soluter (losgelöster, getrennter) Ursprung, der sich von uns nicht bruchlos, eindeutig und zwingend durch das Denken als Ursprung einholen lässt. Gott überschreitet – transzendiert – als Grenzphänomen unsere Denkmöglichkeiten. Die Rede von der Schöpfung ist eine sinnstiftende Glaubensaussage. Gott lässt uns die Möglichkeit und den Freiheitsraum, ihn als Grund und Ziel unseres Lebens anzunehmen oder nicht.

Karl Rahner hat ein schönes Bild geprägt, um das *transzendentale* Denken zu erläutern: die *Verwiesenheit* auf einen unendlich offenen Horizont. Udo Lindenberg hat ein Lied geschrieben, an das man hier denken kann: „Hinterm Horizont geht's weiter …"[144]

Der Horizont ermöglicht die Wahrnehmung der unendlichen Weite, die wir am Meer immer besonders erfahren, und zugleich begrenzt er sie. Beim Versuch, den Horizont erreichen zu wollen, macht man die Erfahrung, dass sich dieser Horizont, der doch nahe ist, immer neu entzieht. Er ist also da, aber als entzogener und unverfügbarer. Er ermöglicht unsere Wahrnehmung als tragender Hintergrund, aber lässt sich selbst nicht „be-greifen" und erreichen. Er ist nahe *als* der ferne Horizont. Er ist eine Grenze, die einen weiten Blick ermöglicht. Der Horizont ist bei Rahner eine Metapher für die Verwiesenheit auf Gott. Gott ist gleichsam (*analoge* Redeweise!) der Horizont unseres Lebens: Er ist nahe als der ferne Gott, die Grenze zwischen ihm und uns ist gegeben, aber es ist eine offene Grenze, die es uns ermöglicht, seine Nähe zu erfahren, auch wenn er von uns unterschieden bleibt. Die Nähe zu Gott lebt von einem Abstand, einer Distanz, einem Zwischenraum, der uns in der Schöpfung eröffnet wird, um diese Beziehung und die Beziehungen zum Nächsten und den Mitgeschöpfen in Freiheit und Verantwortung leben zu können.

Schöpfung aus Liebe

Die Rede von einer *creatio ex amore* (Schöpfung aus Liebe) zielt auf das „Motiv des Erschaffens".[145] Gott ist nicht dazu gezwungen, die Welt zu erschaffen, ihm fehlt auch nichts, so dass er sie für sich selbst bräuchte. Er schafft den Kosmos und das Leben aus Liebe zum Leben und zu dem, was er erschafft. Die Liebe Gottes zielt auf das Wohl des Anderen, der von Gott freigesetzt wird, so frei, dass das Geschöpf sogar seinen Schöpfer als Ursprung und Ziel verleugnen kann. Gott hält alle Geschöpfe am Leben, aber er kettet sie nicht an sich, wir können unsere eigenen Wege in der Zeit gehen, in der Gott zwanglos zugegen ist. Die Macht der Liebe schenkt Freiraum, sie übt keine Gewalt aus und respektiert den und die Anderen. Ich wage die Formulierung: Gott respektiert die Schöpfung auch in ihrem Eigensinn. Das ist ein doppeldeutiges Wort: Wenn wir ein Kind oder einen Erwachsenen eigensinnig nennen, dann meinen wir, dass jemand störrisch ist, auf keinen Rat hört oder nicht das tut, was wir wollen. Es steckt in diesem Wort aber auch, dass der Andere dennoch seinen eigenen Sinn und Zweck hat, auch wenn er etwas anderes will. Es kann ja sein, dass der Eigensinn ihn zum Ziel führt – auf ungeahnten Wegen.

Vorsehung und Fürsorge Gottes: Gut an das Ziel kommen

Wenn von der *providentia* (lat.: Vorsehung und Fürsorge) des Schöpfers gesprochen wird, dann bedeutet dies, dass er die Schöpfung auch zum Ziel führen und vollenden will. Daher ist die Erzählung vom Anfang im Garten Eden auch eine Geschichte von der Vollendung, denn das Paradies ist ja auch ein großes Bild für das Jenseits geworden.[146] Ausgehend von Medard Kehl kann man dazu drei Gedanken entfalten:

1. Das von Gott vorgesehene *Ziel* für die Welt ist die *Vollendung in ihm und seiner Liebe*. Paulus sagt, dass am Ende der Welt und des Kosmos Gott alles in allem sein wird (1 Kor 15,28). *Dieses Ziel wirkt schon von Anfang an in der Geschichte der Welt und gibt ihr ihre Dynamik*. Dieser Gedanke wird aus der Philosophie übernommen. Aristoteles sprach im Griechischen von *Entelechie*: Das Ziel *(telos)* habe ich *(echein)* schon in *(en)* meiner Entwicklung, es wirkt also jetzt schon und bewirkt, dass wir auf das Ziel hin leben und es erreichen können. Das ist ein *teleologisches* (zielgerichtetes) Denken: Ich trage das Ziel schon in mir als dynamische Triebkraft auf ein bestimmtes Ende hin. Im Anfang wirkt schon das Ende, es ist schon da, aber noch nicht erreicht.[147]

Wenn Gott als Liebe die Vollendung und Bestimmung der Welt ist, dann ist dieses Ziel von Anfang an in der Geschichte wirksam und wir leben schon jetzt in diesem Ziel und auf es hin.

2. Gott will dieses Ziel nicht gegen uns oder ohne uns erreichen. Er bietet uns seine Liebe an und wartet auf unsere *Antwort*, die wir *in Freiheit* und eigener *Verantwortung* geben müssen. Öffnen wir uns der Liebe Gottes und seinem Willen, oder verweigern wir die Annahme? Akzeptieren wir, dass unserer Freiheit Ursprung und Ziel vorgegeben sind und sie so erst ermöglicht wird, oder streben wir nach absoluter Autonomie, die auf die Beziehung zur Mitwelt, auf Gott und das Wohl der Anderen keine Rücksicht nehmen will und uns dadurch isoliert? Gibt es irgendwo in der Geschichte das unmissverständliche Ja eines Menschen zur Schöpfung und zum Willen Gottes, worin die Vollendung schon sicher aufleuchtet?

3. In *Jesus Christus* ist für den christlichen Glauben dieses Ja gesprochen worden. Er ist als menschgewordenes Wort Gottes die Zusage Gottes an die Welt *und* die Antwort des Menschen auf Gott hin.[148] Die Zuneigung Gottes zur Welt und die Zuneigung der Welt zum Schöpfer wird von Jesus in seinem Leben und Sterben in grenzenloser Gottes- und Nächstenliebe verkörpert. In ihm berühren sich Gott und Mensch auf einzigartige und endgültige Weise, er lebt die freie Zustimmung zum Willen Gottes, und so kommt die menschliche Freiheit für alle erfahrbar an ihr Ziel.

Zwei Vorstellungsmodelle für die Schöpfung

Es gibt klassisch zwei Konzepte, wie man sich das Verhältnis zwischen Gott und der Schöpfung vorstellen kann.

1. Man denkt sich ein *Gegenübersein* von Gott und Welt. Gott schafft die Welt aus dem Nichts und setzt sie sich als Beziehungspartner gegenüber. Didaktisch reduziert könnte man es so darstellen:

Gott → Welt

Dann wäre die Welt Gott äußerlich und würde quasi „neben" Gott existieren. Damit wäre der Unterschied zwischen Schöpfer und Schöpfung und die Transzendenz Gottes gegenüber der Welt zwar stark betont, aber wie kann die Präsenz Gottes in der Welt ausgedrückt werden? Gibt es eine Nähe zwischen Gott und Welt, so dass Gott sein Wort und seinen Atem, den Hl. Geist, zur Erde sendet, um die Verbindung zu ermöglichen? Aber „wo" befindet sich dann die Schöpfung? Wenn Gott als ewig und unendlich vorgestellt wird, wo soll es einen „Raum" geben, in dem er nicht immer schon präsent wäre? Gibt es ein Nichts, in das er die Schöpfung hineinsetzen könnte? Die Schöpfung aus dem Nichts geht nicht davon aus, dass es ein Nichts „neben" Gott gibt. Das kann es auch gar nicht geben, denn wenn es sich um das Nichts handelt, dann ist da nix. Das Nichts ist eine negative, keine positive Größe. Daher wird das „nichts" von Theolog/inn/en manchmal klein und nicht groß geschrieben und ist im vorhin genannten Sinn zu verstehen: nichts zwingt Gott zu seinem Handeln. Wenn Gott aufgrund seiner Unbegrenztheit überall zugegen ist, wo soll es da einen gottleeren Raum, quasi ein göttliches Vakuum geben?

2. Daher gibt es ein zweites Vorstellungsmodell. Die Rede von der *Schöpfung in Gott*:

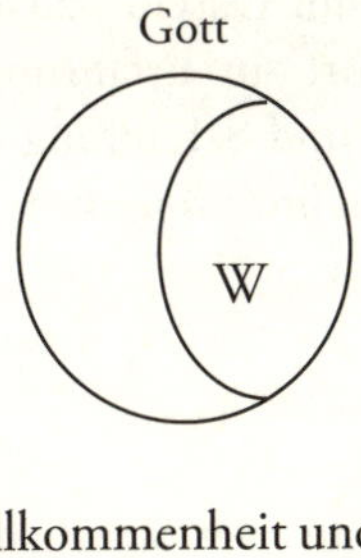

Der Kreis, als Symbol der Vollkommenheit und Unendlichkeit, stellt (natürlich völlig unzureichend) Gott dar und *in* Gott befindet sich die Schöpfung, das W steht für Welt. Welt in Gott! Das aus der jüdischen Mystik stammende Motiv des *Zimzum*, der Selbstkontraktion bzw. Selbstzurücknahme Gottes, wagt zu denken, dass Gott „in" sich einen Raum schafft für die Welt. Denn da Gott unendlich ist, gibt es keinen Raum außerhalb von ihm. Gott zieht sich also ein Stück weit zurück, um uns in sich Platz zu schaffen. Wie kommt man auf eine solche Idee? Im Hintergrund steht hier nicht nur eine Theologie der Offenbarung und die jüdische wie christliche Erfahrung der Selbsterniedrigung, Entäußerung oder Herabneigung Gottes zum Menschen, sondern auch eine urmenschliche Erfahrung: die Schwangerschaft. Da wächst ein neuer Mensch in einem anderen Menschen, in der Mutter. Einer befindet sich im anderen. Wieder *analog* gesprochen: So wie sich das ungeborene Kind in der Mutter befindet und schon ein von der Mutter unterschiedenes Lebewesen ist, so befindet sich die eigenständige Welt in Gott. So wie das ungeborene Kind von der Mutter ernährt wird und sie ihm Raum in sich gewährt und für das Kind lebt, so ernährt Gott die Welt und schenkt ihr Raum in sich, um für sie da zu sein. Ein eindrückliches Bild, das deutlich machen kann, wie das In-Gott-Sein der Welt und ihre Unterschiedenheit von ihm ausgedrückt werden können. Gott umfängt die Welt und lässt ihr Raum für eine eigenständige Entwicklung in sich. Einheit und Unterschiedenheit werden gewahrt. Diese Position wird als *Pan-en-theismus* (griech.: *pan* = alles; *en* = in; *theos* = Gott) bezeichnet: Alles ist *in* Gott.

Diese Position ist deutlich von einem Pantheismus zu unterscheiden, der behauptet: Alles *ist* Gott. Dabei gibt es keinen Unterschied mehr zwischen Gott und allem anderen, Gott und Welt sind identisch, dasselbe.

Der Panentheismus hält an der *Differenz* fest und kann eine *Beziehung* der Welt zu Gott aussagen, die Gott nicht äußerlich ist und auch uns nicht äußerlich bleibt. Denn Gott ist auch in uns gegenwärtig und bleibt uns nicht äußerlich. Das ist auch die Erfahrung der jüdischen und christlichen Mystik: Gott kann ich in mir finden und ich kann mich in Gott finden. Diese Gotteserfahrung geht buchstäblich unter die Haut. Aber Gott bleibt bei aller Nähe gegenüber unserer begrenzten Existenz auch der ganz Andere, der unsagbare Schöpfer, der uns im Dasein hält und nicht umgekehrt. Diese *asymmetrische Beziehung* gehört zur Erfahrung der *Geschöpflichkeit* hinzu. Das Verhältnis von Schöpfer und Schöpfung ist nicht umkehrbar. *Gott ermöglicht und trägt unser Leben, nicht umgekehrt.*

Haus Gottes und der Menschen

Die Autoren der Bibel sind nicht naiv. Sie wissen um die Ambivalenz des Lebens und um zwiespältige Erfahrungen, denn es gibt Gutes und Böses, Freude und Leid, Schutz und Bedrohung in der Welt. Alle diese Aspekte kommen in den Urgeschichten vor, auch Sünde und Schuld. Doch die Autoren erzählen Geschichten „des Staunens und der Zustimmung zum guten Schöpfergott, aber auch Geschichten gegen die Angst, der Schöpfergott könne sich angesichts des Bösen von seiner Welt abwenden".[149] Gen 1,1–2,3 entwirft das Bild der Welt, wie sie von Gott her ist und sein sollte. Hier erscheint die Schöpfung als Wohnraum Gottes und des Menschen, als Lebenshaus für alle Geschöpfe. Daher kann Papst Franziskus in seiner Schöpfungsenzyklika auch schreiben:

> „Die dringende Herausforderung, unser gemeinsames Haus zu schützen, schließt die Sorge ein, die gesamte Menschheitsfamilie in der Suche nach einer nachhaltigen und ganzheitlichen Entwicklung zu vereinen, denn wir wissen, dass sich die Dinge ändern können. Der Schöpfer verlässt uns nicht, niemals macht er in seinem Plan der Liebe einen Rückzieher, noch reut es ihn, uns erschaffen zu haben. Die Menschheit besitzt noch die Fähigkeit zusammenzuarbeiten, um unser gemeinsames Haus aufzubauen." (Laudato si' 13)

Im Griechischen steht das Wort *oikos* für das Haus. Daher stammt der Begriff der Ökonomie *(oikonomia)*, der in der heutigen Wirtschaft etwas völlig anderes meint als in der Theologie. Während die Ökonomie der Wirtschaft auf Zeitdruck und Beschleunigung, Wettbewerb und Konkurrenz, Geldwert und Effizienz setzt, um immer mehr Wachstum zu erzeugen, meint der theologische Begriff von Ökonomie, dass Gott uns allen ein gemeinsames Haus geschenkt hat, in dem Raum und Zeit für alle ausreichen, unabhängig von Leistung und Verdienst. Gott lässt uns Zeit, er nimmt sie nicht, er schenkt allen, was sie zum Leben brauchen, es reicht für alle, wenn wir lernen, die Gaben der Schöpfung miteinander zu teilen.

Der Mensch nimmt die Welt, in der er sich vorfindet, aus seiner Perspektive wahr. Der Begriff *Anthropozentrik* bezeichnet eine Sichtweise, die den Menschen als Ausgangspunkt und Zentrum der Weltbetrachtung versteht. Das kann zu einer Selbstüberschätzung, zu ungezügelten Herrschaftsansprüchen und zu Rücksichtslosigkeit gegenüber den anderen Geschöpfen in der Welt führen. Die Schöpfungstheologie gibt dem Menschen ohne Zweifel eine besondere Position. Aber der Text von Gen 1 besitzt einen doppelten Gipfel: den Menschen und den Sabbat. Dieser Tag wird von Gott gesegnet und geheiligt (Gen 2,3). Er ist auch ein Ruhetag für die Menschen, die alles einfach mal sein lassen können und ihre Arbeit unterbrechen sollen, um Gott für die Schöpfung zu danken. Der Sabbat ist der Tag des Segens, der den Menschen durch die Woche, durch die Zeit begleitet. Dieser Tag erinnert uns daran, dass die Schöpfung als gutes Werk Gottes gegeben ist, noch bevor sie den Menschen zuteilwird. Der Mensch wird zwischen Himmel und Erde gestellt, und diese Erde und dieser Himmel sind nicht bloß leerer Raum. Sie sind durchatmet von Leben in Verschiedenheit, durchwaltet von einer Ordnung der Differenz, in der Nähe geschehen kann. Aus diesem Grund finden wir in Gen 1 „den Rhythmus einer Feier, einer kosmischen Liturgie, einer preisenden Freude".[150]

So mildert die erste Schöpfungserzählung eine Anthropozentrik zumindest ab, der Mensch ist nicht alleine auf der Welt. Darauf verweist auch die Rede vom Menschen als Bild Gottes.

Der Mensch als Bild Gottes

Repräsentation Gottes als König und Hirte

Die Verse in Gen 1,26–28 sind entscheidend für den Kern der biblischen Anthropologie:

> „Dann sprach Gott: Lasst uns Menschen machen als unser Bild, uns ähnlich! Sie sollen walten über die Fische des Meeres, über die Vögel des Himmels, über das Vieh, über die ganze Erde und über alle Kriechtiere, die auf der Erde kriechen. Gott erschuf den Menschen als sein Bild, als Bild Gottes erschuf er ihn. Männlich und weiblich erschuf er sie. Gott segnete sie und Gott sprach zu ihnen: Seid fruchtbar, und mehrt euch, füllt die Erde und unterwerft sie euch und herrscht über die Fische des Meeres, über die Vögel des Himmels und über alle Tiere, die auf der Erde kriechen."[151]

In dieser priesterschriftlichen Tradition bedeutet die *Gottesbildlichkeit* eine *königliche Erwählung*. Im ägyptischen Kontext war diese Qualifikation ausschließlich dem Pharao vorbehalten. Dieser stand mit dem Schöpfergott Re in einem Abbildverhältnis, das auch in Darstellungen des Königs realisiert wurde. Mit Erich Zenger kann man formulieren, dass in diesem Denken der König als Bild des Schöpfergottes verstanden wird, insofern er in der Person des Schöpfers handeln kann. Er handelt aber nicht als Schöpfer, sondern wie der Schöpfer.[152] Wenn nun in Gen 1 die Gottesbildlichkeit auf den Menschen bezogen wird, dann wird *allen* Menschen eine *königliche Würde, Bedeutung und Funktion* zugesprochen. Der Hintergrund der ägyptischen Königsidee spiegelt sich in dem hebräischen Wort *selem* (Standbild eines Königs oder Gottes) wider. Der andere Begriff, der verwendet wird, lautet *demuth* und meint eine Ähnlichkeit.

Zenger spricht von einer dreifachen Bedeutung der Metapher „Bild Gottes" und fasst diese wie folgt zusammen: „(1) Wie ein König die Lebensordnung der Schöpfung zu sichern und zu schützen; (2) wie ein Götterbild Erscheinungsweise und Offenbarungsmedium göttlicher Wirkmächtigkeit auf der Erde zu sein; (3) wie ein Verwandter/Sohn Gottes die Welt als das ihm zugewiesene Heimathaus/Vaterhaus zu verwalten und liebevoll zu gestalten."[153]

Alle Menschen sind königliche Beauftragte des Schöpfergottes. Der Auftrag zu herrschen in Gen 1,26 zielt darauf, dass der Mensch *im Namen Gottes ein guter Hirte der Schöpfung* sein soll. Das Wort *radah*, das oftmals mit

„herrschen" übersetzt wird, bedeutet laut Zenger das Umherziehen des Hirten mit seiner Herde, die er auf eine gute Weide führt und die er gegen alle Gefahren schützt. Ein solcher Hirte ist von alters her Bild für die Amtsführung eines guten und gerechten Königs, der sich ganz für sein Volk einsetzt, vor allem die Rechte der Schwachen schützt und somit ein Leben für alle garantiert. Der Mensch erhält also den Segen und ein königliches Hirtenamt.

Von daher ist auch die Bedeutung menschlicher Kultur zu verstehen, denn der Mensch vermag als kreatives (wörtlich: schöpferisches) und kulturschaffendes Wesen das Land zu kultivieren und auch eine geistige Kultur zu schaffen in Kunst, Musik, Literatur, Wissenschaft, Bildung etc.[154] Mit dieser Bestimmung der Gottebenbildlichkeit ist der Mensch als *Stellvertreter bzw. Stellvertreterin Gottes* in der Welt und in diesem Sinne als Repräsentant/in Gottes zu verstehen. Die Bedeutung der Bildlichkeit liegt in einer dynamischen, in der Zeit auszuübenden Verantwortung für das Leben der Welt. *Jeder* Mensch ist Bild Gottes, unabhängig von dem, was er hat oder tut. Diese Würde ist unverlierbar und nicht verhandelbar. Die römisch-katholische Kirche hält daran fest, dass auch der größte Sünder noch Bild Gottes bleibt, denn er bleibt ein Mensch und kann seine Bestimmung nicht verlieren. Gottebenbildlichkeit bedeutet ein Gegenübersein, eine Relation in der Situation der *Antwort*. Mit dieser Bestimmung ist der Mensch auch *capax Dei*, fähig zur Gottesbeziehung. Er ist auf Gott hin offen – und auch auf den Nächsten.

Bin ich der Hüter meines Bruders?

In Gen 4,9 finden wir die Frage, die Kain nach seinem Mord an Abel an Gott richtet: „Bin ich der Hüter meines Bruders?" Diese Frage reagiert auf die Frage Gottes: „Wo ist Abel, dein Bruder?" Die Frage wird also mit einer Gegenfrage gekontert. Diese Geschichte vom Brudermord zeigt schon die zerstörerische Kraft der Sünde, die der Mensch in die Welt gebracht hat. Sie erinnert aber zuerst fragend an den guten Anfang, denn die Rede vom Menschen als *Bild Gottes – imago Dei* – besagt genau das: Du bist der Hüter deines Bruders und deiner Schwester, du hast auch eine *Verantwortung* für das Leben des Anderen, nicht nur für dein eigenes.

Die Rede vom Menschen als Repräsentanten Gottes findet eine Spiegelung in dem Wort Jesu: „Seid barmherzig, wie es auch euer Vater ist!" (Lk 6,36) Die Verantwortung des Menschen gilt gegenüber der ganzen Welt, in besonderer und einzigartiger Weise aber angesichts des anderen Menschen. Schon in Lev 19,18 wird die Nächstenliebe eingefordert: „Du sollst deinen Nächsten lieben wie dich selbst." Die Übersetzung bei Martin Buber lautet: „Du sollst deinen Nächsten lieben, denn er ist wie du." Hier finden wir jenes Gebot der Nächstenliebe vor, das jüdisch wie christlich von zentraler Bedeutung ist. Jesus greift dieses Gebot auf, stellt es in den Mittelpunkt seiner Verkündigung und bringt es in den Zusammenhang mit dem Gebot der Gottesliebe (vgl. Mk 12,29–31 und Dtn 6,4 f.).

Der Kontext von Levitikus interpretiert die Nächstenliebe als Gebot der Feindesliebe. Daher ergeht hier die Aufforderung zur Befriedung der Gesellschaft durch konkret gelebte Solidarität. Der Mensch soll seinem Nächsten Taten der Liebe erweisen.[155] Während in Lev 19,11–18 ein Ethos der Solidarität an das Volk Israel im Inneren gerichtet ist, wird der Geltungsbereich der Solidarität in 19,34 auch auf die Fremden, die in das Land einwandern, bezogen: „Der Fremde, der sich bei euch aufhält, soll euch wie ein Einheimischer gelten, und du sollst ihn lieben wie dich selbst." Dies wird mit der Erinnerung verknüpft: „Denn ihr seid selbst Fremde in Ägypten gewesen." Hier zeigt sich, dass die Erinnerung eine fundamentale Bedeutung für die Ethik hat.

Freilich setzt das Gebot der *Feindesliebe* schon den Bruch der Sünde voraus, die den ursprünglichen Frieden zerstört hat. Das in der Predigt Jesu zu findende Doppelgebot von Gottes- und Nächstenliebe kann als Kurzfassung des Dekalogs interpretiert werden. Weil Gott uns liebt, sind wir fähig, auf seine Liebe zu antworten und sie mit anderen zu teilen. Jesus selbst erfüllt dieses Gesetz vollkommen. Auch von den Rabbinen wurde Lev 19 als Zusammenfassung der ganzen Tora betrachtet, denn alles ist darin komprimiert, und alles andere lässt sich daran festmachen. In diesem Kontext findet sich der Aufruf zur Heiligkeit und zur Nachahmung Gottes.[156] Von daher ist auch ein Rückbezug auf die Bestimmung des Menschen als Ebenbild Gottes gegeben. Die Konkretion seiner stellvertretenden Funktion ist die Praxis der Gottes- und Nächstenliebe, wobei beides unmittelbar miteinander zu tun hat. Im zeitlichen Vollzug lassen sich diese beiden Realisierungsformen der Gottebenbildlichkeit nicht trennen, sie sind aber zu unterscheiden.

Jesus Christus: Die Menschlichkeit Gottes

Damit wird deutlich, warum der Stellvertretungsgedanke auch in der Christologie zentral ist. Denn Jesus Christus als der „neue Adam" führt den Menschen in seine ursprüngliche Bedeutsamkeit zurück, erneuert ihn, denn er ist Stellvertreter Gottes auf einzigartige Weise, als fleischgewordenes Wort, und er vertritt die Stelle des Menschen vor Gott. In der Christologie haben wir es mit einer doppelten Stellvertretung zu tun, die den Menschen an jener

Stelle aufsucht, an der er sich nach Schuld und Sünde befindet. Jesus Christus als neuer Mensch und vollkommenes Bild Gottes erfüllt das, was vom Ursprung her Auftrag und Bestimmung des Menschen ist: Repräsentant Gottes und Vermittler seiner Fürsorge zu sein. Die Sündelosigkeit Jesu ist deshalb nicht nur Privileg seiner Göttlichkeit, sondern sie steht auch dafür, dass der Mensch ursprünglich ohne Sünde geschaffen wurde, als *imago Dei*. Das stellvertretende Handeln Jesu Christi zeigt sich in dem, was er *pro nobis*, für uns tut. Seine *Proexistenz* (Dasein-für) besteht darin, für den Menschen, vor allem für den Not leidenden und bedrängten Menschen zu leben und ihm die Nähe Gottes zuzusprechen. Schon von hierher kann man sagen, dass die Gottebenbildlichkeit bedeutet, die menschliche Existenz als Proexistenz für den Anderen zu verstehen. Hier treffen sich, bei aller Unterschiedenheit in der Christologie, zutiefst ein christliches und ein jüdisches Denken, das ebenfalls in der Gottebenbildlichkeit den Stellvertretungsgedanken ausführt.[157]

Die Seele des Menschen: Im Dialog mit Gott

In der zweiten Schöpfungserzählung wird die Ambivalenz menschlichen Lebens zum Thema gemacht, die Spannung zwischen Heil und Unheil, die immer wieder im konkreten Leben erfahren wird. Aber es fängt zunächst gut an. In Gen 2,4b–25 kommt erneut der göttliche Atem ins Spiel und wird mit dem Begriff der Seele verbunden. In Gen 2,7 heißt es: „Da formte Gott, der HERR, den Menschen, Staub vom Erdboden, und blies in seine Nase den Lebensatem. So wurde der Mensch zu einem lebendigen Wesen." Hier wird im Hebräischen mit den Worten *adam* (Mensch) und *adama* (Erde) gespielt. Der Mensch ist von der Erde, vom Staub genommen und wird durch Gottes Atem belebt. Durch den Geist Gottes wird er zu einem lebendigen Wesen, er hat eine Seele (hebr.: *nefesch*). Der Mensch lebt aus seiner Bezogenheit zu Gott, der ihn bleibend belebt und in die Wirklichkeit setzt. Gottes Geist wirkt in ihm!

Der Mensch ist einerseits zutiefst an die *Materie* gebunden, er wird aus Staub erschaffen und in die Erde zurückkehren (Gen 2,7; 3,19). Anderseits unterscheidet er sich in dieser Erzählung grundlegend von den Tieren, weil er den Lebensatem von Gott erhält und ein in-spiriertes Lebewesen ist (lat.: *spirare* = atmen). Damit hat er eine Beziehung zum unsichtbaren Gott, und es verbindet sich die materielle Dimension mit seiner geistigen Fähigkeit.

Der Unterschied zwischen Schöpfer und Geschöpf bedeutet eine Asymmetrie. Der Mensch ist der das Leben Empfangende, nicht der Herstellende. Diese grundlegende *Passivität* des Geschaffenwerdens ermöglicht erst seine Existenz, seine Freiheit und Verantwortung. Die Freiheit des Menschen ist also nicht bindungs- und beziehungslos. Es entfaltet sich in der Paradieserzählung ein Dialog zwischen Gott und dem Menschen.

Geschöpflichkeit: Begrenzte Zeit zwischen Leben und Tod

Wenn der Mensch als zeitliches Wesen verstanden wird, dann hat er nicht nur einen Ursprung, sondern auch ein Ende. Seine Zeit ist bemessen und er bekommt es mit dem Phänomen des Todes zu tun. Die Zeit des Menschen ist, im Unterschied zur Ewigkeit Gottes, begrenzt. Mit der *Geschöpflichkeit* des Menschen ist seine Endlichkeit verbunden, denn er ist aus dem Staub gebildet, er ist ein Mensch aus Fleisch und Blut. Die anthropologischen Begriffe des Alten Testaments verweisen auf ein ganzheitliches Verständnis, das sich von zweipoligen (Seele-Leib) bzw. dreipoligen (Geist-Seele-Leib) Konzeptionen unterscheidet. Zwar wird zwischen verschiedenen Dimensionen menschlicher Wirklichkeit differenziert, etwa zwischen einer körperlich-vegetativen, emotionalen, rationalen und willentlichen Ebene. Aber man könnte sagen, dass dies nur Aspekte einer psychosomatischen Einheit des Menschen sind.[158] Begriffe für Körperorgane, wie z. B. Herz oder Nieren, Worte für Körperfunktionen, wie z. B. Atmen, bezeichnen zugleich emotionale und geistige Vorgänge. Soziale und psychische Konflikte können Körperorgane in Mitleidenschaft ziehen. Der Begriff *basar* (Fleisch) bezeichnet etwa in Ps 38,4 oder Ijob 4,15 den lebendigen Körper von Mensch und Tier. Die Wendung *kol-basar* (alles Fleisch) kann sowohl auf die Menschheit als auch auf die Gesamtheit der Lebewesen angewendet werden. Sie bezeichnet den Menschen auch hinsichtlich seiner Ohnmacht und Hinfälligkeit, etwa in Jes 40,6 oder Jer 17,5.

Aber das Fleischliche wird nicht gegenüber dem Geist abgewertet, denn das fleischliche Herz, das Gott dem Menschen schenken wird, ist durch Sensibilität und die Möglichkeit, dem Wort und Willen Gottes zu folgen, gekennzeichnet (vgl. Ez 11,19; 36,26). Wenn *basar* mit *nefesch*, dem Begriff, der traditionell mit Seele wiedergegeben wird, zusammen auftritt, dann meinen beide Begriffe den ganzen Menschen in seiner Ausrichtung auf Gott. Es gibt keine Abwertung des Leiblichen, keinen Dualismus von Geist bzw. Seele und Leib. Der Mensch ist als *ganzer* von Gott geschaffen und sterblich. Erst allmählich entwickelt sich die Hoffnung auf ein Leben nach dem Tod.

Wenn es einen Dualismus im atl. Kontext gibt, dann den zwischen Leben und Tod. Die Sterblichkeit des Menschen gehört auch im jahwistischen Bericht von Gen 2,4b–3 nicht zu den negativen Grundbedingungen des Menschen. Sie wird in Gen 2,7 schon mitgesetzt und im Strafspruch über den Menschen in Gen 3,19 vorausgesetzt. Im Gebot Gottes von Gen 2,17 wird der Tod als Strafe zwar angedroht, aber nicht vollzogen. Der Mensch bekommt es im Raum der unterschiedenen Schöpfung mit den Grenzen und Begrenzungen seiner Existenz zu tun. Das hat noch nichts mit Schuld oder Sünde zu tun. Die *Geschöpflichkeit* ist eine biblische Grundbestimmung, die besagt, dass der Mensch sein Leben ohne eigenes Zutun empfangen hat und nicht über seinen Anfang (Geburt) und sein Ende (Tod) verfügen kann, die ihm ebenfalls vorgegeben sind.

Bild und Ähnlichkeit: Dynamisches Werden

Dass die Rede von der Gottebenbildlichkeit des Menschen etwas mit einem zeitlichen Geschehen, mit einer Entwicklung zu tun hat, das reflektiert auch die Theologie der Alten Kirche. Sie unterscheidet, ausgehend von den beiden biblischen Begriffen *selem* und *demuth,* grundlegend zwischen dem Menschen als Bild Gottes und der zu erreichenden Gottähnlichkeit *(homoiosis).* Im Lateinischen werden diese Begriffe mit *imago* und *similitudo* wiedergegeben. Dabei geht man davon aus, dass der Mensch sein Wesen, die Gottebenbildlichkeit, im Leben aufgrund seiner Freiheit auch noch realisieren muss, um Gott ähnlich zu werden, d. h. die *similitudo* zu erreichen. So wird deutlich, dass die menschliche Freiheit in diesem Bezogensein auf Gott ganz und gar engagiert ist. Das Bild-Gottes-Sein ist, so könnte man verkürzt sagen, die Voraussetzung dafür, dass der Mensch in seinem Leben durch das Tun der Liebe Gott ähnlich werden kann. Dabei zeigt sich in der Alten Kirche, dass Anthropologie, Christologie und trinitarische Gottrede unmittelbar miteinander zusammenhängen.

Auch in der Menschwerdung des Wortes Gottes wird offenbar, dass der Mensch nach dem Bilde Gottes geschaffen ist. Dieses Bild ist der Logos, so dass der Mensch Bild dieses Bildes Gottes ist. In der Inkarnation wird die Ähnlichkeit des Menschen mit dem unsterblichen Gott vollkommen verwirklicht. Denn, so entfaltet es Irenäus von Lyon paradigmatisch, die Inkarnation zeigt das Bild Gottes, und die Inspiration des Hl. Geistes gibt die Kraft, dem Vor-Bild zu folgen. So wird die Verähnlichung *(homoiosis)* neu ermöglicht.

Irenäus deutet Gen 1,26 und Gen 2,7 so, dass der Mensch von Gott nach seinem Bild aus Erde geformt und im Einhauchen des Geistes ihm ähnlich wurde. Diese Ähnlichkeit wird aber nicht im vollkommenen Sinne verwirklicht, weil zum Menschsein ein Werden gehört. Daher kann der Mensch diese Ähnlichkeit erst im Laufe seines Lebens und nicht ohne die Hilfe Gottes erreichen. Erst durch Jesus Christus, in dem sich das ewige göttliche Urbild mit dem vergänglichen Abbild vereinigt, kommt der Mensch zur Erfüllung und der Gott ähnlich machende Geist Gottes wieder zum Menschen.

Bei aller Rede vom Sündenfall kann man feststellen, dass Irenäus den Menschen am Anfang nicht einfach in paradiesischer Vollkommenheit sieht, die dann durch die Sünde verloren ginge. Er sieht den Anfang als noch im Werden begriffen, der Führung durch Gott bedürftig. Aufgrund der Sünde verliert der Mensch zwar die anfängliche Ähnlichkeit, fällt aber nicht aus dem Gottesbezug heraus. In Jesus Christus wird die Erschaffung des Menschen voll verwirklicht – *trotz* Sünde und Schuld. Vor Christus konnte der Mensch leicht vom Weg der Gottesähnlichkeit abirren, weil das Ziel noch nicht erschienen war. Die Sünde Adams ist also mehr oder weniger ein Umweg auf dem Weg zur Ähnlichkeit.[159] Mit diesem Konzept von Bild und Verähnlichung wird auch das hellenistische Urbild-Abbild-Schema rezipiert. Aber es wird an den ersten Kapiteln der Genesis festgemacht, und die hebräischen Begriffe von *selem* und *demuth* werden in der griechischen Septuaginta mit *eikon* und *homoiosis*,[160] Bild und Ähnlichkeit, wiedergegeben. Einmal mehr zeigt sich, dass eine Übersetzung von einer in die andere Sprache nicht ohne deutende Interpretation möglich ist.

Im Unterschied zu gnostischem Denken, das das Heil vor allem in der Erkenntnis sucht, hält Irenäus daran fest, dass der Mensch *ganzheitlich* und nicht nur durch Erkenntnis erlöst wird.

Darüber hinaus entfaltet Irenäus den Gedanken, dass die Verherrlichung Gottes, die *gloria Dei*, der lebende Mensch ist, *vivens homo*. Das gelingende Leben verherrlicht den Schöpfer – hier werden einmal mehr die Gottrede und die Anthropologie unmittelbar aufeinander bezogen. Gott will unwiderruflich das Leben des Menschen und dass er, auch angesichts von Sünde und Schuld, seine Vollendung findet. Dieser zentralen anthropologischen und soteriologischen Aussage dient auch die sogenannte Rekapitulationstheorie (lat. *re* = wieder und *caput* = Haupt/Zentrum, d. h. wieder unter einem Haupt versammeln), mit der Irenäus davon ausgeht, dass Jesus Christus der Geschichte ihre ursprüngliche Ausrichtung auf Gott hin wieder eröffnet. Gott ist, vermittelt durch Christus, von Anfang an das Haupt der Geschichte, und das bleibt auch angesichts der Sünde die entscheidende Zielbestimmung.

Wie Augustinus die Gottebenbildlichkeit des Menschen bewusst als *imago trinitatis* deutet, wurde bereits in der Trinitätslehre gezeigt.

Menschwerdung Gottes

Die theologische Anthropologie setzt die Rede vom Menschen als Bild Gottes und den Glauben an die Menschwerdung Gottes voraus. Auch für Karl

Rahner ist das der Ausgangspunkt des Nachdenkens über den Menschen. Weil Gott sich dem Menschen von Anfang an mitteilen will – und sich das nicht erst irgendwann überlegt oder erst einmal wartet, ob der Mensch etwas von ihm braucht –, erschafft er den Menschen so, dass er sich ihm mitteilen kann. Daher sagt Rahner, dass der *Mensch* als möglicher *Hörer des Wortes Gottes* so erschaffen wird, dass er die Fähigkeit erhält, sich diesem Wort gegenüber zu öffnen, es zu hören, zu verstehen und zu tun. Der Mensch verfügt über eine *potentia oboedientialis*, eine Fähigkeit zum Hören. Die Schöpfung ist somit die Voraussetzung der liebenden Selbstmitteilung Gottes, und der Mensch ist von Anfang an mit Gott im Dialog.

Die Schöpfung ist auch die Voraussetzung für die Menschwerdung des Wortes Gottes in Jesus Christus. Gott kann etwas werden, so Rahner, aber nicht im Sinne der Prozesstheologie. Denn Gott ist in sich schon trinitarische Beziehung, und nicht der Vater, sondern der Logos wird Mensch und wird in der Zeit Veränderung und den Tod erfahren. Im Hl. Geist sind Vater und Sohn verbunden, und der Vater rettet den Sohn aus dem Tod. Einer aus der Trinität hat gelitten, nicht der Vater, nicht der Hl. Geist, sondern das ewige *Wort* Gottes. Diese differenzierte Gottrede bedeutet, dass wir nicht einfach und undifferenziert von einem leidenden oder werdenden Gott sprechen können, als ob er seinem Wesen nach dem Leiden unterläge. Wie sollte er es dann überwinden können? Rahner betont, dass Gott im Logos tatsächlich Mensch *wird*, aber er wird es *am Anderen seiner selbst*, als er selbst in der Zeit. Er ermöglicht und umfasst das Werden der Welt und des Menschen, er lässt sich darauf ein, aber er unterliegt dem Werden nicht. Wenn Gottes Wort Mensch wird, dann bedeutet das auch, dass wir nicht mehr über den Menschen sprechen, ohne im selben Atemzug über Gott zu reden und umgekehrt. Theologie und Anthropologie gehören ungetrennt und unvermischt zueinander. Von daher läuft alles in der Schöpfung von Anfang an schon auf die Menschwerdung Gottes zu, sie ist die Mitte und das Ziel der Schöpfung. Der Johannesprolog will genau das ausdrücken: Im Anfang war das Wort und das Wort ist Fleisch geworden. Die Anspielung auf Gen 1,1 ist klar erkennbar. Das Wort Gottes ist von Anfang an in der Geschichte wirksam.

Mann und Frau: Der Mensch in geschlechtlicher Differenzierung

Die Schöpfungserzählungen der Genesis bezeugen, dass der Mensch männlich und weiblich geschaffen worden ist. Damit ist die Geschlechtlichkeit bzw. Sexualität des Menschen angesprochen. Mann *und* Frau wird die Bestimmung zugesprochen, *imago Dei*, Bild Gottes und somit einander ebenbürtig zu sein. Das zeigt sich auch in Gen 2,18.20, wenn die Frau als Hilfe zur Sprache gebracht wird, die Adam entspricht und somit auf die Solidarität zwischen beiden abgehoben wird. Für Gen 2 gehört die geschlechtliche Differenzierung des Menschen zu Gottes guter Schöpfung. Herrschaft und Leid, die sich im Geschlechterverhältnis geschichtlich ergeben, sind nicht schöpfungsgemäß, sondern Konsequenz einer sündhaft pervertierten Ordnung. Die jüdisch-christliche Botschaft zielt auf die Befreiung der Frau von der Herrschaft des Mannes und auch von einem einseitigen männlichen Gottesbild, von dem wir nur allzu gut wissen, wie dominant es in der Geschichte bis heute ist und wie ambivalent es sich auswirkt. Schon im Alten Testament heißt es: „Denn ich bin Gott, nicht ein Mensch“ (Hos 11,9). Hier wird auf die Unterschiedenheit bzw. Abgrenzung zwischen Gottes- und Menschenbild hingewiesen. Was anthropologisch gegeben ist, eine geschlechtsspezifische Rede, ist *theo*-logisch so nicht möglich.

Die prophetischen und weisheitlichen Schriften sprechen davon, dass die Beziehung zwischen Mann und Frau und deren Verhältnis zu den gemeinsamen Kindern als Symbol für die Beziehung zwischen Gott und seinem Volk stehen können (z. B. bei Hos 1–3; Jer 2–3; Ez 16 und 23). Die Ehe, die liebende Beziehung von Braut und Bräutigam, wird als wirkmächtiges Bild für das Bundesverhältnis zwischen Gott und seinem Volk angewendet.

Die Fruchtbarkeit, die in Gen 1,28 zur Sprache kommt, bedeutet, dass Mann und Frau in ihrer Elternschaft auf einzigartige Weise am Werk des Schöpfers mitwirken, Leben zu schenken und weiterzugeben: Der Mensch ist geschaffener Schöpfer, nicht nur als Kulturwesen, auch aufgrund seiner Sexualität. Die Geschlechtlichkeit ist eine *gute* Gabe der Schöpfung.

Die Kirche spricht davon, dass Mann und Frau miteinander erschaffen und füreinander gewollt sind.[161] Auch wenn Gen 2,24 betont, dass beide ein Fleisch werden können, so ist auch diese intime Beziehung als Einheit in Differenz zu verstehen.

Aufgrund der sogenannten Sündenfallerzählung in Gen 3 hat sich eine Überlieferung festgesetzt, die der Frau eine negative Rolle im Paradiesgarten zuschreibt. Exemplarisch dafür etwa Sir 25,24: „Von einer Frau kommt der Anfang der Sünde und durch sie sterben wir alle.“ Es gibt eine lange Reihe von Textzeugnissen, die auf frauenfeindliche Weise die Sündenfallgeschichte rezipiert und gedeutet haben. „Wo männlich geprägte Theologie und Weltanschauung die Frau unterdrücken will, fand und findet sie in solchen Sätzen einen geeignet erscheinenden Ansatzpunkt.“[162] Dabei wurde übersehen, dass die Paradieserzählung davon ausgeht, dass Mann und Frau gemeinsam in der Verantwortung für das Böse stehen, hier kann nicht der eine gegen die andere ausgespielt werden. Gleiches gilt für die entsprechenden Aussagen im ntl. Kontext.

Die Evangelien reflektieren das Verhältnis von Mann und Frau exemplarisch etwa in Mk 10,2–12 oder Mt 19,3–9. Hier werden Frauen ganz selbstverständlich den Männern gleichgestellt, als erste Zeuginnen der Auferstehung können sie ebenso mitbenannt werden (Mk 16,1–8) wie in den Gleichnissen, wo die Lebenswelten von Frauen und Männern eine Rolle spielen. Neben dem Messiasbekenntnis des Petrus ist auch eines von Martha überliefert (Joh 11,27; Mt 16,16). Jesus betont in seiner Verkündigung des Reiches Gottes die Umkehr und Aufhebung der Herrschaftsverhältnisse und die Abkehr von der Herrschaft eines Menschen über den anderen. Dies betrifft auch das Verhältnis von Mann und Frau.

Paulus ist ein sehr spannungsvoller Zeuge, weil sich hier schwankende Argumentationen zeigen. Wenn er in Gal 3,28 die Aufhebung religiöser, sozialer und geschlechtsspezifischer Unterschiede fordert, dann steht dies in Spannung etwa zu seiner konkreten zeit- und kulturbedingten Formulierung in 1 Kor 7 über das Schweigen der Frau in der Gemeinde, die viele Deutungen erfuhr und noch erfährt.

Von solchen Erfahrungen her haben sich in der Theologie feministische Ansätze Gehör verschafft, die dominierende patriarchale Deutungsmuster aufdeckten, kritisierten und jene genannten Extreme in den Rollenzuschreibungen zu korrigieren suchten.

Anderheit und Anerkennung

In der heutigen theologischen Debatte zeigt sich, dass die Rede von einer Einheit in Differenz zwischen Mann und Frau durchaus aussagbar ist, ohne eines der beiden Geschlechter in eine schwächere Position zu bringen. Das Zuordnungsmodell einer Polarität oder Anderheit darf nicht dazu führen, auf sublime Weise doch wieder Rollenklischees zuzuweisen. Inwiefern humanwissenschaftliche Erkenntnisse dazu geeignet sind, hier weiterzuhelfen, muss der Zukunft überlassen werden, weil auch Naturwissenschaftler/innen sich in Einseitigkeiten versteigen können und die Deutung von unterschiedlichen organischen Befunden mehrere Möglichkeiten zulässt.

Es gibt Unterschiede, aber es bleibt immer zu fragen, welche Bedeutung diese Differenzen haben. Es ist wichtig zu entdecken, dass es immer schon einen Zusammenhang zwischen Natur und Kultur gibt, der es nicht möglich macht, biologische Fakten jenseits ihrer kulturellen Deutung und Prägung wahrzunehmen. In der Tat gibt es keinen geschlechtsneutralen Beobachter, sondern nur Männer und Frauen mit jeweils ihren Deutungen und Wertungen. Alle Verhältnisbestimmungen zwischen den Geschlechtern sind mit bestimmten Bildern vom Mannsein und Frausein verbunden. Das *bib-*

lische Menschenbild bietet die Chance, festgelegte Bilder von Menschen immer wieder infrage zu stellen und zu überwinden. Auch hier kommt es darauf an, mit Uneindeutigkeiten zurechtzukommen, die zur Deutung herausfordern oder als solche anerkannt werden müssen.[163]

Nur im unmittelbaren Dialog zwischen Frauen und Männern kann es zu einer Identitätsfindung kommen, die nicht fremdbestimmt ist und in der sich eine/r auf den/die Andere/n einlässt. Es stehen nicht abstrakt Mann und Frau, sondern nur konkrete Männer und konkrete Frauen miteinander im Dialog und ringen darin um ihre Identität. Dabei wird zugestanden, dass die Ausbildung von Identität Abgrenzung und Eingebundensein benötigt. Es muss also nicht für die Auflösung der Kategorie des Geschlechts plädiert werden, sondern in der Unterscheidung soll eine gegenseitige Anerkennung möglich werden.

Der undefinierbare Mensch und sein Körper als Präsenzraum

Katholisches Denken ist zutiefst sakramental und somit auch körperlich geprägt, die Nähe Gottes wird inkarniert – leibhaftig – gefeiert und gelebt. Auch Jesus hatte einen Körper, er kennt unsere Angst und unser Glück, er weiß, wie sich das Leben in seinen Höhen und Tiefen anfühlt, er hatte keine Angst, Emotionen zu zeigen und Menschen zu berühren, vor allem jene, die als unberührbar galten. Er ist in erster Linie das *mensch*gewordene Wort Gottes und erst in zweiter Linie kommt sein Mannsein ins Spiel. Denn das Menschliche ist die fundamentale Verbindung zwischen uns, auf deren Basis es die Unterschiede von Mann und Frau oder Ich und Anderem gibt. Identität und Differenz des Menschen sind aneinander gebunden ebenso wie Einheit und Pluralität. Das gilt auch für die je einzigartige Person. Jede und jeder von uns steht zu sich in einem Verhältnis von Identität und Differenz. Wir sind unser Körper und wir haben ihn auch. Der Begriff *Körper* steht eher für die Materialität unserer Existenz und für die Perspektive, dass wir den Körper zum Objekt (z. B. medizinischer Untersuchungen) machen können. Der Begriff *Leib* zielt auf die Perspektive, dass wir unser Körper sind und dass er schon immer mit dem Geist in Beziehung steht. Unser Glaube wird wie unser Leben von uns selbst in diesem Spannungsverhältnis von Identität und Differenz verkörpert und wir begegnen uns immer im körperlichen Präsenzraum unserer Geschlechtlichkeit. Auch bei Lehrerinnen und Lehrern kommt es auf die Körperpräsenz an, mithilfe des Körpers drücken wir uns aus und teilen wir uns mit. Wir können spüren, ob und wie jemand präsent ist, wie er oder sie auf uns wirkt. Das Spüren gehört zu den wesentlichen Fähigkeiten, über die wir verfügen. Nicht nur Vernunft, Denken und Verstand, auch

Emotionen und Gespür gehören wesentlich zu unserem Leben und ermöglichen unsere Wahrnehmung und Kommunikation mit anderen.

Der Körper ist unser *Präsenzraum* vom ersten bis zum letzten Atemzug. Er hat eine einzigartige Würde und Bedeutung, denn ohne ihn könnten wir buchstäblich nichts tun. Er ermöglicht unsere Wahrnehmung durch die Sinne, unser Wollen und Denken spielen sich in ihm ab, und sprechen könnten wir auch nicht ohne ihn. Das Gehirn ist die materielle Grundlage, ohne die unser Geist und Bewusstsein nicht funktionieren würden. Und ein menschlicher Körper wurde in Jesus Christus auch zum Präsenzraum des Wortes Gottes. Der Körper ist ein *Organ der Transzendenz*, denn er ermöglicht uns die *Überschreitung* auf Gott und den Anderen hin in der Sprache und der berührenden Geste. Eine Reduktion allein auf das Bewusstsein oder die Ratio als Organe der Transzendenz würde die Leiblichkeit sträflich vernachlässigen.

Wenn der Mensch als Bild Gottes in seiner Zeitlichkeit zugleich *begrenzt* und auf Gott hin *grenzenlos geöffnet* ist, dann ist auch er ein undefinierbares Geheimnis. An dieser *Undefinierbarkeit* hängen seine Würde und Unverfügbarkeit, denn keiner kann sich anmaßen zu bestimmen, wann ein Mensch (noch) ein Mensch ist und wann nicht. Seine Bedeutung ist ihm vorgegeben, jeder ist Bild Gottes.

Körper und Geschlechtlichkeit

Die Gendertheorien fordern Theologie und Kirche heutzutage heraus, den Wert und die Bedeutung des Körpers neu zu bedenken. Die in diesen Theorien übliche Unterscheidung zwischen den Begriffen *Sex* und *Gender* bedeutet, dass die biologisch-körperlich vorgegebene Geschlechtsidentität des Menschen (Sex) nicht von der sozial bzw. kulturell geprägten Rollenidentität (Gender) getrennt werden kann. Die kulturelle Rolle von Männern und Frauen ist nicht festgelegt, sie kann sich ändern. Unsere biologischen Prägungen sind unserer Deutung aufgegeben. Die Erfahrung unseres Körpers ist auch eine *Erfahrung unserer Kreatürlichkeit* (Geschöpflichkeit).

Wenn die Geschlechtlichkeit und sexuelle Veranlagungen durch den Körper und die Schöpfung vorgegeben sind, dann sind sie unserer Verantwortung aufgegeben. Das Mann- und Frausein oder Intersexualität sind verantwortlich zu gestalten. Es gibt auch andere Formen von Geschlechtlichkeit als die männliche und weibliche, die sich ein Mensch nicht aussucht, sondern die ihm körperlich vorgegeben werden und denen er sich stellen muss. Hier handelt es sich oft um schmerz- und leidvolle Prozesse der Selbstfindung und nicht um selbstgewählte hedonistische Zügellosigkeit.

Wenn es neben der Heterosexualität noch andere Formen von Sexualität in der Schöpfung gibt, dann müssen wir uns sorgfältig fragen, ob diese als unnatürlich oder natürlich, als von Natur aus gut oder schlecht und sündhaft bezeichnet werden können. Männlich und Weiblich sind möglicherweise *Polaritäten*, die sich nicht isoliert gegenüberstehen und zwischen denen sich ein Beziehungs-Raum entfaltet, in dem sich auch andere Formen der Geschlechtlichkeit abspielen können. Über diese Fragen wird in der Kirche heute intensiv gesprochen, um jedem Menschen und seiner ihm vorgegebenen sexuellen Orientierung gerecht werden zu können.

Der Mensch teilt sich als geschlechtliches Wesen dem anderen Menschen mit, und die Sexualität (die nicht auf den Geschlechtsakt reduziert werden darf, sondern auch den ganzen Reichtum der Berührung und Zärtlichkeit umfasst) gehört zu der Weise, wie wir einander nahe sind. Es gibt keine geschlechterfreie Zone, weder in der Gesellschaft oder Schule noch in der Kirche. Jeder Mensch ist von Gott geschaffen und hat einen Körper, der ihn zur Liebe befähigt. Wie nahe kann/darf ich einer/einem Anderen kommen? Das kann nicht nur auf der Ebene des Wissens allein entschieden werden, dazu gehört auch ein sicheres *Gespür* und eine gereifte Sexualität, die *verantwortlich* gelebt wird. Dies ist gerade in Zeiten des sexuellen Missbrauchs in Kirche und Gesellschaft ein zentrales Thema, auch für die Schule!

Der Mensch als verantwortliche Person: Leibhaftige Beziehungen

Der Mensch als Person ist ein Beziehungswesen und steht im Zentrum der Genderdebatten, denn er muss einerseits die Vorgaben der Natur und der Kultur wahrnehmen, die ihn prägen und sich andererseits zu ihnen verhalten und sie aktiv gestalten. Dabei ist von der Gartenerzählung des Buches Genesis her festzuhalten, dass Natur und Kultur sowie Natur und Gnade (als Zuwendung Gottes) von Anfang an in einer ungetrennten und unvermischten Beziehung zueinander stehen. Der Alttestamentler Christoph Dohmen hat darauf hingewiesen, dass der Garten Eden kein Naturgarten, salopp gesagt: keine sich selbst überlassene Biowiese ist. Der *Garten* ist wie ein königlicher Park geordnet und kultiviert. Daher kann die Exegese davon sprechen, dass Natur und Kultur im Paradies schon aufeinander bezogen sind. Es gibt keine „reine" Natur ohne Kultur. Und die Natur des Menschen, sein Wesen, steht immer schon unter dem Anruf Gottes (Gnade). Dies können wir nur von der Offenbarung Gottes her erschließen.

Papst Franziskus stellt fest, dass man nicht beanspruchen kann festzulegen, wo Gott nicht ist, „weil er geheimnisvoll im Leben jeder Person anwesend ist, im Leben eines jeden, so, wie er will; wir können dies mit unseren vermeintlichen Gewissheiten nicht leugnen. Auch wenn jemandes Existenz eine Katastrophe gewesen sein sollte, auch wenn wir ihn von Lastern und Süchten zerstört sehen, ist Gott in seinem Leben da. Wenn wir uns mehr vom Geist [Gottes, E. D.] als von unseren Überlegungen leiten lassen, können und müssen wir den Herrn in jedem menschlichen Leben suchen" (Gaudete et exsultate 42).

Der Mensch ist ein körperliches und geistiges Wesen, die Formel von der *anima forma corporis* (die Seele ist die gestaltgebende, „informierende" Form des Leibes) zielt darauf ab, beide Dimensionen zu würdigen. Geistigkeit und Materialität sind im Menschen aufeinander bezogen, unvermischt und ungetrennt. Das Geistige drückt sich immer leibhaftig aus. Die Seele gibt dem Leib eine Form, das bedeutet: Sie verleiht ihm Bedeutung. Aber ohne den Leib könnte die Seele nicht leben und sich nicht mitteilen. Die eindrückliche Definition der Seele durch Joseph Ratzinger lautet: Eine Seele haben bedeutet, Dialogpartner Gottes zu sein. Damit wird ein relationales Denken ernst genommen und deutlich gemacht, dass die Natur nicht als isolierte, reine Natur zu haben ist, sondern dass die menschliche Person immer im Kontext der Schöpfung, der Gnade, des Bundes und somit auch einer Deutung durch Gott und den Menschen steht. Die Seele steht bei Ratzinger für den Gottesbezug des leibhaftigen Menschen und lässt einen Leib-Seele-Dualismus nicht mehr zu.

Karl Rahner bringt es auf den Punkt: „‚Der Mensch ist Person und Subjekt' heißt also zunächst: Der Mensch ist der unableitbare, nicht aus anderen verfügbaren Elementen adäquat Herstellbare; er ist derjenige, der sich selbst immer schon überantwortet ist".[164] Was bedeutet Verantwortung?

Die Erfahrung von Verantwortung ist für Rahner eine transzendentale Erfahrung der Geschöpflichkeit, d. h. eine Erfahrung der Verwiesenheit. Denn ich finde mich in einer Situation des Angesprochenseins und Beanspruchtseins vor, die ich nicht hergestellt habe. Die Verantwortung ist unhintergehbar, sie ist mir als Bedeutung meiner Freiheit von einem Anderen, von Gott auferlegt worden, zur freien Antwort. Dass der Mensch diese Antwort in einer sich verlassenden Liebe geben kann und darin auf das Gelingen seiner Existenz bauen darf, das bedeutet für Rahner Erlösung und Heil als bergende Nähe Gottes in der Zeit. Der Mensch wird nicht aus den Beziehungen herausgerissen, die sein Dasein ausmachen, sondern er wird in und *mit* diesen Beziehungen, so darf er hoffen, erlöst in Ewigkeit. Er lebt immer schon aus einer unverfügbaren Gabe heraus, er ist sich selber geschenkt worden, aber in der Weise einer zur Verantwortung berufenen Freiheit. Der Mensch darf hoffen, dass sein Leben in diesen Beziehungen auch angesichts seiner Schuld gelingt.

Das Gewissen – Hören des individuellen Imperativs Gottes

Im hebräischen Denken ist das *Herz (leb)* u. a. Ort der moralischen Entscheidung und damit jenes Organ, dem auch Funktionen des Gehirns zugeschrieben werden. Auch Jesus stellt das Herz (griech.: *kardia*) des Menschen als dessen verborgene Mitte in den Vordergrund (Lk 6,45). Paulus spricht vom Gewissen als sittlichem Bewusstsein (1 Kor 8,1–13; 10,14–33), als gemeinsamer verbindlicher ethisch-moralischer Instanz aller Menschen (Röm 2,14–16), die von allen zu respektieren ist. Es bezeugt die Unbedingtheit und Universalität der ethischen Forderungen Gottes in der Tora und in Jesus Christus, die daher auch die Heiden befolgen können. Die Spannung zwischen der Freiheit der Kinder Gottes und der Rücksicht auf die Schwachen sind die Koordinaten dieses Denkens.

Die Freiheit des Menschen wird auch vom II. Vaticanum gewürdigt und als erhabenes Kennzeichen des göttlichen Bildes im Menschen verstanden.[165]

> „Die Würde des Menschen verlangt daher, dass er in bewusster und freier Wahl handle, das heißt personal, von innen her bewegt und geführt und nicht unter blindem inneren Drang oder unter bloßem äußeren Zwang."[166]

Der Mensch hat das Gute in *Freiheit* zu suchen und dies kann er nur mithilfe der Gnade Gottes. Die Bindung an die Nähe Gottes aber ermöglicht der Freiheit ihr Suchen und das Tun des Guten. Dabei spielt die Bedeutung des Gewissens eine herausragende Rolle.

Das Konzil versteht unter Gewissen das Gesetz Gottes, das sich der Mensch nicht selbst gibt, sondern dem er gehorchen kann und dessen *Stimme* ihn immer zur Liebe und zum Tun des Guten aufruft. Im Gewissen spricht Gott uns an und fordert uns heraus.[167] Das Gewissen wird als verborgene Mitte und Heiligtum im Menschen verstanden, „wo er allein ist mit Gott, dessen Stimme in diesem seinem Innersten zu hören ist".[168]

Karl Rahner hat diesen *Ruf Gottes im Gewissen* als Ruf Jesu Christi interpretiert, der uns in eine unvertretbare Entscheidung hineinruft, in der jede und jeder seine bzw. ihre ganz eigene Weise der Nachfolge finden muss.[169]

Eine solche Nachfolge auf einen Ruf Gottes hin ist, weil Gott im Gewissen eines jeden Menschen wirkt, auch auf „anonyme" Weise allen Menschen möglich, wenn sie, ohne es explizit zu wissen, in ihrem Tun den Geboten Gottes entsprechen.[170] So versucht Rahner, dem universalen Heilswillen Gottes Geltung zu verschaffen. Gott grenzt keinen aus, aber er nimmt sehr wohl Menschen in seiner Kirche in diese Beziehung explizit hinein.

Nachfolge Christi ist mehr als bloße Pflicht, sie ist Tat der Liebe, die sich an die Liebe Jesu Christi am Kreuz halten kann. Für Rahner wird der Mensch von Gott in Jesus Christus herausgerufen zu einer Ek-sistenz, zu einem Aus-sich-Heraustreten und einer Liebe, die man als Exodus (Auszug) verstehen könnte, als Weg und Wagnis auf Zukunft hin, als Herausgehen auf einen Ruf Gottes hin, der uns von außen erreicht, der seinen Ursprung nicht in uns, sondern im Geheimnis des zu uns sprechenden Gottes hat. Gott trifft uns mit seinem Wort und seiner Stimme im Innersten, im Gewissen, und er fordert uns, von außen, im Anderen, im konkreten Nächsten, zur Nachfolge heraus.

Wichtig ist, dass die Entscheidung der Freiheit absolut einzig und einmalig ist. Unsere Freiheitsentscheidung ist kein bloßer Fall eines allgemeinen Sittlichen. Angesichts der ethischen Herausforderung durch den Anderen in der Beziehung zu Gott zeigt sich, dass jeder Mensch absolut einmalig und unvertretbar ist. Jeder Mensch ist angesprochen und beansprucht. Das individuelle und unverwechselbare Handeln des Menschen besitzt eine Einzigkeit, die nicht ersetzbar oder übersetzbar ist in eine Idee oder Norm, welche in allgemeinen Sätzen ausgesprochen werden könnte.[171] In seinem Handeln aus der Freiheit heraus ist jeder Mensch *individuum ineffabile* (unaussprechliches Individuum), und zwar deshalb, weil Gott einen jeden bei seinem Namen gerufen hat. Der sittliche Akt, in dem ein Mensch auf den einmaligen Ruf Gottes antwortet, bedeutet das In-Erscheinung-Treten der unaussprechlichen sittlichen Individualität und Würde in ihrer Unvertretbarkeit.

Der Mensch als Gemeinschaftswesen

Schon das Phänomen der Geschlechtlichkeit zeigt, dass der Mensch ein Gemeinschaftswesen ist. Und die Berufung des Einzelnen geschieht in der Bibel immer im Kontext der Gemeinschaft, des Gottesvolkes. Die Erwählung des Gottesvolkes bedeutet, dass hier paradigmatisch deutlich werden soll, was in universaler Weise für die Berufung aller Menschen in der ganzen Welt gilt. Somit ist der Mensch ein *gemeinschaftsbezogenes Lebewesen in einer universalen Bezogenheit.* Das gehört zu seiner Personalität. Es gibt den Einzelnen nicht ohne die Gemeinschaft und nicht ohne den Zusammenhang der Welt und der gesamten Menschheit. Man kann sagen, dass schon die Bibel eine Globalisierung im Blick hat. Es gibt eine Bedeutung des Einzelnen für die Gemeinschaft und umgekehrt. Daher ist auch die Erwählung des Einzelnen oder eines Volkes Gottes nicht ein Privileg weniger Besitzender, sondern eine Aufgabe, die es mit anderen zu teilen gilt. Die Erwählung geschieht für das Wohlergehen und für das Heil aller, sie ist kein exklusiver Besitz, der andere ausschließt. Das ist die Überzeugung von Judentum und Christentum gleichermaßen. Vor allem der Bund Gottes mit Noah, der nach dem „Sündenfall" unwiderruflich mit der ganzen Welt und allen Geschöpfen geschlossen wird, zeigt, dass die Universalität des Bundes der Rahmen für die besondere Erwählung ist.

Die Einzigkeit der Person und ihre universale Vernetzung stellen keinen Gegensatz dar. Beide sind unvermischt und ungetrennt miteinander verbunden, denn was einer tut, kann alle betreffen, kann für alle von Bedeutung sein, im Guten wie im Bösen. Das zeigt sich schon in der Bibel, wo von unverwechselbaren Menschen die Rede ist, in deren Leben sich die Beziehung Gottes zur Welt konkretisiert. Das zeigt sich in der Erwählungsgeschichte Israels, die die konkrete Bedeutung der Geschichte Gottes mit allen Menschen offenbart. Und es zeigt sich in Jesus Christus, dessen Leben über den Tod hinaus für alle von Bedeutung ist. Keiner wird ausgeschlossen. Das Heil, das uns auf einzigartige Weise zugesagt wird, ist nicht der exklusive Besitz des Gottesvolkes (in der Einheit und Unterschiedenheit von Juden und Christen) oder einzelner, es gilt allen!

Die Zugehörigkeit zum Volk Gottes bedeutet keine Gewährleistung eigener Heilssicherheit oder eines spannungsfreien Lebens, sie bedeutet den Auftrag, für das Heil der Welt in einer Gemeinschaft zu wirken. Hier wird es möglich, dass der eine den anderen mitträgt und ihn in seiner Verantwortung so entlastet, dass Gemeinschaft Gnade bedeuten kann. Es kann aber auch einer den anderen in einen Zusammenhang von Schuld und Verfehlung hineinziehen, so dass er dem anderen zur Bedrohung oder zur Last zu werden vermag. Diese Ambivalenz gilt auch für die Institutionen. Die Theologie der Befreiung hat gezeigt, dass auch Strukturen negativ und im analogen Sinne schuldbesetzt sein können. Und dort, wo Institutionen, wie etwa das Amt oder Priestertum, auf Gott selbst zurückgeführt werden, gilt entsprechend, dass diese Ämter zwar von Gott herkommen und ihn anzielen, aber von Menschen ausgeübt werden, die nicht fehlerfrei sind. Das Subjekt, die Person, ist auch angesichts dieser Institutionen nicht aus der letzten Verantwortung entlassen und kann sich nicht hinter ihnen verstecken. Auch in der Gemeinschaft gilt es also, Einheit und Einzigkeit in einer Pluralität zu leben.

Eine Gemeinschaft ermöglicht durch den Vorgang der Tradition einen Rückgriff auf Erfahrungen, die nicht in der eigenen Generation gemacht worden sind. Sie ermöglicht eine Erinnerung solcher Erfahrungsgeschichten, die auch für die Gegenwart und die Zukunft Bedeutung haben. Damit wird ein universaler geschichtlicher Zusammenhang hergestellt, der zeigt, dass es eine Verbindung und Gemeinsamkeit zwischen den Generationen und geschichtlichen Epochen gibt, sogar über den Tod hinaus. Tradition ermöglicht ein Lernen und eine Erfahrungsgebundenheit, die über die eigene Zeit hinaus reichen. So geschieht Erinnerung, die auch für die Bewahrung des Wortes Gottes von entscheidender Bedeutung ist. Jan Assmann hat den Begriff vom „kulturellen Gedächtnis" der Menschheit geprägt[172], und auch für die kirchliche Tradition ist der Gedanke der *memoria*, des Gedenkens, von entscheidender Bedeutung.

4. Sünde – glückliche Schuld?

Erwin Dirscherl

Wer kommt denn auf die abwegige Idee, Sünde und Schuld mit Glück in Verbindung zu bringen? Kann eine Schuld glücklich sein? Sind Schuld und Sünde nicht Phänomene, die uns bedrücken? Hat uns die Sünde Adams Glück gebracht?

Man hält es kaum für möglich, aber es ist die Osterliturgie, die uns diesen Gedanken zuspielt. Wir hören im *Exsultet* der Osternacht immer wieder eine seltsam anmutende, paradox wirkende Formulierung: „O wahrhaft heilbringende Sünde des Adam, du wurdest uns zum Segen, da Christi Tod dich vernichtet hat. O glückliche Schuld, welch großen Erlöser hast du gefunden!“[173] Wie ist das zu verstehen?

Wir können nur im Nachhinein zur Sprache bringen, was zuvor geschehen ist. In der mittelalterlichen Theologie gab es eine Diskussion darüber, ob Gott auch Mensch geworden wäre, wenn der Mensch nicht gesündigt hätte. Wäre dann die Inkarnation überflüssig? Dahinter steckte auch schon die Frage, ob in der Geschichte alles vorherbestimmt ist, ein ehernes Gesetz der Notwendigkeit herrscht, ein abgekartetes Spiel gespielt wird, oder ob es sich bei der Geschichte Gottes mit den Menschen um eine wirkliche Freiheitsgeschichte handelt. Ist der Weg Jesu für ihn und seine Jünger notwendig vorgegeben? Muss Gott die Welt erlösen? Muss es die Schuld geben, damit Gott uns nahekommt? Musste nicht all das geschehen?

Wenn wir diese Fragen bejahen, haben wir keine Möglichkeit mehr, den Menschen zu vermitteln, dass es sich bei der Beziehung zwischen Gott und den Menschen um ein Freiheitsgeschehen handelt. Gott wendet sich dem Menschen grundlos, aus Gnade, in Freiheit zu. Erst wenn zwischen Gott und den Menschen etwas geschehen ist, kann deutend darüber geredet werden, was geschehen ist. Und wenn Gott sich dafür entscheidet, dem Menschen, den er als sein Bild geschaffen hat, auch angesichts seiner Schuld nicht fallen zu lassen und ihm Vergebung und Versöhnung zu schenken, dann sollte dies im Nachhinein so zur Sprache gebracht werden, dass diese freie Entschiedenheit Gottes nicht als Notwendigkeit erscheint. Es ist nicht von vornherein klar, dass die Schuld des Menschen eine glückliche Schuld sein müsste, die vergeben wurde bzw. je neu auf Vergebung hoffen darf.

Die Rede von der *felix culpa* kann also erst erfolgen, wenn sich in der Geschichte gezeigt hat, dass uns Schuld und Sünde durch Gott vergeben wurden. Das aber ist geschehen, schon im Alten Testament durch die stete Erneuerung des Bundes und im Neuen Testament durch das Leben, den Tod und die Auferweckung Jesu Christi. Gott vergibt uns. Das verändert die Situation grundlegend. Der Mensch hat keinen Anspruch auf die Versöhnung, die ihm geschenkt wird. Vergebung geschieht nicht nach dem Gesetz einer Notwendigkeit, auch wenn sie die Not des Menschen wendet, in diesem Sinne notwendend ist. Sünde und Schuld, die nach dem guten Anfang der Schöpfung unter den Menschen geschehen, können in ihrer Radikalität sinnvoll nur aus der Perspektive eines guten Anfangs und geschehener Vergebung zur Sprache gebracht werden. Nur so zeigt sich, dass der Mensch auf Versöhnung *hoffen* darf. Ob sie geschieht, liegt nicht allein in seiner Hand. Der Mensch, der zum Sünder wird, hat in der Zeit auf die Vergebung durch Gott und den Anderen zu warten. Aber er hat gute Gründe für diese Hoffnung.

Die Dogmatik befasst sich im Unterschied zur Moraltheologie/Ethik in der theologischen Anthropologie mit dem Phänomen der Ursünde und weniger mit den Aktualsünden bzw. persönlichen Sünden des einzelnen Menschen. Die Formulierung *felix culpa* bezieht sich auf die Ursünde, die auch als Erbsünde bezeichnet worden ist. Was ist damit gemeint?

Sünde als Beziehungsabbruch und die Sorge Gottes

Gen 3 erzählt davon, dass die ursprüngliche Beziehung zwischen dem Schöpfer und dem Geschöpf empfindlich gestört wird. Denn die Schlange als schlauestes Tier des Feldes fragt Eva, ob Gott wirklich gesagt habe, dass sie und Adam von keinem Baum des Gartens essen dürften. Die Frau entgegnet der Schlange:

> „Von den Früchten der Bäume im Garten dürfen wir essen; nur von den Früchten des Baumes, der in der Mitte des Gartens steht, hat Gott gesagt: Davon dürft ihr nicht essen, und daran dürft ihr nicht rühren, sonst werdet ihr sterben." (Gen 3,2 f.)
> Daraufhin antwortet die Schlange: „Nein, ihr werdet nicht sterben. Gott weiß vielmehr: Sobald ihr davon esst, gehen euch die Augen auf; ihr werdet wie Gott und erkennt Gut und Böse." (Gen 3,4 f.)

Als die Menschen davon gegessen haben, gehen beiden die Augen auf, sie erkennen, dass sie nackt sind und schützen ihre Blöße mit Feigenblättern. Als sie Gott im Garten hören, verstecken sich beide. Gott ruft Adam und spricht:

„Wo bist du?" (Gen 3,9) Und Adam antwortet: „Ich habe deine Schritte gehört im Garten; da geriet ich in Furcht, weil ich nackt bin, und versteckte mich." Da fragt Gott, ob von dem Baum gegessen wurde, von dem zu essen verboten war. Adam antwortet: „Die Frau, die du mir beigesellt hast, sie hat mir von dem Baum gegeben, und so habe ich gegessen" (Gen 3,12). Die befragte Frau verweist auf die Schlange, die sie verführt habe. Daraufhin verflucht Gott die Schlange und setzt Feindschaft zwischen sie und die Frau sowie zwischen beider Nachwuchs. Das Leben der Frau wird mühseliger, der Mann wird über sie herrschen, der Ackerboden wird nur noch unter Mühsal bebaut werden können. Schließlich soll der Mensch zurückkehren zum Ackerboden, denn Staub ist er und zum Staub muss er zurück (Gen 3,14–19).

Diese Ur-Geschichte spricht von der Ur-Sünde des Menschen als einem Beziehungsbruch. Dieser Bruch geschieht durch einen mehrfachen Entzug des Menschen. Adam und Eva entziehen sich nicht nur dem Gebot Gottes, von diesem einen Baum nicht zu essen, sondern sie entziehen sich auch seiner Gegenwart, als sie sich verstecken. Gott muss den Menschen auf einmal suchen. Damit ist die ursprüngliche *Beziehung bzw. Bezogenheit grundlegend gestört.* Und als es um die Verantwortlichkeit für das Geschehene geht, da verweist der eine auf den anderen, denn keiner will die Schuld tragen, und so entziehen sich Adam und Eva ein weiteres Mal. Dieses Sich-Entziehen kündigt die Beziehung zum Schöpfer auf und hat unmittelbare Auswirkungen für die Beziehung der Menschen untereinander und ihr Verhältnis zur Schöpfung. Es kommt zu einer *Entzweiung und Spaltung.* Wenn aber die Beziehung zum Schöpfer, als Grund allen Lebens, aufgekündigt wird, dann steht das menschliche Leben selber zur Debatte, denn es hängt von ihm ab.

Ist das Schicksal des Menschen besiegelt, wenn er zum Staub zurück muss? Auch der Tod steht biblisch zunächst für einen Beziehungsabbruch zwischen Gott und den Menschen. Ist der Mensch nun aus allen Leben spendenden Ursprungsbeziehungen herausgefallen und dem Tod überlassen? Bedeutet das Sich-Entziehen des Menschen aus der Nähe Gottes sein Ende?

Es überrascht, wenn in Gen 3,20 Adam nun seine Frau Eva (Leben) nennt, weil sie die Mutter aller Lebendigen wird. Und es überrascht auch, dass Gott der Herr Adam und seiner Frau Röcke aus Fellen macht und sie damit bekleidet. Er sorgt sich um die Menschen, obwohl diese sich ihm entziehen. Er wird ihnen nachgehen. Dann spricht Gott: „Siehe, der Mensch ist wie einer von uns geworden, dass er Gut und Böse erkennt. Aber jetzt soll er nicht seine Hand ausstrecken, um auch noch vom Baum des Lebens zu nehmen, davon zu essen und ewig zu leben" (Gen 3,22).

Gott schickt den Menschen aus dem Garten Eden weg, damit er den Ackerboden bestellt, er vertreibt ihn und stellt Wachen vor den Garten, damit sie den Weg zum Baum des Lebens bewachen. Der Mensch entgleitet trotz seiner Entfremdung nicht der Sorge Gottes, und diese Geschichte ist nicht die Geschichte eines strafenden Gottes. Denn der Schutz davor, auch noch vom Baum des Lebens zu essen, schützt den Menschen letztlich vor einer ewigen Schuld, vor einer sündhaften Trennung, die auf ewig bestehen könnte. Die Vertreibung ermöglicht den Weg in die Zeit, in der Veränderung möglich und auch Sünde überwindbar ist und keinen Ewigkeitswert erhalten muss.

Deutung ambivalenter Erfahrungen

Die sogenannte Geschichte vom Sündenfall in Gen 3 bedenkt die biologische und soziale Wirklichkeit des Menschen. Diese Wirklichkeit ist voller Widersprüche und Gefährdungen, bis hin zur unaufhebbaren Grenze des Todes. Es stellt sich die Frage, warum die Welt nicht paradiesisch ist und bleibt. Um sich dieser Frage zu nähern, greift die Erzählung verschiedene mythische Bilder auf. Erich Zenger hält fünf besonders wichtige Aspekte fest:

1. Die *Mängel und Widersprüche* menschlichen Lebens sind nicht von Gott gewollt, sie *entsprechen nicht der Schöpfungsordnung*. Die Gottesreden in Gen 3,14–19 sind also nicht als gottgewollt zu verstehen, sondern als realistische Feststellungen des als schmerzlich empfundenen Zustands der damaligen Lebenswelt.

2. Die Erzählung stellt klar heraus, dass die Widrigkeiten des Lebens nach dem Paradies eine *Folge menschlicher Grenzüberschreitung* sind. Obwohl die Menschen vom Schöpfer alles erhalten haben, was sie brauchen, greifen sie nach jener Frucht, die ihnen die Grenze zwischen Gott und Mensch bewusst machen soll. Hier macht man theologisch die Ursünde der Auflehnung und des Widerstands gegen Gott fest. Andererseits aber fällt in der ganzen Erzählung nicht ein einziges Mal das Wort Sünde, vielmehr wird in Gen 3,22 von Gott ausgesprochen, dass der Mensch nun geworden ist wie er, denn er erkennt Gut und Böse. Irritierenderweise scheint also die Übertretung des Gebotes auch die positive Folge gottgleichen Wissens zu haben. Erst nach dem Essen vom verbotenen Baum scheinen die Menschen im vollen Sinn Mensch zu sein, freilich in ambivalenter Weise.

3. Die Rede von der Schlange ist ein mythisches Motiv, dessen Vorgeschichte im Dunkel bleibt. Die Schlange ist das klügste aller Tiere, also weder ein Gegen-Gott noch der Teufel. In ihrer Klugheit scheint sie dem Menschen zur *Erkenntnis von Gut und Böse* zu verhelfen. Das Wesen der Schlange bleibt rätselhaft, aber ihre Rolle in der erzählten Geschichte ist klar,

denn sie ist *das personifizierte Wissen, das zur Grenzüberschreitung und zum Widerspruch gegen Gott drängt* und damit den Anstoß zur Widersprüchlichkeit menschlichen Lebens gibt.

4. Nach dem Essen vom verbotenen Baum wird die *positiv konnotierte Nacktheit nun negativ* erfahren. Der Schöpfergott aber gibt ihnen in dieser Situation Kleidung als Schutz sowie als Zeichen des Unterschiedes gegenüber den Tieren.

5. Die Geschichte endet damit, dass die Menschen *weggeschickt* werden. Dies wird in Gen 3,22 f. auf zweifache Weise begründet. Einmal, damit sie sich nicht auch noch am Baum des Lebens vergreifen, zum anderen, damit sie den Ackerboden *(adama)* bebauen, was zu ihrem Wesen gehört.

> „Hier wird besonders sichtbar: Wer die Erzählung Gen 3 ganz verstehen will, muss die Kontrastgeschichte Gen 2 mitbedenken. Dann bleibt es bei dieser Spannung: das Leben *ist so*, wie Gen 3 erzählt; das Leben muss *von Gott her nicht so sein*, wenn Gen 2 zum Leitbild menschlicher Lebenssuche gemacht wird."[174]

Das *Zerwürfnis* zwischen Gott und den Menschen ist also *nicht notwendig* vorgegeben oder in die Schöpfungsordnung hineingesenkt. Es gibt keine Vorherbestimmung zur Sünde. Vielmehr kommt es in der Geschichte Gottes mit den Menschen dazu, dass der Mensch sich seiner Verantwortung gegenüber Gott, dem anderen Menschen und der Schöpfung entzieht. Dies hat todbringende Folgen, wobei der Schutz des Lebensbaumes nicht als Todesstrafe zu verstehen ist, sondern vor der ewigen Sünde bewahren soll.

Urknall sittlicher Autonomie – Ambivalenz der Freiheit

In der Paradieserzählung taucht der Begriff Sünde im hebräischen Text gar nicht auf. Christoph Dohmen spricht daher bezogen auf Gen 3 nicht von einer Sündenfallgeschichte, sondern von einer Gartenerzählung.[175] Er hat außerdem bemerkt, dass es doch seltsam ist, wenn die Erkenntnis von Gut und Böse, die ja zum Menschen gehören muss, wenn dieser ein sittlich handelndes Wesen sein soll, hier als Konsequenz der Sünde vorgestellt wird.

> „Im Blick auf die damit verbundene ‚Gottähnlichkeit' muss nun aber davon ausgegangen werden, dass eine fundamentalere Bestimmung angezielt ist als die ethische Urteilsfähigkeit im allgemeinen. Das von Gen 3,5b.22 eindeutige Nebeneinander von Gott und Mensch bei der Erkenntnis von Gut und Böse deutet im Zusammenhang von Fragen der Sittlichkeit auf den grundlegenden Zusammenhang von *Autonomie und Theonomie* hin."[176]

Dohmen hält fest, dass den Menschen eine sittliche Autonomie (griech.: *autonomos* bedeutet, sich selbst das Gesetz geben/sich selbst bestimmend) zukommt, aber es bleibt die Rückfrage nach dem Begründungszusammenhang bzw. Ursprung dieser Autonomie. Ist sie etwa die Folge des menschlichen Ungehorsams als Emanzipation von Gott bzw. der Sünde oder sogar eine Strafe dafür? Je nachdem, wie diese Frage beantwortet wird, steht es um die Bedeutung und Beurteilung der sittlichen Autonomie, also unserer Selbstbestimmung. Die Verbindung der Baumfrucht mit der Erkenntnis von Gut und Böse wird in der Rede von der Schlange hergestellt, und nach der Tat wird nur festgehalten, dass sich die Augen der Menschen öffnen. Sie erkennen, dass sie nackt sind, es wird aber nicht gesagt, dass sie nun Gut und Böse erkennen können und wie Gott sind. Diese Feststellung wird erst als Abschluss der Paradieserzählung in Gen 3,22 getroffen und zwar als sachliche Aussage, nicht als Strafe oder veränderte Wirkung. Insofern ist die sittliche Autonomie nicht Folge der Übertretungstat wie das „Öffnen der Augen", sondern sie wird als inneres Moment an der Tat selber zum Vorschein gebracht.[177]

Die Übertretung wird als *Freiheitstat* des Menschen beschrieben, worauf die erzählerische Darstellung auch im Kontext der Frage nach dem Leid größten Wert legt. Im Wahlvermögen und in der Entscheidung wird die Freiheit des Menschen sichtbar und fassbar. Und auch die Sünde ist nur unter der Bedingung von Freiheit möglich. Auch wenn die Beanspruchung der Freiheit zu einer Fehlentscheidung führt, ändert dies nichts daran, dass diese Freiheit als solche nicht negativ qualifiziert wird. Der Mensch kann in seiner Freiheit, in der er ganz beansprucht ist, über sich verfügen. Die Tat von Gen 3,1–7 ist als prototypische Setzungsgeschichte zu verstehen, in der der „Urknall sittlicher Autonomie" geschieht.[178] Die geschöpfliche Freiheit kommt zur Anwendung – mit all ihren Folgen. Insofern diese Autonomie sich der Setzung durch Gott verdankt, steht sie im Spannungsfeld von Theonomie (Bestimmung durch Gott) und Autonomie.

Die Spannung von Autonomie und Theonomie

Der Mensch ist als Bild Gottes in seiner geschaffenen Freiheit in eine Verantwortung für das Gute gestellt, die als aktive kreative Teilhabe am Wirken Gottes in der Welt gedeutet werden kann. Der Mensch ist *autonom* in seinem Handeln, er kann sich selbst bestimmen, aber seine Freiheit hat ihren *Ursprung* in Gott, sie ist *geschaffene Freiheit*, und das *Ziel* der Freiheit ist auch *vorgegeben*: Es liegt in der Gemeinschaft mit Gott, im Tun der Liebe und in der Verantwortung für die Schöpfung. In der Nähe Gottes erfüllt sich die Freiheit, und dort findet sie ihr Ziel. Das ist der Rahmen der Theonomie, in dem sich die Autonomie der menschlichen Freiheit entfalten kann. Die Freiheit ist nie bindungslos, sie realisiert sich immer in Beziehungen: zu Gott, zum Nächsten, zu den Mitgeschöpfen. Von daher ist die Autonomie nicht absolut (d. h. losgelöst, isoliert) zu denken. Unser Handeln wird auch von anderen mitbestimmt. Auch die Entscheidungen anderer (Eltern, Freunde, Lehrer) sind für unser Leben entscheidend und setzen uns Rahmenbedingungen. In Beziehungen wie Freundschaft oder Ehe kann ich nicht nur immer den eigenen Willen durchsetzen, sondern sollte auch dem Willen des Partners/der Partnerin Raum geben.

Der Mensch hat die Möglichkeit, sich absolut zu setzen, sich von Gott und vom Anderen radikal zu trennen. Das macht die Ambivalenz der Freiheit aus, die sich für das Gute oder das Böse entscheiden kann. In der Gartengeschichte wird also von einer prototypischen Voraus-Setzung erzählt, die mit dem Freiheitsvermögen des Menschen unmittelbar zu tun hat und in dessen Vollzug eine grundlegende Ambivalenz steckt. Wenn der Mensch seine Freiheit realisiert, in einer Autonomie, die sich der Ursprungsbeziehung entziehen möchte, dann kehrt sich die Freiheit gegen ihre eigene Grundlage, sie wird zum Vermögen der *aversio a Deo* (Abkehr von Gott), des Beziehungsbruchs. Diese von den Ursprungsbeziehungen getrennte Autonomie wird dem Menschen zum Verhängnis, weil er nicht mehr aus jenem Ursprung heraus leben kann, der ihm doch zutiefst das Leben ermöglicht. Er löst sich vom Grund und Ziel des Lebens, von Gott.

Wer absolut autonom sein will und sich selber das Gesetz gibt, will keiner Bindung unterliegen und keine Verantwortung übernehmen, er kennt keine Grenzen. Auch die Grenze der Unverfügbarkeit des anderen Menschen wird im Morden durchbrochen. Man kann sagen, dass die ätiologische (sinnstiftende) Intention von Gen 2–3 darin besteht, die Negativität menschlichen Lebens und menschlicher Lebensumstände aus dieser ursprünglichen Verkehrung heraus zu erklären. Im Gegenüber von Gott und Mensch wird an der Eigenverantwortlichkeit des Menschen für seine Entfremdung von Gott festgehalten. Das Phänomen der später so genannten Ursünde wird im biblischen Kontext nur in der Form der Sünde der Welt zur Sprache gebracht.[179] Denn die vom Menschen ausgehende Schuld und Sünde werden in ihrer ganzen zerstörerischen Wirklichkeit als eine Macht erfahren, die nicht so einfach gebändigt werden kann und alle betrifft.

Der Brudermord

Dass das Leben des Menschen ein geschaffenes und damit zeitlich begrenztes ist im Unterschied zu Gott, das steht schon vor dem sogenannten Sündenfall fest. Dass der Tod aber in seiner ganzen Negativität zur Wirkung kommt und dem Menschen Angst macht, dies geschieht durch den Entzug des Menschen aus der lebendigen Beziehung zu Gott. Gott seinerseits gibt diese Beziehung nicht auf und steht zu jener Bezogenheit des Menschen auf ihn hin, die er im Anfang gesetzt hat. Es kommt zum Phänomen der Sünde und des Bösen (im Sinne des *malum morale*, des moralischen Bösen, das der Mensch zu verantworten hat) zwischen Gott und den Menschen, ohne dass dies notwendig so sein müsste. Es ergibt sich in einer dramatischen Freiheitsgeschichte.

Dies zeigt die Erzählung von den Brüdern Kain und Abel in Gen 4. Weil der Herr nur auf Abels und nicht auf Kains Opfer schaut, überläuft es Kain ganz heiß und sein Blick senkt sich (Gen 4,5). Kain erschlägt seinen Bruder Abel, und wieder wird von Gott eine Frage an den Menschen gerichtet: „Wo ist dein Bruder Abel?“ Kains Antwort lautet: „Ich weiß es nicht. Bin ich der Hüter meines Bruders?“ (Gen 4,9) Der Herr fragt: „Was hast du getan?“

Diese Fragen Gottes an Kain (und zuvor an Adam) zeigen, dass eine tiefe Ambivalenz in die menschliche Existenz hineingetragen wird. Es ist Vertrauen zerstört worden, der Mensch vertraut Gott nicht mehr. Auch das Vertrauen zwischen Mann und Frau und zwischen Geschwistern ist zerstört. Gott, der Herr über die Schöpfung, stellt die Frage: Wo bist du / wo ist dein Bruder? Gott muss sich diesmal von Kain die Rückfrage gefallen lassen: Bin ich der Hüter meines Bruders? Genau dies wird von Kain infrage gestellt, wobei auch die Frage mitschwingen mag, ob nicht Gott selbst der Hüter der Menschen ist: Hat er nicht die Verantwortung? Hat er Eifersucht provoziert? Der Herr verflucht und verbannt Kain, und dieser antwortet: „Zu groß ist meine Schuld, als dass ich sie tragen könnte. Siehe, du hast mich heute vom Erdboden vertrieben und ich muss mich vor deinem Angesicht verbergen; rastlos und ruhelos werde ich auf der Erde sein und jeder, der mich findet, wird mich töten“ (Gen 4,13 f.).

Daraufhin macht der Herr dem Kain ein Zeichen, damit keiner ihn erschlage (Gen 4,15). Auch diese Geschichte endet mit der bleibenden Zuwendung des Schöpfergottes, der sein Geschöpf *trotz* dieser übergroßen Schuld vor dem Tod durch andere schützen will. Kain wird nicht rastlos umherirren, sondern sich östlich von Eden niederlassen (Gen 4,16).

Verweigerte Verantwortung

Der Entzug des Menschen bedeutet auch eine Verweigerung der Antwort, eine Verweigerung des Hörens auf das beanspruchende Wort Gottes. Der Mensch versucht sich aus jener Ver-antwort-ung zu stehlen, die ihm von Gott her auferlegt worden ist. Auf die Frage Gottes, ob er von dem Baum gegessen habe, gibt er dies zu, verweist aber auf die Frau als Auslöser; die Frau gibt es zu und verweist auf die Schlange, auf die Schöpfung als Auslöser. Der Mensch antwortet, indem er sich aus der Verantwortung zieht. Damit aber bleibt er die Antwort schuldig, weil er nicht zu dem Ursprung des Geschehens steht, der doch in ihm liegt. Kain hingegen antwortet nicht mehr, sondern fragt zurück: Bin ich der Hüter meines Bruders? Damit spricht er der Frage Gottes ihre Berechtigung ab. Warum trifft sie ihn? Die Verweigerung der Antwort und der Entzug bedeuten die Zerstörung der Beziehung zum Ursprung des Lebens und bringen daher *Sünde* als *aversio a Deo* und Tod als endgültigen Beziehungsabbruch mit sich.

Gottes Wort aber richtet sich immer wieder neu an den Menschen, sorgend und ihn bergend, selbst angesichts des mörderischen Tötens, das nicht nur das Opfer, sondern auch den Täter selbst trifft. Denn das Verhalten des Menschen gegenüber seinem Bruder bzw. seinem Nächsten hat unmittelbare Auswirkungen auf seine Beziehung zu Gott. Auch hier zeigt sich, dass die Beziehung zu Gott und zum Nächsten, Gottesliebe und Nächstenliebe, unmittelbar miteinander zu tun haben.

Die Schöpfung ist ein Segen, aber sie ist als Schöpfung und damit als Gabe zu *empfangen*. Der Baum der Erkenntnis von Gut und Böse kennzeichnet die Möglichkeit des Menschen, die Schöpfung als ihm geschenkte Gabe zurückzuweisen. Der Mensch ist im Unterschied zum Tier aufgerufen, den Beschluss Gottes *bewusst* und *frei* und entschieden zu bejahen.

Die biblischen Erzählungen gehen von der Erfahrung aus, dass der Mensch *faktisch* Sünder ist, und spüren nicht minutiös der Frage nach, warum es sich so und nicht anders verhält. Der Mensch hat eine Freiheit erhalten, die er verkehrt und zur Sünde nutzt. Damit kommt auch das Böse erst durch die Freiheitstat des Menschen in den Blick. Das Böse erscheint in diesem Kontext der Genesiskapitel als Eigenschaft. Das Böse ist in bestimmten Ereignissen, in bestimmten Handlungen und ihren Wirkungen zuhause. Das Böse ist, mit Hermann Häring gesprochen, ein Relationsbegriff, weil es mit Handeln und Erleiden, mit menschlichen und sozialen Beziehungen zu tun hat.[180]

Die *Relationalität des Bösen* ist auch der Grund dafür, dass dieses Böse der Menschheit in dem Moment universal eingestiftet ist, als es zum ersten Mal erscheint. Keiner weiß, zu welchem genauen Zeitpunkt das Böse in die Geschichte eingetreten ist, aber es hat mit dem *Beziehungsgefüge* des Menschen zu tun. Wenn das Böse in der Welt geschieht, dann *infiziert* es Beziehungen zwischen den Menschen, sogar zeitübergreifend. Die erste Sünde im Ursprung, auf die hin die Sünden der vielen reduziert, zurückgeführt werden, und von der her dann die Geschichte deduziert, abgeleitet und gedeutet wird, hat *Konsequenzen*. Alle Nachfahren stehen unter den Bedingungen der ersten Sünde, wenn sie selber zu Sündern und Sünderinnen werden. Sie stehen schon in einem Kontext der Sünde. Dies zeigen die negativen Auswirkungen von Gewalt und Tod, die als Folgen der ersten Sünde gedeutet werden können.

Die Wirklichkeit der Sünde trifft den Menschen in zweifacher Weise: Zum einen trägt er als Mensch in all seinen Lebensbedingungen bis hin zum Tod die Spuren der ersten Sünde, wobei hier noch nicht an eine unmittelbare Übertragung bzw. biologische Vererbung zu denken ist. Zum anderen entspricht der einzelne Mensch durch seine personal zu verantwortende Sündentat der ursprünglichen Sünde, d. h. er willigt gewissermaßen in sie ein. Die biblischen Erzählungen wollen keine Erbsündenlehre entwerfen, wie sie später von Augustinus entfaltet wird. Es geht um eine *Sündenverhaftetheit* des Menschen, der sich kein Mensch mehr entziehen kann. Das Sich-Entziehen des Menschen aus der Verantwortung vor Gott hat zur Folge, dass er sich der Konsequenzen dieses seines Tuns nicht mehr entziehen kann.

Die Möglichkeit der Überwindung des Bösen

Die Sünde ist aus der Sicht von Ps 36 eine Möglichkeit im Raum des eigenen Herzens. Der Sünder stellt eine in sich selbst verfangene Welt dar, die allerdings konsequent aufgebaut ist: Er hat Augen, die aber nicht sehen, um die eigene Schuld zu hassen, und er hat einen Mund, der aber nicht spricht, um aus Einsicht Gutes zu tun. Daher betritt er einen Weg, der nicht gut ist. Dieser Blick des Betenden nach innen wird in dem Hymnus der Verse 6–10 nach außen auf die Schöpfung Gottes gelenkt:

> „JHWH, bis an den Himmel (reicht) deine Güte, deine Zuverlässigkeit bis zu den Wolken! Deine Gerechtigkeit ist den Gottesbergen gleich, dein Recht der großen Urflut, Mensch und Tier rettest du (immer neu), JHWH.“ (Ps 36,6 f.)[181]

In den folgenden Versen 8 f. wird die Güte Gottes gepriesen, der die Menschen im Schatten seiner Flügel birgt. Hier sieht der Beter in der Schöpfung Zeichen der Güte, der Zuverlässigkeit und Gerechtigkeit Gottes, die sich rettend an Mensch und Tier auswirken will und so die Macht des Bösen überwinden möchte. In diesem Lob Gottes ist der Mensch außerhalb seiner selbst, ganz bei dem, der die Quelle des Lebens ist. Die Geschöpflichkeit wird zum Maßstab für das Menschsein gemacht und die elementare Angewiesenheit des Lebens auf all das, was ihm von Gott geschenkt wird, gerät in den Blick. Ps 36 lehrt, dass sich das Glück der Gottesnähe nur aus der Hand des Schöpfers erlangen lässt, der seine Geschöpfe mit seiner Gegenwart *beschenkt*. Die Theologie spricht hier von *Gnade*.

So soll die Selbstisolation des Sünders, seine Entzogenheit, überwunden werden und er soll in die Beziehung zu seinem lebendigen Ursprung zurückfinden, um den Weg des Guten beschreiten und dem Bösen wehren zu können. Auch angesichts der Ursprungssituation der Sünde steht der Mensch immer wieder neu vor der Aufgabe seiner Freiheit, sich am Ursprung seines Lebens auszurichten und diesen zum Maß seines Lebens und seiner Gerechtigkeit zu machen.

Auch Jesus steht in der Tradition der Psalmen und wird betonen, dass das Böse aus dem eigenen Herzen kommt. Nicht was von außen in mich eindringt, sondern was aus meinem Innern kommt, macht mich unrein (vgl. Mk 7,15). Aber das Böse ist seit seinem rätselhaften Erscheinen in der Beziehung zwischen Gott und den Menschen in der Welt. Das prägt uns auch innerlich. Aufgrund der Sünde, so formuliert es Franz Schupp, wird die beste aller möglichen Welten zur zweitbesten.[182] Auch wenn die ursprüngliche Sünde nicht dem Einzelnen als personale Tat angerechnet werden kann, weil sie ihm vorausliegt, hängen doch die vom Menschen zu verantwortenden Sünden an dieser rätselhaften Ursprunghaftigkeit des Bösen in der Schöpfung. Das Böse ist dort geschehen, wo Beziehungen verkehrt worden sind und diese verkehrten Beziehungen sind jene, in die der Mensch einbezogen wird, wenn er in die Welt eintritt. Da diese Beziehungen, in denen der Mensch lebt, keine ihm äußerlichen sind, sondern in jener Zeit geschehen, die den Selbstbezug, die Identität des Menschen ausmacht, treffen sie ihn in seinem Herzen, im Innersten. Der Riss des ursprünglichen Entzugs ist der Zeit des Menschen eingeprägt. Aufgrund der Relationalität kann man davon sprechen, dass der ursprüngliche Riss mit der Versuchung absoluter Autonomie fortan in der Welt gegeben ist. Durch einen Menschen und seine Tat können das Böse und die Sünde in die Welt kommen. Und dieses Böse wirkt sich aus von Generation zu Generation und kann eine mörderische Dynamik entwickeln. Die Erfahrung des Bösen ist es, die zu den Geschichten der Genesis geführt hat. Denn immer wieder wird dieses Böse von Menschen getan, nicht nur wegen eines schicksalhaften Zusammenhangs, sondern auch aus eigenem Antrieb. Nun erst kann man sagen, dass Sündigen auch Nachgeben bedeutet, wenn das Böse schon in der Welt ist.

In der prophetischen Literatur wird mehr und mehr die unvertretbare personale Verantwortung für das jeweils eigene Tun betont. Der Universalität der Sündenverfallenheit entspricht die Einsicht, dass einer nur dann anrechenbar zum Sünder wird, wenn er selbst personal verantwortlich in seiner Freiheit eine solche Tat setzt.

Universalität der Gnade und die universale Sünde

Die universale Sündenverfallenheit wird, wie im Alten Testament, vom universalen Heilswillen Gottes her in den Blick genommen. Auch Paulus spricht nur ausgehend von der Glaubensaussage, dass Jesus Christus für alle gestorben ist, davon, dass ohne ihn, konsequent gedacht, alle in der Sünde sein müssten. Die Universalität der Sündenverfallenheit ergibt sich von der Universalität der göttlichen Gnade her.

In Röm 7,7–25 geht *Paulus* von der Erfahrung aus, im Kampf gegen die Sünde, die er als Macht sogar personifizieren kann, ohnmächtig zu sein. Jeder Mensch erlebe eine unbegreifliche Diskrepanz zwischen seinem Wollen und seinem Tun: „Ich tue nicht das Gute, das ich will, sondern das Böse, das ich nicht will" (Röm 7,19 f.).

Paulus sagt, dass nicht mehr ich handle, sondern die Sünde, die in mir wohnt. Hier können wir wieder an die Sünde denken, die aus dem Herzen kommt. Und die Frage wird radikalisiert: Warum handle ich böse? In Röm 5 schildert Paulus die Sünde und den Tod als Unheilsmächte und möchte ein Zweifaches aussagen: Diese Mächte haben sich von Anfang an beim Menschen durchgesetzt und herrschen seitdem, weil alle Menschen in persönlich verantwortlichen Taten sündigten. „Durch einen einzigen Menschen kam die Sünde in die Welt und durch die Sünde der Tod, und auf diese Weise gelangte der Tod zu allen Menschen, weil alle sündigten" (Röm 5,12).

Paulus steht hier in der frühjüdischen Wirkungsgeschichte von Gen 2–3.[183] Er versteht Adam als Symbol des verfehlten menschlichen Daseins vor Gott und schafft eine Dialektik zwischen der Sünde als geschichtsbestimmender Macht und der menschlich zu verantwortenden Tat.[184]

Wenn es heißt, dass der Tod zu allen gelangte, weil alle sündigten, so lässt sich das Sündigen aller natürlich nicht empirisch nachweisen. Der kausale Konnex zwischen Tod und Sünde ist so eng, „dass er aus dem Faktum des Todes schließen kann, dass auch diejenigen, die nicht nach dem Vorbild Adams (durch Übertretung eines ausdrücklichen Gebotes) gesündigt haben, unter der Sünde stehen (Röm 5,14)".[185]

Paulus bindet die zerstörerische Universalität von Sünde und Tod zusammen und will angesichts ihrer Mächtigkeit die Übermacht der Gnade umso mehr herausstellen: „Wo die Sünde mächtig wurde, da ist die Gnade übergroß geworden" (Röm 5,20). Zwar herrscht die Macht des Bösen universal von Anfang an, sie herrscht bei allen Menschen auch als persönliche Tat, aber Jesus Christus ist mächtiger, er besiegt Sünde und Tod, indem er die Schuld der Welt auf sich nimmt und die Gerechtigkeit Gottes durchsetzt. Die Rechtfertigung des Sünders bedeutet für Paulus, dass Gottes höhere Gerechtigkeit den Menschen gerecht spricht und gerecht macht, dass die Sünde der Welt in der Kraft Gottes bezwungen werden kann.

Adam und Christus

Paulus entfaltet die Antithese zwischen Adam und Christus (vgl. 1 Kor 15,21 f.). Adam ist der Mensch, durch den die Sünde in die Welt kam, und Jesus Christus ist der Mensch, durch dessen Erlösung die Sünde endgültig, eschatologisch, überwunden wird. So wie durch einen Sünde und Tod in die Welt kommen, und einer alle ins Verhängnis stürzt, so kommt durch einen die Vergebung, die Erlösung und die Rettung vom Tod. Erneut zeigt sich der relationale Zusammenhang von Einzigkeit und Universalität. Jesus Christus kann die Universalität der Sünde bezwingen, weil er vom Urgrund der Welt herkommt, aus der Tiefe Gottes, und dennoch unsere Geschichte teilt. Er ist das Wort jenes Gottes, der aus dem Nichtsein ins Dasein ruft und den Menschen auch angesichts seiner Sündenverfangenheit umfangen kann. Er ermöglicht Ab-solution nicht im Sinne der Trennung von Gott, sondern im Sinne der Trennung der Sünde vom Menschen. Nicht Sünde oder Tod, sondern Gott spricht das letzte Wort über bzw. zu den Menschen, denen er sich in Jesus Christus vergebend zuwendet.

Insofern die Beziehung zu Jesus Christus im Neuen Testament eine zentrale Bedeutung erhält, wird der Glaube zum Gegenbegriff der Sünde. Der Glaube an Gott bzw. an Jesus Christus steht für jene vertrauensvolle intakte Beziehung zwischen Schöpfer und Geschöpf, die in der Sünde aufs Spiel gesetzt worden ist. Wer glaubt, ist vor der Sünde gerettet. Sünde würde bedeuten, nicht im Glauben auf Gottes vergebende Nähe zu setzen, die sich in Jesus Christus und seiner Botschaft von der Gottesherrschaft in der Zeit Raum verschafft. *Die unmittelbare Nähe Gottes in seinem fleischgewordenen Wort ermöglicht auf neue Weise die Antwort des Menschen in der Umkehr hin zum rettenden Glauben.*

Das Sündenverhängnis der Welt in seiner universalen Spannweite und Vernetzung kann nur von Gott her, durch seine erneute Initiative überwunden werden, die allein in der Lage ist, diese universale Macht zu brechen. Die Menschwerdung Gottes lässt es nicht zu, dass sich die Menschen seiner Nähe entziehen. Denn Gott spricht sie neu an.

Jesus betont, dass nur Gott ein letztes Urteil über den Menschen zusteht, nicht dem Menschen. Somit unterbricht er jene Dynamik menschlicher Sünde, die allzu schnell dazu verführt, die eigene Schuld dem Anderen aufzubürden, den anderen Menschen schuldig zu sprechen, statt ihn zu entlasten und ihm beizuspringen. Einen Begründungszusammenhang von Sünde und Leid lehnt Jesus, wie schon das Buch Ijob, offensichtlich ab (vgl. Lk 13,1 f.; Joh 9,1 f.). Jesus ist gekommen, die Sünder zu berufen, nicht die Gerechten. Insofern sein Aufruf zur Umkehr universal ausgesprochen ist, gilt er allen Menschen. Jesus mahnt uns, nicht zu richten, damit wir nicht gerichtet werden (Mt 7,1), denn „wie ihr richtet, so werdet ihr gerichtet werden, und nach dem Maß, mit dem ihr messt, werdet ihr gemessen werden" (Mt 7,2). Er sagt den Menschen voraussetzungslos die heilvolle Nähe Gottes zu. Dieses Geschehen der Versöhnung und Vergebung ist zutiefst ein Freiheitsgeschehen zwischen Gott und Mensch, das von keinem Gesetz der Notwendigkeit geprägt ist, sondern unverdient in der Zeit geschieht und Zeit braucht. Denn wir haben auf die Vergebung zu warten und können uns nicht selbst lossprechen.

Insofern die Vergebung dem Leben des Menschen eine neue Richtung gibt, ist der Mensch zur *metanoia* (Umkehr) angesichts der Sünde aufgerufen. Schuld und Sünde werden ihn nicht mehr daran hindern, in der unmittelbaren Nähe seines Ursprungs, des vergebenden Gottes zu leben. Gott spricht dem Menschen erneut definitiv das Heil seiner Existenz zu. Der ursprünglich von Gott gesetzte und gewollte Mensch ist ein Mensch ohne die Sünde, denn diese zieht er sich selber in seiner Freiheit zu. Daher ist Jesus der zweite, der letzte oder der neue Adam, weil er das menschliche Leben so lebt, wie es von seinem Ursprung her gesetzt ist.

Mit Schuld angenommen

Auch mit seiner Schuld darf der Mensch hoffen, vor Gott nicht in jenem radikalen Sinn zum Sünder zu werden, der ihn von der Gottesbeziehung endgültig ausschließt. Der Mensch wird *mit* seiner Schuld erlöst und nicht als Sünder verurteilt. Diese Spannung bedenkt auch Paulus, wenn er davon ausgeht, dass in der Taufe von Jesus Christus her die Vergebung der Sünden und der Schuld geschieht. Aber er weiß nur zu genau, dass die Gemeinde Jesu Christi noch mit Schuld und Sünde zu tun hat und mahnt:

> „Wisst ihr denn nicht, dass wir, die wir auf Christus Jesus getauft wurden, auf seinen Tod getauft worden sind? Wir wurden ja mit ihm begraben durch die Taufe auf den Tod, damit auch wir, so wie Christus durch die Herrlichkeit des Vaters von den Toten auferweckt wurde, in der Wirklichkeit des neuen Lebens wandeln. […] Sind wir nun mit Christus gestorben, so glauben wir, dass wir auch mit ihm leben werden. Wir wissen, dass Christus, von den Toten auferweckt, nicht mehr stirbt; der Tod hat keine Macht mehr über ihn. Denn durch sein Sterben ist er ein für alle Mal gestorben für die Sünde, sein Leben aber lebt er für Gott. So begreift auch ihr euch als Menschen, die für die Sünde tot sind, aber für Gott leben in Christus Jesus." (Röm 6,3–11)

Das Leben mit Christus bedeutet, mit ihm bei Gott ohne die Sünde leben zu können. Und wer mit Christus vereint ist, der ist mit Gott vereint und somit nicht mehr in der Gottlosigkeit. Die Gemeinschaft mit Christus bedeutet schon Überwindung der Sünde als Gottesferne. Nicht nur im Tod und in der Auferweckung, auch im ganzen Leben Jesu setzt sich die Güte Gottes durch, bis hin zum Tod, und daher erweist sich die Güte als siegreich. In Jesus Christus zeigt sich Gottes Entschiedenheit für den Menschen, welcher der Mensch zu entsprechen vermag. Wenn der Mensch dem Willen Gottes in seinem Leben Raum gibt, dann kann Gott zur Welt kommen. Das geschieht auf unverwechselbare Weise in Jesus Christus, der als fleischgewordenes Gotteswort in Freiheit dem Willen Gottes entspricht und dem wir erlöst nachfolgen dürfen. Erlösung bedeutet dabei nicht, dass alle Probleme und Spannungen des menschlichen Lebens erledigt sind, dass damit

> „die vordringlichen ‚Probleme' der Menschen im Umgang mit sich selbst und mit der Schöpfung, in der Beziehung zu ihrem Schöpfer einfachhin ‚gelöst' wären. Vielleicht kommen sie erst jetzt unverfälscht und einigermaßen verdrängungsfrei in den Blick: – die abgründige Ambivalenz der conditio humana (d. h. der menschlichen Bedingtheit, E. D.), die die Menschen immer wieder provoziert, sich ihr durch falsche Eindeutigkeiten – durch Verdrängung, Abgrenzung und Projektion – zu entziehen; – die unauflösbare Fraglichkeit und ‚Frag-Würdigkeit' Gottes, der uns diese Schöpfung zumutet und über die Macht der Sünde nicht anders ‚mächtig' werden will, als er es an seinem ‚Sohn' Jesus Christus hat offenbar werden lassen; – die Zwiespältigkeit einer ‚Erlösung', die es in undurchschaubarer Weise auf die Freiheit des Menschen ankommen lässt und ihr doch auch wieder zuvorkommt, weil die Freiheit ja in der Sünde gefangen ist und befreit werden muss; die Zwiespältigkeit also einer Dramatik, in der Gott und Menschen tiefer, als es sich durchschauen lässt, ineinander ‚verwickelt' werden."[186]

Es wäre pure Ideologie zu behaupten, dass der Glaube alle Probleme löst und die Erlösung in der Zeit eine problemfreie Zone für die Christ/inn/en schafft. Vielmehr werden wir befähigt, trotz der Spannungen und Uneindeutigkeiten unseres Lebens auf dessen Gelingen zu hoffen, das uns verheißen worden ist. Aber hier gilt der Imperativ: „So begreift auch ihr euch als Menschen, die für die Sünde tot sind, aber für Gott leben in Christus Jesus" (Röm 6,11). Augustinus hat die klassische Formulierung geprägt: Der dich geschaffen hat ohne dich, er will dich nicht erlösen ohne dich.[187] Daher unterscheidet auch die kirchliche Lehre zwischen der *objektiven* Erlösung, die in Jesus Christus für alle Menschen greifbar und erfahrbar wird in der Überwindung von Sünde und Tod, und der *subjektiven* Erlösung, die an unsere Verantwortung appelliert und an unserer eigenen Freiheit hängt.

Die problematische Rede von der Erbsünde

Es bedarf eines längeren Weges über die Jahrhunderte, bis die Rede von einer *Erbsünde* des Menschen entfaltet ist.

Meliton von Sardes († um 180), Irenäus und Augustinus sprechen vom *peccatum haereditorium*, einer Sünde, die am Menschen „festklebt", ihm wie ein Erbe anhaftet. Sie können auch als Zeugen für die Maxime gelten, dass jede Rede von der Erbsünde „nur antithetisch zum Erlösungsereignis in Jesus Christus zu entwickeln" ist.[188] Das problematische Wort von der Erbsünde, das besonders durch Luther und die Confessio Augustana in der deutschen Sprache verbreitet wurde, geht auf Johannes Geiler von Kaysersberg († 1510) zurück und zielt auf den Begriff des *peccatum originale* (Ursprungssünde), wie er vor allem von Augustinus entfaltet wurde.[189] Die freie Sünde Adams, der die Ursprungssünde *hervorbringt (peccatum originale originans)*, bedeutet für die Vätertheologie den Verlust der ursprünglichen Heiligkeit und Gerechtigkeit für alle Nachkommen als *Ergebnis* dieser Sünde *(peccatum originale originatum)*. Die klassische Frage, wie denn die Sünde des einen alle anderen zu Sündern machen kann, berührt das Problem des Sündenverständnisses zutiefst. Kann ich für die Sünden anderer zur Verantwortung gezogen werden? Oder unter ihren Konsequenzen leiden?

Daran arbeitet sich die Tradition ab und wird betonen, dass die Erbsünde nur *analog* als Sünde bezeichnet werden darf. Denn Sünde bedeutet zunächst eine Tat, die von mir und meiner Freiheit zu verantworten ist. Da die Analogie eine je größere Unähnlichkeit einschließt, ist zwischen beiden Sündenbegriffen deutlich zu unterscheiden.

Augustinus

Augustinus führt die vielen Sünden der Menschen auf *einen Ursprung* zurück. Wenn man die Sündentheologie des Augustinus entfalten will, kommt man nicht darum herum, sich auch mit seiner Biografie zu befassen. Wie er in seinen berühmten Bekenntnissen *(Confessiones)* schildert, war er lange Zeit auf der Suche nach dem Sinn seines Lebens. In diesen Suchbewegungen machte er jene Erfahrung, die ja auch Paulus zum Ausdruck bringt: Das, was er will, tut er nicht, und das, was er nicht tun will, das tut er. In der heutigen Zeit würde man sagen, dass Augustinus so einiges durchprobiert hat, bevor er sein Bekehrungserlebnis hatte. Er fühlte eine innere Spannung und Zerrissenheit zwischen seinem Wollen und seinem Tun. Die Frage lautet: Wo kommt diese Zerrissenheit her?

Bevor er sich zum Christentum bekehrt, wird er mit der Lehre des Manichäismus konfrontiert. Dort wurde die Erfahrung von Schuld und Boshaftigkeit des Menschen mithilfe einer dualistischen Spannung erklärt. Man ging davon aus, dass es ein gutes und ein böses Schöpfungsprinzip gibt (Licht – Finsternis; Wahrheit – Lüge etc.); beide Prinzipien widerstreiten sich in der Schöpfung und sogar im Menschen. Das Böse ist sozusagen eine eigene Macht, die den Menschen befällt und in der Welt wirkt. Als Augustinus zum Christentum übertritt, lehnt er als erstes ab, dass es so etwas wie einen bösen Gott oder ein böses Ursprungsprinzip neben einem guten Prinzip geben könnte. Er wendet sich gegen das dualistische Konzept und hält an dem einen und einzigen guten Gott als Schöpfer der Welt fest.

Wenn es aber nur den einen guten Gott gibt, woher kommt dann das Böse? Augustinus beharrt darauf, dass der Ursprung des Bösen, im Sinne des *malum morale*, das der Mensch verantworten muss, im menschlichen Willen liegt und nicht in Gott. Die Zurückführung, die *reductio* des Bösen auf seinen Ursprung gelangt also nicht zu Gott als erstem Ursprung, sondern hat es mit dem Menschen als Ursprung des Bösen zu tun.

Für die Konzeption der Ursünde sind bei Augustinus drei Gründe ausschlaggebend:

1. *Universalität der Erlösung*: Augustinus geht mit Paulus davon aus, dass Jesus Christus am Kreuz für alle gestorben ist zur Vergebung der Sünden. Wenn das zutreffen soll, dann müssen alle Menschen ausnahmslos Sünder sein, denn sonst wäre Christus nicht für alle gestorben. Und gäbe es nur einen, der nicht Sünder ist, wäre Christus für ihn nicht gestorben. Das ist für Augustinus ein „No go". *Aus der Universalität der Erlösung ergibt sich als negative Folie die Universalität der Sündenverfallenheit.* Jeder ist auf die Vergebung angewiesen, alle sind Sünder, ohne Ausnahme.

2. *Kindertaufpraxis:* Ein weiterer Grund dafür, ausgehend von der Erlösung aller in Jesus Christus auf eine universale Sündenverfallenheit zu schließen, ist die Kindertaufpraxis, die sich zur Zeit Augustins in Afrika und anderen Regionen der Kirche durchgesetzt hatte. Hier ergab sich folgende Schlussfolgerung: Wenn auch die Kinder *zur Vergebung der Sünden getauft* werden, dann müssen sie doch auch Sünder sein, denn andernfalls wäre die Kindertaufe eine missbräuchliche Einrichtung oder eine wirkungslose Feier der Kirche. Da kleine Kinder aber wahrscheinlich noch nicht persönlich gesündigt haben können, erklärt sich ihre Sündigkeit für Augustinus einfach aus der Tatsache, dass sie als Menschen geboren sind und zwar als Kinder Adams. Jeder Mensch, der neu in die Welt eintritt, wird als Sünder geboren und zwar von Adam her.

3. *Fehlerhafte Auslegung des Römerbriefs:* Der dritte Grund liegt in einer unzutreffenden Auslegung von Röm 5,12. Dort steht geschrieben: „Wie durch einen einzigen Menschen die Sünde in die Welt kam und durch die Sünde der Tod und auf diese Weise der Tod zu allen Menschen gelangte, weil

alle sündigten ...“ Paulus sagt, dass durch Adam die Sünde in die Welt kam und der Tod. Dieser Tod geht auf alle über, weil alle gesündigt haben. Paulus geht davon aus, dass alle Menschen faktisch gesündigt haben. Wenn man ihn fragen würde: Woher weißt du das? Hast du eine Umfrage gemacht?, würde er antworten: Christus ist für alle gestorben zur Vergebung der Sünden, also siehe oben Argument 1. Und alle müssen sterben, der Tod ist für ihn Folge der Sünde, also sind alle Sünder, weil jeder sterben muss. So weit Paulus.

Augustinus konnte kaum Griechisch und bezieht sich auf die Übersetzung der Vulgata (die lateinische Bibelübersetzung). Da steht nicht, „weil alle gesündigt haben“, sondern „in dem alle gesündigt haben“ *(in quo omnes peccaverunt)*. Und das wird von Augustinus auf Adam bezogen, der ja am Satzanfang erwähnt wird: *In Adam* haben alle gesündigt. Das griechische *eph'o* bedeutet aber: „Indem (weil) alle gesündigt haben“. Geht die paulinische Intention davon aus, dass alle Menschen faktisch zu Sündern geworden sind, so lässt die lateinische Fassung den Schluss zu, dass es eine Sündenverkettung von Adam durch alle Generationen bis in die jeweilige Gegenwart gibt, in der eine quasi natürliche Übertragung der Sünde geschieht. So nimmt es Augustinus und sitzt damit einem Fehler auf.

Jede Übersetzung ist auch eine Deutung. Was wäre wohl passiert, wenn Augustinus Griechisch gekonnt hätte ...? Die Theologie der orthodoxen Kirchen kennt übrigens bis heute keine Erbsündentheologie in diesem Sinn.

Selbstverkrümmung und Verlust der Freiheit?

Augustinus geht davon aus, dass die Natur des Menschen aufgrund der Ursünde so verdorben ist, dass eine bloße Erziehung ihm nicht mehr aufhelfen kann. Die Freiheit ist nicht so unbeschädigt, dass eine neue Enthüllung ihrer wahren Ausrichtung sie dazu bringen würde, von ihrer Selbstisolation, von ihrer *incurvatio* (Verkrümmung in sich selbst) zu lassen und sich wieder Gott zuzuwenden. Im Hinblick auf das Heil ist der Wille des Menschen nicht mehr freiheitsfähig, sondern versklavt und bedarf daher einer Gnade, die ihn innerlich verwandelt.

Wenn der Mensch in seiner Freiheit aber nichts mehr für sein Heil tun kann und Gott in seiner Gnade alles tun muss, dann ist der Weg zu einer Prädestinationslehre nicht mehr weit. Denn wenn nur die Gnade Gottes retten kann, dann kann allein der Wille Gottes bestimmen, wer gerettet werden soll, unabhängig von Tun, Entscheidung und Verdienst. Dann aber steht die Freiheit des Menschen auf dem Spiel: Ist sein Schicksal von Gott vorherbestimmt, dann ist sein Wille völlig irrelevant; kann er doch noch etwas tun, dann kann seine Freiheit nicht völlig verdorben sein. Genau das ist der Gegenstand des Gnadenstreites zwischen Augustinus und den Pelagianern, dem weitere Auseinandersetzungen über das Verhältnis von Gnade und Freiheit folgen werden.[190]

Augustinus unterscheidet in der Regel zwischen dem *liberum arbitrium*, der Wahlfreiheit, die auch nach dem Sündenfall für die alltäglichen Dinge des Lebens erhalten bleibt (Kaffee oder Tee? Pizza oder Pasta?) und der eigentlichen Freiheit im Sinne von *libertas*, die nur in der Bejahung des Ursprungs ihrer selbst realisiert werden kann, der die Liebe bzw. Gott ist. Der Verlust der *libertas* durch die *incurvatio* des Sünders, der sich von seinem Ursprung trennt, ist für Augustinus irreparabel. Deshalb kann er auch sehr scharf formulieren, dass der Sünder selbst dann, wenn er etwas Gutes tut, nicht aus Liebe, sondern aus purem Egoismus handelt.

Für Augustinus ist der Mensch nach dem Fall Adams das Gegenteil dessen, was er von seiner Bestimmung her sein soll. Aufgrund dieser Sünde wird die Menschheit für Augustinus zur *massa damnata*, zur verdammten, abgeurteilten Masse. Sie hat den Tod verdient und es ist nur gerecht, wenn dieser auch eintritt. Der Mensch befindet sich in der Gottesferne und ist unfähig zum Guten. Alle Menschen haben seit Adam die Verdammnis verdient und umso größer erscheint für Augustinus das Wunder der Erwählung einiger Menschen zum Heil, das *sola gratia*, allein aus Gnade, völlig grundlos geschieht und nur in Gottes Gnade begründet sein kann.

Der Ursprung der Gnade ist für Augustinus nicht mehr im Menschen zu finden, weil er sich von seinem Ursprung radikal gelöst hat. Nicht die Verdammnis, sondern die Rettung trotz dieser schweren Schuld ist für Augustinus erklärungsbedürftig und rätselhaft. „Die augustinische Lehre von der bedingungslosen Gratuität der Gnade mündet in die Lehre von der grundlosen Prädestination."[191] So wird das Gottesbild verdunkelt.

Damit sind wir wieder bei der Frage nach der Ursprungssünde angekommen. Augustinus setzt die Ursprungssünde mit dem Hochmut/Stolz (lat. *superbia*) des Menschen gleich, der die *concupiscentia*, den Ungehorsam der Sinne und die sexuelle Begierlichkeit zur Folge hat. Wenn man davon ausgeht, dass der Mensch innerlich seine Freiheit verloren hat und auf den Willen Gottes nicht mehr eingehen kann, dass seine Natur verdorben ist und Christus und der Hl. Geist innerlich wirken müssen, um diese Verderbtheit zu heilen, dann ergibt sich daraus für Augustinus die Auffassung von einer Sündigkeit, die mit der Geburt, infolge der Adamskindschaft, für jeden Menschen unausweichlich Realität wird. Würde man dies bestreiten, dann würde jeder Mensch von sich aus über seine Freiheit verfügen und höchstens durch seine persönliche Sünde sein Ziel verfehlen können. Eine solche Auffassung aber würde Christus leugnen, weil dann ja die Möglichkeit bestünde, dass jemand nicht gesündigt hätte und somit der Gnade Christi gar nicht bedurft hätte.

> „Will man also unter den anthropologischen Voraussetzungen Augustins den paulinischen Rückschluss von der Universalität und Überschwenglichkeit der Gnade Christi auf die Universalität der ‚Übertretung' von Adam her durchhalten, dann ist die Auffassung von einer Sünde, die durch leibliche Adamskindschaft auf uns kommt, unausweichlich, allen Folgeproblemen zum Trotz, die man natürlich auch damals keineswegs übersah, aber als Preis für das unverkürzte Christuszeugnis nicht als zu hoch empfand."[192]

In dieser Erbsündenkonzeption werden also auf sehr problematische Weise die Konsequenzen aus der Heilsuniversalität des Christusgeschehens gezogen. Auf der anderen Seite steht aber auch ein bestimmtes philosophisches Paradigma vom Sein bzw. Wesen des Menschen im Hintergrund, das es erlaubt, von einer prinzipiellen Sündenbetroffenheit des menschlichen *Wesens* zu sprechen. Wenn in Adam der Gattungsbegriff des Menschen gemeint und von der Sünde verwundet ist, dann gilt dies für jeden einzelnen Menschen, *insofern er Mensch* ist. Insofern dieser Gattungszusammenhang ein generativer ist, der die Zeugung von Nachkommen beinhaltet, wird in der *generatio* (Zeugung) sozusagen die Sünde im menschlichen Wesen weiter generiert und somit weiter verbreitet. Wenn diese Anthropologie noch mit einem bestimmten dualistischen Konzept in Berührung kommt, dann lässt sich erklären, dass die Dimension des Fleisches in eine besondere Beziehung zur Nichtigkeit des Menschen gebracht wird und in der *concupiscentia*, der Triebstruktur und sexuellen Begierlichkeit, auch zum besonderen Träger dieser Ursprungssünde werden kann. Die Materiezugewandtheit des Fleisches wurde in dualistischen Kontexten (die Augustinus mit prägten) als Geistabgewandtheit und damit als Entfernung vom eigentlichen Ursprung gedeutet, was nicht nur seinsmäßig, sondern auch ethisch bewertet werden konnte. Von einer solchen Einschätzung der Fleischlichkeit des Menschen ist Augustinus durchaus beeinflusst. Er gibt damit der Theologiegeschichte eine leibfeindliche Hypothek mit auf den Weg.[193]

Die Konkupiszenz gehört zur Folge der Ursünde und wird als Ungehorsam der Sinne gegenüber der Seele sowie als Disharmonie des Menschen in Folge seines Ungehorsams gedeutet. Sie wird gelegentlich als *peccatum* qualifiziert, weil sie aus der Sünde kommt, die Sünde überträgt und zu neuer Sünde anstachelt. Ohne diesen Zusammenhang ist sie nicht schuldhaft, wie andere Bemerkungen Augustins zur ethischen Ambivalenz der Konkupiszenz belegen, in denen sie sowohl als gut wie auch als schlecht erscheinen kann. Man könnte davon sprechen, dass die Konkupiszenz insofern Folge der Erbsünde ist, als sie als Zeichen der Sünde verstanden wird. Denn es ist der Geist, der Wille des Menschen, der die Übertretung begeht, die sich in seiner Leiblichkeit und Fleischlichkeit ausdrückt und sie mitreißt. Auch in einer solchen Deutung bleibt freilich die Ambivalenz der augustinischen Sicht von der Leiblichkeit bestehen, auch wenn er moderater formuliert, als andere Theologen vor und in seiner Zeit.

Ein höchst problematisches Erbe

Augustinus führt die Disharmonie und die Erfahrung des Menschen, nicht das tun zu können, was er eigentlich will, auf die Sünde des ersten Menschen zurück und lässt dadurch Gott und dessen Schöpfertätigkeit aus dem Spiel. Aber in einem zweiten Schritt wird der Gedanke der universalen Gnade so weit überzogen, dass der Gottesbegriff verdunkelt wird. Der Gott Augustins kann Züge persönlicher Willkür annehmen, die grundlos über das Schicksal der Menschen verfügt, bis hin zu einer Prädestinationslehre, die zwar die Gnade Gottes herausstellen will, aber eben auch ins Gegenteil verkehren kann, wenn diese nicht gewährt wird.[194]

Gott, der durch die Erbsündenlehre vom Ursprung des Bösen entlastet werden sollte, wird nun selbst in den Bereich des Irrationalen und der Ambivalenz hineingezogen. Die Prädestination zur Erlösung oder Verdammnis ist ethisch völlig inakzeptabel, denn sie ermöglicht es nicht mehr, die Geschichte zwischen Gott und den Menschen als Freiheitsgeschichte zu begreifen. Dies hat die Kirche daher auch nicht rezipiert. Augustinus vermag die Notwendigkeit der Erlösung aufzuzeigen, aber auf Kosten eines höchst problematischen schöpfungstheologischen Konzepts.

Für das *Konzil von Trient* (1545–1563) bedeutet die Ur-Sünde den Verlust der ursprünglichen Heiligkeit und Gerechtigkeit des Menschen, sie ist der Tod der Seele. Besonders umstritten ist die Auslegung der Formulierung, dass die Sünde Adams durch Fortpflanzung *(propagatione)*, nicht durch Nachahmung *(imitatione)* verbreitet wird (DH 1513). Das Konzil spricht jedoch auch von der Weitergabe durch *generatio,* also durch Geburt bzw. Abstammung (DH 1514). Dies eröffnet einen größeren Spielraum, den auch die heutige Lehrverkündigung nutzt, um nicht den Zeugungsakt negativ bewerten zu müssen. Durch die in der Taufe geschenkte Gnade wird, so betont das Konzil von Trient, der Zustand der Ur-Sünde vergeben und das Wesen der Sünde als *aversio a Deo* aufgehoben. Die Getauften beginnen neu, befreit von der Sünde. Die Konkupiszenz verbleibt als „Zündstoff" *(fomes)* in den Getauften und wird nur Sünde genannt, insofern sie aus der Sünde stammt und zur Sünde geneigt macht, nicht weil sie selbst Sünde ist. Der analoge Unterschied zwischen *peccatum originale* (Ursünde) und *peccatum actuale* (persönliche Tatsünde) wird festgehalten.

Die Rede von der Ursprungssünde heute

Die Rede von der Sünde seit dem II. Vaticanum

Das II. Vaticanum greift auf die menschliche Erfahrung zurück, insofern der Mensch immer wieder die Erfahrung macht, dass er in vielfältige Übel verstrickt ist, die nicht vom guten Schöpfer herkommen können (vgl. GS 13). Der Weltkatechismus greift mit Bezug auf Thomas von Aquin das Bild von Leib und Gliedern auf, um die Einheit des Menschengeschlechts zu begründen und die Sündenverstrickung von Adam her aufzuweisen.[195] Die Ursünde sei im übertragenen Sinne Sünde, die man erhalten, aber nicht begangen hat, die ein *Zustand* und *keine Tat* ist. Daher hat die Ursünde auch nicht den Charakter persönlicher Schuld. Der Mensch ermangelt zwar der ursprünglichen Heiligkeit und Gerechtigkeit, d. h. der ursprünglichen Bezogenheit auf Gott, aber die menschliche Natur ist nicht durch und durch verdorben, nur verletzt.

Karl Rahner: Ursünde als Existential

Karl Rahner spricht vom Menschen auch als inkarniertem Geist.[196] Das hat zur Folge, dass auch der sublimste geistige Gedanke, die sublimste sittliche Entscheidung, die radikalste Tat verantworteter Freiheit sich *leibhaftig* als inkarnierte Vollzüge ereignen. Natürlich unterscheidet Rahner den Begriff der Inkarnation deutlich von der Inkarnation des Wortes Gottes, aber es geht ihm darum, dass wir nicht von der Geistigkeit des Menschen ohne seine Fleischlichkeit, ohne seine Inkarniertheit sprechen können. Aufgrund dieser Inkarniertheit ist der Mensch auch auf die *Geschichte* verwiesen. Sein Wesen vollzieht sich in Raum und Zeit. Die Leiblichkeit als Inkarniertheit der Freiheit erweist den Menschen als offenes Wesen und offenes System, das aus sich herausgehen und sich ausdrücken kann und muss. Durch den Leib wohnen wir alle in dem einen Leib, der die Welt ist.

> „Und weil es das gibt – das ist im Grunde genommen die metaphysisch-theologische Voraussetzung –, gibt es so etwas wie Erbsünde, so etwas wie Erlösung durch einen anderen. Diese eine totale Leiblichkeit als der von vornherein gemeinsame Raum, der eine Interkommunikation zwischen den einzelnen geistigen Subjekten erlaubt, dieser eine konkrete Raum kann natürlich vom einzelnen geistigen Subjekt so oder so angenommen, geliebt, geduldet oder gehasst werden.“[197]

Rahner denkt ein *Beziehungsgeflecht*, einen interkommunikativen Zusammenhang aller mit allen, der es ihm erlaubt, auf diesem Hintergrund von Erbsünde und Erlösung zu sprechen. Der Mensch kann diese Beziehungen nicht fliehen und ist interkommunikativ verfasst.

Hier stellt Rahner die Beziehung zum anderen Menschen in den Mittelpunkt und spricht davon, dass diese Beziehung mich auch im Innersten prägt. Ich bin nicht nur für mich, sondern auch für den Anderen und für dessen Heil verantwortlich. Mein Tun ist heilsbedeutsam für den Anderen, weil die Heilsfrage wesentlich auch die Interkommunikation mit einschließt. Die unerbittliche Verwiesenheit auf die Interkommunikation entspringt nicht dem Willen des Menschen, sondern ist voraus-gesetzt und verweist auf die Verfügtheit der Schöpfung. Keiner ist allein,

> „jeder trägt jeden, jeder ist für jeden verantwortlich und jeder für jeden auch im Heil bedeutsam".[198]

Rahner betont, dass das Gebot der Nächstenliebe kein Gebot dafür ist, dass es privat angenehm zugeht, sondern auf die Betonung der Heilssorge und Heilsmöglichkeit jedes für jeden zielt. Damit erweitert Rahner den Begriff der Verantwortung wesentlich und betont, dass die transzendentale Erfahrung der Verwiesenheit auch mit der Beziehung zum Anderen zu tun hat. Der Mensch als Subjekt ist nicht nur für sich, sondern auch für den Anderen in die Verantwortung unerbittlich eingesetzt. Darin zeigt sich, dass der Mensch sich *trotz seiner Freiheit als Verfügter* erfährt, der nicht selber diese Verantwortung konstituiert, sondern immer schon in sie als Heilsverantwortung eingesetzt ist. Daraus ergibt sich die Unverfügbarkeit der Beziehung zum anderen Menschen, die wir zu leben haben und die nicht in uns ihren Anfang hat.

Die Freiheit des Menschen wird de facto in der Geschichte schuldig. Die interkommunikative Verfasstheit des inkarnierten Subjekts lässt nicht nur daran denken, dass das Subjekt selber durch sein Tun schuldig werden kann, sondern dass es *von Geburt an* in eine *Situation* hineinversetzt ist, *die von der Schuld anderer immer schon mitbestimmt wird.*[199] Diese Situiertheit des Menschen wird mit dem Begriff der Ursünde bezeichnet und stellt für Rahner ein *Existential* des Menschen dar, das das Menschsein von seiner Geschichte her existentiell prägt und betrifft. Dieses Existential hat sich die Menschheit in ihrer Verantwortung selber in der Zeit zugezogen. Kein Mensch ist unbetroffen von der Objektivation fremder Schuld, die sich in der Geschichte auszeitigt. Jeder trägt die fremde Schuld solidarisch mit als Schuld, die nicht seine persönlich-moralische genannt werden kann, aber die Situiertheit menschlicher Freiheit so *prägt*, dass er sich ihr nicht entziehen kann. Die Rede vom *peccatum originale* beschreibt eine Verfügtheit des Menschen als Glied einer schuldig gewordenen Menschheit, eine Art „Hypothek", die ihn *vor* jedem eigenen Handeln von seinem natürlichen Ursprung als Teil der Menschheitsgeschichte einer radikalen Schuldbedrohtheit aussetzt. Er wird in Bedingungen hineingeboren, die selbst Produkt menschlicher Freiheit sind und ihn von Anfang an innerlich bestimmen.

Verweigerung der Offenheit

Die Ursprungssünde ist nicht nur Sünde vom Ursprung der Menschheit her, sondern auch Ursprung der persönlichen Sünde und Schuld des Menschen, wenn er sich von dem Existential der Ursünde und nicht von seiner schon in der Schöpfung geschenkten Ausrichtung auf Gott hin (seinem „übernatürlichen" – über seine isolierte Natur hinausführenden – Existential der Gnade) bestimmen lässt. Damit ist das Existential der Ursünde eine radikale Bedrohung des Gelingens menschlicher Existenz, weil es die Gefahr bedeutet, Gott zu verfehlen und nicht in der Weggabe der Ek-sistenz, wenn sie schuldhaft verweigert wird, zu ihm zu gelangen. Gelingen oder Misslingen der menschlichen Existenz bemessen sich am Tun der Liebe. Darin liegt der Ernst der christlichen Botschaft.

Schuld bedeutet für Rahner das „Sich-selbst-Verschließen" gegenüber der Nähe Gottes.[200] Sie bedeutet die Weigerung, sich zu verlassen und zu wagen, seine Existenz an den Anderen wegzugeben. Jede Existenz, die gewagt wird und sich öffnend weggibt, ist immer schon eine Bewegung auf Gott hin, die in jedem einzelnen Freiheitsakt implizit vollzogen wird. Das Gelingen dieses Aktes der Liebe bedeutet immer schon ein Ja zu Gott, so wie die Verweigerung der Offenheit ein Nein zu Gott darstellt. Angesichts der Nähe Gottes erhält die Unmittelbarkeit zu Gott eine Radikalität, die auch das Phänomen der Schuld erst in voller Bedeutung aufscheinen lässt. Schuld findet ihre letzte Radikalität darin, dass sie angesichts eines liebenden und sich selbst mitteilenden Gottes geschieht. Von daher zeigt sich als Wesen von Sünde und Schuld die Weigerung des Menschen, die eigene Selbstmitteilung an den Nächsten, die durch Gott ermöglicht wird, zu vollziehen.

Die Bestimmung des Menschen durch das Existential der Ursünde wird von dem „übernatürlichen Existential" der Gnade umfangen. Übernatürlich meint hier die immer schon von Gott angesprochene Natur, die über sich hinaus geöffnet ist. Damit will Rahner ausdrücken, dass der Mensch von der Schöpfung und Menschwerdung Gottes her immer schon von Gott geliebt und durch die Ausrichtung auf ihn hin wesentlich bestimmt ist. Beide Existentiale liegen nicht auf derselben Ebene und bilden daher auch keine symmetrische dialektische Spannung. Die ursprüngliche Berufung des Menschen zu einem Leben mit Gott und die Ausrichtung auf ihn werden auch durch die Sünde nicht aufgehoben.[201]

Eröffnung der Vergebung

Die vergebende Nähe Gottes in seinem fleischgewordenen Wort und dem Hl. Geist ermöglicht es dem Menschen, der Berufung durch Gott gerecht zu werden. In der Liebe erfährt der Mensch die Pflicht, sein Herz einzusetzen, sich selbst zu wagen und radikal zu vertrauen. Der Selbstvollzug des Menschen bedeutet von Anfang an den Akt einer Liebe, die sich immer auf dem Weg eines Abenteuers befindet, weil wir heute schon Entscheidungen treffen müssen, ohne zu wissen, was morgen sein wird. Die Zukunft kennen wir noch nicht, sie ist offen. Diese Überforderung, diese Maßlosigkeit gehört zum Wesen der Liebe hinzu, die von uns alleine nicht leistbar ist.[202] Aber das Wagnis in das Ungemessene hinein wird getragen von der Gabe des Hl. Geistes, der unsere Liebe in ihrer Unvollkommenheit trägt, annimmt und zulässt. Was wir leisten müssen, ist als reine Gabe Gottes zu verstehen, der darin ebenso engagiert ist wie wir. Rahner spricht von einem Imperativ Gottes, der jeden Menschen auf einzigartige Weise im Innersten seines Gewissens trifft. Das Gebot der Liebe gibt es nur, weil Gott zu geben bereit ist, was er fordert. Sünde als Abweisung dieses Gebotes bedeutet für Rahner letztlich die Weigerung, sich der Maßlosigkeit der Liebe anzuvertrauen, die sich uns schenkt.[203]

Wo der Nächste geliebt wird, ist Gott in radikaler Nähe wirksam. Und wo jemand den absoluten Spruch seines Gewissens anerkennt und sich in selbstloser Liebe überschreitet auf den Nächsten hin, ist schon unbewusst eine Bewegung auf Gott hin im Gange und in Gnade angenommen. Das ist die Basis für Rahners Theorie des „anonymen Christentums".[204] Aufgrund der Menschwerdung Gottes gilt für Rahner, dass Gott nicht gefunden werden kann, es sei denn im Nächsten. So hängen Nächsten- und Gottesliebe unmittelbar miteinander zusammen, unvermischt und ungetrennt.

Alles Banane? Strukturen der Sünde

Die lateinamerikanische Befreiungstheologie (Leonardo Boff, Gustavo Gutiérrez) hat, auch in Rezeption der Gedanken Rahners, dafür sensibilisiert, dass es auch *sündhafte Strukturen* geben kann, die Unrechtssituationen, Unterdrückung oder Ausbeutung hervorbringen, stabilisieren oder fördern können. Damit wird die *soziale* und *gesellschaftliche* Dimension der Sünde in Erinnerung gerufen, die vom Menschen herkommt und sich eben auch *in institutionellen Ordnungen* auswirkt. Man denke etwa an die Problematik universaler Wirtschaftsstrukturen in unserer Zeit der fortschreitenden Globalisierung. Karl Rahner brachte das einfache und bestechende Beispiel mit einer Banane ins Spiel, das deutlich machen kann, was hier gemeint ist: Wenn wir in Europa eine Banane für billiges Geld kaufen können, dann geht das nur, weil in den Herkunftsländern Erntearbeiter/innen mit Löhnen abgespeist werden, die noch nicht einmal für das Existenzminimum reichen. Wir profitieren von deren Not und einem globalen Zusammenhang, einem „System", das dieses Unrecht unterstützt. Ist das unsere personale Schuld? Zunächst nicht. Aber fallen solche Strukturen vom Himmel? Natürlich ist der Befreiungstheologie klar, dass Strukturen nicht sündigen können und hier ein *analoger* Sündenbegriff vorliegt, aber sie weist zu Recht darauf hin, dass der Mensch solche sündhaften Strukturen hervorbringen kann. Sind wir uns dessen bewusst? Wenn wir uns etwa für fairen Handel interessieren, dann können wir aus einem geschärften Bewusstsein heraus verantwortlich dafür sorgen, solche Strukturen mit ihren Herrschafts-, Verblendungs- und Schuldzusammenhängen aufzudecken, aufzubrechen und zu verändern. Wenn wir darum wissen, sind wir dann noch unschuldig? Ist es die Schuld der Straßenkinder, die sie in bestimmten Ländern kriminell werden lässt, wenn sie keine Hoffnung haben? Oder ist es die Schuld der Gesellschaft? Der Geschichte? Durch wessen Handeln? Oder durch wessen Nicht-Handeln? Der Katholische Erwachsenenkatechismus betont:

> „Die in den Strukturen verfestigte Sünde bzw. die ‚sündigen Strukturen' können die Personen innerlich so prägen, dass sie in ihnen gewissermaßen eine Barriere gegen das Gute schaffen und so zu persönlichen Sünden geradezu disponieren. Nach dem Katechismus der Katholischen Kirche stellen die ‚sündigen Strukturen' in einem analogen Sinn eine ‚soziale Sünde' dar". (KEK II, 82)

Papst Franziskus weist in aller Deutlichkeit auf diese Strukturen hin, die wir oft abstrakt ein „System", „den Markt" oder „die Wirtschaft" nennen.[205] Ihre götzenhafte Eigendynamik *kann* von uns durchbrochen werden!

Ursünde in den Strukturen der Freiheit?

Eine andere Zugangsweise versucht von Kant, Heidegger und Rahner her den transzendentalen Ursprung der Ursünde zu fassen. Das bedeutet, den Anfang der Sünde in den Strukturen menschlicher Freiheit zu suchen. Der Ursprung der Sünde wird demgemäß als allgemeine Verweigerung verstanden, die schon die transzendentalen, also ermöglichenden Momente menschlicher Existenz und Freiheit begleitet. Das *peccatum originale* wird so zu einer *Bestimmung der Freiheit*. Dabei stellt sich aber die Frage, ob die transzendentale Freiheit vor ihrem konkreten Vollzug gemeint ist, oder aber ihre Realisierung in konkreten Akten (Handlungen, Entscheidungen).[206] Festzuhalten ist, dass die Ursprungssünde nicht zum Wesen des Menschen gehören darf, sonst wäre er von Gott schon mit der bzw. zur Sünde geschaffen worden. Also kann sie nur durch die konkrete Realisierung der Freiheit in die Welt kommen.[207] „Der Ort der Sünde ist die Entscheidung".[208]

Die Rede vom Ursprung der Sünde zielt in allen Modellen auf ihre Radikalität (*radix* = Wurzel) und Universalität. Entscheidend bleibt aber, dass der Mensch ursprünglich als *imago Dei*, nicht als Sünder geschaffen wurde und schon von der Schöpfung her der Begnadete ist. Von der Taufe her ist er nicht mehr der Sünder (im Zustand der Gottesferne). Er ist *geprägt* von der *Nähe Gottes*, derer er sich *bewusst* wird. Und so darf der Mensch hoffen, in einem Leben, das seiner Berufung entspricht, die Nähe Gottes nicht mehr zu verlieren. Mit Blick auf die menschgewordene Liebe Gottes gibt es keine Sünde, angesichts derer der Mensch nicht die Hoffnung haben darf, Vergebung zu finden – *felix culpa*.

5. Was bedeutet dieser Jesus für uns?

Markus Weißer

Genau diese Frage stellten sich zweifellos auch schon seine Schüler bzw. Jünger/innen, also diejenigen, die ihm nachfolgten. Diese Bedeutung war allerdings keineswegs von Anfang an klar, denn sie kristallisiert sich erst nach und nach, im Nachhinein heraus – von Jesu Tod und von Ostern her. Davon ausgehend wird rückblickend seine Geschichte erzählt, verschriftlicht und weiter überliefert. Während er der damaligen Geschichtsschreibung und ihrem Interesse an politischen Supermächten, Feldherren und strahlenden Siegern gerade mal eine Randnotiz wert ist, wird sein Gedächtnis durch seine Jünger bewahrt und durch die Zeiten getragen. Die Frage, wer dieser Jesus von Nazareth sei und welchen Sinn seine Botschaft und sein Geschick haben, lässt sich nicht einfach objektiv durch einen historischen Tatsachenbericht beantworten – den es in der (antiken) Geschichtsschreibung so ohnehin nicht gibt. Eine historisch-kritische Rekonstruktion des Lebens Jesu durch die modernen Bibelwissenschaften muss behutsam vorgehen und bleibt dabei zugleich verwiesen auf das stark stilisierte und überzeugte Zeugnis derer, die ihn als den Christus, den Messias Gottes, erfahren haben und bekennen.

Die *Bedeutung* der Person Jesu ist für uns heute deswegen nur zugänglich durch die *Deutung* seiner Geschichte durch Menschen, die mit ihm lebten. Sie waren bereit, selbst ihre gesamte Existenz einzusetzen, um ihm bis in den Tod nachzufolgen. Ihr Glaube zeugt davon, dass Jesu Beziehung zu Gott und seinen Mitmenschen nicht nur eine einzigartige Relevanz für sie selbst und ihr eigenes Leben, sondern *für alle* Menschen besitzt. Wird diese Relevanz heute nicht mehr spürbar vermittelt, so schwindet auch die Plausibilität des christlichen Glaubens.

Die Christologie fragt danach, wer dieser Jesus als Christus ist und inwiefern das Christentum zu der Überzeugung gelangen kann, dass in diesem konkreten Menschen Gott selbst in seiner universalen Selbstzusage geschichtlich greifbar begegnet. Doch bevor sich diese Frage nach dem Verhältnis von Gott und Mensch hinsichtlich der einen Person Jesu Christi überhaupt stellt, bevor in der Theologiegeschichte die Frage nach dem göttlichen und/oder menschlichen „Sein" Christi kontrovers diskutiert wird, muss geklärt werden, warum und wie dieser Jesus überhaupt für uns und „um unseres Heiles willen" von Bedeutung sein soll. Karl Rahner stellt daher fest: „Am Anfang der Christologie steht die Frage: Was bedeutet er für uns, und dann die Frage, wer er sein müsse, um diese Bedeutung für uns zu haben."[209] Es wird sich noch zeigen, dass die Soteriologie, die Frage nach der Erlösung und dem erfüllenden Heil *(soteria)* des Menschen durch Gottes Präsenz in Jesus Christus, der entscheidende Motor für die dogmengeschichtliche Entwicklung in der frühen Kirche ist. Diese soteriologische Bedeutung Jesu ist geradezu die ‚Mutter aller Dogmen', wie sie sich aus der Theologie der Kirchenväter und der Konzilien herausbilden werden. Aber worin liegt diese Bedeutung genau?

Biblische Grundlagen der Geschichte Jesu

Jesus war Jude. Und so ist es völlig selbstverständlich, dass das Alte Testament, genauer gesagt, die Heiligen Schriften Israels, die notwendige Voraussetzung für das Verständnis des Glaubens an Jesus als Messias darstellen. Mit anderen Worten: Der christliche Glaube kann sich selbst nur im bleibend gültigen Kontext und vor dem Hintergrund der Geschichte Israels verstehen und auslegen. Wo diese Wurzel missachtet wird, hat man die sachliche Grundlage und das theologische Fundament jeder Christologie verlassen.

Alttestamentlicher Hintergrund

Sah man in Israel kulturell bedingt die Erfüllung des menschlichen Lebens lange Zeit primär im Hier und Jetzt (Landbesitz, hohes Alter, Nachkommenschaft), speziell in der Freiheit von Knechtschaft (Exodus und Rettung des Volkes aus der Sklaverei durch das Handeln Gottes), so bündelten sich diese Heilsvorstellungen schließlich in einer Königsherrschaft auf dem Berg Zion. Dieses politische Ideal, das sein sichtbares Zentrum im Jerusalemer Tempel findet, wird legitimiert durch eine entsprechende Theologie: Der König Israels repräsentiert die Herrschaft Gottes auf Erden – so jedenfalls der ambitionierte Anspruch, der bald zunichte gemacht wird. Israel wird zum Spielball der antiken Supermächte, seine politische Herrschaft bleibt hinter dem eigenen Selbstverständnis weit zurück. Exil und wechselnde Fremdherrschaft führen also *einerseits* zur Hoffnung auf Befreiung und immer neuen politischen Utopien, die zur Not mit Gewalt im Namen Gottes errungen werden sollen. Ein elitäres und exklusivistisch gedeutetes Erwählungsbewusstsein (das auch auf die Kritik der Propheten stößt) ist so der

Nährboden für eine explosive Vermischung von Politik und Religion, die unter anderen Vorzeichen teilweise noch bis heute andauert. Solche politischen Ansprüche werden schließlich durch die Römer im Keim erstickt, als diese den Tempel von Jerusalem 70 n. Chr. dem Erdboden gleichmachten.

Andererseits war das Königtum nie unumstritten, denn allein Gott selbst sei der König Israels. Seit der Zeit des babylonischen Exils werden die theologischen Konsequenzen gezogen. Gott wird nicht mehr nur als ein exklusiver Stammes- oder Staatsgott Israels, sondern als der eine und einzige Gott aller Menschen, als universaler Schöpfer und Vollender verstanden. Er selbst ist souveräner Herr der gesamten Geschichte, und es ist Israels Aufgabe, seinen Namen in Ehren zu halten und als Werkzeug seines Heilswillens seine Heiligkeit und Gerechtigkeit in dieser Welt für alle sichtbar zu repräsentieren. Israel, das sich mit JHWH im Bunde weiß, ehrt ihn durch entsprechendes Verhalten, gemäß seinen Geboten. Diese Reinheit und Heiligkeit darf jedoch, wie die kritische Mahnung der Propheten verdeutlicht, nicht nur als eine äußerliche Angelegenheit missverstanden werden. Es ist die Reinheit des Herzens, die den einzelnen Menschen und das Volk insgesamt würdig erweist. Sie mag sich daher im Kult (Opfer, Sühne) sichtbar Ausdruck verleihen, insofern darin symbolisch die Beziehung zu Gott bewusst realisiert und ritualisiert wird. Der wahre Gottesdienst besteht jedoch auch schon für das Alte Testament in der Einheit von reiner Gesinnung und entsprechender Tat. Die Liebe zu Gott soll und kann dabei nicht von der Liebe zum je Nächsten getrennt werden. Denn wer den Schöpfer aller Dinge ehren will, muss auch seine Geschöpfe achten und in Ehren halten.

Mit diesem „reflektierten" Monotheismus[210] kristallisiert sich nach und nach die apokalyptisch geprägte, hoffnungsvolle *Erwartung* einer Herrschaft des Friedens und der Gerechtigkeit heraus. Man erwartet dabei nicht mehr nur eine politische Herrschaft nach Maßstäben dieser Welt, sondern einen endzeitlichen Friedensfürsten. Der *Messias* als der mit dem Geist Gottes Gesalbte und von Gott selbst inthronisierte eschatologische Repräsentant der *Gottesherrschaft* ist hier gerade kein militärisch auftrumpfender König, sondern ein Heilbringer, der Recht und Gerechtigkeit, Versöhnung und umfassenden Frieden *(Schalom)* durchsetzen wird. Durch die Absage an Hass und Gewalt begründet er einen neuen Äon, eine Neuschöpfung, in der für alle Völker und Nationen die Herrlichkeit der Gnade und Lebensmacht Gottes offenbar und real werden soll – und zwar von Zion her (vgl. Jes 2,2–5; Jes 9,1–6; Jes 11; Jes 52,13–53,12).

Das universale Ausmaß dieser endzeitlichen Hoffnungsvision, in der die gesamte Schöpfung ihre erlösende Rettung und Vollendung findet, tritt mehr und mehr ins Bewusstsein. In diesem Zeitraum und Kontext artikuliert sich in Israel zunehmend auch der hoffnungsvolle Glaube an eine

Auferstehung der Toten, denen JHWH selbst Gerechtigkeit widerfahren lässt, wobei alle gott- bzw. lebensfeindlichen Mächte unterworfen werden sollen.

Die Verheißung einer solchen *Gottesherrschaft* erzeugt also für Israel – zwischen politischen Sehnsüchten und endzeitlicher Naherwartung hin und her gerissen – eine geradezu knisternde Atmosphäre. Solche Anspannung liegt zur Zeit Jesu beinahe in der Luft. Wie lange noch wird es dauern, bis Gott eingreift? Wie wird sein Handeln zugunsten des unterdrückten Volkes und all der leidenden Gerechten aussehen? Wann kommt der Tag des Herrn?

Die Verkündigung Jesu: Ankunft der Herrschaft Gottes

Mitten hinein in diese Situation trifft das Auftreten und die Verkündigung Jesu.[211] Sie spiegelt sich mit an Sicherheit grenzender historischer Wahrscheinlichkeit in der programmatischen Aussage bzw. *Zusage* Jesu im Markusevangelium: „Die Zeit ist erfüllt: Die Herrschaft Gottes ist (nahe)gekommen, kehrt um und glaubt an die frohe Botschaft *(Evangelium)*!" (Mk 1,15) Das konnte wie ein gewaltiger Donnerschlag in der verdichteten Atmosphäre Israels wirken.

Diese Verkündigung der *Basileia* (Königsherrschaft) *Gottes* ist aufs Engste mit Jesu Person, seiner Lehre und Praxis verwoben. In seiner gesamten Haltung, in seinem Leben und Sterben zeigt sich offenbar die unerschütterliche Überzeugung, dass die *Dynamik* vom „Reich Gottes" eine unaufhaltsame Realität ist, die er selbst in Wort und Tat vergegenwärtigt und vermittelt. Diese machtvolle Herrschaft Gottes bahnt sich ihren Weg, wächst und erfordert *hier und jetzt* eine *Entscheidung* des Menschen, wenn er mit ihr konfrontiert wird. In Gleichnissen illustriert Jesus durch sinnbildliche Sprache die Spannung einer schon jetzt erfahrbaren und wirksamen Wirklichkeit und ihrer noch nicht voll entfalteten Vollendung. Dabei predigt er, wie Thomas Söding formuliert, nicht das Zeitenende, sondern vielmehr eine Zeitenwende.[212] Das biblische Zeitverständnis darf jedoch nicht nur chronologisch, als fortlaufende und messbare Uhrzeit verstanden werden.[213] Zeit verdichtet sich zum *Kairos*, zur rechten Zeit, die nicht quantitativ, sondern qualitativ *erfüllte* Zeit ist (vgl. Mk 1,15). Und diese Zeit ist erfüllt von der *Gegenwart Gottes*, die spürbar hereinbricht und das Leben der Menschen verändert. Ihre je eigene Zeit ist nun erfüllt vom kreativen *Wort* Gottes, der Zusage bedingungsloser Liebe und Barmherzigkeit – ein fruchtbarer Zuspruch, aus dem sich auch ein gewisser Anspruch im Blick auf das eigene Verhalten ergibt. Die Bergpredigt und das Ethos Jesu lassen keinen Zweifel daran, dass er auf dem Boden der Theologie Israels das Herzstück aller jüdischen Gebote fokussiert und auf neue Weise zur Anwendung bringt: die *Liebe* zu Gott und zum Nächsten (vgl. Mk 12,28–34).

Aus seiner innigen und immer wieder im einsamen Gebet gestärkten Beziehung zu Gott, den er liebevoll als Abba – Vater – erfährt und ganz persönlich anspricht, erwächst seine ungeheure Botschaft: Gott, der barmherzige Vater aller Menschen, will seine Kinder an seinem eigenen Leben und der Macht seiner Liebe teilhaben lassen.

Gottes Vergebung und Liebe gehen dem Verhalten des Menschen voraus; er sucht selbst aus freier Initiative immer wieder die Versöhnung mit all jenen, die sich von ihm abgewandt haben. Und er bemüht sich dabei gerade um die „verlorenen Schafe", die er retten und vor ihrem endgültigen Unheil bewahren will. Denn wenn allein Gott selbst die absolute Zukunft des Menschen ist, dann bedeutet die Abwendung von ihm (= Sünde) Verderben und blanke Selbstzerstörung.

Angesichts der existentiellen Entscheidungssituation, die mit dieser Botschaft provoziert wird, ist die Rede vom möglichen Unheil – das gleichsam als Kehrseite im Hintergrund steht – eine leidenschaftliche *Mahnung*. Sie soll wachrütteln und wird ebenso in Bilder gekleidet wie die zu ergreifende *Chance*. Denn es geht um nichts Geringeres als um Leben und Tod derer, die angesprochen sind. Nicht optional, sondern lebensnotwendig ist diese Entscheidung für Gott angesichts der Zeit, die dem Menschen je zugestanden wird. Diese Dringlichkeit führt dazu, *Prioritäten* setzen zu müssen, um den Kairos zu nutzen und nicht vor sich herzuschieben (vgl. Lk 9,59–62; Mk 10,28; Mt 13,44 ff.). Wer sich dem vergebenden Ruf des barmherzigen Vaters endgültig verweigert, wählt damit nur sein eigenes Verderben, indem er sich selbst von Gott isoliert, der mit dem Alten Testament als Quelle des Lebens zu verstehen ist: „Leben und Tod lege ich dir vor, Segen und Fluch. Wähle also das Leben, damit du lebst, du und deine Nachkommen. Liebe den HERRN, deinen Gott, hör auf seine Stimme und halte dich an ihm fest; denn er ist dein Leben" (Dtn 30,19 f.). Wer teilhaben will an diesem Leben Gottes, das auch als endzeitliches Gastmahl illustriert wird, der muss sich frei für die göttliche Liebe öffnen und ihr einen Platz im eigenen Leben einräumen. Wer in Neid und Missgunst gegenüber anderen lebt, entsagt so selber der Barmherzigkeit, die *für alle* gilt. Denn Gott will das Leben all seiner Geschöpfe. Er „lässt seine Sonne aufgehen über Bösen und Guten, und er lässt regnen über Gerechte und Ungerechte" (Mt 5,45). Die bedingungslose *Barmherzigkeit* des göttlichen Vaters ist so groß, dass manche an seiner Gerechtigkeit zweifeln. Sie widerspricht auch ihrem Leistungsdenken. Immer wieder verdeutlicht Jesus, dass Gottes vergebende Liebe den Frommen nichts nimmt (vgl. Lk 15,11–32; Mt 20,1–6). Sie können nicht mehr erhalten als die rettende und bergende Liebe Gottes. Jesus selbst sieht seine Sendung nun aber gerade darin, zu suchen, was verloren ist: „Nicht die Gesunden brauchen den Arzt, sondern die Kranken. Ich bin nicht gekommen, um Gerechte zu rufen, sondern Sünder“ (Mk 2,17; vgl. Lk 15,1–10).

Eindrucksvoll wird die Vergebungsbereitschaft Gottes vor Augen gestellt, die herausfordert, die unverdiente, aber selbst erfahrene Gnade auch selbst gegenüber anderen weiterzugeben (vgl. Mt 18,23–35). Aus dem *eigenen* bedingungslosen Angenommensein und der befreienden Bejahung durch Gott muss daher die Akzeptanz des *anderen* erfolgen. Die Rechtsordnung der Gottesherrschaft lautet daher: Vergebung und Anerkennung empfangen und wiederum selbst gewähren. Daraus lässt sich eine „Goldene Regel“ als letzter ethischer Grundsatz ableiten, der immer neu zu einem *Perspektivenwechsel* zwingt: „Alles, was ihr von anderen erwartet, das tut auch ihnen! Darin besteht das Gesetz und die Propheten“ (Mt 7,12).

Weil er sich mit Ausgestoßenen und Stigmatisierten, den vermeintlichen Sündern, gemeinsam an einen Tisch setzt, mit ihnen isst und trinkt, sich mit ihnen solidarisiert, handelt er sich den historisch sicher authentischen Vorwurf ein, er sei ein „Fresser und Säufer“, ein „Freund der Zöllner und Sünder“ (vgl. Mt 11,19), der sich selbst nicht um die Fastengebote kümmert (vgl. Mk 2,18–22), Reinheitsgebote nicht achtet (Mk 7,1–23) und den Sabbat nicht ehrt (vgl. Mk 2,23–28). Doch geschieht all dies um der Menschen willen, um ihnen einen Zugang zu Gott zu ermöglichen. Die gesamte Tora (die Weisung Gottes) wird damit *soteriologisch* ausgelegt: Sie ist *für den Menschen da*, nicht umgekehrt. Sie *hilft* und ermöglicht die Beziehung zu Gott und dem Nächsten. Das ist der Zweck, dem sie dient – nicht aber der Verurteilung: „Richtet nicht, damit ihr nicht gerichtet werdet!“ (Mt 7,1) Die deutliche Antwort auf anklagende (d. h. wörtlich: satanische) Missgunst der Selbstgerechten ist reine Barmherzigkeit (vgl. Joh 8,7).

Im Namen Gottes spricht Jesus dabei die Vergebung von Sünden zu: „Deine Sünden *sind* dir *vergeben!*“ (Mk 2,5) Diese grammatikalische Ausdrucksform des ‚Passivum divinum‘ lässt eine souveräne Entscheidung und Zusage Gottes erkennen – die allerdings durch Jesus aktiv proklamiert und in die Tat umgesetzt wird.

Der Vollmachtsanspruch Jesu: Implizite Christologie

Weil jedoch a) niemand, außer *Gott selbst*, Sünden vergeben kann und b) diese Sündentilgung an den *Kult* als Ort der Gottesbegegnung und seine rituellen Sühnevorschriften zur Reinigung und Resozialisierung gebunden ist, stellt sich hier zwangsläufig die Frage: Wie kann dieser Mensch Sünden vergeben? (vgl. Mk 2,7) Und wie kann er „Unreine“ und Kranke, die damals zugleich als sündig und von Gott gestraft galten, als würdig erachten und berühren? Für die jüdische Frömmigkeit musste die provokative Zusage der bedingungslosen Gnade Gottes an Gotteslästerung grenzen. Denn nur wer seine Gebote und das göttliche Gesetz hält, gilt als gerecht vor Gott. Nur wer sich „rein“ hält, scheint von Gott geliebt zu sein, weil er dessen Heiligkeit entspricht. Die fast schon neurotische *Angst* des Ungenügens entlädt sich in der Verurteilung anderer und sonnt sich in der eigenen Scheinheiligkeit (vgl. Lk 18,9–14). Dadurch wird das göttliche Gesetz, das dem Menschen helfen soll, aus einer intakten Gottesbeziehung heraus mit sich selbst und mit dem Nächsten im Reinen zu bleiben (ein sittliches Leben in Freiheit, Frieden und Gerechtigkeit zu führen), zur Anklage des Menschen. Niemand hat dies besser begriffen als Paulus, der selbst ein glühender Eiferer für das Gesetz war und darum diese neue Lehre Jesu brutal bekämpfte, um schließlich doch einzusehen, dass vor dem Gesetz alle versagen müssen und Gottes Gnade unverdient, ungeschuldet und aus reiner Güte geschenkt wird (vgl. Röm 3,21–31). Augustinus und Luther werden dem Christentum diese Einsicht wiederholt ins Gedächtnis rufen. Gottes Liebe ist nicht an Bedingungen geknüpft; sie geht dem Tun des Menschen voraus und will ihn dazu bewegen, aus dieser Liebe gespeist auch den anderen zu lieben. In der Antworthaltung dieser Liebe, die sich auf Gott und den Nächsten richtet, gründet und mündet jegliches Gebot Gottes. Das Gesetz ist für den Menschen da, nicht der Mensch für das Gesetz (vgl. Mk 2,27).

Hinter dem Auftreten und der Botschaft Jesu steckt also insgesamt, und sei es im historischen Kern wohl nur *implizit*, ein gewaltiger *Anspruch*: „Was ist das? Eine neue Lehre mit Vollmacht!“ (Mk 1,27) Das Neuartige an der Verkündigung Jesu liegt demnach einerseits in der *Vollmacht*, mit der er Gottes Willen zu kennen und zu erfüllen beansprucht; andererseits in der konkreten Art und Weise, wie er diese göttliche Vollmacht offenbar zur *Anwendung* bringt.

In verschiedenen Machttaten *(dynameis)* und Zeichenhandlungen *(semeia)* Jesu wird Gottes Nähe heilsam erfahren. Man hat sich inzwischen daran gewöhnt, hier pauschal von „Wundern“ zu sprechen. Das bedeutet jedoch keineswegs, dass in mirakulöser Weise Naturgesetze außer Kraft gesetzt würden. Gemeint ist vielmehr, dass in den Heilungen, Exorzismen und weiteren Phänomenen die Herrschaft Gottes spürbar und nachhaltig eine Veränderung der konkreten Lebenssituation bewirkt. Solche Zeichen und Taten Jesu gelten in der exegetischen Forschung in ihrem Kern als historisch durchaus begründet.[214] Sicher sind die Erzählungen der Evangelien unterschiedlich stark stilisiert und ausgeschmückt. Doch sie sind mehrfach bezeugt und fügen sich auch der Sache nach kohärent in die Verkündigung Jesu ein, in der man plötzlich die alte Verheißung vom messianischen Heilbringer *erfüllt* sieht:

> „Der Geist GOTTES, des Herrn, ruht auf mir. Denn der HERR hat mich gesalbt; er hat mich gesandt, um den Armen frohe Botschaft zu bringen, um die zu heilen, die gebrochenen Herzens sind, um den Gefangenen Freilassung auszurufen und den Gefesselten Befreiung, um ein Gnadenjahr des HERRN auszurufen, einen Tag der Vergeltung für unseren Gott, um alle Trauernden zu trösten [...]." (Jes 61,1 f.)

Die durch Jesus realisierte Zuwendung Gottes zeigt offenbar eine *entsprechende Wirkung*, die mit der alten Heilserwartung in Verbindung gebracht wird (vgl. Jes 35 und Lk 7,22).

Die machtvollen Taten und Zeichen Jesu sind nur vor dem Hintergrund seiner Verkündigung der angebrochenen Gottesherrschaft zu verstehen. Er sieht sich selbst nicht als Heiler, sondern als *Vermittler* jenes Heils, das Gott ist. Der *Vater* steht im *Zentrum*, Jesus hilft lediglich, eine neue Beziehung zu ihm aufzubauen. „Dein Glaube hat dir geholfen!" – heißt es mehrmals.

Gott allein ist nach dem Verständnis des Alten Testaments jener „Arzt", der den Menschen umfassend heilt, für sein Wohl sorgt und ihm solches Heilsein garantiert (vgl. Ex 15,26; Jer 30,17; 33,6). Erst aus dieser Perspektive wird nachvollziehbar, warum fehlende Gesundheit oder diverse Phänomene von Krankheit bzw. Unreinheit scheinbar zwangsläufig Symptome einer gestörten Beziehung zu Gott, dem Quell des Lebens, darstellten. Krankheit und Sünde stehen nach der damaligen Logik in einem unmittelbaren kausalen Zusammenhang. Dieser *„Tun-Ergehen-Zusammenhang"* (halte dich an Gottes Gebote und du wirst leben) führt auch zur Stigmatisierung und sozialen Ausgrenzung von Kranken. Sie sind Aussätzige.

Dass aber die Gleichsetzung von frommer Rechtschaffenheit mit individuellem Wohlergehen im Diesseits kaum zutreffend ist, wird schon innerhalb des Alten Testament im Buch Ijob vor Augen geführt. Dass Leidende und Kranke durchaus fromm sind und dass Gottes Heil nicht auf die aktuelle Befindlichkeit reduziert werden darf, wird immer deutlicher. Krankheit ist also nicht gleich Sündenfolge, wie dies sogar noch im Neuen Testament verstanden wird (vgl. Joh 9,1–3). Vielmehr stellt die Sünde (subjektiv oder strukturell verfestigt) eine Störung der Beziehung zu Gott und den Mitmenschen dar. Sie schwächt und bedroht die gesamte Existenz des Menschen.

Es geht hier um den *ganzen* Menschen, der im Blick ist. Durch die Präsenz Jesu in Wort und Tat, die Berührung und den Kontakt mit ihm werden Menschen „gesund". Dass für viele arme, kranke, benachteiligte, ausgestoßene, geächtete und in jeder Hinsicht vernachlässigte Menschen solch wahrhaft erlösende Begegnungen auch psycho-somatische Auswirkungen haben können, steht heute außer Frage. An ihnen soll das Wirken Gottes erst recht offenbar werden. Insofern *kann* wohl die Zuwendung und Fürsorge Jesu mit seinen Jüngern für solche Personengruppen auch die leibliche Heilung und Genesung implizieren. In einer Gesellschaft und Kultur, die Unreinheit, psychische wie physische Krankheit mit Sünde und dem Wirken dämonischer Mächte in Verbindung bringt, ist das Austreiben von unreinen Geistern ja durchaus plausibel. Nicht einmal von Jesu Gegnern werden solche „Machttaten" geleugnet. Sie werden ihm vielmehr zum Vorwurf gemacht, da die Frage auftaucht, ob er mit diesen dämonischen Kräften im Bunde sei. Zugleich wird aber auch deutlich, dass es in den ntl. Erzählungen nicht einfach nur um medizinische Tatsachenberichte oder psychotherapeutische Behandlungsweisen geht. Denn Jesus erweckt primär den *Glauben* der Menschen, der ihnen hilft. Ihre vermeintlich verlorengegangene Gottesbeziehung, die ihnen inmitten von Leid und Qual den *Sinn* ihres Lebens schenkt, diese *Gottesbeziehung* wird ihnen neu vermittelt: *weil* Jesus selbst Gottes Zuwendung zu repräsentieren beansprucht.

Wo das Vertrauen in seine Zusage fehlt – so etwa in Nazareth (vgl. Mk 6,5) – kann auch Jesus keine Wunder wirken, weil man sich nicht auf ihn und seine Botschaft einlässt. Wo Menschen ihm vertrauen, dort finden sie nicht nur Linderung ihrer Leiden, sondern auch zu einer neuen Qualität von Leben – schon hier und jetzt. Sie *hören* wieder das Wort Gottes und *sehen* dabei den Mitmenschen; sie kommen in *Bewegung* und sind trotz der ihnen unterstellten Unreinheit durch Gottes Liebe *gerechtfertigt* und im hoffenden Vertrauen auf ihn – *gelöst* und *erlöst*.[215]

Thomas Söding weist darauf hin: „Die befreiende Kraft der Heilungen besteht nicht nur in der Linderung des körperlichen Gebrechens und der seelischen Not, sondern auch in der Überwindung sozialer und kultischer Ausgrenzung (besonders beim Aussatz, aber auch bei Blutfluss). Die Heilungen sind paradigmatische Konkretionen des schöpferisch-neuen Heils, das die Gottesherrschaft bringt – für Leib und Seele, Körper und Geist."[216] Diese Heilungen sind zwar noch nicht das ewige Heil, das Gott selbst ist. Aber sie sind ein Vorgeschmack, seine *wirksame Präsenz* inmitten dieser Welt. Sie sind der Durchbruch seines verwandelnden, tröstenden und Leben spendenden *Geistes* in zutiefst heilsamen Begegnungen, die auch sozial-ethische und gesellschaftliche Relevanz haben. Schließlich wird sich im frühen Christentum erstmals eine kostenlose Krankenfürsorge und ein eigenes Sozialwesen entwickeln.

Gesundheit und Selbsterhaltung sind in unserer heutigen Gesellschaft das Maß aller Dinge und der scheinbar höchste Wert von allen. Die Gesundheit ist zweifellos ein hohes Gut – aber bekanntlich temporär begrenzt. Wo sie um jeden Preis verabsolutiert wird, kann sie den Blick verstellen auf das, was aus der Sicht der Bibel das absolut höchste Gut ist: Gott selbst. Wo Menschen an ihrem Dasein, d. h. auch an ihrer Gesundheit verzweifeln, öffnet sich mit diesem Jesus von Nazareth ein neuer *Horizont von Sinn und Leben*, der auch die Annahme der eigenen, vielleicht oft qualvollen Existenz für andere fruchtbar werden lässt und völlig neue Kräfte freisetzt.

Mit dem öffentlichen *Auftreten* und der *Verkündigung* Jesu verbindet sich also insgesamt ein gewisser *Vollmachtsanspruch, der von seiner eigenen Person überhaupt nicht zu trennen ist.* Dessen muss er sich bewusst gewesen sein. Er predigt nicht nur den Anbruch der Herrschaft Gottes – er glaubt sie auch selbst zu *realisieren* und zu *vermitteln* (vgl. Lk 11,20) und er stellt dabei seine gesamte Existenz in den Dienst ihrer unumkehrbaren Ankunft.

Resonanz und Ablehnung: Tod am Kreuz

Jesus richtet sich primär an das Volk Israel. Dennoch ist seine Botschaft prinzipiell *offen* für alle Menschen guten Willens. Dieser Öffnung der Herrschaft Gottes für die Heiden liegt wohl auch eine Entwicklung im Bewusstsein Jesu und ein Lernprozess im Laufe seines Wirkens zugrunde (vgl. Mk 7,24–30; Mt 10,5 f.; 15,24). Das wird für christologische Debatten über das Wissen und menschliche Bewusstsein Jesu später nicht uninteressant sein. Denn Jesus *staunt* angesichts des gewaltigen Glaubens, den er so nicht bei Kindern Israels, sondern bei Heiden vorfindet (vgl. Mk 6,6; Lk 7,9 f.; Mt 8,10). Und er musste wohl zunehmend damit rechnen, dass die Gottesherrschaft auch auf anderen, ungeahnten Wegen an ihr Ziel gelangen könnte (vgl. Lk 14,15–24; Mt 22,1–10; Lk 13,22–30). Obwohl sich diese Eigendynamik erst nach und gerade wegen Ostern voll entfaltet, ist sie in der universalisierten Eröffnung durch Jesus und sein Evangelium bereits grundgelegt.[217] Ohne die prinzipielle Offenheit Jesu wäre jede nachösterliche Universalisierung des Christentums völlig undenkbar gewesen. Der Heilswille Gottes und seine Barmherzigkeit erscheinen jetzt *grenzenlos*. Schon Paulus wird darum feststellen, dass es in Jesus Christus nicht mehr Juden noch Griechen, nicht Mann noch Frau, nicht mehr Sklaven noch Freie gibt – folgt man ihm, so sind sie *alle* Kinder Gottes (vgl. Gal 3,28) – eine geradezu antirassistische, gendergerechte, ständelose, antielitäre Gemeinschaft, die in Jesus begründet ist. Daran muss sich die Kirche messen, da sie dieses Ideal repräsentieren soll.

Diese Botschaft Jesu trifft allerdings auch auf harte Ablehnung. Denn seine womöglich als Gotteslästerung etikettierte Verkündigung kollidiert unter anderem auch mit den traditionellen Strukturen des Tempelkults, wie die sogenannte „Tempelreinigung“ andeutet (Mk 11,15–19). Ein Konflikt mit wirtschaftlichen und machtpolitischen Interessen der damaligen religiösen

Führungsschicht ist sehr wahrscheinlich. Wo das Gesetz als Machtinstrument einiger weniger Schriftgelehrter dient, wo religiöses Elitedenken den eigenen Status legitimiert, dort ist für die bedingungslose Zusage göttlicher Gnade wenig Raum. Auch das Christentum und die Kirche werden im Laufe ihrer Geschichte immer wieder in solche Mechanismen zurückfallen, die es dann kritisch zu durchbrechen gilt. Die Verteidigung religiöser Gewohnheiten und etablierter Strukturen samt ihrem statischen Legalismus musste zwangsläufig mit der offenen Dynamik der Gottesherrschaft, wie Jesus sie verkündigte, in einen tödlichen Konflikt geraten. Denn die Autorität Jesu, die sich auf Gott selbst stützt, prallt auf die Autorität der religiösen Führung Israels, die sich auf tradierte Weisungen Gottes und eine daraus resultierende Ordnung beruft. Jesus bezweifelt die Weisung Gottes keineswegs, will sie aber im Blick auf den Menschen, in ihrer ursprünglich *soteriologischen Intention* erfüllt wissen – eben als *Lebenshilfe*, nicht als leeren Buchstabendienst, der knechtet. Und offenbar wächst seine Bewegung rasch an.

Wo solche Unruhe entsteht, muss eine Besatzungsmacht nervös werden. Römer interessieren sich zwar nicht für religiöse Debatten unter Juden, wohl aber für die politische Stabilität, die in dieser Provinz ohnehin gefährdet scheint. Um die öffentliche Ordnung zu sichern und Ruhe in eine für sie kaum überschaubare Situation zu bringen, verteidigt man am besten den Status quo. Vor allem dann, wenn der gezielte Vorwurf im Raum steht, hier spiele sich jemand als Heilbringer im Namen Gottes, als Messias und „König der Juden“ auf. Wie auch immer dabei das Zusammenspiel der hohepriesterlichen Führung und römischen Justiz genauer zu denken ist, am Ende stehen Verurteilung und Hinrichtung Jesu unter dem Statthalter Pontius Pilatus. Offenbar sollte ein Exempel statuiert werden. Er stirbt auf die grausamste und schändlichste Art, die zu dieser Zeit denkbar war: durch Kreuzigung. Für die Römer ist dies der Tod eines Verbrechers und Aufrührers, eines römischen Bürgers unwürdig; für Juden gilt er damit als verflucht und von Gott verworfen. Die Angelegenheit scheint damit erledigt.

Jesus selbst wird zunächst nicht mit einer so radikalen Ablehnung seiner Botschaft gerechnet haben, musste sich aber wohl nach und nach seines drohenden Schicksals bewusst werden. Er nimmt seinen Tod jedenfalls in Kauf und bleibt damit seiner Verkündigung offenbar treu – bis zur äußersten Konsequenz. Die synoptischen Evangelien berichten von einem harten Ringen Jesu im Gebet, von seiner Todesangst, die ihn beinahe erdrückt. Er bittet den Vater, der ihm drohende Kelch möge doch an ihm vorübergehen. Aber nicht sein eigener, sondern der Wille des Vaters geschehe (vgl. Mk 14,36). In dieser *Offenheit* für den Willen Gottes legt er seine Freiheit und sein Leben in die Hände des Vaters. Er begibt sich in eine dunkle Zukunft, deren Ausgang für ihn selbst ungewiss ist. Für die späteren christologischen

Streitfragen wird es wichtig sein, sich an dieses Zeugnis der Synoptiker zu erinnern. Denn während Jesus im jüngeren und theologisch stärker profilierten Johannesevangelium „alles wusste“ (Joh 18,4), was ihn erwartet, und sein Kreuzweg fast als eine Art Triumphzug zur Vollendung dargestellt wird, zeigt sich bei Markus, Matthäus und Lukas noch deutlich, dass Jesus wie jeder Mensch *Angst* hat, unter der Verborgenheit der Pläne Gottes und seiner unbekannten Zukunft *leidet*. Auch er muss *lernen*, mit unerwarteten Situationen umzugehen. Und er muss sich dazu *durchringen*, in seiner menschlichen *Freiheit* den bitteren Kelch anzunehmen, der ihm zugemutet wird. Es handelt sich also um einen *wahren Menschen*: „in allem uns gleich, außer der Sünde“ – wie es später heißen wird.

Sein Gottvertrauen endet am Kreuz. In dieses Kreuz mündet das gesamte Leben und Wirken Jesu. Für die Evangelisten ist es bereits von Ostern her (in der Retrospektive) mit Sinn erfüllt, birgt in sich nicht nur den Schrecken eines verfluchten Todes, sondern auch die Erfahrung der Auferweckung des leidenden Gerechten, der durch Gott bestätigt wird.

Jesus schreit in der Darstellung von Markus mit den verzweifelten Worten von Psalm 22 in absoluter Gottverlassenheit und Aussichtslosigkeit zum Himmel, um im nächsten – letzten – Atemzug vertrauensvoll verstummend das Leben auszuhauchen, während mit dem Beter des Psalms der Lobpreis Gottes und seines Namens *erwartet* wird.[218] Seine Gottverlassenheit und Einsamkeit wird im *Schrei nach Gott*, der scheinbar unbeantwortet verhallt, also ungeschönt überliefert (vgl. Mk 15,33 f. 37). Diese Finsternis und Todesnacht, von der Markus spricht, liefert keinen Wetterbericht, sondern vielmehr eine theologische *Deutung* des Sterbens Jesu. Denn gerade *in* diesem Schrei ist Gott da, ist und wird er präsent als der Adressat und feste Bezugspunkt der Klage, die *im Modus der Frage* geschieht: „Mein Gott, mein Gott, warum/wozu hast du mich verlassen?“ (Ps 22,2)[219] Der Schrei Jesu, durch den er sich selbst und seine Verkündigung der Herrschaft Gottes *in Gott hinein aufgibt* und loslässt, symbolisiert die Haltung Jesu, die trotz totaler Verzweiflung und Ohnmacht noch ein letztes Vertrauen und Glauben erahnen lässt. Denn in der Gottverlassenheit und im Zusammenbruch Jesu zerbrechen alle Götzenbilder und selbstgemachten Gottesvorstellungen. Mit Johann Baptist Metz können wir feststellen: „Jesus hält der Gottheit Gottes stand; in der Gottverlassenheit des Kreuzes bejaht er einen Gott, der noch anders und anderes ist als das Echo unserer Wünsche, und wären sie noch so feurig […].“[220] Gegen die Projektion eigener Erwartungen steht hier ein „praktiziertes Bilderverbot“[221] und die Bereitschaft, die eigenen Vorstellungen und Erwartungen (und sei es in der Art und Weise der Verwirklichung der Gottesherrschaft) loszulassen und sich dem Vater selbst zu überlassen. Im Ertragen von Gottes Willen, der geschieht, und im *Vertrauen auf die Heili-*

gung seines Namens durch Gott selbst liegt die Spannung einer schon jetzt ergangenen Zusage und der noch ausstehenden Einlösung seiner Verheißung. Sie kann nicht mehr als billige Vertröstung empfunden werden. *Wozu* dieser Tod Jesu? *Wozu* das Ganze? Gott muss sich nun als der erweisen, als der er sich erweisen will (vgl. Ex 3,14).

Die Osterbotschaft: Auferweckt!

Gerade angesichts einer so radikalen Offenheit für Gott wird durch dessen rettendes und vollendendes Handeln die reale Ankunft seiner Herrschaft verbürgt. Erst mit der Erfahrung der Auferstehung bzw. *Auferweckung* Jesu wird dieser *durch Gott bestätigt* und als *Christus* erwiesen: Er wird nun mit dem leidenden Diener Gottes identifiziert (vgl. Jes 52,13–53,12), der sein Leben einsetzt, damit alle Völker durch ihn zu Gott gelangen; damit menschliche Schuld durchbrochen wird und so der Plan des Herrn gelingt. Und so ist es bei Markus der heidnische Hauptmann, der im Angesicht dieses sterbenden Gekreuzigten bekennt: *Wahrhaftig, dieser Mensch war Gottes Sohn* (Mk 15,39). Damit schließt sich im Markusevangelium auch der Kreis zu dessen Anfang (Mk 1,1) und der Taufe Jesu, welche den Auftakt seines Wirkens markiert und deutlich machen soll: Er ist von Beginn an mit seinem gesamten Lebenswandel Gottes geliebter *Sohn*; an ihm hat er Gefallen gefunden (vgl. Mk 1,11). Tobias Nicklas stellt fest: „Die Leistung des Markusevangeliums besteht nun nicht nur darin, Passionserzählung und Christus- bzw. Sohn Gottes-Titel Jesu von Nazaret nebeneinander in einem Text zu bieten, sondern beides so eng miteinander zu verknüpfen, dass beides einander durchdringt, als zutiefst miteinander verbunden erkennbar wird.“[222]

Was zunächst als schreckliche Schmach und Verwerfung Jesu erscheinen musste, erscheint *im Nachhinein* in einem neuen Licht, nämlich dem des Ostermorgens. Von daher gelingt es auch, dem zunächst absurden Leiden und Sterben Jesu am Kreuz einen *Sinn* abzugewinnen. Den beiden Emmaus-Jüngern fällt es schließlich in der Begegnung mit dem Auferstandenen beim Brechen des Brotes (!) wie Schuppen von den Augen: „Musste nicht der Christus das erleiden und so in seine Herrlichkeit gelangen?“ (Lk 24,26)

Vor diesem Hintergrund beginnt man die Schriften Israels plötzlich neu zu lesen. In völlig unerwarteter und nicht vorhersehbarer Weise hat Gott sich durch seinen „Sohn“ *offenbart*. Während alle sein gewaltsames Machtwort erwarten, richtet er durch diesen Gekreuzigten ein Wort der Vergebung, ein universales Jawort der Liebe sogar an jene Menschen, die sein Herz durchbohren. Auf die Bedeutung der Auferweckung werden wir in der nächsten großen Frage zum Stellenwert des Kreuzes noch näher eingehen.

Mit Jesu Auferweckung und Vollendung wird diese größtmögliche *Barmherzigkeit* im Namen des Vaters mit der rettenden *Gerechtigkeit* für den leidenden Sohn *versöhnt*, der nicht dem Tod preisgegeben ist. Indem er die *Macht seiner Liebe* offenbart, behält Gott selbst das letzte Wort in dieser Geschichte. Und von diesem *Wort Gottes* und seiner Selbstoffenbarung her wird die *Bedeutung Jesu* im Neuen Testament durch entsprechende Hoheitstitel zum Ausdruck gebracht: Er ist der *Messias/Christus, Sohn Gottes, Menschensohn, Immanuel, Herr* und *Retter*. Mit seiner gesamten Existenz erweist er sich nun nämlich als der „Weg, die Wahrheit und das Leben" (Joh 14,6) *für alle* Menschen.

Biblische Hoheitstitel und christologische Ansätze

In den Hoheitstiteln verdichtet sich die Christologie des Neuen Testaments, die auf Begriffe und Motive des Alten Testaments zurückgreift, um Jesu Bedeutung deutlich zu machen. Thomas Söding sieht in diesen Titeln, die selbst eine wichtige biblische Grundlage für die spätere Christologie darstellen, den frühen Reflex auf den gerade rekonstruierten Vollmachtsanspruch Jesu und dessen Bestätigung in der Erfahrung der Auferweckung. „Die Vollmacht, die er in Anspruch nimmt, hat christologisch das größte Gewicht; die Hoheitstitel können die Bedeutung der gelebten Christologie Jesu nur nachbuchstabieren."[223] Die Titel bieten damit eine kompakte Antwort auf die zentrale Frage, die Jesus durch seine Verkündigung und sein Auftreten zumindest implizit aufgeworfen hatte: „Wer ist der?" (Lk 5,21; Mt 21,10; Mk 4,41)

Messias (Christus) und Sohn Gottes

Am bekanntesten ist wohl der hebräische Titel *Messias* und seine griech./lat. Übersetzung: *Christus*. Heute wird diese Hoheitstitulatur meist gar nicht mehr als solche wahrgenommen, weil ‚Christus' geradezu als Nachname Jesu missverstanden wird. Dabei lautet das früheste und kürzeste Glaubensbekenntnis des Christentums – das heute seinen Namen davon ableitet: „Jesus Christus [est]." Jesus [ist] der Messias = der *Gesalbte*. Womit grundsätzlich der König Israels, der Hohepriester oder ein von Gott gesandter Prophet in den Fokus rückt.

Im Hintergrund steht primär die Bezeichnung des Königs von Israel, der bei seiner feierlichen Inthronisation mit Öl gesalbt wurde. Es ist eine symbolische Salbung mit dem *Hl. Geist* Gottes, seiner *ruach* (Atem). Damit wird der König als *Sohn Gottes* inszeniert und als dessen Stellvertreter und Sachwalter auf Erden in Macht eingesetzt. Wie schon festgestellt, erwartet man zur Zeit Jesu einerseits die Wiederherstellung der Königsherrschaft, andererseits den endzeitlichen Heilbringer, Retter und Friedensfürsten der zum Durchbruch kommenden Gottesherrschaft. Der *Messias* ist somit in jedem Fall eine lange ersehnte Erlöserfigur. Aber es wird deutlich, wie vieldeutig dieser Titel sein konnte. Handelt es sich um einen politischen Herrscher oder um den prophetischen Mittler einer neuen Zeitordnung universalen Friedens? Man wartete. Was man jedoch nicht erwartet hatte, war ein Gekreuzigter, den Gott selbst nach der festen Überzeugung der Jünger/innen Jesu als seinen *Sohn* in Ewigkeit einsetzt. Und von Ostern her liest man den Inthronisationspsalm des Königs nun völlig neu: „Mein Sohn bist du. Ich selber habe dich heute gezeugt" (Ps 2,7). Die bildliche „Zeugung" des Sohnes Gottes als dessen Einsetzung zum Repräsentanten Gottes darf daher *nicht biologisch* missverstanden werden. Sie greift zurück auf alte orientalische und ägyptische Vorstellungen und zielt auf die *theo*logische Bedeutung des „Sohnes Gottes" in seiner spezifisch *christo*logischen Funktion: Er soll Garant für universale Gerechtigkeit und Frieden sein: die sichtbare Präsenz Gottes in der Welt.

Damit steht der gekreuzigte und auferstandene *Sohn Gottes* im deutlichen Kontrast zum eben erst anhebenden römischen Kaiserkult. Kaiser Augustus hatte sich als Caesar *divi filius*, Sohn des Göttlichen (Gaius Julius Caesar) verehren lassen und galt nach den römischen Bürgerkriegen als Friedensstifter und Heilbringer einer *aurea aetas*, eines goldenen (römischen) Zeitalters. Dass dieses nur durch ein Blutbad möglich war, durfte gegen die Propaganda des etablierten Alleinherrschers und seiner Nachfolger kaum mehr geäußert werden. Das wäre nicht nur ein staatsfeindlicher Akt gewesen, sondern Frevel gegen diese selbst ernannten „Götter" und ihre scheinbar grenzenlose Macht, das *imperium sine fine*. Diese in den *Imperatoren* personifizierte und vergötzte politische Macht des totalitären Reiches behauptet sich nicht nur gegen alle Konkurrenz, sondern fordert Opfer und Tribut für seinen diktatorischen Anspruch auf (blutige) Weltherrschaft.[224]

In der Deutung der Anhänger/innen Jesu und des Neuen Testaments ist *Jesus* hingegen der eschatologische, endzeitliche *Messias*, der die *Herrschaft Gottes* in dieser Welt der Gewalt gewaltlos und siegreich zu ihrem Durchbruch bringt (vgl. Jes 11). Er ist nicht einfach ein Herrscher oder König unter vielen, sondern *der* Sohn des einen und einzigen Gottes, durch den dieser sich selbst von Ewigkeit her offenbart, indem er seinen *universalen Heilswillen* ein für alle Mal siegreich manifestiert.

Immanuel und Retter

Das Bekenntnis zu Jesus als dem *Christus*, dem *Sohn Gottes*, gründet also im Glauben an den Auferstandenen, seine siegreiche Botschaft der Barmherzigkeit Gottes und ihre Lebensmacht. In seiner gesamten Existenz gilt er deshalb als der ersehnte *Immanuel* (hebr.: *Gott mit uns*, vgl. Jes 7,14 und Mt 1,23). Während bei Jesaja im Hebräischen wohl von einer „jungen Frau" die Rede ist, die dieses verheißene Kind empfängt, durch das Gott ein Zeichen setzen will, spricht die griechische Übersetzung der Septuaginta (LXX) ebenso wie Matthäus von einer „Jungfrau". Damit ist im religiösen Kontext Israels und vor dem Hintergrund seiner Heilsgeschichte primär eine theologisch-christologische Deutung, allerdings keine biologische Aussage intendiert.[225] Es geht um eine kreative und unerwartete „Neuschöpfung", einen Neuanfang durch das *Handeln Gottes* und die freie Zustimmung und Mitwirkung der Mutter Jesu, die sich ganz für Gott und dessen Willen offenhält. Der in diesem Geist geborene und erzogene Jesus gilt als verheißener *Retter* (griech.: *Soter*, vgl. Lk 2,11; Joh 3,17), durch den Gott selbst das Heil wirkt, die Freiheit der Kinder Gottes und ihre Erlösung vermittelt.

Menschensohn und Diener Gottes

Jesus redet in den Evangelien oftmals von sich als dem *Menschensohn*. Dabei handelt es sich um eine Bezeichnung, die er wohl tatsächlich für sich beansprucht haben könnte, während die anderen Titel (aufgrund ihrer Vieldeutigkeit und politischen Sprengkraft?) womöglich von ihm selbst vermieden und erst im Nachhinein auf ihn angewandt wurden. Dies dürfte sich auch in den sogenannten „Schweigegeboten" des Mk-Evangeliums widerspiegeln (vgl. Mk 8,27–33). Dabei soll die messianische Identität Jesu nicht vor dessen Tod und Auferstehung explizit zur Sprache kommen, weil sie sich erst von dorther in ihrer eigentlichen Bedeutung erschließt.

Der „Sohn des Menschen" (hebr.: *ben adam*) kann grundsätzlich einfach den Menschen als Gattung bezeichnen; er kann auch im Aramäischen einfach als gehobene Wendung für „Ich" stehen. Besondere Bedeutung erlangt *der* Menschensohn jedoch als eine spezielle Figur in der Prophetie, wo er als eschatologischer Heilbringer und von Gott bevollmächtigter Herrscher der Gerechtigkeit vorgestellt wird (vgl. Dan 7,1–14). Damit ist er in einem apokalyptischen Kontext zu sehen, denn er leitet die ersehnte Herrschaft Gottes ein. Im Neuen Testament kann er nun als gegenwärtig wirkender, leidender Gerechter, als auferstehender und endzeitlicher Richter begegnen.

Der Topos des leidenden Gerechten greift auf den „Gottesknecht", den *Diener Gottes* zurück, der in vier Liedern des Buches Jesaja vorgestellt wird (Jes 42,1–9; 49,1–13; 50,4–11; 52,13–53,12) und repräsentativ für das Volk Israel stehen kann, das auch als „Sohn" Gottes bezeichnet wird.

Indem er Gewalt nicht mit erneuter Gewalt erwidert, sondern sie lieber erleidet, durchbricht er den Teufelskreis der Vergeltung. Er (er)trägt die Sünde und Schuld anderer und beantwortet sie mit Gerechtigkeit und Barmherzigkeit. Er wird um Gottes willen getötet und erblickt das Licht, weil dieser ihn nicht dem Tod preisgibt, sondern über alle erhöht. *Der Plan des Herrn wird durch ihn gelingen*, denn er *offenbart, was noch nie zuvor gesehen oder gehört wurde*: Die Macht der Liebe Gottes, die keine Grenzen kennt. Kein Wunder, dass die Anhänger/innen Jesu diese alten Texte völlig neu lesen und bei der Lektüre genau das wiedererkennen, was sie gerade erst erlebt haben. „Musste nicht der Christus das erleiden und so in seine Herrlichkeit gelangen?" (Lk 24,26) Denn was zunächst als ein totaler Widerspruch erfahren wurde – ein gekreuzigter Messias! – wird nun (im Nachhinein) als geradezu notwendig verstanden: Wie sonst könnte sich die Herrschaft der Liebe Gottes und ihre unsterbliche Lebensmacht in einer solchen Welt manifestieren, wenn nicht in diesem Gekreuzigten und Auferstandenen?

Kyrios und Logos

In den Schriften Israels und ihrer bleibend gültigen Aussagekraft erkennt man somit über ihren historisch bedingten Kontext hinaus den scheinbar immer schon gegebenen Verweis auf den, der da kommen soll im Namen des *Herrn* (griech.: *Kyrios* / hebr.: *Adonai*). Jesus wird so sehr mit der angebrochenen Herrschaft Gottes identifiziert, dass er bald zunehmend selbst mit dem Gottesprädikat zur Umschreibung des Namens Gottes – der *Herr* – bezeichnet wird (vgl. Röm 10,9; Phil 2,11; 1 Kor 12,3). Er ist, wie Origenes später formulieren wird, die „Autobasileia", also die *Gottesherrschaft in Person*. Durch ihn heiligt Gott selbst seinen *Namen* und erweist sich als der *eine* und *einzige* Gott des Lebens (vgl. Ex 3,14; Ez 36,23–27; Jes 44,9 f.; Jes 44,20).

Dass Jesus fortan selbst als der *Kyrios*, der Herr bzw. Herr des Lebens, verehrt wird, zeigt, wie eng er mit Gott selbst in Verbindung gebracht wird. Er *ist* das lebendige und wirksame *Wort* Gottes, seine universale Selbstzusage, der ewige *Logos*, der Gott selbst ist und nun in ihm Fleisch – Mensch – geworden ist.

Wer den Sohn sieht, sieht den Vater (vgl. Joh 14,9). Somit wird *der Sohn* in seiner Beziehung zum *Vater* als sichtbarer und konkret greifbarer Ausdruck und so als Wort Gottes verstanden, das Mensch wird und sich an alle

Menschen aller Zeiten und Völker richtet: Sie sind berufen, sich selbst als die geliebten Kinder Gottes zu verstehen, an dessen lebendig machendem Geist sie teilhaben sollen. Damit wird *der Sohn* zum Prototyp, zum Vorbild des Menschseins schlechthin, denn er ist das *vollkommene Ebenbild Gottes.* Die ursprüngliche Bestimmung des Menschen, die in der biblischen Anthropologie zur Sprache kam, offenbart das *Ziel* der Schöpfung Gottes aus menschlicher Sicht: Alles ist auf *den* Sohn Gottes hin geschaffen und ausgerichtet (vgl. Eph 1,10 ff.; Kol 1,12–20). Er bringt Gottes Willen, sich im Anderen seiner selbst auszudrücken, sich mitzuteilen, damit zur Erfüllung – trotz Sünde und Schuld.

> „Vielfältig und auf vielerlei Weise hat Gott einst zu den Vätern gesprochen durch die Propheten; am Ende dieser Tage hat er zu uns gesprochen durch den Sohn, den er zum Erben von allem eingesetzt, durch den er auch die Welt erschaffen hat; er ist der Abglanz seiner Herrlichkeit und das Abbild seines Wesens; er trägt das All durch sein machtvolles Wort, hat die Reinigung von den Sünden bewirkt und sich dann zur Rechten der Majestät in der Höhe gesetzt; er ist um so viel erhabener geworden als die Engel, wie der Name, den er geerbt hat, ihren Namen überragt." (Hebr 1,1–4)

Damit wird bereits deutlich, dass es *zwei verschiedene Perspektiven biblischer Christologie* gibt. Man könnte sie als *Aszendenz*-Christologie (= *Aufstiegs*christologie) und *Deszendenz*-Christologie (= *Abstiegs*christologie) bezeichnen. Beide Perspektiven schließen sich nicht aus, sondern ergänzen und erhellen sich gegenseitig, um die Bedeutung Jesu zu erschließen.

Aszendenz-Christologie

Die *Aszendenz*-Christologie setzt grundsätzlich beim *Menschen* Jesus von Nazareth an, um ausgehend davon die Frage zu stellen, wie in diesem Menschen Gott selbst begegnen kann. Man nimmt also seine *Erhöhung* und *Einsetzung* als Sohn Gottes, Messias etc. in den Blick und hat insofern eine *aufsteigende Perspektive,* die sich vom Menschsein Jesu hin zu Gottes Selbstoffenbarung bewegt: Wie kann in diesem Menschen das Wort Gottes erfahren werden, durch das er sich selbst verlässlich zusagt?

Paulus setzt dafür bei der *Auferweckung* Jesu an: Für ihn wird durch die rettende Bestätigung Jesu durch Gott deutlich, dass er der verheißene und immer schon gesuchte Messias ist, der in seine göttliche Vollmacht eingesetzt und erhöht ist (vgl. Röm 1,3 f.).

Für *Markus* lässt sich diese Auferstehung jedoch nicht vom Leben und Sterben Jesu trennen: Bereits zu Beginn des öffentlichen Wirkens Jesu ist dieser als bevollmächtigter „Sohn Gottes" zu verstehen, was anhand der *Taufe* Jesu im Jordan verständlich gemacht wird (vgl. Mk 1,9 ff.) – und im Moment des Todes seine Bestätigung findet (vgl. Mk, 15,39). Durch ihn kommt die Herrschaft Gottes zum Durchbruch und wird leibhaftig spürbar.

Bei *Lukas* lassen sich das Leben, Auftreten und die Verkündigung Jesu nicht mehr von seiner gesamten Existenz und Biografie abheben. Darum entfaltet er die besondere Bedeutung Jesu bereits von dessen *Geburt* an, die in Gottes Vorsehung und Wirken gründet (vgl. Lk 1,26–38; 2,1–40).

Matthäus sieht den Ursprung von Jesu Leben und Wirken vor dem noch umfassenderen Hintergrund der *Heilsgeschichte* Israels. Er bettet die Herkunft Jesu in die *Genealogie*, also die Abstammung von Abraham und dem Hause Davids ein (vgl. Mt 1,1–17). Damit steht Jesus in der Linie der Könige Israels, die zu seinem Vater Josef, dem Mann Marias führt. Wiederum zeigt sich, dass die theologische Bestimmung als Sohn Gottes und die Zeugung aus dem Hl. Geist nicht biologisch missverstanden werden dürfen.

Es wird also deutlich, dass der jeweilige Ansatzpunkt der Autoren des Neuen Testaments immer weiter zurückverlagert wird: In der Auferstehung wird der Messias in Gott vollendet und erhöht; es ist aber *ein und derselbe*, der da lebte, die Herrschaft Gottes proklamierte und dafür am Kreuz starb; es ist dieselbe Person, die von Maria geboren und erzogen wurde und in der Geschichte seines Volkes verwurzelt ist. Er wird also nicht, wie dies später zum Teil ausgelegt wurde, als Sohn Gottes „adoptiert". Er wird nicht vom Menschen zum „Gott" befördert oder vergöttlicht. Er *ist* vielmehr immer schon der *Mensch*, in und durch dessen Existenz *Gott* sich selbst und seinen universalen Heilswillen offenbart – auch wenn dies erst im Nachhinein von seiner in Tod und Auferstehung vollendeten Existenz her verstanden und gedeutet werden kann. Dieser Mensch wird in seiner Bedeutung „für uns" also Schritt für Schritt auf das Mysterium Gottes und sein Heilswirken in der Geschichte zurückgeführt: Die *Aszendenz*-Christologie ist daher nichts anderes als eine sukzessive *reductio in Mysterium*, eine Rückführung in das Geheimnis Gottes.

Deszendenz-Christologie

Die *Deszendenz*-Christologie setzt umgekehrt bei *Gott* selbst an und stellt sich die Frage, wie dieser ein leidensfähiger Mensch werden und trotz seiner Ewigkeit in die Zeit eingehen kann. Eine solche *absteigende Perspektive* blickt auf Gott und seine *Kenosis* (Erniedrigung) in Leiden und Tod. Das *Wort* Gottes, das seine Weisheit und Macht in sich trägt, existiert schon vor dem menschlichen Leben Jesu, es ist präexistent. Insofern kann man hier auch von einer *Präexistenzchristologie* sprechen. Am deutlichsten wird diese Perspektive im Prolog des Johannesevangeliums hymnisch zum Ausdruck gebracht:

> „Im Anfang war das Wort, und das Wort war bei Gott, und das Wort war Gott. Dieses war im Anfang bei Gott. Alles ist durch das Wort geworden und ohne es wurde nichts, was geworden ist. In ihm war Leben und das Leben war das Licht der Menschen. Und das Licht leuchtet in der Finsternis und die Finsternis hat es nicht erfasst. [...] Und das Wort ist Fleisch geworden und hat unter uns gewohnt und wir haben seine Herrlichkeit gesehen, die Herrlichkeit des einzigen Sohnes vom Vater, voll Gnade und Wahrheit. [...] Aus seiner Fülle haben wir alle empfangen, Gnade über Gnade. [...] Niemand hat Gott je gesehen. Der Einzige, der Gott ist und am Herzen des Vaters ruht, er hat Kunde gebracht." (Joh 1,1–18)

Für *Johannes* reicht der Ansatz beim Menschen Jesus nicht mehr aus, um dessen Bedeutung zu erklären. Es wird ausgehend vom ewigen Wort Gottes und seiner schöpferischen Kraft die *Ankunft* Gottes unter den Menschen entfaltet: die *Inkarnation*, Fleisch- bzw. Menschwerdung seines ewigen *Logos* in Jesus dem Christus.

Der griechische Begriff „Logos" (meist nur mit *Wort* übersetzt) ist nicht nur biblisch, sondern auch philosophisch enorm aufgeladen. Der „Logos" impliziert *Vernunft*, die göttliche Allvernunft als das immanente Prinzip der Welt, durch das diese in ihrer Dynamik gelenkt und lebendig gemacht wird. In der Philosophie der Stoa findet sich ebenso wie bei Philo von Alexandrien eine rationale Weltdeutung, derer sich der jüdisch-christliche Glaube bedient, um die Bedeutung Jesu zu klären: Er ist der *inkarnierte Logos* in Person. Und dieser Logos, der das Leben ist, ist jenes Wort Gottes, wie es in der Theologie Israels vielfach begegnet. Schon das früheste Christentum bemüht sich also um eine Synthese von Glaube und Vernunft. Die Vorstellung einer Menschwerdung des Logos kann dabei auf jüdisch-hellenistische Denkmuster und Motive zurückgreifen, bei denen auch die lebensfreundliche *Weisheit* Gottes, die unter den Menschen wohnt, eine Rolle spielt. Die Sendung des Sohnes resultiert aus dem Willen des göttlichen Vaters, sich und sein Leben (mit-)zuteilen. Der Logos *entfaltet* das Innerste Gottes (vgl. Joh 1,18) und „zeltet", wie es im griechischen Original heißt, „unter uns". Damit wird auf das Zeltheiligtum Israels und auf die unmittelbare Präsenz Gottes angespielt – eine Präsenz, die Sünde und Schuld durchbricht und *erlösend* wirkt.

Diese Blickrichtung von Gott zu dessen vergebender und erlösender Präsenz in Jesus Christus begegnet auch im *Kolosserhymnus*: Auf ihn hin ist alles geschaffen, die ganze Schöpfung gründet in diesem Ziel (vgl. Kol 1,12–20). Im *Philipperhymnus* (Phil 2,6–11) zitiert Paulus ein sehr frühes, ihm vorgegebenes Lied hellenistisch-judenchristlichen Ursprungs. Darin wird die Perspektive der freiwilligen Erniedrigung und Entäußerung Christi aus gottgleichem Status mit seiner Erhöhung verbunden. Dabei fühlt man sich an die Lieder vom Gottesknecht, dem leidenden Gerechten und Diener Gottes aus Jesaja erinnert. Der Hymnus tastet sich noch vorsichtig an die Frage heran, von wo dieser Jesus eigentlich herkommt, wie er lebte und wohin ihn dies letztlich führt. Die gesamte Komposition ist geprägt durch die „dramatische Spannung von Abstieg und Erhöhung, von Erhebung des erniedrigten Sklaven zum Weltenherrn".[226] Damit *verbindet* sie eine sich dezent andeutende Präexistenz- mit der Aszendenz-Christologie eines erniedrigten und erhöhten Menschen und mündet in das Bekenntnis: „Jesus Christus ist der Herr (Kyrios) zur Ehre Gottes, des Vaters" (Phil 2,11).

Die *aufsteigende* Perspektive einer Aszendenz-Christologie und die *absteigende* Perspektive einer Deszendenz-Christologie werden sich, wenn sie konsequent zu Ende gedacht werden, immer im konkreten Jesus von Nazareth treffen. Zugrunde liegen zwei *Fragen*, die lediglich zwei Blickrichtungen auf denselben Sachverhalt widerspiegeln:

Wie kann dieser *Mensch* Gott selbst vergegenwärtigen und Gemeinschaft mit ihm schenken? – Oder: Wie kann *Gott selbst* in Niedrigkeit und Leid dieses Menschen bei uns ankommen? Der Blick richtet sich zunächst auf die Geschichte und das Geschick jenes Menschen, in dem man den Messias erkennt und die Vermittlung des Heils, das Gott ist, erfüllt sieht. Wer zu dieser Überzeugung gelangt ist, muss sich schließlich die Frage stellen, wie es sein kann, dass Gott bzw. sein ewiges, unsterbliches Wort in einem Gekreuzigten begegnet.

Neue Fragen

Die Identifikation Jesu mit dem ewigen göttlichen *Logos* markiert dabei die Grundlage für weitere Deutungen in der Theologiegeschichte, wie sich noch zeigen wird. Mit der griechischen Metaphysik und ihren Denkmustern rückt jedoch die heilsgeschichtliche *Erfahrung* mit dem immer schon gesuchten Messias in den Hintergrund. Fortan dominiert die abstrakte Ontologie (Rede vom „Seienden"), so dass sich die Frage zuspitzt: *Ist* Jesus jetzt Gott *oder* Mensch? Es geht um das Gott-Sein oder Nicht-Gott-Sein. Statt dynamischer und heilsgeschichtlicher Beziehungskategorien etablieren sich diese Denkkategorien – zumindest in der selektiven Wahrnehmung traditioneller Handbuchliteratur. Doch sollte man nicht vergessen: „in Wahrheit ist die überaus umfangreiche, zahllose Genres umfassende christologische Überlieferung des gesamten antiken Christentums weit vielfältiger, bilderreicher und poetischer als dieses Klischee vermuten lässt".[227] Jedenfalls wird der Dialog mit den Adressaten des Evangeliums völlig *neue Fragen* aufwerfen, die geklärt werden müssen.

Dogmengeschichtliche Entwicklung der Christologie

Zwei gegenläufige Tendenzen

Bald schon lassen sich zwei gegenläufige Tendenzen in der Christologie beobachten.[228] Auf der einen Seite tendiert man zu einer *Verkürzung der Gottheit* in Jesus Christus. Man erkennt ihn als besondere prophetische Gestalt an, man akzeptiert wohl seine einzigartige Bedeutung, aber sieht ihn schlichtweg als Menschen, der jedoch keineswegs Gott *sein* kann. Noch stärker am Judentum orientierte Erwählungschristologien (z. B. der judenchristlichen Ebioniten) denken hier ähnlich wie die heidenchristlichen Adoptianer. Sie gehen davon aus, dass Jesus bei seiner Taufe im Jordan mit dem Hl. Geist erfüllt und als Sohn Gottes angenommen, „adoptiert" wurde. Dadurch erhält er auch seine göttliche Vollmacht als Lehrer, Prophet oder Messias. Der Geist Gottes durchdringt ihn mit seiner Kraft, auch wenn er Mensch ist und bleibt.

Auf der anderen Seite gibt es eine für uns heute vielleicht schwerer nachvollziehbare Tendenz zur *Verkürzung des Menschseins* Jesu. Eine sektenartige und sich an verschiedene religiöse Denksysteme anheftende Bewegung namens Gnosis (wörtlich: „Erkenntnis") versteht sich als pseudo-elitäre, esoterische Gemeinschaft, die vermeintlich geheimes Wissen um das Göttliche besitzt. Charakteristisch für sie ist ihre Hell-Dunkel-Metaphorik, ein radikal gegensätzlicher Dualismus von Gut und Böse, d. h. Geist und Materie, Gott und Welt. Dem finsteren Weltschöpfer, der all das materiell bedingte Leid verursacht habe, wird ein strahlender Erlösergott gegenübergestellt. Der Mensch muss in einer Art Heimkehr in das göttliche Ur-Licht von seiner Leiblichkeit erlöst werden, indem er durch erlösende Erkenntnis von seiner Vergänglichkeit befreit wird. Die angeblich rettende Erleuchtung wird durch einen göttlichen Erlöser offenbart. Christus wird mit diesem himmlischen Geistwesen identifiziert, er steige aus einem himmlischen Äon vorübergehend herab, trete in einem Scheinleib, als ein Scheinwesen (griech: *dokesis*) auf und kehre dann wieder – unberührt von Leid und Tod – in himmlische Sphären zurück.

Dieser gnostische *Doketismus* unterläuft also den konkreten Menschen Jesus von Nazareth und zeigt zudem keinerlei Interesse an der realen Leiblichkeit, Not oder Vergänglichkeit des Menschen in seiner Erlösungsbedürftigkeit. Im Prinzip geht es primär um eine geistige (pneumatische) Befreiung und Vollendung eines auf reine Geistigkeit reduzierten Menschen, der unglücklicherweise leiblich und in sozialen Beziehungen gebunden ist. Dass die gesamte Schöpfung und der Schöpfer verworfen werden, wird auch zum Problem bei *Marcion*, der im 2. Jh. aus seiner gnostischen Prägung heraus bewusst das Alte Testament verwirft. Dem einen und einzigen Gott Israels, dem sich auch das Christentum nach wie vor verpflichtet fühlt, stellt er Christus als bisher unbekannten Gott gegenüber, der wiederum nur als Erscheinung *(dokesis)* ohne Leiden einen scheinbaren Tod am Kreuz stirbt, um die Seelen derer, die an ihn glauben, zu erlösen. Dass dies weder mit dem Leben und Wirken des Juden Jesus von Nazareth, noch mit dem darauf gründenden christlichen Glauben vereinbar ist, zeigt die bewusste Entscheidung der noch jungen Kirche zugunsten des Alten Testaments und des biblischen Monotheismus.

Die Reaktion der frühen Kirche

Kirchenväter wie *Ignatius von Antiochien* († um 117 n. Chr.) und *Irenäus von Lyon* († um 200 n. Chr.) verteidigen im 2. Jh. daher vehement das volle Menschsein Jesu, seine Leiblichkeit, Einbindung in die Heilsgeschichte des Volkes Israel, sein Leiden und Sterben am Kreuz. Und sie betonen gleichzeitig, dass in diesem Menschen wirklich Gott selbst begegnet, dass er „Fleisch" wird, um den Menschen in seiner ganzen Vergänglichkeit, Hinfälligkeit und Schwäche zu *erlösen*. Denn diese Erlösung ist nur möglich, wenn in Christus die zerstörte *Beziehung* zwischen Gott und der Menschheit – zwischen Unvergänglichkeit und in sich verschlossener Todesverfallenheit – wiederhergestellt wird. In ihm ist beides miteinander verbunden. Er ist der *Mittler* des ewigen Heils, das Gott ist, der in der (leidvollen und sündigen) Wirklichkeit des Menschen ankommt und so für alle Menschen neu zugänglich ist. Die Christologie ist hier also eindeutig *soteriologisch* motiviert: Es geht um die Erlösung und Vollendung des Menschen durch eine erneuerte Gottesbeziehung, die in Jesus Christus gründet.

Bei Ignatius heißt es daher schon sehr systematisierend: „Einer ist Arzt, aus Fleisch zugleich und aus Geist, gezeugt und ungezeugt, im Fleische erschienener Gott, im Tode wahrhaftiges Leben, aus Maria sowohl wie aus Gott, zuerst leidensfähig und dann leidensunfähig, Jesus Christus, unser Herr" (IgnEph 7,2). Und Irenäus betont energisch, dass „ein und derselbe" Jesus Christus der Substanz, also dem Wesen nach Gott und Mensch ist, so dass er als Mittler beide „zusammenführen" und sich gegenseitig nahebringen kann (Adv haer. III 16,2; 18,7).

Durchaus problembewusst spricht im lateinischsprachigen Westen auch *Tertullian* († um 220 n. Chr.) von einem doppelten *status* (Zustand, Seinsstand) Jesu Christi, der das Wort Gottes und zugleich Mensch ist. In der einen Person *(persona)* seien beide Substanzen *(substantiae)* verbunden: Das göttliche und menschliche Wesen bzw. *beide Naturen* sind in Christus *vereint*, ohne sich zu vermischen, zu verändern oder ihre spezifische Eigenart zu verlieren. Wie genau die Verbindung von Gott und Mensch („Geist" und „Fleisch") näher zu denken ist, bleibt jedoch vage. Hier zeichnen sich aber bereits die ontologischen Denkkategorien ab, die für die folgenden Jahrhunderte so typisch sind. Denn man versucht, die Bedeutung Jesu auf der abstrakten Ebene des Seins zu definieren.

Der Apologet *Justin der Märtyrer* († um 165 n. Chr.) versucht, den Glauben an Christus im hellenistischen, vor allem stoischen und mittelplatonischen Kontext plausibel zu machen, indem er eine *Logos-Christologie* entfaltet: Damit greift er auf die biblische Rede vom *Wort Gottes* zurück, die schon im Johannesprolog christologisch zugespitzt und dort bereits von jüdischem Weisheitsdenken und hellenistischer Philosophie geprägt ist. Der Sohn Gottes ist für ihn *als göttlicher Logos präexistent*, der Vater „erzeugt" ihn vor aller Schöpfung, so wie ein gedachtes inneres Wort ausgesprochen wird. Schon vor seiner Inkarnation ist er als Sinn der Welt, göttliche Allvernunft und Lebenskraft überall und zu allen Zeiten in der Geschichte schöpferisch präsent. Justin spricht daher auch von *logoi spermatikoi* (samenhafte Spuren des Logos), die immer schon in den Menschen und in allen Dingen anwesend und wirksam sind. Die Fülle des Logos begegnet in Jesus Christus, der ihn vollkommen verkörpert. Doch stellt sich nun mehr und mehr die Frage, wie genau sich der Logos zu Gott, dem Vater, verhält. Und wie dieser Logos mit der menschlichen Seele Jesu verbunden ist und ob er sie womöglich sogar ersetzt. Die Logos-Christologie sollte immerhin dominierend werden und die Fragerichtung an die *Schnittstelle* von Gottes Ewigkeit und der Zeitlichkeit der Schöpfung verlagern, die das Sinn und Leben stiftende „Wort" Gottes scheinbar überbrückt.

In Alexandrien entwerfen auch *Klemens* und *Origenes* († um 254 n. Chr.) eine Christologie, die geprägt ist von der Philosophie des Mittelplatonismus. Kennzeichnend dafür ist das Schema vom *Ausgang* des einen Göttlichen in die materielle Welt und der *Rückkehr* zu diesem göttlichen Ursprung. Bei Klemens von Alexandrien begegnet der Logos vor allem als anleitender Lehrer *(paidagogos)*, der die Menschen auf den rechten Weg zu Gott führt. Auch bei Origenes wird die „Heimkehr" zu Gott nach dem Sündenfall durch Christus ermöglicht, der als *Mittler* Gott und Mensch in sich vereint. Er ist mit Leib und Seele der heilbringende „Gott-Mensch", weil er beide Wirklichkeiten in sich trägt und somit verbindet. Wie Feuer das Eisen durchglüht, so durchdringe der Logos die menschliche Wirklichkeit Jesu. Wieder ist es das soteriologische Anliegen, das schon mehrfach begegnete: Der Logos muss den ganzen Menschen durchdringen und sich mit ihm vereinen, damit durch ihn auch wirklich der ganze Mensch aus Leib und Seele in der gemeinsamen Menschheitsgeschichte Erlösung empfangen und zu Gott geführt werden kann.

Doch bringt diese platonische Denkart mit ihren theologischen und anthropologischen Prämissen durchaus neue Probleme mit sich, insofern die Verbindung des Logos mit der (hier ebenso präexistent gedachten) menschlichen *Seele* in einer gewissen Spannung zur Leiblichkeit verbleibt. Die von Origenes forcierte Metapher von einer ewigen geistigen *Zeugung* des Logos aus dem Vater, wie der Glanz durch das Licht, sollte wirkungsgeschichtlich bedeutsam werden. Doch erweckt der Logos im platonischen Kontext auch häufig den Eindruck eines ersten und einzigartigen Geschöpfes Gottes vor aller Zeit. Und so taucht immer drängender die Frage auf, ob er wirklich Gott *selbst* ist oder nur eine Art „Zwischeninstanz" zwischen Gott und seiner Schöpfung. Genau in diese schwammige philosophische Spekulation hinein zielt die gewichtige christologische Kontroverse, die im 4. Jh. ausgefochten werden sollte und schließlich durch das Konzil von Nizäa entschieden wird.

Wahrer Gott – Das Konzil von Nizäa (325)

Die Umstände dieses ersten allgemeinen und „ökumenischen" Konzils sind bereits aus dem vorherigen Kapitel zur Trinitätstheologie bekannt und müssen hier nicht noch einmal im Detail wiederholt werden. Entscheidend ist aus christologischer Sicht, dass *Arius* im Sohn, dem Logos, eindeutig ein *Geschöpf* sieht. Es gab, so Arius, eine Zeit, in der es den Logos nicht gab. Zwar ist der Logos für ihn ein besonderes Geschöpf, das vornehmste und erste. Aber eindeutig *nicht Gott*. Er besitzt nicht dasselbe „Wesen", ist also wesentlich verschieden und daher nicht auf derselben Ebene des „Seins" anzusiedeln wie Gott, der als statische Monade (Einheit in sich) gedacht wird. Das Anliegen des Arius besteht natürlich darin, den Glauben an den einen Gott (Monotheismus) zu wahren. Das *Verhältnis* von Gott – dem Vater! – und Christus meint er also durch einen ebenso klaren wie kompromisslosen *Subordinatianismus* beschreiben zu können: Der leidensfähige Sohn bzw. Logos wird dem Vater *untergeordnet* (subordiniert). Im Wissen Gottes darum, dass sich Christus in seinem Leben moralisch bewähren wird und den Willen des Vaters vollbringt, wird er von Gott „adoptiert", so dass man von einem moralischen Adoptianismus sprechen kann, der die Grenze zwischen Vater und adoptiertem Sohn Gottes aber nur noch deutlicher macht. Es bleibt ein unendlicher Unterschied.

Demgegenüber betont *Athanasius* die Grundüberzeugung des christlichen Glaubens, nämlich dass in Jesus Christus niemand anderes als Gott selbst begegnet: Nur wenn Christus zwischen Gott und Mensch *vermittelt*, indem er eine echte *Gemeinschaft* herstellt, kann er uns *erlösen*. Es geht dabei um die Erneuerung der ursprünglich angedachten Unsterblichkeit, die der Mensch durch die *Teilhabe am Leben Gottes* erlangt. Gottes Wort – er selbst – wird Mensch, damit der Mensch an der grenzenlosen Offenheit der Liebe Gottes teilhat, seine Gottesebenbildlichkeit realisiert und sich selbst in Liebe überschreitet. Wieder geht es also um die Soteriologie. Denn ein himmlisches Zwischenwesen, das (wie bei Arius) nur in eine menschliche Gestalt gehüllt göttliche Lehre oder Kunde bringt, kann nicht an Gottes eigenem Leben Anteil geben. Allein Gottes eigene Zuwendung zum Menschen, seine ewige Selbstaussage und Selbstzusage ist jene Dynamik, die den Menschen erlösend „vergöttlicht". *Die Inkarnation des Logos bringt nicht nur etwas, sondern Gott selbst in diese Welt.*

> „Denn er wurde Mensch, damit wir vergöttlicht würden. Er offenbarte sich im Leib, damit wir zur Erkenntnis des unsichtbaren Vaters gelangten; er ließ sich den Frevelmut seitens der Menschen gefallen, damit wir die Unsterblichkeit ererbten."[229]

Dementsprechend betont das *Konzil von Nizäa* mit Nachdruck, Christus sei Gott von Gott, Licht vom Licht, *wahrer Gott* von wahrem Gott, *gezeugt, nicht geschaffen, eines Wesens* mit dem Vater (*homoousios* to patri). Deutlicher kann man sich nicht von Arius absetzen, denn das Motiv der Zeugung ist klar gegen die Auffassung gerichtet, es handle sich hier nur um ein Geschöpf Gottes. Der zentrale Begriff „homoousios" soll deshalb zum Ausdruck bringen: In Christus begegnet nicht eine dritte Instanz zwischen Gott und Welt, kein bloßes Geschöpf, sondern Gott selbst. Der Sohn Gottes ist als dessen menschgewordenes Wort *Gottes vollkommene Präsenz* in der Welt. Er ist ihm daher nicht nur ähnlich – homo*i*ousios – wie die Arianer es formulieren wollten, sondern die *Ankunft* Gottes *bei uns* und *für uns* – und für alle erfahrbar.

Mit dem abstrakten und gänzlich unbiblischen Terminus „homoousios", dessen problematische Wirkungsgeschichte aus der Trinitätslehre bekannt ist, legt man sich allerdings auf die Sprache griechischer Philosophie und ihrer Ontologie fest. Will man fortan die Verhältnisbestimmung von Vater und Sohn auf der Ebene ihres Wesens *(ousia)* und Seinsstatus näher beschreiben, so kommt man an diesem Begriff nicht mehr vorbei. Dabei wirkt die Beziehung zwischen Vater und Sohn nun entsetzlich blass, statisch und missverständlich im Vergleich zu der lebendigen Erfahrung mit Jesus Christus. Zudem lauert eine ganz andere *Gefahr*, die sich in der Zeit nach dem Konzil von Nizäa immer deutlicher herauskristallisieren sollte: Denn wer so deutlich betont, dass in Christus Gott selbst gegenwärtig ist, der vergisst leider allzu schnell, dass Jesus *wahrer Mensch* war, der leiden und sterben musste.

Nur im Fleisch oder wahrer Mensch?

So findet sich etwa bei *Apollinaris von Laodicea* eine sogenannte *Logos-Sarx-Christologie*, die vor allem darin besteht, dass der göttliche *Logos* die *menschliche Seele Jesu ersetzt*. Der Logos begegnet also gleichsam in einer von ihm erfüllten Fleischhülle. Die menschliche Subjektivität, Freiheit und Verantwortung – alles, was den geistigen Menschen ausmacht – wird hier ersetzt durch den Logos, der alles dominiert. Ein solches Denken ist nur möglich, wenn man (wie in der platonischen Philosophie üblich) den Menschen dualistisch in Körper und Geist (Seele) als zwei eigenständige Prinzipien trennt – eine Aufteilung, die der biblischen Anthropologie fremd ist. Denn sie betrachtet den Menschen als ganzen, als leib-seelische Einheit. Dass Körper und Geist zusammen eine solche leib-seelische Einheit bilden, dürfte für moderne Wissenschaften wie Medizin und Psychologie selbstverständlich sein. Aber auch damals realisierte man relativ schnell, dass mit diesem Logos-Sarx-Denken das wahre Menschsein Jesu unterlaufen war.

Hatte z. B. schon Origenes betont, es wäre nicht der ganze Mensch gerettet worden, hätte der Logos nicht den ganzen Menschen mit Leib und Seele (und damit die Menschheit als ganze) „angenommen“, so bringt der Kappadozier *Gregor von Nazianz* das – erneut soteriologische – Hauptargument gegen ein solches Logos-Sarx-Modell auf den Punkt: *Quod non assumptum, non sanatum* – Was nicht vom göttlichen Logos angenommen wurde, wurde auch nicht durch ihn geheilt.[230] Denn erlösungs- und heilungsbedürftig ist eben nicht nur die äußere Hülle des Menschen. Das Wort Gottes sollte nicht nur im äußerlichen, sondern auch im seelischen Leiden des Menschen ankommen. Ein Gott, der nur in Menschengestalt verkleidet begegnet, kann nicht das Heil des *Menschen* aus Leib und vernunftbegabter Seele eröffnen, denn es gibt keine echte Verbindung. Nach Vorstellung der damaligen Zeit nimmt der Logos in seiner Inkarnation nicht nur einen einzelnen Menschen an, sondern damit zugleich die gesamte Menschennatur, die Menschheit mitsamt ihrer Geschichte, all ihrer Hinfälligkeit, Sündhaftigkeit, Leidensfähigkeit und Todesbedrohtheit. Das „Fleisch“ (lat.: *caro*; griech.: *sarx*; hebr.: *basar*) meint aus biblischer Sicht immer den Menschen in ebendieser ganzheitlichen Dimension. Wenn Gott als Ziel und Erfüllung des menschlichen Lebens in der Wirklichkeit des Menschen ankommt, wirklich *einen* konkreten Menschen „annimmt“, bahnt er damit auch einen Weg, um *alle* Menschen in seiner eigenen Wirklichkeit zu vollenden, d. h. zu „vergöttlichen“. Das betrifft jedoch den gesamten Menschen und darf nicht nur ein ihm äußerliches Phänomen bleiben.

Es wird deutlich: Nur *Gott*, der die Liebe ist, kann den Menschen erlösen und vollenden. Das war schon die Argumentation im Umfeld von Nizäa. Aber diese Erlösung muss auch tatsächlich beim *Menschen* ankommen, sie muss ihn *unmittelbar betreffen*, und zwar *als* Menschen. Auf diese Weise betrifft sie immer schon *jeden* Menschen in seiner *physis*, d. h. menschlichen Natur, die Gott selbst in Christus erfasst und vollendet hat.

Aus diesem Grund wurde das Logos-Sarx-Modell (als oberflächliche Begegnung des Logos in Menschengestalt) mehrfach verworfen und durch das *Konzil von Konstantinopel* (381) klar verurteilt. Stattdessen besinnt man sich zurück auf eine *Logos-Anthropos-Christologie*, die das *Verhältnis* des göttlichen *Logos* zu dem wahren *Menschen* Jesus, mit Leib und Seele, in den Blick nimmt. Doch ebendiese Verhältnisbestimmung sollte zur vielleicht größten Streitfrage der Christologie werden. Denn wie kann Jesus Christus zugleich göttlicher Logos *und* wahrer Mensch sein?

Zwei Schulrichtungen im Streit

Bald schon kristallisierten sich im 5. Jh. zwei Theologenschulen heraus, die unterschiedliche Perspektiven und damit auch verschiedene Christologien repräsentieren. Die *Alexandriner* rund um ihren Patriarchen *Cyrill* stehen für eine *Einigungs-Christologie*, die in ihrer extremen Form aber auch zu einer Vermischungs-Christologie werden konnte. In Jesus Christus seien göttlicher Logos und Mensch *vereint*, wobei das Göttliche so stark dominiere, dass das Menschliche kaum noch eine Rolle spiele. Die alexandrinische Schule ist geprägt von Athanasius und dem Konzil von Nizäa. Das Entscheidende für die Erlösung des Menschen ist Gott. Das Menschliche erscheint hingegen eher nebensächlich zu sein. Zwar wird formal daran festgehalten, dass Jesus auch Mensch war, doch gelingt es nicht immer sauber, sich von einer Logos-Sarx-Christologie abzugrenzen. Und es gibt zumindest die klare *Tendenz*, dass die vehement betonte *Einheit* aus Gott und Mensch als eine *Vermischung der beiden Naturen* gedacht wird, die gleichsam zu einer verschmelzen. Diese Ein-Naturen-Lehre als *Extremform* der Einigungs- bzw. Einheits-Christologie bezeichnet man als *Monophysitismus* (griech.: *mono* = einzig; *physis* = Natur). Die menschliche Natur Christi gleicht, so ein aussagekräftiger Vergleich der extremen Auffassung, einem Tropfen Honig, der vom unendlichen Ozean der göttlichen Natur absorbiert wird. Die Rede von der „einen Natur des fleischgewordenen Logos" lässt deshalb keinen Raum mehr für die freie Entscheidung des Menschen Jesus, für seinen Gehorsam, sein Leiden, seine Lernfähigkeit oder das Ringen mit dem Willen des Vaters.

Im Gegensatz dazu vertreten die stärker an historischer Exegese orientierten *Antiochener* eine *Unterscheidungs-Christologie*, bei der klar zwischen göttlicher und menschlicher Natur Christi differenziert wird. Es handelt sich um eine Einheit in Unterschiedenheit. Denn es sei eindeutig der Mensch Jesus, der der Versuchung widersteht, der leidet und aktiv an unserer Erlösung mitwirkt. Die Einheit dieses Menschen mit dem Logos kann als Zusammenwirken, als eine geschichtliche Funktions- und Wirkeinheit gesehen werden, wie *Theodor von Mopsuestia* meint. Eine Gefahr dieser Zwei-Naturen-Lehre *(Dyophysitismus)* besteht zumindest darin, dass sie im *Extremfall* als *Trennungs*-Christologie ausgelegt werden könnte: Wäre es möglich, dass der freie menschliche Sohn hier auch eigenständig und unabhängig vom Logos existiert? Den Vorwurf, dass man von einer nur moralischen Einheit aus „zwei Söhnen" oder gar von einem „geteilten Christus" ausgehe, haben zumindest Theodor und sein Schüler *Nestorius*, der Patriarch von Konstantinopel, scharf zurückgewiesen. Eine solche Trennung und eine nur durch moralisches Verhalten verbundene Einheit findet sich allenfalls bei den – fälschlicherweise nach ihm benannten – „Nestorianern". Vermeiden will man auf antiochenischer Seite aber generell eine Vermischung von Gott und Mensch sowie jede Unterschlagung des wahren Menschen Jesus. Dass man sich eher an biblisch-heilsgeschichtlichen Beziehungskategorien orientiert und weniger an metaphysischen Spekulationen (die in Alexandrien Tradition hatten), mag neben politischen Reibereien dazu beigetragen haben, dass die beiden Schulen aneinander vorbeiredeten. Dass (die aus der Trinitätslehre bekannten) Begriffe wie *prosopon, hypostasis, physis* noch synonym und kaum einheitlich verwendet wurden, hat sicher dazu beigetragen.

Es ist bezeichnend, dass sich beide Schulen und damit beide Perspektiven ein und derselben Argumentation bedienen: Für beide Seiten geht es primär um die soteriologische Bedeutung Jesu. Wie aufmerksame Leser/innen bei der Lektüre sicher längst bemerkt haben, wiederholt sich dieses Argument ständig, es führt wie ein roter Faden durch die Dogmengeschichte.

Alexandriner	**Antiochener**
Hauptvertreter: Cyrill	*Hauptvertreter:* Nestorius
Einigungs-Christologie Logos-Anthropos (z. T. Logos-Sarx)	**Unterscheidungs-Christologie** Logos-Anthropos
Teilweise Ein-Naturen-Lehre (Monophysitismus)	Zwei-Naturen-Lehre (Dyophysitismus)
Extrem: Vermischungs-Christologie	*Extrem:* Trennungs-Christologie
Anliegen: Dominanz des göttlichen Logos	*Anliegen:* Bewahrung des vollen Menschseins Jesu
Hauptargument: Erlösung ist nur durch Gott selbst möglich (Teilhabe an der göttlichen Natur)	*Hauptargument:* Erlösung muss beim Menschen ankommen (Heilung der menschlichen Natur)
Perspektive: Deszendenz-Christologie „von oben“	*Perspektive:* Aszendenz-Christologie „von unten“
Gefahr im Hintergrund: Verkürzung des Menschseins Christi	*Gefahr im Hintergrund:* Verkürzung der Gottheit in Christus

Der Konflikt zwischen den Hauptkontrahenten Cyrill und Nestorius spitzt sich schließlich zu, als der Antiochener Nestorius zwar von der „nicht getrennten“ Einheit von Gott und Mensch in ein und derselben Person Christi spricht, aber in dieser „unvermischten Verbindung“ dennoch die Eigenart der beiden Naturen jeweils gewahrt wissen will.[231] Das entscheidende Subjekt ist für ihn Christus und nicht einfach nur der göttliche Logos. Er sei als freier und leidensfähiger Mensch geboren aus Maria, die er deshalb lieber *christotokos* (Christusgebärerin) und nicht wie Cyrill *theotokos* (Gottesgebärerin) nennen will. Werden hier göttliches Wort und Mensch aber nicht doch getrennt voneinander betrachtet, während sie doch eine unauflösbare Einheit bilden? Aber kann umgekehrt Maria „Gott“ gebären? Der sich daran entzündende Streit wird auf dem *Konzil von Ephesus* ausgetragen.

Das Konzil von Ephesus (431)

In Ephesus dominiert klar die alexandrinische Position. Cyrill und seine Anhänger eröffnen das Konzil, während die gegnerische Partei noch gar nicht anwesend ist und man z. T. noch auf die anderen Gesandten wartet. Dieser Stil spricht für sich. In Abwesenheit werden Nestorius und seine Anhänger verurteilt, er wird als Patriarch von Konstantinopel abgesetzt und man legt sich auf den Titel *theotokos* fest. Erst später und nach einigen Wirren wird das Konzil von Ephesus nach gegenseitigen Vorwürfen und Verurteilungen von Rom, jedoch auch von Antiochien und Konstantinopel rezipiert. Im Fokus steht schließlich doch „ein und derselbe Christus", die Einheit aus Gott und Mensch, die nicht nur eine moralische Verbindung zwischen göttlichem Logos und menschlichem Sohn ist, nicht nur die Einwohnung des Logos im Menschen, sondern eine echte *Inkarnation* – Menschwerdung – des göttlichen Wortes in Jesus Christus.

Man legt fortan mehr Wert darauf, dass die spezifischen Eigentümlichkeiten *(idiomata)* beider Naturen *gewahrt* bleiben. Dies war eigentlich das Anliegen von Nestorius, dessen Verurteilung (sowie die der vermeintlichen „Nestorianer") bestätigt und auch von antiochenischer Seite akzeptiert wurde. Doch lassen sich in dieser gott-menschlichen Einheit die je eigentümlichen Prädikate der beiden Naturen durchaus im Blick auf ein und denselben Christus anwenden: Im Sinne dieser „Idiomenkommunikation" lässt sich also davon sprechen, dass Maria nicht nur einen Menschen oder den Christus zur Welt bringt, sondern eben jenen einen Menschen, der sich und sein Leben im ewigen Wort Gottes selbst vollzieht, weil es mit ihm in einer „Hypostase" geeint ist: Maria kann insofern als *Gottesgebärerin* bezeichnet werden – ein Titel, der freilich im *christologischen Kontext* zu verstehen ist. Würde er auf Gott an sich angewandt, wäre er nicht nur missverständlich, sondern falsch. Er bezieht sich allein auf die Hypostase des inkarnierten Logos, nicht etwa auf den Vater oder den Hl. Geist. Eine solche christologische Spitzenaussage ist deshalb auch nur innerhalb einer bereits ausdifferenzierten Trinitätstheologie möglich und sinnvoll, wie sie auf dem I. Konzil von Konstantinopel entfaltet wurde. Es ist das *Wort* Gottes, das mit dem Menschen Jesus von Nazareth, seinem Leben und Sterben *untrennbar verbunden* ist, weil in ihm die lebendige Dynamik der Zuwendung Gottes selbst begegnet. Wer von diesem Jesus spricht, spricht somit vom Wort Gottes an uns, das *als* Mensch durch eine menschliche Geburt aus Maria, durch ihre Offenheit für Gott in diese Welt gekommen ist.

Umgekehrt lernt Cyrill in Auseinandersetzung mit Nestorius und den Antiochenern dazu und präzisiert seine eigene Position. Er vermeidet nun die missverständliche Rede von der „einen Natur *(physis)* des inkarnierten

Logos“ und einer „physischen“ Einigung, die an Verwandlung oder eine Vermischung von göttlicher und menschlicher Natur denken lässt. Und so kommt es im Jahr 433 endlich zu einer *Einigungsformel*, einem Kompromiss, der den *Konsens* der beiden Schulrichtungen zum Ausdruck bringen soll und auf *Johannes von Antiochien* zurückgeht.

Eine Einigungsformel als Konsens (433)

Jesus Christus sei vollkommener Gott und vollkommener Mensch aus vernunftbegabter Seele und Leib (gegen jede Logos-Sarx-Lehre). Er sei vor den Zeiten *der Gottheit nach aus dem Vater gezeugt, seiner Menschheit nach geboren aus Maria.* Als ein und derselbe sei er *wesensgleich dem Vater (homoousios to patri)* der Gottheit nach und *wesensgleich uns (homoousios hemin)* der Menschheit nach. Hiermit wird also das „homoousios“ des Konzils von Nizäa, das zu einer einseitigen Akzentverlagerung und absoluten Dominanz des Göttlichen geführt hatte, ergänzt: Das wahre Menschsein Jesu darf keinesfalls unter den Tisch fallen – ein klares Zugeständnis an die Antiochener. Ebenso spricht man von einer *unvermischten Vereinung (henosis)* der *beiden* Naturen. Maria wird als Gottesgebärerin geehrt, weil durch sie nicht nur ein Mensch geboren, sondern in diesem auch das göttliche Wort Fleisch (Mensch) geworden ist.

Die Überwindung der Streitereien scheint nun greifbar nahe, da tritt ein älterer Mönch namens *Eutyches* auf den Plan, der auf alexandrinischer Seite vehement darauf besteht, dass aus zwei Naturen eine wird – er vertritt neben vielen anderen einen klaren *Monophysitismus* und eine Vermischung der beiden Naturen. Um die leidige Frage endgültig zu klären, appelliert er an den Bischof von Rom, der als Instanz der Rechtgläubigkeit gilt. Mit diesem Appell wächst dem römischen Bischof aber nicht nur eine Art Schiedsrichterrolle, sondern zunehmend auch eine theologische Autorität zu. Diese sollte für die Entwicklung des Papsttums eine nicht unwichtige Rolle spielen, da die römischen „Päpste“ im Westen bald mehr und mehr eine Vorrangstellung gegenüber den (zuvor gleichrangigen) Patriarchen in Alexandria, Antiochien und der damaligen Reichshauptstadt Konstantinopel beanspruchten.

Schlägerei und Post vom Papst – der Tomus Leonis

Leo der Große reagiert als Bischof von Rom mit einem Brief (Tomus) an Flavian, seinen Bischofskollegen in Konstantinopel, um die *Zwei-Naturen-Lehre* der Antiochener und damit auch den Konsens von 433 zu stützen. Denn die Eigentümlichkeiten der göttlichen und menschlichen Natur bleiben auch bei der Einigung in der einen Person gewahrt. Es kommt also zu keiner Vermischung von Gott und Mensch. Das Hauptargument ist – wenig überraschend – die Soteriologie. Denn es geht um die menschliche Natur, die durch Gott angenommen und geheilt wird. Christus, der *wahrer Gott* ist, ist auch *wahrer Mensch*. Seine menschliche Niedrigkeit und seine göttliche Erhabenheit stehen in einer „Wechselbeziehung" *(invicem)* zueinander, die ihn zum *Mittler (mediator)* zwischen Gott und den Menschen mache (1 Tim 2,5).

Leos Brief hätte 449 auf einem vom Kaiser erneut nach Ephesus einberufenen Konzil verlesen werden sollen. Es kam allerdings niemals dazu, weil die alexandrinische Partei dies gewaltsam verhinderte und den Gesandten den Zugang verweigerte. Diese nicht anerkannte Synode ging deshalb auch als *latrocinium* von Ephesus („Räubersynode") in die Geschichte ein. Sie zeigt, dass weder verbale noch körperliche Gewalt glaubwürdige Argumente sind, um die menschgewordene Liebe Gottes zu bezeugen. Jedenfalls sollte der Lehrbrief von Leo I. allen Hindernissen zum Trotz eine Steilvorlage für die eigentliche Entscheidung der christologischen Frage darstellen. Sie fällt auf der größten und bedeutendsten Kirchenversammlung der alten Kirche: dem *Konzil von Chalcedon*.

Das Konzil von Chalcedon (451)

Auf dem Konzil beruft man sich auf das Nizäno-Konstantinopolitanische Glaubensbekenntnis, das eigentlich „genügen" würde. Zugleich werden die jeweiligen Extrempositionen verurteilt. Man verwirft also nicht nur jede Trennungs-Christologie, sondern auch jede monophysitische Vermischungs-Christologie. Anschließend formuliert man, dem Brief Leos folgend, selbst eine *Definition*, deren Formulierung so fein ausbalanciert ist wie kaum eine andere in der gesamten Dogmengeschichte. Dieses *Dogma* markiert das Ergebnis der langen Streitigkeiten darüber, wer Jesus als Christus für den christlichen Glauben nun eigentlich „ist" und soll die *Balance* zwischen beiden Perspektiven sichern.

> In der Nachfolge der heiligen Väter also lehren wir alle übereinstimmend,
unseren Herrn Jesus Christus als *ein und denselben* Sohn zu bekennen:
derselbe ist *vollkommen in der Gottheit*
und derselbe ist *vollkommen in der Menschheit*;
derselbe ist *wahrhaft Gott* und *wahrhaft Mensch*
aus vernunftbegabter *Seele und Leib*;
derselbe ist der Gottheit nach *dem Vater wesensgleich*
und der Menschheit nach *uns wesensgleich*,

in allem uns gleich, außer der Sünde;
derselbe wurde einerseits *der Gottheit nach*
vor den Zeiten aus dem Vater *gezeugt*,
andererseits *der Menschheit nach* in den letzten Tagen
unseretwegen und um unseres Heiles willen
aus Maria, der Jungfrau und Gottesgebärerin, *geboren*;
ein und derselbe ist Christus,
der einziggeborene Sohn und Herr,
der *in* zwei Naturen
unvermischt, unveränderlich,
ungetrennt und unteilbar
erkannt wird, wobei nirgends wegen der *Einung*
der *Unterschied* der Naturen aufgehoben ist,
vielmehr die *Eigentümlichkeit* jeder der beiden Naturen *gewahrt* bleibt
und sich *in einer* Person und *einer Hypostase* vereinigt;
der einziggeborene Sohn, Gott, das Wort, der Herr Jesus Christus,
ist *nicht* in zwei Personen *geteilt oder getrennt*,
sondern ist *ein und derselbe*,
wie es früher die Propheten über ihn
und Jesus Christus selbst es uns gelehrt
und das Bekenntnis der Väter es uns überliefert hat. (DH 301 f.)

In Jesus, dem Christus, begegnet also wahrhaft Gott und wahrhaft Mensch, unvermischt und ungetrennt in ein und derselben Person. Dies ist die Konsequenz aus der Überzeugung, dass er das menschgewordene Wort Gottes, dessen heilsame und erlösende Selbstmitteilung ist.

Die stark ontologisch orientierte Definition von Chalcedon spricht dabei von einer Hypostase *in* zwei Naturen – nicht „aus“, um jeden Anschein einer Vermischung oder Zusammensetzung zu vermeiden.

Chalcedon reloaded

Nun wäre es ja langweilig, wenn damit schon alle Seiten zufrieden wären. Einerseits spalteten sich (gewiss auch aus politischen Gründen) die weiterhin monophysitisch orientierten Kirchen in Palästina, Syrien und Ägypten von der einen katholischen (Reichs-)Kirche ab. Andererseits bleiben noch einige Detailfragen, die geklärt werden müssen. Zum Beispiel stellt sich die Frage, was nun eigentlich mit dieser *einen* Hypostase gemeint sei.

Nach Ansätzen bei *Leontius von Jerusalem* und *Johannes von Damaskus* kristallisiert sich die Sichtweise heraus, dass die menschliche Natur Christi in der (trinitätstheologisch betrachtet „zweiten") göttlichen Hypostase des Logos *subsistiert* (sich darin vollzieht). Man spricht daher von einer *Enhypostasie* (Insubsistenz) des Menschen Jesus *im göttlichen Logos*. Dem entspricht die Entäußerung des Logos und seine Inkarnation. Das *II. Konzil von Konstantinopel* (553) prägt dafür im Anschluss an Ephesus den „neu-chalcedonischen" Begriff der *hypostatischen Union*: Das menschliche Wesen Christi kann in seiner geschichtlichen Konkretheit als solches nicht unabhängig vom göttlichen Logos existieren – ein Anliegen, das der alexandrinischen Seite sehr wichtig ist, um die reale, einzigartige Einheit zu unterstreichen.

In der hypostatischen Einheit – die im Sinne der Alexandriner nicht nur moralisch, sondern als faktisch ontologische zu verstehen ist – *berühren* sich göttliche und menschliche Wirklichkeit, Himmel und Erde: *unvermischt*, aber im realen Vollzug der Existenz Christi auch *untrennbar*. Man könnte darum sagen: Die hypostatische Union bezeichnet keine substantielle *Ver*einigung aus Gott und Mensch, sondern den einmaligen, raumzeitlich subsistierenden Berührungspunkt (= Hypostase) als seinshafte Zusammenführung von Gott und Mensch in der einen Person Christi. Dieser ist ein sich selbst *in* der Wirklichkeit göttlicher Liebe vollziehender Mensch, der in einzigartiger Beziehung zum göttlichen Logos steht. Weil „subsistere" aber ein dynamischer Begriff ist, kann diese Einheit der beiden Naturen nicht einfach statisch gedacht werden. Die hypostatische Union ist vielmehr der *dynamische, lebendige Existenzvollzug* des Menschen Jesus *als* Wort Gottes in der konkreten Heilsgeschichte. Damit ist die Formel von Chalcedon präzisierend ergänzt, aber voll und ganz gewahrt.

Ein oder zwei Willen?

Eine letzte Frage stellt sich der Alten Kirche noch mit der Debatte um den *Monotheletismus*. Dabei geht es um den (monophysitisch motivierten) Versuch, zwar formal die menschliche Natur Christi anzuerkennen, ihm aber einen freien menschlichen Willen abzusprechen, weil dieser ganz beim göttlichen Logos anzusiedeln sei: Es gebe, so diese Position, *nur einen Willen (thelema)*, nämlich den *göttlichen* in Jesus Christus. Aus diesem Monotheletismus ergibt sich dann auch ein *Monergismus*, eine einzige (die göttliche) Wirksamkeit *(energeia)*. Es dürfte klar sein, dass man hier unter der Hand versucht, den Monophysitismus in seinen entscheidenden Punkten zu rehabilitieren. Natürlich regt sich der Widerstand all jener, die das Konzil von Chalcedon verstanden und verinnerlicht haben. Im Kontext des Streites wendet sich Patriarch Sergius von Konstantinopel an *Honorius I.*, den Bischof von Rom. Dieser plädiert tatsächlich für nur *einen* Willen in Christus.

Es ist ein kirchengeschichtlich herausragendes Beispiel dafür, dass auch ein Papst – dem man auf dem I. Vatikanischen Konzil im Falle der Beanspruchung seiner höchsten Lehrautorität als Oberhaupt der Kirche Unfehlbarkeit in Glaubensfragen attestiert – sich in einer zentralen Glaubensfrage irren kann und eine Lehre vertritt, die (soweit rekonstruierbar) mit dogmatischen Grundüberzeugungen der Kirche nicht im Einklang steht, ja im Nachhinein *verworfen* wurde. Das sollte im 19. Jh. zu einem gewichtigen Argument in den Debatten um die Autorität des Papstes werden, auch wenn offen bleiben kann, ob Honorius schon eine theologisch differenzierte, definitive Entscheidung fällen wollte.

Es kommt zuerst zu einem kaiserlichen Edikt, wonach ein Wille in Christus als Glaubensformel diktiert wird. Nun taucht aber die Frage auf, ob ein wahres Menschsein ohne eigenen Willen überhaupt möglich ist. *Maximus Confessor* († 662) verteidigt aus bekannten soteriologischen Gründen die Zwei-Naturen-Lehre und damit die zwei Willen und Wirkvermögen, die in Jesus Christus verbunden sind und zum Heil der Menschen zusammenwirken. Darum differenziert Maximus zwischen a) *thelema physikon*, dem grundsätzlichen Vermögen eines eigenen freien Willens mit eigenem Bewusstsein und der Fähigkeit, über sich selbst verfügen zu können, was sowohl der Natur *(physis)* jedes Menschen als auch Gott zukommt; und b) *thelema gnomikon*, dem konkreten Wählen und Wollen, d. h. die faktische Anwendung dieses Willensvermögens. Jesus besitzt also wie jeder Mensch qua seiner menschlichen Natur einen eigenen Willen und vermag daher über sich selbst frei zu verfügen. In ihm fallen aber menschlicher und göttlicher Wille im konkreten Wollen und Wirken faktisch so zusammen, dass sie zur Deckung kommen.

Das *III. Konzil von Konstantinopel* (680/681) spricht darum von *zwei* physischen Willens- und Wirkvermögen in Christus (menschlich und göttlich), deren Bestrebungen nicht gegeneinander gerichtet sind. Es lehrt also einen klaren *Dyotheletismus*, eine Zwei-Willen-Lehre. Dabei folgt oder gehorcht der menschliche Wille dem göttlichen, so dass es zu einer Übereinstimmung und Einheit kommt. Damit wird das Menschsein Jesu konkreter und die Einheit weniger statisch, sondern viel dynamischer und aktiver.[232] Das entspricht nach dem II. Konzil von Konstantinopel und dessen alexandrinisch motivierter Enhypostasielehre dem Ur-Anliegen der Antiochener, denn sie hatten immer schon den Gehorsam Jesu betont, weil es soteriologisch bedeutsam sei, dass er *frei* und bewusst den Willen Gottes vollbringt und *als* Mensch der Immanuel, der Gott mit uns und für uns ist. Denn *mit* ihm beten die Christen zum Vater: Dein Wille geschehe – um im Vollzug dieses Willens seinem Wort nachzufolgen, um ihm selbst zu entsprechen. Insofern Jesus Christus *dem Willen Gottes selbst vollkommen entspricht*, kann er uns selbst als *das* Wort Gottes ansprechen und beanspruchen. Mit Hans Kessler können wir an dieser Stelle resümieren: „Was im Rahmen eines hellenistisch-metaphysischen Gott-Mensch-Schemas christologisch gesagt werden konnte, war gesagt. Die altkirchlich-hellenistische Christologie fand ihren Abschluss.“[233]

Rückkehr der Christologie zu ihrem Ursprung

In einem bedeutenden Aufsatz hat Karl Rahner einmal betont, die Formel von Chalcedon sei in gewisser Hinsicht Ende und Anfang zugleich. Sie markiert schließlich einerseits das Ziel langer christologischer Streitigkeiten und ist andererseits immer wieder maßgeblicher Ausgangspunkt, um zu erklären, wer dieser Jesus Christus in seiner Bedeutung für uns denn sei.[234]

Vielfalt der Zugänge

Das mit der Person Jesu untrennbar verbundene Evangelium gilt es inmitten verschiedenster menschlicher Lebenssituationen neu zu artikulieren und zu inkulturieren. Daher entstanden und entstehen Christologien in unterschiedlichen Kontexten, die hier leider nicht näher besprochen werden können. Sie versuchen, die Bedeutung Jesu aus ihrer jeweiligen Perspektive zur Sprache zu bringen und werden in einer legitimen Vielfalt verschiedene Akzente setzen, je nach den Fragen und Erfahrungen der jeweiligen Zeit, Region, Kultur und Denkform.

Hier seien nur kurz einige Beispiele benannt. Die *lateinamerikanische Befreiungstheologie*[235] sucht ihren Zugang zu Jesus Christus primär aus der Perspektive der Armen und Unterdrückten, der Leidenden und nach Gerechtigkeit fragenden Menschen dieser Welt, mit denen sich Jesus identifiziert und solidarisiert hat und die uns in unserer Verantwortung fordern (Mt 25,31–46; Lk 6,20–23). Die *neue Politische Theologie*[236] fragt, wie man nach einer grausamen Katastrophe wie Auschwitz, den Schrecken des 20. Jh. und angesichts der Leidfrage eine für dieses Leiden sensible Christologie betreiben kann, die auch das Leiden und den Tod Christi ernst nimmt und begründete Hoffnung ermöglicht, die zu einer verantwortungsbewussten und empathischen „Mystik der offenen Augen“ führt. Eine ganz besondere Herausforderung stellt dabei natürlich eine *Christologie im jüdisch-christlichen Dialog* dar.[237] Ebenso aktuell ist der *christlich-islamische Dialog*.[238]

In *heilsdramatischen Ansätzen* wird vor allem die ganze Dramatik der Verkündigung, Ablehnung und siegreichen Barmherzigkeit in der Sendung Jesu nachgezeichnet.[239] *Stilistische Ansätze* beleuchten die einzigartige Haltung Jesu, die Art und Weise seines Lebensstils, der in der Begegnung mit ihm dazu führt, selbst einen bestimmten Lebensstil, den eigenen Glauben in seiner einzigartigen Dynamik zu entfalten.[240] Christologien können eher *narrativ* auf Leben und Geschichte Jesu Christi blicken[241]; sie können *ästhetisch* ansetzen und mehr die Gestalt bzw. Ausdrucksgestalt[242] Jesu in den Blick nehmen oder seine Bedeutung dezidiert *freiheitstheoretisch*[243] durchbuchstabieren. *Transzendentale Christologien*[244] zeichnen sich gerade dadurch aus, dass sie die Vielfalt dieser Perspektiven füreinander offen halten und integrieren können, indem sie menschliches Fragen und Suchen mit der realsymbolischen, sakramentalen Ausdrucksgestalt Christi, seinem Leben und seiner konkreten Geschichte verbinden und zugleich an unsere ethische Verantwortung appellieren.

Ein und derselbe

In der Pluralität dieser Zugänge gibt es aber etwas, was generell alle Christologien verbindet. Es ist der Blick auf ein und denselben Jesus Christus, einen *konkreten Menschen* namens Jesus von Nazareth, der nicht nur eine Vergegenwärtigung des Wortes Gottes unter denkbar vielen darstellt, sondern als Messias das ultimative *Wort Gottes* in geschichtlicher Unüberholbarkeit, Universalität und eschatologischer Endgültigkeit selbst ist. Es handelt sich um die einzigartige *Selbst*mitteilung Gottes in dieser Geschichte, die gerade *darin* besteht, dass die unsterbliche Macht der Liebe, die Gott ist, in dieser Welt nicht nur punktuell erfahrbar, sondern in jeder Hinsicht grenzenlos geworden ist: Sie überschreitet in ihrer existentiellen Bedeutung für alle Menschen Zeit und Raum und bleibt dennoch an das konkrete Schicksal dieses einen Menschen gebunden, durch den der Bund Gottes mit allen Menschen einzigartig verkörpert wird *und* in dem er sich zugleich als wahrhaft tragfähig erwiesen hat – über Sünde und Tod hinaus. Gott bindet sich und sein Wort an das Schicksal dieses Menschen, identifiziert sich mit ihm und spricht durch ihn alle Menschen an. So kommt die machtvolle *Herrschaft Gottes* in dieser Welt zum Durchbruch; sie erfüllt spürbar die Zeit und Geschichte – auch wenn ihre eschatologische Vollendung in der Ewigkeit Gottes noch aussteht, solange Gott uns Zeit lässt.

Diese unverfügbare, aber greifbare Präsenz Gottes und seiner siegreichen Barmherzigkeit lässt sich fortan nicht mehr revidieren oder gar eliminieren – wie auch immer man sich zu ihr verhält. Die Inkarnation des Logos geschieht in Aneignung eines menschlichen Lebens, das in freier Selbstverfügung zur unhintergehbaren Ausdrucksgestalt der *universalen* Liebe Gottes und ihrer befreienden, erlösenden Dynamik geworden ist.

Thomas von Aquin (1225–1274) verstand auf der Basis der altkirchlichen Christologie die menschliche Natur Jesu als Zeichen und Werkzeug dieser Liebe Gottes, die in einer dem Menschen „konvenienten“ (angemessenen) Weise begegnet: Sie wird leiblich und sinnlich spürbar durch den Mitmenschen erfahrbar. Denn Gott wirkt durch Menschen in dieser Welt. Der wahre Mensch Jesus Christus ist freies, eigenständiges, aber mit Gott innig verbundenes „Werkzeug“ *(instrumentum coniunctum)* der menschlichen Erlösung, weil durch ihn die erlösende Liebe Gottes unter den menschlichen Bedingungen realisiert *und* siegreich manifestiert wird.

Der Mensch, angesprochen und berührt durch diese Liebe Gottes, soll sich selbst auf den Weg dieser Liebe *(via caritatis)* machen, um dem endgültigen, d. h. ein für alle Mal gesprochenen Wort Gottes selbst zu entsprechen. Der vollkommen im göttlichen Logos subsistierende Jesus Christus ist somit das *sacramentum et exemplum*, das wirksame Zeichen und Vorbild für alle Menschen, die durch den Sohn Gottes dazu berufen sind, selbst Kinder Gottes zu werden. Und er wird zum Ziel aller Suchenden, die nach Erfüllung und Vollendung ihrer Liebe fragen.

> „Denn die Gnade Gottes ist erschienen, um alle Menschen zu retten. Sie erzieht uns dazu, uns von der Gottlosigkeit und den irdischen Begierden loszusagen und besonnen, gerecht und fromm in dieser Welt zu leben, während wir auf die selige Erfüllung unserer Hoffnung warten: auf das Erscheinen der Herrlichkeit unseres großen Gottes und Retters Christus Jesus. Er hat sich für uns hingegeben, damit er uns von aller Ungerechtigkeit erlöse und für sich ein auserlesenes Volk schaffe, das voll Eifer danach strebt, das Gute zu tun.“ (Tit 2,11–14)

Bemerkenswert ist, dass hier noch eine *theozentrische* – auf den Vater bezogene – Einheit von Christologie und Soteriologie gegeben ist, die im Laufe der Jahrhunderte jedoch zunehmend auseinanderbrach und beide unverständlich werden ließ. Jesu Existenz ist die *Zusage Gottes*, das ewig treue *Wort* des Vaters *an alle* Menschen, das als konkret greifbarer *Weg* des Lebens begründetes Vertrauen, neue Hoffnung und grenzenlose Liebe erweckt: eine gelöste und erlöste *Haltung*, die den Menschen frei macht, um selbst für andere da zu sein und sich zuversichtlich in die bergende Barmherzigkeit des Vaters loszulassen, der in seinem Geist Leben schenkt. Darin liegt die Bedeutung Jesu „für uns“, insofern er Gott und Mensch untrennbar verbindet.

6. War das Kreuz denn wirklich nötig?

Markus Weißer

Die bereits vielfach beschworene soteriologische Bedeutung Christi steht und fällt mit der *Auferweckung Jesu*, die seinen *Kreuzestod* in einem völlig neuen Licht erscheinen lässt. Wir blicken also von der Ostererfahrung her auf das Kreuz und müssen uns daher fragen, was es mit der Rede von der Auferstehung Jesu auf sich hat. Nur vor diesem Hintergrund wird auch die Deutung und Bedeutung seines Kreuzestodes in ihrer ganzen Tragweite verständlich und sinnvoll. Denn: „Die spannungsvolle Einheit zwischen der Geschichte und der Auferstehung Jesu ist soteriologisch ausgerichtet. Von einer Heilsbedeutung des Basileia-Wirkens wie des Todes Jesu könnte ohne die Auferstehung schlechterdings nicht die Rede sein; umgekehrt bringt die Auferstehung gerade das ‚Für' des Lebens und Sterbens Jesu eschatologisch zur Geltung."[245]

Was sucht ihr den Lebenden bei den Toten?

Der Osterglaube und sein Zeugnis spiegeln sich in zwei verschiedenen Textgattungen des Neuen Testaments. Dort findet sich die ältere und eher formelhafte *Bekenntnistradition* und eine narrativ entfaltete *Erzähltradition.*

Der Osterglaube in der Bekenntnistradition

Paulus überliefert, was auch er selbst empfangen hat; es handelt sich um früheste *Bekenntnisse* des christlichen Glaubens an den Gekreuzigten und Auferstandenen: „Gott hat Jesus von den Toten auferweckt" (1 Thess 1,10; Gal 1,1; Röm 4,24 f.; 1 Kor 15,15; Eph 1,20; Kol 2,12; Apg 2,32; u. a.). Die frühesten Formeln sind *theozentrisch* geprägt, d. h. *Gott*, der Vater, steht hier im Zentrum. Es sind primär Aussagen über ihn und sein rettendes Handeln. Jesus *wurde*, bildlich gesprochen, „auferweckt" (griech.: *egerthe*; passiv). Und diese *Auferweckung* geschieht durch die Macht Gottes, den lebendig machenden Geist und Lebensatem dessen, der Herr über Leben und Tod ist.

Christologisch zentral ist, dass mit der Auferweckung und Erhöhung Jesu in die Wirklichkeit Gottes eine *Bestätigung* des leidenden Gerechten (seiner Botschaft und Person) verbunden ist. Diese theologische Spitzenaussage ließe sich auch so formulieren: Gott der Vater identifiziert sich mit dem Sohn, gibt ihn nicht der Vernichtung und Vergessenheit preis, sondern erfüllt seine Verheißung. Insofern Jesus in diese zunächst offene und erhoffte *Antwort Gottes* hineinstirbt und als der lebendige Sieger über den Tod begegnet, kann man von seiner aktiven Auferstehung sprechen, die ihn selbst zum letzten Wort Gottes in dieser Geschichte werden lässt. Denn damit wird die größtmögliche Barmherzigkeit, die Jesus doch im Namen des Vaters verkündete, mit der rettenden Gerechtigkeit für ihn, den leidenden Sohn, versöhnt.

Christus ist für unsere Sünden *gestorben,*
gemäß der Schrift, und ist begraben worden.
Er ist am dritten Tage *auferweckt worden,*
gemäß der Schrift, und *erschien* dem Kephas (Petrus),
dann den Zwölf. (1 Kor 15,3–5)

Entscheidend ist der Schriftbezug, der an den Gottesknecht als den leidenden Gerechten denken lässt (Jes 53,1–12). Die Auferweckung am dritten Tag symbolisiert etwas völlig Neues: eine wahre Neuschöpfung, die nach dem explizit unterstrichenen *Tod* und dem Tag der Grabesruhe anhebt. Die „Erscheinungen" des Auferstandenen dürfen nicht als ein primitives Auftauchen oder gar Herumgeistern im Hollywood-Stil verstanden werden. Im Unterschied dazu sind die gemeinten *Epiphanien* ein aktives und spürbares Sich-als-lebendig-zur-Erfahrung-Bringen des Gekreuzigten, mitten im Leben derer, die ihn kannten. Er wird plötzlich in einem neuen Licht gesehen (griech.: *ophte*) und offenbart sich nun trotz seines biologischen Todes als der Gerettete und Lebende, der in Gottes eigener Wirklichkeit endgültig geborgen und vollendet ist, während er in einer ungebrochenen Beziehung zu seinen Mitmenschen steht. Das griechische Wort *ophte* (er wurde gesehen/ zeigte sich/ lässt sich sehen) markiert hier eine erfahrbare Selbstoffenbarung, analog zu Gotteserfahrungen/Theophanien (griech.: *phainestai*: sich zeigen).

Hier gilt es, einem der vielleicht häufigsten *Missverständnisse* vorzubeugen, die im Kontext des christlichen Auferstehungsglaubens begegnen: Es geht hierbei *nicht* um eine Rückkehr in das bisherige Leben; Auferstehung ist *keine* Wiederbelebung eines Leichnams oder ein Weiterleben wie bisher. Würde der Auferstandene einfach unter den normalen Bedingungen dieser

Welt „wieder leben", dann müsste er irgendwann auch wieder sterben. Genau dies ist aber nicht gemeint. Ein eher mythologisch oder märchenhaft anmutendes ‚Weiter so' kann sogar ausgeschlossen werden:

„Wir wissen, dass Christus, von den Toten auferweckt, nicht mehr stirbt; der Tod hat keine Macht mehr über ihn" (Röm 6,9). Es handelt sich um eine völlig andere, eine neue Qualität von Leben: ein vollendetes Leben in und für Gott.

Die Entfaltung des Osterglaubens in der Erzähltradition

In den *Erzähltraditionen* werden die „Erscheinungen" des Auferstandenen bereits narrativ entfaltet und ausgestaltet. Der Auferstandene trägt dabei die Wundmale seiner Kreuzigung, ist also identisch mit dem getöteten Jesus, der gelitten hat, gestorben ist und begraben wurde – all das wollte man später in gnostischen Kreisen ja nicht mehr wahrhaben. In den Evangelien wird die Auferstehung Jesu auch in die Geschichte seiner Grablegung und das Auffinden des leeren Grabes am Ostermorgen eingebettet. Aber in *keinem* der vier Evangelien wird ein Vorgang der Auferweckung geschildert. Anders verhält es sich im apokryphen (später entstandenen und von der Kirche nicht mehr als authentisches Glaubenszeugnis anerkannten) Petrus-Evangelium, wo Jesus von Engeln aus dem Grab getragen und die Auferstehung so inszeniert wird. Die vier kanonischen Evangelien hingegen vermeiden dies ganz bewusst. Wir wissen nicht, was „im dunklen Grab" geschah, es lässt sich nicht beobachten, nicht einmal mutmaßen. Jeder Leser merkt sofort, dass sich die vier Erzählungen der Evangelisten nicht harmonisieren lassen. Das war auch schon bei der Zusammenstellung des biblischen Kanons klar und macht wieder einmal deutlich, dass diese biblischen Erzählungen gerade in ihrer unterschiedlichen Ausgestaltung der Evangelien keine historische Tatsachenbeschreibung darstellen. Treffen die Frauen bei Mk im leeren Grab auf einen „jungen Mann" mit weißem Gewand, so begegnet ihnen bei Mt ein Engel, bei Lk und Joh sind es dann schon zwei. Jeder Evangelist erzählt dieselbe Geschichte auf seine Weise. Entscheidend ist jedoch nicht diese narrative Ausgestaltung, sondern vor allem die darin transportierte *Erfahrung: Jesus lebt.* Bei Lukas wird dies meisterlich durch eine rhetorische Frage vermittelt: „Was sucht ihr den Lebenden bei den Toten?" (Lk 24,5) Denn das Grab ist ein *Ort des Todes* – es trägt kein Leben in sich. Bei Matthäus und Lukas heißt es gleichermaßen: *Er ist nicht hier.* Und die Begründung ist dieselbe: Denn er ist auferstanden (Mt 28,6; Lk 24,6). Auch bei Markus heißt es: „Erschreckt nicht! Ihr sucht Jesus von Nazareth, den Gekreuzigten. Er ist auferstanden; er ist nicht hier" (Mk 16,6).

Man sucht und erwartet den Gekreuzigten also im Abgrund des Todes, aber er ist nicht dort. Das (leere) Grab ist *offen*: Es kann Jesus nicht halten. Er sprengt das versiegelte Tor des Todes. Es würde den Rahmen sprengen, an dieser Stelle auf die vielen spannenden Fragen einzugehen, die sich mit diesen Ostererzählungen verbinden: Warum sind es (in einer zutiefst patriarchalen Gesellschaft) ausgerechnet Frauen, die zu den ersten Zeuginnen dieser Erfahrung werden? Wie steht es um die Rahmenbedingungen und die erzählerischen Motive? Und welche Bedeutung hat dabei das leere Grab? Argumentativ und theologisch spielte es jedenfalls nie eine annähernd so zentrale Rolle wie die Erfahrung, dass Jesus lebt und *aktiv* in dieser Welt fortwirkt. Er steht in einer lebendigen und unzerstörbaren Beziehung zu den Seinen und wird von ihnen mehrfach und trotz Angst und Zweifel als der Erste der Entschlafenen empfunden, der nun den Abgrund zwischen dem Gott des Lebens und einer dem Tod verfallenen Menschheit überbrückt.

Die soteriologische Bedeutung der Auferstehung Jesu

Solidarität im Tod und Verbundenheit im Geist des Lebens

Jesu „Abstieg in das Reich des Todes" wird angesichts eines schändlichen Verbrechertodes als absolute *Solidarität* mit allen Menschen, gerade mit Verstoßenen und Verworfenen empfunden, für die es anscheinend doch noch Hoffnung gibt. Denn wer „in ihm" stirbt, mit ihm verbunden ist, indem er den lebendigen Geist der Liebe Gottes in sich trägt, ist nicht allein der Verwesung überlassen. Er wird auch mit ihm leben. Das gilt auch für die Generationen vor Christus und alle, die er vermeintlich niemals erreichen konnte. Wenn mit ihm das Wort Gottes selbst (seine Zusage der Liebe, sogar für die Sünder) bis in den Tod geht und ihn mit ewigem Leben erfüllt – was sollte dann noch trennen von der Liebe Gottes, solange man sich ihr nicht verschließt?

> „Wenn aber der Geist dessen in euch wohnt, der Jesus von den Toten auferweckt hat, dann wird er, der Christus von den Toten auferweckt hat, auch eure sterblichen Leiber lebendig machen, durch seinen Geist, der in euch wohnt." (Röm 8,11)

Dass die *leibliche* Auferstehung keine körperliche Reanimation bedeutet, wird später noch im Kapitel zur Eschatologie näher erläutert. Im Blick ist der gesamte Mensch, in seiner personalen Ganzheit, mit seiner Geschichte und all seinen Beziehungen, die ihn ausmachen. Wer also sein Leben in der *Selbstüberschreitung* der Liebe lebt, übereignet sich damit selbst an die lebendige Dynamik Gottes, der nun als reine Liebe verstanden werden darf – und niemand kann sagen, wann und wo diese Liebe im Leben eines Menschen geschieht oder er an ihr Anteil hat.

> „Stark wie der Tod ist die Liebe, die Leidenschaft ist hart wie die Unterwelt. Ihre Gluten sind Feuergluten, gewaltige Flammen. Auch mächtige Wasser können die Liebe nicht löschen; auch Ströme schwemmen sie nicht weg." (Hld 8,6 f.)

Sieger über Sünde und Tod

Wo immer sich diese Liebe ereignet, endet sie nicht mit dem biologischen Tod des Menschen. Wer vielleicht schon einmal einen lieben Angehörigen oder Freund verloren hat, weiß wohl aus eigener Erfahrung, dass die Beziehung zu dieser Person ja nicht einfach erlischt. Der Mensch und das, wofür er steht, verschwindet nicht einfach aus unserem Leben oder der Geschichte. Er wirkt in vielfacher Weise direkt oder indirekt fort und bleibt auf diese Welt und seine Mitmenschen bezogen. Die Jünger/innen Jesu erfahren ihn nicht nur als einen Mann, der sein Leben voll und ganz Gott, dieser Liebe weihte – einer Liebe, die noch seinen Feinden gilt! Sie erfahren ihn auch als denjenigen, durch den diese Liebe Gottes erstmals in der Geschichte wirklich *für alle* – universal – *offen*steht, um wirklich *jeden* Menschen anzusprechen. Und sie machen durch ihn die einzigartige Erfahrung, dass es in dieser Welt voll Hass und Gewalt etwas wahrhaft Gutes gibt: eine *unsterbliche Güte*, die bleibt und nicht einfach getötet werden kann. Denn man kann einem Menschen das Leben nehmen, aber niemals *diese* Liebe. Man kann sich ihrer nicht von außen bemächtigen. Sie ist auch unter Folter und äußerem Zwang *frei* und bleibt absolut *unantastbar.* Genau dies meint Paulus, wenn er von der Freiheit der Kinder Gottes redet, die darin dem Sohn nachfolgen (vgl. Röm 8,31–39). Wo dieser Jesus gebrochen und schwach erscheint, *offenbart* sich seine eigentliche Würde und Stärke. Seine vermeintliche Schwachheit ist sein eigentlicher Triumph; was vielen als Dummheit gilt, ist *wahre Weisheit* Gottes (vgl. 1 Kor 1,18–25). In dieser offenbarungstheologischen Singularität besteht die Einzigartigkeit des Sohnes Gottes.

Dass Jesus mit seiner Haltung vor Gott und den Menschen nicht nur der *Sieger* über Hass und Gewalt, sondern *sogar über den Tod* ist, ist die bahnbrechende Erfahrung von Ostern, die von mehreren seiner völlig verängstigten Anhänger plötzlich gemacht wird: Wer, wenn nicht Er?

Quelle und Ziel des Hl. Geistes

Dass eine solche in der Weltgeschichte einzigartige Manifestation universaler Barmherzigkeit nicht im Nichts zerrinnt, ist der entscheidende Impuls, der eine Bewegung in Gang setzt, die sich nicht mehr aufhalten lässt: Es ist die pure *Dynamik des Hl. Geistes*, der Frieden, Eintracht, Versöhnung – ein Leben in der Gemeinschaft dieser Liebe spendet. Aber jener Geist des Gekreuzigten und Auferstandenen durchweht die ganze Menschheits- und Heilsgeschichte, er drängt hin auf die Ausdrücklichkeit dessen, was ja immer schon die Herzen aller Menschen guten Willens bewegt. Und er findet nach christlichem Glauben sein *Ziel* im Messias, der nicht nur Quelle, sondern auch innere Triebfeder bzw. Zielursache (Entelechie) dieser universalen Geistdynamik ist. Wer sich und sein Leben der Liebe öffnet, indem er die starren Mauern seiner Selbstbezogenheit sprengt, begibt sich auf einen existentiellen Exodus: Er verlässt sich auf Gott und die Menschen hin, in der vertrauensvollen Hoffnung, dass diese Selbstüberschreitung nicht enttäuscht wird, nicht in der Vergeudung unserer Lebenszeit und -qualität oder gar im Schlund eines letztlich absurden Todes endet, der – wenn wir ehrlich sind – auch jede Ethik verschlingt.

Wie tragfähig ist Liebe? – Frage und Antwort in Person

Als Menschen sind wir, wie es Karl Rahner[246] formuliert hat, *immer schon auf der Suche* nach einer rettenden und erfüllenden Offenbarung Gottes in der Geschichte. Der Mensch horcht hinaus in die Weite seines Herzens und seiner Erfahrungswelt, ob ihm nicht ein „Wort" Gottes, seine erlösende Selbstzusage begegnet, welche eine *Antwort* auf die Frage gibt, *wie tragfähig unsere Liebe ist* – zumal diese Liebe für Judentum und Christentum gleichermaßen die zentrale Wegweisung für ein erfülltes Leben markiert. Führt sie in den Tod? Führt sie ans Kreuz?

In Christus begegnen diese menschliche Frage *und* die göttliche Antwort in ein und derselben Person. Als potentielle „Hörer des Wortes"[247] machen Menschen nun die konkrete Erfahrung, dass der wahrhaft Liebende am Ende nicht der letzte ‚Depp' dieser Weltgeschichte ist, sondern dass Liebe und Barmherzigkeit einen wahrhaft tragfähigen Grund und das verlässlichste Ziel unseres Lebens darstellen. Eine solche Erfahrung konnten wohl nur die machen, die mit dieser wahrhaft göttlichen, weil *grenzenlosen* Liebe in ihrem eigenen Leben konfrontiert waren.

Ob wir dem Zeugnis der Jünger/innen, das diese mit ihrem Blut besiegelten, Glauben schenken, ist *die* Gretchenfrage des Christentums schlechthin. Es bleibt aber keine neutrale Fragestellung, sobald ihre einzigartige Erfahrung und Botschaft mit unserer eigenen Auferstehungshoffnung, unseren über den Tod hinaus verwandelten Beziehungen und unserer Erfahrung der Liebe in Korrelation stehen.

Die Erfahrung der Jünger/innen ist nicht empirisch verifizierbar. Die Auferstehung ist nämlich kein äußerer historischer Vorgang, aber sie manifestiert sich in der Geschichte. Sie ist die end-gültige und erfüllende Vollendung Jesu und seiner Lebensgeschichte, die mit der Geschichte derer verwoben bleibt, die seine ungebrochene und unsterbliche Präsenz über den Tod hinaus erleben. Die Erfahrung des lebendigen Jesus, der sie persönlich anspricht und neu beansprucht, bewirkt zumindest eine historisch klar messbare – und keineswegs erklärbare – Kehrtwende bei seiner Anhängerschaft, die sich total zerschlagen und verkrochen hatte. Plötzlich sammeln sie sich erneut; verflogen ist jede Furcht und Resignation. Jesus lebt, er *sendet* seine Jüngerinnen und Jünger, die auf ihrer *Mission* nun selbst bereit sind, bis in den eigenen Tod das Evangelium von Jesus, dem Christus, der heilbringenden Selbstzusage Gottes zu verkündigen – um die eschatologische Vollendung der Herrschaft Gottes zuversichtlich zu erwarten.

Gottes Selbstoffenbarung und Weg des Lebens

Dass die unter uns und für uns menschgewordene göttliche Liebe unsterblich ist, sich darin als der *Weg des Lebens* (Joh 14,6) zu erkennen gibt und durch Jesu Lebendigkeit weiterhin aktiv wirkt, hat Bedeutung für jeden Menschen als Menschen. Der Messias, der unser menschliches Los teilt und insofern immer schon mit allen Menschen verbunden ist, wird zur Mitte der Zeiten, weil sich in ihm die lange erhoffte Zeitenwende vollzogen hat: *Gott hat sich selbst offenbart durch seinen Sohn, damit alle Söhne und Töchter des einen Gottes werden können, damit ihr Glaube, ihre Hoffnung und ihre Liebe explizit ihren Grund, ihr Ziel und ihren Sinn finden.*

Diese soteriologische Bedeutung der Auferstehung Jesu lässt sich nicht von seinem Kreuzestod trennen – wie dieser sich nicht einfach von seinem Leben und seiner Verkündigung isolieren lässt. Die Heilsbedeutung Jesu ist dennoch primär in seiner *Auferstehung* begründet, ohne die sein Leben und Sterben doch völlig uninteressant wären (vgl. 1 Kor 15,12–19). Erst auf diesem Fundament stellt sich die damit untrennbar verbundene Frage nach der soteriologischen Qualität seines Kreuzestodes.

So wird der Auferstandene von den Emmaus-Jüngern gerade im Brechen des Brotes und beim gemeinsamen Abendmahl erkannt, als sich ihnen der Sinn der Schriften Israels durch ihn völlig neu erschließt. Die Eucharistiefeier als Kommunion und Teilhabe am „Leib Christi", dem Brot des Lebens (Joh 6,35), wird daher den *Tod* des Herrn verkünden und seine *Auferstehung* im Gebet preisen, wie es später in der Liturgie heißt. Aber „musste" dieser brutale und blutige Tod am Kreuz unbedingt sein? Braucht's das? – wie der Bayer zu fragen pflegt. Welche Deutung und Bedeutung kann dem *Kreuzestod von Ostern her* zugeschrieben werden? Hat seine Gestalt also einen spezifischen Sinn, der nur so zum Ausdruck kommen konnte?

Vielfalt soteriologischer Deutungen

Die grundlegende soteriologische Bedeutung der Auferstehung Jesu ist, wie wir sehen konnten, gebunden an Jesu Kreuzestod. Dieser ist wiederum nur die *Verdichtung seines Lebens* und der damit verwobenen Verkündigung der Herrschaft Gottes. Es besteht die Gefahr, dass aus dieser Verdichtung eine kreuzestheologische Verengung wird, die alle anderen Elemente ausblendet und Christus nur noch auf sein Kreuz reduziert. Es besteht außerdem die Gefahr, dass dadurch eine Art Erlösungsmechanismus vorgestellt wird, durch den ein vermeintlich beleidigter Gott irgendwie gnädig gestimmt werden müsse – eine Vorstellung, die weder dem Befund des Alten Testaments noch der Verkündigung Jesu gerecht wird. Eine isolierte und aus ihrem ursprünglichen Kontext gelöste Kreuzestheologie wird also nicht nur unverständlich, sondern geradezu gefährlich, weil sie das jüdisch-christliche Gottesbild bis in sein Gegenteil verkehren kann. Will Gott, der doch barmherzige Liebe ist, unbedingt Blut sehen? Braucht er ein Menschenopfer?

Prinzipiell lassen sich in der Theologiegeschichte, grob vereinfacht gesagt, *drei soteriologische Ansätze* unterscheiden.[248] Es handelt sich um inkarnatorische, vitale bzw. geschichtliche und staurozentrische Zugänge. Sie setzen also bei der Inkarnation des Wortes Gottes, der Lebensgeschichte Jesu und seiner Verkündigung, oder seinem Kreuzestod (griech.: *stauros* = Kreuz) an. Alle drei Zugänge werden sich nicht ausschließen, sondern gegenseitig erschließen und ergänzen (müssen), weil sie aus verschiedenen Perspektiven auf dieselbe Wirklichkeit blicken: die Heilsbedeutung Jesu Christi. Immerhin hat das kirchliche Lehramt keine bestimmte Erlösungstheorie als (ab)geschlossenes soteriologisches Lehrsystem definiert und verbindlich dogmatisiert.[249] Vielleicht auch deshalb, weil kein soteriologisches Motiv und kein Ansatz eben das ersetzen kann, worauf es zuerst und zuletzt ankommt: die persönliche Konfrontation mit *Gott*, die durch Christus *vermittelt* und in seinem Geist *erfahrbar* wird – inmitten des je eigenen Lebens und Kontextes.

Inkarnatorische Zugänge

Vergöttlichung und Erziehung

Der inkarnatorische Ansatz leuchtete in der Betrachtung der Dogmengeschichte mehrfach auf. Durch die Menschwerdung des Wortes Gottes (Inkarnation) werden die menschliche Natur und die Geschichte der Menschheit erlöst, weil sie nun teilhaben an Gott. Hierzu zählt das sogenannte *Tauschmotiv*, das sich von Irenäus und Athanasius über Luther bis hin zu Hans Urs von Balthasar im 20. Jh. findet: Gottes Wort wird Mensch, damit wir „vergöttlicht" werden. Gemeint ist keine Umwandlung des Menschen in Gott, keine Vergötzung oder mythologische Verklärung, die den Menschen überhöht. Jede selbstherrliche Selbstvergöttlichung des Menschen ist ausgeschlossen. Das alte Motiv der „Vergöttlichung" *(Theosis)* oder Verähnlichung *(Homoiosis)* gründet vielmehr in der Gottesebenbildlichkeit des Menschen, der dazu berufen ist, als Geschöpf seinem Schöpfer ähnlich zu werden. Die Liebe, die der Mensch repräsentieren, verinnerlichen und als Ziel seines Lebens realisieren soll, öffnet und entgrenzt ihn, insofern er an der lebendigen Dynamik Gottes *teilhat*. Der Mensch ist *capax infiniti*, also fähig, diese unbegrenzte Offenheit und Weite der Liebe Gottes im Horizont seines eigenen Daseins nach- und mitzuvollziehen. Hier verbindet sich die biblische Anthropologie *(imago Dei)* mit der platonischen Vorstellung der *Nachahmung* (Mimesis) und *Teilhabe* (Methexis) an einem Urbild bzw. Vorbild.

Die patristische Soteriologie des griechischen Ostens ist in diesem Kontext stark geprägt vom Motiv der *Paideia* Christi: Der präexistente und immer schon wirksame Logos begleitet die Menschheit und das Volk Israel in einem göttlichen Erziehungsprozess (Pädagogik). Er führt und lenkt die Heilsgeschichte durch seine Weisung, um schließlich in seiner Inkarnation als göttlicher *Lehrer* (griech.: *didaskalos*), als das *Vorbild* und *Beispiel* (griech.: *paradeigma*; lat.: *exemplum*) den sicheren Weg des Lebens zu weisen (vgl. Joh 1,18). So zeigt sich, dass man die inkarnatorische Sichtweise nicht vom Lehren und Wirken des konkreten Jesus von Nazareth trennen kann. Gottes Wort fällt nicht vom Himmel, es ist verwoben mit der Biografie Jesu.

Rekapitulation

Irenäus von Lyon sieht im Leben Jesu eine *Rekapitulation* (griech.: *anakephalaiosis*) der ganzen Heilsgeschichte, insofern Christus die gesamte Menschheitsgeschichte in sich zusammenfasst, als deren Mitte und Haupt neu aufrollt, den Verlauf dieser Geschichte dadurch aufarbeitet, für ihre Zukunft bündelt und prägt. In diesem Motiv der *recapitulatio* wird das vom Schöpfer immer schon vorgesehene Heil von Christus her in einer universalen Denkkategorie ausgelegt. Die Bestimmung des Menschen als *imago* zur *similitudo Dei* erreicht in der Menschwerdung Gottes ihren Mittel- und Höhepunkt. Als Geistträger ist der Mensch immer schon berufen zur Teilhabe an der Unsterblichkeit, auch wenn es dafür erst der Gewöhnung an Gott und eines Entwicklungsprozesses bedarf. Die Sünde „Adams" ist als Störfaktor zu verstehen, erfordert aber keinen neuen Heilsplan. Vielmehr handelt es sich um eine Art Wachstum, ein Reifen hin zur Vollendung dessen, was in Adam schon grundgelegt war. Die Sünde ist ein „unglücklicher, fast notwendiger Zwischenfall".[250] Denn in Christus ist die Gnade mächtiger geworden als sie es je war. Basil Studer schreibt:

> „Die Vermittlung des menschgewordenen Wortes, die auch ohne die Sünde zur Sicherung der Unverweslichkeit unumgänglich gewesen wäre, erhielt nur einen neuen, zusätzlichen Sinn. Anstatt bloß Vollendung des Menschen zu sein, wurde sie auch zur Wiederherstellung, zur Erlösung."[251]

Erlösung geschieht dabei allein auf dem Weg der Fleischlichkeit, da der Mensch nur zu Gott gelangen kann, wenn Gott zum Menschen kommt, wirklich *bei* ihm und *in* ihm ankommt. Das Leben in Gott wird durch das menschliche Wort Gottes hindurch im Hl. Geist vermittelt. Gott werde in seiner unendlichen Liebe das, was wir sind, um uns vollkommen zu dem zu machen, was er ist.[252]

Darum werden Christus und Adam parallel gegenübergestellt. Die Prämisse, so Norbert Brox, ist dabei die *Solidarität*, der *heilsgeschichtliche Zusammenhang aller Menschen* untereinander – deshalb jeweils Solidarität mit „Adam" (im Tod) und mit Christus (im Leben). Die Theologie des Kreuzes, der Passion und des Todes Jesu, ist darin schon enthalten, denn der Tod Jesu kann verstanden werden als der Kulminationspunkt der Rekapitulation im Fleisch.[253]

Für Irenäus sind Schöpfung und Welt, die Menschheit und ihre Freiheitsgeschichte, der tiefe Fall und die umso mächtigere Auferstehung im Geist Gottes, die durch Christus vermittelte Erlösung und die vergöttlichende Vollendung zu einem großen Ganzen verbunden. Diesen Gesamtzusammenhang kennen wir aus der Liturgie der Osternacht, wo ebenfalls die gesamte Heilsgeschichte rekapituliert und im Nachhinein vom *Ziel* her betrachtet wird: „O glückliche Schuld" *(felix culpa)* – wie es im Exsultet heißt. Schöpfung *und* Vollendung werden von Christus her in den Blick genommen und eröffnen (wie schon im Neuen Testament) die Perspektive einer „evolutiven Dynamik" auf ihr Ziel hin.[254] Die Schöpfung stand immer schon unter dem Beistand Gottes, der sie auch auf ihren Abwegen begleitet und führt. Bereits das Urchristentum deutet die Geschichte also vom Messias her als *eine durch das Wort Gottes getragene, zielgerichtete Dynamik, die in ihrer Gesamtheit durch Christus zusammengefasst*, gebündelt und neu auf Gott hin ausgerichtet wird (vgl. Eph 1,10). Denn die ganze Suchbewegung, Dramatik und Dynamik der Heilsgeschichte hat sich in ihm *sakramental verdichtet*, insofern er Gott und Mensch zur Fülle der Zeit (neu) zusammenführt. Die gesamte Geschichte steht unter seinem Vorzeichen.

Vitale bzw. geschichtliche Zugänge

Vom Leben und Wirken Jesu war schon im Rahmen der biblischen Grundlagen ausführlich die Rede. Die Wahrnehmung Jesu als *Lehrer*, *Beispiel* und *Vorbild* geht einher mit heilenden und heilsamen Begegnungen. Bereits *zu Lebzeiten* (und nicht erst am Kreuz!) *vermittelt* er einen neuen *Zugang zu Gott*. Es sind zutiefst erlösende und befreiende Begegnungen, die dazu führen, dass er in der Patristik gerne auch als der *Christus medicus*, als wahrer *Arzt* verstanden werden konnte. Zugleich gilt er selbst als „Arznei der Unsterblichkeit" und „Brot des Lebens". Mit diesen medizinalen Metaphern verbindet sich im Christentum früh die Fürsorge für Arme und Kranke. Diese *Diakonia* als tätige Nächstenliebe, die Gottes liebevolle Zuwendung *spürbar* werden lässt, sollte immer wieder daran erinnern, dass Liturgie und Dienst an den Armen und Ausgestoßenen engstens zusammengehören. Besonders die Befreiungstheologie verweist daher in der Nachfolge Christi auf seine *gelebte Proexistenz*, sein Leben *für* die Menschen, die in den Jünger/innen Jesu die Barmherzigkeit Gottes sakramental – leibhaftig – erfahren sollen. Diese Proexistenz gipfelt in seiner aufopferungsvollen Hingabe bis in den Tod. Darin zeigt sich seine Solidarität mit den Opfern von Ungerechtigkeit, Unterdrückung und Gewalt.

Staurozentrische Zugänge

Fragt man nach der soteriologischen Bedeutung Jesu, so steht sicher sein Kreuzestod im Fokus. Staurozentrische Zugänge rücken dabei die Heilsbedeutung des Kreuzes in den Mittelpunkt und versuchen von Ostern her seinen Sinn zu erschließen. Sein Sterben wird gedeutet als ein Sterben *für uns* und *für unsere Sünden*. Dieses „für" identifiziert die Bedeutung Jesu als Messias und markiert somit die „soteriologische Leitpräposition" des gesamten Neuen Testaments, wie Thomas Söding feststellt. „Dieses ‚Für' ist es aber gerade, das die entscheidende Verbindung zwischen der einmaligen Vergangenheit Jesu und der permanenten Bedeutung dieser Geschichte begründet."[255] Darum gilt das *Für* des Messias prinzipiell *für alle*.

Sucht man nach Anknüpfungspunkten zum Selbstverständnis Jesu, so findet man diese in den Abendmahlsberichten bei Mk, Mt, Lk und Paulus, auf die wir im Kapitel zur Eucharistie noch näher eingehen werden. Denn in den „Einsetzungsworten" der Eucharistie wird die *Proexistenz* Christi – Jesu Da-Sein-Für – beim Brechen des Brotes und dem Segensgebet über den Kelch konzentriert vor Augen gestellt. Söding stellt fest:

> „Wie untrennbar Leben und Sterben Jesu zusammenhängen, machen die Synoptiker vor allem im Abendmahlsbericht deutlich. Dort kommt auch der soteriologische Skopos des Zusammenhangs am klarsten heraus."[256]

Die Abendmahlsberichte: Selbsthingabe und Blut des Bundes

Jesu Selbsthingabe *an* den Vater (und seine Herrschaft) *für* das Heil der Menschen, die eine neue Beziehung zu Gott finden sollen, wird mit dem gebrochenen Brot gedeutet: „Nehmt, das ist mein Leib" (Mk 14,22). Und der Kelch steht für sein Blut, das „Blut des Bundes, das für viele vergossen wird" (Mk 14,24). Das *Blut* gilt im Umfeld Israels als der Sitz des Lebens, es ist der Verfügung des Menschen entzogen. Es gehört Gott und hat *heiligende und reinigende Wirkung*. Beim Bundesschluss zwischen Gott und dem Volk Israel am Sinai symbolisiert die Besprengung des Volkes mit dem Blut von Stieren seine Heiligung. Das Blut besiegelt hier den *Bund*. Während Mk und Mt in ihren Berichten einfach nur vom Blut des Bundes sprechen, reden Lk und Paulus vom „neuen Bund", der aber den vermeintlich alten nicht ablöst oder überholt. Denn schon in Jer 31,33 f. ist vom neuen Bund die Rede. Es handelt sich um einen Bund, den Gott in das Herz des Menschen legt. Es ist ein *gelebter Bund*, ein erneuerter, *lebendiger Bund*, der nun durch Jesus für „die vielen" konstituiert und universal eröffnet wird. Denn was einer tut, kann *für die vielen* bedeutsam und heilbringend sein. Gemeint ist die *Öffnung* des Bundes für die Völker, letztlich *für alle*.[257] Und es ist der eine, immer wieder erneuerte und ungebrochene Bund Gottes, der für unüberschaubar viele Menschen *je neu aktualisiert* und in der Person Jesu Christi nun dauerhaft *zugänglich* wird (Röm 5,2).

Die *leiblich* spürbare – inkarnierte – Selbsthingabe Jesu an den Willen des barmherzigen Vaters lässt unbegrenzt viele Menschen an seiner Liebe *teilhaben*. Dieser gebrochene, aber entgrenzte und sich selbst überschreitende Leib Christi wird für andere zum „Brot des Lebens" (Joh 6,35), wird ihnen zur nie versiegenden Nahrung ihrer eigenen Gottesbeziehung, die darin *vermittelt* wird. Dass seine liebende Hingabe an Gott für die Menschen bis zur äußersten Konsequenz aus- und durchgehalten wird, führt inmitten einer sündhaften Welt dazu, dass sein Blut vergossen wird, um die Treue Gottes durch das freie menschliche Werkzeug seiner Liebe zu besiegeln. Wie stark die Selbstinterpretation Jesu hinsichtlich seiner Sendung und seines letzten Mahles durch die Textgrundlage des Gottesknechtes in Jes 53 geprägt war, wie genau und mit welchem Wortlaut er einen Zusammenhang zwischen seinem drohenden Tod und seiner Mahlhandlung herstellte – all diese Fragen können in diesem Rahmen nicht detailliert behandelt werden. Doch kann kaum bestritten werden, dass die Deutung seines Kreuzestodes durch die Jünger/innen nach Ostern auf Handlungs- und Sprachmuster zurückgreifen konnte (und musste), die Jesus selbst ihnen als dauerhaftes und lebendiges Vermächtnis – *testamentum* – hinterlassen hatte.

Biblische Kultmetaphorik: Opfer und Sühne

Schon sehr früh beginnt man nun, diesen gewaltsamen Tod Jesu durch zur Verfügung stehende Denkmuster und Motive zu deuten. Aus dem kultischen Alltag bekannt und (im Unterschied zu heute) leicht nachvollziehbar war die Rede vom Opfer und der damit verbundenen Sühne der Sünden.[258]

Der deutsche Begriff „Opfer“ ist vieldeutig. Er kann einerseits das *passivleidende Objekt*, andererseits eine Tat des *aktiv handelnden Subjekts* bezeichnen. Wir sprechen über Opfer von Gewalt, Verkehrsopfer, Opfer von Terroranschlägen oder Naturkatastrophen und meinen das Ausgeliefertsein, das passive, leidende Opfer *(victima)*. Demgegenüber kennen wir aktive Opfer als heilige Handlung im kultischen Bereich *(sacrificium)*, aber auch als säkulares Phänomen des Sich-Aufopferns, der Hingabe für eine Person oder Sache oder als Verzicht zum Erreichen eines höheren Ziels.[259] Für Jesus gilt, dass er nicht nur Opfer der Gewalt anderer ist, sondern dass er sich und sein Leben auch aktiv für die Herrschaft Gottes und dessen Willen einsetzt – seine „Seele hingibt“ *aus Liebe* zu Gott und den Menschen (Joh 10,11.15).

Das kultische Opfer kann als *Medium* für die *symbolische Realisierung einer Gottesbeziehung* verstanden werden. Es muss weder blutig sein (z. B. Getreideopfer), noch einer Beeinflussung oder Besänftigung der Gottheit dienen. Die biblische Metapher des Sündopfers bleibt ohne den spezifischen religiösen Kontext Israels unzugänglich. Die rituellen Opfer der Bibel lassen sich am ehesten unter dem Aspekt der *Gabe* und des *Gastmahls* verstehen, bei dem Gott symbolisch „eingeladen“ wird, um inmitten seines Volkes zu wohnen und es zu segnen.[260] Weil man dem heiligen Gott mit entsprechender Etikette, förmlicher und moralischer Reinheit begegnen will, gibt es ausgefeilte „Betriebsanleitungen“, wie diese Opfer zu vollziehen sind. Es fällt auf, dass es bereits im Alten Testament deutliche Kritik an scheinheiligen Opfern gibt, die nur den formalen Ritus erfüllen: Man opfert einen Bock und glaubt besonders fromm zu sein – während man Arme und Notleidende links liegen lässt. Diese Opfer gelten als sinnentleert und nutzlos. Das Opfer als symbolischer Vollzug der Beziehung zu Gott darf nicht vom Lebensalltag isoliert werden. Gottes- und Nächstenliebe bilden eine untrennbare Einheit. Ritus allein ist Schall und Rauch.

Wo immer durch Sünde und Schuld des Menschen die Beziehung zu Gott gestört ist, muss diese Beziehung im alten Israel wieder aktiv aufgenommen werden. Dies geschieht durch Sündopfer (hebr.: *chattat*) als symbolisch realisierte Umkehr zu Gott, für den man sich neu öffnet, indem man ihn neu einlädt, um sich mit ihm zu versöhnen. Voraussetzung dafür ist die mit diesem Opfer verbundene, rituell vollzogene Sühne – mit Blut.

Die juristische Prägung des Sühnebegriffs in der lateinischen Tradition und seine Verwendung, die im Laufe der Jahrhunderte eine Eigendynamik entwickelt hat, erschweren den Zugang zum *biblischen* Verhältnis von Sühne und Opfer.[261] Das Sündopfer und die dabei vollzogene Sühne zielen nicht auf Strafe, sondern auf *Überwindung von Sünde bzw. Unreinheit*. Problematisch ist die verbreitete Deutung des Blutritus als stellvertretendes Opfer. Ein Tier kann den Menschen nicht in seiner Gottesbeziehung vertreten und Blut wird aus biblischer Sicht niemals geopfert, weil es der Verfügung des Menschen entzogen und allein Gott vorbehalten ist. Es wird den Israeliten *von ihm* als Mittel zur Sühne gegeben.

Im Zentrum der Entsühnung steht die *Blutapplikation*, bei der z. B. der Altar mit Blut besprengt wird. Dieser Ritus zielt auf das besprengte Objekt und hat *heiligende* und *reinigende Wirkung*. Durch Vergehen und Sünde kommt es zu einer Art „Kontamination“. Der Zweck dieses Rituals bestand darin, eine *gestörte Beziehung zu Gott wiederherzustellen*; erst reinen Tisch zu machen (Sühne), um auf dieser Basis *neu zu beginnen* (Opfer) – analog zum heutigen Sakrament der Versöhnung (Buße). Was als „Sühnen“ (hebr.: *kipper*) bezeichnet wird, meint den Vorgang der Tilgung oder Reinigung, um den Menschen oder das Heiligtum wieder beziehungsfähig und würdig für Gott zu machen. Alles, was diese Beziehung blockiert, gilt damals als „Sünde“ und muss zuerst aus dem Weg geräumt werden, um in Gemeinschaft mit Gott leben zu können. Thomas Hieke betont: Schuld und Sünde „müssen hier in einem sehr weiten Verständnis gesehen werden als *alles, was von Gott trennt oder die heilvolle Beziehung zu Gott stört*“.[262] An eine moralische Engführung ist hier also nicht zwingend gedacht. Dies zeigt, dass das biblische Sündenverständnis im Kontext der Entsühnung vor allem *strukturell* und in seiner *sozialen* Dimension betrachtet werden muss, insofern sich Fehler und

Verfehlungen mit den negativen Konsequenzen für die Gemeinschaft manifestieren und jenseits der personalen Tat einzelner verselbstständigen.[263]

Bei der kultischen Sühne geht es um die Überwindung all jener Zustände, die hinderlich für die Gegenwart des heiligen Gottes inmitten seines Volkes sind oder sein könnten. Entsprechend zielt die hebräische Wurzel *kpr* auf eine Bereinigung, bei der alles Unreine überwunden wird. Denn im Blut als Symbol des Bundes wird das von Gott geschenkte und verheißene Leben *sinnlich* erfahrbar vor Augen geführt. Gottes Herrschaft über Leben und Tod wird hier neu ins Bewusstsein gerufen und somit auch die lebensnotwendige Bedeutung seiner Gegenwart. Das Blut ist ein materiell greifbares Zeichen, ein einzigartiges *Symbol* reinen Lebens. Blut *ist* Leben (Lev 17,10 ff.).

Durch Sühne *und* Opfer (als Neuaufnahme der Gottesbeziehung) soll der Mensch sich also mit Gott versöhnen – und ihm „wird vergeben werden", wie es heißt. Die Souveränität des vergebenden Gottes wird nie infrage gestellt, der Mensch wird jedoch aktiv eingebunden in ein Geschehen, das auf der *Initiative Gottes* und seinem *vorausgehenden Beziehungsangebot* beruht. Im Sündopfer erfolgt ein „Lösen" der Sünde, Erlösung aus Sackgassen menschlichen Scheiterns. Auf diese Ablösung (Ab-solution) von der Sünde und Hinwendung zu Gott folgt dessen fest zugesagte Vergebung (vgl. Lev 4,26.35; Hebr 9,22).

Auf diese *Ermöglichung neuer Gottesgemeinschaft vom Beziehungsangebot Gottes her* zielt das Verständnis von Sühne und Opfer im alten Israel. Der Grund für solche Opferrituale liege, so Hieke, auch in Verunsicherung und in Schuldgefühlen. Das Ritual hatte in gewisser Weise „therapeutische Funktion".[264] Keinesfalls geht es um Magie, eine Umstimmung Gottes oder einen Automatismus. Es ist ein spannendes Verhältnis von vorausgehender *Gnade* Gottes und menschlicher *Freiheit* als Umkehr zu Gott. Diese Verbindung – der *Bund* – stellt das Zentrum eines Beziehungsgeschehens dar, das nicht auf Zwang, sondern auf Freiheit und Liebe basiert. Wie schon in den Abendmahlsberichten deutlich wurde, wird diese Verbindung im lebendigen Bund nun auf die *Person Jesu* übertragen und konzentriert: *Er repräsentiert nicht nur die Gnade Gottes, sondern auch die menschliche Antwort auf diese Beziehung.* Er wird zum *Mittler*, der einmalig und endgültig das bewirkt, was durch den Kult eigentlich intendiert ist (vgl. Hebr 7,27; 9,14.25–28; 10,10). Als „Hoherpriester" ist er *pontifex*, Brückenbauer zwischen uns und Gott und vertritt beide Seiten, um sie zusammenzuführen. So wird die intakte *Kommunikation* mit Gott wiederhergestellt.

Mit *Paulus* gesprochen: „Ihn hat Gott aufgerichtet als Sühnemal – wirksam durch Glauben – in seinem Blut, zum Erweis seiner Gerechtigkeit durch die Vergebung der Sünden, die früher, in der Zeit der Geduld Gottes, begangen wurden" (Röm 3,25 f.). Wörtlich heißt es: Ihn hat Gott hingestellt/vorgestellt als *hilasterion* – ein griechischer Begriff, der für die *kapporet* steht, die Abdeckung der Bundeslade im Heiligtum Israels. Diese wird symbolisch als *Ort der Sühne* und *Gegenwart Gottes* verstanden. Hier wird am *Versöhnungstag* (Yom kippur) die Blutapplikation im Kontext eines Sündopfers vollzogen (vgl. Lev 16,1–34).

Man muss beachten, dass es hier *nicht* zur automatisierten Aufhebung von personaler Sünde und subjektiv zu verantwortender Schuld im Sinne einer moralischen Übernahme durch jemand anderen kommt. *Es geht um die Überwindung von struktureller, objektivierter Sündhaftigkeit* mit ihren lebensverneinenden Folgen, die aber nicht einfach weggezaubert werden. Das betrifft auch den Ritus des Sündenbocks beim Versöhnungstag, der kein Opfer ist, sondern die Sünden des Volkes quasi materiell aufgeladen bekommt, um sie eliminierend in die Wüste zu tragen.[265]

Insofern jede *strukturelle Barriere* zwischen Mensch und Gott überwunden und zugleich die unmittelbare Nähe Gottes in einer geglückten Gottesbeziehung sinnlich wahrnehmbar erfahren und vermittelt wird, wird Jesus aus Sicht des Neuen Testaments zum „Ort" der vergebenden Gegenwart Gottes in dieser Welt. Seine Person tritt selbst an die Stelle des Kultes, Heiligtums bzw. Tempels. Denn der Ort der Gottespräsenz ist fortan nicht mehr nur auf das Heiligtum beschränkt und darin exklusiv verschlossen. Er ist jetzt dauerhaft und öffentlich allen Menschen zugänglich. Die parallelisierenden Anspielungen auf das Zeltheiligtum und den Tempel sind deutlich: Der Logos hat unter uns „gezeltet" (Joh 1,14) und er wird zum Tempel, der nicht von Menschenhand gebaut wurde (Mk 14,58). Damit ist die Grenze zwischen Heilig und Profan nicht aufgehoben, aber die Nähe Gottes ist als vergebende und Leben spendende „unvermischt und ungetrennt" an Jesus den Christus gebunden und durch diesen neuen Bund für alle Welt offenbar, denn der „Ort" der Vergebung ist mit dem Kreuz öffentlich „hingestellt" und universal aufgerichtet: „Er ist die Sühne für unsere Sünden, aber nicht nur für unsere Sünden, sondern auch für die der ganzen Welt" (1 Joh 2,2; 4,10).

Bei all dem darf man weniger eine polemische Abgrenzung gegenüber dem traditionellen Kult vermuten, dem die ersten Christen noch verbunden bleiben (vgl. Apg 2,46). Es ist vielmehr eine Tendenz zur allmählichen Absetzung von allen exklusivistischen Einstellungen, welche die Gnade Gottes ausschließlich auf den rituell vollzogenen Kult, einen institutionellen Ort oder ein bestimmtes Volk beschränkt wissen wollten. Nicht zufällig prallte der soteriologische Vollmachtsanspruch Jesu auf das ‚Establishment' einiger weniger. Die *universale Offenheit* der Gegenwart Gottes auf jeden – wirklich jeden – Menschen hin sieht das sich entwickelnde Christentum auf einer konkret menschlichen und deshalb christologischen Ebene gegeben, sofern es die vergebende und Leben ermöglichende Präsenz Gottes in der Existenz Jesu unmittelbar erfährt und weiter überliefert.

Im Kult vergewissert sich das Volk seiner Gottesbeziehung. So ist mit Jesu Leben und Sterben, das als beziehungsstiftendes Opfer charakterisiert wird, die endgültige Vergewisserung der Nähe Gottes unmittelbar und dauerhaft *auch außerkultisch* gegeben. Es bedarf nicht der ängstlichen Vergewisserung und der fast neurotischen Überprüfung am Buchstaben des Gesetzes. Die Angst, Gottes Liebe vielleicht doch zu verlieren, ist durch Christus definitiv überholt und in der Treue Gottes zu seinem Wort bleibend aufgehoben. Die Furcht kann und soll nun der Dankbarkeit (Eucharistie) weichen, die ein entsprechendes Jawort seitens des Menschen ermöglicht. Dieses bleibt jedoch weiterhin die Aufgabe der menschlichen Freiheit.

Opfertheologie ist *Bundestheologie*. Und diese ist von Jesus Christus her nichts anderes als das *erlösende Bewusstsein der Treue Gottes*, der auf den Menschen zugeht, *vergebend* und *neues Leben ermöglichend*. Diese Vergebungsbereitschaft Gottes, seine Treue, mit der er sich an seine Schöpfung und die Menschen bindet, ist das „Alte“ im Neuen Testament. Die fortan überholte Notwendigkeit, sich dieser Liebe und Treue ständig ängstlich vergewissern zu müssen, ist das eigentlich Neue. Es handelt sich dabei um keine Kritik an Israel, sondern um eine Kultkritik, die auch für die Kirche gilt. Damit ist die Sinnspitze des Hebräerbriefes wiedergegeben, der das in Christus Geschehene mit der *Metapher* des Opfers auszudrücken versucht, um so klarzumachen, dass rituelle Opfer *positiv überholt* sind und nicht wiederholt werden müssen. Dass die durch Jesus vermittelte Barmherzigkeit Gottes den Menschen aber nicht einfach kalt lässt, sondern zu einer entsprechenden Reaktion provoziert und befähigt, indem sie aus Ängsten und Zwängen befreit, eine *Umkehr und Nachfolge ermöglicht*, zeigt die Aufforderung, auch selbst „Opfer des Lobes“ zu bringen und Gutes zu tun (vgl. Hebr 13,15 f.).

Im Neuen Testament werden also die klassischen, wohl bekannten soteriologischen Motive des Kultes Israels ganz selbstverständlich aufgegriffen und von Ostern her als entsprechender Sinnhorizont für die Deutung des Lebens und Sterbens Jesu herangezogen. Und so finden wir im Epheserbrief den Verweis auf das Opfer: „Ahmt Gott nach als seine geliebten Kinder und führt euer Leben in Liebe, wie auch Christus uns geliebt und sich für uns hingegeben hat als Gabe und als Opfer, das Gott gefällt!“ (Eph 5,1 f.) Damit wird das Opfer als gelebte (und in der Auferstehung angenommene) Beziehung zu Gott auf eine dritte Dimension, nämlich die der *Mitmenschen*, erweitert. Das forderten schon die Propheten. Betrachtet man die Verbindung von Liebe und Übereignung an Gott, so wird deutlich, dass hier nicht einfach nur der Tod Jesu am Kreuz, sondern sein *gesamtes Leben*, seine Pro-Existenz *für* die Menschen auf gleicher Ebene mit seiner Selbsthingabe und dem Gott wohlgefälligen Opfer genannt wird. Das viel zitierte „Kreuzesopfer" ist somit ein Lebensopfer, das sich über das gesamte Leben Jesu erstreckt, im Kreuzestod gipfelt und die gesamte Proexistenz Jesu „für uns" zusammenfasst.

Die Verwendung des Opfermotivs im Neuen Testament zielt also nicht allein auf den Tod Jesu. Seine gesamte Existenz steht im Fokus, insofern durch die Beziehung Jesu zum Vater auch unsere Beziehung neu ermöglicht wird. Die barmherzige Gegenwart Gottes wird schließlich durch seinen (mit dem Sühnemotiv gedeuteten) Tod und die existentiell vollzogene Antwort auf die Zusage Gottes für alle sinnlich wahrnehmbar und hat so lösende und erlösende Wirkung.

Loskauf und Lösegeld

Ein für die damalige Zeit ebenfalls sehr eingängiges Erlösungsmotiv ist der Loskauf bzw. das Lösegeld (griech.: *lytron*), durch das man aus der Sklaverei freigekauft und somit „ausgelöst" werden konnte (vgl. Mk 10,45). Der Mensch, der unter die Knechtschaft von Sünde und Tod gefallen und dem Teufelskreis aus Neid und Gewalt unterworfen ist, kann nur um diesen Preis befreit werden. Der Empfänger dieses Lösegeldes kann in der Patristik variieren. Eine beliebte volkstümliche Erlösungsvorstellung besteht z. B. darin, dass der Teufel ein juristisch legitimes Anrecht auf die Menschheit habe, die durch ihre eigene Schuld unter dessen Herrschaft geraten sei. Durch den barmherzigen Tod des leidenden, schuldlosen Gerechten habe sich der Teufel aber zu Unrecht an diesem vergriffen und verliere so auch sein Recht auf alle anderen Seelen – eine eingängige und beliebte, aber mythologisch stark aufgeladene Soteriologie. Christus dient hier gleichsam als Köder, den sich der Satan schnappt, um selber daran zugrunde zu gehen. Generell verlagert sich die Soteriologie im lateinischen Westen immer mehr auf Kategorien des *Rechts* und der öffentlichen *Ordnung*. Die juridische Verengung entspricht eben römischer „law and order"-Mentalität. Somit tritt die *salvatio* (Heilung) durch den *salvator* Christus bald in den Hintergrund. Man spricht fortan überwiegend von der *redemptio* (Loskauf) und dem *redemptor mundi*. Erlösung und Freikauf aus Sklaverei der Sünde bzw. menschlicher Schuldverhaftung wird beinahe identisch. In Verbindung mit der sich seit Augustinus durchsetzenden Theorie der Ursünde verengt sich damit die gesamte Soteriologie nur auf Befreiung von Sünde und Schuld. Die existentiellen Nöte und Sinnfragen des leidenden Menschen auf seiner Suche nach einem erlösenden und Hoffnung schenkenden Wort Gottes rücken fast völlig in den Hintergrund.

Im Motiv der *redemptio* steckt jedoch ein wahrer Kern, der auch heute noch nachvollziehbar sein dürfte. Ein Beispiel: Die amerikanische Musik-

Legende Johnny Cash singt nach diversen Krisen und Brüchen der eigenen Biografie in seinem Song „Redemption" vom Gekreuzigten, dessen Blut zu Boden tropft, diesen durchtränkt und daraus einen *Baum des Lebens* wachsen lässt. Dieser typologisch-bildliche Vergleich von Kreuz und Baum des Lebens begegnet schon in der Patristik, etwa bei Irenäus von Lyon. Bei Johnny Cash wird dieses Motiv weiter entfaltet: Der Baum wird zum *Weinstock, der Früchte trägt* und alle *nährt*, die sich an ihn klammern, um aus ihrer Not und dem Sumpf ihrer Süchte gerettet zu werden und neue Hoffnung zu schöpfen. Damit ist ein biblisches Motiv aufgegriffen, das auch für die Eucharistie und den Kelch des Bundes von Bedeutung ist. Denn im Refrain dieses sehr emotionalen Songs heißt es: „And the blood gave life/ To the branches of the tree/ *And the blood was the price*/ That set the captives free/ And the numbers that came/ Through the fire and the flood,/ Clung to the tree/ And were redeemed by the blood."

Das Blut Christi ist also gleichsam der notwendige „Preis", der in einer Welt voll Sünde, Hass und Gewalt „bezahlt" werden muss, um die Herrschaft der Liebe Gottes zum Durchbruch zu bringen – eine Liebe, die unüberschaubar Vielen („numbers") neues und sinnerfülltes Leben *ermöglicht* (vgl. Mk 4,30 ff.). Denn sie lässt uns, befähigt und gestärkt durch ihre Gnade, selbst neue Wege des Lebens finden und im Vertrauen darauf unserem Gewissen folgen: „And a small inner voice said/ ‚You do have a choice.'/ The vine engrafted me/ And I clung to the tree."

Anselm von Canterbury – I can get no satisfaction?

Das Motiv des Loskaufs wird im Mittelalter abgelöst durch eine der wirkmächtigsten und auch fatalsten Erlösungstheorien überhaupt. *Anselm von Canterbury* stellt sich und seinen Lesern die Frage: „Cur Deus homo?" – Warum ist Gott Mensch geworden? Er versucht, aus „notwendigen" und rein rationalen Argumenten zu erklären, warum Gott Mensch werden „musste" – nämlich um uns zu erlösen. Anselm will seine Art von Soteriologie in den Denkkategorien seiner Zeit und seiner Kultur zum Ausdruck bringen. Und er sucht innerhalb dieses Denkhorizonts nach zwingenden Vernunftgründen, die auch für Nichtchristen nachvollziehbar sein sollen.

Im Hintergrund steht das germanische Lehnswesen des Mittelalters, in dem der Lehnsherr für Gerechtigkeit und Ordnung, Sicherheit und gesellschaftliche Stabilität verantwortlich ist. Auch Gott wird nun nach Art eines solchen Lehnsherren gedacht. Durch die (Ur)Sünde des Menschen wird eben dieser Herr der Schöpfung beleidigt. Weil es aber Gott ist, dessen Ehre hier verletzt wird, handelt es sich um eine unendliche und unermessliche

Beleidigung, die entsprechende Genugtuung *(satisfactio)* erfordert und eine entschädigende Wiedergutmachung einschließt. Anselm ist sich dabei durchaus bewusst, dass die Ehre Gottes durch den Menschen eigentlich nicht tangiert und Gott an sich gar nicht beleidigt werden kann, doch handelt es sich um eine Störung des *ordo*, der Schöpfungsordnung, für die er Verantwortung trägt. Aus diesem Grund darf (!) Gott nach Anselm nicht aus reiner Barmherzigkeit vergeben. Denn in diesem Fall würde der Sünder seiner gerechten Sanktion entgehen und die Gerechtigkeit in der Welt wäre hinüber. Gott würde damit seinem eigenen Wesen als Weltenherrscher widersprechen und wäre nicht nur verantwortlich, sondern im Widerspruch zu sich selbst als absolut gutem und gerechtem Richter. „Wer nicht bezahlt, spricht vergeblich: Vergib!" (CDH I,19) Und so lautet die klare Alternative: *aut satisfactio aut poena* – entweder der Mensch leistet *Genugtuung oder* er hat die *Strafe* für diese Schuld zu tragen. Die Hypothek muss also irgendwie beglichen werden. Wie sollte jedoch der endliche Mensch selbst eine unendliche Wiedergutmachung leisten? Er *kann nicht*. Gott könnte zwar vergeben, aber er *darf nicht*. Ein juristisches Dilemma. Wenn Gott aber die – nach dieser Logik – verdiente Strafe vollstreckt, muss der Schöpfer seine Geschöpfe dem Tod preisgeben und sie vernichten. Aber wäre er dann nicht selbst mit seiner Schöpfung gescheitert? So bleibt Gott gar nichts anderes übrig als Mensch zu werden, um selbst *als* Gott-Mensch die erforderliche Wiedergutmachung zu leisten. Gott hat sich quasi selbst an den in der Schöpfungsordnung begründeten Dienstweg zu halten. Die Barmherzigkeit gegenüber seiner Schöpfung kann er nur realisieren, indem er sich selbst auf die Anklagebank begibt und dort stellvertretend „liefert". So ist die Ordnung wiederhergestellt, es gibt keine „billige Gnade", sondern der Sohn Gottes erleidet in seiner Solidarität mit allen Menschen genau das, was der Mensch sich selbst zuzuschreiben hat. Weil er den stellvertretenden Tod des absolut Gerechten für die Sündigkeit der Menschheit stirbt, wird sein *Verdienst* allen als Genugtuung *angerechnet*.

Angesichts dieser „bisweilen wehtuenden Logik" (O. H. Pesch[266]), die Anselm hier analytisch durchzieht, ergeben sich gravierende Akzentverschiebungen in der westlichen Soteriologie. Die Erlösung gilt fast nur noch als juristische Freisprechung einer bilanzierten Schuld Adams. Wie die Anrechnung des Verdienstes Christi existentiell und subjektiv beim Menschen ankommt oder sich positiv auf dessen Leben auswirkt, bleibt ein Problem, das erst in der Neuzeit richtig aufbrechen sollte. Immanuel Kant wird mit Recht darauf insistieren, dass moralische Schuld nicht übertragen oder vertreten werden kann. Sie ist die je meinige, „allerpersönlichste", die ich nicht auf einen anderen abschieben kann. Doch ging es Anselm noch primär um die *strukturelle* Dimension der Sünde und ihre objektive Überwindung. Aber was bedeutet Erlösung dann noch für mich persönlich? Hier bleibt die Sündenfixierung und die juristische Denkform defizitär.

War es bei Anselm selbst noch ein Akt der Barmherzigkeit Gottes, der ihn dazu bewegte, sich selbst für seine Schöpfung einzusetzen und Mensch zu werden – „Nimm mich und erlöse dich!“ (CDH II,20) –, so bekommt die *Wirkungsgeschichte* seiner Satisfaktions*theorie* eine grausame Eigendynamik. Sie *verzerrt* zunehmend das biblische Gottesbild des barmherzigen Vaters ins totale Gegenteil: Er wird zum rachsüchtigen Patriarchen, der auf seiner Ehre besteht, Blut für seine Kränkung sehen möchte und ewig beleidigt ist. Die biblischen Metaphern des Opfers und der Sühne werden aus ihrem Kontext gerissen und mit juristischen Denkformen vermischt. Die Motivmischung aus „Sühne-Opfer-Stellvertretung“ klebt wie ein zäher, mit viel Schmutz vermischter Kaugummi an der Schuhsohle der Theologiegeschichte. Wenn man hier nicht genauer differenziert und das soteriologische Profil reinigt, darf man sich nicht wundern, wenn man von den Adressaten des Evangeliums gebeten wird, diesen alten Schuh auszuziehen, sobald man deren geistigen Wohnort betritt. So polemisiert z. B. Friedrich Nietzsche: „Gott gab seinen Sohn zur Vergebung der Sünden, als Opfer. Wie war es mit Einem Male zu Ende mit dem Evangelium! Das Schuldopfer und zwar in seiner widerlichsten, barbarischsten Form, das Opfer des Unschuldigen für die Sünden der Schuldigen! Welches schauderhafte Heidenthum!“[267] Den Opferkult hatte Anselm selbst aber nicht im Blick. Doch wird (gerade in der protestantischen Theologie) später gerne vom „stellvertretenden Strafleiden“ Christi gesprochen, bei dem sich der Zorn Gottes auf dem leidenden Gottessohn entlädt, der sich am Kreuz opfert. So wurde (und wird) das Evangelium Christi in sein Gegenteil verkehrt. Denn nicht Gott fordert den Tod Jesu, sondern die Menschen. Auch opfert sich nicht „Gott“ selbst am Kreuz, wie von evangelischer Seite (mit monophysitischem Einschlag) oft zu lesen ist.[268] Es ist die leidenschaftliche Hingabe jenes Menschen, durch den Gottes Liebe vergegenwärtigt wird.

Rechtfertigung – Wie bekomme ich einen gnädigen Gott?

Die in der protestantischen Theologie wesentlich stärker ausgeprägte Kreuzestheologie bleibt seit *Luther* und seiner Frage „Wie bekomme ich einen gnädigen Gott?“ auf die juristischen und moralischen Denkmuster fixiert – und darum leider oft sehr einseitig. Sie ist geprägt von der Tradition jener Gotteszerrbilder, die sich seit der Satisfaktionstheorie, einer entsprechenden Angstpredigt und kirchlicher Machtausübung im Mittelalter entwickelt hatten. Das zentrale Anliegen Luthers (dem auch das *Konzil von Trient* nicht widerspricht und zu dem es heute einen differenzierten ökumenischen Konsens gibt[269]) lautet in aller Kürze: Als Sünder ist der Mensch vor Gott allein aus reiner Gnade *(sola gratia)* gerechtfertigt; er muss sich Gottes Liebe nicht erst durch eigene Leistung (Werke) erarbeiten oder verdienen; sie verdankt sich allein Christus *(solus Christus)*, der uns diese Gnade vermittelt; diese Rechtfertigung geschieht allein im vertrauenden Glauben *(sola fide)*, der sich in guten Werken ausdrücken wird.

Doch besteht die Gefahr, dass das Zerrbild eines zornigen Gottes übernommen wird, der durch seinen Sohn versöhnt werden muss. Diese bis in aktuelle Verlautbarungen der Evangelischen Kirche hinein reichenden Probleme werden von evangelischen Theologen selbst kritisiert. Nach Rainer Stuhlmann seien diese Texte „ganz gefangen von der lutherischen Frage ‚Wie bekomme ich einen gnädigen Gott?' Aber das ist nicht die Frage des Neuen Testamentes und erst recht nicht im Blick auf die Bedeutung des Todes Jesu. Sicher kann man – wie Luther – auf diese Frage eine Antwort finden. Aber da steht mehr und anderes."[270] Das bedeutet auch: „Täterfixiert und opfervergessen" sei die westliche Erlösungslehre „mit ihrer Konzentration auf ‚Sünde und Vergebung' und einer entsprechenden Bußpraxis. Der Protest der Reformatoren gegen diese Bußpraxis und die sie stützende Theologie bleibt aber in der gleichen beschränkten Sicht- und Denkweise gefangen."[271] Die permanente Fixierung auf die Sünde vergesse das Leiden der Opfer. Man wird sagen müssen, dass dieses Problem für die katholische Theologie und ihre Fixierung auf Sünde und Schuld in gleicher Weise gilt. Hier bilden z. B. neue Politische Theologien und die lateinamerikanische Befreiungstheologie[272] ein Gegengewicht zu dieser Einseitigkeit und rufen uns stärker ins Bewusstsein, dass christlich verstandene Erlösung *mehr* meint als das von Paulus im Römerbrief beschriebene Gerechtwerden vor Gott im Glauben an Christus. Der Rückgriff auf inkarnatorische und vitale Ansätze der Patristik zeigt dies ganz deutlich.

Heutige Fragehorizonte

Die existentiellen Fragen sind heute andere. Rechtfertigungsdruck und Perfektionismus kennen wir aus der heutigen Leistungsgesellschaft. Sie schaffen eine oft grausame Druckkulisse von Leistungsstandards oder zeitlicher Optimierung. Um retuschierten Idealen von Werbung, Photoshop und Instagram zu entsprechen, gibt man einem Beauty- oder Fitnesskult nach. Size Zero und Beach-Body, Lifestyle- und Modetrends provozieren Essstörungen und Depressionen, Minderwertigkeitskomplexe und Mobbing – nicht nur an Schulen, sondern in unserer gesamten Gesellschaft. Die *Angst des Ungenügens und des Versagens* angesichts des Möglichen oder gar Unmöglichen ist charakteristisch für eine immer schneller beschleunigende, reizüberflutete und funktionalisierte Welt der Komparative. Das durch Jesus Christus vermittelte *bedingungslose Angenommensein* durch eine unbegreifliche Liebe, die allen Menschen gilt und jeden Einzelnen in seiner Unverwechselbarkeit und Einzigartigkeit bejaht, uns je persönlich anspricht, über uns hinausführt, einen *neuen Horizont von Sinn und Hoffnung* eröffnet, den wir nicht erst selbst verdienen oder gewährleisten müssen – das dürfte doch eine zeitlos frohe Botschaft sein, die in der Leistungsgesellschaft globaler Märkte, zeitlicher Optimierung, funktionaler Nutzenmaximierung und ästhetischer Ideologisierung aktueller denn je ist.[273] Die Frage, wie weit uns solche Liebe trägt, wie sie unser Leben verwandeln kann und uns dazu führt, die Grenzen unseres endlichen Seins *mit* allen Schwächen und Fehlern zu transzendieren, führt uns mitten in jene unverfügbare Transzendenz hinein, die wir „Gott" nennen. Dass dieser Gott nicht in der Weite des Alls oder in fernen Himmeln zu suchen, sondern inmitten unserer Sorgen und Nöte zu finden ist, zeigt der Blick auf den Gekreuzigten. Dass er nicht darin aufgeht, sondern das letzte Wort darüber hat, erweist der Auferstandene. Es ist jedoch ein und derselbe Jesus Christus.

Jesu Kreuzestod als Advent Gottes im menschlichen Abgrund

Das Kreuz ist keine von Gott geforderte Notwendigkeit, sondern Konsequenz der Botschaft und des Lebens Jesu.[274] Es ist der Gipfel seiner radikalen Gottes- und Nächstenliebe. Hätte man es vermeiden können? Spekulation … In einer Welt, die dank des Menschen Schuld so ist, wie sie ist – gewalttätig, egoistisch, neidisch, machtversessen – kann die universale Herrschaft der Liebe Gottes, kann sein *Wort* sich wohl nur in einem solch grausamen *Kontext* realisieren. Und schon Platon spekulierte 400 Jahre zuvor darüber, wie wohl das Schicksal eines absolut Gerechten aussähe, der nicht nur gerecht scheint, sondern es wirklich ist. Er dürfte wohl, so der griechische Philosoph, am Holzpfahl enden.[275] Auch der Gottesknecht bei Jesaja muss die Schuld anderer ertragen, um unter diesen *Bedingungen* den Willen Gottes – Barmherzigkeit – zu vollbringen. „Musste nicht der Christus das erleiden und so in seine Herrlichkeit gelangen?" (Lk 24,26) Im Nachhinein offenbar schon. Die Geschichte ist so, nicht anders verlaufen. In ihr *offenbart* sich eine Wirklichkeit, die die Strukturen der Sünde durchbricht, Hass mit Liebe besiegt, selbst geschaffene Götzen menschlicher Egoismen demaskiert und die Geister, die wir riefen, austreibt: „Du bist mein geliebter Sohn, an dir habe ich Gefallen gefunden" (Mk 1,11; 9,7).

Am einfachsten lässt sich diese offenbarungstheologische Einsicht durch die Figur des *Mittlers* begreifen. Sehr schön hat dies einst Joseph Ratzinger unter Bezugnahme auf Jean Daniélou in einem prägnanten Bild vor Augen gestellt, wenn er sich auf das schmerzvolle Ausgespanntsein Christi am Kreuz bezieht – eine Spannung bis zum Zerreißen. Sie spiegelt die Zerrissenheit zwischen seiner Liebe zu Gott und seiner Liebe zu einer Gott entfremdeten Welt, deren Teil er ist. Er steht auf beiden Seiten und führt beide in seiner Person zusammen.[276] Das Kreuz ist daher (rückblickend) ein Ort der Offenbarung: „Es offenbart nicht irgendetwas, sondern Gott und den Menschen. Es enthüllt, wer Gott ist und wie der Mensch ist."[277]

Als *wahrer Mensch* steht der Messias ganz auf der Seite der Menschen und ist eingebunden in die Verwicklungen und Verflechtungen dieser Menschheit und ihres Geschicks; zugleich ist er in vollkommener Weise die lebendige Realisierung universaler Liebe, die aus dem Herzen des Vaters entspringt und sich durch die geschöpfliche Freiheit des Sohnes unter entsprechenden Bedingungen als sein Wort der Barmherzigkeit inkarniert und *wahrhaft Gott* vergegenwärtigt. Als *ein und derselbe* ist er ausgespannt, gleichsam zerrissen zwischen Liebe und Hass, Ewigkeit und Vergänglichkeit, Leben und Tod, der Weite göttlicher Gnade und sündhafter Verstrickung des Menschen. Mit seiner gesamten Existenz, deren Kulmination das Kreuz ist, durchbricht er an diesem Ort der verfluchten Gottverlassenheit die Strukturen der Sünde, *indem* er ihre Folgen erträgt, *um* so die vergebende Liebe Gottes irreversibel in dieser Welt zu manifestieren.

> „Ja, Gott war es, der in Christus die Welt mit sich versöhnt hat, indem er den Menschen ihre Verfehlungen nicht anrechnete und unter uns das Wort von der Versöhnung aufgerichtet hat. Wir sind also Gesandte an Christi statt, und Gott ist es, der durch uns mahnt. Wir bitten an Christi statt: Lasst euch mit Gott versöhnen! Er hat den, der keine Sünde kannte, für uns zur Sünde gemacht, damit wir in ihm Gerechtigkeit Gottes würden." (2 Kor 5,19 ff.)

Der absolut Gerechte tritt für die todverfallenen Sünder ein, erleidet das, was er selbst nicht zu verantworten hat, und trägt die Folgen fremder Schuld, um die Mechanismen der Sünde zu durchbrechen. Er ist bereit dazu, weil er aus reiner Liebe und Solidarität sogar für seine Peiniger noch Hoffnung hat. Das hat nichts mit sittlicher Stellvertretung zu tun, sondern zeugt von einer Haltung bedingungsloser, selbstloser *Proexistenz*, die das eigene Leben einsetzt, um anderen einen Zugang zu Gott zu vermitteln. Nicht umsonst ist einer der beliebtesten soteriologischen Christustitel der Patristik der des *Mittlers*.[278] Im Prinzip ist das Konzil von Chalcedon nur der ontologische Reflex auf die skizzierte Rolle des absoluten Heilsmittlers, in dessen Existenz sich Mensch und Gott *berühren* und so das Heil der Welt, das inkarnierte Jawort JHWHs in Person, das *allen* gilt, offenbart.

> „Einer ist Gott, Einer auch Mittler zwischen Gott und den Menschen: der Mensch Christus Jesus, der sich als Lösegeld hingegeben hat für alle, ein Zeugnis zur vorherbestimmten Zeit […].“ (1 Tim 2,5 f.)

Man spricht hier – meist sehr missverständlich – vom „stellvertretenden“ Handeln Jesu Christi. Gemeint ist aber *nicht*, dass er ersatzweise für uns stirbt (wir sterben ja immer noch); gemeint ist auch *nicht*, dass er unsere persönliche Schuld übernimmt (diese ist ja nicht übertragbar); er ersetzt uns auch *nicht* in unserer eigenen Gottesbeziehung (sie ist doch das Heil des Menschen). Gemeint ist vielmehr, dass Jesus unter den Bedingungen der Gottesferne inmitten sündhafter Strukturen objektiv eine neue Gottesbeziehung *ermöglicht*, die es subjektiv zu realisieren gilt. Er steht solidarisch aufseiten der Menschen und *vermittelt* an ihrem Ort und ebendieser Stelle einen neuen Zugang zu Gott, den er ebenfalls repräsentiert.

Die Einzigkeit Christi besteht darin, dass er in dieser Weltgeschichte ein *wirksames Zeichen* setzt, das fortan nicht mehr übersehen werden kann, weil es nun jeden Menschen unmittelbar anspricht und beansprucht. Es ist ein Zeichen ebenso *grenzenloser* wie *siegreicher* Liebe, deren *Offenheit* und *universale Geltung* den dogmatisch unumstößlichen Maßstab des Christentums darstellen. Denn das „unterscheidend Christliche“ ist gerade die *offene Universalität der Gnade* Gottes, die Christus als dessen erlösendes Wort *für uns* persönlich und *für alle* am Kreuz vergegenwärtigt. Er ist das Sakrament des Heils, weil durch ihn spürbar realisiert wird, was unsere Existenz immer schon bestimmt und erlöst: die Liebe Gottes, an der alle Menschen *teilhaben* dürfen und sollen. Damit ist die Soteriologie in der trinitarischen Dynamik Gottes verankert:

Durch das Mensch gewordene Wort Gottes in Jesus Christus wird die vergebende und bergende Nähe Gottes für alle Menschen *sakramental vermittelt*. Gottes liebende Zuwendung, seine *Gnade*, ist immer schon auf ihre ausdrückliche Erfahrbarkeit hin wirksam. Sie drängt immer und überall hin zu ihrer universalen Grenzenlosigkeit und dem Sieg über Sünde und Tod. Sie wird in Christus spürbar und end-gültig verwirklicht, so dass sie *in* seinem Geist frei *angenommen* und subjektiv *verinnerlicht* werden kann. Der Hl. Geist *verwandelt* den Menschen, der auf Gottes Wort hin und von ihm her lebt. Seine Dynamik öffnet und entgrenzt uns und lässt uns gelassen, *gelöst* und *erlöst auf Gott, den Vater hin leben* – in Glaube, Hoffnung und Liebe und im festen Vertrauen darauf, dass die Liebe, die Gott ist, uns einst in ihrer Wirklichkeit verbindet und vollendet.

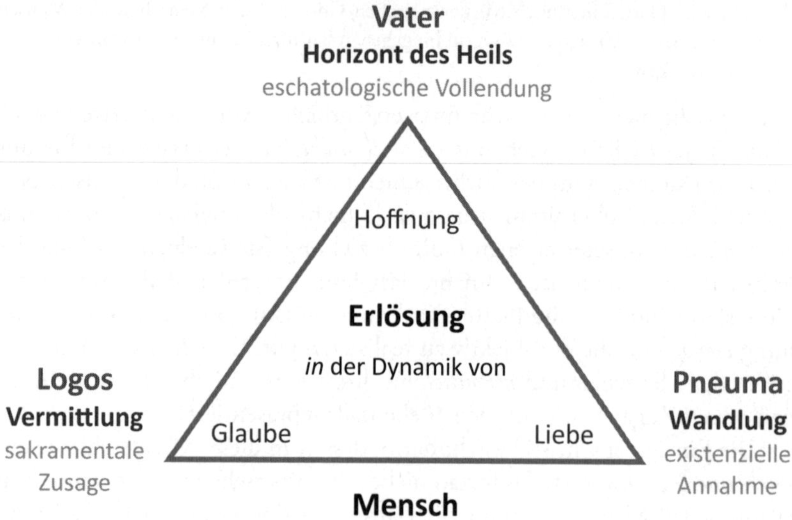
Vater
Horizont des Heils
eschatologische Vollendung
Hoffnung
Erlösung
in der Dynamik von
Glaube
Liebe
Logos
Vermittlung
sakramentale Zusage
Pneuma
Wandlung
existenzielle Annahme
Mensch

7. Was ist eigentlich ein Sakrament?

Markus Weißer

Zur Begrifflichkeit

Um dieser Frage nachzugehen, bietet es sich an, zunächst einmal mit einer Begriffsklärung zu beginnen. Das lateinische Wort *sacramentum* bezeichnet einen Ausdruck der Verbindlichkeit, eine Art Pfand oder Bürgschaft, sowie einen Treueid bzw. eine Weihehandlung, die rechtliche und religiöse Konnotation zugleich besitzt. Seit Tertullian († um 220 n. Chr.) wird der Begriff gezielt auf die Taufe und Eucharistie angewandt. Er wird aber noch relativ weitläufig für Gottes Heilsplan und sein Heilshandeln in der Geschichte gebraucht. So ist vom „Sakrament des menschlichen Heils“[279] die Rede. Augustinus verwendet den Begriff analog und bestimmt ihn christologisch.[280] Darin spiegelt sich die Bindung und Verbindung von menschlicher und göttlicher Wirklichkeit, die in der Liturgie gefeiert wird.

Das lateinische *sacramentum* gilt dabei als Übersetzung für das griechische *mysterion*, das als „Geheimnis“ auch aus den antiken Mysterienkulten bekannt, aber in diesem Zusammenhang vorbelastet ist. Diese Mysterienkulte zielten auf geheime, mystisch-esoterische Erfahrungen, die Teilhabe an einer Wirklichkeit, welche die alltägliche Erfahrungswelt überschreitet und nur den Eingeweihten ermöglicht wird.

Im biblischen Kontext wird der Begriff *mysterion* relativ offen verwendet. Er steht besonders im Neuen Testament für die Spannung der gegenwärtigen und doch entzogenen *Herrschaft Gottes*, die sich *in Jesus Christus verdichtet*. In ihm offenbart sich das konkret sichtbare Mysterium des zuvor verborgenen göttlichen Heilsplans (vgl. 1 Kor 2,7; Kol 2,2; Eph 3,9). Die gesamte Heilsgeschichte und ihre heilige Prägung durch die Präsenz Gottes und seinen universalen Heilswillen werden in der Gemeinde der Jünger/innen Christi fortwährend vergegenwärtigt und bewusst gefeiert. So werden auch die gottesdienstlichen Vollzüge der Gemeinde als Mysterien bezeichnet, die die unsichtbare Wirklichkeit Gottes *für alle erfahrbar vermitteln*, wie dies der *Mittler* selbst tat. Im Zentrum steht das göttliche Mysterium, das „Geheimnis des Glaubens“, das in Leben, Tod und Auferstehung Jesu erinnert wird.

Es ergreift den Menschen und entzieht sich zugleich jedem statischen Zugriff; es konkretisiert sich inmitten dieser Welt und ist darin das „Unterpfand" *(= sacramentum)* wahrhaft göttlicher Liebe, mit der wir dank Christus ein für alle Mal *verbunden* sind – unvermischt, aber auch untrennbar. Sakramententheologie ist daher eine Art konzentrierter *Bundestheologie*, wie sie bereits in der Christologie des Neuen Testaments und der Gotteslehre des Alten Testaments begegnete.

Franz-Josef Nocke spricht im Hinblick auf die biblische Theologie grundsätzlich von einem „sakramentalen Denken" als einer sakramentalen Grundstruktur, weil „Gottes Geschichte mit den Menschen sich in geschichtlich greifbaren Ereignissen, in Handlungen und Begegnungen ereignet: Diese werden zu Zeichen der Nähe Gottes: In ihnen ‚zeigt' Gott sich den Menschen, und in ihnen kommt er ihnen, sie verwandelnd, nahe."[281] Die heilsame, erlösende und befreiende *Nähe Gottes* offenbart sich immer wieder im Verlauf der Heilsgeschichte – sie *manifestiert sich* im Exodus, der Tora, den Zeichenhandlungen der Propheten, im Kult und zuletzt in Jesus, dem Christus. Die Geschichte Israels und die gesamte Schöpfung werden so zum *Resonanzraum* der Präsenz Gottes. Sie bergen in sich spürbare *Zeichen* seiner Treue und Macht. Das Wort Gottes wird in konkreten Menschen und ihrem Handeln präsent und repräsentiert. Der Mensch selbst ist als Ebenbild Gottes das Zeichen und Werkzeug seiner Liebe – zumindest ist und bleibt dies seine Berufung. Jesus, der als das vollkommene Ebenbild Gottes und seine dichteste Präsenz in der Welt verstanden wird, repräsentiert Gottes Herrschaft mit machtvollen Zeichen *(semeia)* und wird schließlich selbst das wirkmächtige Zeichen der *universalen* Barmherzigkeit Gottes. Denn er und seine Symbolhandlungen werden nach Ostern als das produktive Vorbild für die Kirche und ihre *sakramentalen Vollzüge* dienen, die als *Antwort* auf das Wort Gottes verstanden werden können, das wiederum in Jesu Antworthaltung auf die Liebe des göttlichen Vaters begegnet.[282] Sakramente haben insofern stets responsorischen Charakter, d. h. sie vereinen in sich jeweils Gottes Wort *und* menschliche Antwort und führen somit den lebendigen Bund Gottes mit den Menschen sinnlich erfahrbar vor Augen.

Analoge Verwendung

Deshalb kann man von einer *analogen* Verwendung des Sakramentenbegriffs sprechen: Unter Berücksichtigung einer je größeren Unähnlichkeit[283] kann zunächst *Gott selbst* als das Heilige Geheimnis, das *Mysterium schlechthin* verstanden werden, das in Jesus Christus konkret in der Geschichte begegnet und so jeden Menschen anspricht und beansprucht. *Christus* ist in diesem

Sinne das *Ur-Sakrament*, jener Mensch, durch den *Gottes Wort* selbst unmittelbar nahekommt und nun *für alle präsent und erfahrbar* wird. Die *Kirche* als der „Leib Christi“ ist wiederum die gemeinschaftliche Vermittlung und *Re-Präsentation Jesu*. Sie kann daher als *Grundsakrament* verstanden werden, da sie unter Verweis auf Christus in dessen Geist als universales Sakrament des Heils die Menschen untereinander und mit Gott *verbinden* will (vgl. LG 1). Die Kirche ist in diesem Sinne ebenfalls ein Mysterium (LG 8) und realisiert sich selbst in *sieben Sakramenten*, die als feierliche Selbstvollzüge ihres sakramentalen Wesens verstanden werden können und sich in ihrer konkreten Gestalt zum Teil erst im Laufe der Zeit immer deutlicher herauskristallisiert haben.[284]

Anzahl und Herkunft

Die genaue Anzahl der Sakramente war zunächst nicht klar und eindeutig, wie ein Blick in die Theologiegeschichte zeigt. Eva-Maria Faber stellt fest: „Bis zum Mittelalter war die Zahl der Sakramente noch recht unterschiedlich bestimmt. Der offene Sakramentsbegriff der Patristik bringt es mit sich, dass eine Vielzahl von heilsgeschichtlichen Ereignissen und kirchlichen Handlungen Sakramente genannt werden können. Noch in der Frühscholastik ist die Zahl der Sakramente offen.“[285]

Teilweise werden bis zu zwölf Sakramente aufgeführt, die in ihrer Zählung stark variieren konnten. So wurde z. B. auch die Fußwaschung dazugerechnet. Immer werden die Eucharistie und die Taufe, oft auch die Firmsalbung, Ehe und Ordination genannt.

Das Bußsakrament entwickelt sich in seiner konkreten Gestalt zunehmend aus einer pastoralen Notwendigkeit heraus, als die einmalige sündenvergebende Wirkung der Taufe nicht mehr ausreicht: Teilweise wird der Empfang der Taufe so lange hinausgezögert, bis es schließlich zu spät ist. Und was geschieht mit denen, die nach der Taufe eine schwere Sünde begangen haben und dies doch zutiefst bereuen? Zuerst wird hierfür eine weitere einmalige sogenannte Exkommunikationsbuße (für schwere Sünden) eingeführt, später setzt sich – zunächst gegen den Widerstand des kirchlichen Lehramtes – das Tarifbußwesen durch: Damit kann immer wieder die vergebende Absolution empfangen und das Leben je neu ausgerichtet werden. Mit der Bußtheologie ändert sich also auch die Ausgestaltung des Sakraments. Diese *dogmatische Entwicklung* gilt es deshalb zu berücksichtigen.[286]

Petrus Lombardus (12. Jh.) forciert die Siebenzahl der Sakramente, die sich langsam durchsetzen wird. Das II. Konzil von Lyon (1274) greift diese Zählung auf und verbindet damit auch eine enger gefasste Vorstellung der kirchlichen Sakramente *(sacramenta ecclesiastica)*, die bis heute gilt: Taufe, Firmung, Eucharistie, Buße, letzte Ölung (Krankensalbung), Ehe, Ordination.

Das *Konzil von Florenz* (1438–1445) bestätigt die Rede von diesen sieben Sakramenten „des Neuen Bundes", die dabei allerdings in einer problematischen Weise alle sakramentalen Vollzüge des Alten Testaments abwertet: Diese Sakramente, die hier immerhin als solche bezeichnet werden, seien nur *Hinweis* auf das, was später durch Christus und die Kirche *tatsächlich bewirkt* werde. Man merkt, wie sehr die damalige Theologie an der Frage nach der konkreten Wirkweise der Sakramente zu knabbern hatte und sich nur bedingt in der Lage sah, ihre Verweisfunktion mit der wirksamen Präsenz Gottes und ihrer Bindung an Jesus Christus zusammenzudenken. Dass Jesus als frommer Jude nämlich selbst an traditionellen – sakramentalen – Symbolhandlungen seines Volkes teilnimmt, diese sakramentale Struktur aufgreift und nun selbst *für alle* Menschen öffnet, wird dabei ebenso ausgeblendet wie die nicht zu bestreitende Tatsache, dass sich in ebendiesen sakramentalen Vollzügen (des Kultes) schon unmittelbar eine Gottesbeziehung ereignet. Sie verdankt sich der Wirkung derselben gnadenhaften Zuwendung Gottes, die später mit der Person Jesu selbst unvermischt und untrennbar identifiziert wird. Wenn in der Nachfolge Jesu die universale Offenheit des Beziehungsangebotes Gottes über die Grenzen Israels, des Kultes und des Gesetzes hinaus[287] wirksam wahrgenommen wird, so darf dies doch keine Entwertung der Frömmigkeit Israels bedeuten. Zugleich wird in diesen auf Jesus Christus zurückgeführten Sakramenten eine neue – katholische, d. h. wörtlich: universale – Dimension erschlossen, die jetzt *alle* Menschen (auch Sünder oder Heiden) anspricht und deshalb nicht später wieder auf einen exklusiven Kreis frommer Erwählter begrenzt werden darf.

Die Kritik der *Reformatoren* richtet sich einerseits gegen Missbräuche im Zusammenhang mit der Sakramentenspendung (z. B. die Verwicklung von Buße und Ablasshandel), andererseits auch gegen die Siebenzahl der Sakramente selbst. Martin Luther will nur drei Sakramente anerkennen, deren Einsetzung durch Jesus Christus selbst anhand der Hl. Schrift begründet werden soll. Er nennt die Taufe, das Abendmahl und in gewisser Hinsicht die Buße. In Reaktion darauf betont das *Konzil von Trient* (1545–1563) die Siebenzahl, unter Berücksichtigung eines differenzierten Bedeutungsgefälles. Denn Taufe und Eucharistie gelten als *„sacramenta maiora"* und haben insofern eine gewichtigere Bedeutung. Alle sieben Sakramente *enthalten* aber tatsächlich die durch sie bezeichnete Gnade und sind nicht nur ihr äußerliches Zeichen, moralischer Impuls oder eine Absichtserklärung. Sie werden nicht subjektiv durch den eigenen Glauben konstituiert oder durch ihn ersetzbar, sondern entspringen einer objektiv vermittelten Zusage, wie das Konzil betont. Sowohl das Konzil von Trient als auch die Reformatoren sehen schließlich die Gnade (als Zuwendung Gottes) allein in Gott selbst begründet. Für ihren Empfang ist die gläubige Annahme nötig. Die Gnade gilt aber nicht nur den besonders Gläubigen und Frommen, sondern „soweit es an Gott liegt" (DH 1607) allen. Die konkrete Wirkweise bleibt allerdings strittig, wie wir noch sehen werden. Seit Trient ist die Anzahl der kirchlichen Sakramente aus katholischer Sicht jedenfalls unumstritten.

Traditionellerweise versuchte man nun zu beweisen, dass diese Sakramente unmittelbar durch Jesus höchstselbst „eingesetzt" wurden. Damit müsste ihre Herkunft mehr oder weniger direkt auf einen expliziten Stiftungsakt durch ihn zurückgeführt werden können, was vielleicht bei der Eucharistie nachvollziehbar ist, aber schon bei der Taufe schwierig wird. Wenn man bedenkt, dass die Taufformel in Mt 28,19 bereits ein nachösterlicher, redaktioneller Reflex anlässlich der frühen Taufpraxis der jungen Kirche sein dürfte, so ist eine explizite Stiftung durch Jesus kaum belegbar; zugleich aber ist eingestanden, dass die Jünger/innen Jesu schon sehr früh eine Taufpraxis kannten, die auf das Bekenntnis zu Jesus als dem Christus zurückzuführen ist und sich in der Nachfolge Jesu auf dessen eigenes Vorbild beruft. Denn Jesus lässt sich nach Angabe der Evangelien durch Johannes den Täufer im Jordan taufen, auch wenn er selbst wohl nicht getauft hat. Dass die Firmung mit der Kindertaufpraxis eigens entfaltet wurde, da die bewusste Entscheidung mündiger Getaufter erforderlich ist, ergibt sich erst aus einer konkreten Praxis. Die Entwicklung der Buße wurde bereits angesprochen. Die Ordination in ihrer Dreigliedrigkeit (Diakon-, Priester- und Bischofsweihe), wie sie das II. Vatikanische Konzil (1962–1965) weiter präzisiert hat, wurde erst im Laufe der Kirchengeschichte ausgebildet.[288] Weil sich die kirchliche Amtsstruktur wiederum aus pastoralen Anforderungen ergab und dann schrittweise theologisch reflektiert und begründet wurde, lässt sich keine direkte Anweisung Jesu erkennen, wie eine detaillierte Weiheordnung näher zu gestalten sei.[289] Äußerungen Jesu zur Ehe sind in sakramentaler Hinsicht vor dem Hintergrund der – für ihn selbstverständlichen – biblischen Anthropologie, andererseits angesichts des damaligen jüdischen Rechts und der späteren römisch-germanischen Rechtstradition zu sehen. Eine konkrete Betriebsanleitung Jesu gibt es freilich auch hierfür nicht. Die Krankensalbung orientiert sich zwar an Jesu Zuwendung zu den Armen, Kranken und Notleidenden, hat aber in ihrer konkreten Gestaltung auch keine explizite Einsetzung, die es lediglich auszuführen gilt.

Zusammenfassend lässt sich sagen, dass (mit Ausnahme der Eucharistie und in gewisser Weise der Taufe) eine explizite Stiftung und detaillierte Ausgestaltung der Sakramente durch Jesus nicht belegbar ist. Dies gilt auch für die Siebenzahl selbst, die nicht durch ihn vorgegeben und daher lange vage ist. Die Gestaltung und die Anzahl der Sakramente lässt sich auch nicht aus einer vermeintlichen mündlichen Tradition rekonstruieren, zumal deutlich wird, dass sich die Sakramente in ihrer konkreten Gestalt nach Ostern ganz klar *entwickelt* haben.

Als *Früchte* des österlichen Mysteriums Christi orientieren sie sich an *Vorbildhandlungen und Worten Jesu* und seiner *sakramentalen Praxis*. Diese wird durch die Kirche nur *fortgeführt* und souverän *angewendet*, insofern sie die leibhaftig spürbare Vermittlung der Zuwendung Gottes in Christus an den jeweiligen Lebensumständen und Lebensphasen der Menschen ausrichtet. In der Siebenzahl spiegeln sich symbolisch diese Lebensphasen und besondere Lebenssituationen. Eine solche anthropologische Begründung findet sich auch bei Thomas von Aquin († 1274), der „die sieben sakramentalen Zeichen als Stationen auf dem Weg des Menschen zu Gott verstand, sie aber auch als Heilmittel zur Behebung oder Verhinderung von Schäden beschrieb (STh III q65 a1)“.[290] Die Siebenzahl hat sich im Leben der Kirche bewährt. Und sie ergibt sich *aus der Rezeption und Praxis der kirchlichen Gemeinschaft*, die nach Ostern dem auferstandenen Christus, dem Ursprung ihres sakramentalen Handelns und ihrer selbst, *in seinem Geist verbunden* bleibt. Insofern wahrt sie in dieser Entwicklung und Entfaltung ihre Identität als Grundsakrament, das selbst im lebendigen Mysterium Christi, dem Ur-Sakrament, gründet. Auf dieses hin muss die Kirche mit ihren konstitutiven Vollzügen stets transparent bleiben. Die sieben einzelnen Sakramente konkretisieren und aktualisieren im Geiste Jesu Christi die spürbare Gegenwart des Mysteriums Gottes und seiner endgültig siegreichen Gnade, die in Erinnerung an Jesus mitten im Leben der gläubigen Gemeinde aufleuchten soll.[291]

Damit ist dem Rechnung getragen, was die Tradition unter „Einsetzung durch Jesus Christus“ versteht, denn die Kirche verfügt nicht einfach frei nach Belieben über Sakramente und ihre Gestaltung. Die Begründung der kirchlichen Sakramente durch ihren *Ursprung in Christus* zielte aber auch früher nicht zwingend auf einen juristischen Stiftungsakt.[292] Mit Karl Rahner kann man sagen, dass die Sakramente insofern von Christus „eingesetzt“ und gewollt sind, weil die *Kirche*, deren Lebensvollzüge die einzelnen Sakramente sind, als *Grundsakrament* in ihm gründet. Sie entwickelt sich nach Ostern als dynamische Größe und folgt dabei dem für sie verbindlichen Vorbild Jesu, seinem Verhalten in Wort und Tat, nach, um das Wort Gottes im Kontext der verschiedenen Lebenssituationen immer wieder neu wirksam vergegenwärtigen zu können.

Bedeutung und Funktion

Sakramente sind also wirksame Zeichen der Verbundenheit von Gott und Mensch sowie der Menschen untereinander; sie werden auf Gottes Selbstoffenbarung in Jesus Christus zurückgeführt und durch die Kirche vermittelt. – Wie lässt sich ihre konkrete Wirkweise nachvollziehen?

Bilder und Zeichen

Die *griechischen Kirchenväter* und ihr sakramentales Denken sind geprägt von platonischer Philosophie und deren Urbild-Abbild-Schema. Das unsichtbare Urbild ist dabei in seinem sichtbaren Abbild präsent und wird durch dieses entsprechend repräsentiert. Als Vorbild, das es nachzuahmen gilt, konfrontiert es mit der Gnade Gottes, um daran teilzuhaben.

Im lateinischen Westen unterscheidet *Augustinus* hingegen zwischen der Sache an sich *(res)* und dem Zeichen *(signum)* als Verweis auf etwas. Dabei gibt es auch Sachen, die in natürlicher Weise auf etwas verweisen *(signa naturalia)*, so wie etwa Rauch ein Hinweis auf Feuer sein kann. Andererseits gibt es Zeichen, die gegeben werden *(signa data)*, wie z. B. ein Nicken, Winken oder gezieltes Rauchzeichen. Auch dem gesprochenen Wort eignet dabei eine solche Zeichenhaftigkeit und Verweisfunktion. Die Sakramente sind in diesem Sinne *verba visibilia*, d. h. sichtbare Worte als gegebene Zeichen, die auf eine heilige Wirklichkeit verweisen: Sie sind heilige Zeichen – *signa sacra (data)*, bei denen das bezeichnende Wort *(verbum)* zur materiellen Wirklichkeit *(elementum)* hinzutritt: „Das Wort tritt zum Element hinzu und wird zum Sakrament, auch selbst gleichsam ein sichtbares Wort.“[293] Von Bedeutung ist diese sinnlich wahrnehmbare Wirklichkeit, die mit dem gesprochenen Wort verbunden wird und sich nicht in der Oberflächlichkeit erschöpft, sondern auf eine tiefere Dimension des Heiligen verweist.[294]

Die Frage nach der Wirkung

Für *Hugo von St. Viktor* (1097–1141) gelten die Sakramente als Gefäße der Gnade, die sie wie eine Medizin enthalten und bewirken. Für *Petrus Lombardus* (1095–1160) ist ein Sakrament, was „auf solche Weise ein Zeichen der Gnade Gottes und eine Gestalt der unsichtbaren Gnade ist, dass es ihr Bild trägt und ihre Ursache bildet“.[295] In der Scholastik dominiert also vor allem die Frage, wie Abbildung und wirksame Verursachung zusammenhängen. Es geht um die *Frage nach der Kausalität*, die *Wirkung* der sakramentalen Vollzüge. Handelt es sich dabei um einen zwingenden kausalen Mechanismus, dem dann auch Gott selbst unterliegt? Empfängt man also automatisch die göttliche Gnade, die erlösende Beziehung zu Gott, wenn man ein Sakrament empfängt? Man war sich durchaus bewusst, dass die Freiheit und Souveränität Gottes durch die Sakramente nicht ausgehebelt werden können. Das Handeln Gottes funktioniert nicht wie ein Kaffeeautomat, bei dem man nur die gewünschte Taste drücken muss. Das Sakrament ist kein Zwang und keine Umstimmung Gottes. In der Hochscholastik erweiterte man daher die von Augustinus bekannte Unterscheidung von *signum* bzw. *sacramentum tantum* (dem bloß äußeren Zeichen) und der *res sacramenti* (der inneren Wirkung) um ein drittes, mittleres Glied: *res et sacramentum*. Dies meint eine erste, an das Zeichen selbst gebundene *Zwischenwirkung* des sakramentalen Vollzugs (z. B. die reale Gegenwart Christi in den Gaben der Eucharistie), die aber noch nicht die letztlich angezielte Gnade Gottes, sondern nur deren Vermittlung ist.[296] Taufe, Firmung und Ordination hinterlassen dabei einen sogenannten *character indelebilis*, d. h. eine unauslöschliche Prägung beim Empfänger, die auch dann bestehen bleibt, wenn dieser sich von Gott abwendet und vermeintlich kein Leben gemäß dem Glauben führt. Aufgrund dieser einmaligen Prägung, die positive und nicht zerstörbare Spuren im Leben des Menschen hinterlässt, sind diese drei Sakramente auch nicht wiederholbar.

Die *franziskanische Schule* spricht in einer Art Zwischenschritt von einer „dispositiven" Wirksamkeit, einer Disposition, d. h. einem bestimmten Effekt in der Seele, der durch den Empfang des Sakraments bewirkt wird. Dieser ist noch nicht selbst die Gnade, aber deren Vorbereitung und die „Ausstattung" der Seele dafür. *Bonaventura* († 1274) bietet hier eine „Vertragstheorie": Gott verspreche, jedes Mal seine Gnade am Menschen wirken zu lassen, wenn dieser ein Sakrament empfängt. Dieses Versprechen ist auch eine Art Bund zwischen Gott und den Menschen. Gott selbst bleibt damit zwar der souverän Handelnde, doch wird das Sakrament gleichsam zum formalen Anlass und zur juristischen Bedingung der Gnade verengt.

Werkzeuge Gottes und ihre Bestandteile

Thomas von Aquin verweist hingegen auf eine *Instrumentalkausalität*: Sakramente sind für ihn ein effektives Werkzeug in der Hand Gottes *(causa instrumentalis)*; dabei ist und bleibt Gott selbst das ursprüngliche Subjekt seines Handelns *(causa principalis)*. Die Sakramente sind um der Sache selbst willen notwendig, denn als leibhaftig-materielle Zeichen sind sie eben passend *(konvenient)*, um dem leiblich verfassten Menschen die gnadenhafte Nähe

Gottes angemessen zu vermitteln.[297] Gott handelt vermittelt durch Menschen und bedient sich der Sakramente zum Bewirken seiner Gnade, die letztlich nichts anderes ist, als eine geschenkte und neu ermöglichte Beziehung zu ihm. Thomas greift hier auf das Denken von Aristoteles zurück. Für jedes Sakrament bedarf es einer materiellen Grundlage für den dinglichen Vollzug *(materia)*, der gestaltgebenden, wesens- bzw. sinnstiftenden Information *(forma)* und der entsprechenden Absicht *(intentio)* des Spenders.

Die Form des Sakraments ist dabei immer das gesprochene *Wort*, das den Sinnzusammenhang herstellt, wie z. B. die Taufformel, die erinnernden Einsetzungsworte beim Abendmahl, das Eheversprechen etc. Während die Materie bei der Taufe aus Wasser und bei der Eucharistie aus Brot und Wein besteht, ist sie z. B. bei der Ehe deutlich schwieriger zu bestimmen. Sie besteht nach Verständnis der katholischen Theologie im freien und bewussten Konsens der beiden Ehepartner, die sich selbst dem anderen in ihrer Leibhaftigkeit hingeben, darin schließlich das Band und den Bund ihrer Liebe (auch sexuell) realisieren und diese Liebe für ihre Kinder oder die Gesellschaft fruchtbar werden lassen. Darin kann die Liebe und Treue Gottes, vor dem der Ehebund geschlossen wird, in menschlicher Gemeinschaft greifbar und schöpferisch wirksam werden – zumindest dort, wo die Ehe *tatsächlich* als Sakrament empfangen und gespendet wird. Beim Sakrament der Versöhnung (Buße) trifft die Absolution (als forma) auf die Materie der Reue, des Bekenntnisses und der Wiedergutmachung (Bußwerk) des um Vergebung bittenden Pönitenten, der damit sich selbst in eine neue, versöhnte Beziehung zu Gott und den Mitmenschen hinein begibt.

Aus Worten und Dingen/Vollzügen wird im Sakrament also eine einzige Realität, wie auch bei Form und Materie von Aristoteles beschrieben.[298] Dort sind beide Elemente konstitutive Bedingungen der einen Wirklichkeit. Denn die Materie empfängt durch die In-Forma-tion ihr Wesen, ihren Sinn und ihre jeweilige Bestimmung, ohne die sie nicht wäre, was sie ist und sein soll.

Zeitliche Dimensionen

Für Thomas von Aquin sind die Sakramente außerdem *signa rememorativa, demonstrativa, prognostica.*[299] Sie umfassen also alle drei Zeitstufen, insofern sie die Vergangenheit durch Erinnerung gegenwärtig setzen, sinnlich vor Augen führen und hoffnungsvoll auf die Zukunft verweisen. Christus und die durch ihn erfahrbare Präsenz Gottes verbindet darin das Alpha und das Omega, Anfang der Schöpfung und Ziel der Heilsgeschichte. Durch ihn und mit ihm und ihn ihm wird in der Liturgie das Gestern, Heute und Morgen unter dem Zuspruch des Wortes Gottes gedeutet.

Das ewige *Wort Gottes* ist selbst „Fleisch" geworden (vgl. Joh 1,1–14), es hat sich verleiblicht und unter den Menschen gewohnt. Eben dies ist ja der Grund, warum Christus selbst als *das* Ur-Sakrament und als die Fülle der Zeiten verstanden werden kann. Die gesamte Christologie versucht doch der Frage nachzudenken, wie das *Mysterium Gottes* in seiner Selbstaussage und -zusage durch eine menschliche Wirklichkeit – zu der ihre Einbindung in die Geschichte gehört – so begegnen kann, dass es uns darin unvermischt und ungetrennt anspricht. Im Gedanken der Inkarnation des göttlichen Logos ist daher bereits eine sakramentale Signatur gegeben, die *Karl Rahner* im 20. Jh. aufgreift, wenn er aus heutiger Sicht vom Sakrament als *Realsymbol* spricht und dabei an das Denken der Kirchenväter anknüpft.[300]

Sakramente als Realsymbole

Realsymbole sind *realisierende Zeichen*, die als Symbole das Bezeichnete selbst realisieren und transportieren. Sie unterscheiden sich von rein informierenden Zeichensymbolen. Ein solches Info-Zeichen verweist auf eine Wirklichkeit, die unabhängig von diesem Zeichen existiert, so wie ein Verkehrsschild mir signalisiert, dass die Brücke in 100 Metern endet und ich langsam anfangen sollte zu bremsen. Das Realsymbol verwirklicht dagegen selbst jene Wirklichkeit, auf die es verweisen will. Ein Kuss kann – unter bestimmten Bedingungen – nicht nur ein Zeichen für die Liebe zum anderen Menschen sein: Die Liebe *realisiert sich* in diesem Vollzug selbst. Umgekehrt ist eine schallende Ohrfeige nicht nur eine symbolische (oder vielmehr diabolische) Handlung, durch die Abneigung signalisiert wird, sondern solche Abneigung wird spürbar und sinnlich wahrnehmbar realisiert. Eine Beziehung wird dadurch wirklich negativ gestört.

Das Realsymbol ist somit *Ausdrucksgestalt* und *Medium* der sich darin selbst verwirklichenden Wirklichkeit, die sich nicht darin erschöpfen muss, aber doch erfahrbar vergegenwärtigt wird. Es ist daher ein Symbol im strengsten Sinne des Wortes, denn das griechische *syn-ballein* bedeutet ursprünglich zusammenwerfen oder zusammenbringen; *dia-ballein* bezeichnet das Zerwürfnis. Symbole sind also (von außen betrachtet nicht zwingend eindeutige) Erkennungszeichen, die einen Zusammenhang stiften und zwei Seiten bzw. Ebenen in ihrer gemeinsamen Beziehung zueinander *vermitteln* – im Fall der Sakramente: Gott und Mensch.

Karl Rahner geht in seiner Theologie des Symbols sogar so weit, den menschlichen Leib als das Realsymbol der Seele zu verstehen: Der *Mensch* selbst realisiert sich *realsymbolisch*, indem er sich in seiner Geistigkeit im Medium seines Leibes ausdrückt und zum Ausdruck bringt. Der Leib, eingebunden in Geschichte, Sozialität und Umwelt, ist demnach die materielle Grundlage, die durch den Geist des Menschen und sein Bewusstsein informiert wird, um zu *kommunizieren.* Das Subjekt ist in diesem Sinne seiner Leiblichkeit unterworfen *(sub-iectum)*, es realisiert sich selbst im Anderen seiner selbst, am Material dieser Welt. Diese Spannung von Passivität und Aktivität, bestehend aus den Wechselwirkungen von Leib (Welt) und Geist (Subjekt), kann nicht in sauber trennbare Bereiche isoliert werden, wie dies noch in platonischer Philosophie oft der Fall war. Der Mensch ist für Rahner ein „offenes System". Durch seine Leiblichkeit ist er selbst eingebunden in die Welt; er ist *„Geist in Welt"*.[301] Und so kann Rahner davon sprechen, dass wir letztlich alle „in dem einen selben Leib" wohnen, „der die Welt ist".[302] Schon Thomas von Aquin sprach von der *anima* (Seele) als der *unica forma corporis*, also der je einzigartigen Gestaltung und Information unseres Körpers. Und diesen Gedanken greift Rahner auf, denn die Seele „ist nicht nur im Leib enthalten wie eine Flüssigkeit in einem ihr voraus existierenden Gefäß, sondern sie selbst erscheint im Leib, sie bildet ihn, um sie selber zu sein und in raumzeitlicher Greifbarkeit *leibhaftig* sich zu offenbaren. In diesem Sinn ist der Leib das Realsymbol des Geistes."[303] Geist vollzieht und realisiert sich selbst im Leib, und dieser offenbart wiederum unsere Seele. Die konkrete Erscheinung und Erfahrbarkeit dieser Seele ist untrennbar an die geschichtlich-soziale Umwelt gebunden, *in* und *aus* der heraus wir uns erst als wir selber vollziehen können.[304]

Der Mensch realisiert sich demnach selbst, *indem* er sich realsymbolisch „ausdrückt", sich dem Anderen seiner selbst aussetzt und auf diese Weise mitteilt. Er ist ein realsymbolisches Wesen. Die Selbstmitteilung Gottes an die Menschheit geschieht als Selbstaussage Gottes *durch* einen Menschen und dessen *Freiheit* innerhalb dieser realsymbolischen Kommunikationsstruktur.[305] Wenn Gott als Ursprung und Ziel allen Seins diese Welt hervorbringt, sich durch seinen Logos im anderen seiner selbst und seinem Ebenbild mitteilt, indem er sich *als* konkreter Mensch vollzieht, so handelt es sich um seine *sakramentale Vergegenwärtigung im realsymbolischen Selbstvollzug Jesu Christi und seiner Proexistenz für alle Menschen.* Diese ur-sakramentale Vergegenwärtigung Gottes in der Heilsgeschichte wird im gemeinschaftlichen Selbstvollzug der Kirche feierlich vergegenwärtigt, mit- und nachvollzogen, um durch die sieben Sakramente den Menschen heute zu erreichen und in diese gott-menschliche Kommunikation, in den ewigen Bund zwischen Gott und Mensch aktiv einzubinden.

Objektive Wirklichkeit und subjektiver Mitvollzug

Die Kirche ist insofern als Grundsakrament die bleibende Gegenwart des inkarnierten Logos, und die Einzelsakramente sind ihre Konkretisierung auf die jeweiligen Lebenssituationen der einzelnen Gläubigen hin. Gottes Gnade und siegreiche Lebensmacht werden dabei wirksam gegenwärtig gesetzt und geschichtlich greifbar – noch *bevor* der/die Einzelne sich dazu verhält. Angesichts der Frage nach der persönlichen Würdigkeit des Empfängers bzw. Spenders – kann ein Sakrament wirken, wenn z. B. der Priester selbst moralisch verkommen ist? – bildet sich in der katholischen Theologie die Formulierung heraus: Die Sakramente wirken *ex opere operato*, also kraft ihres Vollzugs, insoweit sie nur objektiv richtig realisiert werden. Die Wirkung eines Sakraments liegt nicht im persönlichen Glauben oder der Würde seines Spenders begründet *(ex opere operantis)*, sondern in der *objektiven Vermittlung* und der *spürbaren Vergegenwärtigung der Gnade Gottes*. Freilich bedarf es auch des Glaubens der Empfänger, um diese objektive Zuwendung Gottes wahrzunehmen, subjektiv zu verinnerlichen und selbst wieder im eigenen Lebenswandel ausdrücken zu können. Wo eine innere Barriere *(obex)* als bewusster Widerstand den Sakramenten entgegengesetzt wird, können diese keine Frucht bringen; wo man sich dem leibhaftig erfahrbaren Wort Gottes öffnet, wird dieses in den Adressaten aber auf entsprechende Resonanz stoßen.

Das *ex opere operato* darf nicht auf das förmliche Verrichten des Ritus reduziert werden, wie dies seitens der Reformatoren zu Recht kritisiert wurde: Die (heidnische) römische Religiosität und ihre juristischen Denkkategorien drohen dann den Sinn aller Sakramente zu verstellen. Primär geht es um die objektiv vorgegebene und stets vorausgehende Gnade Gottes, zu dessen Wort sich der Mensch antwortend verhalten muss. Die bundestheologische Dimension der Sakramente wird darin besonders deutlich. Bei Unsicherheit, ob das Sakrament angesichts der persönlichen und strukturellen Defizite der Spender denn wirklich Gottes Gnade vermittelt, gilt daher: Die durch die Sakramente vergegenwärtigte Gnade Gottes ist nicht abhängig von der Würdigkeit der vermittelnden Spender. Denn es ist *Christus selbst*, der das Sakrament spendet. Und die durch ihn realisierte Liebe Gottes muss nicht erst durch die kirchliche Vermittlung neu „hergestellt" werden. *Die Empfänger brauchen sich also um die Wirksamkeit der Zusage Gottes nicht zu sorgen*. Doch stellt sich die Frage, ob ein unwürdiger Priester, dessen Missbrauch und Pervertierung seiner Ordination der Gemeinde bekannt ist, die sakramentale Vermittlung selbst insofern behindert, als er die vermittelnde Transparenz auf Christus und das Wort Gottes hin *verstellt* und den *Zugang* der Gläubigen verunmöglicht. Dann würde der authentische Vollzug des Sakraments überlagert, und es entsteht womöglich eine Art Barriere, die sich zwischen Christus und seine Adressaten schieben wird. Denn nur wo die Liebe Christi glaubhaft vermittelt wird, haben die Sakramente ihren glaubwürdigen Kontext. Darum werden die sakramentalen Feiern ja in den Kontext der Texte und Lesungen der Hl. Schrift eingebettet. Das alltägliche Handeln der Kirche und ihrer Vertreter hat sich selbst immer wieder daran zu messen und kritisch zu hinterfragen.

Kommunion durch Kommunikation

Ein Sakrament ist insofern – um es mit der modernen Sprachtheorie zu formulieren – nicht nur ein informierendes Wort, sondern ein *performatives* (also realisierendes) *Sprachgeschehen*, das in einem bestimmten Kontext selbst eine Wirklichkeit schafft, die uns angeht – wie ein Versprechen nicht nur einen Informationsgehalt besitzt, sondern in einer bestimmten Lebenssituation selbst etwas „transportiert". Gemeint ist keine mechanische Kausalität, sondern eine schöpferisch-geistige *Beziehung*, die gestiftet wird. Sie ermöglicht die Teilhabe und aktive Teilnahme an der bezeichneten Wirklichkeit. Sie generiert also Gemeinschaft – Kommunion – durch Kommunikation und bezieht die Adressaten in das leibhaftig-geschichtliche Geschehen ein, insofern sie sich selbst *involvieren*, ansprechen und beanspruchen lassen. Der *dialogische* Charakter der Sakramente wird daher in der liturgischen Feier des Volkes Gottes zelebriert. Darum will das II. Vaticanum auch die *aktive Teilhabe* (SC 14; 21) und den bewussten Mitvollzug der Gläubigen ermöglichen. Dazu gehört auch, dass die Liturgie in der jeweiligen Landessprache gefeiert wird und nicht mehr in der Kunstsprache des Lateinischen, das man (heute) kaum versteht. Die lateinische Version des Glaubensbekenntnisses und der aus der Hl. Schrift entlehnten liturgischen Texte resultiert ja aus der Tatsache, dass man im lateinischen Sprachraum die griechischen bzw. hebräischen Originalfassungen nicht verstand und daher übersetzen musste, um eine aktive Beteiligung zu ermöglichen. Dass später nun allein diese Sprache verabsolutiert und als vereinheitlichte „Kirchensprache" diktiert wurde, zeigt lediglich die Dominanz der römischen Kultur (und ihrer imperialistischen Züge), auch wenn durch das sich ausbildende Papsttum und dessen Rolle in Rom eine weltkirchliche Verbundenheit durch diese verbindende – aber nicht verbindliche – Sprache bei bestimmten Anlässen zum Ausdruck gebracht werden *kann*. Die Sakramente leben in ihrer liturgischen Einbettung im Rahmen der sich versammelnden und feiernden Gemeinschaft *(communio)* jedenfalls von Kommunikation, die nach außen *offen* und *zugänglich* sein muss, wenn die Kirche ihrer *Mission* als Zeichen und Werkzeug in dieser Welt und für diese Welt gerecht werden will.

Soteriologische Funktion

Die Zielsetzung jeglichen Sakraments ist und bleibt es, die *Verbindung* bzw. *Verbundenheit* zwischen Gott und Menschen sowie der Menschen untereinander ins Gedächtnis zu rufen und neu zu stiften. Sakramente sind dabei *nicht die exklusive Bedingung* für diese Beziehung, weil aus gnadentheologischer Sicht Gott selbst seiner bewussten Vergegenwärtigung im Sakrament durch seine Gegenwart zuvorkommt und sich nicht begrenzen lässt.

Die Sakramente sind allerdings die *personale Realisierung und wirksame Wahrnehmung* der siegreichen Liebe Gottes und seiner ewigen Treue. Darin liegt auch ihre Heilsnotwendigkeit, analog zur Kirche selbst. Deren institutionelle Gestalt bedeutet keine exklusive Bedingung zur Erlangung des Heils.[306] Aber sie leistet eine wesentliche Hilfestellung. So existiert eine *soteriologische Notwendigkeit* der Kirche und ihrer Sakramente für die Heilsgeschichte und die ausdrückliche Vermittlung der Gnade von ihrem Ziel (Christus) her. Sehr treffend hat dies einst Joseph Ratzinger formuliert:

> „Man ist nicht Christ, weil nur Christen ins Heil kommen, sondern man ist Christ, weil für die Geschichte die christliche Diakonie Sinn hat und vonnöten ist."[307]

Ebenso unmissverständlich macht auch Karl Rahner deutlich:

> „Es ist ein dauerndes tragisches Missverständnis, wenn man das notwendige, sinnvolle, unentbehrliche kleine Zeichen, das *uns* an diese Unbegrenztheit der Gegenwart göttlicher Gnade erinnern und *so* in *dieser* Anamnese Ereignis der Gnade werden soll und nicht anders, wieder zu einem abgegrenzten Bezirk macht, in dem allein Gott gegenwärtig sei und seine Gnade sich ereigne."[308]

Die Sakramente müssen in ihrer katholischen (universalen) Grundstruktur genau wie die Kirche *Ausdruck und Werkzeug des in Christus offenbar gewordenen universalen Heilswillens Gottes in seiner leibhaftigen Erfahrbarkeit* sein und dürfen – trotz ihrer identitätsstiftenden Rolle zur Selbstvergewisserung im eigenen Glauben – nie zum Ausschlusskriterium gegenüber anderen degenerieren. Vielmehr *dienen* sie als Unterpfand der Treue Gottes und als bewusste Momente der Begegnung mit ihm in „intensivierter Ausdrücklichkeit und Konkretheit" der Vermittlung zwischen Gott und Mensch.[309]

Sakramente sind also die *effektive Ausdrücklichkeit* dessen, was überall und immer schon durch die Gnade Gottes geschieht, ohne dass diese dort explizit ins Bewusstsein tritt. Die Sakramente vergegenwärtigen dabei die endgültig *siegreiche Selbstzusage Gottes* in ihrer soteriologischen Vermittlung durch Jesus Christus *als* erfahrbares, wirksames *Wort* Gottes *(verbum visibile)*, das zwar keine Heilsgarantien schenkt, aber gelöste Erlösung auf begründete Hoffnung hin, die uns im Alltag immer neu zum Handeln drängen wird. Diese aus der *Erinnerung* gespeiste Hoffnung macht uns *hier und jetzt* frei, gelöst und gelassen. Sie wird das Leben im Hl. Geist wirksam wandeln und als Frucht des Wortes Gottes Trost, neue Zuversicht und Kraft für die verheißene *Zukunft* spenden. Genau dies wird in der Liturgie gefeiert.

> „Was kann uns scheiden von der Liebe Christi? Bedrängnis oder Not oder Verfolgung, Hunger oder Kälte, Gefahr oder Schwert? Wie geschrieben steht: Um deinetwillen sind wir den ganzen Tag dem Tod ausgesetzt; wir werden behandelt wie Schafe, die man zum Schlachten bestimmt hat. Doch in alldem tragen wir einen glänzenden Sieg davon durch den, der uns geliebt hat. Denn ich bin gewiss: Weder Tod noch Leben, weder Engel noch Mächte, weder Gegenwärtiges noch Zukünftiges noch Gewalten, weder Höhe oder Tiefe noch irgendeine andere Kreatur können uns scheiden von der Liebe Gottes, die in Christus Jesus ist, unserem Herrn." (Röm 8,35–38)

Verbindung von Liturgie und Alltag

In der Liturgie, so formuliert es die Liturgiekonstitution des II. Vaticanums (vgl. SC 2; 6), wird Christi Werk unserer erlösenden Befreiung *(opus nostrae Redemptionis)* als neue Beziehung zu Gott und den Menschen ausgeübt bzw. eingeübt *(exercetur)*. In der Kraft des Hl. Geistes vollzieht sich demnach die vertrauende, hoffende und liebende Freiheit der Kinder Gottes als *Teilhabe* an seinem Mysterium, von dem das Mysterium der Kirche zeugt, die in sich zugleich menschliche und göttliche Wirklichkeit vereint.

Johann Baptist Metz bezeichnete die Religion einmal als *Unterbrechung*.[310] Liturgie durchbricht dabei den Verlauf des geschäftigen Alltags durch *feierliche und bewusste Vergegenwärtigung des Wortes Gottes*. Sie feiert den *ewigen Bund* zwischen Gott und den Menschen, der in Christi Leben, Sterben und seiner siegreichen Auferstehung für alle Menschen zugänglich, erfahrbar und neu wirksam wird. Die kirchliche Liturgie verbindet darin den dankenden Lobpreis Gottes, des Vaters, mit dem Gedächtnis des Sohnes, um sich im Hl. Geist der siegreichen Gnade Gottes anzuvertrauen. Seine Liebe, die Hass, Gewalt und Tod besiegt, wird *leibhaftig spürbar* in den Sakramenten, die in die bezeugende Verkündigung der Kirche *(Martyria)* und ihre tätige Nächstenliebe *(Diakonia) eingebunden* bleiben. Die Sakramente würden ihres Sinnes und ihres Inhalts beraubt, wenn sie aus diesem Zusammenhang gerissen würden. Die Bedeutung Jesu und seines Kreuzes ist in seiner Sakramentalität für Außenstehende ohne einen deutenden Rahmen keineswegs eindeutig oder selbstverständlich. Auch die Einzelsakramente bleiben daher in ihrer Realsymbolik von außen missverständlich, wenn ihre Ausdrucksgestalt nicht in den narrativen Kontext der Hl. Schrift *und* das glaubwürdige Zeugnis der Kirche erklärend eingebunden wird. Auch wenn die Liturgie die Quelle und den Höhepunkt des kirchlichen Lebens darstellt (SC 10), so bleibt sie doch immer und zu jeder Zeit an den alltäglichen *Lebenswandel* ihrer feiernden Gemeinde rückgebunden. Das Leben der Gläubigen muss über den geschlossenen Kirchenraum hinaus *verwandelt* und für die Sorgen und Nöte der armen und leidenden Mitmenschen geöffnet werden. Nicht zuletzt deswegen, weil das Wort Gottes selbst ein leidender Mensch geworden ist und uns aus dem Antlitz der notleidenden Schwestern und Brüder anspricht und beansprucht (Mt 25,31–46; 1 Kor 11,17–34). Die Armen dieser Erde haben, wie die lateinamerikanische Befreiungstheologie betont, selbst eine sakramentale Würde. Das Mysterium Gottes ist in den Armen und Leidenden gegenwärtig und spricht uns an. Sie erinnern uns an das Leiden und Sterben Jesu Christi, der sich mit ihnen solidarisiert hat.

Durch ihn sind die Grenzen zwischen Heilig und Profan zwar nicht einfach aufgehoben, aber durchlässig geworden, sofern er selbst den banalsten *Alltag* unseres Lebens mit der *Heiligkeit* der Liebe Gottes erfüllt, die es in der Liturgie bewusst zu erinnern und dankbar zu feiern gilt, ohne beim Gottesdienst den Dienst an den Menschen aus den Augen zu verlieren.

8. Wozu brauchen wir die Kirche?

Markus Weißer

Für viele Menschen ist der christliche Glaube an den einen Gott, seine Selbstoffenbarung durch Jesus Christus und seine spürbare Präsenz im Hl. Geist durchaus nachvollziehbar. Und dennoch stellen sie sich die Frage, wozu es überhaupt der Kirche bedarf, um mit diesem Gott zu leben, eine persönliche Beziehung zu Jesus zu pflegen oder ihm nachzufolgen. Oftmals verstellt „die" Kirche – oder ein Zerrbild dessen, was man dafür hält – vielmehr den Zugang zum Evangelium, das zu vermitteln ihre Aufgabe ist. Grund genug, um erst einmal kritisch zu hinterfragen, *was* und *wer* die Kirche denn eigentlich ist.

Was ist die Kirche überhaupt?

Das II. Vatikanische Konzil (1962–1965) bietet eine Reflexion, wie die Katholische Kirche sich selbst und ihr eigenes Wesen versteht. Hatte das I. Vaticanum (1870) sich diesbezüglich aufgrund der zeitlichen Umstände nur zum Papsttum äußern können, so liefert das II. Vaticanum eine umfassende *Ekklesiologie*, also eine theologisch rückgebundene Lehre von der Kirche und ihrer Sendung. In der Dogmatischen Konstitution über die Kirche *Lumen Gentium* wird dieses kirchliche Selbstverständnis entfaltet, während in der Pastoralkonstitution *Gaudium et Spes* das Verhältnis der Kirche zur Welt (von heute) in völlig neuer Weise durchdacht wird.[311]

Mysterium – universales Sakrament des Heils

> „Da Christus das Licht der Völker ist, wünscht dieses im Heiligen Geist versammelte Konzil dringend, alle Menschen durch seine Herrlichkeit, die auf dem Antlitz der Kirche widerscheint, zu erleuchten, indem sie der ganzen Schöpfung das Evangelium verkündet […]. Da aber die Kirche in Christus gleichsam das Sakrament bzw. Zeichen und Werkzeug für die innigste Vereinigung mit Gott und für die Einheit der ganzen Menschheit ist, möchte sie […] ihr Wesen und ihre universale Sendung ihren Gläubigen und der gesamten Welt eingehender erklären." (LG 1)

Die Dogmatische Konstitution beginnt mit dem *Verweis auf Christus*. Er – nicht die Kirche, wie dies in einer früheren Textfassung vorgesehen war – ist das „Licht für die Völker", das sich auf dem Antlitz der Kirche widerspiegelt. Die Kirche findet ihr *Wesen* und ihre *Sendung* darin, der gesamten Welt und Schöpfung das *Evangelium*, ihre Frohe Botschaft, für alle erfahrbar zu verkündigen. Sie versteht sich in diesem Sinne als *Sakrament*, d. h. als das wirksame *Zeichen und Werkzeug* für die innigste *Vereinigung mit Gott* und für die *Einheit der ganzen Menschheit*. Wie wir im Kapitel zur Sakramentenlehre sehen konnten, wird im Sakrament als Realsymbol (realisierendes Zeichen) die bezeichnete Wirklichkeit selbst erfahrbar gegenwärtig gesetzt und verwirklicht, ohne sich darin völlig zu erschöpfen. Das gesamte Wesen der Kirche ist in diesem Sinne sakramental als „Zeichen und Werkzeug" der Zuwendung Gottes zu allen Menschen zu verstehen (vgl. LG 48).

Damit ist ein analoger Sakramentenbegriff eingeholt, wonach die Kirche als Grundsakrament Christus (das Ur-Sakrament) repräsentiert, indem sie ihn durch ihre sieben sakramentalen Vollzüge vergegenwärtigt und vermittelt. Die Kirche *verbindet* in der Nachfolge Jesu daher göttliche und menschliche Wirklichkeit (vgl. LG 8; SC 2), Gottes Wort und die menschliche Antwort. Als nachfolgende Teilhabe am Mysterium Christi ist sie selbst *Mysterium* – Sakrament (LG 5). Ihr Wesen als *Sakrament des universalen Heilswillens Gottes*, der sich durch Jesus Christus ein für alle Mal in dieser Welt manifestiert hat, vollzieht sie in ihrer Sendung *(Mission)* zu den Menschen, deren Heil sie *dient*. Die Kirche wird von LG auf der Basis dieser soteriologischen Funktion vor allem anhand von drei biblischen Metaphern charakterisiert: Sie ist pilgerndes *Volk Gottes*, *Leib Christi* und *Tempel des Hl. Geistes*, womit sie trinitarisch rückgebunden wird.[312]

Pilgerndes Volk Gottes

Das lateinische Wort *ecclesia* ist dem Griechischen *(ekklesia)* entnommen und bezeichnet die Volksversammlung, die zusammengerufen wird. Es handelt sich in diesem Zusammenhang aber nicht um das Volk einer griechischen Polis, sondern um das Volk Gottes (*kyriake*: dem Herrn/Gott gehörend). Gott ruft sein Volk zusammen, er sammelt es und bindet es an sich und seinen Bund. Natürlich ist hier primär an das Volk *Israel* zu denken, das als Volk Gottes in der Hl. Schrift eine besondere und bleibend gültige Erwählung erfährt. Die Kirche gilt als das neue, eher noch als das um die Heiden *erweiterte*, *universal geöffnete* Volk Gottes, das nicht mehr nur auf eine bestimmte ethnische Gruppe, eine Kultur oder Sprache begrenzt bleibt. Es lebt allerdings dauerhaft von der Wurzel eben jenes Baumes, dem diese neuen Zweige eingepfropft wurden (vgl. Röm 11,1–36). Jesus, der eigentlich das Volk Israel angesichts der Herrschaft Gottes neu sammeln wollte, setzt dabei eine Bewegung in Gang, die „sein" Volk überschreitet. Nach Ostern werden durch das Evangelium von Jesus als Christus die Grenzen Israels gesprengt, so dass durch ihn nun auch „die Völker" zum Glauben an den einen Gott kommen. Diese Universalität des Volkes Gottes manifestiert sich in der Nachfolge des Auferstandenen am Pfingstfest. Sie wird dadurch angezeigt, dass alle in ihrer jeweiligen Sprache „Gottes große Taten verkünden" und sich dabei im *Hl. Geist* doch bestens verstehen (vgl. Apg 2,1–13). Dieses Volk Gottes ist unterwegs und pilgert auf seinem Weg durch die Zeit: Es vereint in sich mehrere Kulturen, inkulturiert sich in verschiedenen Regionen und Epochen. Das Ziel seiner Wanderung lässt sich nicht politisch erobern, sondern besteht in der Vollendung bei Gott selbst, dem barmherzigen Vater, der durch seinen Sohn *alle Menschen* anspricht und einlädt, an seiner Liebe im Hl. Geist teilzuhaben.

Leib Christi

Neben dieser an Gott, dem Vater, orientierten Rede vom Volk Gottes übernimmt LG von Paulus die christologische Metaphorik vom „Leib Christi" (1 Kor 12,12–27; vgl. LG 3; 7; 32).[313] *Denn in der Kirche und ihrer eucharistischen Gemeinschaft ist Christus selbst gegenwärtig.* Sie ist demnach ein dynamischer und lebendiger Organismus, kein starres und statisches Gefüge. Das Haupt des Leibes ist Christus selbst; das Lebensprinzip und die Seele ist der Hl. Geist. Dieser Leib bildet eine *organische Einheit*, deren unterschiedliche Glieder alle gleichermaßen von Bedeutung sind, weil sie ihre je eigene Aufgabe haben. „Durch den einen Geist wurden wir in der Taufe alle in einen einzigen Leib aufgenommen, Juden und Griechen, Sklaven und Freie; und alle wurden wir mit dem einen Geist getränkt. Auch der Leib besteht nicht nur aus einem Glied, sondern aus vielen Gliedern" (1 Kor 12,13 f.). Für Paulus gibt es in der Kirche *verschiedene Charismen*, d. h. Gnadengaben bzw. Talente und Kompetenzen, die alle gebraucht werden.

> „Es gibt verschiedene Gnadengaben, aber nur den einen Geist. Es gibt verschiedene Dienste, aber nur den einen Herrn. Es gibt verschiedene Kräfte, die wirken, aber nur den einen Gott: Er bewirkt alles in allen. Jedem aber wird die Offenbarung des Geistes geschenkt, damit sie anderen nützt. Dem einen wird vom Geist die Gabe geschenkt, Weisheit mitzuteilen, dem anderen durch denselben Geist die Gabe, Erkenntnis zu vermitteln, einem anderen in demselben Geist Glaubenskraft, einem anderen – immer in dem einen Geist – die Gabe, Krankheiten zu heilen, einem anderen Kräfte, Machtta-

> ten zu wirken, einem anderen prophetisches Reden, einem anderen die Fähigkeit, die Geister zu unterscheiden, wieder einem anderen verschiedene Arten von Zungenrede, einem anderen schließlich die Gabe, sie zu übersetzen. Das alles bewirkt ein und derselbe Geist; einem jeden teilt er seine besondere Gabe zu, wie er will." (1 Kor 12,4–11)

Die Amtsträger (Apostel oder Lehrer) sind als vermeintlich edlere „Glieder" *nicht mehr wert oder wichtiger* als die einfacheren oder weniger angesehenen Körperteile, denen Gott „umso mehr Ehre zukommen ließ". Ziel ist es, dass alle Glieder des einen Leibes zusammenwirken und solidarisch füreinander da sind, weil der gesamte Leib nur so überleben kann.

In der römischen Geschichtsschreibung findet man eine ähnliche Metaphorik. Dort allerdings mit Blick auf das einfache Volk und seine Beziehung zur aristokratischen Oberschicht.[314] Die Gleichheit und Würde aller Körperteile wird dabei viel weniger betont als bei Paulus, der aber genauso auf die Einheit zielt.

Das Bild vom Leib Christi verbietet nämlich jede Spaltung. Wie es nur *einen* Christus gibt, kann es auch nur *eine* Gemeinschaft *in seinem Geist* geben (vgl. 1 Kor 1,13). Die Kirche wird so auf ihre Einheit in Vielfalt verpflichtet. Und sie wird immer wieder auf diese harmonische Einheit verwiesen, die uns später noch beschäftigen muss. Denn wie Christus die Menschen mit Gott verbinden will, so sollen auch die Menschen untereinander zusammengeführt werden – in dem Geist der *Eintracht*, des *Friedens* und der *Liebe*.

Tempel des Hl. Geistes

Die Kirche ist in diesem Sinne der „Tempel des Heiligen Geistes" (LG 17). Gemeint ist hierbei kein Gebäude, sondern der *Präsenzraum Gottes* – ein Tempel aus lebendigen Bausteinen, denn der Geist wohnt *in den Herzen* der Gläubigen (vgl. 1 Kor 3,16; 6,19), er betet in ihnen und bezeugt ihre Annahme als *Kinder Gottes* (vgl. Gal 4,6; Röm 8,15–16.26). „Er führt die Kirche in alle Wahrheit ein (vgl. Joh 16,13), eint sie in Gemeinschaft und Dienstleistung, bereitet und lenkt sie durch die verschiedenen hierarchischen und charismatischen Gaben und schmückt sie mit seinen Früchten (vgl. Eph 4,11–12; 1 Kor 12,4; Gal 5,22). Durch die Kraft des Evangeliums lässt er die Kirche sich verjüngen und erneuert sie immerfort [...]" (LG 4). Die Kirche erscheint damit insgesamt als „das von der Einheit des Vaters und des Sohnes und des Heiligen Geistes her geeinte Volk." Sie pilgert auf ihrem Weg zum Vater, indem sie dem Sohn nachfolgt, um durch ihn selbst am Leben Gottes in seinem Geist teilzuhaben.

Statt eines statischen und verschlossenen Heiligtums, das von Menschenhand errichtetet wird, versteht sich die Kirche demnach als eine *dynamische*

Größe, die sich *immer wieder erneuert* und auf verschiedene Weise aktualisiert. Der Hl. Geist ist pure Dynamik des Lebendigen und Neuen; er ist die kreative Kraft, welche die Kirche immer neu herausfordert und aus ihrer Selbstbezogenheit herausführt. Er drängt die Kirche, sich in einem ständigen *Exodus* auf den *Weg* zu machen – einen Weg der Liebe zu Gott und den Menschen, deren Heil sie dient. Die Kirche ist deshalb kein zentralisierter Ort der Heiligkeit, sondern sie überschreitet Raum und Zeit. Mit ihren lebendigen „Bausteinen", die durch Gottes Geist verbunden werden, bildet sie eine *Kontaktstelle* zwischen Gott und den Menschen, eine immer wieder zu re-formierende Formation mit offenen Türen bzw. offenen Herzen. Um die Dynamik des Hl. Geistes nicht zu ersticken, muss die Kirche angesichts der „Zeichen der Zeit" immer wieder ihre „Fenster" zur Welt öffnen, um frische Luft zu atmen – wie Johannes XXIII. durch die Einberufung des II. Vatikanischen Konzils gefordert hat. So heißt es auch schon bei Paulus: „Löscht den Geist nicht aus! Verachtet prophetisches Reden nicht! Prüft alles und behaltet das Gute!" (1 Thess 5,19–21) Die Kirche muss also in Bewegung bleiben, um Träger des Geistes Gottes zu sein; sie darf sich nicht hinter den „Bastionen" ihres Brauchtums oder ihrer Gewohnheiten verschanzen, wie Hans Urs von Balthasar treffend angemahnt hat.[315]

Communio

Als eine lebendige *Gemeinschaft im Glauben, in der Hoffnung und in der Liebe* (vgl. LG 8) ist die Kirche letztlich die *communio* der Nachfolge Jesu und der *Teilhabe* an seinem Geist.[316] Sie partizipiert an der dreifaltigen Liebe Gottes und wird *als communio* zum Abbild seines Wesens. Sie bildet ihre Kommunion durch Kommunikation. Im gemeinsamen Vollzug ihrer liturgischen Feiern, durch ihr Gebet und ihre Sakramente, die Lektüre der Hl. Schrift und ihre Fürsorge für die Menschen konstituiert sich die Kirche als eine *Erinnerungsgemeinschaft*, die zugleich hoffnungsvoll *auf die erwartete Zukunft ausgerichtet* ist. Sie bildet eine Gemeinschaft über die Grenzen des Todes hinaus, indem sie mit den Verstorbenen im Gedenken verbunden bleibt. Die *communio sanctorum*, die ins Gebet einbezogene Gemeinschaft aller Heiligen, die helfend und Orientierung spendend das Leben der gegenwärtigen Kirche begleiten soll, beschränkt sich so nicht nur auf die bekannten und explizit heiliggesprochenen Vorbilder im Glauben. Sie umfasst und integriert alle, die mit der Kirche auf ihrem Weg durch die Zeit verbunden waren und sind. Denn die gesamte Gemeinschaft hat Anteil und gibt Anteil an der inkarnierten Liebe Gottes in Christus, die es glaubwürdig und authentisch zu kommunizieren und je aktuell zu tradieren gilt. Die heilsgeschichtlich erfahrbare

Gemeinschaft von Vater und Sohn und ihre Verbundenheit im Hl. Geist, die für die Menschen eröffnet und fruchtbar wird, ist die Grundlage für die kirchliche Gemeinschaft und ihre sakramentale *Teilhabe* an dieser Beziehungswirklichkeit mit ihrer kreativen – schöpferischen – Lebenskraft.

Das Leitbild der *communio* bildet daher das Fundament der Ekklesiologie des II. Vatikanischen Konzils.[317] Es greift damit zurück auf die gelebte Realität der frühen Kirche: Ihre *communio* muss sich nämlich durch lebendigen und offenen *Dialog* auszeichnen. Solche Dialogprozesse finden a) *innerhalb* der Gemeinschaft statt. Sie dürfen durch das kirchliche Lehramt also nicht einfach abgewürgt und autoritativ beendet werden. Der Dialog muss aber auch b) die kirchliche Mission *nach außen* hin prägen. Die katholische Kirche steht in einem *ökumenischen* Dialog mit anderen christlichen Konfessionen; sie steht als Teil der einen Menschheitsfamilie aber auch im Dialog *mit anderen Religionen*, besonders mit dem Judentum.[318] Sie führt seit dem II. Vatikanischen Konzil sogar einen offenen und kritischen Dialog mit *Atheisten*, wie wir noch sehen werden. Auch sie sind Adressaten des Evangeliums. Die *Freiheit der Adressaten und ihres Gewissens* wird dabei ausdrücklich anerkannt.[319] Es geht primär um eine *einladende Zusage* der Liebe und Barmherzigkeit Gottes, die in Jesus Christus Mensch geworden ist und für immer mit allen Brüdern und Schwestern verbunden bleibt, weil er als Mensch mit allen Menschen verbunden ist und alle Menschen guten Willens anspricht.

Papst Franziskus sieht in der Kirche darum eine geistige *Familie*, „in der man liebt und geliebt wird“[320] (vgl. Mk 3,31–35; LG 51). Dort dürften immer auch Fehler, Unvollkommenheiten und Sünden vorkommen, die sich der Vergebung Gottes, des barmherzigen Vaters aber gewiss sein können. Denn die Kirche muss „der Ort der ungeschuldeten Barmherzigkeit sein, wo alle sich aufgenommen und geliebt fühlen können, wo sie Verzeihung erfahren und sich ermutigt fühlen können, gemäß dem guten Leben des Evangeliums zu leben.“[321] Die Kirche gilt in diesem Sinne schon für die Kirchenväter als liebende und zur Liebe erziehende *Mutter*.[322] Sie orientiert sich dabei an Maria, der Mutter des Herrn, die als Mutter der Barmherzigkeit Vorbild für die Kirche sein soll (vgl. LG 64). Ein Vorbild, von dem man in der Praxis leider allzu oft entfernt ist, wie wir noch kritisch feststellen werden.

Wer ist die Kirche?

Spricht man über „die“ Kirche, so ist in den allermeisten Fällen die kirchliche Institution als notwendige Organisationsstruktur im Blick. Die Kirche wird damit jedoch reduziert auf ihre äußerliche und soziologisch erfassbare

Erscheinungsform als gesellschaftliche Einrichtung mit ihren amtlichen Vertretern. „Die" Kirche, das sind dann meist nur die Amtsträger, der Vatikan oder die administrativen Anlaufstellen einer unternehmensartigen Organisation.

Die Kirchenkonstitution des II. Vaticanums entfaltet die Rede vom gemeinschaftlichen Volk Gottes dagegen bewusst *vor* dessen hierarchischer Strukturierung durch die kirchlichen Ämter (vgl. LG 9–17). Allein vor dem Hintergrund der *gemeinsamen Berufung und Sendung aller Getauften* gewinnen die Ämter ihre Bedeutung und ihren Sinn. Zur Kirche gehören darum *alle* ihre getauften Glieder, denn: „Es besteht in der Kirche eine Verschiedenheit des Dienstes, aber eine Einheit der Sendung."[323] Die Differenzierung in „Kleriker" und „Laien" bemisst sich daher nicht an der Würde – in der Taufe sind alle gleich, so dass es keine „Hochwürden", „Eminenzen" etc. geben dürfte – sondern nur an der sakramentalen *Funktion*, die *innerhalb* des Volkes Gottes besondere Dienste *für* dieses Volk einschließt und daher eine ministeriale (lat.: *ministerium* = Dienst), und in *diesem* Sinne auch hierarchische Struktur in der Organisation begründet.

Gemeinsames Priestertum und Amtspriestertum

Die Kirche versteht sich gerade *als* Gemeinschaft als ein priesterliches Volk (1 Petr 2,9), dem eine königliche Erwählung und Berufung zuteil wird: So wie Jesus Christus als der einzigartige „Hohepriester" der endgültige *pontifex* – Brückenbauer – zwischen Gott und den Menschen sowie unter den Menschen ist, so sollen all seine Jünger/innen ihm in diesem Dienst nachfolgen (vgl. Hebr 13,15 f.; 14,14 ff.; Röm 12,1 f.). Ihr Priestertum (lat.: *sacerdotium* = darbringender Vollzug dessen, was heilig ist) meint einen stellvertretenden und vermittelnden Dienst an der gesamten Menschheitsfamilie. Denn alle Glieder der Kirche sind auf ihre je eigene Weise dazu berufen, sich selbst und ihr Leben durch Gebet und sakramentale Vollzüge derart zu „heiligen", dass sie durch ihre *Selbstübereignung an Gott*, der die *Liebe* ist, selber *für andere* eine neue Gottesbeziehung ermöglichen und vermitteln. Die *Eucharistie* ist Vergegenwärtigung von Tod und Auferstehung Jesu. Als dankbare Erinnerung an seine Hingabe für alle Menschen und die Vollendung durch den Vater ist sie daher immer verbunden mit unserer eigenen *Proexistenz*, dem Dasein-für-andere. Im täglichen Lebenswandel sollen die Gläubigen in der sakramentalen Teilhabe an Christus und der Kirche dem Hl. Geist so viel Raum geben, dass sie selber zu Trägern des Evangeliums werden. In diesem ursprünglichen Sinne sind alle Getauften – natürlich auch die Frauen – *Priester/innen*. Nicht zuletzt deswegen, weil es für das Christentum einen sauber abgrenzbaren Bereich von Heilig und Profan, Gottesdienst und Alltag, Gottes- und Nächstenliebe nicht mehr gibt, da Gottes Wort in seiner Inkarnation selbst den profansten Alltag durch seine Präsenz geheiligt, unvermischt und untrennbar an sich gebunden hat.

In LG wird dieses „gemeinsame Priestertum" *aller Getauften* dem „Priestertum des Dienstes" als *Amt innerhalb der Kirche* vorangestellt. Beide Arten von Priestertum unterscheiden sich durch ihr Wesen, nicht einfach nur dem Grad oder Rang nach *(„non gradu tantum")*. Sie sind dabei einander zugeordnet und partizipieren „je auf besondere Weise" beide am „Priestertum" Christi. Sie haben demnach ihre je eigene Bestimmung und Aufgabe. Die spezielle *Funktion* des ordinierten Priesteramtes, das es nun wesenhaft vom gemeinsamen Dienst (für die Welt und füreinander) unterscheidet, besteht darin, dass der Amtspriester *in persona Christi capitis,* also an Stelle Jesu Christi als Haupt der Eucharistiefeier vorsteht und dabei zugleich die Gemeinde vertritt *(repraesentatio ecclesiae),* die er im Geiste Jesu leitet und führt.

> „Das gemeinsame Priestertum der Gläubigen aber und das Priestertum des Dienstes, das heißt das hierarchische Priestertum, unterscheiden sich zwar dem Wesen und nicht bloß dem Grade nach. Dennoch sind sie einander zugeordnet: das eine wie das andere nämlich nimmt je auf besondere Weise am Priestertum Christi teil. Der Amtspriester nämlich bildet kraft seiner heiligen Gewalt, die er innehat, das priesterliche Volk heran und leitet es; er vollzieht in der Person Christi das eucharistische Opfer und bringt es im Namen des ganzen Volkes Gott dar; die Gläubigen hingegen wirken kraft ihres königlichen Priestertums an der eucharistischen Darbringung mit und üben ihr Priestertum aus im Empfang der Sakramente, im Gebet, in der Danksagung, im Zeugnis eines heiligen Lebens, durch Selbstverleugnung und tätige Liebe." (LG 10)

Die Gemeindeleitung in der alten Kirche[324] wurde (nach dem Vorbild Israels) in der *Nachfolge der Apostel* den Ältesten („Presbytern") als *Leitungsgremium* übertragen. Ihr Amt als Aufseher entspricht den späteren Bischöfen („Episkopen"). Sie leiten die Gemeinde zunächst immer als *Kollegium,* allmählich bildet sich die Leitung durch einen einzelnen Bischof *(Monepiskopat)* heraus. Die Gemeindeleitung wird einerseits durch die Vorgänger eingesetzt, andererseits aber auch durch die Gemeinde selbst legitimiert, insofern sie der Einsetzung in das Amt zustimmt bzw. den Bischof wählt. Dessen „sicheres Charisma" besteht zunächst allein darin, durch sein vorbildliches Leben, ordentliche Verrichtung des Gottesdienstes und den Rückbezug auf die apostolische Verkündigung *Zeugnis* für die Wahrheit abzulegen und in Übereinstimmung mit den Bischöfen anderer Gemeinden den christlichen Glauben in seinen konstitutiven Elementen zu bewahren. Für seine Amtsführung soll er ein guter Familienvater (!) und „unbescholten sein als Haushalter Gottes, nicht überheblich und jähzornig, kein Trinker, nicht gewalttätig, nicht habgierig, sondern gastfreundlich, das Gute liebend; besonnen, gerecht, fromm und beherrscht, einer, der sich an das zuverlässige Wort hält, das der Lehre entspricht, damit er in der Lage ist, in der gesunden Lehre zu unterweisen und die (ihr) Widersprechenden zu überführen" (vgl. Tit 1,6 ff.).

Mit dem Wachstum der Gemeinden wird der Bischof später durch *Presbyter* vertreten, die als dessen „Assistenten" an seiner Stelle den Eucharistiefeiern vorstehen, Bußverfahren leiten und das Evangelium verkündigen. Sie gelten bald auch als „Priester", die durch den Bischof gesandt werden und dabei in seinem Auftrag das von LG so bezeichnete „Priestertum des Dienstes" verrichten. Der Zölibat entwickelt sich erst mit der Zeit und ist für diesen Dienst zunächst *nicht* konstitutiv.[325] Er ist aus dogmatischer Sicht diskutabel, auch wenn er ein bestimmtes Ideal und eine besondere Art des Zeugnisses zum Ausdruck bringt. Schon im Umfeld des II. Vaticanums stellt sich die Frage, ob bei Priestermangel *viri probati* (bewährte und anerkannte verheiratete Männer mit theologischer Ausbildung) nicht den Dienst eines Amtspriesters dort übernehmen müssten, wo aufgrund fehlender Berufungen für das Priesteramt die Feier der Eucharistie nicht gewährleistet werden kann. Da dies ursprünglich ja ohnehin die Aufgabe des Bischofs ist, muss dieser seiner Leitungsverantwortung nachkommen und für die Gemeinden den für sie lebensnotwendigen Dienst der Verkündigung und des Altares sichern.

Neben dem lenkenden Dienst der Bischöfe (und der sie vertretenden Priester) gibt es das Amt der *Diakone*, die in der frühen Kirche eine eigenständige Funktion im pastoralen Dienst und in der Krankenfürsorge übernahmen, wobei z. T. auch Frauen unter bestimmten Bedingungen ein solcher Dienst übertragen wurde.[326] Dass das Amt des Diakons heute wieder seine spezifische Eigenfunktion erlangt, ist ein Desiderat der Amtstheologie, die ihn als die erste Weihestufe der Priesterweihe bisher immer noch unterordnet, ohne dabei seine wesentliche Notwendigkeit als tätigen Dienst der Nächstenliebe (Diakonia) schon ausreichend zu würdigen. Denn während der Diakon heute oft nur als liturgischer Gehilfe des Priesters oder als Vorstufe zur Priesterweihe wahrgenommen wird, sind Diakon und Priester (ursprünglich) beide mit einer je eigenen Funktion durch den Bischof gesandt, um in der Gemeinde vor Ort die eucharistische Gemeinschaft, Verkündigung des Evangeliums, sakramentale Feiern und die pastorale Sorge zum Heil der Menschen lebendig zu halten. Für den Bischof selbst bleiben Aufgaben reserviert, die er im Kollegium mit anderen Ortsbischöfen im weltweiten Episkopat wahrzunehmen hat. Ihm bleiben die Spendung der Firmung und Ordination, Sendung von Priestern und Diakonen, das Richteramt sowie die Leitung der gesamten Ortskirche vorbehalten. Auf die dogmatische Bedeutung der Bischöfe und ihr Verhältnis zum Papst, dem Bischof von Rom, werden wir später unter dem Aspekt der kirchlichen Apostolizität zurückkommen. Das Kardinalsamt ist kein Weiheamt, es hat auch keinen dogmatischen, sondern lediglich einen kirchenrechtlichen Rang (Papstwahlkollegium).

Alle ordinierten Ämter müssen auch als besondere Charismen, also besondere Begabungen, Berufungen und Aufgaben für die gemeinsame Sendung der Kirche verstanden werden. Das gilt für den diakonischen Bereich ebenso wie für den Bereich des leitenden Hirtendienstes. Die kirchlichen *Ämter* integrieren, moderieren und koordinieren daher alle anderen *Charismen*. Beide Dimensionen sind bleibend aufeinander verwiesen und aneinander gebunden.

> „Wenn also in der Kirche nicht alle denselben Weg gehen, so sind doch alle zur Heiligkeit berufen und haben den gleichen Glauben erlangt in Gottes Gerechtigkeit (vgl. 2 Petr 1,1). Wenn auch einige nach Gottes Willen als Lehrer, Ausspender der Geheimnisse und Hirten für die anderen bestellt sind, so waltet doch unter allen eine wahre Gleichheit in der allen Gläubigen gemeinsamen Würde und Tätigkeit zum Aufbau des Leibes Christi. Der Unterschied, den der Herr zwischen den geweihten Amtsträgern und dem übrigen Gottesvolk gesetzt hat, schließt eine Verbundenheit ein, da ja die Hirten und die anderen Gläubigen in enger Beziehung miteinander verbunden sind. Die Hirten der Kirche sollen nach dem Beispiel des Herrn einander und den übrigen Gläubigen dienen, diese aber sollen voll Eifer mit den Hirten und Lehrern eng zusammenarbeiten. So geben alle in der Verschiedenheit Zeugnis von der wunderbaren Einheit im Leibe Christi: denn gerade die Vielfalt der Gnadengaben, Dienstleistungen und Tätigkeiten vereint die Kinder Gottes, weil ‚dies alles der eine und gleiche Geist wirkt.' (1 Kor 12,11)." (LG 32)

Sensus und consensus fidelium

Die grundlegende *communio*-Struktur der Kirche kommt auch in der Lehre vom unfehlbaren Glaubenssinn aller Gläubigen *(sensus fidelium)* in der Gesamtkirche zum Ausdruck. Jede/r Gläubige besitzt in ihrem/seinem Glauben ein Gespür *(sensus fidei)* für den rechten Weg angesichts neuer Herausforderungen und Zeichen der Zeit. Wer sich auf die Führung des Hl. Geistes, dessen auf *Unterscheidungsvermögen* und gegenseitiges *Einfühlungsvermögen* hin angelegtes Wirken einlässt, offen bleibt für die Stimmen der Mitglaubenden in der Kirche und dabei dem eigenen Gewissen folgt, den wird der Geist der Wahrheit, der Einheit und des Friedens leiten. Wo die *Gesamtheit der Gläubigen* im (synchronen) Dialog miteinander und im (diachronen) Dialog mit Schrift und Tradition der Kirche früherer Zeiten zu einem *Konsens* in Glaubens- oder Sittenfragen kommt *(consensus fidelium)*, dort wird der Geist der Wahrheit die Kirche nicht in die Irre führen. Sie gilt dann als *infallibel*, untrüglich, und kann ihr Ziel nicht verfehlen:

> „Die Gesamtheit der Gläubigen, welche die Salbung von dem Heiligen haben (vgl. 1 Joh 2,20.27), kann im Glauben nicht irren. Und diese ihre besondere Eigenschaft macht sie durch den übernatürlichen Glaubenssinn des ganzen Volkes dann kund, wenn sie ‚von den Bischöfen bis zu den letzten gläubigen Laien' ihre allgemeine Übereinstimmung in Sachen des Glaubens und der Sitten äußert. Durch jenen Glaubenssinn nämlich, der vom Geist der Wahrheit geweckt und genährt wird, hält das Gottesvolk unter der Leitung des heiligen Lehramtes [...] den einmal den Heiligen übergebenen Glauben (vgl. Jud 3) unverlierbar fest. Durch ihn dringt es mit rechtem Urteil immer tiefer in den Glauben ein und wendet ihn im Leben voller an." (LG 12)

Dieser „übernatürliche", d. h. von Gott selbst inspirierte Glaubenssinn aller Gläubigen muss sich (positiv wie negativ) Ausdruck verleihen können, indem die Gläubigen ihre Überzeugungen und Bedenken in der Kirche offen mitteilen – und dabei seitens des kirchlichen Lehramtes gehört werden *müssen* (vgl. LG 37; CIC can. 212 § 3). Auf *Synoden und Konzilien* sucht die Kirche daher im Dialog immer wieder neu ihren Konsens im Glauben, wobei die Prozesse solcher Wahrheitsfindung nie ganz reibungslos ablaufen. Die kirchliche Tradition, die Weitergabe des Evangeliums Christi, lebt dabei von der aktiven *Rezeption*, der Annahme durch die Gläubigen. Wo das kirchliche Lehramt eine Lehre vorlegt, die jedoch faktisch von der Gesamtkirche nicht (mehr) rezipiert wird, dort liegt ein Indikator dafür vor, dass entweder der sprachliche Ausdruck dieser Lehre nicht verstanden oder missverstanden wird – so dass sie aktualisierend in neue Sprach- und Denkhorizonte übersetzt werden muss – oder dass die Lehre selbst nicht den realen Glauben der gegenwärtigen Kirche widerspiegelt. Dabei hat sich die Kirche der Gegenwart zunächst kritisch und konstruktiv mit dem kirchlichen Glauben früherer Zeiten auseinanderzusetzen, wie er sich in der Schrift und der Tradition manifestiert hat und formuliert wurde. Es geht dabei um die Identität und die Kontinuität im kirchlichen Glauben. Doch kann es durchaus vorkommen, dass manche Lehren oder Meinungen, die in der Kirche lange Zeit als völlig selbstverständlich galten, im Nachhinein als nicht zwingend notwendig, sogar als irrig oder fehlinterpretiert erkannt werden. Denkt man z. B. an die (leider sehr lange) Tradition antisemitischer und antijüdischer Polemik oder an die zwischenzeitliche Haltung des Lehramtes (nicht „der" Kirche!) zum Thema Religionsfreiheit, so muss man aus dem reflektierten Glaubensbewusstsein der heutigen Kirche heraus feststellen, dass diese Haltungen rückblickend offen im Widerspruch zum ursprünglichen Evangelium waren, das auf der Wurzel Israels ruht und um freie Adressaten wirbt. Wenn z. B. bestimmte Lehren im Bereich der Sexualmoral oder Empfängnisverhütung im Kirchenvolk aus Gewissensgründen trotz reiflicher Prüfung des Gewissens und Normierung an den Argumenten der Tradition keine Rezeption finden, so zeigt sich vielleicht auch hier, dass das Lehramt etwas lehrt, was mit der gläubigen Praxis der Kirche de facto nichts mehr zu tun hat. Unabhängig davon, wie man diese Sachfragen jeweils bewerten will – hier soll kein Urteil über konkrete Themen gefällt werden –, so zeigt sich doch, dass hier Diskussionsbedarf und Klärungsbedarf innerhalb der Kirche besteht, der nicht einfach ausgesessen und totgeschwiegen werden kann. Der *Dissens* muss dann einem *neuen Konsens* zugeführt werden, indem die Frage nach Kontinuität und Innovation angesichts der Zeichen der Zeit neu gestellt und auf der Basis des kirchlichen Glaubens rücksichts- und verständnisvoll diskutiert wird.

Der Glaubenssinn der Gläubigen kann sich also nicht nur positiv artikulieren, wie etwa durch harmonische Übereinstimmung. Wo der Konsens nicht oder nicht mehr gegeben ist, zeigt sich durch den *sensus*, das Gespür der Gläubigen, auch, dass die Kirche ihren Glauben re-formieren und re-formulieren muss, indem sie sich auf ihren Ursprung, den *Kern* des Evangeliums Jesu Christi, besinnt und ihn für die Gegenwart und künftige Generationen neu fruchtbar werden lässt.

> Denn diese „apostolische Überlieferung kennt in der Kirche unter dem Beistand des Hl. Geistes einen Fortschritt: es wächst das Verständnis der überlieferten Dinge und Worte durch das Nachsinnen und Studium der Gläubigen, die sie in ihrem Herzen erwägen (vgl. Lk 2,19.51), durch innere Einsicht, die aus geistlicher Erfahrung stammt, durch die Verkündigung derer, die mit der Nachfolge im Bischofsamt das sichere Charisma der Wahrheit empfangen haben; denn die Kirche strebt im Gang der Jahrhunderte ständig der Fülle der göttlichen Wahrheit entgegen, bis an ihr sich Gottes Worte erfüllen." (DV 8)[327]

Weil zur Kirche als Gemeinschaft im Glauben alle ihre Gläubigen gehören, müssen auch der Glaube, die Glaubensnöte und Gewissensfragen aller Gläubigen Gehör und Resonanz finden, um das Evangelium glaubwürdig weitergeben zu können. Dies war übrigens der Grund, warum das II. Vatikanische Konzil in all seinen Dokumenten einen *consensus unanimis*, also einen möglichst einmütigen, kompromissreichen und harmonischen Konsens unter Integration aller Anliegen anstrebte – und sogar weitestgehend erreichte. Auch für künftige Dialogprozesse und Streitfragen in der Kirche gilt deshalb eine Maxime, die man fälschlicherweise Augustinus zuschrieb, dem sie aber sicher auch gefallen hätte: *Im Notwendigen Einheit, im Zweifel Freiheit, in allem Liebe*. Diese menschgewordene, universale Liebe Gottes zu bezeugen, ist die Aufgabe aller Getauften und markiert das Wesen der Kirche. Mit ihrem sakramentalen Wesen verbunden sind bestimmte Eigenschaften, die die Kirche erst wirklich zur Kirche Jesu Christi machen und für ihre Gemeinschaft wesenskonstitutiv sind.

Was kennzeichnet die Kirche?

Die sogenannten „notae ecclesiae“, die *Wesenseigenschaften* der Kirche, sind gleichsam ihre essentiellen Identitätsmerkmale. Sie geben eine Antwort auf die Frage, was für die Kirche Jesu Christi charakteristisch und kennzeichnend ist. Eben diese *notae* (Kennzeichen) finden sich im nizäno-konstantinopolitanischen Glaubensbekenntnis, also dem „großen“ Glaubensbekenntnis (381 n. Chr.), und werden auch in LG 8 aufgegriffen. Es handelt sich um das Bekenntnis zur *einen*, *heiligen*, *katholischen* und *apostolischen* Kirche.

Einheit

Die Kirche bildet, wie in der paulinischen Metapher vom Leib Christi deutlich wurde, eine organische Einheit. Diese ist ihr von ihrem Ursprung her wesenhaft *vorgegeben* und bleibt für sie unhintergehbar und verpflichtend. Es handelt sich aber um eine *Einheit in Verschiedenheit* (vgl. LG 13), die keineswegs Gleichförmigkeit und Einheitlichkeit bedeutet. In den einzelnen Kirchen verschiedener Regionen, Zeiten und Kulturen gibt es nämlich eine legitime Vielfalt in Bräuchen, Sprachen und Ausdrucksformen ein und desselben Glaubens, der alle miteinander verbindet. Die kirchliche Einheit vollzieht sich als Beziehung von Orts- und Weltkirche ebenso wie im Zusammenspiel von Ämtern und Charismen. Die durch das Band des Hl. Geistes gewirkte, für die Kirche selbst *konstitutive* Einheit gründet in der göttlichen Einheit von Vater und Sohn, welche die Einheit der Gläubigen untereinander im Hl. Geist begründet (vgl. Joh 17,21 ff.; 13, 34 f.).

Blickt man nur auf das soziologisch-institutionelle Gefüge, so muss man feststellen, dass die Einheit der Kirche durch diverse Spaltungen längst zerbrochen scheint. Die Christenheit zerfällt wegen ihrer Streitigkeiten in die römisch-katholische, in orthodoxe und evangelische Kirchen etc., in viele Splittergruppen und kaum verbundene Freikirchen und kirchliche Gemeinschaften. Zunächst ist hier *keine sichtbare Einheit* im institutionellen Sinne mehr erkennbar. Es handelt sich nicht nur um legitime Vielfalt, sondern auch um schuldhafte Prozesse, in die die Kirche als Gemeinschaft der Nachfolge Jesu sich selbst hat verwickeln lassen und zu denen sie zeitweise gar aktiv beigetragen hat, wenn Hass und Gewalt im Namen Gottes gepredigt und praktiziert wurden. Damit wurde auch der Leib Christi missbraucht und mit Füßen getreten. Selbst heute wird die Kirche angesichts ihrer immer noch anhaltenden Spaltung und Trennung dem Anspruch Jesu nicht gerecht, wenn sie das versöhnende Wort Gottes ignoriert, sich nicht am Tisch des Herrn versammeln kann, um *gemeinsam* das Brot zu teilen, am Leib Christi teilzuhaben und ihres eucharistischen Ursprungs zu gedenken. Insofern existiert ein sichtbarer Widerspruch zu ihrer Sendung, die doch darin besteht, Zeugnis von der siegreichen, universalen Barmherzigkeit und Liebe abzulegen. Dieser offensichtliche Widerspruch in der sakramentalen Einheit *muss* überwunden werden, weil er wesentlich schwerer wiegt, als jede institutionelle Gestalt(ung) von Einheit. Alle Kirchen und kirchlichen Gemeinschaften sind aufgrund ihrer Herkunft und ihres Zeugnisses für das Evangelium Christi *verpflichtet zur Ökumene*, zu Dialog und geschwisterlicher Zusammenarbeit aller christlicher Konfessionen (griech.: *oikumene* = der ganze bewohnte Erdkreis). Das Ziel dieser durch den Geist Christi getragenen ökumenischen Bemühungen bleibt dabei die eucharistische Mahlgemeinschaft, die in einer versöhnten Einheit in Vielfalt möglich sein muss und sogar verschiedene institutionelle Ausprägungen *verbindet.*

Trotz aller Spaltungen liegt eine nicht sichtbare, wesenhafte Einheit und Verbundenheit in der Nachfolge Christi jeder institutionellen Einheit und dem Ziel der eucharistischen Gemeinschaft voraus. Es ist die *Einheit in der Taufe und im Bekenntnis* zu Gott, zu seinem menschgewordenen Wort und Leben spendenden Geist, die auf einem (größtenteils) gemeinsamen Kanon der Hl. Schrift beruht und auch zur Einheit in der Eucharistie führen soll.

Es handelt sich bei dieser *wesenhaften Einheit* der Kirche jedoch niemals um einen statischen, institutionellen Zustand, sondern um eine *Dynamik*, die es *je neu zu realisieren* gilt. Die Kirche „hat" niemals ihre fertige Einheit, sie *ist* eine *Einheit im Vollzug*, insofern sie sich immer wieder versammelt und sakramental verwirklicht. Kirche *geschieht als Ereignis*, wo die Menschen sich vom Hl. Geist inspiriert untereinander und mit Gott versöhnen lassen, zusammen beten und feiern und in der sakramental spürbaren Gegenwart Jesu Christi zu einer einmütigen und harmonischen Einheit *in* Glaube, Hoffnung und Liebe finden. Und diese Einheit der Kirche ist immer *Gabe und Aufgabe*, zu bewahrendes Testament Jesu und permanente Herausforderung. Sie kann nicht preisgegeben werden oder gar egal bleiben – eben weil diese innere Einheit aller Getauften wesentlich ist für die *eine* und *einzige* Kirche in der Nachfolge Christi und darum den konkreten institutionellen Ausprägungen von Kirche(n) unverfügbar vorausliegt. Die nicht sichtbare, wesenhafte Einheit muss allerdings immer zur sichtbaren Einheit und Gemeinschaft hin drängen und realsymbolisch – sakramental – zum Ausdruck gebracht werden.

Heiligkeit

Diese eine Kirche ist zur Heiligkeit berufen, insofern sie als Leib Christi Zeichen und Werkzeug des universalen Heilswillens Gottes ist. Die Heiligkeit ist zunächst allein ein *Attribut Gottes*: Er ist der Heilige. Insofern kann die Kirche niemals aus sich selbst heraus heilig sein, sondern nur, weil sie in ihrer Sakramentalität auf Gott selbst *verweist*, indem sie die menschgewordene Heiligkeit Gottes widerspiegelt und repräsentiert. Die Kirche *partizipiert* an jener Heiligkeit, die in Jesu Leben, Sterben und seiner Vollendung bei Gott aufleuchtet. Heilig (hebr.: *qadosch*; griech.: *hagios*; lat.: *sanctus*) meint primär eine unantastbare, erhabene Sphäre des Göttlichen im Gegenüber zur bloßen Welt. Gott ist in seiner *Transzendenz* daher bleibend entzogen und der Inbegriff dessen, was als heilig – *Heil* – gelten kann und den geschöpflichen Menschen über sich selbst und seine endliche Natur hinausführt, wenn er ihm nahe kommt, ihn heiligt, erfüllt und vollendet. Auf dieser Basis ist mit Heiligkeit auch ein im *ethischen* Sinne „heiliges" Leben des Gottesvolkes und jedes Einzelnen verbunden: Wer im Bund mit dem heiligen Gott lebt, wer Gott im eigenen Leben gastfreundlich aufnehmen will, der hat sich auch angemessen – heilig – zu verhalten und seiner Weisung zu folgen. Ein heiliges, gottgemäßes Leben zu führen, bedeutet aus christlicher Sicht nicht etwa bestimmte Reinheitsgebote und Riten einzuhalten. Den Willen des Schöpfers zu tun, an seinem Heilswirken mitzuarbeiten und für andere die heiligmachende Gnade Gottes spürbar werden zu lassen, Gottes- und Nächstenliebe zu praktizieren und sich dabei selbst voll und ganz der Liebe zu überantworten – das ist die Art von „Heiligkeit", auf welche die Kirche als universales Volk Gottes verpflichtet ist und die den Weg des Lebens markiert. Daraus ergibt sich, wie Christoph Theobald aus Sicht der französischen Theologie betont, eine konkrete *Haltung*, ein christlicher *Lebensstil*, der diese *Heiligkeit* mit *universaler Gastfreundschaft* verbindet.[328]

Weil Kirche in ihrer Sakramentalität aber immer ein Verbund aus göttlicher und menschlicher Wirklichkeit ist, also nicht nur einen reinen und eindeutigen Verweis auf Christus und das Wort Gottes darstellt, sondern immer mit menschlichen Fehlern und Sünden behaftet bleibt, deshalb wird diese Heiligkeit immer wieder überschattet. Die drängende Frage, wie eine Kirche heilig sein kann, in deren Reihen auch Kindesmissbrauch, Machtmissbrauch, Glaubenskriege, Spaltung, Hass, Neid, Verschwendung etc. geschehen – diese massive Frage soll in einem eigenen Unterkapitel unter dem Titel: „Heilige und Hure?" vertieft werden. An dieser Stelle mag die kurze Feststellung genügen, dass die für die Gemeinschaft der Nachfolge Christi wesenskonstitutive Heiligkeit *trotz* des Versagens und der schuldhaften Verdunkelung durch eine schwache Kirche aus Sündern gilt und Bestand hat:

Es ist *nicht ihre* Heiligkeit, Selbstgefälligkeit oder Reinheit, die sie den Menschen verkünden soll, sondern die *Vermittlung* der Barmherzigkeit und Gnade Jesu Christi. Die Heiligkeit der Kirche besteht somit *nicht* darin, dass ihre Glieder ein perfektes und ideales Leben führen. Das wäre selbstgerecht, überheblich und konnte noch nicht einmal durch die Apostel realisiert werden. Wer meint, sich selbst aufgrund seiner eigenen Werke gegenüber anderen rühmen zu können, der muss sich von Paulus im Römerbrief sehr deutlich sagen lassen, dass er das Evangelium nicht verstanden hat. *Die Heiligkeit der Kirche besteht in ihrem Zeugnis und in ihrem realsymbolischen Verweischarakter auf die siegreiche Gnade Gottes in Christus, dessen Heiligkeit nicht mehr aus dieser Welt getilgt werden kann und auf der die Kirche gründet – und eben nicht umgekehrt.* Weil der Kirche a) die Urkunde der *Hl. Schrift*, b) persönliche *Lebenszeugnisse* zahlreicher Frauen und Männer als *Vorbilder* eines wahrhaft heiligen, Gottes Liebe entsprechenden Lebens und c) die *Sakramente* als Realsymbole der Zuwendung und Nähe Gottes *gegeben* sind, kann sie ihre Heiligkeit – trotz der jeweiligen Schwäche und Sünde der konkret versammelten Kirche – nie völlig verlieren. Sie ist *im Sinne dieses Fundaments* und unter Beistand des Hl. Geistes das unzerstörbare *(indefektible)*, untrügliche *(infallible)* Zeugnis und universale Heilszeichen des Auferstandenen und seines Geistes.

In dem Maße, wie die Kirche *transparent* bleibt auf Christus und das heiligende Wort Gottes hin und sich selbst und ihr eigenes Tun relativiert – rückbindet – an ihren Ursprung und ihre Sendung, *ist* die Kirche heilig, weil sie selbst Zeichen und Werkzeug der Heiligkeit Gottes in dieser Welt ist. Diese Heiligkeit betrifft aber *nicht* nur die Amtsträger der Kirche. Weil *alle* zur *Teilhabe* an dieser Heiligkeit berufen sind, gibt es im Leben der Kirche nicht nur die offiziellen „Heiligen" als leuchtende Sternstunden ihrer Geschichte, sondern auch eine Heiligkeit mitten im Alltag, die „Heiligen von nebenan", wie Papst Franziskus nachdrücklich betont.[329] Sie sind für das Leben der Kirche lebensnotwendig. Der *Ruf zur Heiligkeit* richtet sich an *jeden Einzelnen* in der Kirche (vgl. 1 Thess 4,3) und lässt ihn im *Hl. Geist* an der Mission der Kirche in dieser Welt und für diese Welt mitwirken, je nach eigener Möglichkeit und Fähigkeit, die stets umfangen bleibt von der Gnade Gottes. Auch Heiligkeit bleibt permanente und verpflichtende *Gabe und Aufgabe* für die gesamte Kirche und all ihre Glieder.

Katholizität

Wenn die Kirche ihrem Wesen nach als *katholisch* verstanden werden muss, dann darf diese Charakterisierung nicht als verengter Konfessionsbegriff missverstanden werden. Es geht dabei zunächst nicht um die römisch-katholische Konfession im Sinne einer Abgrenzung, sondern um die wörtliche Bedeutung. Katholisch (griech.: *kat' holon*, allumfassend) meint primär: *universal* (vgl. LG 13). Denn die Kirche als Gemeinschaft der Nachfolge Jesu ist automatisch universale Weltkirche, offen für alle Menschen. Sie umfasst *alle Sprachen und Völker* und kann niemals nur eine isolierte oder in sich selbst ruhende Nationalkirche sein, die nicht mit allen Gemeinden *weltweit verbunden* ist, um deren Sorgen und Nöte sie wissen muss. Mit dem II. Vatikanischen Konzil trat dieses weltkirchliche Selbstverständnis durch die internationale Versammlung der Bischöfe in bislang nicht gekanntem Ausmaß epochal neu ins Bewusstsein. Neue Medien taten ein Übriges.

Die Kirche Christi vereint als universales Heilszeichen eine *Vielfalt der Kulturen* in sich. Sie *überschreitet Raum und Zeit*, weil sie sich stets auch mit der Kirche früherer Generationen und kommender Zeitalter verbunden weiß. Sie ist keine einheitliche Gruppe, sondern eingebunden in eine große, bunte und vielstimmige Familie. Kirche ist in diesem Sinne entweder katholisch oder sie ist nicht Gemeinschaft in Christus. Trotz ihrer Vielfalt und Diversität ist sie vereint im *katholischen Bekenntnis*: Schon Irenäus von Lyon stellte fest, dass, egal wohin man reise, der kirchliche Glaube im Prinzip immer derselbe sei.[330] Eben diesen zu bewahren und untereinander zu garantieren, ist Aufgabe der Bischöfe, welche die apostolische Überlieferung schützen und fortführen sollen. Die wesentlichen Elemente des kirchlichen Glaubens, der Liturgie und einer christlichen Lebensführung sind auch heute in der sich als (römisch-)katholisch verstehenden Weltkirche gleich – ob in Europa, Asien, Afrika, Australien oder Amerika. Die katholische Kirche ist also ein Prototyp dessen, was man als soziales Netzwerk bezeichnen kann. Ihre Knotenpunkte geben Halt und Orientierung innerhalb einer Community, die von Austausch und Kommunikation lebt – synchron wie diachron. Das sichtbare *Zentrum* dieser *Einheit in Vielfalt* ist (aus historischen Gründen) Rom. Dabei darf man, mit Papst Franziskus gesprochen, bei der kirchlichen Sendung nicht davon ausgehen, dass alle Adressaten des Evangeliums gleich weit entfernt sind von dem sichtbaren Zentrum dieser katholischen Einheit, von seiner Sprache und seinen Denkmustern. Insofern ist eine „heilsame Dezentralisierung"[331] der Kirche und der Theologie dort gefordert, wo ein neuer Zugang zum Evangelium aufgrund unterschiedlicher Herausforderungen und Anforderungen vor Ort in eigener Weise ermöglicht werden muss. Damit ergibt sich auch ein *vielgestaltiges Glaubensverständnis*, das dazu führt, dass sich der *katholische Glaube* immer wieder neu und aktuell *inkulturiert*, also bei der „Einpflanzung“ in verschiedenen Regionen und Zeiten, in den jeweiligen Sprachen und Gegenwartskulturen dennoch den wesentlichen *Kern des Evangeliums* bewahrt und das *Verbindende und Verbindliche* als großes Ganzes im Blick behält – wie dies auch schon bei der Begegnung der Kirche mit dem hellenistischen, römischen oder germanischen Denken erforderlich war.[332]

Es gibt verschiedene *Stile* desselben katholischen Glaubens. Ein stilistischer Ansatz lässt sich, wie Christoph Theobald betont, nicht mit dem Modell einer einheitlichen, vollkommenen Kugel beschreiben, das keine Einzigkeit zulässt und bei der alle Punkte gleich weit vom Zentrum entfernt sind. Er spielt mit Papst Franziskus das Modell eines *Polyeders* ein.[333] Es verdeutlicht das *Zusammentreffen aller Teile, die von ihrer je einzigartigen Lage her in das Ganze integriert werden müssen.* Die Pluralität der Lebenssituationen, Schicksale und Bedürfnisse einzelner Menschen und Ortskirchen sind nur durch einen Stilbegriff greifbar, der einzigartige Hörer der Botschaft wahrnimmt und entsprechend würdigt. Franziskus beschreibt dies folgendermaßen:

> „Das Modell ist nicht die Kugel, die den Teilen nicht übergeordnet ist, wo jeder Punkt gleich weit vom Zentrum entfernt ist und es keine Unterschiede zwischen dem einen und dem anderen Punkt gibt. Das Modell ist das Polyeder, welches das Zusammentreffen aller Teile wiedergibt, die in ihm ihre Eigenart bewahren. Sowohl das pastorale als auch das politische Handeln sucht in diesem Polyeder das Beste jedes Einzelnen zu sammeln. Dort sind die Armen mit ihrer Kultur, ihren Plänen und ihren eigenen Möglichkeiten eingegliedert. Sogar die Menschen, die wegen ihrer Fehler kritisiert werden können, haben etwas beizutragen, das nicht verloren gehen darf. Es ist der Zusammenschluss der Völker, die in der Weltordnung ihre Besonderheit bewahren; es ist die Gesamtheit der Menschen in einer Gesellschaft, die ein Gemeinwohl sucht, das wirklich alle einschließt. Uns Christen sagt dieses Prinzip auch etwas über das Ganze oder die Vollständigkeit des Evangeliums, das die Kirche uns übermittelt und das zu predigen sie uns sendet. Sein vollkommener Reichtum schließt alle ein: Akademiker und Arbeiter, Unternehmer und Künstler, alle. Die „Volksmystik“ nimmt auf ihre Weise das ganze Evangelium auf und lässt es Gestalt annehmen […] Das Evangelium besitzt ein ihm innewohnendes Kriterium der Vollständigkeit: Es hört nicht auf, Frohe Botschaft zu sein, solange es nicht allen verkündet ist, solange es nicht alle Dimensionen des Menschen befruchtet und heilt und solange es nicht alle Menschen beim Mahl des Gottesreiches vereint. Das Ganze ist dem Teil übergeordnet.“[334]

Die Katholizität bezeichnet damit auch in einem qualitativen Sinn die für alle Menschen offene, alle Dimensionen des Menschen betreffende und alles umfassende *Fülle*, die sich aus Gottes Selbstoffenbarung in Jesus Christus ergibt und nie im Status quo erschöpft. Ihre *Vorgegebenheit* wird wiederum zur *Aufgabe* der Kirche, weil diese ihre Katholizität nicht einfach ‚hat‘, sondern im Zuge ihrer Sendung – also auf ihrem Weg zu den Menschen und deren

Nöten – im Hl. Geist dynamisch entfalten und ausschöpfen muss. „Das impliziert die Lernbereitschaft für „das je Größere und je Neue der Fülle Jesu Christi.“[335]

Apostolizität

In der gemeinsamen Nachfolge der Apostel ist die *Kirche als ganze* durch ihre Apostolizität (griech: *apostolos*, Gesandter) gekennzeichnet. Darin gründen ihre *Identität* und *Kontinuität* zum geschichtlichen *Ursprung* ihres Glaubens. Wenn Kirche heute mit der Kirche im Ursprung authentisch und glaubwürdig verbunden sein will, dann kann sie ihre Identität nur wahren durch den *Rückbezug auf das Zeugnis* der Apostel und der Urgemeinde sowie in der *Fortführung ihrer Sendung*. Sie kann im Wesentlichen nicht einfach etwas völlig anderes verkünden als das, was von Anfang an ihr Glaube ist – den Kern des Evangeliums. Apostolizität besteht im Empfangen eines Zeugnisses, um dieses selbst weiterzugeben (vgl. 1 Kor 15,3–11). Sie ist also wiederum *Gabe und Aufgabe* zugleich. Um den Spagat der Vermittlung von Damals, Heute und Morgen zu bewältigen, bildet die Kirche in einem dynamischen *Überlieferungsprozess* selbst Medien und Institutionen heraus, die ihr bei der permanenten Selbstvergewisserung und Anpassung an neue Herausforderungen als sicheres Fundament dienen sollen, um jeweils zu differenzieren: Was ist unaufgebbarer Kern christlichen Glaubens und was sind zeit- und kulturbedingte Denk- oder Ausdrucksformen, überholte Sprachmuster und Vorstellungen, die wandelbar sind und aktiv erneuert werden müssen, um den Kern des Evangeliums auf Dauer nicht zu überlagern? Denn für neuen Wein taugen keine alten, porös gewordenen Schläuche (vgl. Mk 2,22).

Die Eckpfeiler der Apostolizität bilden a) der *Kanon* der Hl. Schrift, b) die kirchliche *Tradition* und c) das *Bischofsamt*. Die Schrift aus Altem und Neuem Testament ist die normative Grundlage für den weiteren Traditionsprozess, insofern sich in ihrem zweigeteilten Kanon das Glaubensbewusstsein und die Überlieferung der Apostel in Form kanonisierter Texte erhalten hat. Das menschgewordene *Wort Gottes* wird im Zeugnis und in der Brechung menschlicher Worte als Richtschnur *(Kanon)* erzählend zur Sprache gebracht, in seinem *Kontext* überliefert und in Auseinandersetzung mit dieser verschrifteten Ur-kunde in neuen Kontexten entfaltet.[336] Darin liegt auch die besondere Aufgabe wissenschaftlicher Theologie, die als eigenständige Instanz in der Lehrverkündigung eine wesentliche Hilfestellung für das Verständnis von Schrift und Tradition leistet, um dieses für heute neu zu erschließen.

Unter Wirken und Beistand des Hl. Geistes ergeben sich je neue Sinnhorizonte und ein tieferes Verständnis der Selbstoffenbarung Gottes. Die Schrift birgt somit ein inspiriertes und inspirierendes Potential in sich, um die kirchliche Überlieferung lebendig und aktuell zu halten. Der durch sie transportierte Geist und „Mehrwert" jenseits toter Buchstaben (als *sensus plenior*, tieferer und reicherer Sinn, der auch im *sensus fidelium*, dem Spürsinn der Gläubigen, am Werk ist) darf nicht auf die Schrift selbst reduziert und ausgelöscht werden. Denn Tradition bedeutet, wie u. a. Thomas Morus gesagt haben soll, nicht das Hüten der Asche, sondern die Weitergabe des Feuers.

Es ist Aufgabe der *Bischöfe* als ordinierte Amtsträger und Nachfolger der Apostel, den Glauben der Kirche an Schrift und Tradition rückzubinden und ihn stets neu daran zu messen. Sie müssen dafür Sorge tragen, dass die Glaubensgemeinschaft der Kirche in ihrem dialogischen Austausch bei allem Wandel und aller Reform(ierung) ihre Identität wahrt, indem sie sich auch heute auf die menschgewordene Selbstzusage Gottes in Jesus Christus und seinen Hl. Geist bezieht, d. h. in verbindender und verbindlicher Kontinuität steht zur apostolischen Verkündigung des Evangeliums. Um diese Kontinuität zu sichern und einen theologisch untermauerten Rekurs auf Schrift und Tradition zu wahren, stehen die Bischöfe selbst in einer *apostolischen Sukzession*. Sie meint eine ununterbrochene *Reihe der Nachfolge*, bei der durch Handauflegung, feierliche Ordination und Sendung jeder Bischof als Nachfolger an die Stelle seines Vorgängers tritt und wie er das Wächteramt für die ihm anvertraute Gemeinde übernimmt. Sein *personales Zeugnis* und Eintreten für den katholischen (die Kirchen aller Zeiten und Regionen verbindenden) Glauben ist ein Dienst am Glauben der Gesamtkirche. Die apostolische Sukzession funktioniert jedoch nicht einfach wie eine lückenlose Pipeline, die sich von damals bis heute durchzieht, oder wie eine Art Dominosteinkette. Die Sukzession ist immer eingebettet in das Prinzip der *Kollegialität*. Bei der Ordination eines Bischofs kommen seine Kollegen im Bischofsamt hinzu, legen ihm die Hände auf und senden ihn symbolisch gemeinsam. Jeder Bischof bleibt als bevollmächtigter Repräsentant seiner Ortskirche immer an das weltweite Bischofskollegium rückgebunden, dessen *gewähltes* Oberhaupt der *Papst* als Bischof von Rom ist. Dem Bischof kommt die höchste sakramentale Fülle der amtlichen Ordination (Weihe) zu, die er (wie gewisse Aufgaben) mit seinen Priestern und Diakonen teilt.

Der *Papst* repräsentiert als Bischof von Rom und Oberhaupt des Bischofskollegiums die katholische Kirche auf einer weltkirchlichen Ebene. Ihm obliegt die Aufgabe, die Bischöfe als weltweite Nachfolger der Apostel zusammenzuführen und, wo nötig, zu moderieren. Zugleich ist er Appellationsinstanz bei missbräuchlicher Amtsführung von Bischöfen. Das II. Vaticanum hat das Papstamt wieder stärker in das Bischofskollegium eingebettet, übernimmt dabei aber die Lehre des I. Vaticanums, wonach der Papst als Garant der Einheit den *Jurisdiktionsprimat* in der Kirche innehat, d. h. die höchste innerkirchliche Rechtsgewalt. Wenn ein Papst außerdem unter expliziter Berufung auf seine höchste Lehrautorität eine Lehrentscheidung in Bezug auf Glaubens- und Sittenfragen ausdrücklich und definitiv verbindlich trifft, also *ex cathedra Petri* (vom röm. Bischofsstuhl aus) seine höchste Lehrvollmacht für die Kirche in Anspruch nimmt, dann gelten solche letztverbindlichen Entscheidungen als *infallibel* (untrüglich), was nicht bedeutet, dass sie nicht noch weiter erklärt, entwickelt und gedeutet werden müssten. Solche Entscheidungen *ex cathedra* beziehen ihre Endgültigkeit (die auf Glaubens- und Moralfragen beschränkt ist) aus sich selbst *(ex sese)*, nicht aus dem Konsens der Kirche *(non autem ex consensu ecclesiae)*, der in manchen Fällen vielleicht nicht hergestellt werden kann.[337] Sie sind aber gebunden an den Glauben der Kirche, wie er in Schrift und Tradition zum Ausdruck kommt. Es handelt sich insofern lediglich um eine *außerordentliche Ausübung des kirchlichen Lehramtes, die im untrüglichen Glauben der Gesamtkirche gründet.* Man kann Entscheidungen *ex cathedra* daher auch als eine Art ‚Notstandsregelung' verstehen, die bestimmte Inhalte des kirchlichen Glaubens auf der Basis von Schrift und Tradition unbedingt *festhalten* will, um sie weiter auszulegen. Generell kann man sagen, dass die besondere Inanspruchnahme päpstlicher Lehrautorität bisher höchst selten zur Anwendung gekommen ist.[338] Die damit verbundene Untrüglichkeit betrifft auch nicht, wie oft fälschlich behauptet wird, den Papst als Person. Seine persönlichen Äußerungen und seine übrige (authentische, d. h. nicht außerordentlich definierende) Lehre sind zwar für die Gläubigen verbindlich, aber prinzipiell fehlbar und durch die Kirche revidierbar.

Die vom I. Vaticanum stark betonte Rolle des Papstes steht in Spannung zum sogenannten Konziliarismus. Was passiert, wenn die legitime Nachfolge des Papstes umstritten oder dieser nicht handlungsfähig ist? Der Konziliarismus sieht die höchste Autorität in der Kirche bei einem Allgemeinen Konzil, welches die Gesamtkirche repräsentiert. Das *Konzil von Konstanz* (1414–1418), das die lange und leidvolle Spaltung der Kirche im Abendländischen Schisma beendete, formulierte mit seinen Dekreten *Haec Sancta* und *Frequens* die Oberhoheit des Konzils über den Papst und wollte regelmäßig stattfindende Konzilien etablieren. Dies wurde in der Folgezeit nicht rezipiert. Es gibt in der Katholischen Kirche zwei Träger der höchsten Leitungsvollmacht: den Papst und das Konzil (mit dem Papst).[339]

Das authentische, *ordentliche Lehramt aller Bischöfe* (zu denen auch der Papst gehört) gilt, wenn es *übereinstimmend und einhellig* lehrt, auch als *in-*

fallibel, untrüglich, es kann also sein Ziel im Glauben nicht verfehlen, „insofern die Bischöfe den Inhalt der im Glaubenssinn der Gläubigen bezeugten Offenbarung konkret aussprechen".[340] Dies gilt erst recht dann, wenn die Bischöfe zusammen im Rahmen eines *allgemeinen ökumenischen Konzils als außerordentliche Repräsentanz der Universalkirche* verbindlich lehren (LG 25). Damit ist diese „Untrüglichkeit" des kirchlichen Lehramtes, welche nicht für alle Entscheidungen und nicht für einen einzelnen Bischof gilt, rückgebunden an die Kollegialität der Bischöfe und den *sensus fidelium*, den Glaubenssinn der Gläubigen (LG 12), die *Rezeption* dieses Glaubens durch die Gesamtkirche und den Glauben der Kirche, wie er in *Schrift und Tradition* bezeugt wird.

> „Damit das Evangelium in der Kirche für immer unversehrt und lebendig bewahrt werde, haben die Apostel Bischöfe als ihre Nachfolger zurückgelassen und ihnen ‚ihr eigenes Lehramt überliefert'. Diese Heilige Überlieferung und die Heilige Schrift beider Testamente sind gleichsam ein Spiegel, in dem die Kirche Gott, von dem sie alles empfängt, auf ihrer irdischen Pilgerschaft anschaut, bis sie hingeführt wird, ihn von Angesicht zu Angesicht zu sehen, so wie er ist (vgl. 1 Joh 3,2)." (DV 7)

Die *Unversehrtheit* des Evangeliums ist gleichermaßen hervorzuheben wie seine *Lebendigkeit.*

So trägt das „Hirtenamt" in apostolischer Verantwortung sowohl aktuellen Erfordernissen als auch der identitätsstiftenden Kontinuität Rechnung. Die Hirten sind dem glaubenden und sich vom Geist Gottes leiten lassenden Volk Gottes in dessen Selbstvergewisserung und Gespür für den rechten Weg verpflichtet. Dieses Gespür kann sich wiederum nur im Geiste Jesu entfalten, wenn es *sensibel* bleibt für einen Dialog mit der historisch tradierten und gewachsenen Lehre der Kirche, mit der es sich jedoch angesichts veränderter Situationen kreativ auseinandersetzen darf und muss, um ihren Kern weiter bewahren zu können. Papst Franziskus verlangt deshalb, „das bequeme pastorale Kriterium des ‚Es wurde immer so gemacht' aufzugeben".[341] Ein guter Hirte, so der Papst, müsse manchmal vorangehen, sich aber immer auch inmitten seiner Herde bewegen, den Geruch der Schafe an sich tragen und sensibel auf sie achten. Er wird auch „bei einigen Gelegenheiten [...] hinter dem Volk hergehen, um denen zu helfen, die zurückgeblieben sind, und – vor allem – weil die Herde selbst ihren Spürsinn besitzt, um neue Wege zu finden."[342] Das *Amt des Bischofs dient* also der Gemeinschaft und dem Austausch in der Kirche angesichts heutiger Glaubensfragen und der gläubigen Antworten früherer Zeiten, die beide durch ihn in ein konstruktives Gespräch gebracht werden. Insofern *dient* jeder Bischof auch der katholischen Einheit und Verständigung: vor Ort, überregional und über Grenzen der Zeit hinweg. Jedenfalls ist dies seine Berufung. Denn seine Autorität bezieht er aus seiner Sendung, der Kirche selbst das Evangelium immer wieder „wie einen Spiegel“ vorzuhalten und ihr im Namen Jesu Christi das leibhaftig spürbare Wort Gottes in den Sakramenten glaubwürdig zu vermitteln.

Rückblick: Wollte Jesus eine (solche) Kirche gründen?

In aller Kürze sei angesichts der apostolischen Amtsfrage auch auf eine Debatte verwiesen, die vor allem in der Fundamentaltheologie geführt wird. Hat Jesus selbst eine (solche) Kirche als eigenständige Organisation und Institution gründen wollen? Ist er in diesem Sinne ein eigener „Religionsstifter“ und hat er dabei auch an konkrete Amtsstrukturen gedacht?

Um es wirklich kurz zu machen: Es besteht in der heutigen Theologie[343] ein breiter Konsens darüber, dass Jesus selbst keine eigene Institution gestiftet hat, so wie man einen Fischerverein aufmacht. *Er hat in keinem expliziten Akt eine Kirche gegründet. Dennoch gründet diese Kirche in ihm.*

Das vielfach überstrapazierte Jesuswort in Mt 16,18 f. von Petrus, dem Felsen, auf dem er seine Kirche baut, ist exegetisch umstritten; es gilt als nachösterlicher Reflex der jungen Gemeinde.[344] Trotz der besonderen Rolle des Simon Petrus, trotz seiner Schlüsselrolle für die Gemeinschaft der Nachfolge Jesu und die spätere Kirche, kann hierin kein Stiftungsakt oder gar eine formale Einsetzung der Kirche gesehen werden. *Jesus wendet sich primär an das Volk Israel, das er angesichts der angebrochenen Gottesherrschaft neu sammeln will.* Diese *Sammlungsbewegung* ist verbunden mit der *Aussendung* seiner Jünger/innen, von denen die 12 Apostel symbolisch die 12 Stämme Israels repräsentieren (vgl. Mk 3,13–19. 6,7–13). Zu keinem Zeitpunkt will Jesus sich von Israel abgrenzen. Die Ablehnung seiner Person und Botschaft führt jedoch dazu, dass die von ihm verkündete und vermittelte Herrschaft Gottes in dieser Welt nun auf völlig ungeahnten Wegen zum Durchbruch kommt.

Denn aufgrund der *Ostererfahrung* knüpfen seine Jünger/innen an das Leben und die Lehre Jesu an und orientieren sich an seinen realsymbolischen Vorbildhandlungen: Die *Sammlung* und *Sendung* von Aposteln zur Verkündigung der Gottesherrschaft, die heilsame *Zuwendung* zu den Armen und Kranken, die *Mahlgemeinschaft* Jesu mit seinen Jüngern und sein letztes Abendmahl – all diese vorösterlichen Anknüpfungspunkte werden jetzt durch die Gemeinde mit neuer Hoffnung aufgegriffen und *fortgeführt.* Mit der Verkündigung von Jesus *als* Christus beginnt der christliche Glaube aber die Grenzen Israels zu überschreiten; er ist, wie Jesus selbst, zugänglich und offen für alle Menschen; er richtet sich nun in der Gestalt des Paulus auch an *Heiden* und bald schon müssen die Jünger/innen Jesu feststellen, dass auch diese vermeintlich Nichtgläubigen *durch Jesus Christus zum Glauben an den Gott Israels*, den einen und einzigen Gott kommen. So muss sogar Petrus in Apg 10,28 bekennen, Gott habe ihm gezeigt, dass man keinen Menschen unheilig oder unrein nennen darf. Mit *Pfingsten* feiert die Kirche schließlich ihre eigentliche Geburtsstunde (vgl. Apg 2). Sie tritt nun ihre *universale Sendung* an, um *allen* Menschen das Evangelium des Auferstandenen zu verkündigen (vgl. Apg 15). Durch dieses Bekenntnis zu Christus und die Heidenmission (die sich im Taufbefehl des Auferstandenen von Mt 28,16–20 als Ausdruck frühkirchlicher Praxis spiegelt) kommt es nach und nach zu einer Ablösung und Trennung der Kirche von der Synagoge. Während die ersten Christen sich noch ganz selbstverständlich als Juden verstehen, im Tempel beten und die Reinheitsgebote halten, entwickelt sich bald eine eigenständige *Bewegung*, welche die soteriologische Bedeutung Jesu wie die des Alten Testaments für sich klären muss und für die Gemeinschaft mit Gott keines Tempelkultes und keiner Beschneidung mehr bedarf, weil die erlösende Gottesbeziehung nun durch Christus zugänglich wird. Dankbar wird sein Gedächtnis gefeiert, indem man dem Vater die Ehre erweist durch seinen Sohn im Hl. Geist. Mit Taufe und Eucharistie konstituiert sich die Kirche als *Nachfolge Jesu*, die sich zunehmend organisiert, an den Aposteln und ihrem Zeugnis orientiert und ihr gemeinschaftliches Gefüge etabliert. Dabei bleibt die Trennung von Israel, der tragenden Wurzel ihres Glaubens, eine schmerzliche Belastung, die doch mindestens genauso schwer wiegt wie jede Spaltung innerhalb der Christenheit.

Zusammenfassend kann man sagen, dass es zwar keinen formalen Stiftungsakt der Kirche gibt, dass sie aber in Jesus selbst gründet, der ihren Anfang gesetzt hat (vgl. LG 5: *initium fecit*) und dessen Vorbild sie nach Ostern folgt.[345] *Die Kirche entwickelt sich als dynamische Wirklichkeit und realisiert nur in dieser Dynamik ihre soteriologische Sendung: Die Kirche ist die bleibende Präsenz und notwendige Repräsentanz der endgültigen Selbstzusage Gottes in Jesus Christus.* Der universale Heilswille Gottes und seine siegreiche Gnade können nur durch die in Christus gründende, insofern durch ihn „gestiftete“ Gemeinschaft des Glaubens kommuniziert und weiter tradiert werden, wie Karl Rahner betont hat.[346] Der christliche Glaube ist ohne seine zwischenmenschliche Struktur und gesellschaftliche Dimension, innerhalb derer sich diese Selbstmitteilung Gottes ereignet hat, gar nicht artikulierbar. Er ist nicht gnostische Spiritualität des Einzelnen, sondern leibhaftige und soziale Erfahrbarkeit des menschgewordenen Wortes Gottes, das stets zwischenmenschlich vermittelt werden muss. Alle Ämter und Strukturen, die sich zu diesem Zweck herausgebildet haben, sind stets daran zu bemessen, inwieweit sie in ihrer spezifischen Funktion dem menschlichen Wort Gottes, seinem universalen Heilswillen in der Person Christi entsprechen: „Ein neues Gebot gebe ich euch: Liebt einander! Wie ich euch geliebt habe, so sollt auch ihr einander lieben. Daran werden alle erkennen, dass ihr meine Jünger seid: wenn ihr einander liebt" (Joh 13,34 f.; vgl. Mk 9,33 ff.). Um diese schlichte Wahrheit des christlichen Glaubens wieder neu zur Geltung zu bringen, bedarf es nicht weniger Reformbemühungen innerhalb der Kirche.

Konkrete Verwirklichung der einen Kirche

Natürlich stellt sich die Frage, wo und wie die eine, heilige, katholische und apostolische Kirche Jesu Christi ihre konkrete Verwirklichung finden soll – zumal es schließlich mehrere kirchliche Gemeinschaften und Institutionen gibt, die den Anspruch erheben, *die* Kirche zu repräsentieren.

Subsistit in

Nach LG „verwirklicht sich" *(subsistit in)* die zuvor charakterisierte Kirche Jesu Christi als *gesellschaftliches Gefüge* konkret in der katholischen Kirche.

> „Diese Kirche, in dieser Welt als Gesellschaft verfasst und geordnet, ist verwirklicht in der katholischen Kirche, die vom Nachfolger Petri und von den Bischöfen in Gemeinschaft mit ihm geleitet wird. Das schließt nicht aus, dass außerhalb ihres Gefüges vielfältige Elemente der Heiligung und der Wahrheit zu finden sind, die als der Kirche Christi eigene Gaben auf die katholische Einheit hindrängen." (LG 8)

Die (römisch-)katholische Kirche versteht sich selbst als die universale Weltkirche, die Raum und Zeit umfasst und die apostolische Sukzession durch ein ununterbrochenes und kollegiales Netzwerk aus Amtsträgern von ihrem sichtbaren Zentrum – Rom – aus wahrt wie keine andere Institution. Ohne hier auf die Konzilsdebatten[347] im Detail eingehen zu können, fällt doch sofort auf, dass hier *bewusst auf ein einfaches „ist" verzichtet* wurde. Mit Walter Kasper kann man sagen, dass es sich hier gleichsam um eine Art ökumenische „Öffnungsklausel" handelt.[348] Die eine, heilige, katholische und apostolische Kirche Christi als Nachfolge Jesu wird also *nicht einfach mit der Institution* der römisch-katholischen Kirche *identifiziert*. Das Verb *subsistere*, das aus der Trinitätslehre und ihrer Rede von drei Subsistenzen bekannt ist, meint einen *dynamischen Vollzug*, die *konkrete Verwirklichung* jener Wirklichkeit, die wir Kirche nennen und zuvor ausführlich beschrieben haben. LG 8 spricht nun von der Verwirklichung in der universalen (katholischen) Kirche und spielt damit einerseits die konstitutiv zur Kirche gehörende Wesenseigenschaft der *Katholizität* mit ihrer Einheit in Vielfalt ein. Andererseits verweist der Text auch darauf, dass diese Universalität in ihrer soziologischen Gestalt ihren *sichtbaren Ausdruck* nur findet in der Leitung durch das *Kollegium der Bischöfe* und den *Papst*. Damit ist also die römisch-katholische Kirche als *primäre Verwirklichungsform* gemeint. Ausdrücklich wird jedoch anerkannt, dass „außerhalb ihres Gefüges vielfältige Elemente der Heiligung und der Wahrheit zu finden sind, die als der Kirche Christi eigene Gaben auf die katholische Einheit hindrängen." Man könnte also sagen, dass es die *Kirche auch außerhalb dieses sichtbaren Gefüges* gibt. „Das Konzil vertritt damit einen gestuften Kirchenbegriff, nach dem die nicht-katholischen Kirchen und kirchlichen Gemeinschaften in einer abgestuften Weise an der Einheit und Katholizität der katholischen Kirche teilnehmen."[349] Blickt man z. B. auf die orthodoxen Ostkirchen, so stehen sie ebenfalls in einer apostolischen Sukzession und in einer geschwisterlichen Gemeinschaft mit Rom, auch wenn sie den Primat des Papstes nicht anerkennen und so die sichtbare universalkirchliche Einheit nicht mehr oder noch nicht gegeben ist. Auch in protestantischen Kirchen oder kirchlichen Gemeinschaften finden sich „der Kirche Christi eigene Gaben", die es dort ja nur geben kann, wenn dort wirklich Kirche realisiert wird – trotz einer institutionell nicht gegebenen Gemeinschaft mit der Weltkirche (vgl. UR 3).

Die Evangelische Kirche in Deutschland beispielsweise hat in diesem Sinne ebenso *Anteil* an der Gemeinschaft der Nachfolge Jesu, sie realisiert sich in diesem Sinne eindeutig als regionale Ausdrucksform der Kirche Christi und ist, wie auch Gerhard Ludwig Müller[350] einmal betont hat, durch die Taufe mit dem Herrn verbunden. In diesem Sinne ist sie also vollwertig Kirche, die aber immer auf die universale, umfassend katholische Gemeinschaft der Kirche aller Zeiten und Regionen hin ökumenisch ausgerichtet sein muss. G. L. Müller betont: „Die Taufe ist das grundlegende Zeichen, das uns sakramental in Christus eint und vor der Welt als die eine Kirche sichtbar macht. Wir sind als katholische und evangelische Christen also auch in dem schon vereint, was wir die sichtbare Kirche nennen. Es gibt daher – genau genommen – nicht mehrere Kirchen nebeneinander, sondern es handelt sich um Trennungen und Spaltungen innerhalb des einen Volkes und Hauses Gottes: *Credo unam ecclesiam … confiteor unum baptisma* [ich glaube, dass es die *eine* Kirche gibt … ich bekenne die *eine* Taufe]."[351]

Weiter stellt er fest, dass es nicht die Absicht der katholischen Kirche sei, den anderen Kirchen oder kirchlichen Gemeinschaften „die Kirchlichkeit oder das Kirchesein abzusprechen".[352] Auch jene Christinnen und Christen, die nicht in der vollen Gemeinschaft mit der Lehre, den Sakramenten und der Amtsstruktur der katholischen Kirche stehen, seien durch *Glaube* und *Taufe* „in die Kirche Gottes als Leib Christi voll eingegliedert. […] Aber die getrennten Kirchen und Gemeinschaften, die sich durch ihr eigenes Bekenntnis empirisch-soziologisch von der katholischen Kirche als sichtbarer Gemeinschaft abheben, sind dennoch bedeutsam im Geheimnis des Heils. Denn es ist der Heilige Geist, der sie als *Media salutis* [Mittel des Heils] gebraucht (vgl. UR 3).“[353] Nach dem Bekenntnis der katholischen Kirche repräsentieren auch sie als *communio* die Kirche Jesu Christi und vergegenwärtigen auch sie die Heilsgemeinschaft mit Gott – und zwar mit ihrer je eigenen soteriologischen Bedeutung und Relevanz (vgl. UR 3). Auch wenn das sakramentale Selbstverständnis der Kirche aus evangelischer Sicht vielleicht weniger ausgeprägt und nicht immer universal orientiert ist, so steht doch fest, dass Kirche immer eine *soteriologische Funktion* hat und dem Heil aller Menschen dient. Dies kann sie nur, wenn sie selbst *als Gemeinschaft* durch ihre Einzelsakramente, durch Wort und Tat *allen* Menschen die menschgewordene Liebe Gottes erfahrbar werden lässt; auch als gesellschaftliches Gefüge.

Kirche als Gemeinschaft der Nachfolge Jesu Christi ist daher immer eine wesentlich größere und umfassendere Wirklichkeit als ihre sichtbare Organisation und gesellschaftlich greifbare Gestalt in institutioneller Form. Sie geschieht durch ihre Grundvollzüge, von denen gleich die Rede sein wird. Ihre Überlieferungsgemeinschaft ist in der Ordnung der römisch-katholischen Kirche aber doch *sichtbar zum Ausdruck gebracht* und wie bei jedem Einzelsakrament, so auch bei der ganzen Gemeinschaft *als Grundsakrament* erfahrbar realisiert, weil in ihrer Verfasstheit die *universale Einheit* räumlich und zeitlich manifestiert wird, obgleich sie sich in ihr niemals vollkommen erschöpft. Denn wie sich die Präsenz Gottes nicht auf die Sakramente reduzieren lässt, so kann auch der Geist Gottes, dessen Präsenzraum die Gemeinschaft der Kirche sein soll, nicht auf das sichtbare Zeichen und Werkzeug reduziert werden, das die Catholica sein will.

Kirchenväter wie Augustinus sprechen daher von der *Ecclesia ab Abel*, der Kirche als Volk Gottes, das bereits seit Abel, dem ersten Gerechten, in dieser Heilsgeschichte als *communio sanctorum*, Gemeinschaft der Heiligen und Gerechten unterwegs ist. Durch explizite Beziehung zu Christus oder durch die suchende Hinordnung auf das in ihm begegnende Wort Gottes ergibt sich damit eine *nicht konkret bestimmbare und abgrenzbare Gemeinschaft*, die sich erst in der Vollendung als *civitas Dei* (Gemeinde Gottes) eschatologisch offenbaren wird.

Subsidiärer Aufbau der kirchlichen Strukturen

Der konkrete Aufbau der Kirche und ihre Strukturen ergeben sich aus dem Prinzip der Einheit in Vielfalt (vgl. LG 23; 26). Kirche konstituiert sich ursprünglich aus kleinen Keimzellen: Als *familiäre Hauskirche* im gemeinsamen Gebet oder sich versammelnde *Pfarr-/Basisgemeinde* in Gestalt einer *Eucharistiegemeinschaft*. Wo zwei oder drei im Namen Jesu versammelt sind, da ist er mitten unter ihnen (vgl. Mt 18,20). Die Organisation *von unten nach oben* findet ihre nächst höhere Ebene in der *Ortskirche*, die als Diözese/ Bistum *von einem Bischof geleitet* wird, der darin die Letztverantwortung trägt. Diese Ortskirchen können in Pfarrgemeinden und Pfarrverbände als verschiedene Seelsorgegebiete *gegliedert* sein.

Ganze Kirchenprovinzen bzw. Verbände von Diözesen werden durch Metropoliten/Erzbischöfe als deren Vorsteher repräsentiert. Der Zusammenschluss von Ortskirchen aus einer bestimmten Region oder Nation organisiert sich in Bischofskonferenzen, die dem Austausch des Episkopats auf dieser regionalen Ebene dienen. Auf dieser regionalen Ebene können auch *Synoden* als Kirchenversammlungen sattfinden, bei der Gläubige aller Stände eingebunden werden können. Ein Beispiel dafür ist die „Würzburger Synode", die 1971–1975 als gemeinsame Synode der Bistümer der Bundesrepublik Deutschland stattfand und die Aufgabe hatte, die Beschlüsse des II. Vatikanischen Konzils für diese Region entsprechend umzusetzen. *Konzilien* sind nämlich Kirchenversammlungen auf weltkirchlicher Ebene von höchster Autorität.

Alle Bischöfe sind als Hirten und verantwortliche Vertreter ihrer Ortskirche eingegliedert in das *weltweite Bischofskollegium*, das die *Weltkirche* repräsentiert und im *Papst*, dem Bischof von Rom, sein Oberhaupt wählt. So ist von der einfachen Basisgemeinde über die Ortskirche bis hin zur Ebene der Weltkirche *die jeweils kleinere Einheit in die größere integriert*. Dieser Aufbau der Kirche erfolgt also von unten nach oben, wobei das Ganze mehr ist als die Summe seiner Teile: Die katholische Einheit im Glauben liegt der regionalen, zeitlichen und kulturellen Verschiedenheit voraus. Die Kirche folgt in ihrer Struktur aber einem Prinzip, das sie auch in der katholischen Soziallehre einfordert: *Subsidiarität*.[354] Die je kleinere Einheit soll zunächst eigenverantwortlich handeln und eigenständig ihre Aufgaben wahrnehmen. Wo sie die Hilfe (lat.: *subsidium*) oder einen Schiedsspruch im Streit braucht, greift das *Hilfeleistungsgebot* für die jeweils höhere Einheit. Dies impliziert auch ein *Kompetenzanmaßungsverbot*. Die höhere Ebene soll erst eingreifen, wenn etwas vor Ort nicht einvernehmlich oder im Einklang mit der gesamten Gemeinschaft geklärt werden kann. Die verschiedenen Ortskirchen sind auch nach dem Prinzip der *Solidarität* miteinander verbunden. Darum wird die lebendige *Koinonia*, die *Gemeinschaft* durch Teilhabe an der Sendung der Kirche *im ständigen Austausch untereinander* realisiert. Diese Koinonia *(communio)* entfaltet sich durch drei wesentliche Grundvollzüge, die alle Ebenen der Kirche miteinander verbindet und das ganze gesellschaftliche Gefüge in seiner Bestimmung eint.

Sinn und Zweck der Kirche

Kirchliche Grundvollzüge

Die Kirche steht *im Dienst des universalen Heilswillens Gottes*, der uns in Jesus Christus und (analog) in der Kirche „berührt", wie Karl Rahner es einmal formuliert hat.[355] Sie entspringt dem Willen Jesu, die siegreiche Liebe und Barmherzigkeit Gottes inmitten dieser Welt und für diese Welt leibhaftig spürbar zu *vermitteln* und zu *repräsentieren*. Die Kirche tut dies in ihrer *sakramentalen Sendung*, indem sie sich selbst in drei Grundvollzügen realisiert: *Martyria* (Zeugnis und Verkündigung), *Leiturgia* (Gottesdienst und Gebet) und *Diakonia* (liebender Dienst am Menschen).

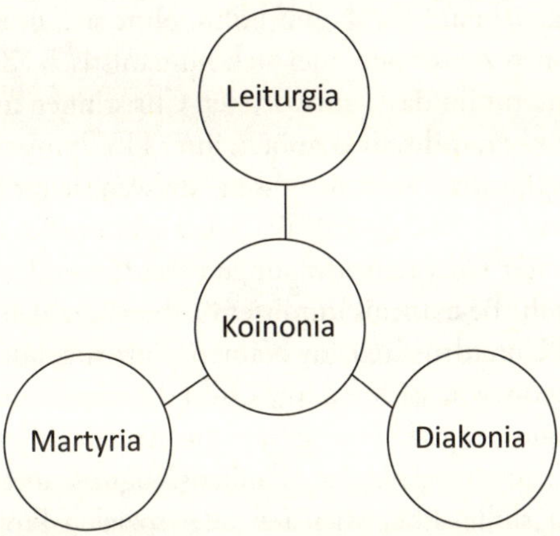

Diese drei Vollzüge bedingen und durchdringen sich gegenseitig. Sie gründen und münden im Vollzug der *Koinonia* (Gemeinschaft).

Die Kirche legt durch ihr gesamtes Handeln und ihre Verkündigung *Zeugnis* ab. Gerade in der noch jungen Kirche handelt es sich oftmals um ein blutiges Martyrium. Diese christlichen Märtyrer zeichnen sich – anders als „Märtyrer" manch anderer Religionsgemeinschaften – dadurch aus, dass sie völlig gewaltlos eine Botschaft des Friedens, der Liebe und Versöhnung verkündigen und in zahlreichen Wellen der Christenverfolgung (z. B. in Rom) bereit sind, für ihren Glauben in den Tod zu gehen. Welche Erfahrung auch immer diese Blutzeugen an Ostern gemacht hatten – sie war so intensiv und überzeugend, dass sie für diese Überzeugung mutig eintraten und in der Nachfolge Jesu selber passiv den Tod in Kauf nahmen. Sie vermochten offenbar durch ihren Lebenswandel wiederum zahlreiche andere Menschen zu überzeugen, weil ihre Frohe Botschaft als *glaubwürdig*, befreiend und erlösend empfunden wurde; weil sie einen neuen Horizont von Sinn und Leben eröffnete; und weil sie mit dem real erfahrbaren Handeln der Jüngerinnen und Jünger Jesu übereinstimmte. Solches Zeugnis geschieht durch *Wort und Tat*. Dabei kann dieses Zeugnis einzelner Christinnen und Christen bis heute ganz unterschiedlich ausfallen. Es reicht vom leidenschaftlichen Lippenbekenntnis bis hin zu unscheinbaren Zeichen der Nächstenliebe *im Alltag* (vgl. Mt 7,21 ff.). Nicht jeder ist zum heroischen Märtyrer geboren, nicht jedem ist die Gnade eines solchen Glaubensbekenntnisses gegeben. Es gibt verschiedene *Charismen*, die den christlichen Glauben glaubwürdig erfahrbar werden lassen. Oft wurden Menschen zunächst mit der Selbstlosigkeit und bedingungslosen Hilfsbereitschaft wortloser Zeugen konfrontiert und stellten aus dieser Erfahrung heraus die Frage, warum diese Helfer ihr Leben einsetzen und riskieren, Lebenszeit investieren und persönliche Opfer erbringen, ohne Aussicht auf Dank und Lohn, ohne sich in einem Gefühl der Genugtuung sonnen zu können oder sich humanistisch edel zu fühlen. Auf die Frage: „Warum tut ihr das?" antworteten Christinnen und Christen über Jahrtausende hinweg mit ihrem Glauben, ihrer Hoffnung und Liebe, die im Auferstandenen gründen. Denn sie wissen, auf wen sie ihr Vertrauen gesetzt haben (vgl. 2 Tim 1,12 ff.; 2,8–15). Bis heute gibt es aber auch Blutzeugen, die Opfer weltweiter Christenverfolgungen werden und in Afrika oder im Nahen Osten für ihr Bekenntnis mit ihrem Leben bezahlen und die sich mit den Armen und Unterdrückten im Namen Christi solidarisieren, wie das Beispiel des Bischofs von El Salvador, Óscar Romero, einem Vertreter der Befreiungstheologie, zeigt. Ebenso gibt es bis heute zahlreiche Christinnen und Christen, die durch viele kleine Glaubenszeugnisse ihres alltäglichen Lebens in Flüchtlingshilfe, Pflegediensten oder sozialen Projekten, in Vergebung, Barmherzigkeit und stiller Liebe den Willen des göttlichen Vaters tun und darin dem Vorbild Christi nachfolgen.

Ohne das lebendige Zeugnis der Gemeinschaft der Kirche, ohne ihre Verkündigung und ihre schriftliche wie mündliche Überlieferung, hätten wir nach 2000 Jahren gar keine Kenntnis von Jesus und keine Möglichkeit zur persönlichen Begegnung mit dem Auferstandenen und seiner befreienden Frohen Botschaft. Weil diese Osterbotschaft – dass das Leben in der Liebe, die Gott ist, mächtiger ist als Hass, Gewalt, Sünde und Tod – weil eben dieses Evangelium immer wieder neu begründete Zuversicht aus dem überzeugenden Zeugnis seiner Zeugen bezieht, kann der christliche Glaube nie ohne die Traditionsgemeinschaft dieses Glaubens, seiner Hoffnung und Liebe bestehen. Und wer zum Glauben an diese Lebensmacht Gottes und seinen Messias gekommen ist, kann nicht anders, als durch seine gesamte Existenz und seinen Lebenswandel selber Zeuge/Zeugin – Apostel – zu werden, auf welche Weise und in welcher Situation auch immer. Die Lebendigkeit und Fortdauer der

Kirche gründet dabei im Geist des Auferstandenen, d. h. in der Beziehung zu Gott selbst.

Um diese Botschaft immer wieder neu ins *Bewusstsein* zu rufen, *dankbar* zu vergegenwärtigen und mitten im Alltagsbetrieb lebendig werden zu lassen, gedenkt die Kirche im *Gottesdienst* Gottes heilvoller Taten; sie feiert vor allem das *Gedächtnis Christi* und damit den Grund ihrer Hoffnung. In der Liturgie wird das *Wort Gottes* in den Erzählungen der Hl. Schrift gemeinsam gelesen, gehört und ausgelegt; im *Gebet* und in der Feier der *Eucharistie* werden Leben, Tod und Auferweckung Jesu sinnlich erfahrbar vergegenwärtigt. So wird die eigene Auferstehung, die Gemeinschaft mit den Verstorbenen und die Vollendung bei Gott hoffnungsvoll antizipiert. In der Teilhabe am eucharistischen Leib Christi vollzieht sich der Lobpreis des Vaters durch den Sohn im Hl. Geist. Unter Herbeirufung *(Epiklese)* dieses Schöpfer- und Erlösergeistes und seines Beistands übereignet sich die Gemeinschaft der Kirche jener Liebe, die Gott ist und nicht nur den Gaben von Brot und Wein, sondern dem gesamten Lebenswandel einen neuen Sinn und eine neue Bestimmung gibt. In den *Sakramenten* wird Gottes Nähe spürbar gefeiert. Sie dienen als persönliche Realisierung und wirksame Wahrnehmung der Verbundenheit von Gott und Mensch sowie der Menschen untereinander und bleiben deshalb eingebettet in die Gemeinschaft derer, die durch die Taufe selbst teilhaben am Grundsakrament der Kirche. *Das Zeugnis der Kirche kann nicht ohne ihren gottesdienstlichen Vollzug erfolgen, weil sie darin bewusst das feiert und zur Sprache bringt, was ihr Ursprung und ihre Bestimmung ist: die Beziehung zu Gott und untereinander, die im Wort Gottes und der eucharistischen Gemeinschaft sinnlich erfahrbar gründet.*

Weil die Liebe zu Gott aus christlicher Sicht aber unvermischt und untrennbar verbunden ist mit der Liebe zu den Mitmenschen, kann es keinen Gottesdienst geben, der nicht immer schon eingebunden wäre in den tätigen *Dienst der Nächstenliebe* (lat.: *caritas*). So ist in der frühen Kirche die Feier der Eucharistie immer verbunden mit einem Sättigungsmahl und der Speisung Bedürftiger und Kranker. Mit dem frühen Christentum entwickelt sich erstmals ein kostenloses Sozialwesen für die Armen und Kranken, das caritativ und nicht lukrativ orientiert ist.

Die *Option für die Armen*, bei denen es nicht nur um die materiell Armen geht, hat die Kirche seit dem II. Vatikanischen Konzil und auf Anregung von Papst Johannes XXIII. wieder deutlich stärker im Blick. Im Umfeld des Konzils unterzeichneten 1965 erst 40, später über 500 Bischöfe den sogenannten „Pakt der Katakomben“[356] bei den Domitilla-Katakomben, den unterirdischen Grabmählern und Zufluchtsstätten der verfolgten Christen im alten Rom. Dabei verpflichten sich alle Unterzeichner, ein dem Evangelium gemäßes Leben in Demut und Armut zu führen, indem man einen einfachen Lebensstil ohne Macht und Ehrentitel praktiziert, der sich ganz in den Dienst an den Armen, Notleidenden und Unterdrückten stellt. Die lateinamerikanische Theologie der Befreiung und der erste lateinamerikanische Papst Franziskus erinnern die Kirche an diese ursprüngliche Sendung. Der Dienst (griech.: *diakonia*) für das Wohl und Heil der Menschen und der Gottesdienst sind *zwei Seiten einer Medaille*, weil das Wort Gottes selbst Mensch geworden ist, zum Heil *aller* Menschen (vgl. Mt 25,31–45). Und so versteht die Kirche ihre Sendung, wie im Missionsdekret des II. Vaticanums deutlich wird:

> „Die christliche Liebe erstreckt sich auf alle, ohne Unterschied von Rasse, gesellschaftlicher Stufe oder Religion; sie erwartet nicht Gewinn oder Dankbarkeit; denn wie Gott sich uns mit ungeschuldeter Liebe zugewandt hat, so sind auch die Gläubigen in ihrer Liebe auf den Menschen selbst bedacht und lieben ihn mit der gleichen Zuwendung, mit der Gott den Menschen gesucht hat. Wie also Christus durch die Städte und Dörfer zog, jederlei Krankheit und Gebrechen heilend zum Zeichen der kommenden Gottesherrschaft, so ist auch die Kirche durch ihre Kinder mit den Menschen jeden Standes verbunden, besonders aber mit den Armen und Leidenden, und gibt sich mit Freuden für sie hin. Sie nimmt an ihren Freuden und Schmerzen teil; sie weiß um die Erwartungen und die Rätsel des Lebens, sie leidet mit in den Ängsten des Todes. Denen, die Frieden suchen, bemüht sie sich in brüderlichem Gespräch zu antworten, indem sie ihnen Frieden und Licht aus dem Evangelium anbietet." (AG 12)

Dynamik einer dienenden Kirche

Auch wenn die Kirche in ihrer Geschichte vielfach hinter diesem Anspruch zurückblieb und ihre Mission oftmals geradezu ins Gegenteil pervertierte – die Welt wäre definitiv ärmer, wenn es ihr Zeugnis und ihren *Dienst für diese Welt* nicht gäbe, sei es im Großen oder im Kleinen. Diese Welt hätte längst vergessen, was sich in ihrem Schoß ereignet hat, wie viele Opfer der Gewalt sie gesehen hat, während ein Gekreuzigter im blutigen Strom ihrer Gleichgültigkeit ein spürbares und lebendiges Zeichen der Hoffnung *für alle* Menschen gesetzt hat, das die finstere Nacht ihrer vermeintlichen Gottverlassenheit zur Heiligen Nacht, zur Weihnacht werden lässt, weil Gottes Wort diese Geschichte als seine eigene angenommen hat und uns im Blick auf den Auferstandenen erlöst. Die Kirche muss sein Licht in der Finsternis des Alltags widerspiegeln: „So soll euer Licht vor den Menschen leuchten, damit sie eure guten Taten sehen und euren Vater im Himmel preisen" (Mt 5,16).

Kirche muss, um ihrem Dienst für das Heil der Menschen wirklich gerecht werden zu können, permanent *in Bewegung bleiben*, und sie muss sich von dem *bewegen lassen*, was die Menschen in ihrem Leben bewegt und umtreibt. So stellt *Gaudium et Spes*, die Pastoralkonstitution des II. Vatikanischen Konzils, zu Beginn programmatisch fest:

> „Freude und Hoffnung, Trauer und Angst der Menschen von heute, besonders der Armen und Bedrängten aller Art, sind auch Freude und Hoffnung, Trauer und Angst der Jünger Christi, und es findet sich nichts wahrhaft Menschliches, das nicht in ihrem Herz seinen Widerhall fände.“ (GS 1)

Der Dienst für das Heil der Menschen ist untrennbar verbunden mit dem Gottesdienst. Die einst von Joseph Ratzinger als *Exodus* des „Für“[357], ein Aus-sich-Herausgehen und Dasein-für-andere charakterisierte christliche Grundhaltung ist nämlich verbunden mit der glaubenden, hoffenden und liebenden Bereitschaft, sich selbst auf die absolute Zukunft Gottes hin zu überschreiten. Dieser je neue *Exodus* bedeutet auch für Karl Rahner den „Mut, sich in Denken und Tat der unbegreiflichen Unverfügbarkeit anzuvertrauen, die unser Dasein durchwaltet und als dessen offene Zukunft trägt.“[358] Wenn sich die Kirche selbst als pilgerndes Volk Gottes auf ihrem Weg durch die Zeit versteht, dann ist sie mit Abraham, dem Volk Israel, den Jüngern Jesu und mit Jesus selbst *unterwegs* – dann bewegt auch sie sich auf einem Exodus in die offene Zukunft Gottes hinein, im Vertrauen auf den Geist Gottes, der sie auf den rechten Wegen führen wird, auch wo sie völliges Neuland oder verdorrtes Brachland betreten muss. Eine Kirche, die jedoch nicht in Bewegung bleibt, sich nicht *aus Liebe* ins Unkontrollierbare und Unabsehbare wagen will, ist tot, weil sie ihrer Sendung und ihrem *dynamischen Wesen* nicht gerecht wird. Sie hat nur die Wahl zwischen Exodus oder Exitus – Weg zu den Menschen oder Kältetod, der eintritt, wo immer sie nicht vom feurigen Geist Gottes beseelt ist, der sie dazu treibt, auf die Menschen zuzugehen, ihnen (wie gute Hirten) nachzugehen, sie auch im Scheitern und auf Irrwegen noch zu begleiten und nicht allein zu lassen. Eine dienende Kirche muss den Lebenssituationen ihrer Adressaten Rechnung tragen, indem sie diese dort abholt, wo sie jetzt gerade stehen. Sie darf nicht erst warten, bis vielleicht diese Adressaten zu ihr kommen.[359]

Vertraut die Kirche auf das Wirken des Hl. Geistes, so muss sie in Rückbindung an ihre Schrift und Tradition die *Bewegung* Jesu *sein*, die mit Sündern Mahl hält, die Kranken heilt, den Gescheiterten neue Hoffnung gibt, aber auch all die anspricht, deren Lebensauffassung und existentielle Situation ihr selbst vielleicht fremd sind. Im Laufe ihrer Geschichte ist ihr solches In-Bewegung-Bleiben Gott sei Dank immer wieder mehr oder weniger gelungen, da sie in der vielfältigen Einheit ihrer Glieder aus verschiedensten *Keimzellen* lebt, die immer neue Früchte tragen. Wo sie durch Christus bewegt auf *alle* Menschen zugeht, spiegelt sich die Güte Gottes auf ihrem Angesicht, das vor Heiterkeit und Barmherzigkeit strahlen und nicht voll Strenge sein soll, wie Papst Franziskus betont.[360]

Eine dynamische Kirche im Dienst an den Menschen macht sich in ihren überschaubaren und kontrollierbaren Strukturen, in ihren Sicherheiten und Gewohnheiten verwundbar, wenn sie sich auf Neues einlässt. Aber sie hat keine Wahl. Sie realisiert ihre Sendung nur in der Fremde, in der oft widerspenstigen und verletzenden Unverfügbarkeit des Anderen, der ihr von Gott selbst anbefohlen wird – nicht, um über ihn Gericht zu halten, sondern um ihn mit der Zusage Gottes zu konfrontieren, die ihre *eigene* Dynamik und Wirkung entfaltet.[361]

Dynamik eines offenen Dialogs

Auf der Basis ihres barmherzigen Dienstes *in* der Welt und *für* diese Welt versteht sich die Kirche selbst als *Teil dieser Welt* und ihrer globalen Gesellschaft. Dennoch verweist sie über diese Welt hinaus und steht sie ihr, ihrem gesellschaftlichen Status quo und ihren ungerechten Strukturen *auch kritisch gegenüber*. Sie will durch ihr zivilgesellschaftliches Engagement an einer besseren Welt mitarbeiten, weil ihre Glieder ja auch Bürgerinnen und Bürger von Sozial- und Gemeinwesen sind, in die sie ihre Wertmaßstäbe und Glaubensüberzeugung bewusst oder unbewusst einbringen. Dennoch lebt sie aus dem Bewusstsein, dass sie selbst nicht aus eigener Kraft die ideale, perfekte Welt hervorbringen kann, in der es kein Unrecht, keine Not und kein Leid mehr gibt. Mit den Füßen auf dem Boden der Tatsachen, ist sich die Kirche also dieser *eschatologischen Spannung* bewusst, die sie *als Vermittlerin der Gottesherrschaft* auch selbst prägt: Das Heil, das Gott selbst ist und immer wieder neu wirkt, soll durch sie real erfahrbar und spürbar antizipiert werden – und doch steht die Vollendung des Einzelnen und der gesamten Welt in der unverfügbaren Wirklichkeit und ewigen Endgültigkeit Gottes hier und jetzt noch aus. Als Sakrament verbindet die Kirche schließlich menschliche und göttliche Wirklichkeit und versucht beide Dimensionen in der Nachfolge Jesu zu vermitteln. Ohne die Kirche hätten wir weder Kenntnis noch persönlichen Zugang zu jener Wirklichkeit, die sich vor 2000 Jahren zugetragen hat. „Die" Kirche ist, wie wir sehen konnten, aber die große Gemeinschaft all derer, die uns ihren Glauben glaubwürdig weitergeben. Denn sie teilen mit uns das, was ihnen zutiefst heilig ist und ihr Leben prägt.

Durch diesen *Überlieferungsprozess* steht die Kirche *in Wechselbeziehung zur Welt* und ihrer Geschichte. Die Kirche versteht sich mit dem II. Vaticanum daher auch als *lernende Kirche*, die das Evangelium *im Austausch und Dialog* mit verschiedenen Kulturen, Wissenschaften und Religionen immer weiter vertieft und entfaltet.[362] Hier lohnt ein ausführlicher Blick auf GS:

„Von Beginn ihrer Geschichte an hat sie gelernt, die Botschaft Christi in der Vorstellungswelt und Sprache der verschiedenen Völker auszusagen und darüber hinaus diese Botschaft mit Hilfe der Weisheit der Philosophen zu verdeutlichen, um so das Evangelium sowohl dem Verständnis aller als auch berechtigten Ansprüchen der Gebildeten angemessen zu verkünden. Diese in diesem Sinne angepasste Verkündigung des geoffenbarten Wortes muss ein Gesetz aller Evangelisation bleiben. Denn so wird in jedem Volk die Fähigkeit, die Botschaft Christi auf eigene Weise auszusagen, entwickelt und zugleich der lebhafte Austausch zwischen der Kirche und den verschiedenen nationalen Kulturen gefördert. Zur Steigerung dieses Austauschs bedarf die Kirche vor allem in unserer Zeit mit ihrem schnellen Wandel der Verhältnisse und der Vielfalt ihrer Denkweisen der besonderen Hilfe der in der Welt Stehenden, die eine wirkliche Kenntnis der verschiedenen Institutionen und Fachgebiete haben und die Mentalität, die in diesen am Werk ist, wirklich verstehen, gleichgültig, ob es sich um Gläubige oder Ungläubige handelt.
Es ist jedoch Aufgabe des ganzen Gottesvolkes, vor allem auch der Seelsorger und Theologen, unter dem Beistand des Heiligen Geistes auf die verschiedenen Sprachen unserer Zeit zu hören, sie zu unterscheiden, zu deuten und im Licht des Gotteswortes zu beurteilen, damit die geoffenbarte Wahrheit immer tiefer erfasst, besser verstanden und passender verkündet werden kann.
Da die Kirche eine sichtbare gesellschaftliche Struktur hat, das Zeichen ihrer Einheit in Christus, sind für sie auch Möglichkeit und Tatsache einer Bereicherung durch die Entwicklung des gesellschaftlichen Lebens gegeben, nicht als ob in ihrer von Christus gegebenen Verfassung etwas fehle, sondern weil sie so tiefer erkannt, besser zur Erscheinung gebracht und zeitgemäßer gestaltet werden kann.
Die Kirche erfährt auch dankbar, dass sie sowohl als Gemeinschaft wie auch in ihren einzelnen Kindern mannigfaltigste Hilfe von Menschen aus allen Ständen und Verhältnissen empfängt.
Wer nämlich die menschliche Gemeinschaft auf der Ebene der Familie, der Kultur, des wirtschaftlichen und sozialen Lebens, der nationalen und internationalen Politik voranbringt, leistet nach dem Plan Gottes auch der kirchlichen Gemeinschaft, soweit diese von äußeren Bedingungen abhängt, eine nicht unbedeutende Hilfe.
Ja selbst die Feindschaft ihrer Gegner und Verfolger, so gesteht die Kirche, war für sie sehr nützlich und wird es bleiben." (GS 44; vgl. AG 22; DV 8)

Die Kirche steht in einem *offenen Dialog* – in alle Richtungen. Nur so kann sie als universales Zeichen und Werkzeug des universalen Heilswillens Gottes dienen. Der Dialog vollzieht sich nach dem *Modell konzentrischer Kreise*, von innen nach außen, von mehr Gemeinsamkeiten hin zu weniger inhaltlichen Übereinstimmungen. Die Kirche realisiert sich als *innerkirchlicher Dialog* im Volk Gottes. Dieser Dialog weitet sich aus zu einem *ökumenischen Dialog* aller christlichen Konfessionen, die im Glauben an Gottes Selbstmitteilung durch Jesus Christus in seinem Geist verbunden sind.[363] Der Dialog findet in besonderer Weise *mit dem Judentum* statt, mit dem die Kirche durch ihren Glauben an ein und denselben Gott und durch den Kanon des Alten Testaments innig von ihrer Wurzel her verbunden ist. Das II. Vatikanische Konzil hat mit seiner Erklärung über die Nichtchristlichen Religionen „Nostra Aetate"[364] die Kirche in einer epochalen Weise auf den *interreligiösen Dialog* verpflichtet und öffnet sie erstmals sogar für den kritischen und konstruktiven *Dialog mit Atheisten*. Dies alles geschieht unter *Anerkennung der Glaubens- und Religionsfreiheit sowie der Würde des Gewissens*, wie in der Erklärung „Dignitatis Humanae" und in „Ad Gentes" betont wird.[365] Jede Form von Zwang zum Glauben, Beeinflussung oder Anlockung durch ungehörige Mittel werden sogar streng verboten! Die Kirche befindet sich damit nicht mehr im Monolog, sondern, wie in ihrem Ursprung, auf der *Suche nach positiven Anknüpfungspunkten* für das Evangelium, das eine *Einladung* und herzliche *Zusage für alle Menschen* darstellt. Diese gastfreundliche und lebensdienliche Einladung immer wieder einfühlsam *empathisch* und mitfühlend *sympathisch* im Namen Jesu Christi auszusprechen, ist Sinn und Zweck der Kirche.

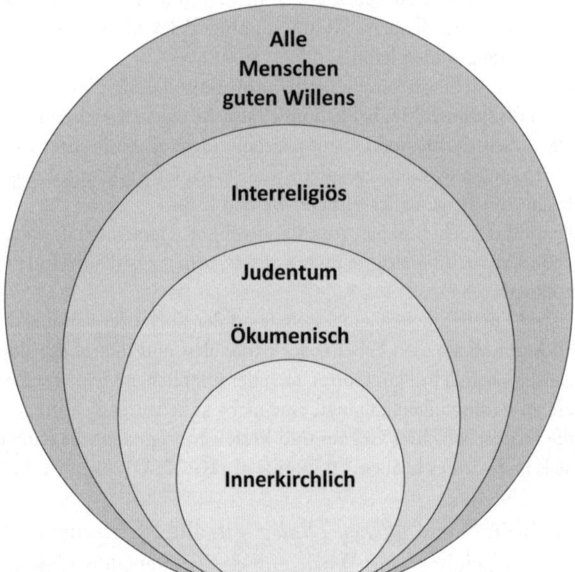

Konzentrische Ebenen des Dialogs im Rahmen der kirchlichen Sendung.

Erst wenn sie die Fragen und Sorgen der Menschen sensibel wahrnimmt und *zuhört*, kann sie ihre Botschaft so verkünden, dass man nicht aneinander vorbeiredet. Es dürfte wenig sinnvoll sein, fehlende Kirchlichkeit oder vermeintlich fehlenden Glauben der Menschen zu beklagen. Vielmehr muss sie deren Sehnsucht und Sinnsuche *entgegenkommen*, wie Papst Franziskus betont: „Die Menschen kommen – bei aller Sehnsucht – nicht zu veralteten

Strukturen und Formen, die weder ihren Erwartungen noch ihrer Sehnsucht entsprechen."[366] Wenn die Kirche also wie bei der Jugendsynode 2018 in Bewegung kommt und durch Fragebögen auf kritische Anfragen gläubiger *und* vermeintlich ungläubiger Jugendlicher hören will, so kann dies nur der Anfang sein für eine *hörende Kirche*, die nur im Dialog die Dynamik ihres Dienstes je neu realisieren kann. Dass es sich nämlich bei der Wahrnehmung von Fragen nicht nur um pastorale Strategie, sondern um das dogmatische Wesen des Glaubens selbst und seine Übersetzung in neue Verständnishorizonte handelt, dürfte ja in der Anlage dieses Buches hoffentlich deutlich geworden sein.

Außerhalb der Kirche kein Heil?

Kirche ist in ihrer Sakramentalität das *explizite Zeugnis* und die *produktive Ausdrücklichkeit* dessen, was immer und überall schon wirkt und sich nicht begrenzen lässt: Gottes Gnade im Hl. Geist. Die Kirche gründet in Jesus Christus, durch den diese ebenso grenzenlose wie siegreiche Gnade in ihrer universalen Bedeutung für alle Menschen geschichtlich greifbar und neu wirksam geworden ist.

Im Laufe der Kirchengeschichte kristallisierte sich ein problematisches Selbstverständnis der Kirche heraus, wonach sie selbst die notwendige *Bedingung* für die Teilhabe an Gottes Gnade sei. Diese *exklusivistische* – ausschließende – Haltung wurde unter das Motto „extra ecclesiam nulla salus" (außerhalb der Kirche gibt es kein Heil) gefasst, wobei diese alte Formulierung aus ihrem ursprünglichen geschichtlichen Kontext gerissen und insofern missverstanden wurde.[367] Aus einer notwendigen sakramentalen Sendung der Kirche in dieser Welt und für diese Welt, ihrem heilsnotwendigen Zeugnis für die Liebe Gottes und deren spürbarer Realisierung, aus der Arche der Zuflucht und dem Rettungsanker für Menschen in Verzweiflung und Not wurde ein hermetischer „Club", dessen Mitgliedschaft über die eigentliche Botschaft gestellt wird.

Wenn man sein Heil nur *in* der Liebe finden kann, wird man sich auch für die Bezeugung und Vermittlung dieser Liebe einsetzen müssen. Und wer in Jesus Christus den Grund und das Ziel einer wahrhaft universalen – „katholischen" – Liebe Gottes in ihrer absoluten Grenzenlosigkeit erkannt hat, der kann sein eigenes Heil fortan nur noch darin finden, dass er diesem universalen Heilswillen Gottes *für alle* Menschen selber *dient* und sich für die befreiende Botschaft des Evangeliums in die Pflicht nehmen lässt – als Zeichen und Werkzeug der Gnade Gottes. Dass die Grenzen der Kirche und die Bindung an sie allerdings offen und nicht hermetisch mit der reinen Institution gleichzusetzen sind, war der Kirche auch früher schon durchaus bewusst (vgl. Mk 9,38 ff.; Mt 7,21 ff.). So findet sich in der Tradition die schon zuvor erwähnte Rede von einer *ecclesia ab Abel* (vgl. LG 2; 49), also die Vorstellung, dass die ‚Kirche' seit Abel, dem ersten leidenden Gerechten existiert. Karl Rahner entwickelte eine gnadentheologisch fundierte Lehre von *anonymen Christen*, eine Begrifflichkeit, die nicht andere gegen ihren Willen als Christ/innen abstempeln will, sondern mit dem II. Vaticanum darauf zielt, dass auch Menschen, die sich selbst nicht als Christen verstehen, dennoch ihr ewiges Heil in Gott finden können und dies immer schon in einer „unthematischen" Beziehung und Verbundenheit mit Christus tun.[368]

Es gibt also unbekannte Heilige sowie Erlöste jenseits der offiziellen Kirche. Sie gehören zur Gemeinschaft der Heiligen, auch wenn sie Jesus nie persönlich begegnen oder in ihm nicht den Messias erkennen (können), aber dennoch auf den letzten Maßstab universaler Liebe hin leben, den das Christentum in der Person Christi als den Weg des Lebens identifiziert und einzigartig realisiert sieht. Denn wer durch sein Leben eben diese Liebe (vielleicht unreflektiert) verwirklicht und sich ihr vertrauens- und hoffnungsvoll übereignet, äußert implizit den Wunsch und das Verlangen *(votum)* nach der *Gemeinschaft mit Gott*, die in Christus *explizit sakramental* begegnet. Man kann daher sagen: *Außer in Gott – der Liebe – gibt es kein Heil, weil er selbst das Heil und die Vollendung des Menschen, aller Menschen ist.* Weil das Christentum Jesus als das menschgewordene Wort Gottes und seine Heilszusage für alle Menschen identifiziert, kann es kein Heil geben, das an dieser – für alle Menschen offenen – Zusage vorbeiführt. So steht für das II. Vaticanum fest, dass es *auch außerhalb der Kirche Heilswege* gibt, die Gott allein kennt. In LG 16 lehrt das Konzil:

> „Diejenigen endlich, die das Evangelium noch nicht empfangen haben, sind auf das Gottesvolk auf verschiedene Weise hingeordnet. In erster Linie jenes Volk, dem der Bund und die Verheißungen gegeben worden sind und aus dem Christus dem Fleische nach geboren ist (vgl. Röm 9,4–5), dieses seiner Erwählung nach um der Väter willen so teure Volk: die Gaben und Berufung Gottes nämlich sind ohne Reue (vgl. Röm 11,28–29). Der Heilswille umfasst aber auch die, welche den Schöpfer anerkennen, unter ihnen besonders die Muslim, die sich zum Glauben Abrahams bekennen und mit uns den einen Gott anbeten, den barmherzigen, der die Menschen am Jüngsten Tag richten wird. Aber auch den anderen, die in Schatten und Bildern den unbekannten Gott suchen, auch solchen ist Gott nicht fern, da er allen Leben und Atem und alles gibt (vgl. Apg 17,25–28) und als Erlöser will, dass alle Menschen gerettet werden (vgl. 1 Tim 2,4).
>
> Wer nämlich das Evangelium Christi und seine Kirche ohne Schuld nicht kennt, Gott aber aus ehrlichem Herzen sucht, seinen im Anruf des Gewissens erkannten Willen unter dem Einfluss der Gnade in der Tat zu erfüllen trachtet, kann das ewige Heil erlangen.

Die göttliche Vorsehung verweigert auch denen das zum Heil Notwendige nicht, die ohne Schuld noch nicht zur ausdrücklichen Anerkennung Gottes gekommen sind, jedoch, nicht ohne die göttliche Gnade, ein rechtes Leben zu führen sich bemühen. Was sich nämlich an Gutem und Wahrem bei ihnen findet, wird von der Kirche als Vorbereitung für die Frohbotschaft und als Gabe dessen geschätzt, der jeden Menschen erleuchtet, damit er schließlich das Leben habe. Vom Bösen getäuscht, wurden freilich die Menschen oft eitel in ihren Gedanken, vertauschten die Wahrheit Gottes mit der Lüge und dienten der Schöpfung mehr als dem Schöpfer (vgl. Röm 1,21.25) oder sind, ohne Gott in dieser Welt lebend und sterbend, der äußersten Verzweiflung ausgesetzt. Daher ist die Kirche eifrig bestrebt, zur Ehre Gottes und zum Nutzen des Heils all dieser Menschen die Missionen zu fördern, eingedenk des Befehls des Herrn, der gesagt hat: ‚Predigt das Evangelium der ganzen Schöpfung' (Mk 16,15)."

Wer dem *Ruf seines Gewissens folgt* und Gott *aus ehrlichem Herzen sucht*, aber „ohne Schuld" keinen Zugang zum Evangelium Christi und der Kirche hat (weil diese durch ihre Schuld einen solchen Zugang vielleicht sogar behindert), der *kann sein Heil finden*. So auch jemand, der sich als *Atheist* versteht, aber geführt und getragen durch Gottes Gnade ein gottgefälliges Leben führt, auch wenn er oder sie nicht zu einer ausdrücklichen Anerkennung Gottes gekommen ist. Der *universale Heilswille Gottes*, den Jesus Christus in dieser Weltgeschichte einzigartig *verkörpert* und den die Kirche als ‚Körperschaft' Christi *vermitteln* soll, richtet sich nicht nur an die Christgläubigen, sondern stets an „alle Menschen guten Willens, in deren Herzen die Gnade unsichtbar wirkt. Da nämlich Christus für alle gestorben ist und da es in Wahrheit nur eine letzte Berufung des Menschen gibt, die göttliche, müssen wir festhalten, dass der Heilige Geist allen die Möglichkeit anbietet, diesem österlichen Geheimnis in einer Gott bekannten Weise verbunden zu sein" (GS 22).

Eine besondere Würdigung und Wertschätzung wird gegenüber dem Judentum und dem Islam, letztlich allen Religionen gegenüber zum Ausdruck gebracht. Auch in der Erklärung über die nichtchristlichen Religionen *Nostra Aetate* heißt es deshalb:

„Die katholische Kirche lehnt nichts von alledem ab, was in diesen Religionen wahr und heilig ist. Mit aufrichtigem Ernst betrachtet sie jene Handlungs- und Lebensweisen, jene Vorschriften und Lehren, die zwar in manchem von dem abweichen, was sie selber für wahr hält und lehrt, doch nicht selten einen Strahl jener Wahrheit erkennen lassen, die alle Menschen erleuchtet. Unablässig aber verkündet sie und muss sie verkündigen Christus, der ist ‚der Weg, die Wahrheit und das Leben' (Joh 14,6), in dem die Menschen die Fülle des religiösen Lebens finden, in dem Gott alles mit sich versöhnt hat.
Deshalb mahnt sie ihre Söhne, dass sie mit Klugheit und Liebe, durch Gespräch und Zusammenarbeit mit den Bekennern anderer Religionen sowie durch ihr Zeugnis des christlichen Glaubens und Lebens jene geistlichen und sittlichen Güter und auch die sozial-kulturellen Werte, die sich bei ihnen finden, anerkennen, wahren und fördern." (NA 2)

Joseph Ratzinger hatte als Kardinal und Präfekt der Glaubenskongregation einmal betont, es gebe so viele Wege zu Gott, wie es Menschen gibt.[369] Alle diese Wege konvergieren aber auf den einen *Weg der Liebe* hin, der sich nach christlicher Überzeugung in Jesus von Nazareth als der *Weg des Lebens* für alle Menschen erwiesen hat. Die *universale Offenheit* seiner Liebe, die sogar die Feinde umfasst, lässt sich nicht mehr überbieten und setzt, wie wir in der Christologie schon sahen, ein einzigartiges Zeichen in der Weltgeschichte und ihrem Verlauf, das nun jeden Menschen anspricht und mit seinem *Maßstab* universaler Barmherzigkeit konfrontiert. Mit ihm verbindet sich zugleich die *erlösende Erfahrung*, dass eine solche Liebe stärker ist als Sünde und Tod. In der maßlosen Unermesslichkeit der Liebe des Gekreuzigten und der Sieghaftigkeit des Auferstandenen begegnet in ein und derselben Person nicht nur *ein* Wort Gottes, sondern *das* eschatologische, nicht mehr überholbare Wort Gottes, über das hinaus es einfach nichts mehr zu sagen gibt, weil Gott sich darin selbst *allen* Menschen *endgültig* zugesagt hat.

Häufig findet sich die verräterische und den christlichen Glauben unterlaufende Frage, was es eigentlich nützt, gläubiger Christ zu sein, wenn doch auch andere mit scheinbar weniger Einsatz ihr Heil erlangen. Wozu dann in Bekenntnis und Tat glauben? Wozu der Dienst in der Kirche? Das auch unter manchen Theologiestudierenden verbreitete Elite- und Leistungsbewusstsein scheint jedoch von Jesu Gleichnissen völlig unberührt (vgl. Mt 20,1–16). *Muss* es uns einen „Vorteil" bringen, wenn man zur Kirche gehört und sich akribisch an die Spielregeln Gottes – seine Weisung – hält? Paulus würde bei dieser Frage sicher schwindlig werden, denn die freie, ungeschuldete Zuwendung Gottes, seine Gnade, die durch Christus allen Menschen zugesagt wurde, ist in einer solchen Logik plötzlich verdient und geschuldet, man hat sie sich schließlich erarbeitet oder erbetet. „Darf" Gott seine Liebe auch denen schenken, die sie nicht verdienen, weil sie nach *unseren* Maßstäben und bescheidenen diagnostischen Kriterien *vermeintlich* nicht glauben, sondern das kostbare Erbe der göttlichen Offenbarung verschleudern (vgl. Lk 15,11–32)? – Es handelt sich um eine gefährliche, zutiefst *unchristliche Kalkulation*, um eine Kosten-Nutzen-Rechnung, auf deren Unzulänglichkeit Joseph Ratzinger schon vor über 50 Jahren deutlich hingewiesen hatte.[370] Wer wirklich bereit ist, sich selbst aus Gottes Liebe zu empfangen und sich ihr zu öffnen, der nimmt teil an ihrer bedingungslosen *Universalität*; der richtet nicht, damit auch er nicht gerichtet wird; der ist bereit zu vergeben, wie ihm vergeben wird (vgl. Mt 18,23–35); der grenzt niemals aus, *weil* er selbst nur in der grenzenlosen Liebe, die in Christus offenbar wurde, seine Erlösung finden kann, indem er sich von dieser ergreifen lässt, ohne sie letztlich begreifen oder in ein starres Lehrsystem fassen zu können, das man dann anderen an den Kopf wirft.[371] Der Anspruch auf Heil, der dieses anderen abspricht, verfehlt den Gott Jesu Christi und somit von vornherein die christliche Erfahrung von Erlösung.[372]

In einer beeindruckenden Predigt Joseph Ratzingers aus dem Jahr 1964 drückt dieser in ganz einfachen Worten das Wesen des christlichen Glaubens aus, der in der Liebe einen Gegenpol zum Egoismus darstelle. Der Glaube sei *in* der Liebe anwesend.[373] Und alles, was uns im Dogma (als notwendiger Entfaltung dieses Glaubens) begegnet, sei letztlich nur die Auslegung dieses Glaubens, der „Ausgriff" auf das Christusereignis ist: „Auslegung der einen entscheidenden und wahrhaft genügenden Grundwirklichkeit der Liebe Gottes und der Menschen. Und so bleibt mithin gültig bestehen, dass die wahrhaft Liebenden, die als solche zugleich Glaubende sind, Christen heißen dürfen."[374] Ob sie das wollen, sollte ihnen selbst überlassen bleiben. Der Ansatz deckt sich aber, auch wenn Ratzinger das später nicht mehr so gerne hörte, faktisch mit Karl Rahners Theorie des anonymen Christentums. Denn mit Blick auf die auch von Rahner öfter herangezogene Schriftstelle Mt 25,31–46 formuliert der junge Ratzinger sogar sehr pointiert:

> „Der Weltenrichter fragt nach diesem Gleichnis nicht, was ein Mensch für Theorien über Gott und die Welt gehabt hat. Er fragt nicht nach dem dogmatischen Bekenntnis, er fragt allein nach der Liebe. Sie genügt und sie rettet den Menschen. Wer liebt, ist ein Christ. Wie groß für den Theologen die Versuchung auch sein mag, an dieser Aussage herumzudeuteln, ihr doch ein Wenn und ein Aber zu geben: Wir dürfen und müssen sie in ihrer ganzen Größe und Einfachheit annehmen, ohne alle Bedingungen – so wie der Herr sie hingestellt hat."[375]

Nach Rahner ist ohne den von der Gnade Gottes getragenen *Glaubensvollzug* (in der Liebe) keine Erlösung und kein persönliches Heil möglich. Wann „glaubt" jemand nach christlichem Verständnis aber dann, so dass dieser Glaube ihn und sein Leben verwandelt und zu Gott führt? Man kann feststellen, dass vermeintliche Atheisten oder Andersgläubige (vgl. Röm 2,14 ff.) wie die Generationen vor Christus genau das tun oder getan haben, was allein vom christlichen Glauben gefordert und gefördert wird: glaubend und hoffend ein Leben auf die Liebe hin zu führen. Viele Leute, die ausdrücklich keine Christen sein können oder wollen, *lieben* doch – und zwar in radikaler Selbstlosigkeit und Selbst-Überschreitung, d. h. wörtlich: Transzendenz. Rahner stellt deshalb die entscheidende Frage:

> „Ist das nur eine sehr gute, anerkennenswerte Sache, woran im letzten aber doch noch das meiste fehlt, oder ist da ein letztes Verhältnis zu Gott schon gefunden, das sich zwar entfalten, das gewissermaßen seinen Namen bekommen sollte, das in seinen letzten, unausdrücklichen, aber gegebenen Dimensionen auf Gott hin erst noch ausgemessen und benannt werden sollte, aber das doch wirklich schon da ist?"[376]

Glaube bedeutet in erster Linie kein Lippenbekenntnis, sondern die vertrauensvoll hoffende Bereitschaft, sich in die erlösende Liebe hinein loszulassen und ihrem Mysterium, das uns im Antlitz des Nächsten fordert, frei anzuvertrauen, indem wir uns dem Mitmenschen zuwenden, mit dem Gott selbst sich durch Christus auf ewig identifiziert hat. Dieser Glaube bleibt getragen von der uns zuvorkommenden Liebe – Gnade Gottes – in unserem Leben, die uns je neu dazu befähigt, zu vertrauen, zu hoffen und zu lieben.[377]

Dieses *existentielle Glaubensverständnis* als persönlicher und gemeinsamer *Exodus*, „Auszug" bzw. Bereitschaft, sich selbst zu verlassen und zu überschreiten, um *für* andere *da zu sein* (Proexistenz) prägt die Bibel von Abraham bis Zachäus. Und so gibt es ein anthropologisches Grundvertrauen, ohne das wir gar nicht leben und in Gemeinschaft zusammenleben könnten. Es gibt, wie Christoph Theobald betont, *Glauben, wo man ihn nicht vermutet.*[378] Damit ist Gott als Grund und Ziel dieser existentiellen Dynamik bereits im Leben des Menschen präsent, bevor er explizit zur Sprache kommt oder Anerkennung findet. Diese gnadentheologische Einsicht ist dem II. Vatikanischen Konzil voll bewusst. Entsprechend betonte das II. Vaticanum den *offenen Universalismus* der Gnade in Jesus Christus, der sich nicht auf die religionstheologische Frage festlegen lässt, wer unter welchen Bedingungen zur Vollendung in Gott gelange oder nicht; der aber doch einen klar zu benennenden Maßstab (Kanon), eine Richtung markiert, an dem sich der Mensch orientieren kann und an dem er sich messen lassen muss (vgl. NA 2). Es ist der in Jesu Proexistenz – seinem Dasein-für – realisierte Maßstab universaler Liebe und Barmherzigkeit, die sich als der erlösende Weg des Lebens und die verlässliche Selbstzusage Gottes erwiesen hat – ein Weg, der jedem Menschen immer offen steht. Mit den Worten Joseph Ratzingers: „Der Glaube, der von einer so verstandenen Christologie gefordert wird, hat folglich sein Wesen darin, Eingehen in die universale Offenheit bedingungsloser Liebe zu sein."[379] Dieser Glaube der Kirche ist eine *Einladung* zur bewussten und befreiten *Teilhabe* an der Liebe, die Gott ist und das eigene Leben verwandelt, um das der anderen zu bereichern. Er ist *kein* totalitäres Denksystem einer sich über Abgrenzung definierenden Institution!

Der offene Universalismus der durch Christus realisierten und offenbar gewordenen Liebe Gottes grenzt nicht ein oder aus: Er ist radikal offen, wie die ausgebreiteten Arme des Gekreuzigten. Und er ist so öffentlich und gesellschaftlich relevant, wie es das Wirken Jesu in dieser und für diese Welt war und ist.

Die Nachfolge Jesu im durch ihn eröffneten Horizont der Hoffnung verweist die Kirche auf die *einzige* für sie vollziehbare Haltung: den offenen Universalismus der Liebe und Barmherzigkeit Gottes, dem sie dient und an dessen Maßstab sie alle anderen ethischen Maßstäbe, Religionen, Denksysteme und gesellschaftlichen Strukturen bemisst. Kirche ist daher Nachfolge Jesu als gemeinsamer Exodus in die Unverfügbarkeit Gottes und so die institutionalisierte Relativität menschlichen Wirkens angesichts seiner sich in Christus offenbarenden Gnade.[380]

Wenn hier von der sakramentalen Relativität der Kirche gesprochen wird, dann darf das nicht mit Relativismus und Beliebigkeit im pluralistischen Kontext verwechselt werden. Gemeint ist im wörtlichen Sinne eine *Rückbindung* an ihre soteriologische Mission, die darin besteht, als Zeichen und Werkzeug das menschgewordene Wort Gottes sakramental zu vermitteln, das seine eigene Wirkung entfaltet. Aufgabe der Kirche ist es, die Begegnung mit der vergebenden Liebe Gottes je neu sakramental zu initialisieren – nicht deren Ergebnis und durch Gottes Gnade getragene Entwicklung selbst vorab zu beurteilen. Papst Franziskus erinnert uns daran, wenn er betont, dass alle Glieder und besonders die Ämter der Kirche *Vermittler* und *nicht Kontrolleure der Gnade Christi* sind. Dies bewahrt vor einer sündigen Selbstverabsolutierung von Kirche – zugunsten der Gnade Gottes, die es zu vermitteln und persönlich wie institutionell zu vergegenwärtigen gilt. Denn dies ist ihr Sinn und Zweck.

Seit dem II. Vaticanum ist sich die Kirche durchaus bewusst, dass Christentum und Kirche selbst vielfach eine wahre Begegnung mit Christus als der endgültigen Selbstzusage Gottes eher verhindert als authentisch vermittelt haben und dass zahlreiche Menschen, die auf Gottes Wort hin unterwegs und in seinem Geist mit ihm verbunden sind, vom Evangelium gar nicht erreicht wurden oder werden können.[381] Auch sie *können* ihr Heil finden. Die Kirche will dem Heil aller Menschen dienen. Denn Christ ist man, wie Benedikt XVI. betont, primär „für die anderen."[382] Christsein als Glied der Kirche bedeutet also keine Sitzplatzreservierung im Himmel, sondern vielmehr eine besondere Gabe und Aufgabe, ein Charisma der Verantwortung im Zeugnis und Dienst der Liebe, die Trost und Freude spenden kann.

> „Es bedeutet nicht eine Art Sonderbillet zum Eintritt in die ewige Seligkeit, sondern die Sendung zum Mittragen des Ganzen. Was der Mensch zum Heil braucht, ist die innere Offenheit für Gott [...] und das bedeutet umgekehrt, dass wir mit dem Herrn, der uns begegnet ist, auf die anderen zugehen und ihnen das Ankommen Gottes in Christus sichtbar zu machen versuchen."[383]

Man kann hier also von einer *vermittelnden Funktion* des Christentums und insofern von einer *soteriologischen Mission der Kirche* sprechen, die eine definitive – unfehlbar definierende – Lehraussage über die Verwerfung einzelner Menschen und deren persönliche Gottesbeziehung nicht mit absoluter Gewissheit treffen kann und darum auch nicht trifft.[384] Die Konzilsväter des II. Vaticanums haben diese offene (Gott selbst vorbehaltene) *Frage* nach dem

Heil jenseits der sichtbaren Kirche erkannt und in historisch herausragender Weise bewusst zugunsten einer universalen Hoffnung für alle *offen gehalten.* Doch diese begründete Hoffnung und ihr Einsatz für das Heil aller Menschen, die Zugang zur erlösenden und befreienden Liebe Gottes finden sollen, gründet in ihrem Glauben an den Gekreuzigten und Auferstandenen. Denn er markiert im Konzert der Weltreligionen und Weltanschauungen den *dogmatisch absolut unaufgebbaren Maßstab universaler Barmherzigkeit und Liebe*. Er selbst ist die Frohe Botschaft in Person, die erlösende und vielfach gesuchte *Antwort* auf die Frage, wie weit unser anthropologisches Vertrauen, unsere Selbstüberschreitung und unsere immer schon realisierte Liebe uns wirklich trägt: über Sünde und Tod hinaus.

Wer um seine Verantwortung für den Nächsten weiß, kann nicht vor ihr fliehen; wer die Liebe selbst empfangen hat, kann sie nicht für sich horten; und wer im Blick auf den Grund seiner Hoffnung gelöst und erlöst sein Leben wagt, kann nicht mehr anders als Apostel zu werden, ein Gesandter oder eine Gesandte der christlichen *Mission*, die darin besteht, allen Menschen die Frohe Botschaft zu verkünden und sie glaubwürdig spürbar werden zu lassen. Dazu bedarf es aber einer Überlieferungsgemeinschaft in diesem Glauben: Kirche in ihrem gesellschaftlichen Gefüge, um diese Gesellschaft über Raum und Zeit hinweg mit Gottes Geist zu erfüllen. Denn darin liegt die Heilsnotwendigkeit der Kirche.

Kirche muss durch ihr Bekenntnis das „Gegenwärtigbleiben des menschgewordenen Wortes in Raum und Zeit“[385] sein – nicht mehr, aber auch nicht weniger. Somit muss sie gerade an den Rändern der Gesellschaft, an der Peripherie, bei all den Ausgestoßenen und Benachteiligten mit ihrer Sendung in Wort und Tat präsent sein, wie Papst Franziskus betont. Der kirchliche Dienst der Liebe sucht deshalb, so Rahner als einflussreicher Konzilstheologe, „nicht die Ehre der Kirche, sondern das Heil und die Ehre derer, die die Kirche finden sollen, sie sucht den Grund, warum so wenige diese Kirche finden, zunächst einmal bei uns selber, nicht bei denen, die draußen sind. Solche Liebe ist missionarisch, nicht konservativ und defensiv.“[386]

Heilige und Hure zugleich?

Das eben von LG her gezeichnete Idealbild der Kirche prallt auf das gesellschaftliche Gefüge, als das die Kirche notwendigerweise immer verfasst ist. Mit Bezug auf die Heiligkeit konnten wir feststellen, dass die Kirche als Verbindung von göttlicher und menschlicher Wirklichkeit in ihrer konkreten gesellschaftlichen Gestalt immer auch mit schwerer Sünde behaftet ist und *trotz* dieser menschlichen Defizite über sich selbst hinaus auf die Heiligkeit

Gottes verweist, die in der Barmherzigkeit Jesu Christi begegnet und durch sie vermittelt wird.[387]

Das war auch schon den Kirchenvätern bewusst.[388] Sie beschrieben die Kirche deshalb auch als *Mysterium lunae*, als Geheimnis des *Mondes*. Im Begriff Mysterium schwingt dabei der Begriff des Sakraments mit. Die Kirche leuchtet nicht aus sich selbst, wie die Sonne, mit der Christus bezeichnet wird. Sie reflektiert lediglich das *lumen Christi*, das als *lumen gentium*, Licht für die Völker, in der Finsternis leuchtet (Joh 1,5). Wie der Mond kennt auch die Kirche Phasen der Verdunkelung, sie hat Schattenseiten und findet als ganze immer wieder zu neuem Glanz, wo sie das Licht der Sonne für uns widerspiegelt. Ebenso gilt die Kirche nach Ansicht der Kirchenväter als *casta meretrix*, als eine reine, *heilige Hure*.[389] Sie ist die *Braut Christi*, die mit ihm als ein Fleisch und ein Leib, als ein Herz und eine Seele *verbunden* sein soll (vgl. Eph 5,32; Mk 10,8; 1 Kor 6,16 f.). In ihren Sakramenten, ihrer Schrift und den Vorbildern heiliger Zeugen bewahrt sie den durch Christus besiegelten ewigen Bund mit Gott dauerhaft. Seine Treue steht außer Frage. Leider biedert sich die Kirche immer wieder der Macht und den Strukturen dieser Welt an, wird untreu, wortbrüchig und prostituiert sich, so dass einzelne Glieder ihren Leib und ihre Strukturen verunreinigen und krank machen. Dennoch bleibt durch den Geist des Auferstandenen die Identität dieses innig mit ihm verbundenen Organismus gewahrt, der sich immer wieder neu reinigen, regenerieren und auf Gottes Bund besinnen muss. Weil Christus selbst das Haupt und Herz dieses gemeinsamen Leibes und seiner gottmenschlichen Vereinigung ist (vgl. Eph 4,15 f.; Kol 1,18), kann der Leib Christi vielfach betrogen, missbraucht und beschmutzt werden, aber niemals seine Heiligkeit verlieren, die ihm wesenhaft innewohnt und das Gewissen immer wieder neu bewegt: „Wenn wir untreu sind, bleibt er doch treu, denn er kann sich selbst nicht verleugnen" (2 Tim 2,13).

In härtesten Auseinandersetzungen stellte sich die Kirche im 4./5. Jh. selbst die Frage, ob sie nicht eine elitäre Gruppe von Heiligen, eine Kirche der Frommen, der moralisch Reinen – ohne Runzeln und Falten – sein müsste, um in der Nachfolge Jesu ihrer Sendung gerecht zu werden. Diese Auffassung wurde von den *Donatisten* vertreten und führte zu äußerst massiven Konflikten und Spaltungen in der Nordafrikanischen Kirche. Gegen die Donatisten stellte sich vor allem auch *Augustinus* († 430) als Bischof von Hippo.[390]

Aus eigener biografischer Erfahrung weiß Augustinus darum, dass der Mensch immer wieder in alte Sünden zurückfällt, auch wenn er sich noch so sehr müht. Er kritisiert in der Haltung des Donatismus (ebenso wie später bei den Pelagianern) einen eiskalten Moralismus, der letztlich auf Scheinheiligkeit und Selbstrechtfertigung beruht. Die Kirche ist nicht nur die reine

Braut Christi, sie ist in erster Linie *barmherzige Mutter*, in deren Schoß all jene Vergebung finden können, die wie der verlorene Sohn nach Hause kommen und reuevoll um Vergebung bitten. Auch den sogenannten „lapsi", die während der Christenverfolgung ihrem Glauben abgeschworen hatten und dies nun bereuten, muss die Rückkehr in den Schoß der Mutter Kirche möglich sein. Augustinus betont im Zusammenhang dieser Auseinandersetzungen die *Gnade* Gottes, die uns aus reiner Liebe und Barmherzigkeit *geschenkt* wird und *nicht erst verdient werden muss.* In der Kirche muss Platz sein für Spreu und Weizen, beides hat seine Berechtigung und wird von Gott selbst einst geerntet werden. Augustinus stellt sich mit aller Vehemenz und seiner ganzen rhetorisch brillanten Polemik gegen die Auffassung des Donatismus, man könne nur durch ein ideales Leben, mit Anstrengung und moralischem Perfektionismus, durch Tadellosigkeit und Makellosigkeit Teil der Kirche sein. Gegen diese auch heute wieder begegnende Forderung, man müsse entweder zu 100 % „christlich" sein, oder besser gar nicht, wettert Augustinus:

> „Der Donner rollte durch die Wolken, dass das Haus des Herrn auf der ganzen Erde zu bauen ist, und diese Frösche sitzen in ihrem Sumpf und quaken: ‚Wir sind die einzigen Christen!'."[391]

Die katholische Kirche ist ihm in seiner Auffassung gefolgt und hat sie immer wieder verteidigt. Es handelt sich um eine bewusste *Entscheidung zugunsten der Volkskirche*, die nicht makellos ist und keine heilige Elitetruppe sein will. Sie rechtfertigt sich nicht selbst, weil sie sonst nicht heilig, sondern scheinheilig wäre. Und sie ist in ihren Sakramenten Zeugin der bedingungslosen Barmherzigkeit und zuvorkommenden Liebe Gottes, die *ex opere operato*, kraft ihrer Zusage gilt und nicht, weil die sie vermittelnden Spender selbst besonders heilig wären. Hier geht es um die unerschütterliche und feststehende Zusage Gottes an die Empfänger dieser Sakramente und um das selbstkritische Bewusstsein, dass kein Mensch perfekt ist. Dass das unglaubwürdige und unwürdige Verhalten mancher Spender aber den Zugang zur Kirche und dem Inhalt ihrer Sakramente verstellen und verhindern kann, sahen wir schon in der Sakramentenlehre.

Die Kirche entspringt, so die Vorstellung der Kirchenväter, aus der *offenen Seitenwunde Jesu*, aus der mit seinem Blut auch das Wasser der Taufe fließt. Die Kirche ist ebenso verletzbar wie der Gekreuzigte und kann in ihrer Offenheit für alle Menschen, auch für die Sünder, die sie in sich integriert, hintergangen und selbst geschädigt werden. Aber entsteht sie nicht wirklich aus der offenen Seite und dem durchbohrten Herzen Jesu? Wie er, so ist auch sie als Gemeinschaft Realsymbol der universalen Gnade und Barmherzigkeit *angesichts* menschlicher Schwäche und Sünde. So „umfasst die Kirche Sünder in ihrem eigenen Schoße. Sie ist zugleich heilig und stets der Reinigung bedürftig, sie geht immerfort den Weg der Buße und Erneuerung" (LG 8). Die Kirche (er)trägt also auch jene, die in ihrem Handeln hinter ihrem Ideal zurückbleiben. Sie ergänzt als ganze aus dem gemeinsamen Erbe der Gnade Christi, was dem Einzelnen fehlt. Und sie ist, angefangen von jedem Einzelnen bis hin zu ihren Strukturen, permanent erneuerungsbedürftig. Sie muss sich immer wieder reformieren, neu formieren, reinigen: *ecclesia semper reformanda/purificanda.* Dies ist ihre heilige Pflicht.

Denkt man hier z. B. an die bekannt gewordenen Fälle von Kindesmissbrauch durch Geistliche, so sind derartige Missstände, sobald sie erkannt und benannt werden, durch die Kirche nicht nur akut, sondern auch nachhaltig und strukturell entschieden zu bekämpfen. Die Tatsache, dass die Kirche immer schon Heiligkeit und Sünde in sich vereint, um dadurch selbst Zeugin der Barmherzigkeit Gottes und seiner Vergebung zu sein, darf nie zu Lasten der Opfer gehen und so zusätzliches Leid verursachen. Daher darf die Kirche kein Alibi für offensichtliche Straftaten und die Pervertierung ihrer eigenen Sendung dulden. Sie bleibt barmherzige Mutter, darf aber gleichsam ihre Aufsichts- und Haftpflicht nicht vergessen und muss darum, wo erforderlich, auch die gesamte Schärfe ihrer amtlichen Autorität aufbieten, um nicht selbst mitschuldig und ungerecht zu werden. Das betrifft auch sündhafte *Strukturen* innerhalb der Kirche.[392]

Weil die Kirche, anders als sie selbst zwischenzeitlich glaubte, eben keine „societas perfecta", keine vollkommene und in sich geschlossene Gesellschaft ist, sondern stets der Umkehr und Bekehrung zu ihrem Ursprung und Ziel – dem dreifaltigen Gott – bedarf, muss sie ihre eigene *Schuld bekennen*, wie dies ja auch im „mea culpa" des Gottesdienstes geschieht. In besonderer Weise hat *Papst Johannes Paul II.* im Jahr 2000 daher ein umfassendes Schuldbekenntnis im Namen der gesamten Kirche abgelegt und vor Gott und den Menschen um Vergebung für die Sünden gebeten, die die Kirche und ihre Vertreter im Laufe der Jahrhunderte auf sich geladen haben.[393] Der verkündeten und vermittelten Barmherzigkeit Gottes muss auch die Kirche selbst sich immer wieder neu überantworten – in der *Hoffnung*, dass Gott in seiner Zukunft all das geschehene Unrecht zu heilen und zu versöhnen vermag. Die Kirche selbst muss jedoch aus dem Bewusstsein dieser Barmherzigkeit heraus alles dafür tun, dass das durch sie verursachte Leid nach Möglichkeit gelindert wird und sich in Zukunft nicht wiederholt. Denn aus dem Zuspruch der Gnade ergibt sich ein ethischer Anspruch, diese nicht zu missbrauchen und durch immer weiteres Sündigen auszunutzen (vgl. Röm 6,1 f.).

Wer die konkrete Gestalt und Erscheinung der Kirche, so wie er sie subjektiv erlebt, vielleicht völlig zurecht kritisiert, der sollte jedoch immer auch daran denken, dass *alle Getauften* diese Kirche bilden und für sie Verantwortung tragen. Nicht, wer ihr den Rücken kehrt und aus ihr austritt, sondern nur wer mutig in ihr auftritt und dabei selber aktiv für das Evangelium eintritt, kann durch sein persönliches Charisma und Engagement mithelfen, sie hier und jetzt zu einem authentischen Resonanzkörper des Wortes Gottes in dieser Welt und für diese Welt werden zu lassen. Gott sei Dank hat es der Kirche nie an bekannten und unbekannten „Heiligen" gefehlt, die sich und ihre Zeit einbringen, ihren Glauben spürbar und glaubwürdig weitergeben und sich am Vorbild Christi orientieren. Kritisch und konstruktiv. So ist und bleibt die Kirche in ihrer konkreten gesellschaftlichen Verwirklichung wohl bis ans Ende aller Tage Heilige und Hure zugleich, die sakramentale Verbundenheit von göttlicher und allzu menschlicher Wirklichkeit – mit einer klaren Mission und unzerstörbarem Fundament. Ihre Erscheinung sollte sich daher weniger im moralischen Zeigefinger als vielmehr im gelebten Vorbild für andere manifestieren; sie sollte weniger sich selbst und ihre brüchigen Strukturen schützen, sondern vielmehr all jene, für deren Heil sie Verantwortung trägt. Denn dies sind gerade die Schutzlosen, Missbrauchten und Unterdrückten. Hier bedarf es nicht nur der selbstkritischen und ehrlichen Aufarbeitung eigener Sünde und Schuld, sondern auch der Innovation für die Zukunft; der Umkehr und Erneuerung von der Basis bis zur Spitze und umgekehrt. Eine Kirche, die nicht permanent renoviert wird, verfällt. Aber wenn die Kirche sich immer neu aus dem Wort Gottes nährt, sich auf ihren Ursprung und ihr Wesen – den Geist Christi – besinnt, dann wird es ihr an der notwendigen Inspiration niemals mangeln. „Löscht den Geist nicht aus! Verachtet prophetisches Reden nicht! Prüft alles und behaltet das Gute!" (1 Thess 5,19 ff.)

9. Kann man mit Wasser ein Feuer entfachen?

Erwin Dirscherl

Taufe – Zwischen Feuer und Wasser

Am Pfingstfest kommt der Hl. Geist in Gestalt von Feuerzungen auf die Apostel herab. Er senkt sich in die Herzen, die vor Liebe und Sehnsucht nach dem Herrn brennen. Dieses Brennen hat nichts zu tun mit dem komplexen Krankheitsphänomen des Burnouts, unter dem heute viele Menschen leiden. Das Brennen des Hl. Geistes ist eine positive Energie der Liebe, die durch das Wasser der Taufe vor Überhitzung geschützt wird, denn wir sollen nicht verbrennen. Feuer kann wärmen, Geborgenheit schenken (etwa am Lagerfeuer), es kann uns aber auch bedrohen wie ein vernichtender Brand. Es ist ein ambivalentes Phänomen, wie unser Leben, in dem es auch lebensfördernde und lebensvernichtende Phänomene gibt. Das Feuer des Hl. Geistes will Leben ermöglichen, nicht vernichten. Daher ist es gut, dass wir in der Taufe nicht nur mit dem Feuer des Hl. Geistes, sondern auch mit dem Wasser des Lebens in Berührung kommen. Nicht um das Feuer des Geistes auszulöschen, sondern um es lebendig, flüssig und frisch zu erhalten und mit einem anderen Element in Verbindung zu bringen. Denn es gibt ja die vier Elemente: Feuer, Erde, Wasser und Luft. Wir Menschen sind von der Erde genommen (Adam), mit dem frischen Wasser des Lebens getauft, durch das Feuer des Hl. Geistes gewärmt, der uns zugleich die Luft zum Atmen schenkt (hebr.: *ruach*/ griech.: *pneuma* bedeuten Luft, Atem, Wind, Sturm). Wir werden zu den Elementen unseres geschaffenen Planeten, zu den Mitgeschöpfen und zum dreieinen Gott in Beziehung gesetzt. Darum geht es in der Taufe.

Allgemeines

Die Taufe gehört zu den sogenannten „sacramenta maiora", d. h. zu den beiden größeren Sakramenten der Kirche. Das andere große Sakrament ist die Eucharistie. Diesen beiden kommt eine besondere Bedeutung zu, die anderen Sakramente sind die „sacramenta minora", die kleineren Sakramente. Taufe und Eucharistie legen das Fundament für die Kirche und die christliche Existenz. Zusammen mit der Firmung, die sich im Lauf der Jahrhunderte aus der Taufe heraus entwickelt hat, gehören Taufe und Eucharistie auch zur Gruppe der *Initiationssakramente*, die am Anfang (lat.: *initium*) des Glaubensweges gespendet werden.

Die Taufe gehört auch zu jenen drei Sakramenten, die nur einmal im Leben gespendet werden können und nicht wiederholt werden dürfen. Das gilt auch für die Firmung und den Ordo. Diese drei Sakramente verleihen den *character indelebilis*, ein unzerstörbares Prägemal, das nicht verloren gehen kann. Denn Gott steht treu zu der ein für alle Mal gegebenen Zusage in diesen Sakramenten, so dass die Berufung in das gemeinsame/allgemeine Priestertum und in das Dienstpriestertum jeweils unzerstörbar ist, auch wenn der Mensch sich von Gott abwenden sollte.

Wir sprechen von *drei Wirkungen* des Sakramentes der Taufe:

1. Teilhabe am Geschick Jesu Christi und darin Gemeinschaft mit dem dreieinen Gott;
2. Eingliederung in die eine Kirche Christi – Gemeinsames Priestertum;
3. Vergebung der Sünden: Unterschied zwischen Erwachsenentaufe (Befreiung von der Ursünde, Vergebung der persönlichen Sünden) und Kindertaufe (Befreiung von der Ursünde).

Diese Wirkungen werden schon im Neuen Testament benannt, das aber noch keine Erb-/Ursündentheologie kennt und daher die Vergebung der persönlichen Sünden des Einzelnen im Blick hat. Dies setzt zunächst die Erwachsenentaufe voraus, denn bei Säuglingen oder kleinen Kindern macht das Abfragen einer bewussten Glaubensentscheidung oder ein Sündenbekenntnis noch keinen Sinn. In der Begegnung mit Jesus Christus und dem heiligen Gott geschieht die Vergebung der Sünden, die wir bereuen und vor Gott bekennen dürfen. Da nach der Taufe Sünde und Schuld nicht einfach verschwinden, sondern in der Kirche nach wie vor geschehen, wurde das Bußsakrament entwickelt, das nach der Taufe erneut und immer wieder die Vergebung der Sünden und die Umkehr ermöglichen soll. Die Liebe und die nicht endende Vergebungsbereitschaft Gottes werden durch die Taufe wirklich, realsymbolisch, dem Menschen zugesagt. Das Ja Gottes zu unserem Leben ist ein Ja in Zeiten des Glückens und auch in Zeiten des Scheiterns, in Zeiten der Liebe und in Zeiten der Sünde.

Biblische Perspektiven

Paulus entfaltet im Römerbrief eine Theologie von der Gnade und Rechtfertigung des Menschen durch Gott, in der die Taufe eine zentrale Rolle spielt. Er geht zunächst positiv davon aus, dass Jesus Christus am Kreuz für alle zur Vergebung der Sünden gestorben ist. Das hat aber zur negativen Konsequenz, dass alle Menschen ausnahmslos als Sünder anzusehen sind, denn sonst wäre Jesus ja nicht für alle gestorben. Es kann nicht einen Gerechten geben. Alle sind Sünder, weil jeder gesündigt und so die Herrlichkeit Gottes verloren hat (Röm 3,23). Aus eigener Kraft können sie sich nicht mehr aus dieser Situation der Verlorenheit befreien. Völlig unverdient, umsonst, werden die Sünder durch Gottes Gnade wieder gerecht gemacht, d. h. gerechtfertigt, aufgrund des erlösenden Kreuzestodes Jesu Christi (vgl. Röm 3,24). „Ihn hat Gott aufgerichtet als Sühnemal – wirksam durch Glauben – in seinem Blut, zum Erweis seiner Gerechtigkeit durch die Vergebung der Sünden" (Röm 3,25). *Gott ist gerecht und macht den gerecht, der aus dem Glauben an Jesus Christus lebt* (Röm 3,26). In der Taufe werden wir auf den Tod Jesu Christi getauft, wir werden mit ihm begraben, damit wir auch mit ihm auferweckt werden durch die Herrlichkeit des Vaters und in einem neuen Leben wandeln (vgl. Röm 6,4 f.). Wir sind nicht mehr Sklaven der Sünde, sondern wir leben mit Christus, der Sünde und Tod besiegt hat, in der Gnade Gottes. Der von der Sünde beherrschte Leib wird vernichtet und wir folgen nicht mehr den Begierden des Fleisches, sondern dem Geist Gottes. „Denn das Trachten des Fleisches führt zum Tod, das Trachten des Geistes aber zu Leben und Frieden … Ihr aber seid nicht vom Fleisch, sondern vom Geist bestimmt, da ja der Geist Gottes in euch wohnt" (Röm 8,6.9).

Neues Leben als Kinder Gottes durch die Gabe des Hl. Geistes

Dieser Geist Gottes wird unseren sterblichen Leib lebendig machen bis hin zur Auferweckung von den Toten (Röm 8,11). Die Taufe bedeutet also die *Gabe des Hl. Geistes*, durch die wir zu Kindern Gottes werden. Wir haben den „Geist der Sohnschaft" empfangen, in dem wir rufen können: Abba, Vater (Röm 8,15). Paulus ist davon überzeugt, dass die ganze Schöpfung zur Freiheit und Herrlichkeit der Kinder Gottes geführt werden soll. „Denn wir wissen, dass die gesamte Schöpfung bis zum heutigen Tag seufzt und in Geburtswehen liegt. Aber nicht nur das, sondern auch wir, obwohl wir als Erstlingsgabe den Geist haben, auch wir seufzen in unserem Herzen und warten darauf, dass wir mit der Erlösung unseres Leibes als Söhne offenbar werden. Denn auf Hoffnung hin sind wir gerettet" (Röm 8,22–24). Damit wird die

Taufe zu einem *Zeichen eschatologischer Hoffnung* auf die erlösende Verwandlung der ganzen Welt, die in den Getauften und ihrem neuen Lebenswandel schon beginnt durch die Erstlingsgabe des Geistes. Taufe bedeutet den *Beginn einer Wandlung*, einer Verwandlung des todesbedrohten Lebens, das noch in Geburtswehen liegt und auf die endgültige Rettung wartet.

Bestimmt zu einem Leben aus der Hoffnung für die ganze Schöpfung

Auch die Getauften seufzen und warten noch auf die Erlösung des Leibes und auf das Offenbarwerden ihrer Kindschaft. Paulus betont die Haltung der Hoffnung:

> „Hoffnung aber, die man schon erfüllt sieht, ist keine Hoffnung. Denn wie kann man auf etwas hoffen, das man sieht? Hoffen wir aber auf das, was wir nicht sehen, dann harren wir aus in Geduld. So nimmt sich auch der Geist unserer Schwachheit an. Denn wir wissen nicht, was wir in rechter Weise beten sollen; der Geist selber tritt jedoch für uns ein mit unaussprechlichen Seufzern." (Röm 8,24–26)

Der Hl. Geist tritt für uns ein, er inspiriert uns und hilft uns zu beten, durch ihn werden wir geheiligt, wir werden zu Geheiligten aufgrund der Gemeinschaft mit dem heiligen Gott. Wir werden dazu befähigt, Gott zu lieben, und bei denen, die Gott lieben, wird alles zum Guten geführt (Röm 8,28). Paulus vertritt eine Prädestinationstheorie: Wir sind von Gott schon im Voraus dazu bestimmt worden, an Wesen und Gestalt seines Sohnes teilzuhaben. „Die er aber vorausbestimmt hat, die hat er auch berufen, und die er berufen hat, die hat er auch gerecht gemacht; die er aber gerecht gemacht hat, die hat er auch verherrlicht" (Röm 8,30). Gott hat seinen Sohn für uns alle aus Gnade hingegeben, nichts mehr kann uns von seiner Liebe trennen (Röm 8,32.38 f.). Das ist eine starke Theologie der Taufe, die die Bestimmung unseres Lebens bezeichnet: von Gott geliebt und berufen zu sein, schon von Mutterleib an. Das können wir uns nicht verdienen oder erkaufen, das geschieht umsonst, aus Liebe. Diese Bestimmung geschieht im Voraus zu unserem Leben. Damit ergibt sich bei Paulus ein Problem, das auch bei Augustinus aufkommen wird: Kommt es hier noch auf unsere Freiheit an? Wenn Gott uns rein aus Gnade, ohne unser Zutun erwählt hat, was können wir da noch tun? Paulus ist auch davon überzeugt, dass ganz Israel gerettet werden wird, auch jener Teil, der nicht an Christus glaubt. Gott wird sich aller erbarmen (Röm 11,25–32). Gott will das Heil aller Geschöpfe!

Charismen als Gabe und Aufgabe: Ethische Konsequenzen der Liebe

Das heißt aber noch lange nicht, dass es nicht mehr auf unser Handeln ankommt. Denn Paulus betont, dass die Taufe *ethische Konsequenzen* hat. Wir erhalten aus Gnade die Gabe der Liebe, damit wir die Liebe leben können. Wir leben aus einer Gabe, aus einem Geschenk. Hätten wir die Liebe nicht, wie sollten wir lieben können? Das *Geschenk* haben wir schon erhalten, wir mussten es uns nicht durch Leistung verdienen, und nun dürfen wir in der Liebe leben. Kraft der Barmherzigkeit Gottes können wir Gott dienen und seinen Willen tun. Jeder hat unterschiedliche Gnadengaben und Fähigkeiten empfangen *(Charismen)*, die ihm und der Gemeinschaft dienen. Die Kirche Christi ist ein Leib, der viele Glieder hat, die jeweils andere Aufgaben haben und zueinander gehören (Röm 12,3–8). Jeder bringe das ein, was er kann. „Wer gibt, gebe ohne Hintergedanken; wer Vorsteher ist, setze sich eifrig ein; wer Barmherzigkeit übt, der tue es freudig" (Röm 12,8). Ohne Hintergedanken zu geben, ist eine herausfordernde Haltung dieses neuen Lebens. Die Liebe soll nicht geheuchelt sein und Gastfreundschaft soll jedem jederzeit gewährt werden! (Röm 12,13) Die Nächstenliebe ist für Paulus die Erfüllung des Gesetzes – aus innerer Motivation heraus, nicht aus Angst vor Sanktionen (Röm 13,8–10). Dies beinhaltet Toleranz und Respekt gegenüber dem Anderen, vor allem gegenüber den Schwächeren (Röm 14–15). Die Taufe hat eine eminente ethische Bedeutung, denn sie ist das Zeichen eines Glaubens an Gott, der radikal aus der Liebe und der Hoffnung lebt. Taufe und Glauben bedingen sich gegenseitig, die Taufe kann der Glaubensentscheidung eines Menschen folgen und sie besiegeln oder sie kann den Glauben nach sich ziehen und hervorbringen.

Die Taufe Jesu durch Johannes den Täufer als Vorbild

Nach allem was wir wissen, hat Jesus selber nicht getauft. Es gibt zwar in Joh 3,22.26 die im Neuen Testament singuläre Aussage, dass Jesus getauft haben soll, aber in Joh 4,2 wird gesagt: „... allerdings taufte nicht Jesus selbst, sondern seine Jünger". In diesem Kontext geht es um die Frage, ob Jesus mehr Anhänger hat als Johannes der Täufer. Als Jesus davon erfährt, so Joh 4,3 f., verlässt er Judäa und geht nach Samarien, wo er am Jakobsbrunnen eine Samariterin trifft und ihr vom Wasser des Lebens erzählt, das er den Menschen gibt. „Vielmehr wird das Wasser, das ich ihm (dem Menschen E. D.) gebe, in ihm zu einer Quelle werden, deren Wasser ins ewige Leben fließt" (Joh 4,14). Der Taufbefehl in Mt 28,19 ist später hinzugekommen, er setzt die Taufpraxis schon voraus, das gilt auch für Mk 16,16. Wahrscheinlicher ist, dass man die Taufe Jesu nachahmen wollte.[394] Jesus selbst aber ließ sich von Johannes dem Täufer taufen.

Die Johannestaufe ist möglicherweise die bedeutsamste Wurzel der christlichen Taufe, denn diese hebt sich von jüdischen Reinigungsriten ab.[395] Anders als damals übliche Reinigungsbäder ist die Taufe einmalig. Auch die später aufkommende Proselytentaufe, durch die Heiden in das Judentum aufgenommen werden konnten, geschah einmalig, aber die betreffenden Personen haben die Taufe selber an sich vollzogen, sie wurde nicht durch einen anderen gespendet. Der jüdische Initiationsritus der Beschneidung als Zeichen der Zugehörigkeit zum Bundesvolk wird anfangs von den Judenchristen noch vollzogen (auch Jesus ist beschnitten worden, vgl. Lk 2,21), aber im Kontext der Heidenmission des Paulus von der Taufe abgelöst. Auch die Beschneidung erfolgt einmalig und zielte auf die Beschneidung des Herzens, d. h. auf ein Leben aus der Hingabe der Liebe zu Gott und dem Nächsten.[396]

Für die Johannestaufe und die christliche Taufe ist gegenüber der kultischen Reinigung die *Vergebung* der Sünden zentral, die in einem eschatologischen Horizont geschieht, denn das Reich Gottes bricht an.[397] „Die weitreichende Übereinstimmung von Johannestaufe und christlicher Taufe sowie ihre gemeinsame Unterschiedenheit von jüdischen Reinigungsbräuchen lässt vermuten, dass die christliche Gemeinde in ihrer Taufpraxis auf die Johannestaufe zurückgreift."[398] Die christliche Taufpraxis stellt aber nun Jesus ins Zentrum, denn das Christusgeschehen und die in ihm begründete Sündenvergebung im Kontext der frohen Botschaft (Evangelium) führen zur Taufe auf den Namen Jesu. In Apg 1,5 und 11,16 wird der Unterschied zur Johannestaufe auch darin gesehen, dass Johannes mit Wasser taufte, Jesus aber mit dem Hl. Geist, der den Glaubenden geschenkt wird. *Die Taufe begründet also eine Beziehung zu Gott, zur Gemeinde und zu Jesus.* Die Vergebung der Sünden durch Jesus lässt sich nur theozentrisch begründen: Er handelt im Namen Gottes. Die christliche Gemeinde ahmt Jesus Christus nach, man wird auf seinen Namen getauft, und so entsteht nach und nach die Gemeinschaft der Kirche. In Apg 19,5 wird der Ritus der Taufe so geschildert, dass nach dem Taufbad eine Handauflegung erfolgt, die als Zeichen für die Gabe des Hl. Geistes gedeutet wird.

In der Erzählstruktur der Apostelgeschichte (Apg 2,37–41) folgt die Taufe auf das Pfingstgeschehen und dessen Deutung durch Petrus. Er verkündigt das Evangelium und ruft zur Umkehr und zur Taufe auf, durch die der Hl. Geist empfangen wird und die Sünden vergeben werden. Diese Abfolge erkennen wir auch in Mk 16,16 und Mt 28,19. Die Taufe ist Zeichen des Glaubens und der Entschiedenheit, ein neues Leben zu beginnen. Im paulinischen Kontext ist die Taufe nicht nur das Ende eines Weges zum Glauben, sondern der Glaube setzt die Taufe voraus und lebt aus dem Erfassen dessen, was in der Taufe aus Gnade geschehen ist.[399] *Die Taufe kann also einerseits den Glauben voraussetzen, andererseits lebt der Glaube von der Erfahrung der Taufe her, weil in ihr der Geist Gottes geschenkt wurde.* Diese Verhältnisbestimmung ist auch von Bedeutung, wenn es zur Problematik der Kindertaufe kommt. Ob es schon im Neuen Testament eine Kindertaufe gegeben hat, lässt sich nicht eindeutig feststellen. Die in der Taufe besiegelte Glaubensentscheidung und die Bereitschaft, Jesus Christus nachzufolgen, sowie ein Bekenntnis der Sünden setzen natürlich einen erwachsenen, seiner selbst bewussten und reifen Menschen voraus. Nun lesen wir aber im Neuen Testament etwa in Apg 16,15 oder 18,8, dass ganze „Häuser" getauft worden sind. Das würde dann den gesamten Familienverband umfassen. Allerdings lässt sich exegetisch nicht mit letzter Sicherheit sagen, dass der Begriff *oikos* (Haus) notwendigerweise die Kinder mit einschließt.

Dogmengeschichtliche Entwicklung

Neuorientierung des Lebens in der Erwartung des Herrn

In der Zeit *bis hin zur konstantinischen Wende* bedeutet die Bekehrung zum Christentum das Eintreten in eine Gemeinschaft, die sich von der staatlichen Gesellschaft abhebt. Die Kirche versteht sich als eine von Gottes Geist geprägte eschatologische Gemeinde, die Jesus nachfolgt, sich vor allen den Armen zuwendet und die Güter gemeinsam teilt. Die Taufe galt als eine starke *Zäsur* in der Lebensgeschichte, weil eine Umorientierung erfolgte. Von Hippolyt († 235 n. Chr.) wissen wir, wie die Initiationspraxis am Ende des 2. Jh. ausgesehen hat. Die Taufkandidaten wurden nach den Motiven ihrer Entscheidung befragt und dann ins *Katechumenat*, die Vorbereitungszeit auf die Taufe hin, aufgenommen. Gladiatoren (besonders Asterixleser/innen wissen, was gemeint ist), Soldaten, Schauspieler oder Prostituierte mussten ihren Beruf oder ihre Beschäftigung aufgeben oder sie wurden vom Katechumenat zurückgewiesen. Die Katechumenatszeit umfasste ein bis drei Jahre und diente der Einübung in das christliche Leben. Vor der Taufe wurden die Taufbewerber/innen von der Gemeinde auf ihren Lebenswandel hin geprüft, ob sie während des Katechumenats ehrbar gelebt, die Witwen und Waisen unterstützt, Kranke besucht oder sonstige gute Werke getan haben.[400]

Die Taufe wurde meistens in der Osternacht gefeiert. Nach dem Gebet über das Wasser legten die Täuflinge ihre Kleider ab, sie wurden in das Wasser geführt und untergetaucht. Ein Presbyter fasste den Täufling bei der Hand und ließ ihn sprechen: „Ich widersage dir, Satan." Das sollte die Umkehr im Sinne einer Loslösung von den Mächten des Bösen ausdrücken. Dann wurden die drei Fragen gestellt, die den Glauben an den Vater, den Sohn und den Hl. Geist betrafen und das Bekenntnis zu Gott hören wollten. Nach der dreimaligen Antwort „Ich glaube" wurde der Täufling getauft. Das Untertauchen und Auftauchen stellen in der Liturgie das Sterben und Auferweckt werden mit Christus sinnenfällig vor Augen. Nach dem Verlassen des Wassers und dem Anziehen des Taufgewandes erfolgt durch den Episkopus, den Bischof, die Handauflegung und die Salbung mit Öl. Danach betet der Täufling zum ersten Mal mit der gesamten Gemeinde, und es erfolgt der Friedenskuss. Dann schließt sich die Eucharistie an, die zu den Initiationssakramenten gehört. Da in der Taufe der Geist Gottes empfangen wird, gibt es noch nicht die Ausgliederung des Firmsakramentes.

Bilder aus dem Alten Testament werden aufgegriffen, um den neuen Lebenswandel auszudeuten. Das neue Leben ist eine Abwendung vom alten, wie ein Durchgang durch das Rote Meer, wie der Übergang in ein neues Land. Der bedeutende Kirchenvater *Origenes* († um 254) deutet die Taufe als Exodus, als Verlassen alles Bisherigen. Taufe bedeutet Übergang und *Wandlung* in ein vom Hl. Geist erleuchtetes Leben, das sich jetzt schon nach dem Leben der kommenden Welt ausstreckt. Daher spricht man auch von einer Neugeburt.

Zwischen dem 2. und 5. Jh. n. Chr. kommt es im Kontext der sogenannten Ketzertaufe zu Streitigkeiten über die Wiederholbarkeit dieses Sakramentes. Es gab die Auffassung, dass Christen, die in einer häretischen oder schismatischen[401] Gruppierung durch unwürdige Spender getauft wurden, nochmals getauft werden sollten, wenn sie zur Kirche übertreten. Seit dem 2. Jh. gab es hier unterschiedliche Standpunkte. Die Kirche entscheidet sich dafür, dass die Taufe in keinem Fall wiederholt werden darf, weil der eigentlich Taufende Jesus Christus selber ist und nicht der Amtsträger, der diese Handlung stellvertretend ausführt. Weil Jesus Christus der Spender der Taufe ist und dies auch für eine Taufe durch „Ketzer" gilt, wird die Taufe niemals wiederholt. Augustinus sorgt dafür, dass es zur Entfaltung der Lehre vom *character indelebilis* kommt, zu der Rede von einem unzerstörbaren Merkmal, das die Taufe verleiht. Die Taufe kann niemals wiederholt werden, sondern wird nur ein einziges Mal im Leben gespendet. Die Gültigkeit des Sakramentes hängt im Unterschied zur Fruchtbarkeit des Sakramentes nicht von der persönlichen Heiligkeit oder Rechtgläubigkeit des Empfängers oder Spenders ab.[402]

Wenn ein Märtyrer sein Leben hingab und zuvor nicht getauft war, wurde dies als „votum baptismi", als Verlangen nach der Taufe gewertet und als „Bluttaufe" bezeichnet. Von der Heilswirkung her blieb das nicht hinter einer sakramentalen Taufe zurück.

Nachahmung Christi und Aufkommen der Ursündenlehre

Im Zuge der sogenannten konstantinischen Wende (313 n. Chr.) wird das Christentum Staatsreligion, und dies verändert die Kirche und deren Theologie. Nun kann sich die Glaubensgemeinschaft nicht mehr nur im Gegensatz zur politischen Herrschaft definieren. Die stark eschatologisch geprägte Sicht der Naherwartung der Endzeit tritt in den Hintergrund, weil man sich nun auf eine längere Zeit bis zur Wiederkunft des Herrn einrichtet. Da es nach 313 n. Chr. zu einem massenhaften Eintritt in die Kirche kommt, führt die Vorstellung, dass die Taufe eine radikale Lebenswende bedeuten solle, sehr häufig zu einem Aufschub der Taufe, oft bis ans Lebensende. Aus dem zeitlich begrenzten Katechumenat wird nun ein lebenslanger Zustand. Denn wer die Konsequenzen der Glaubensentscheidung scheute (z. B. den Beruf aufgeben) oder in schwere Schuld geriet, der schob dieses Sakrament, das ihm sein Heil verbürgen sollte, bis zum Lebensende auf, um es dann zu empfangen und in einer guten Hoffnung auf Rettung zu sterben.

Die Kirche sucht daher nach einer neuen Ausrichtung und nach neuen Akzenten in der Tauftheologie. Es entwickelt sich nun eine noch stärkere christologische Zentrierung, wobei die eschatologischen und pneumatologischen Akzente in den Hintergrund treten. Das dreimalige Untertauchen bei der Taufe wird zum Bild der drei Tage und drei Nächte, die Christus zwischen Tod und Auferstehung in der Unterwelt verbrachte. Das Taufbecken wird zum Bild des Grabes Christi, das Hinabsteigen in das Becken bedeutet die Nachahmung, die *imitatio* des Todes und Begrabenseins Christi. Das Herausgehen ist der Nachvollzug der Auferweckung. Durch die *imitatio* des Vorbildes Jesu Christi geschieht die *Teilhabe* an diesem Heilsmysterium.

Hier werden auch die Einflüsse neuplatonischer Philosophie deutlich, die das Bilddenken favorisiert. Die Liturgie bedeutet ein Abbild des Urbildes und schenkt Gemeinschaft mit dem Urbild. Nachfolge geschieht als Nachahmung des Weges des Herrn, und genau das wird liturgisch sakramental gefeiert. Nun kommt es auch zur Ausbildung der Taufkatechesen, die nach erfolgter Taufe gehalten werden. Die Begegnung mit Jesus Christus wird erst erfahren und dann gedeutet. Die Erfahrung der heilvollen Begegnung mit Gott in Jesus Christus geht nun also der Katechese voraus.[403]

Augustinus betont vor allem den Gedanken der Sündenvergebung bei der Taufe. Er rezipiert Paulus (vor allem Röm 6), um zu zeigen, dass wir durch die Taufe von Gott gerechtfertigt werden. Die mittlerweile in Übung gekommene Kindertaufpraxis nimmt er zum Anlass, um seine Theorie der sog. Ur- bzw. Erbsünde zu entwickeln. Denn Augustinus sieht, dass unmündige Kinder getauft werden und er hält fest, dass die Taufe zur Vergebung der Sünden geschieht. Wenn Säuglinge und kleine Kinder aber noch keine personalen

Sünden selber zu verantworten haben, dann muss bei ihnen eine andere Art von Sünde getilgt werden. Damit ist die Kindertaufpraxis bei Augustinus ein Element für seine Entfaltung der Rede von einer „Ursünde", die jedem Menschen von Geburt an anhaftet, ausnahmslos.[404] Nur die Taufe kann von dieser Ursünde reinigen. Augustinus folgert also aus der Kindertaufpraxis die Erbsünde, nach ihm wird aus der Erbsündenlehre ein Argument für die Kindertaufe und deren Heilsnotwendigkeit. Das entbehrt nicht einer gewissen Ironie: Denn Augustinus entwickelt seine Konzeption von Erbsünde, um dann zu zeigen, dass man durch die Taufe wieder davon erlöst wird. Er schafft ein neues Problem (die Ursünde, die uns heute noch zu schaffen macht), um ein anderes zu lösen (Kindertaufe). Außerdem war er der Meinung, dass ungetauft sterbende Kinder nicht zur Anschauung Gottes gelangen können. Daher wurde nach Augustinus möglichst früh getauft, um die Seelen der Kinder zu retten. Das war eine angstmachende Botschaft, für die in der Frühscholastik der Begriff des „Limbus" geprägt wurde: Ein Randgebiet der Hölle als Ort der Gottesferne für jene, die schuldlos ungetauft gestorben sind. *Papst Benedikt XVI.* erklärte im Jahr 2007, dass diese Auffassung vom Lehramt der Kirche nicht geteilt wird und mit Bezug auf den universalen Heilswillen Gottes mit guten Gründen gehofft werden darf, dass ungetauft sterbende Kinder ihr Heil in Gott finden.

Mission um des Heiles willen: Zwischen Zwang und Freiheit

Im frühen *Mittelalter* wandelt sich der Gedanke der Mission. Die Christianisierung von nordischen Völkern erfolgt nicht nur durch die Bekehrung Einzelner, sondern oft auch durch einen erzwungenen Übertritt ganzer Völker, wobei diese die Entscheidung ihres Herrschers zu respektieren haben. Nun kommt es zu einer neuen Deutung von Mt 28,19. Man interpretiert diesen Text als Befehl zur Völkermission und deutet die Taufe als Herrschaftswechsel. Dieser Herrschaftswechsel war ursprünglich nicht politisch gemeint, das Wort zeigt aber, wie nun die missionarische Tätigkeit der Kirche mit politischen Interessenlagen in eine gefährliche Mischung gerät. Man denke etwa an die Zwangsmissionierung der Sachsen durch Karl den Großen, die mit ein Anlass dafür war, dass man über den Zusammenhang von Glauben, Taufe und Freiheit nachgedacht hat. Im ntl. Kontext war es selbstverständlich, dass die Taufe auf der *freien* Entscheidung eines Menschen beruhen muss. Alkuin, ein Hoftheologe Karls des Großen, stellte genau diese Frage: Wie kann ein Mensch dazu gezwungen werden, zu glauben, was er nicht glaubt? Die Theologie muss sich dieser Frage stellen. Zwar gab es auch in dieser Zeit Stimmen, die vor gewaltsamer Missionierung gewarnt haben.

Die deutliche Klarstellung aber, dass Missionierung nichts mit Gewalt zu tun haben darf, erfolgt letztlich erst im 20. Jh.[405] Eine Zwangsmissionierung konnte auch dadurch begründet werden, dass man die Menschen lieber mit Gewalt zum Heil zwingt, als sie ohne Gewalt ihrem Unheil zu überlassen. Es zeigt sich die ganze Ambivalenz des Satzes: Extra ecclesiam nulla salus, außerhalb der Kirche kein Heil! Denn wenn die Kirchengliedschaft, die nur durch die Taufe erreicht werden kann, exklusiv heilsnotwendig ist, dann sind doch alle, die nicht an Christus glauben, verloren. Dies wollte man allzu oft gewaltsam vermeiden. Es gab nur noch wenige Stimmen, die ein Heil außerhalb der Kirche für möglich hielten. Und was ist die Konsequenz, wenn es Heil außerhalb der Kirche gibt? Muss dann noch um *jeden* Preis getauft werden?

Ab dem 13. Jh. begann man verstärkt nach einem Mindestalter für die Firmung zu fragen, die sich über die Jahrhunderte eingebürgert hatte. Sie entstand aus der dem Bischof vorbehaltenen zweiten postbaptismalen (d. h. nach der Taufe erfolgenden) Salbung und verselbstständigte sich, als die Feier einer Taufe nicht mehr von einem Bischof (Episkopos), sondern von Presbytern gehalten wurde und so eine nachträgliche Bestätigung durch den Bischof notwendig schien. Bereits 416 n. Chr. betonte Innozenz I. das Vorrecht der Bischöfe zur Firmung (DH 215). Die Firmung entwickelte sich in eine Eigenständigkeit hinein, weil sie die Entscheidung eines als Kind getauften Menschen in einem späteren Lebensalter ins Zentrum stellte. Thomas von Aquin bezieht deshalb die Firmung auf das Wachstum des Menschen analog zum Vollalter des reifen Menschen.[406]

In der *Scholastik* beginnt man, die Wirkung der Sakramente systematisch theologisch zu durchdenken. Man greift vor allem zurück auf die Kategorien von Ursache und Wirkung, die bereits in der allgemeinen Sakramententheologie behandelt wurden. Die Taufe wird zum Paradigma für eine Wirksamkeit *ex opere operato*, aus dem Vollzug heraus. Damit will man betonen, dass Gott der eigentlich Handelnde in der Taufe ist, dem der Mensch höchstens ein Hindernis entgegensetzen kann, indem er als *fictus*, als einer, der sich verstellt, zur Taufe hinzutritt ohne über die innere Einstellung zu verfügen. Aber selbst bei einem solchen Menschen kommt die Taufe später zur Wirkung, wenn er das Hindernis ausräumt. Thomas von Aquin betont, dass das Sakrament der Taufe das Werk Gottes ist und nicht das Werk von Menschen. Für das reine Zustandekommen des Sakramentes und die Verleihung des *character indelebilis* ist der Glaube nicht erforderlich, wohl aber dazu, dass die sakramentale Gnade entfaltet wird, die die eigentliche Wirkung des Sakramentes ist. Das Sakrament der Taufe wird also vollzogen durch die Kraft Gottes.[407]

Ausgehend von diesem Konzept denkt *Thomas von Aquin* auch über die Kindertaufe nach. Diese ist für ihn nicht nur legitim, sondern sogar notwendig. Thomas rezipiert den seit Augustinus gegebenen Zusammenhang von Erbsündenlehre und Tauftheologie. Doch auch wenn die Kindertaufe gnadentheologisch begründet wird, bleibt die Taufe für Thomas ein Sakrament des entschiedenen Glaubens. Hier greift er zu einem Bild: So wie die noch ungeborenen Kinder im Mutterleib an der mütterlichen Ernährung teilhaben, so haben die unmündigen Kinder auch schon am Glauben der Kirche teil, die Kleinen glauben durch andere.[408] Der Glaube der gesamten Kirche kommt also den Kindern zugute durch das Wirken des Geistes Gottes, der die Kirche eint und jedem seine Gaben mitteilt.

Tauftheologie in der Zeit der Reformation und des Konzils von Trient

Zur Zeit der *Reformation* im 16. Jh. halten alle Gruppierungen prinzipiell am gemeinsamen Verständnis der Taufe fest. Sie betonen auch, bis auf die (Wieder-)Täuferbewegung, dass die Taufe nur ein einziges Mal gespendet wird und gültig bleibt. Unterschiede finden sich im Verhältnis von Glaube und Taufe. *Luther* spricht davon, dass die Taufe Gottes Wort „im Wasser" ist. Dieses Wort sei wie ein Brief Gottes an uns und die Taufe wie das Siegel auf diesem Brief. Er wendet sich gegen magische Vorstellungen und eine Werkgerechtigkeit, die sich die Gnade durch eigene Leistung verdienen will, und betont immer wieder den Vorrang der Rechtfertigung aus Gnade und die Bedeutung des Glaubens. Denn ohne den Glauben ist das Wasser der Taufe zu nichts nütze. Hier polemisiert er auch gegen ein überzogenes Verständnis des „ex opere operato", wenn es magisch missverstanden wird. Der Glaube ist notwendig zum Vollzug des Sakramentes. Legendär ist der Spruch von Martin Luther: „Das heißt recht in die Taufe hineinkriechen und täglich wieder daraus hervorkommen."[409]

Das *Konzil von Trient* (1545–1563), das auch auf Martin Luther reagiert, nimmt die Tauftheologie der Scholastik auf. Die Taufe ist das Bad der Wiedergeburt, der Anfang der Rechtfertigung aber ist die *zuvorkommende* Gnade Gottes, mit welcher Gott das Herz des Menschen berührt und ihm hilft, sich seiner Rechtfertigung zuzuwenden. Hier macht auch das Konzil von Trient deutlich, dass der Mensch ohne die vorausgehende Gnade Gottes sich nicht selber Gott zuwenden kann. Nur durch die Unterstützung der göttlichen Gnade kann der Mensch anfangen zu glauben, zu hoffen und zu lieben. Auch der Wunsch, getauft zu werden, beruht auf der Gnade Gottes, die dieser Entscheidung des Menschen *vorausgeht* und sie *ermöglicht*. Durch die Taufe wird uns das Verdienst Christi als Gnade zuteil, aufgrund derer wir gerecht werden (DH 1523). Die Rechtfertigung findet bei Erwachsenen ihren Anfang in der der zuvorkommenden Gnade Gottes *(gratia praeveniens)*, im

Ruf *(vocatione)* Jesu Christi, durch den sie ohne eigene Verdienste berufen werden (DH 1525). Durch die erweckende und helfende Gnade *(gratia excitans et adiuvans)* werden wir darauf vorbereitet, uns durch freie Zustimmung und Mitwirkung *(libere assentiendo et cooperando)* zu Gott zu bekehren (DH 1525).

> „Wenn also Gott durch die Erleuchtung des Heiligen Geistes das Herz des Menschen berührt, tut der Mensch selbst, wenn er diese Einhauchung aufnimmt, weder überhaupt nichts – er könnte sie ja auch verschmähen –, noch kann er sich andererseits ohne die Gnade Gottes durch seinen freien Willen auf die Gerechtigkeit vor ihm zubewegen." (DH 1525)

Diese Aussagen des Konzils von Trient zeigen, dass auch die katholische Seite die Gnade Gottes ernst nimmt, ohne die der Mensch nicht zum Glauben kommen kann. Die Rechtfertigung des Sünders geschieht durch die Vergebung der Sünden und durch die Heiligung aufgrund der Gabe des Hl. Geistes. Beides geschieht in der Taufe. Der Getaufte sieht ein, dass er ein Sünder ist, er bekehrt sich aber von der Furcht vor der göttlichen Gerechtigkeit hin zur Besinnung auf die Barmherzigkeit Gottes, der ihm vergibt (DH 1526).

Spannend ist die Rede vom *votum baptismi*, dem Verlangen nach der Taufe. Wer sich nach diesem Sakrament sehnt, kann die Gnade des Sakramentes erhalten (DH 1524, in DH 1543 wird das auch mit Bezug auf die Buße gesagt). Und das Konzil von Trient betont, dass selbst die von einem Häretiker gespendete Taufe eine wahre Taufe ist, wenn der Spender getauft hat mit der Absicht das zu tun, was die Kirche tut und dabei die entsprechende Form gewahrt hat.

Die *Forma* des Taufsakramentes ist die trinitarische Formel von der Taufe auf den Namen des Vaters und des Sohnes und des Hl. Geistes. Die *Materia* des Taufsakramentes ist das Wasser. Der ordentliche Spender als Repräsentant Jesu Christi und der Kirche ist der Diakon, Priester oder Bischof. Bereits das *Konzil von Florenz* im Jahr 1439 hatte die Praxis der *Nottaufe* gebilligt, wonach im Notfall (etwa in einer lebensbedrohlichen Situation) jeder Mensch, auch wenn er nicht glaubt, taufen kann, wenn er die Form beachtet und in der Intention der Kirche handeln will.[410]

Sensibilität für das Heil außerhalb der Kirche

Im 20. Jh. reagiert das II. Vatikanische Konzil auch im Kontext der Theologie der Taufe auf die Zeichen der Zeit. Das Konzil betont den Initiationscharakter von Taufe, Firmung und Eucharistie und unterscheidet im Taufritus zwischen der Taufe von Kindern, die nun der Situation der Kinder angepasst wird (SC 67), und der Taufe und Eingliederung Erwachsener, die ein mehrstufiges Katechumenat vorsieht (SC 64).

Die Liturgie der Tauffeier wurde tiefgehend verändert und neu strukturiert, es wurde die Taufwasserweihe wieder eingeführt und auf die Bedeutung der Eltern und Paten bei einer Kindertaufe hingewiesen. Die Taufe ist die Grundlage für die Teilhabe an Christus, die alle in der Kirche miteinander verbindet und ihnen eine priesterliche Würde verleiht (vgl. LG 10 f.). Wenn wir mit dem Wasser des Lebens übergossen werden und das Taufkleid angelegt bekommen als Zeichen dafür, dass wir „Christus anziehen", dann ist das verbunden mit der Taufformel ein realsymbolisches Zeichen dafür, dass wir zu Repräsentant/inn/en Jesu Christi werden. Darin gründet auch das gemeinsame oder allgemeine Priestertum *(sacerdotium commune)* aller Glaubenden.[411] Die Getauften repräsentieren die drei Ämter Jesu Christi: als Priester (Heiligung), als Prophet (Verkündigung), als König (Leitung). Diese Würde ist nicht steigerbar durch andere Weihen oder Sakramente. Das II. Vaticanum betont auch die Möglichkeit, dass Menschen, die nicht getauft sind, ihr Heil erlangen können. Dies wurde von einem Konzil in dieser Deutlichkeit zuvor noch nicht gesagt: dass der *universale Heilswille* Gottes es auch zulässt, dass das Heil, verstanden als Gemeinschaft mit Gott, auch außerhalb der römisch-katholischen Kirche geschieht. Diese entscheidende Neuausrichtung des Konzils ermöglichte auch die Neuorientierungen in der Ökumene, im Dialog mit dem Judentum und im interreligiösen Dialog.

Die Bedeutung der Taufe und die Lehre vom gemeinsamen/allgemeinen Priestertum aller Getauften hat eine hohe ökumenische Relevanz. Denn das II. Vatikanische Konzil betont, dass *alle* Getauften am sakramentalen Wesen der Kirche und ihrer apostolischen Sendung teilhaben (LG 31; AA 2 und 3). So kann von einem Laienapostolat gesprochen werden, das nicht nur den Dienst in der Welt, sondern auch den Dienst in der Kirche umfasst.

Bezogen auf den universalen Heilswillen Gottes hat bereits die Lehre vom *votum baptismi* nicht nur ein explizites Verlangen nach der Taufe, sondern auch ein implizites Votum für möglich gehalten. *Pius XII.* hatte durch das Hl. Offizium im Jahr 1949 erklärt, dass es nicht immer erforderlich ist, dass ein Mensch zur Erlangung des ewigen Heiles der Kiche angehören muss (DH 3870). Es wird mindestens verlangt, dass er durch Wunsch und Verlangen der Kirche angehören möchte.

> „Dieser Wunsch muss jedoch nicht immer ausdrücklich sein, wie es bei den Katechumenen der Fall ist, sondern wenn ein Mensch an unüberwindlicher Unkenntnis leidet, nimmt Gott auch den einschlussweisen Wunsch an, … weil er in jener guten Verfassung der Seele enthalten ist, durch die der Mensch will, dass sein Wille dem Willen Gottes gleichförmig sei." (DH 3870)

Pius XII. wandte sich mit dieser Position gegen eine Gruppe in Boston, die den Satz „extra ecclesiam nulla salus" rigoristisch auslegte und meinte, nur Katholiken und Katechumenen könnten das Heil erlangen.[412] Auf diese Aussagen Pius XII. beruft sich auch das II. Vaticanum in LG 16, wenn es von einer Heilsmöglichkeit für Nichtgetaufte spricht.[413]

Die Taufe und die Kirche sind insofern heilsnotwendig, weil es Zeuginnen und Zeugen braucht, die den universalen Heilswillen Gottes in der Welt bewusst verkörpern und wirksam kommunizieren. Ohne diese Repräsentant/inn/en des Glaubens wüssten wir nichts von der guten Botschaft des universal rettenden Gottes. Da das Heil aber allen Menschen zugesagt ist, können die Christ/inn/en das Heil nicht elitär für sich reservieren. Sie müssen damit rechnen, dass es auch außerhalb der Kirche Heilsmöglichkeiten für Menschen guten Willens gibt, die das tun, was wir unter Nächstenliebe verstehen. Denn nicht jeder, der „Herr, Herr" sagt, wird in das Himmelreich kommen. Die Frohe Botschaft der Getauften besteht also darin, das Heil, das wir anfanghaft schon erhalten haben, allen Menschen zuzusprechen. Papst Franziskus betont zu Recht: Die Kirche und ihre Mission bringen Gott nicht erst in die Stadt, in die wir gehen, sondern Gott ist in dieser Stadt schon gegenwärtig, bevor die Kirche kommt und bevor sie tauft.[414] Die Gnade Gottes geht uns immer schon voraus, sie wird nicht durch die Taufe oder die Kirche erst hergestellt.

Die ökumenische Bedeutung der Taufe

Im Magdeburger Dom wurde 2007 von der römisch-katholischen Kirche und zehn weiteren christlichen Kirchen ein Dokument unterzeichnet, das eine wechselseitige Anerkennung der Taufe enthält. Dort heißt es:

> „Als ein Zeichen der Einheit aller Christen verbindet die Taufe mit Jesus Christus, dem Fundament dieser Einheit. Trotz Unterschieden im Verständnis von Kirche besteht zwischen uns ein Grundeinverständnis über die Taufe."[415]

Gerhard Ludwig Müller hat mit Bezug auf dieses beachtliche Dokument die Konsequenzen für die Beziehung zur evangelisch-lutherischen Kirche gezogen und verweist darüber hinaus auf das Ökumenismusdekret des II. Vaticanums: „Die Taufe begründet also ein sakramentales Band der Einheit zwischen allen, die durch sie wiedergeboren sind" (UR 22). Müller betont, dass die Taufe das grundlegende Zeichen ist, das alle sakramental in Christus eint und vor der Welt als die eine Kirche sichtbar macht. „Wir sind als katholische und evangelische Christen also auch in dem schon vereint, was wir die sichtbare Kirche nennen. Es gibt daher – genau genommen – nicht mehrere Kirchen nebeneinander, sondern es handelt sich um Trennungen und Spaltungen innerhalb des einen Volkes und Hauses Gottes."[416] Diese Ausführungen sind erfreulich klar. Müller spricht im Folgenden davon, dass die Trennung innerhalb des einen Hauses Gottes als eine unvollendete Communio (Gemeinschaft) der Heiligen und der Communicatio in den Heilsmitteln des einen Leibes Christi, der die Kirche ist, verstanden werden könne. Deshalb gehe es in der Ökumene um eine Wiederherstellung der vollen Gemeinschaft, nicht um eine Fusion von empirisch gegeneinander abgegrenzten Kirchen.[417] Die volle Gemeinschaft sei zu suchen im Bekenntnis, im sakramentalen-liturgischen Leben und in jenen Elementen, die konstitutiv für die Verfassung der sichtbaren Kirche sind. Mit Bezug auf die Erklärung „Dominus Jesus" aus dem Jahr 2000 spricht Bischof Müller von einem Missverständnis: Das katholische Lehramt sei weit davon entfernt, den getrennten Kirchen und kirchlichen Gemeinschaften im Abendland die Kirchlichkeit oder das Kirchesein abzusprechen, so sagt er mit Bezug auf UR 19.[418] Auch die Christinnen und Christen, die nicht in voller sichtbarer Gemeinschaft mit der katholischen Kirche stehen, sind durch Glaube und Taufe gerechtfertigt und in die Kirche Gottes als Leib Christi voll eingegliedert, so Müller. „So sind wir untereinander Brüder und Schwestern und gehören wirklich zum ganzen Christus, Haupt und Leib, ein Christus".[419] Evangelische und katholische Kirchen eint also mehr, als sie trennt. Die Gemeinschaft mit dem dreieinen Gott, der unser Heil ist, und die Zugehörigkeit zur einen Kirche Christi sind die entscheidenden Gemeinsamkeiten *aufgrund der Taufe*, das andere sind die Fragen der Strukturierung der Kirche, die auch für G. L. Müller in diesem ökumenischen Kontext nicht heilsrelevant sind, denn der Hl. Geist wirkt in allen Getauften.

Geschenktes Leben – Taufe als bewusste Gabe und Aufgabe

Die Taufe steht als Sakrament am Beginn der christlichen Existenz, denn sie bringt unser Leben mit dem dreieinen Gott und mit der Kirche in eine *konkrete und bewusste Beziehung*. Dass unser Leben uns geschenkt wurde und aus der Liebe entspringt, aus der Liebe unserer Eltern und der Liebe Gottes, der uns geschaffen hat, das wird erinnert und gefeiert. Daher spricht die Kirche hier auch von einer neuen Geburt, die auf unsere Geburt zurückblickt und sie neu als bleibende Zusage von Gott her wirksam werden lässt. Gott hält uns jeden Tag von Neuem am Leben, das Leben ist nicht unsere alleinige Leistung, unser Leben hängt am Leben Gottes und der Anderen. Leben ist ein vielfältiges, spannendes Beziehungsgeschehen und wird in der Taufe mit dem Leben Jesu in Verbindung gebracht. Warum? Weil in dessen Leben aufscheint, was das Leben bedeutet und was für das Leben wesentlich ist: Liebe und Vertrauen auch und gerade in unsicheren und bedrohlichen Zeiten zu wagen, um die Freude am Leben nicht zu verlieren und der Berufung des Menschen als Bild, d. h. Repräsentant Gottes gerecht zu werden. Und wir sind als Glieder der Kirche auch Repräsentant/inn/en der Kirche und ihrer wechselvollen Geschichte. Ihre Geschichte, mit allen Höhen und Tiefen, mit Heiligkeit und Sünde, ist nun auch unsere Geschichte, zu der wir uns verhalten müssen. Wir sind eingefügt in das Traditionsgeschehen, das wir selber verantwortlich mitprägen sollen aufgrund unseres Gewissens und des *sensus fidei* (Gespür des Glaubens), der auch vom Hl. Geist geschenkt wird. Wir partizipieren an der Sakramentalität der Kirche und werden selber zum realen Zeichen der Liebe Gottes für andere.

Hans Joachim Höhn bezeichnet die Taufe als Lebenszeichen.[420] Hier wird das „zur Welt kommen“ gefeiert und die Spannung des Lebens im Rhythmus von „Aufhören und Anfangen“ zwischen Leben und Tod vor Augen gestellt.[421] Im Leben hört für uns immer wieder etwas auf (Tätigkeiten, Beziehungen) und Neues fängt an. Anfang und Ende/Aufhören sind wie Geburt/Leben und Tod aneinander gebunden.

Die Gabe des Lebens bedeutet „Freigabe“, die grundlos geschieht. Grundlosigkeit ist ein Zeichen von Gnade, denn ich kann mir diese Gabe nicht verdienen, ich habe mein Leben empfangen, bevor ich etwas dafür hätte tun können. Das Leben ist von einer Unverfügbarkeit und Kontingenz geprägt.[422]

Taufe bedeute nicht, „mit allen Wassern gewaschen zu sein“[423], sondern das Leben anders anzugehen, als das Maximum an Möglichkeiten aus ihm herauszuholen und darunter zu leiden, nicht alle Möglichkeiten realisieren zu können. Die Taufe weist uns darauf hin, dass wir nach einem Anfang suchen können, der mitgeht und nicht überboten werden kann. „Es geht um einen Anfang, mit dem der Mensch vor dem Nichts bleibend bewahrt bleibt.“[424] Die Möglichkeiten und Grenzen des Menschen werden mit den grenzenlosen Möglichkeiten Gottes in Verbindung gebracht.

Im Leben fangen wir immer wieder Beziehungen oder Dinge neu an. Anzufangen bedeutet, in Offenheit und Erwartung zu leben wie ein Kind.[425] Bezogen auf die Kindertaufe kann festgehalten werden, dass die Paten und die Eltern zunächst stellvertretend für den Säugling oder das Kind glauben und es ihm ermöglichen, in den Glauben im Rahmen der Hauskirche, der Familie, hineinzuwachsen. Das Kind partizipiert ja immer schon am Glauben der Kirche und der Eltern, wenn diese den Glauben leben und er ihnen wichtig ist. Eine neutrale Erziehung ist in diesem Sinne nicht möglich, weil Eltern, ob religiös geprägt oder nicht, ihren Kindern immer schon bestimmte Überzeugungen, Haltungen und Werte vermitteln, was auch gar nicht anders sein kann, wenn Menschen zusammenleben. Insofern spricht es nicht gegen die freie Entscheidung eines Menschen, ihn mit einem Bezug zu konfrontieren, der den Eltern wichtig ist. Das schließt ja nicht aus, dass er zu einem späteren Zeitpunkt zu dieser Ausrichtung und Orientierung selbst ja oder nein sagen kann. Die Eltern und Paten können bis zu dieser Entscheidung in einem bewussten Stadium des Lebens stellvertretend den Glauben ihres Kindes mittragen. Und dieser Glaube wird nicht nur von den Eltern und Paten, sondern von der gesamten Gemeinde mitgetragen. Außerdem kann die Säuglingstaufe vor Augen führen, dass ohne eine vorausgehende Gnade Gottes ein menschliches Leben nicht möglich ist, und die bewussten Entscheidungen immer erst im Nachhinein getroffen werden können. Die Gnade Gottes geht jeder Entscheidung voraus, auch bei der Erwachsenentaufe. Der Säugling, der selber nichts tun kann, ist somit ein Zeichen des Menschen, der von Gott wie ein Kind die Gnade erst einmal empfängt, bevor er selber etwas tun kann. *Die Taufe zeigt uns, dass wir unser Leben als Gabe empfangen haben*, denn wir haben uns das Leben nicht selbst gegeben. Es kommt von einem Anderen her, von Gott als Schöpfer des Lebens, und von unseren Eltern. Wir empfangen das Leben, das dann zur *Aufgabe* unserer Verantwortung wird. Wenn wir nun aufgrund der Taufe Repräsentanten Jesu Christi sind, dann haben wir eine messianische und apostolische Sendung für das Heil der Welt erhalten. Wir tragen eine messianische Verantwortung, die unserer Freiheit Raum und Richtung gibt.

In der Taufe wird gefeiert, dass unsere Identität auf das Unverfügbare hin geöffnet ist, dass unser Leben und das der Anderen nicht einfach Mittel zum Zweck ist. Wir sollten den Nächsten nicht instrumentalisieren für unsere Wünsche oder Interessen. So werden wir ihm nicht gerecht. Glauben, hoffen und lieben bedeutet auch, dem Anderen und seinem Willen Raum und Zeit zu geben. Bereit und offen zu sein für Gott und den Nächsten, das ist ein Leben aus dem Geist Gottes. Diese Haltung soll auch das Leben der Kirche prägen. Damit ist ein Zeichen des Widerstandes gegen Systeme in Staat und Gesellschaft, Politik oder Ökonomie gesetzt, die erstarren und totalitär über uns verfügen wollen.[426] Die Taufe bedeutet die Eröffnung und Zusage einer unzerstörbaren Zukunft (Prognose) aufgrund der Erinnerung an das, was in der Hl. Schrift und im Leben, Sterben und Auferwecktwerden Jesu Christi geschehen ist (Gedächtnis) und uns in jedem Augenblick unseres Lebens zugesagt wird (Vergegenwärtigung/Repräsentation). Die Taufe umfasst als Realsymbol der Zusage des Lebens durch Gott unsere ganze Lebenszeit: unsere Herkunft/Vergangenheit von Geburt an, unsere Gegenwart, in der wir leben und uns je neu verändern können und unsere Zukunft, die uns eröffnet und über den Tod hinausreichen wird. Wir dürfen ein Leben erhoffen, das verwandelt über den Tod hinausgeht, denn wir erhalten jetzt schon Anteil an der Auferweckung Jesu Christi, der uns vorausgegangen ist, damit wir ihm auch im Tod in das verwandelte Leben nachfolgen können.

Das ist die hoffnungsvolle Botschaft der Taufe: Der Mensch ist dazu geschaffen, Gott und den Nächsten zu lieben. Auch wenn wir Sünder sind, wird diese Zusage nicht zurückgezogen! Wir können Gott verlassen wollen, aber er verlässt uns nicht – das will auch die Rede vom „character indelebilis“ ausdrücken: Gott bleibt uns treu und steht zu seinem Wort, er hat uns beim Namen gerufen und hört nicht auf, uns zu rufen. Das wärmende Feuer des Hl. Geistes und seine erfrischenden Quellen des Lebens werden nicht versiegen!

10. Brot und Wein als Leib und Blut Christi?

Erwin Dirscherl

Bedeutung der Eucharistie

Das Brot als notwendiges Lebensmittel gehört zu unserem täglichen Bedarf. Brot für alle ist eine Herausforderung angesichts der wachsenden Weltbevölkerung. Viele Menschen in der Welt hungern, während wir in unserem reichen Land tonnenweise Brot wegwerfen. Auch bei uns haben viele Leute nicht genug zu essen. Wer hungert, käme nie auf die Idee, Brot wegzuwerfen, es ist zu kostbar! Was bedeutet uns das Brot?

Die Eucharistie macht uns bewusst, was wir an unserem Brot haben, wie kostbar es ist. Denn Jesus setzte sich dafür ein, dass alle genug zu essen haben, vor allem die Armen, um überhaupt leben zu können. Daher erzählen die Evangelien von der Brotvermehrung Jesu (vgl. Joh 6,1–15 par.). Viele Menschen kommen zu ihm auf den Berg und er will ihnen zu essen geben. Aber es gibt nur fünf Brote und zwei Fische, die ein kleiner Junge dabei hat. Sein Jünger Andreas fragt Jesus: Was ist das für so viele? (Joh 6,9) Jesus lässt die Menschen Platz nehmen, nimmt das Brot, spricht das Dankgebet und teilt es aus, jedem so viel er will. Ebenso geschieht es mit den Fischen. Als alle satt sind, sagt Jesus zu seinen Jüngern: „Sammelt die übrig gebliebenen Brocken, damit nichts verdirbt! Sie sammelten und füllten zwölf Körbe mit den Brocken, die von den fünf Gerstenbroten nach dem Essen übrig waren" (Joh 6,12 f.). Jesus will nicht, dass etwas verloren geht von der Nahrung, die für alle gereicht hat, weil er es mit ihnen teilte. Das große biblische Motiv der Gastfreundschaft, das auch von Jesus praktizierte Mahlhalten zusammen mit anderen, scheint hier auf. Wer das Brot mit anderen teilt, sorgt dafür, dass alle genug bekommen. 12 Körbe, das reicht symbolisch für die 12 Stämme Israels, für das ganze Volk. Sogar in einem kleinen Stück Brot geht es ums Ganze: um Brot für das Leben aller.

Nicht nur Brot wird in unserer Zeit weggeworfen. Papst Franziskus sagt sehr klar, dass im Sog einer „Wegwerfkultur" auch mit menschlichem Leben so umgegangen wird, dass es oft als Material verwendet und weggeworfen wird. Viele Menschen verlieren ihr Leben durch Gewalt, durch gewissenlose Spekulanten, durch Drogen- oder Menschenhändler, durch Hass, durch totalitäre Systeme oder Ideologien. So viel Blut wird vergossen! Geht uns das noch unter die Haut? Oder haben wir uns daran gewöhnt? Blenden wir das weg? Jesus wendet sich in seinem Leben den Menschen zu, die an den Rand gedrängt und ausgegrenzt werden. Jeder ist wertvoll und von Gott geliebt. Jesu Tod konfrontiert uns damit, dass die Menschen ihn beseitigen wollten, er störte sie im Namen Gottes zu sehr in ihren Interessen und Geschäften, die allzu oft mit der Ausgrenzung und mit der Beseitigung von Menschen einhergehen. Schon der Kindermord von Betlehem ist ein Beispiel dafür (vgl. Mt 2,16 ff.). Ein Herrscher will seine Macht behaupten und dafür werden andere geopfert: unschuldige Kinder! Auch Jesus wird schließlich zum unschuldigen Opfer, wie so viele, und stirbt einen blutigen Tod für uns alle, vor allem für die Weggeworfenen, zu denen er sich gesandt wusste. An diesen *Tod* werden wir in der Feier der Eucharistie ebenso erinnert wie daran, dass Jesus von Gott her Rettung und Gerechtigkeit widerfahren ist in der *Auferweckung* von den Toten. Was er aus Liebe für die Menschen getan hat, um keinen verloren zu geben, hat Bestand und soll weiterwirken in der Welt – das ist nun unsere Aufgabe!

Danksagung für die Liebe Gottes im Gedenken Jesu Christi

Das Wort Eucharistie kommt aus dem Griechischen und bedeutet *Danksagung*. Der Dank der Kirche richtet sich an Gott, den Vater, dessen Wort in der Kraft des Hl. Geistes für uns Mensch geworden ist. Jesus Christus hat für uns gelebt und ist für uns gestorben, er wurde von den Toten auferweckt und ist auf verwandelte Weise unter uns bleibend gegenwärtig, um uns ein Leben in Fülle zu ermöglichen. Die Kirche dankt Gott in der Haltung des Empfangens für diese Gabe seiner Liebe und soll als beschenkte Gemeinschaft selber aktiv werden. Die vorausgehende Zuwendung Gottes ermöglicht die Antwort der Kirche.

Der primäre Träger der Liturgie ist Jesus Christus, und jede sakramentale Feier vollzieht sich in der dynamischen Nähe des dreieinen Gottes. Im Zentrum der Liturgie steht das Ostermysterium *(mysterium paschale)*, das auch in der Eucharistie gefeiert wird. Dieses Sakrament ist für die Kirche „Quelle und Höhepunkt des ganzen kirchlichen Lebens" (LG 11) und wird als Mahl- und Opferhandlung gefeiert. Die Liturgiekonstitution spricht von dem eucharistischen Opfer Jesu Christi, das der Herr eingesetzt habe, damit das Kreuzesopfer bis zu seiner Wiederkunft fortdauere (SC 47). So hat er der

Kirche das Gedächtnis seines Todes und seiner Auferweckung anvertraut als „Sakrament des Erbarmens und Zeichen der Einheit, als Band der Liebe und österliches Mahl, in dem Christus genossen, das Herz mit Gnade erfüllt und uns das Unterpfand der künftigen Herrlichkeit gegeben wird" (SC 47). Durch den Leib Christi gestärkt, stellen die Gläubigen selbst die Einheit der Kirche auf konkrete Weise dar, jene Einheit, die durch das Sakrament *bezeichnet* und *bewirkt* wird (LG 11).

Alle Mitfeiernden sind als Getaufte aufgrund des gemeinsamen Priestertums dazu befähigt, an dieser Feier durch ihr Gebet aktiv mitzuwirken. Das II. Vaticanum betonte die „aktive Teilhabe" der ganzen Gemeinde (SC 21) und führte daher auch die Muttersprache in die Liturgie ein. Alle Getauften bilden den Leib Christi, der die Kirche ist, sie sind die Träger der Liturgie. Der Amtsträger (Priester, Bischof) als Vorsteher der Liturgie repräsentiert die Gemeinde (er betet stellvertretend für sie) und er repräsentiert auch Jesus Christus als Gegenüber der Kirche. Er betet die Wandlungsepiklese, in der der Hl. Geist herabgerufen wird. Das Geschehen der Wandlung ist an das schöpferische Wirken des Hl. Geistes gebunden, dessen Atem schon am Anfang der Welt allen Lebewesen und dem Menschen eingehaucht wurde und ohne den auch der Leib Christi als lebendige Gemeinschaft der Kirche nicht leben kann.

Die Form *(forma)* der Eucharistie sind die Einsetzungsworte, die in der Kraft des Hl. Geistes gesprochen werden, die Materie *(materia)* sind Brot und Wein, die verwandelt werden, so dass von der *Realpräsenz* des Leibes und Blutes Jesu Christi *in den sakramentalen Zeichen* gesprochen werden kann. Spender dieses Sakramentes ist stellvertretend für Christus der ordinierte Amtsträger, Empfänger sind alle Getauften, die in voller Gemeinschaft mit der römisch-katholischen Kirche leben. Zurzeit gibt es eine pastorale Arbeitshilfe in der Deutschen Bischofskonferenz, die auch die Zulassung von nichtkatholischen Eheleuten in konfessionsverbindenden Ehen zur Eucharistiefeier unter bestimmten Bedingungen ermöglichen will.

Realpräsenz und andere Weisen der Gegenwart des Herrn

Es gibt, das betonen die Hl. Schrift und auch das II. Vaticanum (SC 7), verschiedene Weisen der Präsenz des Auferstandenen in der Kraft des Hl. Geistes:

– seine universale Präsenz in der ganzen Welt (schon als präexistentes Wort Gottes wirkt er von Anfang an in der Schöpfung, vgl. Joh 1)
– seine Präsenz im notleidenden Anderen (Mt 25,31–46)
– seine Präsenz in allen Gläubigen

- in der Hl. Schrift
- im Amtsträger (Dienstpriestertum)
- und in den verwandelten Gaben von Brot und Wein, die zu Leib und Blut Jesu Christi werden (Realpräsenz).

Jede dieser Präsenzweisen hat ihre eigene Bedeutung, die eine kann nicht gegen die andere ausgespielt werden. Die Kirche sieht in der Realpräsenz Jesu Christi in der Eucharistie eine besondere und unvergleichbare Qualität seiner Gegenwart gegeben. Die Rede von einer Personal- oder Aktualpräsenz Jesu Christi zielt auf seine Gegenwart als Gastgeber der Eucharistiefeier und auf die Präsenz des Heilsgeschehens von Tod und Auferweckung Jesu.[427] Die Kirche *als* Leib Christi versammelt sich, um den Leib Christi je neu zu empfangen. Taufe und Eucharistie schenken auf unterschiedliche Weise die Gemeinschaft mit dem Herrn: Grundlegend und bleibend in der einmaligen Taufe, in der unser Weg der Nachfolge Jesu beginnt, sich stets erneuernd im wiederholten Empfang der gewandelten Gaben, in denen sich die innerliche Beziehung zum Herrn immer wieder ereignet und ihre nie versiegende Quelle für ein alltägliches Leben in der Gottes- und Nächstenliebe findet. Durch das Essen und Trinken geht uns die Beziehung zu Gott unter die Haut, sie bleibt uns nicht äußerlich.

Die Eucharistie gehört mit der Taufe zu den *sacramenta maiora* und gemeinsam mit Taufe und Firmung zu den *Initiationssakramenten.* In der Tradition der orthodoxen Kirchen wird daher schon kleinen Kindern nach der Taufe und der Firmung die Eucharistie gereicht. In der römisch-katholischen Kirche ist das bei einer Erwachsenentaufe auch so. Im Falle der Kindertaufe wird die Reihenfolge geändert: Auf die Taufe folgt die Erstkommunion und dann die Firmung, wenn der junge Mensch reif genug ist, um eine eigene bewusste Entscheidung zu treffen.

Die *Wirkung* des Sakraments der Eucharistie besteht in der Spendung eines neuen Lebens, in der Erneuerung des Bundes und in der Versöhnung mit Gott.[428] Daher kommt diesem Sakrament auch eine sündenvergebende Wirkung zu, die nicht nur im Sündenbekenntnis zu Beginn der Hl. Messe eine Rolle spielt, sondern auch im Hochgebebt und bei den Einsetzungsworten zur Sprache kommt. Christus ist für uns gestorben zur Vergebung der Sünden! Papst Franziskus hat daher betont, dass die Eucharistie keine Belohnung für die besonders Frommen, sondern *Heilmittel* für die Schwachen und Sünder ist.[429]

Biblische Perspektiven

Altes Testament: Manna, Gastfreundschaft, Mahl und Opfer

In der Bibel lesen wir vom Manna, dem Himmelsbrot, das dem Volk Israel geschenkt wird, um in der Wüste zu überleben. Die Israeliten finden die Brotkrümel auf dem Boden der Wüste und fragen: „Was ist das?" Was ist das für ein Brot? Manna ist eine *Frage*, denn dieses Wort bedeutet im Hebräischen eigentlich: Was ist das? (Ex 16,14.31) Das Brot in der Wüste hilft dem Volk zu überleben. Und so fragen auch wir Christen in der Eucharistie: Was für ein Brot hast Du uns gegeben? Was bedeutet das?

Bereits in der atl. Theologie spielen das Mahlhalten und der Opfergedanke eine wichtige Rolle. Essen und Trinken können als kultisches Gemeinschaftsgeschehen gedeutet werden. Denn das gemeinsame Mahl kann zum Zeichen der Gemeinschaft mit Gott werden, dem man für die Gaben dankt, die den Menschen am Leben erhalten. Im Alten Testament ist das Mahl ein realisierendes Zeichen von Gemeinschaft.[430]

Im Kontext der Bundestheologie kommt dem Mahl eine besondere Bedeutung zu. In der Erzählung von dem Besuch der drei Fremden bei Abraham wird der Gedanke der Gastfreundschaft im Kontext der Begegnung mit Gott entfaltet (vgl. Gen 18,1–3). Gott wird als Gast aufgenommen in der Aufnahme der drei Fremden. Auch in Ex 18,12 wird erzählt, dass Jitro mit Aaron und allen Ältesten Israels ein Mahl vor dem Angesicht Gottes gehalten hat. Von Mose und den Ältesten heißt es dann in Ex 24,11, dass sie nach dem Bundesschluss am Sinai vor Gottes Antlitz aßen und tranken. Zuvor hatte Mose mit dem Blut der geschlachteten Tiere den Altar besprengt, das Bundesbuch verlesen und nach der Antwort des Volkes (Ex 24,7: „Alles, was der HERR gesagt hat, wollen wir tun; und wir wollen es hören.") auch das Volk mit dem Blut der Opfertiere besprengt und gesprochen: „Das ist das Blut des Bundes, den der HERR aufgrund all dieser Worte mit euch schließt" (Ex 24,8). Auf diese Exodustradition beziehen sich die Abendmahlsberichte von Markus und Matthäus, wenn sie das letzte Mahl Jesu deuten, denn das Mahl und das Opfer werden in Ex 18 miteinander verbunden, und dies bedeutet die unmittelbare Verbindung mit Gott.

Die für uns befremdliche Verwendung der Blutsymbolik hat ihren Grund darin, dass das Blut in der biblischen Theologie für das Leben des Menschen steht. Blut ist sozusagen der Lebenssaft, ohne den das Herz des Menschen nicht schlagen und der Mensch nicht leben kann. Das Vergießen des Blutes bedeutet Verletzung oder Tod. Dann kann das Blut auch zum Himmel schreien wie bei Kain und Abel. Das Blut wird zum Bundeszeichen, weil es ein Lebenszeichen ist und auch zum Zeichen des Todes werden kann. Leben und Tod gehören untrennbar zusammen. Auch Jesus hat einen verletzbaren sterblichen Körper, auch er verliert sein Blut und sein Leben. Daher wird die Bedeutung des Blutes auch in der ntl. Theologie eine zentrale Rolle spielen.

In der Tradition Israels wird auch das alltägliche gemeinsame Essen und Trinken im Kontext der Beziehung zu Gott gedeutet, denn jedes Mahl beginnt mit einem Lobspruch beim Brechen des Brotes und endet mit einem Dankgebet. Dies wird mit der *Anamnese* (Erinnerung) der Heilstaten Gottes verbunden. So werden die Speisen zum Symbol der Fürsorge Gottes. Das wird auch in Dtn 8,7–18 deutlich, wenn gesagt wird, dass man in dem Land, in dem es an nichts fehlt, nicht Gott den Herrn vergessen sollte, der das Volk befreit hat: „Dann nimm dich in Acht und denk nicht bei dir: Ich habe mir diesen Reichtum aus eigener Kraft und mit eigener Hand erworben. Gedenke vielmehr des HERRN, deines Gottes: Er ist es, der dir gibt, Reichtum zu erwerben, weil er seinen Bund, den er deinen Vätern geschworen hatte, so verwirklichen will, wie er es heute tut" (Dtn 8,17 f.). Wenn es einem gut geht, soll man Gott nicht vergessen, dem man das Gute verdankt.

Das zentrale Fest des Volkes Israel ist das *Pessachfest.* In ihm werden das Mahl, das Opfer und das Gedächtnis des Bundes miteinander verbunden. Nach dem Ende des Opferkultes feiert das rabbinische Judentum das Pessachfest (ohne die Opferung) in der häuslichen Mahlgemeinschaft. Durch das *Gedächtnis* wird das befreiende Handeln Gottes im Exodusgeschehen je neu *gegenwärtig* gesetzt, um eine hoffnungsvolle *Zukunft* zu eröffnen. Hier finden wir zentrale Motive, die auch für die christliche Sakramententheologie relevant sind. Es ist kein Zufall, wenn die Evangelisten erzählen, dass der Tod Jesu in die Zeit des Pessachfestes fällt.

Im Hinblick auf die erhoffte Zukunft spielt im eschatologischen Kontext das Bild vom himmlischen Festmahl für alle Völker auf dem Berg Zion eine zentrale Rolle, das in der Jesaja-Apokalypse Verwendung findet: „Der HERR der Heerscharen wird auf diesem Berg für alle Völker ein Festmahl geben mit den feinsten Speisen, ein Gelage mit erlesenen Weinen, mit den feinsten, fetten Speisen, mit erlesenen, reinen Weinen" (Jes 25,6). Dann wird der Tod verschlungen sein und der Herr wird alle Tränen von jedem Gesicht abwischen (vgl. Jes 25,8). Das himmlische Festmahl wird zum Bild für die eschatologische Vollendung der Königsherrschaft Gottes und im Neuen Testament entsprechend rezipiert.

Die Mahlpraxis Jesu im Neuen Testament

Jesus steht in der Tradition seines Volkes Israel. Und wir hören immer wieder in den Evangelien, dass er mit den Menschen, vor allem mit den Ausgegrenzten, Mahl gehalten hat. Bezeichnend ist die Formulierung in Mt 11,18 f.: „Denn Johannes ist gekommen, er isst nicht und trinkt nicht und sie sagen: Er hat einen Dämon. Der Menschensohn ist gekommen, er isst und trinkt und sie sagen: Siehe, ein Fresser und Säufer, ein Freund der Zöllner und Sünder! Und doch hat die Weisheit durch ihre Taten Recht bekommen." Diese Worte Jesu bringen die Sache auf den Punkt. Jesus ist sich nicht zu schade, mit jenen gemeinschaftlich zu essen und zu trinken, die für viele andere zu den Weggeworfenen der Gesellschaft gehören. Auf den Einen wirkt die Gastfreundschaft Jesu, der sich gerne auch einmal selber einlädt, einladend, bei anderen trifft sie auf Widerstand und Feindschaft wegen der Mahlteilnehmer, denen sich Jesus anvertraut. So heißt es in Lk 15,2, dass er sich mit den Sündern abgibt und sogar mit ihnen isst. Und daher hören wir in Mk 2,17: „Ich bin nicht gekommen, um Gerechte zu rufen, sondern Sünder. Denn nicht die Gesunden bedürfen des Arztes, sondern die Kranken." So kann man sagen, dass *das Mahlhalten Jesu ein reales Symbol für die anbrechende Gottesherrschaft* ist, für die er lebt und für die er in den Tod geht. In Mt 8,11 wird das atl. Hoffnungsbild vom himmlischen Festmahl aufgegriffen, wenn gesagt wird, dass alle von Osten und Westen kommen werden um sich mit Abraham, Isaak und Jakob zu Tisch zu setzen. Das Gleichnis vom großen Gastmahl in Mt 22,1–10 bedeutet eine Einladung Gottes, der der eigentliche Gastgeber der Menschen ist, an alle, vor allem an die Außenseiter. Die zuerst Berufenen müssen sich sogar sagen lassen, dass sie das Fest verpassen könnten. Im Gleichnis vom barmherzigen Vater in Lk 15,11–32 wird das Gastmahl zu einem Zeichen der Versöhnung, das den Bruder des zurückgekehrten Sohnes gegen den Vater aufbringt. Und in Lk 14,7–24 wird darauf hingewiesen, dass es sich vor Gott nicht gehört, sich um die besten Plätze zu streiten oder sich nur im Kreise der Wohlsituierten zu treffen, unter denen man sich gegenseitig einlädt. Die Provokation Jesu besteht darin, gerade jene einzuladen, die sich nicht revanchieren können, die Armen, die Kranken, die Lahmen und Blinden. Jesus lebt uns ein „Geben" vor, das nicht berechnend auf eine Gegengabe abzielt. Er gibt umsonst, aus Gnade („gratis"), einfach um des Anderen willen. Er lebt die Freigiebigkeit Gottes, der uns von Anfang an eine Schöpfung anvertraut hat, damit wir alle in Fülle leben können, wenn wir das teilen, was wir empfangen haben. Jesus *teilt* sein Leben mit den Menschen, er lebt für sie, damit sie das Leben in der Gemeinschaft mit Gott haben.

In dieser Haltung geht er auch in den Tod. Das zeigt sich auch in den uns überlieferten Erzählungen vom letzten Abendmahl. Wenn wir uns an die synoptischen Evangelien halten, dann feierte Jesus mit seinen Jüngern das Pessach-Mahl, im johanneischen Kontext, wo wir keinen Einsetzungsbericht finden, fand das Abendmahl wahrscheinlich am Vorabend des Pessach-Festes statt. Diese zeitliche Nähe zum zentralen Fest des Judentums hat natürlich eine theologische Bedeutung.

Die Einsetzungserzählungen

Bereits in dem Kapitel zur Christologie wurde die Heilsbedeutung des Todes Jesu Christi entfaltet. Die Schlüsseltexte dafür sind die Einsetzungsberichte, die auch für die Eucharistietheologie von entscheidender Bedeutung sind. Im Neuen Testament unterscheiden wir zwei Traditionsstränge: Die eine Tradition umfasst die Abendmahlsüberlieferung bei Paulus und Lukas, die andere jene bei Markus und Matthäus. Blicken wir zunächst auf die Texte:

1 Kor 11,23b–25 / *Lk 22,19–20*

Die kursiven Texte in Klammern sind die Varianten bei Lk, der normal gedruckte Text ist beiden gemeinsam, bis auf den letzten Absatz, der nur bei Paulus steht.

- Jesus der Herr, nahm in der Nacht, in der er ausgeliefert wurde, Brot, sprach das Dankgebet, brach das Brot *(reichte es ihnen mit den Worten:)* und sagte: Das ist mein Leib für euch *(der für euch hingegeben wird).* Tut dies zu meinem Gedächtnis!
- Ebenso nahm er nach dem Mahl den Kelch und sagte: Dieser Kelch ist der Neue Bund in meinem Blut *(das für euch vergossen wird),*
- *Nur bei Paulus:* Tut dies, sooft ihr daraus trinkt, zu meinem Gedächtnis! Denn sooft ihr von diesem Brot esst und aus dem Kelch trinkt, verkündet ihr den Tod des Herrn bis er kommt.

Mk 14,22–24 / *Mt 26,26–28*

Die kursiven Texte in Klammern sind die Varianten bei Mt, der normal gedruckte Text ist beiden gemeinsam, die Besonderheiten bei Mk sind gekennzeichnet und im Normaldruck in Klammern gesetzt.

- Während des Mahls nahm er *(Jesus)* das Brot und sprach den Lobpreis; dann brach er das Brot, reichte es ihnen *(den Jüngern)* und sagte: Nehmt *(und esst),* das ist mein Leib.
- Dann nahm er den Kelch, sprach das Dankgebet, gab ihn den Jüngern *(und sagte: Trinkt alle daraus)*

- (Mk: und sie tranken alle daraus. Und er sagte zu ihnen:)
- das ist mein Blut des Bundes, das für viele vergossen wird *(zur Vergebung der Sünden).*
- (Mk: Amen,)
- ich sage euch: Ich werde *(von jetzt an)* nicht mehr von der Frucht des Weinstocks trinken bis zu dem Tag, an dem ich *(mit euch)* von Neuem davon trinke im Reich Gottes *(meines Vaters).*

Diese Worte beschreiben das soteriologische Motiv der Stellvertretung: Jesus stellt sich an unsere Seite, er lebt für uns und bezieht uns in sein Leben ein, das zu Gott führt, er stirbt für uns und bezieht uns in seinen Tod ein, der zum Leben führt. Wir haben teil an seinem Schicksal wie er an unserem. Er reiht sich schon bei seiner Taufe durch Johannes den Täufer unter die Sünder ein, tritt an unsere Stelle, um uns von der Sünde zu befreien, er stirbt, um uns das Leben zu eröffnen. Damit kommt dem „für uns" auch der Sinn zu, dass Jesu Leben und Tod *uns zugutekommen*: er lebt für uns, damit wir das Heil, die Gemeinschaft mit Gott finden. Damit wird das Motiv des stellvertretenden Leidens aus der Gottesknechtstheologie des Jesaja rezipiert. Einer leidet für alle, um sie zu schonen und vom Leid zu befreien. Dies wird in der Rede von der *Proexistenz* Jesu zusammengefasst.

Am deutlichsten ist die Differenz zwischen beiden Traditionen in der unterschiedlichen Akzentsetzung der Bundestheologie: Während Mk/Mt vom „Blut des Bundes" sprechen, ist bei Pls und Lk vom „Neuen Bund in meinem Blut" die Rede. Es ist spannend zu sehen, dass die vom Christentum später favorisierte Rede vom Neuen Bund, die sich auch dazu eignete, sich vom Judentum abzusetzen, nicht in allen Einsetzungserzählungen gegeben ist.

Universalisierung des Sinaibundes bei Markus und Matthäus

Markus und Matthäus stellen Jesu Tod in den Kontext des Bundesschlusses am Sinai hinein. Wir haben oben schon gesehen, dass dort vom Blut des Bundes die Rede ist. Josef Wohlmuth betont: „Ohne Rückbezug auf das Offenbarungsgeschehen am Sinai, wäre Jesu Tod Markus zufolge in seiner Heilsbedeutung nicht hinreichend erfasst."[431] In diesem Tod offenbart sich bei Mk/Mt die Bundestreue Gottes im Geschick Jesu und daher kann von einer Verdrängung Israels aus dem Bund keine Rede sein. Jesus stellt sich also gemäß dieser Lesart explizit in den Sinaibund hinein und verbindet sein Schicksal mit diesem Bundesgeschehen des treuen Gottes, dem er sich bis zuletzt anvertraut. Ex 24,8 wird so aufgenommen,

- dass es sich nun um das Blut Jesu, nicht um das Blut der Tiere handelt
- dass an die Stelle des Besprengens mit Blut das Trinken aus dem Becher tritt.
- Der Realismus des menschlichen Blutes wird durch das Trinken des Weines im Sinne ästhetischer Repräsentation aufgefangen.[432]

Der Sinaibund ergreift die Gemeinde, die das Herrenmahl feiert. Jesu Tod öffnet diesen Bund für „die Vielen", d. h. für alle Völker.

In Anspielung auf Jes 53,11 f. ist bei Mk/Mt von dem Blut die Rede, das für die Vielen vergossen wird. Möglicherweise hat Jesus das ihm von den synagogalen Schriftlesungen her bekannte Motiv des leidenden Gerechten auf sich hin gedeutet und damit die Hoffnung einer heilvollen Bedeutung seines bevorstehenden Todes im Vertrauen auf das Handeln Gottes verbunden. So wird der Tod Jesu als stellvertretendes Sühnopfer gedeutet.[433] Auch Ex 24 wurde im Judentum sühnetheologisch verstanden und so konnten diese Traditionen von Mk/Mt miteinander verbunden werden. Die Heilsinitiative im Leben und im Tod Jesu geht von Gott aus. Es ist der treue Bundesgott, der in Jesus Christus gegenwärtig handelt. Die Besiegelung des Bundes im Tod setzt die Verkündigung der Basileiabotschaft im Leben Jesu voraus.

In der Variante bei Mt wird die Erweiterung „zur Vergebung der Sünden" eingefügt. Damit wird ein zentrales Motiv aus der jeremianischen Bundestheologie eingespielt, in der ein neuer Bund angekündigt wird (Jer 31,31): Gott wird seine Weisungen in das Herz der Menschen schreiben (Jer 31,33) und alle werden Gott den Herrn erkennen können (Jer 31,34). „Denn ich vergebe ihre Schuld, an ihre Sünde denke ich nicht mehr" (Jer 31,34). Trotz des Bundesbruches durch das Volk erneuert Gott den Bund je neu und eröffnet die Vergebung der Sünden.

Neuer Bund als erneuerter Bund bei Paulus und Lukas

Diese Tradition aus Jer 31,31 wird von Paulus und Lukas favorisiert, wenn in deren Texten vom neuen Bund die Rede ist. Wie bereits in der Gotteslehre gezeigt, gibt es verschiedene Szenarien, in denen Gott seinen Bund mit Israel und den Menschen schließt. Zu dem Bund Gottes mit den Menschen scheint der Aspekt der Erneuerung immer schon zu gehören. Jeremia setzt aber den Akzent, dass diese Erneuerung in Gottes Vergebungsbereitschaft gründet.[434] Das Motiv der Sündenvergebung wird bei Jer neben der Verinnerlichung der Tora zum Merkmal der Bundeserneuerung und wenn man an die Sündenvergebung denkt, die Jesus im Namen Gottes den Menschen zugesprochen hat, dann wird einem der Zusammenhang mit der Abendmahlsüberlieferung deutlich, die Pls/Lk dazu veranlasst vom neuen Bund zu sprechen. „Der neue Bund wird der Gemeinde zur Gabe und stellt die radikalisierte Möglichkeit dar, die Tora nach der Vergebung der Sünden neu zu leben. Teilnahme am Tisch des Kyrios bedeutet, sich in die Lebensform des neuen Bundes hineinverwandeln zu lassen.“[435] Paulus setzt hinzu, dass die Gemeinde den Tod des Herrn verkündigt, bis er kommt. Dieser eschatologische Ausblick auf die Parusie versteht den neuen Bund auch als Größe der Verheißung, weil das Ende noch aussteht.

So werden in den beiden Traditionen bei Mk/Mt und Pls/Lk die *Universalisierung* des Sinaibundes und dessen *Erneuerung* überliefert. Von einem Bruch des Bundes mit Israel oder einer Ablösung des Bundesvolkes durch die Kirche ist keine Rede. Entscheidend ist, dass nicht unsere Erinnerungsleistung den Gehorsam und Tod Jesu mit dem erneuerten Sinaibund verbindet, sondern die *Treue* Gottes.

Paulus benutzt im Kontext der Beschreibung der Abendmahlspraxis der frühen Kirche das Wort: *Zusammenkommen* (griech.: *synerchestei*), so etwa in 1 Kor 11,17. In 1 Kor 11 wird der Fall beschrieben, dass die Wohlhabenden und Reichen sich zur Eucharistiefeier treffen und zuvor ein Sättigungsmahl halten. Die Sklaven und Arbeiter können erst zum kultischen Mahl hinzutreten, weil sie noch arbeiten müssen. Als die Reichen sich beim Sättigungsmahl schon an ihren Gaben satt essen, ohne auf die Armen zu warten, die später kommen und hungrig das Herrenmahl feiern sollen, ist Paulus höchst verärgert und redet den Korinthern ins Gewissen: Wer die Eucharistie feiert und die Armen vergisst, der isst sich die Eucharistie zum Gericht und nicht zum Heil. Wer die Armen so demütigt, der verachtet die Kirche Gottes (1 Kor 11,22) und feiert das Herrenmahl auf unwürdige Weise, er macht sich schuldig am Leib und am Blut des Herrn (1 Kor 11,27). Hier gibt es kein Zusammenkommen aller, sondern hier wird getrennt zwischen reich und arm, es wird ausgegrenzt. Paulus erinnert an die Bundestheologie und daran, dass Jesus für uns alle gestorben ist, zur Vergebung der Sünden. Für ihn bedeutet das Mahlhalten eine *Teilhabe* am Leib Christi. Brot und Wein sind die realen Zeichen des Miteinanders der Gemeinde und der Gemeinschaft mit Gott. Hier wird auch der Begriff der *Koinonia*, der Gemeinschaft durch Teilhabe, zum zentralen Begriff. Die Teilhabe am Leib und Blut Jesu Christi bedeutet Teilhabe an seinem Leben und dem Leben Gottes, Teilhabe an seiner solidarischen Sorge für die Armen. Wer das, was er feiert, nicht in seinem Leben realisiert, versündigt sich am Leib Christi, d. h. an der Gemeinschaft und an der Eucharistie. In der Feier des Mahles gedenken wir der Hingabe Jesu, in die alle Teilnehmer hineingezogen werden. Deshalb betont Paulus den Zusammenhang von Taufe und Herrenmahl, die Teilhabe am Leib Christi bedeutet eine *ethische Verantwortung* im konkreten Leben.

Die Brotreden im Johannesevangelium

Das Johannesevangelium, das keine Einsetzung des Herrenmahles kennt und als einziges Evangelium von der Fußwaschung als eindrücklichem Zeichen des Dienens erzählt, bietet in den Brotreden einen faszinierenden Zugang zur Deutung des Lebens Jesu. Die Erzählung von der Brotvermehrung eröffnet in Joh 6 einen immer wieder aufbrechenden Dialog zwischen Jesus, den Jüngern und zahlreichen Menschen, die seine Nähe suchen, über das, was unser Leben trägt und nährt. „Müht euch nicht ab für die Speise, die verdirbt, sondern für die Speise, die für das ewige Leben bleibt und die der Menschensohn euch geben wird" (Joh 6,27). Und sie fragen ihn, was sie tun müssen, um die Werke Gottes zu vollbringen. Und er antwortet: „Das ist das Werk Gottes, dass ihr an den glaubt, den er gesandt hat" (Joh 6,29). Und sie fragen ihn, welches Zeichen er denn tue, damit man ihm glauben könne. Die Väter hätten das Manna in der Wüste gegessen, was sei denn nun das Werk, das er tue. Jesus antwortet: „Amen, amen, ich sage euch: Nicht Mose hat euch das Brot vom Himmel gegeben, sondern mein Vater gibt euch das wahre Brot vom Himmel. Denn das Brot, das Gott gibt, kommt vom Himmel herab und gibt der Welt das Leben" (Joh 6,33). Als die Menschen ihn bitten, ihnen dieses Brot zu geben, spricht er: „Ich bin das Brot des Lebens, wer zu mir kommt, wird nie mehr hungern, wer an mich glaubt wird nie mehr Durst haben" (Joh 6,35). Wenig später sagt er: „Wer von diesem Brot isst, wird in Ewigkeit leben. Das Brot, das ich geben werde, ist mein Fleisch für das Leben der Welt" (Joh 6,51). Die Brotsymbolik steht für die Gabe des Lebens, die Jesus als vom Himmel gekommenes „Brot", als fleischgewordener Logos selber ist. Das Wort Gottes nährt die Menschen und führt sie zum Leben, zu Gott, der die Liebe ist. Auch bei Johannes erhält das Brot als Zeichen für die Lebenshingabe Jesu eine besondere Bedeutung. Die Begriffe Leib *(soma)* und Blut *(haima)* stehen bei Joh und im sonstigen biblischen Kontext immer auch für die ganze Person und meinen nicht nur bestimmte Dimensionen körperlicher Existenz. Sie betonen die Sterblichkeit und Todesbedrohtheit eines Menschen. Gleiches gilt für den Begriff Fleisch *(sarx)*.

Erfahrung der Nähe des auferweckten Herrn

Im Brotbrechen wird die Gemeinde aber auch an die Erfahrung und das Geschehen der Auferweckung Jesu erinnert. Denn wenn wir etwa an die Emmaus-Geschichte denken (Lk 24,13–35), dann offenbart sich der Auferweckte hier beim Brechen des Brotes. Denn da erst erkennen sie ihn im Nachhinein, als er sich ihnen schon wieder entzogen hat. Analoges geschieht in der Erzählung von der Erscheinung des Auferweckten am See von Tiberias in Joh 21,1–14. Das gemeinsame Mahlhalten und das Brechen des Brotes werden zu Offenbarungsorten der Auferweckung Jesu Christi. Die österlichen Erscheinungen sind an die Mahlpraxis gebunden. Von daher kann Franz-Josef Nocke sagen, dass die Zusammenkunft zum gemeinsamen Mahl ein Ort der Ostererfahrung ist.[436] In diesen Erscheinungen ist Jesus der Gastgeber, der sich gibt, wobei die Initiative immer von Gott her kommt. Der, den die Jünger einladen, er nimmt das Brot und teilt es aus. Das Feiern des Herrenmahles ist also nicht nur die Vergegenwärtigung des Todes, sondern auch der Auferweckung Jesu Christi und von daher wird die Eucharistie zu einem eschatologischen sakramentalen Geschehen, das auch unsere Zukunft in der verheißenen Vollendung der Welt prospektiv vorwegnimmt. Deshalb feiern wir dieses Mahl bis der Herr wiederkommt (1 Kor 11,26). Auch er wird erst wieder von dieser Frucht des Weinstocks trinken im Reich des Vaters am Ende der Zeit. Er „wartet" auf uns. Die Vergebung der Sünden geschieht durch die Zusage, zum Bundesvolk Gottes zu gehören. In dieser Gemeinschaft wirkt Gott die Vergebung durch das Kreuz Jesu Christi. Damit wird das Sakrament der Eucharistie wie das Mahlhalten Jesu zum Ort der *Versöhnung* und verweist auch auf die Buße.

Theologiegeschichtliche Stationen

Die Eucharistie als Danksagung, Mahl und Opfer in der Patristik

In der alten Kirche bürgert sich mehr und mehr der Begriff der Eucharistie für die Feier des Herrenmahles ein und betont damit den Charakter der Danksagung. Der Mahlcharakter steht im Zentrum und wird verbunden mit der Vergegenwärtigung der Kreuzigung und der Auferstehung Jesu Christi.

Ignatius von Antiochien († um 117 n. Chr.) grenzt sich von gnostischen und doketischen Verfälschungen des Inkarnationsverständnisses ab und betont das Mysterium der leiblichen Gegenwart in den eucharistischen Gaben. Die Eucharistie ist die wahre Speise zum ewigen Leben, Arznei der Unsterblichkeit und Gegengift gegen den Tod. Sie vermittelt ein stetiges Leben in Jesus Christus. Und Ignatius betont die Einheit der Eucharistie, die für die *Einheit* der Kirche steht. Die Feier des Herrenmahles ist Zeichen und Mittel der Einheit der Kirche und muss daher von dem Bischof oder dem beauftragten Presbyter gefeiert werden. Denn wo der Bischof ist, dort sei die Gemeinde und die Kirche.

Bereits im 4. Jh. versteht man die Eucharistiefeier unter dem Aspekt der anamnetischen (*Anamnese* = Erinnerung) Repräsentation des Heilsgeschehens. Johannes Chrysostomos († 407 n. Chr.) wendet das Urbild-Abbild-Denken des Platonismus auf diese Gedächtnishandlung an und will von daher das Wörtchen „ist" in den Einsetzungsworten „Das ist mein Leib" verstehen. Die geschichtliche Gestalt Jesu verhält sich zur eucharistischen Gegenwart Christ wie Urbild und Abbild, Realität und Symbol. Dieses Bilddenken ermöglicht die Teilhabe am Urbild durch das Abbild, durch die Nachahmung *(imitatio)*. Dieses Denken ist charakteristisch für die theologische Reflexion in der alten Kirche. Das gewandelte Brot ist das Abbild des Urbildes, des Leibes Jesu Christi, und ermöglicht die Teilhabe an ihm, die freilich nur dem Blick des Glaubens offenbar ist. Daher ist Jesus Christus mit seiner gesamten Geschichte und seinem Opfer am Kreuz im sakramentalen Handeln der Eucharistie wirklich gegenwärtig. Das eine Opfer Jesu Christi wird überall gefeiert und dargebracht und es kann nicht wiederholt werden. Jesus Christus gilt als der Hohepriester, der sich selbst als Opfer dargebracht hat. Dieses Opfer werde nun in der Gedächtnishandlung von der Kirche dargebracht, denn in der Eucharistiefeier wird das Gedächtnis des Kreuzesopfers vollzogen.[437] Die Einheit zwischen dem eucharistischen Leib und dem geschichtlichen Leib Jesu Christi ist eine Einheit, die eine Differenz impliziert. Die Wandlung der Gaben wird als Verwandlung (gr. *metabole*, lat. *conversio*) verstanden. Brot und Wein können Leib und Blut Jesu Christi nur deshalb repräsentieren, weil Gottes schöpferischer Geist die Gaben umgestaltet, so dass das Essen und Trinken von Brot und Wein die Gemeinschaft mit Jesus Christus und durch ihn mit Gott bewirkt.

Im Denken der westlichen Patristik geht Tertullian († nach 220 n. Chr.) davon aus, dass die Eucharistie nicht allein Memoria und Repräsentation des Opfers Jesu Christi am Kreuz ist, sondern auch Antwort der Kirche. Deshalb könne man sie in und durch Christus als ein *sacrificium* (kultisches Opfer) des Menschen verstehen, als eine *oblatio* (aktive Darbringung). Somit geschieht in der Eucharistiefeier eine opfernde Selbsthingabe, in der die Gemeinde sich selbst der Liebe Gottes öffnet und mit der Hingabe Jesu Christi vereinigt. Das Opfer Jesu Christi geschehe nicht auf blutige, sondern auf symbolische Weise.[438]

Augustinus: Unser Geheimnis liegt auf dem Tisch des Herrn

Auch Augustinus ist von der realen Präsenz Jesu Christi in der Eucharistie ausgegangen. Er unterscheidet im Sinne des Urbild-Abbild-Denkens zwischen *res* und *signum*. Das Sakrament ist ein Zeichen der geschichtlichen Wirklichkeit *(res)* Jesu Christi. Hier spricht man von einem Symbolismus, der auch als Metabolismus bezeichnet werden kann.

Zur *res sacramenti* gehört die Gemeinschaft mit der Kirche, die der Leib Christi ist. Das Wesen des Opfers Jesu Christi ist für Augustinus die Liebe und nicht die Darbietung einer Gabe oder einer Leistung. Die innere Opfergesinnung des Glaubenden verwirklicht sich in der äußeren Opferhandlung. Wenn die Kirche im Sinne von Christi Auftrag das Gedächtnis seines Opfers vollzieht, dann bringt sie in den Gaben von Brot und Wein sich selber dar und lässt sich von Christus hineinnehmen in sein Opfer an den Vater.

Helmut Hoping verweist auf einen Satz von Augustinus: „Nicht wirst du mich in dich verwandeln, gleich der Speise deines Fleisches, du wirst gewandelt werden in mich".[439] Dies soll den Gedankengang verstärken, dass durch den Empfang der Eucharistie der Empfänger bzw. die Empfängerin selbst gewandelt werden. Dem ist natürlich voll zuzustimmen. Aber Augustinus wäre nicht Augustinus, hätte er nur dies gesagt, denn in Sermo 272 entfaltet er einen weiteren Gedanken:

> „Wenn du also den Leib Christi verstehen willst, höre den Apostel, der den Gläubigen sagt: ‚Ihr aber seid der Leib Christi und seine Glieder' (1 Kor 12,27). Wenn ihr also Leib und Glieder Christi seid, dann liegt euer Geheimnis auf dem Tisch des Herrn: Euer Geheimnis empfangt ihr."

Wenn wir empfangen, was wir sind, werden wir auf eine bestimmte Weise mit uns selbst konfrontiert, wenn wir mit dem Leib Christi konfrontiert werden. Muss ich erst empfangen, was ich bin?

Augustinus bezieht sich in seinem Sermo auf Paulus, auf 1 Kor 10,17: „Ein Brot, ein Leib sind wir, die Vielen." Das Sakrament der Eucharistie stelle im Bild des Brotes die Einheit, die Wahrheit, die Ehrfurcht und die Liebe vor Augen. Wie das Brot aus vielen Körnern bestehe, so die Gemeinde aus vielen Gliedern. Die Gemeinde empfängt das, was sie ist. Damit sind wir schon in jene verrückten Zeitverschiebungen hineinversetzt, die Augustinus immer wieder zu denken geben. Würden wir nicht eher erwarten, dass wir etwas empfangen, um etwas anderes zu werden?

Augustinus verweist aber zu Recht darauf, dass diejenigen, die den Leib des Herrn empfangen, schon eine Christusbeziehung mitbringen und schon Brot sind. Sie sind getauft und gefirmt, d. h. sie wurden durch die Austreibung des Bösen gemahlen, durch das Wasser der Taufe benetzt und durch die Gabe des Hl. Geistes im Feuer gebacken. „Seid, was ihr seht, und empfangt, was ihr seid!" Auf die Frage nach der Realpräsenz bezogen bedeutet das, dass die *Gegenwart Jesu Christi in den Gaben* von Brot und Wein nicht von seiner *Präsenz in der Gemeinde*, in jedem Getauften, losgelöst und getrennt betrachtet werden kann. Die Taufe ist das Sakrament der Umkehr und der Verwandlung und dies wird in der Eucharistie gefeiert: Empfangt, was ihr seid! Aber es gilt auch: „Wer das Mysterium der Einheit empfängt und das Band des Friedens nicht hält, der empfängt kein Mysterium für sich, sondern ein Zeugnis gegen sich."[440] Hier denkt Augustinus natürlich an das Schicksal der Korinther und ihre Ermahnung durch Paulus. Christliche Existenz bedeutet permanente Wandlung in der Zeit bis hin zur Vollendung. Wir werden noch, was wir schon sind.

Bild oder Realität?

Die Theologiegeschichte richtet ihre Aufmerksamkeit mehr und mehr auf ein für viele zunächst unscheinbares Wort, nämlich auf das Wort „ist". Denn die Frage lautet: Was bedeutet das Wort „ist", wenn Jesus sagt: Das *ist* mein Leib, das ist mein Blut? Die Frage nach dem Sein und damit die Ontologie (griechisch: die Rede/der Begriff vom Sein) kommt damit ins Spiel und das erklärt auch, warum platonisches und aristotelisches Denken rezipiert werden. Denn die christlichen Autoren wollen ihrer Umwelt so weit es geht verständlich erklären, was für ein Brot das ist, das gegessen wird. Wenn der Leib Christi gegessen wird, wird dann im Abendmahl Jesus gegessen? Sind die Christen etwa Kannibalen? Diesen Vorwurf gab es in der Antike tatsächlich. Was also bedeutet das Wort „ist"? Eine Identität, eine Realität, oder eine Beziehung, eine Ähnlichkeit, ein Mysterium, ein Bild?

Die Abendmahlsstreitigkeiten im 9. und 11. Jh.

In der Zeit der Patristik ist das platonische Urbild-Abbild-Denken prägend und kann in einem realsymbolischen Verständnis gedeutet werden. Die Teilhabe am Abbild gewährleistet die Verbindung zum Urbild, das im Abbild und nur in ihm gegenwärtig ist. Dies führte dazu, dass man die Kirche als realen Leib Christi zur Sprache bringen konnte, und von der Eucharistie und den dort gewandelten Gaben als dem mystischen Leib Christi gesprochen hat. Zwischen der Antike und dem Mittelalter kommt es aufgrund der Inkulturation in den germanischen Regionen zu einem Kulturbruch. Der Gedanke der Teilhabe im Sinne einer Differenzeinheit von *res* und *signum* kann im germanischen Wirklichkeitsverständnis nicht mehr nachvollzogen werden. Real ist hier das dinglich Erfahrbare, während das rein Geistige und Bildhafte nur eine verminderte Wirklichkeit bedeutet. Hinzu kommt, dass nun Aristoteles wieder entdeckt und rezipiert wird, der das platonische Denken auf den Kopf gestellt hatte und nicht mit den geistigen Ideen, sondern mit der Erfahrung der Realität das Denken beginnt. Das Symboldenken des Platonismus wird von vielen nicht mehr verstanden, Zeichen und Wirklichkeit erscheinen immer mehr als gegensätzliche Größen. Es kommt zur Fragestellung, ob etwas wirklich oder „nur" im Bild und im Zeichen gegenwärtig ist. Geht es also um ein objektiv-realistisches oder nur um ein symbolisch-geistiges Deuten der Gegenwart Jesu Christi?

Damit kommt es zu der fatalen Frage, ob die Kirche in der Eucharistie Leib und Blut Jesu Christi *in mysterio* oder *in veritate* (d. h. in bildhaft verhüllter Weise oder in unverhüllter Wirklichkeit) empfängt. Wenn es eine Wahrheit im Zeichen bzw. im Symbol des Brotes und des Weines aber nicht mehr geben kann, dann ist die Eucharistie entweder bloßes Zeichen ohne realen Gehalt oder man versteht sie als eine identifizierende Präsenz des historischen Leibes Jesu Christi. Differenzeinheit im Zeichen (Zeichen *und* Bezeichnetes) oder unterschiedslose Identität? Das ist die Spannung der zwei Abendmahlsstreitigkeiten im 9. und 11. Jh. n. Chr.

Der erste Abendmahlsstreit im frühen Mittelalter entbrennt zwischen Paschasius Radbertus († um 865) und Ratramnus († um 868), beide lebten im gleichen Kloster von Corbie. Radbertus betont, dass in der Eucharistie nicht nur der verklärte, sondern auch der gekreuzigte Leib Jesu Christi gegenwärtig ist und geopfert wird. Er denkt zwar nicht unbedingt an eine materielle Identität, aber er spricht in problematischer Weise von einer Wiederholung des Kreuzesopfers, so dass Christus in der Messe täglich für unsere täglichen Sünden geopfert wird.[441] Radbertus vertritt einen groben Realismus und sieht im Bild *(figura)* nur ein hinweisendes Zeichen.

Ratramnus wird von Kaiser Karl dem Kahlen nach der Wahl des Paschasius Radbertus zum Abt von Corbie gebeten, zu der Frage Stellung zu nehmen, ob Leib und Blut Jesu Christi *in mysterio* oder *in veritate*, gegenwärtig sind. Ratramnus argumentiert, dass der historische Leib Christi sich in Wahrheit gezeigt habe, wohingegen der eucharistische Leib *in figura* gegeben sei, d. h. unter der Hülle des sakramentalen Zeichens. Die eucharistische Gegenwart geschieht also *in mysterio*, denn wir können sie nicht sehen, sie selbst ist den Sinnen entzogen und geschieht auf geistige Weise. Die Begriffe *figura*, *imago*, *sacramentum* und *similitudo* werden von ihm benutzt, um von realen Bildern des himmlischen Herrenleibes zu sprechen. Damit kann er den *Unterschied* zwischen dem sakramentalen Leib und dem historischen Leib Christi klarer ausdrücken.

Ratramnus stellt also den Unterschied der Gegenwartsweisen deutlich heraus. Dem hält Radbertus entgegen, auf diese Weise sei Christus in der Eucharistie nicht in Wahrheit, sondern nur symbolisch gegenwärtig. Der Symbolbegriff meint bei ihm nurmehr einen verminderten Ersatz und kann nicht mehr als eine wirkliche Vergegenwärtigung verstanden werden. Das kirchliche Lehramt hat sich zu diesem Streit nicht geäußert, Radbertus wurde auch von anderen Theologen wegen seines groben Realismus kritisiert.[442]

Im zweiten Abendmahlsstreit im 11. Jh. kommt die Spannung endgültig zum Durchbruch. Berengar von Tours († 1088) betont mit Rückgriff auf Augustinus, dass die *res sacramenti* der Eucharistie der Leib und das Blut Jesu Christi sind, diese seien jedoch im Zeichen nicht enthalten. Die Zeichen werden verstanden als äußere Mittel für den geistigen Empfang des Inhalts des Sakramentes im Glauben. Nicht das sakramentale Zeichen verbindet uns mit Jesus Christus, sondern der Glaube. Damit ist zwischen dem geschichtlichen und sakramentalen Leib Christi keine ontologische Einheit gegeben, denn sie ereignet sich nur im Bewusstsein der Glaubenden. Dies wurde so verstanden, dass Berengar die Realpräsenz Christi leugnet und damit auch die eucharistische Wandlung nicht adäquat verstehen kann. Berengar will nicht von einem Seinswandel, sondern nur von einem Bedeutungswandel für den Glauben sprechen. Denn für ihn kann auch der verklärte Leib Christi nicht vom Himmel auf die Erde heruntergeholt und aufgeteilt werden.[443] Außerdem ist für Berengar als Kenner von Aristoteles eine Trennung zwischen Substanz (Wesen, Wesensbestimmung) und Akzidenz (Eigenschaft bzw. Erscheinungsform des Wesens) nicht denkbar. Wenn also die Akzidenzien von Brot und Wein nach der Wandlung noch sinnlich wahrnehmbar gegeben sind (Aussehen, Geschmack), ist auch die Substanz (die Wesensbestimmung) des Brotes und Weines noch gegeben. Daher werde dieser Substanz eine neue geistliche Wirklichkeit hinzugegeben, damit sie zum Sakrament und Zeichen des Leibes und Blutes Christi werden können. Auf der Lateransynode von 1059 muss Berengar ein Bekenntnis unterschreiben, das mit überzogenen Formulierungen, die auf eine reale Identität zwischen dem gewandeltem Brot und dem historischen Leib Jesu zielen, aufgeladen ist.[444] Dort wird gesagt, dass Brot und Wein in Wahrheit Fleisch und Blut Jesu Christi sind und in Wahrheit von den Händen des Priesters berührt werden, der Leib Christi wird gebrochen und von den Zähnen der Gläubigen gekaut und zerrieben (DH 690). Diese grob realistisch und raumzeitlich verstandene Ansicht der Präsenz des Körpers Christi wird hundert Jahre später sogar von Papst Alexander III. korrigiert, wenn er sagt, dass der Leib Christi *sacramentaliter* (in sakramental vermittelter Weise), aber nicht *essentialiter* (das Wesen seines Leibes betreffend) gebrochen werde.[445] Berengar distanziert sich im Nachhinein von diesem Bekenntnis des Jahres 1059 und muss daraufhin 1079 ein weniger problematisches Bekenntnis unterschreiben, in dem jedoch auch eine fragwürdige Entgegensetzung von Sakrament und Wirklichkeit gegeben ist.[446]

Die Debatten führen mit zu einer Veränderung des Sprachgebrauchs in der Eucharistietheologie und Ekklesiologie. Denn nun bezeichnet man den sakramentalen Leib Christi als realen Leib Christi und die Kirche als mystischen Leib Christi. Zuvor war seit der Patristik die Kirche der wirkliche Leib Christi und in der Eucharistie wurde der mystische Leib Christi gereicht.

Die Lehre von der Transsubstantiation

Guitmund von Aversa († 1095) und Lanfrank von Bec († 1089) arbeiten gegen Berengar eine neue theologische Konzeption aus. Sie betonen, dass der Leib Jesu nicht in seiner natürlichen Erscheinungsweise gegenwärtig ist, aber er werde gegenwärtig unter dem Aspekt seiner *Substanz* oder Essenz, das heißt seines *Wesens*. Nur diese Substanz des Brotes und Weines würden in die Substanz des Fleisches und Blutes Jesu Christi verwandelt, während die *äußeren Erscheinungsweisen (Akzidenzien)* von Brot und Wein aber völlig unverändert bleiben und die sakramentalen Zeichen sind, die die innere Wirklichkeit der Gemeinschaft mit Christus enthalten.

Bei „Substanz" denken wir heute zuerst an etwas Materielles und nicht an eine unsichtbare Wesensbestimmung. In der Philosophie und Theologie ist es genau umgekehrt: Substanz *(substantia)* bedeutet nicht die sinnlich wahrnehmbare und umschreibbare Dinglichkeit, sondern das unsichtbare Wesen, die Wesensbestimmung, das Wirklichkeitsprinzip bzw. den metaphysischen Träger der äußerlichen Akzidenzien oder auch Erscheinungsweisen eines Wesens. Die Akzidenzien von Brot bestehen z. B. in seinem Geschmack, seiner äußeren Beschaffenheit etc., die sein Wesen als Brot offenbaren.

So wird der Begriff Transsubstantiation entwickelt. Ab 1150 wird diese Begrifflichkeit rezipiert. Der Unterschied zwischen der unsichtbaren Substanz und den sichtbaren Eigenschaften, den Akzidenzien, erlaubt die Erklärung, dass wir zwar nach der Wandlung immer noch die äußeren Erscheinungsformen von Brot und Wein sehen, dass sich aber das unsichtbare *Wesen* dieser Elemente *gewandelt* hat in Leib und Blut Jesu Christi (DH 700). Dies wird auch auf dem IV. Laterankonzil (1215 n. Chr.) so festgehalten und damit ist der Begriff der Realpräsenz auf dem Hintergrund der Transsubstantiationslehre gegeben (DH 802). Für die Transsubstantiation gibt es in unserem Erfahrungsbereich keine Analogie. Die Wandlung geschieht im Augenblick der Konsekration (Verwandlung der Gaben, wenn die Einsetzungsworte gesprochen werden) durch die schöpferische Macht Gottes. Die sakramentalen Zeichen enthalten aufgrund der Konsekration in besonderer Weise die leibliche Gegenwart Christi und nicht nur seine gnadenhafte Präsenz wie in den anderen Sakramenten. Dafür ist der Begriff der *Realpräsenz* geprägt worden. Zentral bleibt ein *realsymbolisches Denken*, denn die Heilszuwendung Gottes geschieht immer durch sinnliche Zeichen. Die Rede von der Transsubstantiation gerät bereits in der Spätscholastik in eine Krise, weil der Substanzbegriff mehr und mehr durch empirisches und naturalistisches Denken besetzt wird. Wo die „substantielle" Gegenwart von Leib und Blut Jesu Christi sinnlich und räumlich gedacht wird, wird der Sinn der Transsubstantiationstheorie unterlaufen.

Thomas von Aquin geht davon aus, dass der auferstandene und erhöhte Christus mit seinem verherrlichten Leib zur Rechten des Vaters im Himmel sitzt. Und er fragt sich, wie dann von einer Gegenwart des Herrn in der Eucharistie gesprochen werden kann. „Da eine Gegenwart Christi in den Zeichen von Brot und Wein im Sinne einer Ortsbewegung und räumlichen Ausdehnung ausgeschlossen ist, weil dies seiner göttlichen Natur widerspricht, kann die Gegenwart für Thomas nur eine sakramentale Gegenwart sein im Sinne einer Gegenwart des geistlichen Leibes und Blutes Christi."[447] Die Präsenz des Leibes Christi ist für Thomas *nicht begrenzt* auf das eucharistische Sakrament, „denn sonst wäre er nirgend anderswo als auf dem Altar, wo dieses Sakrament vollzogen wird, obwohl er doch sowohl im Himmel in seiner eigenen Gestalt als auch auf vielen anderen Altären in sakramentaler Gestalt ist."[448] Es geschieht durch die Wandlung eine *conversio substantiae*, eine *Umwandlung des Wesens*. Diese conversio ist für Thomas nicht als eine natürliche Bewegung (die wir in der Natur beobachten könnten) zu verstehen, sondern als eine Transsubstantiation, die nur durch göttliche Kraft geschehen kann. Der Substanzbegriff ist metaphysisch, d. h. in einem unsere physischen Denk- und Anschauungskategorien überschreitenden, transzendierenden Sinne, zu verstehen, nicht naturwissenschaftlich. Denn die (akzidentielle) chemische Zusammensetzung des Brotes ändert sich nicht, aber seine *Seinsbestimmung*. Wie bei der Schöpfung aus dem Nichts geschieht die Wesensverwandlung für Thomas durch Gott augenblicklich und bewirkt etwas ganz Neues.[449] Die Gläubigen empfangen die Substanz des Leibes Christi, was zerbissen wird sind die Akzidenzien von Brot und Wein![450] Die Sinne trügen uns nicht, wir sehen in der äußeren Gestalt Brot und Wein auf dem Altar, weil diese Akzidenzien bestehen bleiben. Aber Thomas unterscheidet zwischen Form und Materie des Sakramentes: Die Materie sind Brot und Wein, deren Akzidenzien bestehen bleiben und die wir sehen. Die Form sind die Einsetzungsworte, die das Wesen der Gaben neu bestimmen und uns sagen: Das ist mein Leib. Diesen Worten, die wir hören, dürfen wir Glauben schenken. Der Glaube kommt vom Hören, nicht vom Sehen!

Einseitigkeiten in der Entwicklung der Feier der Eucharistie

In kleinen Hausgemeinschaften ließ sich der Mahlcharakter der Eucharistie besser vollziehen, als in großen Gemeinden, die seit der Konstantinischen Wende zur Regel werden. Die Eucharistiefeier wird im römischen Reich zum öffentlichen Kult, die kaiserliche Basilika wird zum Raum des Gottesdienstes und zum Vorbild des Kirchenbaus. Eine erste Form der Inkulturation des

Christentums, das sich mehr und mehr vom Judentum löst und missionarisch in andere Länder und Kulturräume wandert, findet statt. Das Zentrum der Feier verlagert sich „von der Tischgemeinschaft zum heiligen Geschehen um Altar und Bischofssitz."[451] Das Hofzeremoniell gilt nun auch den Bischöfen, sie erhalten einen Thronsitz in der Kirche, höfische Kleidung und Insignien. Ein Zu-Tisch-Sitzen wird nahezu unmöglich. Zwischen dem Altarraum und der Gemeinde wird im Mittelalter sogar ein trennender Lettner eingezogen. Seit Isidor von Sevilla († 636) kann sich im westlichen Mittelalter „die schiefe Ansicht" entfalten, dass der Priester „für das am liturgischen Vollzug nicht beteiligte Volk das Sacrificium (Opfer, E. D.) darbringe und die Laien lediglich die Frucht der Eucharistie im Sakramentenempfang entgegennehmen."[452] Der Opfercharakter der Hl. Messe wird verstärkt herausgestellt und der Bischof/Priester als eigentlicher Akteur verstanden, dem man bei seinem Handeln zuschaut. Die Veränderung des Priesterbildes, die ihn immer mehr in eine Sonderposition gegenüber der Gemeinde erhebt (Klerikalisierung), führt bis hin zu den sogenannten Privatmessen, die auf eine Beteiligung des Gottesvolkes weitgehend verzichten, und zu Messstipendien: Man lässt eine Messe durch einen Priester lesen, damit die Früchte des Messopfers einem selbst oder Verstorbenen zuteilwerden. Viele Seitenaltäre in den Kirchen des Barock zeugen noch heute davon. Das führt bis hin zum Ablasshandel, der Martin Luther im 16. Jh. auf die Palme bringen wird.

Mit all dem wird eine Entwicklung forciert, die das Schauen für die nicht Geweihten immer stärker an die erste Stelle rückt. Die Gläubigen nehmen am Geschehen teil, indem sie *zuschauen*. Die Akteure sind die Bischöfe und Priester, die vorne am Altar stehen. Da in den missionierten Gebieten wie etwa dem Frankenreich nach wie vor lateinisch gesprochen wird, fallen Volkssprache und liturgische Sprache auseinander. Die meisten verstehen nicht, was vorne gesprochen wird. Der Begriff „Hokuspokus" stammt aus einer Zeit, in der das „hoc est corpus meus" (das ist mein Leib), das der Priester aus Ehrfurcht nur noch leise sprach, als „Hokuspokus" missverstanden wurde. Die Dimension der Anamnese und Verkündigung war damit nicht mehr gegeben. Wenn es keiner mehr versteht, was bleibt als Alternative? Man sieht noch was. So versteht man die heilbringende Schau der Brot-Hostie (lat.: *hostia* = Opfertier) als eigentliche Verbindung mit Jesus Christus. Sie ist das Bild, in dem das Urbild gegenwärtig ist. Daher kommt dem Moment der Wandlung eine bevorzugte Bedeutung zu, „die seit dem 13. Jh. durch das erheben der Hostie und des Kelches, durch Kniebeuge und Wandlungsläuten hervorgehoben wird."[453] Im 12. und 13. Jh. wird den Gläubigen der Kelch nicht mehr gereicht, so dass der Mahlcharakter erst recht nicht mehr deutlich ist. Das Fronleichnamsfest, das 1264 eingeführt wird, ist ein weiterer Ausdruck der Akzentverlagerung hin zum heilbringenden Schauen.

Die Reformation: Martin Luthers Verständnis des Abendmahles

Martin Luther erkennt wie viele andere, vor allem aus der mönchischen Welt, die Missstände der Kirche seiner Zeit und hält eine Reform für unumgänglich. Er prangert vor allem den Umgang der Kirche mit Gott und dem Geld an, der sich in einem aus dem Ruder gelaufenen Ablasshandel manifestiert. Können wir uns die Zuwendung Gottes erkaufen? Müssen wir Messen lesen lassen, damit wir und unsere Toten nicht so lange im Fegefeuer leiden müssen oder gar in die Hölle geraten? Müssen wir einen strafenden Gott umstimmen?

Für Luther hat die Kirche seiner Zeit nicht nur ein ambivalentes Gottesbild entwickelt, sondern auch sehr viele Bedingungen aufgerichtet, um die Gnade Gottes erhalten zu können. Das Geschenk der Gnade wird scheinbar leistungsabhängig vergeben. Und wenn man sich nicht an diese Bedingungen hält, dann sorgt eine Drohbotschaft mit Fegefeuer- und Höllenszenarien für den entsprechenden Druck. Die Menschen fürchten sich mehr vor Gott, als dass sie ihn lieben. Auch Luther hat Angst und fragt: Wie kriege ich einen gnädigen Gott? Was muss ich tun? Unter diesem Eindruck liest er die Bibel und vor allem Paulus: Wir sind von Gott durch Jesus Christus gerechtfertigt ohne unsere Verdienste, rein aus Gnade, *sola gratia*. Wenn wir das glauben *(sola fide)*, dass wir allein in Christus *(solus Christus)* gerechtfertigt sind, dann ist klar, dass wir uns die Gnade nicht durch Geld oder Leistung verdienen können oder müssen. Luther insistiert darauf, dass Gnade und Liebe Gottes nicht käuflich sind! Alle sind wir Sünder, keiner ist gerecht, es sei denn in Christus. Allein Gottes Gerechtigkeit hat uns gerecht gemacht. Das ist Paulus pur und dies ist Luthers „Turmerlebnis", dass Gottes Gnade uns unbedingt, bedingungslos geschenkt worden ist. Die Kirche kann nicht über die Gnade verfügen und sie nach Gutdünken verteilen. Sie steht selbst unter dem Kreuz und unter dem Gericht Gottes und ist auf seine Gnade angewiesen. Selbst das Konzil von Trient muss, wie wir gleich noch sehen werden, zugeben, dass die Gnade allein von Gott kommt und all unserem Tun voraus geht.

Was bedeutet das für seine Theologie des Herrenmahles? Luther fokussiert sich auf drei Punkte:

- Er will den *Mahlcharakter* der Eucharistie wieder klarer werden lassen und fordert die Austeilung der Kommunion unter beiderlei Gestalt. Er fordert den „Laienkelch". Die Gemeinde soll wieder stärker in die Feier einbezogen werden. Eine Höherbewertung der Priester gegenüber den Laien ist für ihn unangemessen. Luther betont die *Realpräsenz* Jesu Christi beim Mahl in den Gaben von Brot und Wein, kritisiert aber die Transsubstantiationslehre, die aus seiner Sicht physisch missverstanden wird und daher angemessener formuliert werden muss.

- Er will den *Verkündigungs- und Anamnesecharakter* wieder klarer werden lassen und fordert die Muttersprache als Sprache der Liturgie. Die Menschen sollen verstehen können, was sie feiern! Luthers Übersetzung der Bibel in die deutsche Sprache, die mithilfe der aufkommenden Buchdruckerkunst (das war damals eine Medienrevolution wie im 20. Jh. das Internet) schnell eine weite Verbreitung findet, ermöglicht es den Menschen, selbst dieses Buch zu lesen und es nicht nur über die Vermittlung der Priester zu kennen. Damit erleiden die Kleriker einen Macht- und Kontrollverlust im Umgang mit der Hl. Schrift. Ihre Worte werden überprüfbar!
- Er will den *Opfercharakter* der Eucharistie so darlegen, dass er *gegen das Missverständnis abgesichert* ist, die Kirche oder die Gläubigen würden aus eigener Kraft Gott ein (Mess-)Opfer darbringen, durch das man Gottes Gnade erhalten/verdienen kann.

Luther betont, dass von einem Darbringen des Messopfer durch den Priester keine Rede sein könne. Denn eine Wiederholung des Kreuzesopfers Jesu Christi sei nicht möglich. Mit Bezug auf Hebr 7,27 und 9,12 spricht er vom Kreuzesopfer, das der Herr „ein für allemal" vollzogen habe. Das Darbringen eines Messopfers wird als Werkgerechtigkeit kritisiert und abgelehnt. Jesus Christus hat für uns genug getan, die Kirche kann da nichts ergänzen oder dazutun. Sie kann nur empfangen und sich erfassen lassen von dem, was der Herr für uns getan hat.

Luther lehnt zwar den Begriff der Transsubstantiation als philosophische Spekulation ab, aber er spricht von der *wahrhaften Gegenwart Jesu Christi* „in, mit und unter" den Elementen von Brot und Wein.[454] Er verwendet den Begriff der Konsubstantiation, der besagen soll, dass Brot und Wein auch nach der Wandlung weiter bestehen, aber Leib und Blut Jesu Christi hinzukommen. Das Brot bleibt dem Wesen nach Brot, aber es vergegenwärtigt *auch* den Leib Christi. Zwei Substanzen werden verbunden in einer sakramentalen Einheit *(unio sacramentalis)*. Das ist eine gewisse Analogie zur hypostatischen Union, wie sie das Konzil von Chalcedon ausgedrückt hat: unvermischt und ungetrennt. Luther will die Einsetzungsworte also ernst nehmen. Allerdings ist für ihn die Dauer der Realpräsenz Jesu Christi in den Gaben von Brot und Wein an die Dauer Mahlfeier gebunden. Eine Aufbewahrung und Verehrung der Hostien lehnt er ab und sieht darin eine zu starke Verdinglichung der Hostie. Jesus habe seine Präsenz für den Gebrauch im Mahlgeschehen *(in usu)* zugesagt, nicht unabhängig davon. Somit wird die *Präsenz des Herrn* mit der *Präsenz der Gemeinde* verbunden, die das tut, was der Herr ihr aufgetragen hat.

Die Forderung des Laienkelches begründet Luther mit den Einsetzungsworten Jesu: trinkt alle daraus (Mt 26,27; Mk 14,23). Jede andere Praxis sei ein Betrug am Volk Gottes. Die „Konkomitanzlehre" der Kirche, die besagt, dass Jesus Christus unter jeder der beiden Gestalten jeweils als ganzer gegenwärtig sei, wird als nicht überzeugender Begründungsversuch einer schlechten Praxis abgelehnt.

Die Reaktion im Konzil von Trient

Das Konzil von Trient (1545–63) reagierte auf die Herausforderung durch die Reformation und stellte die Gnaden- und Rechtfertigungslehre ins Zentrum seiner theologischen Debatten. Dies hatte auch Einfluss auf die Dekrete zur Eucharistietheologie. Das Konzil lehrt

- Zum Opfercharakter der Hl. Messe: dass Jesus der Kirche ein sichtbares Opfer hinterlassen habe, in dem sein blutiges Kreuzesopfer, das einmal *(semel)* dargebracht wurde, vergegenwärtigt wird und sein Gedächtnis bis zum Ende der Zeiten fortdauert (DH 1740). Die heilbringende Kraft für die Vergebung der Sünden wird uns durch dieses Opfer zugewendet. Im Messopfer wird Christus unblutig geopfert, der sich ein für allemal blutig opferte. Daher handelt es sich um ein Sühnopfer (DH 1743). Die Früchte des Kreuzesopfers werden durch dieses unblutige Opfer empfangen. Der Opfernde und die Opfergabe sind ein und derselbe Jesus Christus, nur die Weise des Opferns ist verschieden (DH 1743). Das Konzil hält daran fest, dass das Kreuzesopfer *einmalig* ist und nicht vermehrt werden kann. Aber die Kirche ist in der Lage, zusammen mit Christus, der in der Person des Priesters handelt, das einmalige Kreuzesopfer zu *vergegenwärtigen* und auf andere, unblutige Weise darzubringen. Das einmalige Opfer wird durch das Eingedenken *(memoria)* vergegenwärtigt, dargestellt *(repraesentatio)* und seine heilsame Kraft wird den Gläubigen zugewendet *(applicatio)* (DH 1739).
- Zur Transsubstantiation: dass es sich um eine wunderbare und einzigartige Wandlung handelt *(conversio mirabilis et singularis)* und Jesus Christus wahrhaft, wirklich und substanzhaft *(vere, realiter ac substantialiter)* auf sakramentale Weise gegenwärtig ist (DH 1636). Josef Wohlmuth hat darauf hingewiesen, dass die klare Abgrenzung gegenüber den Begriffen *figura* und *signum* (DH 1651) auch darin begründet liegt, dass vor allem *figura* so sehr für die Zeichen des Alten Testamentes benutzt wurde, die nach damaliger kirchlicher Auffassung in ihrer Wirkkraft hinter den Sakramenten des eschatologisch endgültigen neuen Bundes zurückblieben, dass der Zeichenbegriff nicht positiver gewürdigt werden konnte. Die Eucharistie wird als eschatologisches Sakrament verstanden, das die Wirklichkeit nicht nur anzeigt, sondern auch enthält.[455] Der Erlöser sitzt zur Rechten des Vaters und kann an vielen Orten sakramental gegenwär-

tig sein in einer Existenzweise, „die wir zwar kaum mit Worten ausdrücken können" (DH 1636), aber von der wir glauben müssen, dass sie Gott möglich ist. Die *conversio* werde von der Kirche zutreffend *Transsubstantiation* genannt (DH 1642). Das Sakrament wird genossen „als geistliche Speise der Seelen" zur Stärkung des Lebens, als Unterpfand künftiger Herrlichkeit und als Mittel, das vor täglicher Schuld befreit und vor Todsünden bewahrt (DH 1638). Es ist ein Symbol *(symbolum)* des Leibes Christi, dessen Glieder wir als durch das Band des Glaubens, der Hoffnung und der Liebe verbundene Gemeinschaft sind. Das Konzil weist darauf hin, dass die Kirche schon von alter Zeit her wegen der *Krankenkommunion* an einer dauerhaften Präsenz Jesu Christi im Brot/in der Hostie festhält. Wenn die Kommunion nach der Eucharistiefeier zu den Kranken gebracht wird, muss sie dort nicht neu konsekriert werden. Daher kann in der Hostie Jesus Christus auch verehrt werden, denn die Wesensverwandlung geschieht dauerhaft und gleichsam „nachhaltig".

– Zum Laienkelch: dass auch im Brot der ganze Jesus Christus empfangen wird und es nicht (heils-)notwendig ist, unter beiderlei Gestalten zu kommunizieren. Die *Konkomitanzlehre* wird bestätigt und man sieht daher keinen Verstoß gegen die Anordnung Christi im Abendmahlssaal, wenn die Eucharistie nur unter einer Gestalt gereicht wird. Das bedeutet aber keine prinzipielle Verweigerung der Kelchkommunion, denn Papst Pius IV. ermöglichte u. a. den Bistümern Mainz, Köln und Trier im Jahr 1564 die Kelchkommunion.[456]

Das Konzil von Trient hat in seinem Dekret zur Rechtfertigung auf Luther reagiert und anerkannt, dass die Gnade Gottes jedem Tun des Menschen und der Kirche vorausgeht. Der Mensch wird aber durch die Gnade zur Mitwirkung befähigt und so kann auch davon die Rede sein, dass in der Eucharistie ein Opfer nicht nur passiv empfangen, sondern auch, zusammen mit Christus, der das *ermöglicht*, aktiv als Zeichen der Hingabe der Kirche dargebracht wird. Denn in dieser Hingabe *realisiert* sich die eigene Beziehung zu Gott, die durch Christus und seinen Geist vermittelt wird. Das Konzil wendet sich klar gegen die Auswüchse des Ablasswesens, hält aber an dem nicht heilsnotwendigen Brauch fest.

Ferner wird die sakramentale Gegenwart des Herrn in den Gaben von Brot und Wein als eine wunderbare Gegenwart sui generis verstanden, die nicht mit anderen Präsenzweisen vergleichbar ist und sich ebenfalls ganz und gar der Gnade und Kraft Gottes verdankt und an unseren Glauben appelliert. Das „ist" in dem Satz „das ist mein Leib" beschreibt eine einzigartige *sakramentale Repräsentation*.

Neubesinnung im 20. Jahrhundert

Im 20. Jh. kommt es zu massiven Veränderungen im theologischen Denken, auch aufgrund der beiden katastrophalen Weltkriege und der Schoa, die angesichts zahlloser Opfer die Fragen nach dem Wesen des Menschen, nach Schuld und Vergebung, nach Krieg und Frieden in radikaler Weise neu stellte. Nach dem massenhaften Vernichten von Menschenleben und der Zerstörung von Städten und Ländern, geht es darum, zum Frieden zu finden und ihn zu bewahren. Nicht die Frage: Was trennt uns?, sondern: Was verbindet uns? wird zur entscheidenden Frage in einer zerrissenen Welt, die sich nach Frieden sehnt.

Die römisch-katholische Kirche sucht daher den Dialog mit den Menschen, mit anderen Religionen, mit dem Judentum und den anderen christlichen Konfessionen, mit Atheisten und Agnostikern. Der Dialog mit den Kulturen, vor allem mit der Philosophie, wird immer pluraler, weil sich auch die philosophischen Denkformen mehr und mehr verändern und ausdifferenzieren. Das betrifft auch die Ontologie und die Metaphysik. Mit Platon und Aristoteles alleine kommt man nicht mehr durch. Auch das führte zum Zusammenbruch des neuscholastischen Denkens, das fast unhinterfragt die Dogmatik in ein stimmiges System zu pressen versuchte. Die Nachwirkungen der Philosophie eines R. Descartes, I. Kant, F. Nietzsche, des Deutschen Idealismus oder S. Kierkegaards führen zu immer neuen Denkstilen, denen sich auch die Theologie stellen musste, wollte sie dialogfähig bleiben. Für Martin Heidegger besteht die Frage nach dem Sein nicht mehr in der Frage: Was ist das? Was ist das Sein? Vielmehr entfaltet er in seinem Werk „Sein und Zeit", dass die eigentliche Frage der Ontologie lauten müsse: Was ist der *Sinn* des Seins? Was bedeutet das für mich? Damit wird die Suche nach der Bedeutung und dem Sinn des Seins oder eines Seienden zur entscheidenden Frage.

Transsignifikation und Transfinalisation?

Die Begriffe der Transsignifikation und der der Transfinalisation werden vor allem in der deutschsprachigen (B. Welte) und niederländischen Theologie (P. Schoonenberg, E. Schillebeeckx) entwickelt, um auf diese philosophischen Umbrüche zu reagieren und die Sprache der Theologie anzupassen. Wenn die ontologische Frage wissen will, was etwas für mich bedeutet, dann gilt dies auch für die Sakramentenlehre. Und vor allem die Eucharistietheologie fragt doch soteriologisch motiviert nach dem, was die Feier des Herrenmahles, was Brot und Wein für uns bedeuten! Die Frage: „Was ist das?" würde zu kurz greifen, wenn nicht hinzugefügt würde: „Was bedeutet das für uns?" Die Frage, wie die Verwandlung genau geschieht, ist nicht so entscheidend wie die Frage, was Eucharistie für uns bedeutet. Daher spricht man von einer Verwandlung der Bedeutung des Zeichens (lat.: *signum*, daher Transsignifikation) des Brotes und des Weines. Brot und Wein werden anders bezeichnet, sie zeigen nun Leib und Blut Jesu Christi an und erhalten somit eine andere Bedeutung. Man nimmt die Rede von der Transsubstantiation positiv auf. Das, was wir sehen, bleibt unverändert: die Akzidenzien. Das Brot sieht auch nach der Wandlung noch aus wie Brot. Es schmeckt auch so. Aber die unsichtbare Wesensbestimmung, die Substanz, hat sich gewandelt. Diese wesentliche Dimension ist die andere Bedeutung des Zeichens, die das Brot nun hat: es vergegenwärtigt den Leib Christi. So will der Begriff Transsignifikation das aussagen, was die Rede von der Transsubstantiation in einer anderen Begrifflichkeit ausgesagt hat, die aber im 20. Jh. nicht mehr für alle plausibel und verständlich ist und sogar missverstanden werden kann, wenn man Substanz von der Naturwissenschaft her versteht. Da kann ich eine Substanz in einem Reagenzglas analysieren. Sie ist in diesem Kontext eine sichtbare Größe. Genau das ist aber mit dem Substanzbegriff in der Eucharistielehre nicht gemeint, der ja auf das Unsichtbare zielt. So hat die Neuformulierung den Vorteil, das Bleibende der Transsubstantiationslehre in anderer, zeitgemäßer Sprache auszusagen.

Gleiches gilt für den Begriff Transfinalisation. Hier wird das lat. Wort *finis* verwendet, das *Ziel* bzw. *Zweck* bedeutet. Gemeint ist eine Verwandlung des Zwecks des Brotes, das nach der Wandlung dem Ziel dient, den Leib Christi zu repräsentieren und nicht mehr alltägliches Lebensmittel zu sein. Die Zielbestimmung von Brot und Wein wird bleibend verändert. Die Gaben haben das Ziel, uns Anteil an Leib und Blut Jesu Christi zu ermöglichen. Die Frage lautet nicht allein: Was ist das für ein Brot?, sondern: Wozu ist das Brot da? Welchem Ziel dient es? Dieses Ziel wird in der Wandlung anders bestimmt, es erhält eine *andere Bestimmung*.

Die Reaktion des päpstlichen Lehramtes

Das päpstliche Lehramt hat diese neuen Begriffe unter der Bedingung zugelassen, dass sie damit dasselbe ausdrücken wollen, was die traditionelle Transsubstantiationslehre sagen will. Paul VI. schreibt in seiner Enzyklika *Mysterium fidei* im Jahr 1965:

> „Nach der Wesensverwandlung erhalten die Gestalten des Brotes und Weines ohne Zweifel eine neue Bedeutung und einen neuen Zweck, da sie von da an nicht mehr gewöhnliches Brot und gewöhnlicher Trank sind, sondern Zeichen einer heiligen Sache und Zeichen geistiger Speise; aber sie erhalten deshalb eine neue Bedeutung und einen neuen Zweck, weil sie eine neue ‚Wirklichkeit' enthalten, die wir mit Recht *ontologisch*

nennen. Denn unter den vorhin genannten Gestalten ist nicht mehr das, was vorher war, sondern etwas ganz Anderes; und zwar nicht nur in der Glaubensmeinung der Kirche, sondern in der Sache selbst, da nach der Wandlung der Substanz oder des Wesens des Brotes und Weines in den Leib und das Blut Christi von Brot und Wein nichts bleiben als die Gestalten, unter denen der ganze und unversehrte Christus in seiner physischen Wirklichkeit auch körperlich gegenwärtig ist, wenn auch nicht auf die Weise, in der Körper sich an ihrem Ort befinden."[457]

Das ist ein vielschichtiger Text, denn er spricht von einer neuen ontologischen Wirklichkeit, die nun in den Gaben enthalten ist. Sie „sind" etwas anderes als vorher und erhalten deshalb eine neue Bedeutung. Die Verwandlung geschieht durch Jesus Christus selbst und zwar durch seine Worte, „die eine solche Kraft haben, dass sie das Brot und den Wein in seinen Leib und sein Blut wandeln, umformen und ‚zu neuen Elementen machen' da ja, wie dieselben Väter oft sagen, die Kraft, die das vollbringt, dieselbe Kraft des allmächtigen Gottes ist, die am Anfang der Zeit das All aus dem Nichts geschaffen hat."[458] Die Kraft Gottes schafft etwas Neues, so wie am Anfang bei der Schöpfung. Nicht wir als Menschen schreiben dem Brot und dem Wein eine neue Bedeutung zu und verändern sie dadurch, sondern Gott handelt durch sein fleischgewordenes Wort und seinen Hl. Geist schöpferisch im Sakrament der Eucharistie und daher haben die Gaben ein neues Sein, eine neue Wesensbestimmung und somit auch eine neue Bedeutung, die sich der Überprüfung durch unsere Sinne entziehen, denn das Entscheidende können wir nicht sehen, sondern nur im Glauben annehmen. Wir empfangen diese Gegenwart des Herrn, wir stellen sie nicht her, sondern sie wird uns von Gott geschenkt, aus Gnade, vor all unserem Tun. So wie die Schöpfung uns vorgegeben worden ist und wir sie nicht gemacht haben, so wie wir auch unser Leben empfangen und nicht selbst gemacht haben, so wird uns diese Gegenwart Jesu Christi je neu *geschenkt* durch Gott und wir deuten im Nachhinein dieses Geschehen als eine Wesensverwandlung, wobei unsere Sprachmöglichkeiten an ihre Grenzen kommen. Paul VI. kommt zu dem Schluss, dass nicht nur von einer Transfinalisation oder Transsignifikation allein gesprochen werden soll, ohne das Geheimnis der Wesensverwandlung zu erwähnen.[459] Die Daseinsweise der Realpräsenz geschieht in der Kraft des dreieinen Gottes, sie ist uneingrenzbar, undefinierbar, aber real erfahrbar.

Sprechen über das, was abwesend gegenwärtig bleibt

Ohne das Zeichen des Brotes gäbe es die Realpräsenz Jesu Christi nicht, dieses wird zum vermittelnden *Realsymbol.* Was wir sehen, sind die Akzidenzien des Brotes, wir sehen nicht die äußere Gestalt des Körpers oder Leibes

Christi auf dem Altar liegen. Wir können das Entscheidende nicht sehen, sondern nur hören: Das ist mein Leib. Wenn das in der Kraft Gottes gesagt wird, dann dürfen wir darauf vertrauen, dass im Zeichen des Brotes Christus im Hl. Geist auf sakramentale Weise gegenwärtig ist und wir ihn wirklich in uns aufnehmen, wir innerlich mit ihm verbunden sind und ihn in unser Leben hineinlassen. Das Essen des Brotes bedeutet, dass Christus auch in uns präsent sein kann, insofern wir ihm Gastfreundschaft gewähren. Die Beziehung zum Herrn geht uns unter die Haut, sie bleibt nicht äußerlich!

Joseph Ratzingers Denken ist von einer relationalen Ontologie geprägt, die das Sein als Beziehungsgeschehen begreift. Die Transsubstantiation bedeutet für ihn, dass Brot und Wein nicht mehr selbstständige geschaffene Wirklichkeiten sind, sondern zu reinen Zeichen der Anwesenheit Jesu Christi werden. Waren sie vorher in ihrem Wesen Dinge, so sind sie nun in ihrem Wesen Zeichen, die „ihren kreatürlichen Eigenstand verloren haben, nicht mehr für sich selbst stehen, sondern allein für Ihn, durch Ihn, in Ihm."[460] Es gehöre zu allen Kreaturen, dass sie Zeichen der Anwesenheit des Herrn sein können und sollen und genau das werde „durch das sakramentale Wort in höchstem Maße Wirklichkeit."[461] Das erinnert an Ignatius von Loyola und Papst Franziskus und deren Überzeugung, dass wir Gott in allen Dingen finden können. Sogar im kleinsten Krümel des Brotes, das geschenkt wird und uns die Zusage Gottes – sein Wort – leibhaftig spürbar vermittelt.

Helmut Hoping spricht davon, dass die Eucharistie wie jede liturgische Feier „von der Spannung von Anwesenheit und Abwesenheit" Jesu Christi geprägt ist.[462] Es gebe einen inneren Zusammenhang zwischen dem Ostergeschehen und der Eucharistie. Der Auferweckte ist anwesend als der Abwesende, die Nähe geschieht in der Distanz. Die sakramentale Weise der Gegenwart des Herrn gründet in seinem Fortgehen, das es ihm ermöglicht, bei allen Menschen an allen Orten im Sakrament der Eucharistie gegenwärtig zu sein.[463]

Ökumenischer Dialog mit den ev.-luth. Kirchen

Zahlreiche gemeinsame Studien, Konsens- und Konvergenzdokumente haben in der Zeit nach dem II. Vaticanum den ökumenischen Dialog zwischen röm.-kath. und ev.-luth. Kirche auch in Sachen Eucharistie vorangebracht. W. Kasper geht davon aus, dass bezogen auf das Eucharistie- bzw. Abendmahlsverständnis die Rede von der realen Gegenwart von Leib und Blut Christi in Brot und Wein in der Sache gemeinsam geglaubt wird. Auch wenn die Reformatoren damals den Begriff der Transsubstantiation nicht akzeptierten, bestehe in der Sache eine fundamentale Gemeinsamkeit.[464] Durch die Anrufung des Hl. Geistes in der Epiklese bringe die Kirche zum Ausdruck, dass das Wunder der realen Gegenwart Christi durch das Wirken des Hl. Geistes geschieht. Eine grundsätzliche Übereinstimmung bestehe auch darin, dass wir durch die Teilnahme an dem einen Brot und dem einen Kelch ein Leib sind in Jesus Christus.[465]

Auch in der Frage des Messopfers sind die ökumenischen Gespräche mithilfe des biblischen und liturgischen Begriffes der Memoria/Anamnese einer Lösung wesentlich nähergekommen. Denn das Gedächtnis bedeutet „keine bloß subjektive Erinnerung und auch keine Wiederholung oder Ergänzung des Kreuzesopfers, sondern die erinnernde sakramentale Vergegenwärtigung von Kreuz und Auferstehung Jesu Christi. Die scharfen Zuspitzungen der Kontroverse um das Messopfer [...] sollten damit im Grundsatz überwunden sein".[466] Kardinal Kasper bedauert, dass die die Eucharistie betreffenden Studiendokumente bisher keine ähnliche kirchenamtliche Anerkennung gefunden haben wie es bei der Rechtfertigungslehre und der Taufe der Fall war. In der Eucharistietheologie besteht also eine grundlegende *Einigkeit*.

Bezogen auf die Frage nach der Dauer der Realpräsenz im eucharistietheologischen Kontext ist darauf hinzuweisen, dass katholische und lutherische Christen bekennen, dass die eucharistische Gegenwart des Herrn auf den gläubigen Empfang ausgerichtet, aber nicht nur auf diesen Augenblick beschränkt ist.[467] Daher fordere schon das ökumenische Dokument „Das Herrenmahl" die Lutheraner auf, nach der Feier des Abendmahls respektvoll mit den übrig bleibenden eucharistischen Elementen umzugehen. Zugleich werde die katholische Seite darauf hingewiesen, dass die Praxis der eucharistischen Anbetung nicht der gemeinsamen Überzeugung vom Mahlcharakter der Eucharistie widerspreche.[468]

Der entscheidende Hemmschuh für eine gegenseitige Anerkennung der Eucharistie bestehe nach wie vor in der Frage des kirchlichen Amtes und seiner Bedeutung für die gültige Feier des Abendmahles. Kasper bedauert, dass in dem Moment, wo manche evangelische Landeskirchen die Möglichkeit geschaffen hätten, auch nicht Ordinierte (Laien) mit dem Abendmahl zu beauftragen, ein Rückschritt festzustellen sei. Daher sei im Verständnis des kirchlichen Amtes und der Ordination noch kein voller Konsens erreicht worden, was auch mit der Frage der Frauenordination zusammenhänge. In neueren Studiendokumenten würden aber dem evangelischen Amt wesentliche Elemente zugesprochen, die auch für eine katholische Amtstheologie entscheidend sind. So werden Verständnisbrücken möglich und auch in der Frage des Bischofsamtes gebe es Veränderungen. Denn in neuerer Zeit sei die Bedeutung der gemeindeübergreifenden Leitungs- und Aufsichtsaufgaben auch in der evangelischen Kirche neu zum Ausdruck gekommen.[469] Die Frage bleibe, ob die apostolische Sukzession (geregelte Weitergabe der apostolischen Sendung) im Bischofsamt eine besondere Bedeutung erhält.

Hier zeigt sich, wie wichtig die Dogmengeschichte auch für die Ökumene ist. Denn zur Zeit Martin Luthers und des Konzils von Trient war das Priesteramt die höchste Weihestufe und nicht das Bischofsamt. Genau dies bedenkt auch das lesenswerte Dokument der Lutherisch/Römisch-Katholischen Kommission für die Einheit mit dem Titel „Vom Konflikt zur Gemeinschaft". In Nr. 171 wird darauf hingewiesen, dass im 16. Jh. nur zwei sakramentale Weihegrade, Diakonat und Presbyterat (Priesteramt) angesetzt waren. Die Bischofsweihe hatte keinen eigenen sakramentalen Charakter. Das II. Vatikanische Konzil hat diese Position geändert und sieht im Bischofsamt die Fülle des Weihesakramentes gegeben, nicht mehr im Priesteramt. Jetzt wird natürlich die apostolische Sukzession umso mehr an das Bischofsamt gebunden. Dies aber ist die Position der römisch-katholischen Kirche im 20. Jh. und nicht im 16. Jh. Man kann nicht die Theologie des II. Vaticanums ansetzen, um von daher Luther zu kritisieren. Daher müsse die Ordination durch Pfarrer in der Zeit der Reformatoren mit Bezug auf die Bedingungen jener Zeit betrachtet werden.[470] Die Amtseinsetzung auf evangelischer Seite erfolgte durch Handauflegung und Gebet um den Hl. Geist und man berief sich auf Hieronymus und die Pastoralbriefe, um eine Ordination von Pfarrern zu legitimieren.[471] „Es verdient auch Beachtung, dass die Aufgaben von katholischen und lutherischen Amtsinhabern einander weitgehend entsprechen."[472] Das lutherische Amt sei im Laufe der Geschichte in der Lage gewesen, seine Aufgaben zu erfüllen und die Kirche in der Wahrheit zu halten, so dass es 500 Jahre nach dem Beginn der Reformation möglich war, einen katholisch-lutherischen Konsens in den Grundwahrheiten der Rechtfertigungslehre zu erklären.[473] „So zeigen sich in der Frage des Amtes sowohl beträchtliche Hindernisse für ein gemeinsames Verständnis wie auch hoffnungsvolle Perspektiven für eine Annäherung."[474] W. Kasper resümiert, dass der Dialog über Kirche, Eucharistie und Amt *erhebliche Fortschritte* gemacht habe und vor allem in der Amtsfrage noch offene Fragen bestünden.[475] Pastoral dringend sei vor allem die Frage, ob in konfessionsverbindenden Ehen in bestimmten Situationen eine begrenzte Kommuniongemeinschaft möglich sei. Das Heil der Seelen könne die Kommuniongemeinschaft in manchen Fällen empfehlen, auch wenn die Einheit der Kirche sie in den meisten Fällen verbiete, so formulierte schon das II. Vaticanum in UR 8. Diese Regel ist für Kasper flexibel formuliert und lässt eine verantwortliche und einfühlsame pastorale Anwendung zu.[476] Wird sie entsprechend rezipiert werden?

Für die römisch-katholische Kirche ist die gemeinsame Eucharistiefeier mit anderen Kirchen erst dann möglich, wenn die Kircheneinheit zuvor hergestellt ist. Die Eucharistie ist in diesem Verständnis die Besiegelung und der Ausdruck der Einheit der Kirche und steht am Ende aller ökumenischen Bemühungen. Kritisch wird gefragt, ob die Eucharistiegemeinschaft nicht auch schon auf dem Weg zur vollkommenen Einheit ermöglicht werden könnte und somit als Mittel, um die Einheit zu erreichen, verstanden werden könnte. Sie ist immerhin Wurzel und Grund der Einheit.

Die uns verwandelnde Gegenwart des Herrn

Das Sakrament der Eucharistie ist das Sakrament der andauernden Verwandlung unseres Lebens, das über den Tod hinausgeht. Leben bedeutet immer Veränderung, niemals Stillstand. Die Gegenwart ist der Dauerzustand unseres Lebens, in ihr treffen wir Entscheidungen, in ihr verändern wir uns. Die Gegenwart ist der Zeitraum unserer *Wandlung*, wir können uns stets verändern, Dinge anders machen oder anders leben. Wofür brenne ich? Wozu lebe ich? Was habe ich vor mit meinem Leben? Was will ich ändern? Diese Fragen treiben uns um: Mein Leben, was ist das? Manna? Was ist das für ein Brot, das mich nährt und mir das Leben schenkt? Will ich die Welt verändern, in der so vieles und so viele weggeworfen werden? Will ich Gewalt und Hass in Liebe verwandeln, Schuld in Versöhnung?

Papst Benedikt XVI. sagt in einem eindrücklichen Text über Jesus:

> „Indem er Brot zu seinem Leib und Wein zu seinem Blut macht und austeilt, nimmt er seinen Tod vorweg, nimmt er ihn von innen her an und verwandelt ihn in eine Tat der Liebe. Was von außen her brutale Gewalt ist – die Kreuzigung –, wird von innen her ein Akt der Liebe, die sich selber schenkt, ganz und gar. Dies ist die eigentliche Wandlung, die im Abendmahlssaal geschah und die dazu bestimmt war, einen Prozess der Verwandlungen in Gang zu bringen, dessen letztes Ziel die Verwandlung der Welt dahin ist, dass Gott alles in allem sei (vgl. 1 Kor 15,28) … Alle Menschen warten immer schon irgendwie in ihrem Herzen auf eine Veränderung und Verwandlung der Welt. Dies nun ist der zentrale Verwandlungsakt, der allein wirklich die Welt erneuern kann: Gewalt wird in Liebe umgewandelt und so Tod in Leben. Weil er den Tod in Liebe umformt, darum ist der Tod als solcher schon von innen her überwunden und Auferstehung schon in ihm da. Der Tod ist gleichsam von innen verwundet und kann nicht mehr das letzte Wort sein. Das ist sozusagen die Kern-spaltung im Innersten des Seins – der Sieg der Liebe über den Hass, der Sieg der Liebe über den Tod. Nur von dieser innersten Explosion des Guten her, die das Böse überwindet, kann dann die Kette der Verwandlungen ausgehen, die allmählich die Welt umformt. … Brot und Wein werden sein Leib und sein Blut. Aber an dieser Stelle darf die Verwandlung nicht Halt machen, hier muss sie erst vollends beginnen. Leib und Blut Jesu Christi werden uns gegeben, damit wir verwandelt werden. Wir selber sollen Leib Christi werden, blutsverwandt mit ihm. Wir essen alle das eine Brot. Das aber heißt: Wir werden untereinander eins gemacht. Anbetung wird, so sagten wir, Vereinigung. Gott ist nicht mehr bloß uns gegenüber der ganz Andere. Er ist in uns selbst und wir in ihm. Seine Dynamik durchdringt uns und will von uns auf die anderen und auf die Welt im Ganzen übergreifen, dass seine Liebe wirklich das beherrschende Maß der Welt werde.“[477]

Jesus geht aus Liebe zu uns allen in den Tod, um den Willen Gottes zu erfüllen, der uns nicht vernichten, sondern das Leben jedes Menschen retten will. Jesu Blutvergießen bedeutet seine Lebenshingabe für uns, die uns zeigen will: Kein Leben soll weggeworfen werden, jedes Leben ist liebenswürdig. Der Herr verwandelt den Tod in das Leben, die Gewalt, die man ihm antut, in die Liebe, weil in ihm der Heilswille Gottes universal und real geschieht. Das ist die unglaubliche, andauernde Wandlung, die im Zentrum der Eucharistie steht! Vielleicht spricht das II. Vaticanum daher auch von einer Fortdauer des Kreuzesopfers Jesu Christi (SC 47), um anzuzeigen, dass diese von Jesus Christus ein für allemal vollbrachte Hingabe als Wandlung noch andauert, bis er wiederkommt.

Wir können den Blick so fixiert auf die Wandlung der Elemente von Brot und Wein, losgelöst von allem anderen richten, dass wir gar nicht mehr merken, dass dies dem Geschehen nicht gerecht wird, denn es geht in diesem Geschehen um *uns selbst* und um *Gottes Nähe* in der Welt. „Der Mensch lebt nicht vom Brot allein, sondern von jedem Wort, das aus Gottes Mund kommt" (Mt 4,4).

Es macht keinen Sinn, die Frage nach der Transsubstantiation und der Realpräsenz von diesem kosmischen Kontext der Verwandlungen zu lösen und isoliert zu betrachten. Diesen Fehler begehen auf ihre Weise schon die Korinther, die den kultischen Akt vom Sättigungsmahl und das Mahl vom Wort des Herrn trennen wollen. Das Problem treibt also schon Paulus um. Ein isolierter Blick auf das kultische Geschehen kann das Wesentliche sogar verdecken. So mahnt er die Korinther und seine Rezitation der Einsetzungsworte ist Teil einer Paränese, die auf die Wandlung des Lebens zielt und das rechte Handeln einfordert. Paränetische Texte sind ermahnende Texte, die die *Ethik* und den *Lebenswandel* ins Zentrum der Argumentation stellen und nicht davon losgelöste Reflexion sein wollen. Wie sollte denn auch sonst der soteriologische Sinn solcher Aussagen deutlich werden? Die gelebte Gegenwart der Gemeinde und die Gegenwart des Herrn sollten nicht auseinanderbrechen. Die Gegenwart, in der wir uns gerne wie in einer geschlossenen Gesellschaft einrichten wollen, wird gestört durch die Präsenz des Anderen und des Herrn. Hat sich die Existenz der Menschen tatsächlich schon durch die Taufe ein für allemal gewandelt, oder kommt es immer wieder zu Rückfällen? Was ist mit dem Prozess der Verwandlungen, der in Gang gebracht werden soll? Was geschieht in meiner Präsenz, wenn Gott in sie eintritt? Diese Fragen dauern an, bis Gott alles in allem sein wird und das Ziel der Verwandlungen erreicht ist!

11. Wer früher stirbt, ist länger tot?

Markus Weißer

Phänomenologie des Todes

Es gibt sicherlich schönere Themen als den Tod, der in unserer Gesellschaft heute allzu gerne verdrängt wird. Und doch kann man sich ihm niemals völlig entziehen. Er begegnet uns fast täglich in den Nachrichten, wir werden plötzlich mit dem Tod geliebter Menschen konfrontiert und erlangen damit einen Zugang zum Phänomen des Todes durch das Sterben der anderen.

Ehe wir uns versehen, sind wir selbst mit unserem eigenen Tod konfrontiert, der uns und unser Leben auf eine radikale Weise infrage stellt, wenn uns unsere Endlichkeit und Vergänglichkeit schmerzlich bewusst wird. Der Philosoph Martin Heidegger bezeichnete unser Dasein deshalb auch als ein „Sein zum Tode"[478], auf den hin wir unausweichlich leben. Das Bewusstsein um das – totsichere – Ende unseres Lebens lässt uns nach dem Sinn unserer begrenzten Existenz fragen. Ist mit dem Tod alles vorbei? Wie geht es „jenseits" dieser undurchdringlichen Grenze weiter? Gibt es ein Leben „nach" dem Tod und was wird aus den Beziehungen zu unseren geliebten Menschen? Das Wissen um den eigenen Tod ist nicht nur ein Katalysator menschlichen Fragens und Philosophierens, sondern auch Motivation, die uns gegebene, kostbare Zeit zu nutzen.

Wird der Tod nicht tabuisiert, dann wird er gerne personifiziert dargestellt. Im traditionellen bayerischen Theaterstück „Der Brandner Kaspar und das ewig' Leben"[479] verrichtet der düstere „Boanlkramer" höchst zuverlässig seinen Dienst, bis er vom listigen Brandner Kaspar beim Kartenspielen mit Schnaps abgefüllt und „bschissn" wird, so dass er ihm weitere Lebensjahre zugestehen muss – woraufhin die ganze Weltgeschichte aus den Fugen gerät. In verschiedenen Cartoon-Varianten begegnet der Sensenmann ebenfalls auf sehr humorvolle Weise, während der „Tod von Altötting" auf einer schaurig anmutenden Uhr sitzend in deren Takt die Menschen „mäht". Das Schicksal des Todes ist und bleibt unausweichlich. Es betrifft jeden Menschen in einer erschreckenden Allgemeinheit. Fast könnte man die Frage stellen, ob diese Allgemeinheit des Todes nicht eine gerechte Instanz ist, denn Gevatter

Tod ist unbestechlich, er macht keinen Unterschied zwischen Arm und Reich und holt auch jene ein, die meinen, im Leben über andere triumphieren und diese knechten zu können. Vor dem Tod sind alle gleich und das Totenhemd hat keine Taschen. Man kann vor ihm fliehen, am Ende gibt es jedoch kein Entrinnen. Und gäbe es den Tod nicht, so wäre bald auch kein Platz mehr für „Neues" in dieser Welt. In ewiger Monotonie oder schwerer Krankheit kann der Tod sogar als Erlösung erscheinen.

Der Tod markiert einerseits das *Ende* unseres Pilgerstandes, er finalisiert das lebenslange Unterwegssein und beschließt die Zeit der Entscheidungen, er ist die *Verendgültigung* unseres Lebens; andererseits durchzieht er dieses aber *schon ein Leben lang*. Der römische Philosoph Seneca († 65 n. Chr.) schreibt daher sehr treffend:

> „Wen wirst Du mir nennen, der einigen Wert auf die Zeit legte, der den Tag schätzte, der es einsähe, dass er täglich stirbt? Das ist unser Irrtum, dass wir auf den Tod in der Zukunft schauen: Er ist zum großen Teil schon vorüber; was von unserem Leben hinter uns liegt, hat der Tod. Also, mein Lucilius, mach, wie Du schreibst, halte alle Stunden zusammen, ergreife den heutigen Tag, so wirst Du weniger von dem morgigen abhängen."[480]

In der Barockzeit (17. Jh.) äußert sich eine ähnliche Haltung: *memento mori*, sei dir deiner Endlichkeit und Vergänglichkeit bewusst und pflücke den Tag – *carpe diem*. In einer Zeit, da der grausame Tod durch Kriege und Seuchen täglich vor Augen steht, wird die Kostbarkeit der Zeit und des Augenblicks ebenso bewusst wie die Notwendigkeit, die gegebene Zeit richtig zu nutzen. Seit dem Spätmittelalter entwickelt sich eine *ars moriendi*, die Einübung des Todes als die Vorbereitung auf einen guten Tod. Immerhin hatte schon der römische Kaiser Mark Aurel († 180), ebenso von der stoischen Philosophie geprägt wie einst Seneca, nüchtern festgestellt, dass der Tod uns alle anlächelt; das einzige, was man tun kann, sei zurückzulächeln. Wieviel Zeit uns bleibt, kann niemand sagen. Denn keiner kennt den Tag oder die Stunde seines Todes. Wir müssen also den Kairos, die sich uns zuschickende Gelegenheit ergreifen, die sich vom Chronos, der chronologischen Uhrzeit unterscheidet und abhebt. Die Frage, wie man dem Tod begegnet, ist für den christlichen Glauben von herausragender Bedeutung.

Theologie des Todes

Die lebenslange Spannung von Passivität und Aktivität

Der Tod konfrontiert uns mit einer denkwürdigen Dialektik, er ist geprägt von der Spannung zwischen radikaler *Passivität* und *Aktivität*. Karl Rahner, der sich besonders intensiv mit einer Theologie des Todes auseinandergesetzt hat, verweist auf diese Spannung.[481] Denn wir erfahren den Tod zunächst einmal als radikale Ohnmacht, als Abbruch und Widerfahrnis von außen, als „Dieb in der Nacht". Der Tod ist totale Vernichtung all unseres Könnens und Wollens, so dass wir völlig entmächtigt werden. Andererseits ist er aber auch die das ganze Leben durchwaltende „personale Tat" und unsere „tätige Vollendung von innen"; ein „aktives Sich-zur-Vollendung-Bringen" und das zeitlich gedehnte „Sich-in-Besitznehmen" und „Sich-selbst-gewirkt-Haben" der Person.[482] Der Tod sei daher *Tat und Leiden* in einem: „Wir sterben ja ein Leben lang auf das Ende des Sterbens hin. Jeder Moment des Lebens ist ein Stück des Weges auf ein Ziel hin, das dieses Ende als wesensgebend schon in sich selbst trägt, so wie man bei einem Geschoß in seiner Bahn schon errechnen kann, wo es auftreffen wird. Das Leben ist also der eigentliche Tod, und das, was wir Tod zu nennen pflegen, ist das Ende dieses lebenslangen Sterbens [...]."[483] Das Sterben ist also *einerseits auferlegt*, wir sind ihm passiv ausgeliefert; *andererseits* ist es während unseres gesamten Lebens auch die *aktive Tat der Freiheit angesichts des notwendigen Einsatzes unserer Lebenszeit*. Wir *müssen* unsere Zeit einsetzen und uns irgendwie in der Zeit vollziehen, denn wie wir mit Seneca feststellen konnten, beginnen wir seit unserer Geburt zu sterben. Wie wir die uns gegebene Zeit jedoch *nutzen*, sie *gestalten* und *erfüllen*, bleibt dabei unserer *Freiheit* überlassen, die sich in den auferlegten Grenzen ihrer Geschöpflichkeit und Verfügtheit bewegt. Rahner schreibt:

> „Die Freiheit, die sich in Leiblichkeit vollzieht, ist ja wesentlich die Freiheit, die sich dem Eingriff von außen, der Verfügung durch anderes und andere aussetzt; Leiblichkeit ist der Raum der Begegnung zwischen der Tat von innen und dem Erleiden von außen. Freiheit in Leibhaftigkeit überantwortet sich darum immer mitten in der Selbstverfügung der Fremdverfügung. Dieses geheimnisvolle Ineinander von Tat und Erleiden kommt zu seinem Höhepunkt: Wo der Mensch sich in Freiheit vollendet, ist er auch in einem der, der die totale Verfügung über sich selbst erleidet. Die letzte Tat seiner Freiheit, in der er total und unwiderruflich über sich verfügt, ist die Tat der willigen Annahme oder des letzten Protestes gegenüber seiner absoluten Ohnmacht, in der ein unsagbares Geheimnis – das, was wir Gott nennen – über ihn absolut verfügt. Im Tod wird sich der Mensch gänzlich entrissen, wird ihm jeder, auch der letzte Rest einer Möglichkeit, sich selbstmächtig zu verwalten, genommen. Die totale Tat seiner Freiheit besteht darum darin als Entscheidung: ob er alles gibt oder ob ihm alles geraubt wird, ob er der radikalen Verohnmächtigung mit einem glaubenden und hoffenden Ja in das namenlose Geheimnis hinein begegnet, das wir Gott nennen, oder ob er sich auch da noch selbst behalten will, gegen diesen Fall in das Unauslotbare protestiert und ungläubig verzweifelt meint, er falle in den Abgrund des Nichts, weil er in die Unermesslichkeiten Gottes fällt."[484]

Der Tod, der unser Leben durchzieht und prägt, ist somit entweder die endgültige *Annahme* unserer endlichen Existenz *durch* Glaube, Hoffnung, Liebe auf Gott und den Nächsten hin – oder aber einfach nur Grund für das angstvolle Festhalten dessen, was uns dennoch entgleiten wird, der Anlass zur Lebensgier und Selbstbehauptung um jeden Preis. Im Tod bzw. im Leben, das auf den Tod hin zielt, kann der Mensch am Geheimnis seiner Existenz verzweifeln, oder sich ihm in *Liebe* öffnen und ins Unüberschaubare und Unbeherrschbare hinein *anvertrauen*.

Loslassen in Liebe und Einsatz unserer Zeit

Rahner betont: „Wahre Liebe geht von sich weg, um nicht mehr zu sich zurückzukehren."[485] Sonst wäre sie letztlich Egoismus. Der Mensch sei erst ganz bei sich selbst, wenn er sich in diese *Offenheit*, die sein Wesen ausmacht, hinein loslässt und sich so selbst überschreitet.[486] Eine ähnliche Perspektive findet man auch beim jüdischen Philosophen Emmanuel Lévinas und seiner Kritik an der abendländischen Subjektphilosophie, die immer zu sich selbst zurück will, statt sich auf den unverfügbaren Anderen oder das unbekannte Andere einzulassen.

> „Von Aristoteles bis Leibniz über die Scholastik ist der Gott der Philosophen ein der Vernunft entsprechender Gott, ein verstandener Gott, der die Autonomie des Bewusstseins nicht zu trüben vermöchte; durch alle Abenteuer hindurch findet sich das Bewusstsein als es selbst wieder, es kehrt zu sich zurück wie Odysseus, der bei allen seinen Fahrten nur auf seine Geburtsinsel zugeht."[487]

Das Sterben ist immer der Untergang der für uns greifbaren Güter, aber auch der eigenen Pläne, Interessen und Kontrollmechanismen. Es führt nach Rahner zur „entgötzenden Relativierung" unserer Egoismen und selbst gemachten Wunschzettel.[488]

Die menschliche Natur habe, so Rahner, immer die Tendenz, in sich zu ruhen, die geschlossene Harmonie ihres in sich geschlossenen Systems aufrechtzuerhalten. Der sich offenbarende Gott tritt der in sich gerundeten Natur gegenüber und ruft den Menschen durch sein Wort über sich selbst hinaus in ein Leben, das diese vor dem Tod fliehende Rundung in sich selbst aufsprengt. *Der Tod ist dabei nicht ein punktueller Moment am Ende des Lebens, sondern eine die ganze Existenz des Menschen prägende Bestimmung, die grundsätzlich und immer das ganze Leben des Menschen beherrscht.* Sterben und Leben sind zwei Seiten einer Medaille. Ist der Mensch bereit, sich selbst und seine Lebenszeit für den Nächsten in Liebe zu investieren? Kann er dafür *sich selbst loslassen* und sich auf das Mysterium der Liebe *einlassen*? Oder versucht er seine Lebenszeit für sich selbst zu konservieren, während sie ihm auf Raten zwischen den Fingern zerrinnt wie der Sand in einer Sanduhr?

Monika Renz stellt angesichts ihrer praktischen Erfahrung als Leiterin der Psychoonkologie am Kantonspital in St. Gallen und ihrer Begleitung zahlreicher Sterbender fest: „Loslassen [...] fällt den allermeisten Patienten sehr schwer."[489] Sie beschreibt Sterbeprozesse und spricht von einer Art Lebensgier, resultierend aus *Angst-*, *Begehrens-* und *Machtstrukturen*, die es zu überwinden gilt, um friedlich sterben zu können.[490] „Gerade in der Arbeit mit Krebskranken fällt mir auf, wie schwer es dem Menschen fällt, *das loszulassen*, was er über alles verteidigt – sein Leben, seinen Willen sich durchzusetzen, sein Ego." Bedrohlich erscheint dabei nicht so sehr die Angst vor Schmerzen. „Es geht vielmehr um ein geistiges *Rechten*, als wäre das Leben persönlicher Besitz, als hätte man ein Anrecht auf ein gesundes, langes und glückliches Leben! Menschen möchten das Leben ‚haben' und selbst über Leben und Tod bestimmen."[491] Besonders bei älteren Patienten sei dies zu beobachten – ganz im Unterschied zum friedlichen Sterben von kleinen Kindern.[492] Deren positiver Dynamik des Urvertrauens steht ein „Dynamismus der Sonderung" bei Erwachsenen gegenüber. Dieser Dynamismus mündet in Egozentrik, die Flucht ins Eigene, und zieht deshalb entsprechende *Bewältigungsmuster* nach sich, die zur Selbstverkapselung, Entfremdung und schuldhaftem Egozentrismus führen können.[493]

Für Karl Rahner ist die *Verhülltheit des Todes* eine Folge der Sünde und ihrer Strukturen.[494] Das Erfahren des Todes als Feind, Abbruch, finstere Bedrohung und Trennung von Gott resultiert aus einem *Mangel an Vertrauen*. Der erwachsene und vermeintlich autonome Mensch ist sich nun dessen *bewusst*, dass er nackt und schutzlos ist. Er wäre auch vor seiner Verkrümmung in sich selbst und der Schaffung sündhafter Strukturen, die dies befördern, *zeitlich*, seine Natur wäre *endlich* gewesen (vgl. Gen 3,22). Er hätte sich als Ebenbild Gottes im „Garten" der Zeit selbst dynamisch vollziehen müssen, um Gott ähnlich zu werden, seine Liebe vertrauensvoll anzunehmen und sie eine Wirklichkeit des je eigenen Lebens werden zu lassen – eine Liebe, die den Menschen selbst *entgrenzt*, über seinen Egoismus, die Endlichkeit und den Tod hinaus trägt und *vollendet*. Hans Urs von Balthasar vergleicht diese Beziehung zum göttlichen Du mit *kindlichem Vertrauen*: „Im Anfang war das Wort, mit dem ein liebendes Du das Ich heraufruft: im Erhorchen liegt unmittelbar und aller Reflexion vorweg das Begabtwerden mit der Anwort; das kleine Kind ‚überlegt' nicht, ob es dem einladenden Lächeln der Mutter mit Liebe oder Nichtliebe antworten will [...]; in der Bewegung zum Du hin wird das Ich seiner selbst inne. Indem es sich *gibt*, erfährt es: *ich* gebe *mich*. Indem es von sich in das Andere seiner selbst, in geöffnete raumbietende Welt hinausschreitet, erlebt es seine Freiheit, seine Erkenntnis, sein Geistsein."[495]

Aufgrund seines Misstrauens und seiner Angst vollendet der Mensch sich und seine Zeit nun aber nicht mehr voll Hoffnung und Liebe in Gott hinein. Er wirft sich nicht mehr, wie Balthasar sagt, kindlich wie ein Ball in den Schoß seiner Mutter[496], sondern er *stirbt in Verkrampfung und krampfhafter Selbstbehauptung, wo er die Liebe Gottes nicht frei annimmt und in sein Leben lässt.* Der Mensch weiß zwar um seine Verantwortung, den Unterschied von Gut und Böse, aber traut sich und dem anderen nicht mehr über den Weg; er weiß nicht, wie weit er der Liebe – Gott – als tragfähiger Basis seines Lebens vertrauen kann; er meint nun, sich selbst um jeden Preis behaupten zu müssen; er befindet sich im Konflikt mit Gott und der Welt und die Sünde, die er in der Welt schmerzlich erfährt, scheint diese Erfahrung nur noch stärker zu untermauern. *Die Erfahrung des Todes als bedrohlicher Feind ist also das Resultat aus Freiheitsbewusstsein, Endlichkeit, Angst, Misstrauen und sündhafter Selbstverkrümmung.*

Dennoch sind Menschen immer wieder bereit, sich selbst und ihre Zeit *für andere* einzusetzen, sich darin selbst zu geben.[497] Das bedeutet keineswegs gleich eine totale Lebenshingabe. Cicero († 43 v. Chr.) zitiert den römischen Dichter Statius, wenn er schreibt: „Der Mensch pflanzt Bäume, die einer anderen Generation nützlich sein sollen" – und er ergänzt – „was erwartet er dabei, außer dass auch die späteren Generationen sich auf ihn beziehen. Niemand würde sich jemals ohne große Hoffnung auf Unsterblichkeit für die Heimat dem Tod ausliefern."[498] Diese *Hoffnung* über den Tod hinaus, verbunden mit der (Hin-)Gabe unserer Zeit, ja unserer selbst, ist ein *Wagnis.* Denn wie tragfähig ist eine solche Pro-Existenz in der Liebe? Sind wir am Ende nicht doch die Dummen, die ihre Zeit quantitativ wie qualitativ vergeuden?

Die christliche Hoffnung in der Nachfolge Jesu

Wer so fragt, *sucht* nach Ansicht Rahners immer schon nach dem *Messias* als der *Selbstzusage Gottes* an uns.[499] Rahner konzipiert auf dieser Grundlage eine transzendentale bzw. suchende Christologie, die im Auferstandenen das *Wort* Gottes vernimmt, nach dem der Mensch immer schon fragt – ein Wort, auf das hin er bewusst oder unbewusst immer schon unterwegs ist und das ihn von Anfang an existentiell bestimmt, weil es ihn über den Tod hinaus vertrauen, hoffen und lieben lässt. In einer solch *gelassenen, gelösten und erlösten Existenz* kann der Mensch *sich selbst loslassen.* Er muss sich nicht leichtfertig dem Tod aussetzen und soll ihn auch nicht selbst aktiv herbeiführen, weil die Zeit, die ihm *gegeben* ist, in seiner *Verantwortung* liegt und ihm nicht allein für sich selbst gegeben wurde. Er soll nicht vor seiner Verantwortung fliehen, sondern sie wahrnehmen und ernstnehmen. Aber er atmet den *Geist der Freiheit*, der die Kinder Gottes als erlöste Hörer des Wortes kennzeichnet. Die ignatianische Spiritualität der *Indifferenz* (indiferençia) ist von dieser Haltung geprägt.[500] Sie zielt auf einen inneren Abstand, eine gesunde Distanz zu allen geschaffenen Dingen, auch zu uns selbst und unseren selbst gemachten Götzen und Projektionen, um so wahrhaft *frei* zu werden, sich gelassen und gelöst auf diese Welt und den Willen Gottes *einlassen* zu können, ihn zu suchen und zu finden in allen Dingen und seiner Liebe zu dienen. Denn sie gebiert das Leben mitten im Tod. Wie der Vater den gekreuzigten Sohn nicht hängen ließ, sondern ihn auffing und rettete, so wird er auch uns nicht im Stich lassen.

Wo die Selbstzusage Gottes, die nach christlichem Glauben mit dem auferstandenen Christus verbunden ist, in ihrer wahren Tiefe gehört wird, dort findet der Mensch die Einheit von Frage und Antwort in Person und Geschick Jesu: „Stark wie der Tod ist die Liebe, die Leidenschaft ist hart wie die Unterwelt. Ihre Gluten sind Feuergluten, gewaltige Flammen. Auch mächtige Wasser können die Liebe nicht löschen; auch Ströme schwemmen sie nicht weg" (Hld 8,6 f.; vgl. 1 Kor 13). Auf dem Fundament dieser Überzeugung und aus der Erfahrung der bleibenden Gegenwart Christi kann Paulus dem Tod tatsächlich ins Angesicht spotten: „Verschlungen ist der Tod vom Sieg! Tod, wo ist dein Sieg? Tod, wo ist dein Stachel?" (1 Kor 15,54 f.)

Die christliche Hoffnung gründet auf dem unerschütterlichen Vertrauen, dass die Macht der Liebe, die Gott ist, stärker ist als der Tod. Wer sich der Liebe überantwortet, ergreift sein Leben und setzt es aktiv für andere ein. Diese aktive Tat ist die Kehrseite sterblicher Zeitlichkeit, die sich in jedem Fall vollziehen muss, weil der Mensch sie nicht für sich horten kann. Im Tod, der das Leben durchwaltet, ist der Mensch also passiv und aktiv zugleich. Er muss sich entscheiden, wie er sein Leben leben will: Im ewigen Prostest und Konflikt, in Zeitverschwendung, oder in bewusster Selbstüberschreitung, in seiner Transzendenz auf das Geheimnis Gottes hin, das uns im Antlitz des Nächsten begegnet und fordert.

> „Amen, amen, ich sage euch: Wenn das Weizenkorn nicht in die Erde fällt und stirbt, bleibt es allein; wenn es aber stirbt, bringt es reiche Frucht. Wer sein Leben liebt, verliert es; wer aber sein Leben in dieser Welt gering achtet, wird es bewahren bis ins ewige Leben. Wenn einer mir dienen will, folge er mir nach; und wo ich bin, dort wird auch mein Diener sein. Wenn einer mir dient, wird der Vater ihn ehren." (Joh 12,24 ff.; vgl. Mt 25, 31–46)

Die *Nachfolge Jesu* in der Liebe führt den Menschen auf den *Weg des Lebens* (vgl. Joh 14,6), der in der Liebe besteht. Erst im Tod wird das geboren, was unser ganzes Leben lang geworden ist. Die Zeit ist reif und bringt als ihre eigene Frucht die Ewigkeit hervor, die nicht als ewiges Immer-weiter-so, als Zeitstrahl ins Unendliche missverstanden werden darf. *Ewigkeit* ist *End-Gültigkeit der Freiheitstat*, das einzigartige und ein für alle Mal Geschehene, das

Bleibende und Geborgene. Was verleiht ihm über den Tod hinaus Sinn und Bestand? Das fragt sich auch der kleine Sebastian in Marcus H. Rosenmüllers Komödie „Wer früher stirbt ist länger tot“ (2006). Worin gründet unsere Unvergänglichkeit, wenn es sie denn gibt? Und wie verhält sich das, was bereits „tot“ und vergangen ist, zu dem, was in der Zeit weiterläuft? Wie verhält sich unsere in der Zeit gewordene Ewigkeit zu der mit unserer Zeit in Verbindung stehenden Ewigkeit Gottes? Ist, wer früher stirbt, wirklich länger tot? Oder kommen wir hier an Grenzfragen, die unsere Vorstellungen von Zeit und Raum sprengen? Wie kommt die Theologie auf die Idee, über das „Jenseits“ Aussagen zu treffen? Wie ist ihre Rede von „den letzten Dingen“ – *Eschatologie* – zu verstehen?

Hermeneutik eschatologischer Aussagen

Hermeneutik ist die Lehre bzw. Kunst des Verstehens. In diesem Fall geht es also um das rechte *Verständnis* eschatologischer Aussagen und den methodischen Schüssel zu ihrer Deutung. Es handelt sich dabei um Voraussetzungen und Prinzipien, die es zu beachten gilt, wenn man die eschatologische Rede nicht missverstehen will. Was ist ihre erkenntnistheoretische Grundlage? *Woher* „weiß“ man das, was man weiß? Welche *Möglichkeiten und Grenzen* gibt es und welche *inhaltliche Reichweite* haben diese Aussagen? Wieviel kann man über das Jenseits überhaupt wissen? Was ist die *Intention* eschatologischer Aussagen? Womit lassen sie sich *begründen*? Was lässt sich über ihre *sprachliche Gestalt* sagen? Um der Besonderheit eschatologischer Rede gerecht zu werden, blicken wir auf die – vielfach rezipierten – Thesen Karl Rahners.[501]

Hermeneutische Prinzipien Karl Rahners

Die Eschatologie hat das Zukünftige, zeitlich noch Ausstehende im Blick. Dennoch will sie *keine Reportage einer fertigen Zukunft* liefern. Das Eschaton bzw. das endgültige Schicksal von Mensch und Welt zeichnet sich durch seine Verborgenheit aus. Wir wissen nicht, wie diese Zukunft aussieht, sie lässt sich weder datieren noch terminieren (vgl. Mt 24,36). Die Zukunft *bleibt verborgen und verhüllt*, ein Geheimnis. Dennoch ist das Zukünftige *als* Verborgenes bereits hier und jetzt anwesend und wirkt in die Gegenwart hinein, denn unser Wissen um diese verhüllte Zukunft ist ein Moment am Wissen um die Gegenwart. Dabei handelt es sich um keine objektivierenden Beschreibungen künftiger Szenarien, sondern um die *Zuversicht* aus dem Vollzug des Glaubens, der Hoffnung und der Liebe. Alle eschatologischen Aussagen sind also *Hoffnungsaussagen.* Damit ist nicht nur ihr eigentlicher Inhalt, sondern auch ihre Reichweite abgesteckt: Erhofft und geglaubt wird zunächst die Vollendung der Schöpfung und der ganzen Geschichte. Rahner betont:

> „Ausgesagt also kann von dieser Zukunft eigentlich nur werden, dass sie sein kann und sein soll die Vollendung des ganzen Menschen durch den unbegreiflichen Gott im Heil, das uns verborgen in Christus schon gegeben ist."[502]

Der erkenntnistheoretische *Grund* dieser Hoffnung lässt sich mit dem auferstandenen *Christus* selbst identifizieren. In ihm ist der Anfang dieser Vollendung erfahrbar. Die *eschatologische Spannung* der schon jetzt angebrochenen, aber noch nicht vollendeten Gottesherrschaft führt in eine Dynamik, die auf Universalität zielt. Von Christus her, der *das* hermeneutische Prinzip christlicher Eschatologie ist, wird die geglaubte und erhoffte Zukunft *antizipiert.* Quelle dieser Überzeugung ist die spürbare *Erfahrung* des Heilshandelns Gottes, wie es im Auferstandenen offenbar und greifbar geworden ist.

Daraus ergibt sich der Ausblick und die Übersetzung von Anthropologie und Christologie in den Modus der Vollendung. Die Eschatologie zeigt eigentlich nur die Zukunftsdimension der übrigen Glaubensaussagen auf. Die ntl. Eschatologie[503] ist geprägt durch ihren *Blick auf die Zukunft aus der Gegenwart* und heilsgeschichtlichen Erinnerung heraus. Und nicht umgekehrt. So ergibt sich für christliche Eschatologie, dass die Optionen von *Heil (Vollendung) und Hölle (Verwerfung) niemals auf der gleichen Ebene* stehen, weil die Liebe und Lebensmacht Gottes im Messias als siegreiche und je größere Gnade erfahren wird: Gott will das Heil aller Menschen.

Damit ist allerdings noch *keine Aussage* über eine *Apokatastasis panton* („Wiederherstellung" und Vollendung aller Menschen bei Gott) möglich. Die Möglichkeit der Selbstverweigerung des einzelnen Menschen angesichts der definitiven Liebe Gottes kann als *reale Möglichkeit des Scheiterns* (Hölle) nie ganz ausgeschlossen werden. Nähme ein Gott, der den Menschen gegen dessen freien Willen über seinen Kopf hinweg in der Beziehung zu sich vollendet, die Freiheit des Menschen wirklich ernst? Wenn Gott Liebe ist und um freie Antwort auf diese Liebe wirbt, dann kann er sein Geschöpf nicht zu seinem Heil zwingen. Das wäre eine Vergewaltigung. Und wäre die Lebensführung des Menschen mit ihrer Ethik dann nicht völlig belanglos, wenn wir doch ohnehin alle erlöst werden, Verbrecher genauso wie Opfer? Die spekulative Frage, ob alle ihre Vollendung finden, muss unter einem *eschatologischen Vorbehalt* offen bleiben und darf nicht als gesicherte „Erkenntnis" verbucht werden. Und dennoch kann aus christlicher Sicht *für alle* Menschen *gehofft* werden. Die Kirche sieht sich durch Christus gesandt, möglichst allen Menschen die Botschaft der grenzenlosen Liebe Gottes zu vermitteln, damit diese sich frei für sie öffnen, um an ihr Anteil zu haben und in ihr die eigene Vollendung zu finden.

Erhofft wird die Vollendung des ganzen Menschen, mit „Leib und Seele“, mit seiner Geschichte und all seinen Beziehungen, als personale Ganzheit. Die Bibel spricht hier von „Auferstehung“, die in der nächsten großen Frage dieses Buches näher besprochen wird. Wenn der Mensch als Beziehungswesen aber immer mit der Welt und seinen Mitmenschen solidarisch verbunden ist, im Positiven wie im Negativen, so stellt sich die Frage nach dem genauen Zusammenhang von Individual- und Universaleschatologie, d. h. Vollendung des Einzelnen und *Vollendung der gesamten Menschheit und Schöpfung*. Kann jemand selig sein, wenn sein geliebter Mitmensch verloren geht? Kann jemand völlig verloren sein, wenn er in Beziehung zu jemandem steht, der Anteil an Gott hat? Wie sind die Umwelt und Mitgeschöpfe (z. B. Haustiere) in eine solche Vollendung einbezogen, wenn sie aus einem unendlichen *Beziehungsgeflecht* besteht? Gegen jede individualistisch verengte, spiritualisierte Abwertung von Natur und Schöpfung betonten die Kirchenväter die Auferstehung des „Fleisches“. Johanna Rahner macht deutlich, dass es ihnen dabei nicht nur um rohe Materie geht. Der griechische Begriff *sarx* ist weiter gefasst: „Freilich ist ‚Fleisch‘ kein materieller Gegenbegriff zur Seele, sondern meint die umfassende Erfahrung der Eingebundenheit des Menschen in Welt, Geschichte, Umwelt. Es meint sein Mitmenschsein, sein Sein-in-Gemeinschaft, in Beziehung stehen. Kosmologisch oder universal bedeutet das Festhalten an der Erlösung der sarx ein Festhalten an der Treue Gottes zu Welt und Geschichte, zur Schöpfung als Ganzer.“[504]

Die Eschatologie ist gekennzeichnet durch ihre *offene Bildsprache*. Sie artikuliert sich in Form von Metaphern, Symbolen, Analogien – die *nicht einfach übersetzbar oder ersetzbar* sind. In seiner letzten großen Rede anlässlich seines 80. Geburtstages ringt auch Karl Rahner als einer der bedeutendsten Theologen des 20. Jh. kurz vor seinem eigenen Tod mit der Schwierigkeit, diese Hoffnung weniger bildlich zu beschreiben:

> „Mir will scheinen, dass die Vorstellungsschemen, mit denen man sich das Ewige Leben zu verdeutlichen sucht, meist wenig zur radikalen Zäsur passen, die doch mit dem Tod gegeben ist. Man denkt sich das Ewige Leben, das man schon seltsam als ‚jenseitig‘ und ‚nach‘ dem Tod weitergehend bezeichnet, zu sehr ausstaffiert mit Wirklichkeiten, die uns hier vertraut sind als Weiterleben, als Begegnung mit denen, die uns hier nahe waren, als Freude und Friede, als Gastmahl und Jubel und all das und ähnliches als nie aufhörend und weitergehend. Ich fürchte, die radikale Unbegreiflichkeit dessen, was mit Ewigem Leben wirklich gemeint ist, wird verharmlost und was wir unmittelbare Gottesschau in diesem Ewigen Leben nennen, wird herabgestuft zu einer erfreulichen Beschäftigung neben anderen, die dieses Leben erfüllen; die unsagbare Ungeheuerlichkeit, dass die absolute Gottheit selber nackt und bloß in unsere enge Kreatürlichkeit hineinstürzt, wird nicht echt wahrgenommen.

> Ich gestehe, dass es mir eine quälende, nicht bewältigte Aufgabe des Theologen von heute zu sein scheint, ein besseres Vorstellungsmodell für dieses Ewige Leben zu entdecken, das diese genannten Verharmlosungen von vornherein ausschließt. Aber wie? Aber wie? Wenn die Engel des Todes all den nichtigen Müll, den wir unsere Geschichte nennen, aus den Räumen unseres Geistes hinausgeschafft haben (obwohl natürlich die wahre Essenz der getanen Freiheit bleiben wird), wenn alle Sterne unserer Ideale, mit denen wir selber aus eigener Anmaßung den Himmel unserer Existenz drapiert hatten, verglüht und erloschen sind, wenn der Tod eine ungeheuerlich schweigende Leere errichtet hat, und wir diese glaubend und hoffend als unser wahres Wesen schweigend angenommen haben, wenn dann unser bisheriges, noch so langes Leben nur als eine einzige kurze Explosion unserer Freiheit erscheint, die uns wie in Zeitlupe gedehnt vorkam, eine Explosion, in der sich Frage in Antwort, Möglichkeit in Wirklichkeit, Zeit in Ewigkeit, angebotene in getane Freiheit umsetzte, und wenn sich dann in einem ungeheuren Schrecken eines unsagbaren Jubels zeigt, dass diese ungeheure schweigende Leere, die wir als Tod empfinden, in Wahrheit erfüllt ist von dem Urgeheimnis, das wir Gott nennen, von seinem reinen Licht und seiner alles nehmenden und alles schenkenden Liebe, und wenn uns dann auch noch aus diesem weiselosen Geheimnis doch das Antlitz Jesu, des Gebenedeiten erscheint und uns anblickt, und diese Konkretheit die *göttliche Überbietung* all unserer wahren Annahme der Unbegreiflichkeit des weiselosen Gottes ist, dann, dann so ungefähr möchte ich nicht eigentlich beschreiben, was kommt, aber doch stammelnd andeuten, wie einer vorläufig das Kommende erwarten kann, indem er den Untergang des Todes selber schon als Aufgang dessen erfährt, was kommt."[505]

Man muss also zwischen der Aussageweise und dem Aussageinhalt unterscheiden. Letztlich ist es aber eine Sprache der Hoffnung, die aus der Gegenwart in die Zukunft blickt und keine empirischen Tatsachen beschreiben will. Wenn die Symbolsprache der Eschatologie nicht mehr als solche wahrgenommen wird, kann es jedoch zu fatalen *Missverständnissen* kommen, die hier kurz angemahnt werden sollen.

Eschatologische Orte – Heaven for everyone?

Ludwig Thomas „Ein Münchner im Himmel"[506] ist eine Lehrstunde eschatologischer Klischees und Missverständnisse, die sich einschleichen, wenn man allzu unbedacht von Himmel und Hölle redet. Der Münchner Alois stirbt, kommt in den Himmel und hat fortan als Engel Aloisius nur noch eine Aufgabe: Entgegen seinem grantigen Gemüt auf einer Wolke sitzend und Harfe spielend den ganzen Tag zu frohlocken. Und das, obwohl er gar nicht singen mag. Schnell wird ihm langweilig. Statt einer kühlen Maß Bier will man ihm Manna, das Himmelsbrot, andrehen. Bald schon beginnt er zu pöbeln, die „vergeistigten" Mit-Engel zu beleidigen und sich lauthals zu beschweren. Dies führt dazu, dass er vor Gott geführt wird. Weil der Münchner im Himmel unter diesen ewig faden Bedingungen einfach nicht glücklich werden kann, soll er als Bote die göttlichen Ratschlüsse der bayrischen Staatsregierung per Post übermitteln, um so wieder ein wenig Bodenkontakt und Abwechslung zu bekommen. Leider versumpft er im Hofbräuhaus, wo er ein Bier nach dem anderen trinkt – *sein* Himmel auf Erden. Ob die bayrische Regierung deswegen immer noch auf die göttliche Eingebung wartet, wie es in der Geschichte heißt, muss hier nicht weiter verifiziert werden. Ähnliche Klischees werden dagegen auch beim zuvor schon erwähnten Brandner Kaspar befeuert. Jeder kann im Paradies jenes Alter annehmen, das ihm gefällt. Die Bierkrüge füllen sich von selbst. Es gibt zwar keine Uhrzeit, aber man weiß genau, wann die Weißwürste recht sind. Und selbstverständlich gibt es einen Himmel nur für Bayern, in dem „die Preißn" keinerlei Zutritt haben, denn sonst wäre es ja kein Himmel mehr … *Kurz*: hier wird munter hineinprojiziert, was manche sich als Himmel vorstellen. Dabei muss man zunächst einmal wahrnehmen: Schon die Tatsache, dass wir von eschatologischen „Orten" wie Himmel, Hölle und Fegefeuer sprechen, setzt doch teilweise unhinterfragt voraus, dass hier die Kategorien von Raum und Zeit zur Anwendung kommen. Während andere Sprachen wie z. B. das Englische hier zwischen *heaven* und *sky* unterscheiden, vermischt man im Deutschen beides durch das Wort „Himmel". Man könnte auf dem Hintergrund dieser Präzisierung mit der Band *Queen* fragen, ob die zuvor geschilderten Vorstellungen wirklich „heaven for everyone" sind. Was zur Hölle will man in einem solchen Himmel, der nur bedingt erstrebenswert zu sein scheint?

Achtet man einmal ganz bewusst darauf, wie oft entsprechende Metaphern für Vollendung oder Verwerfung – Himmel und Hölle – in Musik, Film, Kunst oder Werbung auftauchen, dann kann man sagen, dass es durch diese *Klischees*, Stereotype und Überzeichnungen *Wechselwirkungen* mit den eschatologischen Vorstellungen vieler Menschen, vor allem Kinder und Jugendlicher gibt. Dass der kleine Sebastian im Film „Wer früher stirbt …" so panische Angst vor dem Tod hat, hängt damit zusammen, dass man ihm einredet, er käme sicher ins Fegfeuer und müsse dort Qualen leiden. Dass der Himmel von vielen Jugendlichen als langweilig und fromm, die Hölle dagegen als ein heißer Partykeller vorgestellt wird, hängt natürlich mit einem entsprechenden Sündenverständnis zusammen, das auf Genuss oder Sexualität zielt und so den eigentlichen Kern dessen, was Sünde theologisch meint, verfehlt.[507] Meist wird die Rede von Himmel oder Hölle kaum noch ernst genommen, weil man die räumlichen Bilder lediglich als mythologische Szenarien abtut. Der „Himmel" wird stattdessen hier auf Erden gesucht: *Heaven is a place on earth*, lautet ein erfolgreicher und eingängiger Song von Belinda Carlisle. Die Hölle lässt sich nach AC/DC am besten auf einem Highway erreichen, „living easy, living free", und steht ja mehr für „Party time" und den Kater danach. Zahlreiche andere Beispiele ließen sich finden. Man sucht den Himmel, wenn überhaupt, *subjektiv* im Genuss, in der Beziehung zum Partner, in Urlaubsparadiesen oder neuerdings auch in einer Digitalisierung unserer Existenz.[508] Fraglich bleibt dabei, ob eine virtuelle „Cloud“ wirklich den Menschen selbst erfasst und den „Himmel“ ersetzen kann, wenn sie z. B. frühere Generationen oder bestimmte Personengruppen gar nicht zu vollenden vermag oder das geschehene Leid lediglich widerspiegelt. Hier ergeben sich völlig neue Fragen für Philosophie und Theologie, die diesen Rahmen hier sprengen.[509]

Zusammengefasst lässt sich sagen: Man muss wahrnehmen, was die jeweiligen Adressaten des Evangeliums mit den räumlichen Metaphern *Himmel – Hölle – Fegefeuer* assoziieren, um diese nicht naiv und missverständlich zu gebrauchen. Andernfalls läuft christliche Eschatologie ins Leere – oder Gefahr, dass ihre *Inhalte von der Form ihrer Kommunikation überlagert* werden. Im Zuge dessen sollte man hinterfragen, worauf diese Motive als keineswegs gleichwertige eschatologische Dimensionen der christlichen Hoffnung zielen, was sie ursprünglich bedeuten und *vor* ihrer klischeehaften Verzerrung zum Ausdruck bringen wollen.

Vollendung und ewiges Heil – Himmel

Ziel der christlichen Hoffnungsaussagen ist das ewige *Heil* des Menschen als Ganzem, das in seiner Vollendung bei Gott besteht. Wenn wir Gott nicht einfach beschreiben können, dürfte wohl klar sein, dass sich auch diese Vollendung nur schwer in Worte fassen lässt. Es gibt jedoch verschiedene Aspekte, die mit einer solchen heilvollen Seligkeit des Menschen verbunden sind. Das *Heil in der Liebe, die Gott ist,* kann niemand an und für sich selbst finden. Es zielt nämlich auf *Gemeinschaft und Beziehungen.* Deshalb wird schon in der Bibel diese Vollendung mit dem Bild eines endzeitlichen *Gastmahls* beschrieben (vgl. Jes 25,6 ff.; Mt 22,1–14; Lk 14,12–24). Diese Vision zeichnet sich durch *freudiges* und *friedliches* Miteinander und Harmonie aus. Der hebräische Begriff *schalom* bezeichnet diesen umfassenden Frieden in Freiheit, Unversehrtheit, Sicherheit, Ruhe. Das „himmlische Jerusalem“ ist Inbegriff der vollkommenen Stadt, in deren Zentrum sich der Tempel, also Gottes Präsenz befindet. Dort gibt es *kein Leid* und *keine Not* mehr, weil Gott alles Negative verbannt: „Er hat den Tod für immer verschlungen und Gott, der Herr, wird die Tränen von jedem Gesicht abwischen und die Schande seines Volkes entfernt er von der ganzen Erde, denn der *Herr* hat gesprochen“ (Jes 25,8). Das bedeutet keineswegs, dass diese Tränen niemals geweint worden wären! Doch zielt die Hoffnung darauf, dass Gott durch seine Lebensmacht den Opfern der Geschichte *Recht und Gerechtigkeit* verschafft, dass seine Liebe Früchte trägt, Neues hervorbringt und *Leben in Erfüllung* schenkt. „Die Seelen der Gerechten aber sind in Gottes Hand und keine Folter kann sie berühren. In den Augen der Toren schienen sie gestorben, ihr Heimgang galt als Unglück, ihr Scheiden von uns als Vernichtung; sie aber sind in Frieden. In den Augen der Menschen wurden sie gestraft; doch ihre Hoffnung ist voll Unsterblichkeit" (Weish 3,1–4).

Trotz dieser anthropologischen Zugänge, die auf Unversehrtheit, Gemeinschaft und Frieden gemäß menschlicher Alltagserfahrung abzielen, muss die Vollendung aber primär *theozentrisch* gefasst werden: Die *visio Dei*, das Schauen Gottes von Angesicht zu Angesicht, beschreibt für die klassische Theologie die beglückende *(beatifica)* Dynamik der unmittelbaren Gemeinschaft mit Gott, die auch die Gemeinschaft mit allen Heiligen *(communio sanctorum)* einschließt. Wo immer ein „Himmel" nach Maßstäben dieser Welt vorgestellt wird und die Präsenz Gottes im „Paradies" nur eine Nebensächlichkeit darstellt, ist das ein Indikator dafür, dass die Vorstellung des Menschen noch im Hier und Jetzt verhaftet bleibt. Kann man im Himmel Karten oder Harfe spielen, während Gott quasi nebenan thront, wie dies im Brandner Kaspar oder beim Münchner im Himmel der Fall ist? Die Vollendung des Menschen, seine „Vergöttlichung" – wie es in der Patristik heißt – bedeutet vielmehr *Teilhabe an der Wirklichkeit unsterblicher Liebe und ihrer Dynamik*, die uns über den Tod hinaus trägt, verbindet und unser je einmaliges Leben in sich auffängt. Es handelt sich, biblisch gesprochen, um ein geborgenes Leben *in der Liebe*, die Gott ist – die wir in ihrer unendlichen Offenheit und grenzenlosen Weite nicht selbst sind, die wir als Menschen aber verinnerlichen, realsymbolisch repräsentieren, darstellen und vermitteln dürfen, um an ihr *teilzuhaben*, so dass wir nur durch die bleibend gültigen *Beziehungen* zu anderen unsere eigene Vollendung in Freiheit finden können. Für Johannes Duns Scotus (1266–1308) gründet Gottes gesamte Schöpfung darin, dass er aktiv Mitliebende *(condiligentes)* haben will. Jürgen Werbick beschreibt diesen Gedanken folgendermaßen:

> „Dass Gott Mitliebende will, bedeutet christlich, dass er die sein Wesen ausmachende vollkommene Liebe nicht nur ‚manifestiert', sondern die Menschen dazu befähigt und hervorruft, sie zu erwidern – ihr zu entsprechen – und so an ihr Anteil zu haben. Die Metaphern *Erwiderung* oder *Entsprechung* implizieren eine Beziehung; die Metapher *Anteil haben* das Einbezogensein und In-Sein. Das In-Sein in der Wirklichkeit Liebe ergreift die Mitliebenden innerlich und ‚durchströmt' sie; es macht sie zu *Mitsubjekten* der Liebe, die die ihr erwiesene Liebe von sich aus erwidern."[510]

Wenn wir uns selbst überschreiten und im Austausch untereinander ganz wir selbst werden, indem wir beim Anderen sind, dann sprengt diese Dynamik unsterblicher Liebe die Kategorien von Zeit und Raum – aber sie trägt fortan dennoch die *Spuren unserer Lebenszeit* in sich, um unsere Einzigartigkeit zu bewahren und in ihre *Ewigkeit* zu integrieren. Wie das genau aussieht – darüber kann keine seriöse Theologie objektiv Auskunft geben, denn kein Auge hat je es gesehen und kein Ohr hat je es gehört (vgl. 1 Kor 2,9 f.). Auf die Frage eines kleinen Mädchens, ob man im Himmel Eis essen könne, antwortete Wolfgang Beinert einmal sehr sensibel: „Eis essen kann man im Himmel nicht, aber was schön ist am Eisschlecken, gibt es auch im Himmel – und was schön ist am Himmel, kann man selbst im Eisgenuss spüren."[511] Vielleicht gibt uns der Eisgenuss in ausgelassener Gemeinschaft wirklich schon ansatzweise einen Vorgeschmack auf das, was uns erwartet und schon hier und jetzt in kleinen Vorzeichen erfahrbar wird.

Wenn die Ewigkeit, die Gott ist, in die Zeit eintritt, sich mit ihr verbindet und sie *erfüllt*, dann hat die Zeit und Geschichte bereits Anteil an der Präsenz Gottes, die unser Leben eröffnet, trägt und finalisiert. Dann ist Gott längst in unserem Leben präsent, noch ehe wir es merken und auf sein Wort antworten. Das Leben schlechthin ist dann mitten im Tod angekommen, so dass der Tod erfüllt ist mit ewigem Leben, dem wir uns nur öffnen müssen. Dann sind all die Verstorbenen, die in Gott und seiner Liebe unantastbar ruhen, mit unserem Leben verbunden, auch wenn sie biologisch längst nicht mehr unter uns weilen. Denn Verstorbene vor mehreren Generationen können, vermittelt durch Generationen dazwischen, positiv oder negativ Einfluss auf uns haben, obwohl wir persönlich nie mit ihnen in Kontakt standen. Es gibt zweifellos „etwas", das vom Menschen bleibt und ihn im Tod *entgrenzt*, weil er prägende Spuren der Liebe in dieser Welt hinterlässt – oder eben nicht.

Der „Himmel" ist also dem Zugriff unserer empirischen Erkenntnis entzogen, aber keineswegs raumzeitlich oder mythologisch misszuverstehen, wie ein bestimmter abgegrenzter Bereich, an dessen Türsteher man nur vorbeikommen müsste, um sein Leben dort ins Unendliche weiter zu fristen. Die Vollendung bei und in Gott – dem tragenden Grund, letzten Ziel und Sinn unserer Existenz – ist in erster Linie eine *personale und interpersonale Dimension*, die an die Frage nach der Geborgenheit des Menschen als ganzen gebunden ist. Hans Urs von Balthasar bringt diese Einsicht auf den Punkt, wenn er schreibt:

> „Gott ist das ‚Letzte Ding' des Geschöpfs. Er ist als Gewonnener Himmel, als Verlorener Hölle, als Prüfender Gericht, als Reinigender Fegfeuer. Er ist Der, woran das Endliche stirbt und wodurch es zu Ihm, in Ihm aufersteht. Er ist es aber so, wie er der Welt zugewendet ist, nämlich in seinem Sohn Jesus Christus, der die Offenbarkeit Gottes und damit der Inbegriff der ‚letzten Dinge' ist."[512]

Die Rede vom „letzten Ding" ist in Anführungszeichen gesetzt, weil Gott natürlich kein Ding ist, aber die Eschatologie gerne als Rede von den „letzten

Dingen“ bezeichnet wird. Damit es nicht zu einer „Behältereschatologie“ (die einen kommen in den Himmel, die anderen in die Hölle) kommt, will von Balthasar betonen, dass wir es im Tod und am Ende der Welt mit Gott selbst zu tun bekommen, nicht mit irgendwelchen Orten. Wir sterben in Gott hinein, wir werden in ihn hinein verwandelt, wenn er alles in allem sein wird (vgl. 1 Kor 15,28).

Möglichkeit ewiger Verlorenheit – Hölle

Die Möglichkeit des ewigen Verlorengehens bleibt für die christliche Eschatologie eine *reale Gefahr*, die den Menschen bedroht, wenn dieser sich so sehr in sich selbst verschließt, dass er in seiner eigenen Selbstverkrümmung erstickt. Man kann prinzipiell nicht ausschließen, dass jemand sich frei und bewusst gegen Gott entscheidet, sich so isoliert, dass er in seiner gesamten Existenz keine Liebe zulässt. *Die Hölle steht im christlichen Glauben aber nicht auf derselben Ebene wie die Hoffnung auf Vollendung.* Sie bildet lediglich die nachgeordnete Kontrastfolie, denn das Glaubensbekenntnis bekennt „die Auferstehung der Toten und das ewige Leben“ als Ausdruck christlicher Hoffnung. Im antiken Weltbild denkt man sich die *Unterwelt* als Reich des Todes und der Schatten (hebr.: *Scheol*; griech.: *Hades*). Weil der Gott Israels ein Gott des Lebens ist, wird er zunächst nicht mit diesem Ort in Verbindung gebracht. Erst mit der Zeit wächst das Bewusstsein dafür, dass seine Macht als Schöpfer und Vollender aller Menschen auch in dieses Reich der Schatten vorzudringen vermag. In diesem Zusammenhang entwickelt sich in Israel der Glaube an eine Auferweckung der Toten. Dabei ist diese Unterwelt neutral als Ort bzw. Zustand des Todes zu verstehen. Etwas anders verhält es sich mit der Vorstellung der *Gehenna*, eine Art Feuerhölle als Ort der Qualen und der Strafe für Sünden. Wenn diese Bilder im Neuen Testament aufgegriffen werden, so handelt es sich, wie Eva Maria Faber betont, um „ein Mittel, den Ernst der Entscheidung zu verdeutlichen, zu dem die Botschaft vom heilstiftenden und barmherzigen Gott aufruft. Es wird vor Augen geführt, wie wichtig es ist, hier und jetzt wachsam und aufrichtig zu leben, weil das Ziel des Lebens auch verfehlt werden kann, so dass nur noch Heulen und Zähneknirschen bleibt (Mt 8,12 par).“[513] Die *Freiheit* des Menschen wird ernst genommen und sieht sich dabei mit dem universalen Heilswillen Gottes konfrontiert.

Die lateinische Theologie wird dagegen maßgeblich durch *Augustinus* († 430) geprägt. Dieser vertrat eine *doppelte Vorherbestimmung* (Prädestination) der Menschen zur Vollendung bzw. zur ewigen Verwerfung und damit einen doppelten Ausgang des endzeitlichen Gerichts. Eine kleine Zahl der

Erlösten werde – allein durch Gottes Gnade – erwählt, während der Großteil automatisch für die Verdammnis bestimmt sei („massa damnata"). Diese gnadentheologisch höchst problematische Lehre einer doppelten Vorherbestimmung wurde von der Kirche nicht übernommen. Dennoch entwickelt die Vorstellung von einer „massa damnata" in Verbindung mit der augustinischen Erbsündenlehre eine fatale Wirkungsgeschichte.[514]

Es ist zu beachten, dass die Kirche offiziell *von keinem einzigen Menschen* lehrt, er oder sie sei in der Hölle.[515] Sie äußert sich lediglich positiv, wenn sie bestimmte Vorbilder des Glaubens zu Heiligen erklärt, die wohl sicher ihre Vollendung bei Gott gefunden haben. Wie ist vor diesem Hintergrund der Stellenwert der Hölle zu sehen? Spannende Überlegungen hierzu finden sich bei Hans Urs von Balthasar in seinem „Kleinen Diskurs über die Hölle".[516]

Hans Urs von Balthasars Höllenhermeneutik

Den angesichts der Barmherzigkeit Gottes formulierten Hoffnungsaussagen und Heilszusagen steht im Neuen Testament (nur scheinbar widersprüchlich, weil eben nicht gleichwertig) eine ermahnende und drohende Aussagereihe von der Möglichkeit des Verlorengehens gegenüber. Mit Recht fragt Hans Urs von Balthasar, ob der Überschritt von der Warnung zum Faktum, von der Drohung zum sicheren Wissen wirklich legitim sei. Denn der *universale Heilswille Gottes* verpflichte auch uns zur *Hoffnung für alle.* Der Sinn der ntl. Gerichtsdrohungen liege darin, den *ethischen Ernst* meiner Verantwortung *für mich* zu erkennen. Die „Hölle" ist, wie Balthasar betont, das *mir* Zustehende, die „je-meinige" angesichts meiner eigenen radikalen Schuldbedrohtheit – die allerdings von Christus schon umfangen und „unterfasst" ist.

Diese *Mahnung* und *Warnung* vor falschen Heilsgewissheiten, also davor, sich seines eigenen Heils in Abgrenzung zu anderen allzu sicher zu sein oder anderen diese Hoffnung verweigern zu wollen, ist der hermeneutische Schlüssel zum Verständnis der Gerichtsaussagen, so dass die Verwerfung (Hölle) *niemals auf andere hin objektiviert oder gepredigt werden darf.* Leider ging das Bewusstsein dafür in bestimmten Epochen der Kirchengeschichte fast verloren, so dass Vertreter der Kirche statt der Hoffnung die Hölle predigten und bunt ausmalten, um Macht über Menschen auszuüben. In diesen Fällen wurde das Evangelium ins Gegenteil pervertiert.

Es gibt, wie Balthasar einschärft, keine Hölle „für die anderen", sondern nur den *Appell an mich und mein Gewissen,* meine Entscheidung auf Leben und Tod todernst zu nehmen. Dieser *Ruf in die Verantwortung* fordert die Mitgestaltung der Zukunft, den freien Selbsteinsatz des Subjekts für die

Herrschaft Gottes, die Vermittlung seiner bedingungslosen Barmherzigkeit, die *für alle* gilt – ohne jede Einschränkung.[517]

> „Wer mit der Möglichkeit auch nur *eines* auf ewig Verlorenen außer seiner selbst rechnet, der kann kaum vorbehaltlos lieben … Schon der leiseste Hintergedanke an eine endgültige Hölle für andere verführt in Augenblicken, wo das menschliche Miteinander besonders schwierig wird, dazu, den andern sich selbst zu überlassen.“[518]

Wer die universale Liebe, die Gott ist, exklusiv denkt, hat sie schon verfehlt, weil er sich selbst von eben dieser Liebe losgesagt und existentiell von ihr abgewandt hat. Auf diese Weise können auch das Gesetz oder das Dogma zu einem Götzen werden – zum Stachel der Sünde, der das unendlich offene Herz jenes Gekreuzigten durchbohrt, der selbst *für alle* hofft und einsteht.

Die *Hoffnung* auf Allerlösung *(Apokatastasis panton)* ist dem Christen daher nicht verboten.[519] Sie wird ihn vielmehr auszeichnen und in seinem Einsatz für die Anderen kennzeichnen. Wie sonst wäre die Kirche als universales „Zeichen und Werkzeug für die innigste Vereinigung mit Gott und für die Einheit der ganzen Menschheit“ (LG 1) zu verstehen!

Ist die totale Verweigerung gegenüber der universalen Liebe Gottes überhaupt denkbar? Kann ein Mensch seine Bestimmung völlig verfehlen und im Tod endgültig verloren gehen? Joseph Ratzinger, dem man bei dieser Frage den Einfluss Balthasars deutlich anmerkt, hat auf den *Abstieg Christi in das Reich des Todes* verwiesen, wie es im Glaubensbekenntnis heißt:

> „‚Abgestiegen zur Hölle‘ – dies Bekenntnis des Karsamstags bedeutet, dass Christus das Tor der Einsamkeit durchschritten hat, dass er abgestiegen ist in den unerreichbaren, unübersteigbaren Grund unseres Verlassenseins. Es bedeutet, dass auch in der letzten Nacht, in die kein Wort mehr dringt, in der wir alle wie weinende, ausgestoßene Kinder sind, eine Stimme ist, die uns ruft, eine Hand, die uns nimmt und führt. Die unübersteigliche Einsamkeit des Menschen ist überstiegen, seitdem *Er* in ihr war. Die Hölle ist überwunden, seitdem die Liebe auch in die Region des Todes eingetreten ist und das Niemandsland der Einsamkeit bewohnt wird von ihm. Der Mensch lebt im Tiefsten nicht vom Brot, sondern im Eigentlichen seines Menschseins lebt er davon, dass er geliebt wird und selber lieben darf. Seitdem es die Anwesenheit der Liebe im Raum des Todes gibt, gibt es Leben mitten im Tod. Deinen Gläubigen, Herr, wird das Leben nicht genommen, nur verwandelt, betet die Kirche in ihrer Totenliturgie.“[520]

Der Einzige, von dem man sicher sagen kann, dass er in der „Hölle“ absoluter Gottverlassenheit war, wäre demnach Christus, der sterben musste wie wir, unser Schicksal als wahrer Mensch solidarisch teilt und angesichts der totalen Gottverlassenheit dennoch die Isolation des Todes aufhebt, weil mit ihm auch das Wort Gottes im Gegenteil seiner selbst gegenwärtig ist. Auch die Hölle ist, wenn wir unser heutiges Weltbild zugrunde legen, kein regional zu verstehender Ort. Sie ist – als ernstzunehmende Möglichkeit – ein personal zu denkender *Zustand endgültiger Verlorenheit und Einsamkeit im*

Tod, ewige Nacht und Isolation, die dem Menschen aber nicht von außen auferlegt wird, sondern in die er sich *selbst* durch seine Verweigerung gegenüber Gott und seiner Liebe gebracht hat. Besteht auch hier noch eine gewisse Hoffnung, weil die Liebe, die im Gekreuzigten begegnet, bis in den äußersten Abgrund der Hölle reicht, sie noch erfasst und umfasst, so dass man auch dann nicht völlig allein bleibt? Die christliche Hoffnung vertraut immerhin darauf, dass am Ende „Gott alles in allem sei" (1 Kor 15,28).

Das Gericht – Tag der Abrechnung oder Hoffnung?

Zwischen Himmel und Hölle steht das Bewusstsein, dass der Mensch für sich und sein Handeln (oder Nicht-Handeln) *Verantwortung* trägt. Schon im alten Ägypten gibt es die Vorstellung von einem Totengericht. Wenn Gott für Israel die *äußerste Instanz der Gerechtigkeit*, König und Richter ist, so ist damit die Einheit von Gottes- und Nächstenliebe verbunden (vgl. Mt 25,31–45). Für die *Ethik* ist die Frage absolut entscheidend, ob und wie wir unser Leben verantworten müssen. Wenn es egal wäre, ob wir uns am Guten oder Bösen, an Liebe oder rücksichtslosem Egoismus ausrichten, welche Folgen hätte das für die menschliche Gemeinschaft? Dann müsste der Mensch sich vielleicht nur vor dem menschlichen Gesetz rechtfertigen. Und schon die alten Römer wussten, dass das höchste geltende Recht manchmal auch zur größten Ungerechtigkeit werden kann.[521] Dass sich durch formal gültige Rechtssatzungen sogar Menschenrechte beugen und abschaffen lassen, hat man im 20. Jh. schockiert erlebt. Gibt es eine *letzte* Verantwortung des Gewissens jenseits menschlicher Gerichtsbarkeit? Wer dem einzelnen Menschen, seinen Umständen und Beweggründen wirklich vollkommen *gerecht werden* will, müsste in sein Herz blicken können, sein ganzes Leben und die damit verwobene Geschichte seines Umfeldes im Blick haben. Wer außer Gott könnte dann auch die Weltgeschichte als ganze beurteilen, wenn man sie nicht überblickt und durchblickt?

Die *Vorstellung eines universalen Weltgerichts* am Ende der Zeit, das den Opfern *Gerechtigkeit* und Heilung widerfahren lässt und die Täter in die Pflicht nimmt, ist in erster Linie eine in der Apokalyptik artikulierte *Hoffnungsaussage*. Es besteht Hoffnung, dass Gott das erlittene Leid und die Ungerechtigkeit nicht ewig bestehen lässt. Dieses Gericht wurde im frühen Christentum angesichts von Unterdrückung, Verfolgung und Folter herbeigesehnt, wenn die Wiederkunft Christi im Gebet sehnlich erfleht wird: „*Maranatha*!" – Komm, Herr! – so lautet der aramäische Hilferuf.

Man vertraut auf den Hl. Geist als *Paraklet*, als Anwalt und Beistand im Gericht. Erst später wurde dieses Gericht (wegen eines zunehmend schlechten Gewissens?) gefürchtet und als *dies irae* („Tag des Zorns") verschrien, der ganze Jahrhunderte in Staub und Asche verwandelt. Neben dem offenbar noch ausstehenden *Universalgericht* am Ende aller Tage rückt bald das *Individualgericht* in den Fokus, vor dem sich der einzelne Verstorbene unmittelbar nach seinem Tod in der Begegnung mit der göttlichen Gerechtigkeit verantworten muss. Die systematische Theologie kann dabei zwischen einem *Fremdgericht* und *Selbstgericht* unterscheiden.[522] Bedarf es eines Richters von außen, der ein Urteil oder eine Strafe verhängt (Fremdgericht), wie es den uns bekannten Gerichtsvorstellungen entspricht? Ist den Opfern damit geholfen? Kann im Tod noch ein „pädagogischer" Effekt erzielt werden? Worin läge denn der Sinn einer Strafe, wenn diese bewusst nicht auf Rache, sondern auf *Versöhnung* zielt? Oder empfindet der Sünder in der Begegnung mit der Güte Gottes und der Perspektive der Opfer *selber Scham, Schmerz und Reue* angesichts seiner unumkehrbaren Taten? In diesem „Selbstgericht" bräuchte der Richter nichts zu tun oder zu sagen – er müsste nur als durchdringender Maßstab da sein, um den Sünder mit sich selbst zu konfrontieren und sein Gewissen richtig *auszurichten.*

Vom Funken Hoffnung zum brennenden Fegefeuer

Hier stellt sich eine entscheidende Frage: Wenn die *Folgen der Schuld* durch den Sünder selbst nicht mehr ungeschehen gemacht werden können – gibt es eine Möglichkeit, diese Schuld zu *tilgen*, obwohl der Sünder im Tod keine aktive Fähigkeit mehr zur Wiedergutmachung hat und manche Taten auch gar nicht wiedergutgemacht werden können? Gibt es eine Möglichkeit, dass nicht nur die Wunden der Opfer *geheilt* werden, sondern auch eine *Versöhnung* zwischen ihnen und den Tätern zustande kommt, die Gott nicht über ihre Köpfe hinweg vollzieht? Gibt es zumindest einen Funken Hoffnung, den Sünder, dem durch seinen Lebenswandel gottwidrige Wesenszüge anhaften, *auch nach seinem Tod und dem Ende seiner Freiheit* noch „gottfähig" zu machen, um ihn in die Vollendung der göttlichen Liebe und ihre Gemeinschaft einzubeziehen? Kann jemand trotz seines Scheiterns noch gerettet werden?

Weil die christliche Hoffnung alle diese Fragen eindeutig mit „Ja" beantwortet, entwickelt sich in der Theologie- und Kirchengeschichte[523] die Vorstellung vom sogenannten *Purgatorium.* Es handelt sich dabei um eine Art *Reinigungsprozess* (lat.: *purgare*, reinigen, säubern, heiligen). Er dient nur einem Zweck: *nach dem Tod* die zu verantwortenden Sündenfolgen so abzutragen und „aufzuarbeiten", dass auch ein Leben mit Brüchen und Verfehlungen, die unter den Lebenden noch unheilvoll weiterwirken, gerettet und geborgen werden kann. Bei Paulus findet sich nur eine vage – oft aus ihrem Kontext gerissene – Andeutung, dass am jüngsten Tag das Lebenswerk wie durch Feuer offenbar und *geprüft* wird. Dann wird sich zeigen, was das Werk des Menschen wirklich wert ist, ob es vor Gott Bestand hat oder vom Feuer verzehrt wird. Auch wenn dieser Mensch einen Verlust (er)tragen muss, so wird er selbst gerettet werden – „doch so wie durch Feuer hindurch" (1 Kor 3,13 ff.).

Wie viel bleibt von einem Menschen übrig, der sich und sein ganzes Leben den Götzen seiner Selbstbehauptung, der Macht und Gewalt, dem Hass und Neid, dem Geld und der Lust, einem nichtigen „Windhauch" geweiht und verschrieben hat? Und doch gibt es bei diesem „Fegefeuer" *nur einen Ausgang*: Der Prozess dieser Reinigung „im Feuer" zielt auf die *Vollendung* bei Gott.

Wie kümmerlich auch immer das bisschen Liebe sein mag, das in einem Menschen verschüttet keimte – es wird freigelegt werden, auch wenn die Ablösung (lat.: *ab-solutio*) von den Sündenfolgen ein schmerzlicher Prozess sein dürfte, wenn er das verschuldete Leid nach- und mitvollzieht. Denn Sünde und Schuld sind mehr oder weniger ein Teil dieses Lebens geworden. Für *Origenes* († um 254), der die Vorstellung eines Purgatoriums als Läuterung stark macht, handelt es sich um eine universale Hoffnungsaussage, die bei ihm sogar in eine Allversöhnung *(apokatastasis panton)* mündet: Sogar die gefallenen Engel und der Satan werden zu Gott zurückgeführt.[524] Diese Lehre wurde, vor allem wegen ihrer spekulativen Prämissen, durch eine Synode im Jahr 543 und das II. Konzil von Konstantinopel (553) verurteilt.

Es ist jedoch erschreckend zu beobachten, wie der ursprüngliche *Heilsoptimismus* im Laufe der Zeit zu einer Drohbotschaft, zur Vision postmortaler Folter und Bestrafung degenerierte und in der westlichen Kirche sogar dazu führte, mit der Angst der Angehörigen Geld zu machen. Kein Wunder, dass jemand wie Martin Luther auf seiner Suche nach einem gnädigen Gott sich angewidert von solcher Lehre abwandte.

Im lateinischen Westen hat das römische Rechtsdenken die Vorstellung nachhaltig beeinflusst. Schon bei Tertullian († um 220 n. Chr.) findet sich die juristisch geprägte Vorstellung, es gebe eine Art Wartezustand, bei dem die Seelen der Verstorbenen gleichsam in einem Kerker leiden müssen, um ihre restliche Schuld abzubüßen.[525] Es besteht also eine Möglichkeit, die Buße nach dem Tod fortzusetzen, womit Gnade und Gerechtigkeit Gottes vereinbart werden sollen.

Das Purgatorium muss seiner ursprünglichen Intention nach allerdings nicht zwingend als ein Ort qualvoller Sanktionen gedacht werden. Es zielt zunächst auf einen *Zwischenzustand* und auf einen *Prozess*, der unmittelbar nach dem Tod und der individuellen Begegnung mit Gottes Gerechtigkeit einsetzt. Denn an der *Schnittstelle zwischen individuellem Tod und weiterlaufender Weltgeschichte bis zum universalen Gericht am Ende der Zeiten* vollzieht sich, bald eng verbunden mit dem Gedanken der Buße, eine *Aufarbeitung der Sündenfolgen*, die in der Geschichte fortdauern und in ihren Wechselwirkungen über Generationen hinweg absolut unüberschaubar sind. Das Leid, das ein Mensch in die Welt bringt, kann andere so nachhaltig prägen, dass diese dadurch (vielleicht ungewollt) mehr und mehr Leid verbreiten. Man denke hier nur an die Rede von den Strukturen der Sünde und ihre Wechselwirkungen mit personalen Tatsünden.

Wer könnte sagen, wie lange es dauert, bis die Schuld und die sündhaften Verflechtungen eines menschlichen Lebens aus der Welt geschafft und in Gott geheilt sind? Wie lange dauert es, bis die negativen Folgen einer Biografie bereinigt und in Gott versöhnt sind? Und gibt es dafür Grenzen? Ebenso spannend wie *offen* bleibt daher die Frage, wann für eine sündhafte Existenz noch Hoffnung durch Läuterung und Reinigung besteht, und wann sie hoffnungslos verloren ist, so dass sie in die ewige Verdammnis gelangt.

Das Purgatorium kann als ein *postmortales Ausreifen* oder *Nachreifen menschlicher Existenz* verstanden werden.[526] In der Hoffnung, den folgenden Vergleich niemals in Klausuren lesen zu müssen, könnte man fast an einen Whisky denken, der in ein Fass gefüllt wird. Obwohl fertig gebrannt, entwickelt er erst im Laufe der Zeit seinen gewollten Geschmack, den er nicht mehr aus sich selbst hervorbringt, sondern dem Aroma des Holzes, den Stoffen und der Beschaffenheit seiner Umgebung und deren Wechselwirkungen mit seiner eigentlichen Essenz verdankt. Obwohl er nur noch passiv ruht, kann er sich zum Positiven verändern und bis zur Abfüllung reifen, weil sein *Umfeld* abfärbt, an ihm und für ihn wirksam wird. Natürlich ist das nur ein plumper Vergleich. Immerhin gibt es aber schon sehr früh die für diesen Zusammenhang zentrale und wichtige Vorstellung, dass durch den *Einfluss der noch Lebenden*, durch *Fürbitte*, Gebet und Gedenken – durch ihre *Beziehungen der Liebe* – das Leben eines Sünders nach dessen Tod noch versöhnend in die Gemeinschaft der Heiligen integriert werden kann.[527] Die Gemeinschaft trägt ihn und tritt selbst stellvertretend für ihn und seine Defizite ein. Diese *Solidarität* erspart den Toten nicht die Läuterung (sie hat ja positiven Sinn!), aber kann ein *Gegengewicht* zu dem bilden, was der Verstorbene selbst nicht mehr leisten konnte. Und vielleicht hilft dies, die schmerzlichen Folgen der Sünde schneller und wirksamer zum Guten zu wenden, weil das Umfeld ergänzend und versöhnend prägt, was an und für sich ungenießbar und geschmacklos wäre.

Für das kirchliche Lehramt gehört der Gedanke einer postmortalen Reinigung, die durch das Gebet und die Liebe der Lebenden erleichtert und positiv mitgetragen werden kann, fest zur christlichen Hoffnung.[528] Die missbräuchlichen Auswüchse und die Instrumentalisierung dieser ursprünglichen Hoffnungsaussage in der Kirchengeschichte gehören nicht dazu. Wie Johanna Rahner zu bedenken gibt, ermahnte das *Konzil von Trient* daher, „keine weiteren theologischen Ausmalungen zuzulassen. Den Missbräuchen soll ein Ende gesetzt werden; jede spekulative Erweiterung wird verworfen; insbesondere von den Ausdeutungen des strafenden Charakters, wie dies in der scholastischen Theologie mit besonderer Vorliebe geschah, wird abgesehen, bzw. der korrekte Umgang damit als Reformauftrag formuliert."[529]

Während die westliche Eschatologie – ähnlich wie in der Soteriologie – stark juristisch denkt und vor diesem Hintergrund das Purgatorium mit der Buße[530] in Verbindung bringt, liegt im griechischen Osten eine stärker *therapeutische Überlegung* zugrunde. Der Reifeprozess des Menschen erinnert an das soteriologische Konzept der *Paideia*[531] in der griechischen Patristik, die das Heil der Menschen zum Ziel hat. Ist es wirklich Zufall, dass die Rede vom Purgatorium bei Origenes oder Klemens von Alexandrien im Kontext der Erziehung[532] und „pädagogischen" Wegbegleitung durch das inkarnierte Wort Gottes und dessen heilende Beziehung zu uns seine systematische Entfaltung findet? Hier ist das Purgatorium kein als Ort gedachtes Wartezimmer und keine Folterkammer in der Unterwelt, sondern die postmortale Reinigung hat einen stärker personalen Charakter, es ist eine positive *Bereinigung* im Gericht, die an eine *Resozialisierung* denken lässt. Die für die katholische Eschatologie zentrale Solidarität zwischen Lebenden und Toten gibt hier Hoffnung. Lässt sich ein individueller Reifungsprozess, der nicht mit dem biologischen Tod und dem Ende unserer Freiheit abgeschlossen sein muss, mit der geschichtlichen Einbindung des Menschen in sein Umfeld zusammendenken, so dass ein Funke Hoffnung für das bisschen Liebe bleibt, das ein solches Leben vielleicht *offen* hielt? Karl Rahner hat wohl recht: „In einer Anthropologie der Reifung auf die Vollendung hin kann vermutlich sehr viel mehr gesagt werden, als was eine sehr formalisierte und moralistisch zugespitzte Soteriologie gewöhnlich zu sagen pflegt."[533]

Zwischenzustand – Seele in der Warteschleife?

In enger Verbindung mit dem *Purgatorium* und seiner Ausdeutung als reinigendes Fegfeuer der Läuterung bildet sich die Vorstellung von einer Art *Zwischenzeit* des Wartens des einzelnen Verstorbenen auf die universale Vollendung am jüngsten Tag aus. Dieser sogenannte „Zwischenzustand" hängt auch an bestimmten anthropologischen Prämissen.

Der Dialog mit platonischer Philosophie hat die christliche Theologie nachhaltig beeinflusst. Im platonischen Denken wird der Mensch dualistisch in *Seele* (Geist) und *Körper* aufgeteilt, der Körper gilt dort geradezu als das „Gefängnis" der Seele. Das Christentum übernimmt die Rede von einer *unsterblichen Seele* des Menschen – die bei Platon jedoch nicht geschaffen, sondern präexistent und daher aus sich selbst und ihrer eigenen Dynamik heraus unsterblich ist. Die biblische Anthropologie legte hingegen stets Wert darauf, dass Gott seinen Geschöpfen den Lebensatem einhaucht, dass sie ohne Beziehung zu ihm nur nichtiger Windhauch wären, von der Erde genommen und zur Erde zurückkehrend (hebr.: *adamah*, als Grundlage für „Adam", den Menschen). Während im biblischen Denken der *Mensch als ganzer* in seiner Vergänglichkeit und Hinfälligkeit im Blick ist, kommt es nun zu einer *Aufspaltung* in ein ewiges Geistprinzip (Seele) und die uninteressante Materie, die ja im Grab verfault und zu Staub zerfällt. Über Jahrhunderte hinweg wird selbstverständlich diese Anthropologie vorausgesetzt.

Im Tod des Menschen verlässt die „Seele" den Leib und *trennt* sich vom Körper. Für Benedikt XII. (Konstitution „Benedictus Deus" aus dem Jahr 1336) steht die *Seele* vor drei Optionen: a) Sie gelangt (z. B. im Fall von Märtyrern, Heiligen und all jenen, bei denen es nichts mehr zu „reinigen" gibt) *direkt* zur ewigen Anschauung Gottes und ewigen Seligkeit. b) Sie wird im individuellen Gericht zur ewigen Verdammnis verurteilt (im Falle derer, die im Zustand der aktuellen Todsünde sterben). Oder sie erfährt c) – in den allermeisten Fällen – ihre Reinigung im Purgatorium, bis sie zur Seligkeit gelangt. Die *anima separata*, die leibfreie Seele, „wartet" jedenfalls, während die restliche Weltgeschichte noch weiterläuft, in einer Art *Zwischenzustand* auf den jüngsten Tag und die leibliche Auferstehung, bei der sie die leibliche Wiederherstellung und endgültige Vollendung des ganzen Menschen erfährt – oder auf ewig verdammt ist.

Dieses Denkmodell funktionierte so lange, bis man zu hinterfragen begann, was genau diese „Seele" eigentlich sein soll und ob es überhaupt eine solche geben kann, die unabhängig und losgelöst vom Körper existiert, also quasi in einer beziehungslosen Warteschleife hängt. Oder setzt die Auferstehung, von welcher der christliche Glaube spricht, schon im Moment des Todes an? Wer früher stirbt, ist dann auf jeden Fall eher tot – aber wirklich länger? Mit den kritischen Anfragen an das traditionelle Denkmodell kam die christliche Eschatologie in eine Krise. Man musste von den Wurzeln des christlichen Glaubens her wieder neu klären, was mit „Auferstehung des Leibes" eigentlich gemeint ist und wie sich diese Auferstehung denken lässt.

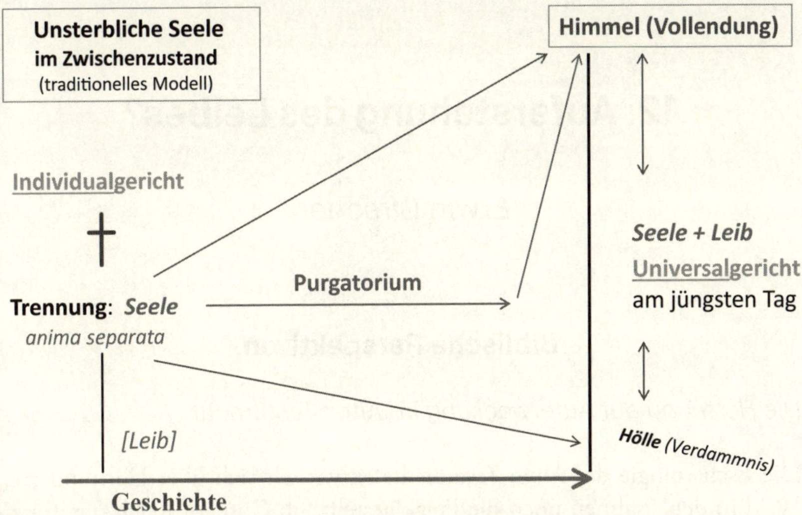
Unsterbliche Seele
im Zwischenzustand
(traditionelles Modell)
Himmel (Vollendung)
Individualgericht
Purgatorium
Trennung: Seele
anima separata
Seele + Leib
Universalgericht
am jüngsten Tag
[Leib]
Hölle (Verdammnis)
Geschichte

12. Auferstehung des Leibes?

Erwin Dirscherl

Biblische Perspektiven

Die Hoffnung auf Auferweckung im Alten Testament

Die Eschatologie des Alten Testaments entwickelt sich über Jahrhunderte. Wird in den Psalmen noch die Frage gestellt, ob Gott im Reich der Toten überhaupt anwesend sein kann (vgl. Ps 115), so wird die Hoffnung auf ein Wirken Gottes über das Leben hinaus immer konkreter. Der sogenannte Tun-Ergehen-Zusammenhang kommt mehr und mehr in die Krise (vgl. Ijob), denn die Menschen merken, dass es keineswegs so ist, dass die, die Gutes tun, ein gutes Lebensschicksal haben und diejenigen, die Böses tun, ein schlechtes Schicksal. Dies lässt die Frage nach Gottes Gerechtigkeit und Bundestreue umso drängender werden, denn das Leiden und Sterben der Frommen, die die Tora befolgen, lässt das Problem auftreten, ob es dafür einen möglichen Ausgleich jenseits des Todes geben könnte.[534] Auch die Entwicklung des Gottesbildes hin zu einem reflektierten Monotheismus stellt die Frage nach dem Wirkungsbereich Gottes im Leben und auch im Tod. Hinzu tritt die Erfahrung der Ausweitung der Königsherrschaft Gottes, die zunächst regional auf Israel bezogen ist und dann aber im Motiv der Zionswallfahrt auf alle Völker ausgedehnt wird (Jes 2).

Die Hoffnung auf das erfüllte Leben schließt nun auch, ausgehend von der Schöpfungstheologie, die bereits Verstorbenen mit ein. Auch sie sind dem Herrschaftsbereich Gottes zuzurechnen, denn dem Schöpfer der Welt kann auch die sogenannte Scheol („Aufenthaltsort" der Toten) nicht entzogen werden. In dem berühmten Psalm 22, der zu Beginn jene Worte enthält, die Jesus am Kreuz gesagt hat: „Mein Gott, mein Gott, warum/wozu hast du mich verlassen?", wird nach der Verlassenheitserfahrung eine Hoffnung auf Rettung entfaltet. Dieser Klagepsalm setzt die Hoffnung ganz und gar auf Gott. Es heißt dort, dass der Herr als König regiert und über die Völker herrscht, vor ihm sollen alle niederfallen, auch die, die in der Erde ruhen (Ps 22,29 f.).

Der Machtbereich des einzigen Gottes wird immer universaler gedacht und schließt nicht nur alle Zeit, sondern auch die darüber hinausgehende Ewigkeit ein. In Psalm 49,16 wird das Vertrauen ausgedrückt, dass Gott uns aus dem Reich des Todes loskauft und uns aufnimmt. Solche Passagen lassen natürlich noch mehrere Deutungsmöglichkeiten zu.[535] Das gilt auch für die Texte der sogenannten Jesaia-Apokalypse (Jes 24–27), wenn es dort heißt: „Deine Toten werden leben, meine Leichen stehen auf. Wacht auf und jubelt, ihr Bewohner des Staubes! Denn ein Tau von Lichtern ist dein Tau und die Erde gebiert die Schatten" (Jes 26,19). Die Toten fallen also nicht aus der Treue Gottes heraus. Die Aussage von den auferstehenden Leichen ist singulär und eine rein metaphorische Deutung scheint ausgeschlossen.[536] Auch wenn hier die Rede von einer allgemeinen und individuellen Auferstehung des Einzelnen noch nicht zur Debatte steht, geht es doch darum, dass Gottes Gerechtigkeit sich nicht nur im Leben sondern auch im Tod durchsetzt, vor allem wenn der Gerechte stirbt und auf die Gerechtigkeit Gottes hofft.

Unmissverständlich ist im 12. Kapitel des Buches *Daniel* von einer Hoffnung auf individuelle Auferstehung im Tod die Rede: „Von denen, die im Land des Staubes schlafen, werden viele erwachen, die einen zum ewigen Leben, die anderen zur Schmach, zu ewigem Abscheu" (Dan 12,2). Hier handelt es sich um die sogenannte Daniel-Apokalypse und ein *apokalyptisches Denken.* Dieses geht in einer Zeit äußerster Not und Bedrohung davon aus, dass Gott allein die Situation wenden kann und Rettung zu bringen vermag, aber erst wenn die katastrophale Geschichte sich dem Ende zuneigt und etwas Neues entsteht. Die Hoffnung auf ein nahes Ende in einer Situation der Not, die Hoffnung auf eine Rettung der Gerechten gibt Trost und Mut und hilft, die Situation zu ertragen. Darum geht es im apokalyptischen Denken. Die Auferstehung wird dabei nur jenen verheißen, die an der Tora und an Gott festhalten, für diejenigen, die vom Glauben abgefallen sind, wird ein Strafgericht in Aussicht gestellt. Und wenn von den Vielen die Rede ist, die von den Toten auferstehen werden, ist noch nicht von einer universalen Hoffnung für alle die Rede. Die verheißene Auferstehung für die, die zu Gott stehen, hat eine tröstende und stärkende Bedeutung.

In den beiden *Makkabäerbüchern*, die nicht zum Kanon der hebräischen Bibel gehören, sondern zu den deuterokanonischen, d. h. nur in den griechisch überlieferten Texten des Alten Testaments eingefügten Sammlungen, die in die Septuaginta aufgenommen wurden, findet sich eine Auferstehungstheologie in einem nicht apokalyptischen Zusammenhang. Zwischen 100 und 30 v. Chr. berichten diese Texte vom Martyrium einer hebräischen Mutter und ihrer sieben Söhne, die dem Glauben treu bleiben und dafür gefoltert und hingerichtet werden. Es handelt sich in 2 Makk 7 um eine sogenannte Märtyrerakte, die zeigt, dass diese *Auferstehungshoffnung ursprünglich im Kontext einer Märtyrerhoffnung entstanden* ist. Hier handelt es sich um die Rehabilitierung jener Glaubenszeugen, die wegen ihrer Treue hingerichtet wurden und die durch die Auferweckung von Gott selbst ins Recht gesetzt werden sollen. Wieder ist es die *Frage nach der Gerechtigkeit Gottes*, die die Auferstehungshoffnung hervorruft. „Weil sie um ihrer unbedingten Gesetzestreue willen unsägliche Leiden erduldet und den Tod erlitten haben, ist den Märtyrern als jenseitiger Ausgleich und Lohn die leibliche Auferstehung verheißen. Dabei ist gewiss an eine Auferstehung des ganzen Menschen gedacht, wobei die im Martyrium verlorenen Glieder die leibliche Integrität nicht gefährden können – Gott wird das Fehlende wieder schenken (vgl. 2 Makk 7,11).“[537] Der Verfasser verzichtet auf weitere Spekulationen und bebildert nicht die Auferstehungsleiblichkeit. Spannend ist der *Rekurs auf die Schöpfungstheologie* von Gen 1 und 2. Denn die Mutter begründet den Auferstehungsglauben mit dem Argument: „So wie Gott den Menschen aus Grundstoffen forme und ihm Atem und Leben schenke, so werde er den Brüdern Atem (Pneuma) und Leben (Zoe) wiedergeben.“[538] Gott ist der Schöpfer und daher kann er auch im Tod neu schaffen.

Im Buch der *Weisheit* schließlich reflektieren die Kapitel 3–5 das Todesgeschick der Gottlosen und der Frommen. Den Gottlosen steht das Gericht und ein endgültiges Verlorengehen in der Scheol (jetzt ein Ort der Toten, die fern von Gott sind) bevor und die Frommen erwartet das Glück der Unsterblichkeit. Die Scheol ist nicht mehr als neutraler Aufenthaltsort der Toten beschrieben, sondern sie wird zum Ort der Strafe. In 2 Makk 7 wird eine individuelle Erhöhung des leidenden und getöteten Gerechten im Tod zur Sprache gebracht und in Weis 3,1–6 wird diese Hoffnung mit dem hellenistischen Denken von der Unsterblichkeit der Seele in Verbindung gebracht.[539] Daher ist im Buch der Weisheit nicht von einer Auferstehung die Rede, sondern von der *Seele* und der *Unsterblichkeit bzw. Ewigkeit* (vgl. Weish 3 und 5). *Hier wird das Vertrauen ausgedrückt, dass die Bundestreue Gottes über den Tod hinaus bestehen bleibt.* Dass der Mensch über den Tod hinaus verwandelt weiterexistiert, wird mit Bezug auf Gen 1 schöpfungstheologisch begründet. Die Texte des Alten Testaments werden von den ntl. Autoren rezipiert und auf Jesus Christus hin gedeutet, im Licht der Auferweckungserfahrung des Herrn.

Die Hoffnung auf Auferweckung im Neuen Testament

Im Zentrum der Verkündigung Jesu steht die Botschaft vom Reich Gottes, der *basileia tou theou*. Das wurde schon in der Christologie entfaltet und wird daher jetzt nur kurz erinnert. Gott alleine ist der König, und seine

Herrschaft soll auf der Erde durchgesetzt werden. Für Jesus ist die prophetische Überlieferung in der Tradition des Deutero-Jesaja relevant, wo eine nahekommende Gottesherrschaft als Freudenbotschaft proklamiert wird. Und Jesus kennt neben dieser prophetischen auch eine weisheitliche und schöpfungstheologische Tradition, die er zum Beispiel in seinen Gleichnissen zur Sprache bringt. Denn in der Gleichnisrede bezieht sich Jesus immer wieder auf die gute Schöpfung Gottes. Jesus stellt Gott, den er Vater nennt, ins Zentrum seiner Verkündigung und geht damit von einem Monotheismus aus, der in Gott den universalen Herrscher der Welt erkennt. Die Ankündigung der kommenden Gottesherrschaft bedeutet zugleich die eschatologische Offenbarung der Einzigkeit Gottes. „Ohne diesen Bezug auf den Glutkern des jüdischen Monotheismus bliebe Jesu Botschaft ganz unverständlich."[540] Auf der Basis seines Glaubens an den einen „Gott der Lebenden" glaubt Jesus auch selbst an eine Auferstehung der Toten (vgl. Mk 12,18–27).

Die Bedeutung der Einzigkeit Gottes zeigt sich auch in der Stilisierung des Gegensatzes zwischen Jesus bzw. Gott und dem Satan. Der Neutestamentler Helmut Merklein sprach davon, dass die apokalyptische Opposition Gottes gegen den Satan und die Überwindung des Bösen ein integraler Bestandteil der Verkündigung Jesu ist.[541] Deshalb wird in Lk 10,18 gesagt, dass der Satan wie ein Blitz vom Himmel fiel, denn wenn die Herrschaft Gottes jetzt schon Gegenwart wird, dann ist die Macht des Satans jetzt schon gebrochen. „Nur weil Satan bereits überwunden ist, kann Jesus die rein futurische und deshalb für die Völker offene Heilsprophetie des Deutero-Jesaja so nah an die Gegenwart heranrücken, dass er die universale Gottesherrschaft als bereits angebrochen proklamiert."[542] Im Vaterunser wird um das Kommen des Reiches Gottes gebeten, so dass *Gegenwart und Zukunft der Gottesherrschaft miteinander verbunden* sind. Die Herrschaft Gottes geschieht schon zwischen uns, aber ihre Vollendung steht noch aus. Das ist die *eschatologische Spannung* von „schon und noch-nicht". Auch die Christen warten noch auf die Vollendung, sie sind nicht schon am Ziel. Daher ist in der Theologie von einem „eschatologischen Vorbehalt"[543] die Rede: Wir leben schon in der Gegenwart der angebrochenen Gottesherrschaft, aber wir sind noch unterwegs, wir sind noch nicht am Ziel, das erst noch kommen wird. Wir leben in der Zeit, noch nicht in der Ewigkeit.

Paulus sagt: „Jetzt schauen wir in einen Spiegel und sehen nur rätselhafte Umrisse, dann aber schauen wir von Angesicht zu Angesicht. Jetzt ist mein Erkennen Stückwerk, dann aber werde ich durch und durch erkennen, so wie ich auch durch und durch erkannt worden bin" (1 Kor 13,12). Daher bleiben für unsere Gegenwart Glaube, Hoffnung und Liebe, wobei die Liebe am größten ist (vgl. 1 Kor 13,13). Ein sicheres, eindeutiges Wissen um unsere Zukunft, die Gott selbst ist, der auf uns zukommt, kann es nicht geben, auch nicht für die Christen. Erst im Tod werden wir Gott schauen und erst am Ende wird Gott alles in allem sein (1 Kor 15,28). Die Liebe aber verwandelt jetzt schon die Welt im Sinne Gottes, auf sie kommt es an, sie steht mit Glauben und Hoffen in Verbindung, aber ragt über sie hinaus. Paulus hat ein Gespür dafür, dass Jesus das Gebot der Gottes- und Nächstenliebe ins Zentrum seiner Verkündigung der Gottesherrschaft gestellt hat. *Die Eschatologie hat eine ethische Bedeutung für uns, wir können die Welt schon hier und jetzt im Sinne Gottes verwandeln.* Und Paulus sieht in der Auferweckung Jesu ein weiteres entscheidendes Zeichen für das Hereinbrechen der Gottesherrschaft, denn Gott *hat* Jesus von den Toten auferweckt und damit die Barriere zwischen Zeit und Ewigkeit – den Tod – durchbrochen.

Für Paulus ist Jesus Christus der Erste der Entschlafenen, der vom Tode auferweckt wurde (1 Kor 15,20). „… wie in Adam alle sterben, so werden in Christus alle lebendig gemacht werden" (1 Kor 15,22). Das ist eine *universale Hoffnung* und Paulus sieht eine bestimmte Reihenfolge bei der Auferweckung: „Erster ist Christus; dann folgen, wenn Christus kommt, alle, die zu ihm gehören. Danach kommt das Ende, wenn er jede Macht, Gewalt und Kraft entmachtet hat und seine Herrschaft Gott, dem Vater, übergibt. Denn er muss herrschen, bis Gott ihm alle Feinde unter seine Füße gelegt hat. Der letzte Feind, der entmachtet wird, ist der Tod" (1 Kor 15,23–26). Paulus erwartet den Tag, wenn Christus (wieder-)kommt und er spricht von einem Auferweckungsgeschehen, das eine bestimmte Erstreckung hat. Zunächst wendet er noch das Bild vom Samenkorn an, das sterben muss, um zu leben: „Auch das, was du säst, wird nicht lebendig, wenn es nicht stirbt. Und was du säst, ist noch nicht der Leib, der entstehen wird; es ist nur ein nacktes Samenkorn" (1 Kor 15,36 f.). Doch was gesät wird, ist verweslich! (1 Kor 15,42) Was auferweckt wird, ist aber unverweslich.

Die Auferweckung geschieht bei der sehnsüchtig erwarteten Wiederkunft des Herrn. An diesem Tag werden dem Auferweckten alle folgen, die zu Christus gehören und dann kommt das Ende, wenn Gott, der Vater, herrscht und sogar der Tod endgültig entmachtet wird. Wenn Gott alles unterworfen ist, „wird auch er, der Sohn, sich dem unterwerfen, der ihm alles unterworfen hat, damit Gott alles in allem sei" (1 Kor 15,28). Dann erst ist alles vollendet. Das ist eine radikale *Theozentrik* in der Eschatologie: Unsere Vollendung ist Gott selbst!

Das *Vollendungsgeschehen* hat bei Paulus aufgrund dieser Abfolge eine bestimmte *Dauer*, die wir zeitlich nicht mehr so einfach fassen können. Das gibt der Theologiegeschichte und heutigen Konzepten der Eschatologie bleibend zu denken. Paulus rechnet noch damit, dass die Wiederkunft des Herrn bald bevorsteht und die dann Lebenden ebenso betrifft wie die, die dann schon gestorben sind. Er spricht prophetisch: „Seht, ich enthülle euch ein

Geheimnis: Wir werden nicht alle entschlafen, aber wir werden alle verwandelt werden – plötzlich, in einem Augenblick, beim letzten Posaunenschall. Die Posaune wird erschallen, die Toten werden als Unverwesliche auferweckt, wir aber werden verwandelt werden“ (1 Kor 15,51–52). Paulus geht davon aus, dass der Herr in jedem Augenblick wiederkommen könnte. Die noch Lebenden werden dann „plötzlich“ verwandelt, die schon Toten werden in unverweslicher Form auferweckt.

Der unverwesliche Leib entstammt dem Himmel, nicht der Erde. Im Rahmen eines apokalyptischen Denkens, das Paulus hier aufgreift (vgl. das Motiv des letzten Posaunenschalls, des Eingriffs Gottes in die Zeit), geschieht das in die Zeit einbrechende, verwandelnde Handeln Gottes an den Lebenden in einem *Augenblick*. Der Augenblick steht für die kleinste denkbare, kaum fassbare Zeiteinheit, in der sich das gesamte Vollendungsgeschehen bündelt. In ihm geschieht die endgültige Verwandlung, die hier nicht unbedingt den individuellen Tod voraussetzen muss.[544] Diese augenblickliche Verwandlung ist nicht mehr von der Verwesung betroffen und muss/kann nicht mit zeitlichen Vorstellungen der Dauer verbunden werden. Die Verwandlung geschieht unverfügbar und sie schafft neues Leben.[545]

Paulus hofft darauf, dass der Herr bald in der Zeit wiederkommt, um die Welt zu vollenden, die Lebenden zu verwandeln, die Toten aufzuerwecken und dem Vater alles zu unterwerfen. Dafür steht der Ruf „Maranatha“, „unser Herr, komm!“ (1 Kor 16,22) Das nennen wir die *Parusie*, die Wiederkunft des Herrn. Von der Wortbedeutung her bedeutet Parousia aber auch „Gegenwart“ oder „Anwesenheit“. Der Herr ist jetzt schon anwesend und er wird dann alles vollenden, wenn er wiederkommt.

Der *Auferstehungsleib* wird von Paulus als *soma pneumatikon* zur Sprache gebracht (1 Kor 15,44). Die neue Einheitsübersetzung (2017) übersetzt das Wort mit „überirdischer Leib“, es sollte aber als „geistlicher Leib“ verstanden werden. Möglicherweise spielt Paulus auf den Geist Gottes, das göttliche Pneuma, an, das uns verwandeln und neu beleben wird. Was gesät wird, ist verweslich, armselig und schwach, was auferweckt wird ist unverweslich, herrlich und stark (vgl. 1 Kor 15, 42–44). Gesät wird ein irdischer Leib, auferweckt ein überirdischer Leib im Geiste Gottes (vgl. 1 Kor 15,44). Mehr sagt Paulus nicht über den Auferstehungsleib, der sich nicht bebildern und näher beschreiben lässt. Wir sehen jetzt nur in Spiegel- und Rätselbildern!

In der Auferstehung Jesu Christi sind Leiden, Sünde und Tod schon überwunden, aber in der Zeit sind wir noch mit diesen Mächten konfrontiert, bis alles Gott unterworfen wird und diese Mächte am Ende sind. Diese schmerzliche Erfahrung macht Paulus ja immer wieder: dass die Getauften, die doch eigentlich von Sünde und Tod erlöst sein müssten und nicht mehr sündigen dürften, immer wieder zu Sündern werden und noch nicht am Ziel sind, selbst noch bitter leiden. *Paulus verbindet die Auferstehung Jesu mit der Hoffnung auf die universale endzeitliche Auferweckung und Rettung der Toten.* Und genau darin liegt auch die soteriologische Bedeutung der Auferweckung Jesu für uns alle. Er ist der erste der Entschlafenen, der vom Vater auferweckt wird und wir werden ihm auch darin nachfolgen. Die Nachfolge hört auch im Tod nicht auf. Sie ist im Leben wie im Tod von der Liebe geprägt, die alles zu verwandeln vermag.

Systematische Perspektiven

Dialogische Unsterblichkeit der Seele bei Joseph Ratzinger

Joseph Ratzinger hat sich das traditionelle Modell[546] katholischer Eschatologie zu eigen gemacht. Er versucht zu erklären, warum und wie die *individuelle* Vollendung des einzelnen Menschen in seinem Tod und die *universale* Vollendung der ganzen Welt, die erst am Ende der Zeiten bei der Parusie (Wiederkunft) des Herrn geschehen wird, zusammenhängen. Daher spricht er von einem *Zwischenzustand*, der die Spanne des Wartens zwischen dem individuellen und universalen Ende überbrückt. In diesem Kontext wird von Ratzinger vor allem die Unsterblichkeit der menschlichen Seele betont, denn sie gewährleistet die Kontinuität bzw. Identität der je einzigartigen Person zwischen den Phasen des Lebens, des Todes und Verweilens im Purgatorium sowie schließlich der Auferweckung, die erst in der universalen Vollendung geschieht. Dabei stellt er sich die Frage, was wir denn unter der Seele genau verstehen. Was macht die Seele so den ganzen Tag und wo befindet sie sich?

Ratzinger ist ein Fan der *platonischen Philosophie* und natürlich auch der *Bibel.* Das macht ihm die Antwort nicht leichter, denn Platon versteht unter der Seele eher den ewigen, unsterblichen und geistigen Anteil des Menschen, der die Ideen durch die Vernunft schauend in Abbildern erkennen und so das Wahre, das Gute und das Schöne tun kann. Die Seele gehört zur ontologischen Grundausstattung des Menschen, d. h. zu seinem *Sein* notwendig dazu. Ärgerlich ist für Platon, dass die Seele in einem Körper gefangen ist, aus dem sie sich möglichst befreien sollte, um ihr Ziel zu erreichen: die wahre Erkenntnis. Für die Hl. Schrift aber ist der Mensch immer als Ganzer im Blick, als Mensch aus Fleisch und Blut, aus Geist und Materie. Er kann nicht auf das Geistige reduziert werden, und daher zielt die Entwicklung der atl. und ntl. Eschatologie auf das ewige Leben für den *ganzen* Menschen, auf seine leibliche Auferweckung, die *salus carnis*, das „Heil des Fleisches", wie Irenäus es drastisch formuliert. Unsterblichkeit ist keine naturhafte Ausstattung des Menschen, wie bei Platon, sie ist ein Geschenk

Gottes, unverdienbar und aus Gnade und Liebe gegeben. Was tun? Ratzinger findet angesichts dieser verschiedenen Menschenbilder zu einer genialen Umschreibung des Seelebegriffes:

> „… eine geistige Seele haben heißt: ein Wesen sein, das von Gott auf ewigen Dialog hin gerufen und darum seinerseits fähig ist, Gott zu erkennen und ihm zu antworten."[547]

Eine Seele haben bedeutet, „Dialogpartner Gottes" zu sein.[548] Damit ist gesagt, dass die Unsterblichkeit des Menschen einzig und allein in der dialogischen Verwiesenheit auf Gott gründet, „dessen Liebe allein Ewigkeit gibt".[549] Die Liebe zwischen uns fordert Unendlichkeit und Unzerstörbarkeit, aber der Schrei nach Unendlichkeit ist unerfüllbar, denn wir können uns die Unzerstörbarkeit als sterbliche Menschen nicht geben.[550] Das Einzige, was Unsterblichkeit zu schaffen vermag, ist das Sein im Anderen, in jenem, „der noch steht, wenn ich zerfallen bin".[551] Dieser Andere kann letztlich nur Gott sein, der nicht vergeht, „sondern mitten im Werden und im Vorübergang bleibt: der Gott der Lebendigen, der nicht nur den Schatten und das Echo meines Seins hält … Ich selbst bin sein Gedanke, der gleichsam ursprünglicher mich selber setzt, als ich in mir bin; sein Gedanke ist nicht der nachträgliche Schatten, sondern die Ursprungskraft meines Seins."[552] In Gott bin ich näher bei mir, als wenn ich nur bei mir sein wollte. Ich lebe also im Anderen, in Gott, der mir mein Leben geschenkt hat und es bewahren will!

Ratzinger betont, dass er so versucht, die Rede von der unsterblichen Seele in die biblische Perspektive zu rücken. *Denn der ganze Mensch aus Leib und Seele ist Dialogpartner der Liebe Gottes und: jeder Mensch ist es, es handelt sich um kein „Sondergeschick der Frommen"*![553] Der Begriff „Seele" umfasst somit die materielle und geistige Verfasstheit des Menschen und kann nicht zu einem Dualismus zwischen Körper und Bewusstsein führen. Eine Unterscheidung zwischen Leib und Seele bleibt für Ratzinger dennoch sinnvoll. Da der Leib des Menschen vergänglich ist, kann er nicht die Konstante für ein Leben über den Tod hinaus sein.[554] Die Kontinuität liegt in der Gottesbeziehung, denn das „christliche Unsterblichkeitsverständnis geht entscheidend vom Gottesbegriff aus und hat deshalb dialogischen Charakter."[555]

Auch der *Himmel* wird von Ratzinger dialogisch verstanden, er ist nicht als Ort zu denken, sondern „zu definieren als das Sichberühren des Wesens Mensch mit dem Wesen Gott; dieses Ineinstreten von Gott und Mensch ist in Christus mit seinem Überschritt über den Bios durch den Tod hindurch zum neuen Leben endgültig geschehen."[556] Das Leben des Auferweckten ist *nicht Bios*, d. h. die biologische Form unserer Existenz, denn Jesus kehrt nicht ins Leben zurück. Sein Leben ist *Zoë*, endgültiges Leben, das von der Liebe verwandelt ist und den Todesraum durch- und überschritten hat. Davon zeugen die Auferstehungserzählungen des Neuen Testaments, dass das

Leben des Auferweckten außerhalb, jenseits des biologischen Lebens liegt und aus der Ewigkeit Gottes heraus für uns erscheint.[557] Daher können sich Himmel und Erde berühren. Dass es den Himmel gibt, beruht darauf, dass Jesus Christus als wahrer Gott und wahrer Mensch „dem menschlichen Sein einen Ort im Sein Gottes selbst gegeben hat“[558], so formuliert es Ratzinger mit Bezug auf Karl Rahner. Himmel bedeutet, bei Christus zu sein und ist als *personale Wirklichkeit* zu verstehen, die ihren Ursprung im österlichen Geheimnis findet. Aus der christologischen Aussage folgt jedoch die theo-logische Aussage, denn der verklärte Christus lebt in der „immerwährenden Selbstübergabe an den Vater – er *ist* diese Selbstübergabe“.[559] Im Himmel geschieht die Unmittelbarkeit zwischen Gott und Mensch in der Anschauung Gottes *(visio Dei)*. Das Ziel der Welt besteht darin, dass Gott am Ende „alles in allem“ ist, so betont Ratzinger mit Bezug auf Paulus (1 Kor 15,28) immer wieder. „[…] im letzten geht es immer um das eine – reine Durchdringung des ganzen Menschen von der Fülle Gottes und seine reine Offenheit, die Gott ‚alles in allem‘ und so ihn selbst grenzenlos erfüllt sein läßt.“[560]

Der *Jüngste Tag* steht am *Ende eines kosmischen Prozesses*, der mit der Schöpfung begonnen hat und in Gott seine Vollendung finden wird. Worte wie „Auferstehung des Fleisches“, „Ende der Welt“ oder „Jüngster Tag“ sind „Chiffren für das Zu-Ende-Kommen dieses Prozesses, das wieder nur von außen her, durch das qualitativ Neue und Andere geschehen kann und doch darin der innersten ‚Drift‘ des kosmischen Seins entspricht“.[561] Für Ratzinger bewegt sich der Kosmos auf seine Vollendung in Gott hin, die aber durch Gott ermöglicht wird. Das Ziel allen Lebens wird von Gott geschenkt, es ist keine Leistung des Menschen oder eine innere Automatik der Evolution, d. h. wir können uns nicht selbst vollenden. Nur Gott kann endgültig alles verwandeln. Geist und Materie werden dann neu und definitiv vereint, der Tod bedeutet für Ratzinger (wie für Rahner) ein „Allkosmisch-Sein“, in dem universaler Austausch in universaler Offenheit geschieht, so dass alle Entfremdung überwunden wird. „Erst wo solche Einheit der Schöpfung ist, kann gelten, daß ‚Gott alles in allem‘ ist (1 Kor 15,28).“[562] Mehr sagt Ratzinger nicht, denn „irgendwelche Einzelheiten der Auferstehungswelt sind unausdenkbar … Wir können darüber keine Vorstellungen gewinnen und bedürfen ihrer auch nicht; von solchen Versuchen sollte man in der Tat endgültig Abschied nehmen.“[563] Das sind sehr klare Worte, die zeigen, dass auch Ratzinger sich der Grundregeln der Hermeneutik eschatologischer Aussagen bewusst ist. Wir können uns von dem universalen Ende kein Bild machen! Was aber bleibt, ist die Gewissheit, dass die Dynamik des Kosmos ein Ziel hat, in dem Materie und Geist einander neu zugeeignet werden, auf unvorstellbare Weise nicht nur der Geist, sondern mit ihm auch das Fleisch vollendet, d. h. auferweckt wird.

Der jüngste Tag ist der Tag der Parusie, der Wiederkunft Christi, die wir erwarten. „Deinen Tod, oh Herr, verkünden wir und deine Auferstehung preisen wir, bis du kommst in Herrlichkeit." Dieser Ruf der Gemeinde in der Feier der Eucharistie kann verdeutlichen, warum Joseph Ratzinger sagt, dass jede Eucharistiefeier Parusie ist, Kommen des Herrn.[564] Jesus als Gekreuzigter ist der Gehende, als Auferweckter ist er der Kommende und diese beiden Bewegungen durchdringen sich von innen her. Jesus bleibt „weiterhin der Weggehende" und er ist zugleich der „immerfort Kommende", so dass die Kirche im Berühren des Auferstandenen an die Parusie rührt, „sie betet und lebt gleichsam in die Parusie hinein, deren Offenbarwerden nur das endgültige Offenbar- und Vollwerden des österlichen Geheimnisses ist".[565] In der Liebe und im Halten der Gebote geschieht das Kommen des Herrn *schon jetzt* als eschatologisches Geschehen *inmitten* der Welt.

Auch das *Gericht* entzieht sich unseren Vorstellungsversuchen. Entscheidend ist für Ratzinger der Blick auf den Richter: auf Gott und auf Christus. „Christus teilt niemandem Verderben zu, er selbst ist reine Rettung, und wer bei ihm steht, steht im Raum der Rettung und des Heils. Das Unheil wird nicht von ihm verhängt, sondern es besteht da, wo der Mensch von ihm ferne geblieben ist; es entsteht durch das Verbleiben im Eigenen."[566] Der Mensch ist vor Gott, was er in Wahrheit ist, er tritt im Tod in die unverdeckte Wirklichkeit und Wahrheit, er kann sich nicht mehr verstellen oder hinter Masken verbergen. Im Wegfallen der Masken besteht für Ratzinger das Gericht. Das Gericht ist die Wahrheit selber, und diese Wahrheit ist Gott, der uns personal begegnet.[567] Gott ist also der Wahrheitsmaßstab für den Menschen, und weil diese Wahrheit in Jesus Christus Mensch geworden ist, wird der Gerichtsgedanke erlösend umgeprägt: „Die Wahrheit, die den Menschen richtet, ist selbst aufgebrochen, ihn zu retten … Sie hat sich selbst als Liebe an seine Stelle begeben und ihm eine Wahrheit besonderer Art: die Wahrheit des Geliebtseins von der Wahrheit gegeben."[568] Hier verbindet Ratzinger Wahrheit und Liebe miteinander, jenes Motiv, das er als Papst in seiner ersten Enzyklika programmatisch entfaltet hat: *Deus caritas est*, Gott ist die Liebe. Ratzinger denkt in Beziehungen, und alle Begriffe werden in diesem Sinne dynamisiert. Gericht, Wahrheit, Liebe meinen die *lebendige Begegnung mit Gott*, nichts Statisches! Wo Leben ist, geschehen Beziehungen! Daher kann Ratzinger sagen, dass die „eschatologische Grenzlinie" nicht erst im Tod überschritten wird, sondern schon *jetzt* im Akt des Glaubens, in dem das Mitsein über das Isoliertsein siegt.[569] Der Mensch kann sich nur selbst isolieren von Gott und von der Liebe. In diesem Fall wird er sich selber zum Gericht. Das letzte Urteil über einen Menschen steht nur Gott zu, nur er kann beurteilen, ob eine Verweigerung bis in die letzte Wurzel reicht, oder „allen Verkehrungen zum Trotz noch ein letztes Tasten der Bereitschaft"[570] für Gott gegeben ist.

Ratzinger betont einen wichtigen Aspekt:

> „Das endgültige Geschick des Menschen wird ihm nicht an seiner Lebensentscheidung vorbei aufgedrängt. Diese Aussage ist im übrigen gerade auch als Grenze gegenüber einem falschen Dogmatismus und einer falschen christlichen Selbstsicherheit notwendig. Nur sie hält die Gleichheit aller Menschen fest, indem sie die Identität ihrer Verantwortung festhält. Seit den Tagen der Kirchenväter war und ist es eine entscheidende Aufgabe christlicher Verkündigung, diese Identität der Verantwortung ins Bewußtsein zu rücken und sie dem falschen Vertrauen auf das ‚Herr-Herr-Sagen' entgegenzustellen."[571]

Es gibt eine *Freiheit* und *Verantwortung*, die von der Gnade Gottes nicht aufgehoben, sondern ermöglicht wird. Niemand kann sich der Rechenschaft über sein Leben entziehen. Und der Christ ist durch seinen Glauben nicht in einer besseren Situation als der Ungläubige, denn beide müssen Rechenschaft ablegen über ihre Taten, die der Maßstab des rechten Lebens sind (vgl. Mt 25,31–46). Ein scheinheiliges „Herr-Herr-Sagen" alleine reicht nicht aus.[572] Das alles bedeutet, „daß es für den Christen einerseits die frei machende, gelöste Gelassenheit dessen gibt, der vom Überfluß der göttlichen Gerechtigkeit lebt, die Jesus Christus heißt. Es gibt eine Gelassenheit, die weiß: Ich kann letztlich gar nicht zerstören, was *Er* aufgebaut hat. … So geht von da eine tiefe Freiheit aus, ein Wissen um die reuelose Liebe Gottes, der, durch alle Verirrungen hindurchschauend, uns gut bleibt. … Der Ausgang der Welt hängt nicht von uns ab; er steht in Gottes Händen."[573] Aber auch der Christ muss antworten, wo er gefragt wird und diese Verantwortung richtet der Glaubensartikel vor uns auf: „Er wird kommen, zu richten die Lebenden und die Toten!" Ratzinger gibt zu, dass das Gericht von der Kirche nicht immer angemessen verkündigt wurde, ja dass es zu einer „Zerstörung des vollen Erlösungsglaubens und der Verheißung der Gnade" kam.[574] Es dürfe nicht vergessen werden, dass Jesus Christus bei seiner Wiederkunft der Richter ist, der nicht als Fremder, sondern als einer der Unsrigen kommt und das Menschsein von Innen kennt. So liegt über dem Gericht die „Morgenröte der Hoffnung".[575]

Dies hat Konsequenzen für die Rede von der *Hölle*. Sie bedeutet für Ratzinger eine absolute Einsamkeit, in die das Wort der Liebe nicht mehr eindringt, wo es kein Du und keine Beziehung zum Anderen mehr gibt.[576] Wenn wir aber bekennen, dass Jesus Christus, der Gekreuzigte, gestorben und in die Hölle hinabgestiegen ist, dann bedeutet dies, dass er „das Tor unserer letzten Einsamkeit durchschritten hat, dass er in seiner Passion eingetreten ist in diesen Abgrund unseres Verlassenseins. … Damit ist die Hölle überwunden, oder genauer: der Tod, der vordem die Hölle war, ist es nicht mehr."[577] Jetzt kann nur noch unsere eigene gewollte Selbstverschließung Hölle sein. Auch die Hölle wird also von Ratzinger nicht ausgeschmückt, sondern als *Zustand der absoluten Isolation* verstanden, in den ich mich nur aus eigener Verweigerung hineinbegeben könnte. Ob sich jemand in diesem Zustand der Hölle befindet, weiß keiner, außer Gott. Entscheidend ist, dass Jesus in seinem Tod sogar in diese letzte Einsamkeit vorgedrungen ist, denn der tiefste Kern seiner Passion ist die vollständige Verlassenheit.[578] Der Karsamstag hat die Verlassenheit Jesu zum Inhalt und den „Tod Gottes". Bekannt ist der Satz von Friedrich Nietzsche: Gott ist tot, wir haben ihn getötet. Ratzinger weist zu Recht darauf hin, dass diese Formulierung aus der Tradition der christlichen Passionsfrömmigkeit stammt und den Inhalt des Karsamstags betrifft. Der Tag des „Todes Gottes" drückt „die unerhörte Erfahrung unserer Zeit" aus, „daß Gott einfach abwesend ist, daß das Grab ihn deckt, … so daß man nicht einmal mehr ihn zu bestreiten braucht, sondern ihn einfach übergehen kann".[579] Ratzinger setzt den „Tod Gottes" jedoch immer in Anführungszeichen, um damit anzuzeigen, dass dies in einem bestimmten, nämlich christologisch zu verstehenden Sinn gemeint ist: Nicht Gott, der Vater stirbt, auch nicht der Hl. Geist, sondern der Sohn, der menschgewordene Logos, stirbt als wahrer Gott und wahrer Mensch. Insofern Jesus Christus das menschgewordene Wort Gottes ist, kann in diesem Sinne auch von dem „Tod Gottes" gesprochen werden – bei dem es jedoch nicht bleibt.

Ratzinger spricht von dem Ge-richt auch als Ausgerichtet- oder Hineingerichtetwerden in das Ganze und auf Gott hin.[580] Das Gericht geschieht nicht nur als Individualgericht, also für den Einzelnen, sondern auch als Universalgericht. Beides hängt für Ratzinger notwendigerweise zusammen. Das Vollendetwerden der ganzen Geschichte ist für Keinen etwas nur Äußerliches. Jeder Mensch hängt mit dem Ganzen, mit der Schöpfung zusammen, jeder lebt in sich und außer sich; was der eine tut, wirkt sich auf den anderen aus, was in der Welt geschieht, hat Konsequenzen für den Einzelnen.

Dieser Gedanke ist auch entscheidend für den *Zwischenzustand.* Denn der *Einzelne* tritt zwar in seinem Tod aus der irdischen Raumzeit heraus, aber weil das Ende der Zeit noch nicht erreicht ist, hängt er noch mit der *weiterlebenden Schöpfung* zusammen und ist nicht schon ganz am Ziel seines Weges. Er *wartet* noch auf das Ende. Die Zeitlichkeit des Menschen ist für Ratzinger eine *Beziehungswirklichkeit* und nicht nur eine äußere physikalische Qualität. In seinem Geist erfährt der Mensch nicht nur seine biologische Körperzeit, sondern er kann sie reflektieren und damit verinnerlichen. Und der Mensch, der sich im Laufe seines Lebens durch Erfahrungen, Lernen, Erkennen und Lieben entwickelt, wird er selber nur im *Sein mit den anderen* Menschen.[581]

> „Das Hereintreten der Liebe oder auch ihre Verweigerung binden ihn an den anderen Menschen und an seine besondere Zeitlichkeit, an sein Früher und Später. Das Netz der Mitmenschlichkeit ist zugleich auch ein Netz der Mitzeitlichkeit."[582]

Die menschliche Zeit nennt Ratzinger im Anschluss an den hl. Augustinus und dessen Überlegungen in den Confessiones eine „Memoria-Zeit". Im *Gedächtnis* finden wir Vergangenheit, Gegenwart und Zukunft auf eine besondere Weise verbunden. Denn wir können Vergangenes erinnern, also auf gewisse Weise wieder in unsere Gegenwart holen (etwa den gestrigen Tag, der so schön war), wir können uns Zukünftiges vorstellen und damit auf gewisse Weise vorwegnehmen (etwa in der Vorbereitung auf eine Prüfung, die ich schon durchspiele). Im Gedächtnis ist die Gegenwart auf rätselhafte Weise mit der Vergangenheit und der Zukunft verbunden, so dass wir unsere Gegenwart übersteigen können. Wir können auch ahnen, was *Gottes Ewigkeit* bedeuten könnte, nämlich eine *Gegenwart, die nie vergeht und in der alles versammelt ist, was jemals war, ist und kommen wird.*

Solange das Ende der Welt noch nicht gekommen ist, geht die Zeit weiter. Auch wenn der Einzelne stirbt, verlässt er zwar die irdische Zeit des *Bios*, aber er tritt noch nicht in die Ewigkeit ein, die erst in der universalen Vollendung erreicht wird. Beim Heraustreten aus der Welt des *Bios* im Tod des Menschen löst sich die Seele vom Leib, die Memoria-Zeit von der physikalischen Zeit und bleibt als „reine Memoria-Zeit" erhalten, die aber noch nicht zur Ewigkeit jenseits der Zeit wird. Der Geist des Menschen löst sich im Tod von der Materie, das *eigene* Leben ist endgültig vollbracht. Es wird aber noch die Möglichkeit der Reinigung eröffnet, die im Zwischenzustand geschehen kann. Und es gibt die Möglichkeit „einer neuen Beziehung auf die Materie: Nur so bleibt Auferstehung als neue Möglichkeit des Menschen, ja, als eine für ihn zu erwartende Notwendigkeit verstehbar."[583] Die Rede von einer Notwendigkeit überrascht und ist wohl als Heilsnotwendigkeit zu verstehen: Der Mensch kann nicht ohne den Leib vollendet werden, der Zwischenzustand der Seele ist insofern defizient.

Für Ratzinger geschieht erst *am Ende der Zeit Auferweckung als neue Vereinigung, d. h. gemeinsame Vollendung von Geist und Materie.* Bis dahin ist der Mensch in einem *Wartestand*, weil er immer noch mit der ganzen Welt, die ja weiterlebt, auch wenn er schon tot ist, *in Verbindung* steht und sich aufgrund dieser Beziehung noch nicht ganz von der Zeit gelöst hat.

Der Mensch bleibt *über den Tod hinaus Dialogpartner Gottes*, aber nach dem Tod befindet er sich noch in einer *Zwischenzeit*, der *Memoria-Zeit* der Seele, die ohne materiellen Körper, der im Grab liegt, existiert, aber nicht leibfrei gedacht werden kann, weil die Erinnerung natürlich die leiblichen Erfahrungen des Lebens umfasst und in sich trägt. *In der Seele ist das individuelle Leben als Vergangenes bewahrt und auf das noch ausstehende Geschehen der Auferweckung hin geöffnet.*

Dieses relationale, d. h. auf menschliche Beziehungen abzielende Denkmodell hat hier erneut eine christologische Pointe: Auch Jesus wartet als der

Auferstandene auf uns und unsere Umkehr. Ratzinger verweist auf den Kirchenvater Origenes, der betonte, dass Jesus nicht den Wein der Freude trinken kann, solange wir noch nicht endgültig im Reich des Vaters sind.[584] Jesus will nicht ohne uns seine Glorie empfangen, er will nicht ohne seinen Leib, d. h. die Kirche und alle Brüder und Schwerstern, die mit ihm in seinem Geiste verbunden sind, verherrlicht werden. Kein Glied soll am Leib fehlen. Ratzinger betont die unzerstörbare Beziehung des menschlichen Lebens zur Geschichte und in der Beziehung, die Gott in Jesus Christus zur Geschichte hat, in der er sich auf unsere Zeit einlässt.[585] *Das Schicksal des Ganzen ist das Schicksal des Einzelnen und umgekehrt, beides hängt aneinander.* Solange auch nur ein Glied des Leibes noch leidet, kann nicht alles vollendet sein.

So kann Ratzinger die Lehre vom *Fegfeuer* erläutern. In unserem Leben geschehen Gutes und Böses, Gnade und Sünde, beides wirkt über unseren Tod hinaus in der Welt weiter. In unserer Memoria-Zeit sind die Stärken und Schwächen unseres Lebens versammelt.

> „Noch ausständige Schuld, noch direkt weiterglimmendes Leiden aus Schuld heißt ‚Fegfeuer'. Dieses bedeutet demnach: zu-Ende-leiden der irdischen Hinterlassenschaft, dennoch schon in der Gewißheit des endgültigen Angenommenseins, aber zugleich in der unendlichen Schwere der sich entziehenden Gegenwart des Geliebten. Himmel in der Zeit eines Aufschubs des endgültigen Festmahls, in der Ausständigkeit der letzten Erfüllung aber bedeutet: einerseits real in die Fülle göttlicher Freude hineingerissen sein, die unendlich erfüllt und trägt und in ihrer Unverlierbarkeit wie in ihrer reinen Fülle letzte Er-füllung ist; so ist sie auch Gewißheit sich vollendender Gerechtigkeit und Liebe, Aufgehobensein nicht nur des eigenen, sondern auch des noch währenden iridischen Leidens mit all seinen Fragen in der schaubaren Liebe, die letzte Macht ist und daher keine Ungerechtigkeit stehen läßt."[586]

Dies ist ein höchst spannungsvoller Text mit Formulierungen, die eine Gratwanderung darstellen. Der Einzelne ist im Tod schon in der Gewissheit des endgültigen Angenommenseins, aber es steht auch jetzt noch etwas aus: Der Himmel ist noch aufgeschoben, der Tod führt schon zur Fülle göttlicher Freude, aber anderseits gehört die Offenheit der erfüllten Liebe auf die noch immer weitergehende und leidende Geschichte mit hinzu. Antizipativ, d. h. das Ende hoffend vorwegnehmend, ist alles schon in Gott überwunden, aber so lange die Geschichte noch andauert und die Ganzheit des Heils nicht den letzten Leidenden real erreicht hat, befinden wir uns auch im Tod im Zustand der Antizipation.[587] Für Ratzinger gehört nicht nur die Kirche, sondern es gehören alle Menschen zum Organismus, zum Leib Christi. Hier vertritt er eine universale Perspektive. Für den Einzelnen steht der Entscheid seines Lebens im Tod fest, er wird schon gerichtet, d. h. das Urteil über ihn wird gesprochen. Aber sein endgültiger Platz wird erst bestimmt werden, wenn alle Geschichte ausgelitten und der ganze Organismus erbaut ist. Erst im allgemeinen Ge-richt wird der Platz zugewiesen, den wir im Ganzen haben.[588]

Damit wir diesen Platz erreichen, beginnt im Tod ein Prozess der Umwandlung durch die Begegnung mit Christus, der selbst „das richtende Feuer ist, das den Menschen umwandelt, seinem verherrlichten Leib ‚konform' macht".[589] Durch Christus wird unser Herz gereinigt, das Feuer wird zum Bild der Reinigung und Verwandlung, es ist kein Bild der Vernichtung. Im Tod tritt der Mensch in das eschatologische Feuer ein in einem verwandelnden Augenblick, der sich irdischen Zeitmaßen entzieht. Dieser Augenblick ist nicht ewig, sondern meint einen Übergang. *Der Prozess der Umwandlung soll den Menschen gottfähig machen, so dass er in die communio sanctorum, die Gemeinschaft der Heiligen, eintreten kann.* Auch der Glaubende könne im Gitterwerk des Egoismus gefangen sein, aus dem er befreit werden müsse, auch er muss „umgebrannt werden".[590] Allerdings merken wir, dass das Bild des Feuers ambivalent bleibt und von uns sicher nicht als schmerzfrei empfunden wird. Während Ratzinger sonst mit Bildern eher zurückhaltend agiert und von Himmel und Hölle als existentialen Zuständen spricht, wird er hier seiner Maxime untreu, mit allen Problemen, die das Bild des Feuers aufwirft. Es ist ein schmerzvoller Prozess, von dem Ratzinger spricht, der erst im universalen Gericht ans Ende kommt.

Was passiert auf der zwischenmenschlich-zeitlichen Ebene im Zwischenzustand? Das eigene Sein ist als Schuld oder Gnade in jenen gegenwärtig, die noch leben, auch wenn ich schon tot bin. Auch Leid, das ich anderen angetan habe, kann deren Leben weiter belasten, auch wenn ich schon gestorben bin. Ob die anderen mir vergeben oder nicht, ob sie mich segnen oder mir fluchen, das ist für Ratzinger ein Teil meines postmortalen Geschicks. Die Begegnung mit der *communio sanctorum* ist auch eine Konfrontation mit meiner Schuld, die sich nicht nur gegen einzelne, sondern gegen den ganzen Organismus, den ganzen Leib Christi gerichtet hat.[591]

Das fürbittende *Gebet für Verstorbene* ist für Ratzinger von entscheidender Bedeutung, denn es ist ein Ausdruck der stellvertretenden Liebe über den Tod hinaus. Helfen und Schenken ist immer noch möglich.[592] Auch die Heiligen können für mich eintreten und als Betende und Rettende ihr Gewicht in die Waagschale legen. Und wenn Menschen mir vergeben können, dann verändert das auch mich in dem Prozess der Umwandlung. All das gehört zu meiner Existenz, die auch nach dem Tod noch mit all dem in Verbindung steht und umgeformt wird, bis endlich die universale Auferstehung geschieht. „Dann wird die ganze Schöpfung ‚Gesang' sein, selbstvergessene Gebärde der Entschränkung des Seins ins Ganze hinein und zugleich Eintreten des Ganzen ins Eigene, Freude, in der alles Fragen aufgelöst und erfüllt ist."[593] Dann ist Gott alles in allem.

Auferstehung im Tod bei Gisbert Greshake

Die eschatologische Konzeption von Joseph Ratzinger blieb nicht ohne Widerspruch. Denn die These von einem Zwischenzustand oder Fegfeuer trägt ein zeitliches Denken in den postmortalen Zustand ein, das eine Chronologie des Vorher und Nachher impliziert und die Auferweckung an das universale Ende bindet. Das Problem der Trennung von Seele und Leib gehört mit in den Fragenpool hinein und führt zu *Problemen* im Verständnis der Seele, die zwar nie ganz leibfrei sein kann, aber doch auf die Vollendung des Leibes warten muss.

Greshake hält das traditionelle Konzept von Ratzinger zunächst für wenig überzeugend und plädiert mit biblischen und theologiegeschichtlichen Argumenten dafür, dass die Auferweckung schon beim Tod des Einzelnen geschieht. Daher lautet seine These: Auferstehung *im* Tod!

Greshake betont die Leibhaftigkeit menschlicher Existenz und wehrt sich gegen eine Reduktion des postmortalen Zustands auf die Seele. Im biblischen Kontext werde der Mensch immer als leibhaftiges Wesen zur Sprache gebracht, er werde ganzheitlich betrachtet. Greshake bezieht sich auf den Exegeten Jacob Kremer, mit dem zusammen er das Buch „Resurrectio mortuorum" geschrieben hat.[594] Kremer betont, dass „Auferstehung oder Auferweckung der Toten" in der Bibel vieldeutige Wortbildungen sind, die in unterschiedlichen Kontexten eine je andere Verwendung finden. Auch die Pharisäer, die dem Denken Jesu durchaus nahestanden, diskutieren über eine Auferweckung der Toten. Im Neuen Testament steht dieser Begriff meistens „in deutlicher Abhängigkeit von der apokalyptischen Vorstellung eines Auferstehens bzw. Aufwachens aus dem Grab, manchmal jedoch bloß als Bezeichnung für die Erlangung des neuen, ewigen Lebens, das auch unabhängig von einer Auferweckung aus dem Grab erreicht werden kann (etwa durch eine Verwandlung)."[595] „Auferstehen" kann aber auch die schon bei der Taufe geschehende Bekehrung zum neuen Leben meinen. Damit wird eine Rettung als Befreiung aus der Macht des Todes verbunden, die die gesamte Welt erfassen soll. Im Neuen Testament wird von der personalen Auferstehung aller, die an Christus glauben, gesprochen.[596] Es ist vom Leib der Auferstandenen die Rede und von der erhofften ewigen Gemeinschaft mit dem auferweckten Herrn. Wie der postmortale Zustand genau aussieht, wird nur in Metaphern beschrieben. Die Herrlichkeit des Auferstehungsleibes Jesu Christi wird zum Paradigma und bei Paulus als „soma pneumatikon" (1 Kor 15,44), als von Gottes Geist verwandelter Leib, zur Sprache gebracht. Das ewige Leben ist die Gemeinschaft mit Gott, und die Rede von einer pneumatischen Existenz hängt auch an einem Gottesbild, das von der Vorstellung der Geistigkeit Gottes geprägt ist, der kein materielles Wesen ist.

Gisbert Greshake möchte mit seiner These das *Verhältnis von individueller und universaler Vollendung neu bestimmen.* Er will nicht länger zwischen einer „anima separata" im Zwischenzustand und einer leiblichen Auferstehung erst am Ende der Zeiten unterscheiden. Greshake sieht darin eine unauflösbare Spannung zwischen einem platonischen Seelenbegriff, der die Seele zu einer unzerstörbaren geistigen Substanz erklärt, und einem aristotelischen Seelenbegriff, der die Seele als substantielle Wesensform des Leibes begreift und damit an ihn gebunden ist. Thomas von Aquin habe bereits unter dem Dilemma gelitten, dass er von einer anima separata sprach, die im Zwischenzustand zu geistigen Akten in der Lage und durch Empfindungsfähigkeit ausgezeichnet ist und nach erfolgter Läuterung (schon vor dem Ende der Zeit) in der „visio beatifica" lebt, also in der endgültigen Schau Gottes. Wenn die Seele *(anima)* jedoch das gestaltende Prinzip des Leibes *(forma corporis)* ist, ist sie wesentlich auf den Leib hin ausgerichtet, von dem im Zwischenzustand aber noch keine Rede ist. Die Seele ohne Leib ist für Thomas eine zutiefst defiziente Wirklichkeit. Diese Spannung sieht Greshake auch bei Ratzinger als Problem.

Er spricht daher von der *Vollendung der individuellen Person* unter der Chiffre „Auferstehung im Tod", und die Vollendung der Menschheit am Ende der Zeiten ist jener Zustand, wenn Gott wirklich alles in allem ist. Damit wird die Vorstellung der personalen Vollendung dynamisiert und als ein *Prozessgeschehen* verstanden. Die Vollendung des Einzelnen kann erst dann gänzlich gegeben sein, wenn alle Menschen von Gott gerettet sind und das Ende der Welt gekommen ist. *Es handelt sich also um die anfanghafte Vollendung des einen und ganzen Menschen, bestehend aus Leib und Seele, im individuellen Tod und um die Vollendung der ganzen Menschheit am Ende der Geschichte.* Das Auferstehungsgeschehen ist ein Prozessgeschehen, das schon in der Taufe mitten im Leben beginnt und erfahrbar wird. Greshake bezieht sich vor allem auf die paulinische Tauftheologie und auf das Johannesevangelium, wo auch Elemente einer „präsentischen" Eschatologie gegeben sind, die davon ausgeht, dass die Vollendung schon jetzt in der Zeit beginnt. Und wenn die Taufe verstanden wird als Hineingenommenwerden in den Auferstehungsleib Jesu Christi, dann ist für Greshake nicht einzusehen, dass eine Auferstehung erst am Ende der Zeit geschehen soll und sich nicht schon im Tod in neuer Qualität verwandelt fortsetzt. Er betont, dass er mit einer Rede von der Seele als *anima unica forma corporis* sehr viel anfangen kann. Denn diese Formel mittelalterlicher Anthropologie und Eschatologie gehe davon aus, dass die Seele ohne den Leib nicht existieren könne und umgekehrt.[597]

Greshake greift grundlegend auf die biblische Anthropologie zurück, die den Menschen zunächst als Bild Gottes versteht, der leibhaftig vor Gott und dessen Liebe steht.[598] Der eine und ganze Mensch ist Leib, weil er seine Gottesbeziehung körperlich in Form einer „Expression" ausdrücken muss. Daher ist der Leib die transzendentale Bedingung (d. h. die Bedingung der Möglichkeit) dafür, dass der Mensch Gott antworten, durch seine Freiheit die Welt mitgestalten und mit anderen kommunizieren kann. Das leibhaftige Leben ist ein kreatives In-der-Welt-Sein, das als Interaktion mit anderen geschieht.[599]

Die Besonderheit unseres Verhältnisses zum Leib besteht nun darin, dass wir einerseits unser Leib sind und diesen Leib auch haben. Das heißt, wir sind mit unserem Leib identisch und können uns nicht von ihm trennen, aber wir können auch mit unserem Leib umgehen, ich kann mich zu ihm verhalten und mit ihm etwas machen. Also gibt es in unserem Leibverhältnis eine Identität und eine Differenz: Ich bin mein Leib und ich habe ihn.

Der Begriff Leib will im Unterschied zum Begriff Körper darauf hinweisen, dass er immer schon einen Bezug zur Geistigkeit impliziert und nicht für sich isoliert stehen kann. Für Greshake ist die Grenze zwischen dem Leib und der Welt fließend.[600] Die Dimensionen von Innen und Außen, Innerlichkeit und Äußerlichkeit verstehen wir von unserem Leib her. Was in uns geschieht, ist etwas anderes als das, was außen oder nach außen hin geschieht und die Grenzen unseres Leibes überschreitet. Durch den Leib sind wir also dem Anderen gegenüber ausgesetzt und mit ihm verbunden.

Durch unser verleiblichtes Handeln eignen wir uns die Welt an.[601] Greshake will deutlich machen, dass wir als geistig-leibliche Menschen in einem permanenten Austausch mit der Außenwelt stehen, der uns auch im Innersten prägt. Damit weist er darauf hin, dass wir nie als isolierte Individuen leben, sondern immer schon mit allem, mit der ganzen Welt und den anderen Lebewesen in Beziehung stehen. Das alles gehört zu unserem Leben, und deshalb kann unser Leben auch nicht vollendet werden, wenn diese Beziehungen außen vor bleiben würden. Unsere eigene Vollendung ist wie unser Leben *gebunden* an die Vollendung der durch die Leiblichkeit intersubjektiv – zwischenmenschlich – verfassten Menschheit.[602] Diesen Gedanken nimmt Greshake u. a. von Karl Rahner und dessen Anthropologie her auf. Und das berührt sich mit dem Anliegen von Joseph Ratzinger, der auch die Beziehung des Einzelnen zu allen im Blick hat, jedoch hierfür den Seelenbegriff im Zwischenzustand stärker macht, so dass bei ihm das Verhältnis von Seele und Leib nicht spannungsfrei geklärt ist.

Greshake geht konsequent davon aus, dass das Auferstehungsgeschehen nicht erst im Tod und schon gar nicht erst am Ende der Zeiten ansetzt, sondern schon in unserem konkreten Leben, vor allem im Sakrament der Taufe. Die Taufe bedeutet im Ritus des Untertauchens und wieder Auftauchens die Teilhabe an Tod und Auferstehung Jesu Christi. Wenn wir getauft sind, so Greshake, leben wir schon in der Auferstehung und sind schon in diesen

Auferstehungsprozess hineingenommen. Es geschieht in unserem Leben eine *„Antezipation"*[603] *der Auferstehung im Leben*, vor allem in der Gemeinschaft der Kirche, die als Leib Christi verstanden wird. Die Auferweckung wird schon im Leben vorweggenommen, die kommende Welt ist jetzt schon angebrochen und ansatzhaft gibt es schon die Vollendung, und zwar überall dort, wo Versöhnung, Frieden, Einheit und Liebe geschehen.[604]

Durch die Taufe und im Leben des Glaubens kommt Jesus Christus als der Auferstandene schon zu jedem Einzelnen und stellt ihn in sein Leben und damit in den universalen Prozess der Auferstehung hinein. Der Christ lebt auf einem neuen Grund, der über den Tod hinausträgt.[605]

Das Leben der Auferstehung geschieht auch schon in der Liebe zum anderen, vor allem zum armen und notleidenden Menschen. Auch hier vollzieht sich die Begegnung mit dem Auferstandenen, denn Jesus Christus ist nicht anders auferstanden als „in unbedingter Solidarität mit dem ‚letzten' Menschenbruder".[606] Die Armen werden von Greshake als Sakrament der Auferstehung Christi verstanden, denn die konkrete Liebe zu ihnen vermittelt die Teilhabe an der verheißenen Auferstehung. Und schließlich geschieht Auferweckung schon im Leben in der Hoffnung als einer passiv wartenden und aktiv handelnden Hoffnung, die Geduld, tröstliche Erwartung und freudige Gelöstheit impliziert.[607] Durch die Kraft des Hl. Geistes wird schon jetzt das Bestehende verflüssigt und in Bewegung gesetzt auf das Erhoffte hin. Daher können sich die Christen nicht abfinden mit dem, was ist. Eine *Praxis der Auferstehung* steht auf gegen Tod und Unrecht in der Welt und setzt sich ein für eine Erneuerung der Welt schon jetzt, und das bedeutet auch die Verantwortung, ungerechte und unterdrückende Strukturen, die menschliches Leben beschädigen oder vernichten, zu verändern.[608] Greshake verweist auf die Kirchenkonstitution Lumen gentium 35, wo festgehalten wird, dass sich die Hoffnung in den Strukturen der Welt ausdrücken soll. Das Vorletzte des Lebens soll auf das Letzte hin in Bewegung gesetzt werden. Damit ist für Greshake ganz klar, dass schon im biblischen Denken die Auferweckung das Existenzial des gesamten Glaubensweges ist, eine die ganze Existenz des Menschen prägende Dynamik.[609]

> „Die auferweckte Leiblichkeit ist das ganze lebendige, organische Ensemble von Relationen und gegenseitigen Abhängigkeiten, die – offen auf das Ganze der Wirklichkeit – unser Leib von seinen wesenhaften partikulären Individualitäten her geprägt hat."[610]

Die Interkommunikation und das Beziehungsgeflecht, das zu unserem Leben gehört, werden im Tod nicht geringer, sondern größer. Es handelt sich nämlich um einen dynamisch-progressiven Prozess: „Durch Leben, Sterben und Auferstehen des Einzelnen kommt je und je ein Glied jenes ‚Leibes' zur Vollendung, der erst in der Vollendung Aller sein Pleroma [seine Fülle, E. D.] erweist."[611] Dabei ist festzuhalten, dass der Auferstehungsleib inkommensurabel, unvergleichlich ist. Es handelt sich nicht um eine biologische Wiederbelebung des Leichnams.

Im Selbstvollzug des Menschen wird Materie verinnerlicht, sie wird ein Moment am Vollzug des Geistes, indem sie ihn bleibend prägt. Die Materie wird, vermittelt durch die leibverfasste menschliche Freiheit, zur *verwandelten*, befreiten und entgrenzten Materie, die in der Vollendung des Menschen selbst zu ihrer Verklärung – Vollendung – kommt.[612] Greshakes Position lässt sich wie folgt zusammenfassen:

> „Grundgelegt in den Schöpfungsstrukturen, aufblitzend in der Heilsgeschichte vor Christus, auch trotz der Sünde bestätigt und zum vollen Glanz kommend in seinem Leben und Wirken und sich schließlich ‚in den letzten Tagen' verwirklichend bis hin zum eschatologischen ‚Gott alles in allem': Dieser eine universale Prozess ist auf allen Stufen vermittelt durch Christus, der in seiner Auferstehung – wie P. Teilhard de Chardin sagt – ‚Besitz ergreift von seinen Funktionen als universales Zentrum' aller Wirklichkeit."[613]

Dieses Zitat drückt die gesamte den ganzen Kosmos betreffende dynamische Bewegung in Gott hinein aus und bezieht sich auf Teilhard de Chardin, einen berühmten Theologen und Naturforscher des 20. Jh., der als einer der ersten versucht hat, das evolutive Denken mit der Schöpfungstheologie und theologischen Anthropologie zu versöhnen. Er ging davon aus, dass Christus als der ewige Logos das Alpha, d. h. der Anfang, und das Omega, das Ende der Schöpfung und ihrer Evolution ist, in der er als Dynamik wirkt, um alles zu vollenden.

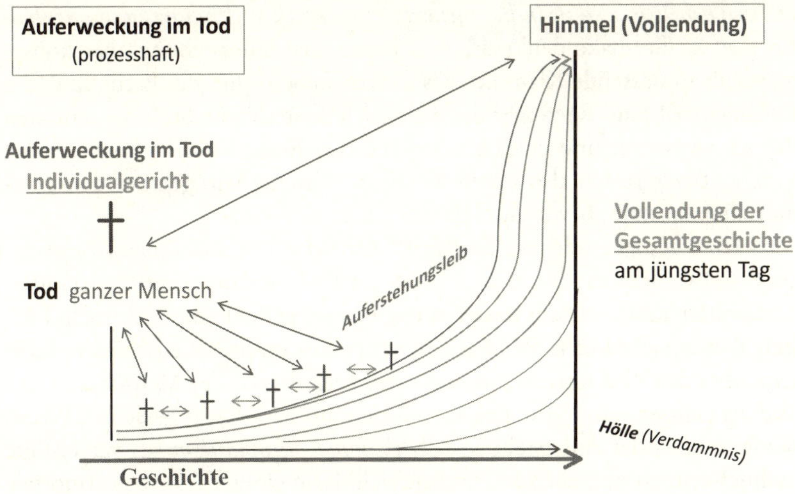

Die Auferstehung ist für Greshake ein *lebendiger Prozess*, der schon in der *Schöpfung* beginnt, sich über die gesamte *Heilgeschichte* erstreckt, *im Leben des Einzelnen* aufgrund der Taufe bzw. des *Lebenswandels* schon beginnt, sich im Tod weitet und schließlich am Ende der Zeiten zur Auferweckung der Leiber aller Menschen in ihrem gemeinsamen *Beziehungsgeflecht* führt, wenn Gott alles im allem sein wird. Greshake spricht von einem wachsenden Auferstehungsleib, der sozusagen immer „größer" wird mit jedem Menschen, der in seinem Tod zum Auferweckungsleib hinzukommt. Auch Jesus Christus wartet, bis jeder zu ihm gehört, erst dann ist auch die Auferstehung Jesu Christi vollendet. Der Herr wartet also auf uns, seine Auferstehung und unsere Auferstehung sind aneinander gebunden und können nicht ohne einander geschehen. Damit werden auch in diesem Modell zeitliche Metaphern in den Zustand nach dem Tod eingefügt. Denn die Rede von einem wachsenden Auferstehungsleib kann von uns ja nur raum-zeitlich gedacht werden, auch wenn wir uns darüber im Klaren sind, dass wir die Phase zwischen individuellem Tod und universaler Vollendung nicht wie unsere irdische Zeit denken können. Greshakes Vorstellung von einem Prozessgeschehen geht davon aus, dass auch im Leben nach dem Tod noch etwas geschieht, bevor das universale Ende kommt, dass es ein Warten gibt, in das auch Jesus Christus einbezogen ist. Das ist gewagt und geht über das Sag- und Denkbare hinaus, bleibt aber theologisch und ethisch begründet und motiviert: Gott wartet auf jeden und gibt keinen verloren!

Ratzingers Rede vom Zwischenzustand und der Reinigung kennt auch noch Veränderungen nach dem Tod und ist verbunden mit dessen Konzept der Memoria-Zeit, die noch nicht die Ewigkeit ist, sondern sich zwischen Zeit und Ewigkeit abspielt. *Beide Theologen müssen sich also mit zeitlichen Metaphern behelfen, weil sie individuelle und universale Vollendung zusammenhalten wollen.* Greshake denkt das Geschehen der Auferstehung aber konsequent als umfassende Klammer des ganzen Lebens und des Eschatons (der Endzeit), während Ratzinger die dialogisch unsterbliche Seele als zentralen Begriff favorisiert und erst beim universalen Ende von der Auferstehung spricht. Beide setzen also unterschiedliche Akzente bezogen auf den postmortalen Zustand, bevor Gott alles in allem sein wird.

Auch Greshake schätzt den Begriff der Seele (als *unica forma corporis*), aber er lässt nicht zu, dass sich die Seele im Eschaton quasi verselbstständigt und isoliert auf ihren Leib warten muss. Ratzinger denkt die Seele nicht leibfrei, aber er sieht nur in ihr den Träger der Kontinuität menschlicher Existenz über den Tod hinaus. Greshake will zeigen, dass der Mensch auch im Tod als Ganzer – aus Seele *und* Leib – Bestand hat. Wenn beide mit Paulus betonen, dass der Auferstehungsleib als *soma pneumatikon*, als vergeistigte Leiblichkeit, zu verstehen ist, sind sie sich darin einig, dass die postmortale

Existenz nicht biologisch missverstanden werden darf. Es wird dann anders sein als hier, die Materie und auch unser endlicher Geist werden verwandelt werden auf unsagbare Weise. Damit nehmen sie die Hermeneutik eschatologischer Aussagen ernst.

Aber auch wenn es unvorstellbar ist: die Beziehungen, die hier unser Leben ausmachen, werden auch im verwandelten ewigen Leben nicht unbedeutend! Und das Hineinsterben in den unbegreiflichen, uns liebenden Gott bis hin zu dem Ende, an dem Er alles in allem sein wird, kann nicht zum Gegenstand spannungsfreier begrifflicher Rede gemacht werden.

So bleiben Fragen offen und zur weiteren Diskussion gestellt. Angesichts der christlichen Hoffnung müssen wir uns aber auch selbst befragen lassen, ob und wie der Glaube an den „Gott der Lebenden" uns und unseren Lebensalltag prägt und wandelt. Die Frage nach Gott und seiner Liebe wird dann auch zu einer Frage Gottes an uns: „Adam, wo bist du?" (Gen 3,9).

Wichtige Protagonisten und …

Wann?	Wer?
85–160 135–200 185–254	Marcion Irenäus Origenes
260–327 298–373	Arius Athanasius
4. Jh. 354–430	Drei Kappadozier Augustinus
381–451 376–444 400–461	Nestorius Cyrill Leo I.
580–662	Maximus Confessor
1033–1109	Anselm von Canterbury
1225–1274	Thomas von Aquin
1221–1274	Bonaventura
1483–1546	Luther
1904–1984 1905–1988 *1927 *1933	Karl Rahner Hans Urs von Balthasar Joseph Ratzinger Gisbert Greshake

… Wegmarken der hier behandelten Dogmengeschichte

Jahr	Was ist passiert?	Was gibt's zu wissen?
2. Jh.	Streit um den biblischen Kanon	AT *und* NT bilden die *eine* Hl. Schrift des Christentums
325	Konzil von Nizäa	Wesenseinheit von Vater und Sohn: *homoousios*
381	Konzil von Konstantinopel	Großes Glaubensbekenntnis Trinitarisches Dogma
431	Konzil von Ephesus	Gottesmutter: *theotokos* Inkarnation des Logos
451	Konzil von Chalcedon	Christologisches Bekenntnis Zwei-Naturen-Lehre
553	II. Konzil von Konstantinopel	Hypostatische Union Enhypostasie
680/81	III. Konzil von Konstantinopel	Dyotheletismus
1215	IV. Laterankonzil	Prinzip der analogen Gottrede
1274	II. Konzil von Lyon	7-Zahl der Sakramente
1438–1445	Konzil von Florenz	Sakramente und ihre Wirkung
1545–1563	Konzil von Trient	Sakramente; Tauftheologie; Eucharistie; Ursünde; Fegfeuer
1870	I. Vatikanisches Konzil	Papstamt und Unfehlbarkeit
1962–1965	II. Vatikanisches Konzil	DV, LG, GS, NA, UR, AG, DiH Selbstverständnis der Kirche im Dienste des Heils und im Dialog mit …

Abkürzungsverzeichnis

Neben den gängigen Abkürzungen der Dokumente des II. Vatikanischen Konzils wurden die Sigel nach dem Abkürzungsverzeichnis des Lexikons für Theologie und Kirche (LThK^3 11) verwendet.

CIC =	Dt. Bischofskonferenz (Hg.), Codex Iuris Canonici. Codex des kanonischen Rechtes. Lt.-dt. Ausgabe mit Sachverzeichnis, Kevelaer ^{8}2017.
DH =	Denzinger, H./Hünermann, P. (Hg.), Enchiridion symbolorum, definitionum et declarationum de rebus fidei et morum. Kompendium der Glaubensbekenntnisse und kirchlichen Lehrentscheidungen, Freiburg ^{40}2005.
EG =	Papst Franziskus, Apostolisches Schreiben Evangelii Gaudium. Über die Verkündigung des Evangeliums in der Welt von heute, hg. v. Sekretariat der DBK (VAS 194), Bonn 2013.
KEK =	Dt. Bischofskonferenz (Hg.), Katholischer Erwachsenenkatechismus, 2 Bde., Freiburg 2006.
NLKD =	Beinert, W./Stubenrauch, B. (Hg.), Neues Lexikon der Katholischen Dogmatik, Freiburg 2012.
Rahner, Schriften =	Rahner, K., Schriften zur Theologie I–XVI, Einsiedeln – Zürich – Köln 1954–1984.

Bibelausgabe

Die Bibel. Revidierte Einheitsübersetzung der Heiligen Schrift. Gesamtausgabe, hg. v. Katholische Bibelanstalt, Stuttgart 2017.

Vgl. Die Bibel. Altes und Neues Testament. Einheitsübersetzung, hg. v. Katholische Bibelanstalt, Stuttgart 1980.

Weiterführende Literatur

Dogmatik allgemein bzw. für alle Traktate

Ansorge, D., Kleine Geschichte der christlichen Theologie. Epochen, Denker, Weichenstellungen, Regensburg 2017.

Beinert, W. (Hg.), Glaubenszugänge. Lehrbuch der katholischen Dogmatik, 3 Bände, Paderborn 1995.

Beinert, W./Stubenrauch, B. (Hg.), Neues Lexikon der Katholischen Dogmatik, Freiburg 2012.

Kasper, W., Evangelium und Dogma. Grundlegung der Dogmatik (WKGS 7), Freiburg 2015.

Müller, G. L., Katholische Dogmatik. Für Studium und Praxis der Theologie, Freiburg ^{10}2016.

Pesch, O. H., Katholische Dogmatik aus ökumenischer Erfahrung, 3 Bände, Ostfildern 2016.

Rahner, J., Einführung in die katholische Dogmatik, Darmstadt ^{2}2014.

Rahner, K., Grundkurs des Glaubens. Einführung in den Begriff des Christentums, Freiburg ^{12}2008.

Schneider, T. (Hg.), Handbuch der Dogmatik, 2 Bde., Düsseldorf ^{6}2017.

Seewald, M., Dogma im Wandel. Wie Glaubenslehren sich entwickeln, Freiburg 2018.

Gottes- und Trinitätslehre

Dünzl, F., Kleine Geschichte des trinitarischen Dogmas in der Alten Kirche, Freiburg 2006.

Greshake, G., Hinführung zum Glauben an den drei-einen Gott, Freiburg ^{6}2014.

Kraus, G., Gott als Wirklichkeit, Lehrbuch zur Gotteslehre, Frankfurt/M. 1994.

Ruhstorfer, K. H. (Hg.), Gotteslehre. Theologie studieren – Modul 7, Paderborn 2014.

Stosch, K. v., Trinität, Leiden 2017.

Stubenrauch, B., Dreifaltigkeit, Mainz 2002.

Schöpfungslehre und Theologische Anthropologie

Dirscherl. E., Grundriss Theologischer Anthropologie. Die Entschiedenheit des Menschen angesichts des Anderen, Regensburg 2006.

Kehl, M., Und Gott sah, dass es gut war. Eine Theologie der Schöpfung, Freiburg 2006.

Kraus, G., Welt und Mensch. Lehrbuch zur Schöpfungslehre, Frankfurt/M. 1997.

Langenfeld, A./Lerch, M., Theologische Anthropologie, Leiden u. a. 2018.

Lüke, U., Das Säugetier von Gottes Gnaden. Evolution – Bewusstsein – Freiheit, Freiburg ^{3}2016.

Christologie und Soteriologie

Bruckmann, F., In IHM erkannt: Gott und Mensch. Grundzüge einer anthropologischen Christologie im Angesichte Israels, Paderborn 2014.
Hoping, H., Einführung in die Christologie, Darmstadt [3]2014.
Kraus, G., Jesus Christus – Der Heilsmittler. Lehrbuch zur Christologie, Frankfurt 2005.
Menke, K. H., Jesus ist Gott der Sohn. Denkformen und Brennpunkte der Christologie, Regensburg [3]2012.
Nitsche, B., Christologie, Paderborn 2012.
Ruhstorfer, K. H. (Hg.), Christologie, Paderborn 2018.
Sattler, D., Erlösung? Lehrbuch der Soteriologie, Freiburg 2011.
Weißer, M., Der Heilige Horizont des Herzens, Perspektiven einer trinitarischen Soteriologie im Anschluss an Karl Rahner (FThSt 186), Freiburg 2018.
Werbick, J., Gott-menschlich. Elementare Christologie, Freiburg 2016.

Allg. Sakramentenlehre, Taufe und Eucharistie

Faber, E. M., Einführung in die katholische Sakramentenlehre, Darmstadt [3]2011.
Höhn, H-J., spüren. Die ästhetische Kraft der Sakramente, Würzburg 2002.
Hoping, H., Mein Leib für euch gegeben. Geschichte und Theologie der Eucharistie, Freiburg 2011.
Schneider, T., Zeichen der Nähe Gottes. Grundriss der Sakramententheologie, Ostfildern [9]2008.
Vorgrimler, H., Sakramententheologie, Düsseldorf 1987.

Ekklesiologie

Hoff, G. M., Ekklesiologie (Gegenwärtig Glauben denken, Bd. 6), Paderborn 2011.
Hoff, G. M., Gegen den Uhrzeigersinn. Ekklesiologie kirchlicher Gegenwarten, Paderborn 2018.
Kasper, W., Katholische Kirche. Wesen – Wirklichkeit – Sendung, Freiburg [4]2011.
Kehl, M., Die Kirche. Eine katholische Ekklesiologie, Würzburg [4]2001.
Miggelbrink, R., Einführung in die Lehre von der Kirche, Darmstadt 2003.
Sattler, D., Kirche(n), Paderborn 2013.
Tück, J.-H. (Hg.), Erinnerung an die Zukunft. Das Zweite Vatikanische Konzil, Freiburg [2]2013.
Wiedenhofer, S., Das katholische Kirchenverständnis. Ein Lehrbuch der Ekklesiologie, Graz 1992.

Eschatologie

Greshake, G., Leben – stärker als der Tod. Von der christlichen Hoffnung, Freiburg 2008.

Kehl, M., Und was kommt nach dem Ende? Von Weltuntergang und Vollendung, Wiedergeburt und Auferstehung, Regensburg ²2008.

Nocke, F.-J., Liebe, Tod und Auferstehung, München 2005.

Rahner, J., Einführung in die Eschatologie, Freiburg ²2016.

Ratzinger, J./Benedikt XVI., Eschatologie – Tod und ewiges Leben, Regensburg 2007.

Remenyi, M., Auferstehung denken. Anwege, Grenzen und Modelle personaleschatologischer Theoriebildung, Freiburg 2014.

Stubenrauch, B., Was kommt danach? Himmel, Hölle, Nirwana oder gar nichts? München 2007.

Wohlmuth, J., Mysterium der Verwandlung. Eine Eschatologie aus katholischer Perspektive im Gespräch mit jüdischem Denken der Gegenwart, Paderborn 2005.

Anmerkungen

1 Ratzinger, J., Einführung in das Christentum. Vorlesungen über das Apostolische Glaubensbekenntnis, München [8]2006, 40.

2 Vgl. II. Vaticanum, DV 2 und GS 1.

3 Vgl. Weißer, M., Der Heilige Horizont des Herzens. Perspektiven einer trinitarischen Soteriologie im Anschluss an Karl Rahner (FThSt 186), Freiburg 2018, 19 f.; 23 f.; 40; 65–69.

4 Vgl. 17. Shell Jugendstudie: Shell Deutschland Holding (Hg.), Jugend 2015. Eine pragmatische Generation im Aufbruch, Frankfurt a. M. 2015, 254 f.

5 Vgl. hierzu: Seewald, M., Dogma im Wandel. Wie Glaubenslehren sich entwickeln, Freiburg 2018.

6 Vgl. Ronchi, E., Die nackten Fragen des Evangeliums. Meditazioni proposte a Papa Francesco e alla Curia romana, München u. a. [5]2018.

7 Mit dem Verhältnis von Glaube und Vernunft beschäftigt sich vor allem die grundlegende Fundamentaltheologie.

8 Vgl. II. Vaticanum, UR 11; Thomas von Aquin, STh II–II q2 a5; Papst Franziskus, EG 34 f.; Böttigheimer, C., Hierarchie der Wahrheiten, in: NLKD, 336–340.

9 Vgl. Scheeben, M. J., Handbuch der katholischen Dogmatik, Bd. 1, Freiburg 1873, 186–195; Ott, L., Grundriss der katholischen Dogmatik, Bonn [11]2005, 35 f.

10 Müller, G. L., Katholische Dogmatik. Für Studium und Praxis der Theologie, Freiburg [2]2005, 80.

11 Müller, Katholische Dogmatik, 82.

12 Vgl. Seewald, Dogma im Wandel, 22–51.

13 Vgl. Beinert, W., Einleitung in die Dogmatik, in: Beinert, W. (Hg.), Glaubenszugänge. Lehrbuch der Dogmatik, Bd. 1, Paderborn 1995, 3–41, bes. 6–21; Böttigheimer, C., Dogma/Dogmatische Aussagen, in: NLKD, 128–131.

14 Hierzu ausführlich: Kasper, W., Evangelium und Dogma. Grundlegung der Dogmatik (WKGS 7), Freiburg 2015.

15 D. h. in seiner Vollmacht als Oberhaupt der Weltkirche. Vgl. S. 243 in diesem Buch.

16 Vgl. Müller, Katholische Dogmatik (s. Anm. 10), 93.

17 Vgl. Kap. 8, 232 ff.; 239–245 in diesem Buch.

18 Vgl. II. Vaticanum, DV 11 ff.

19 Vgl. Müller, Katholische Dogmatik (s. Anm. 10), 87 ff. „Da das Dogma nicht eine unmittelbare Einsicht in das Wesen und Verhalten Gottes bietet, sondern weil auch das Dogma an das Grundgesetz der Vermittlung von Gotteswort im Menschenwort gebunden ist und darum selbst menschliches und kreatürliches Wort ist, bedarf es auch einer menschlichen Interpretation. […] Es stellt sich die Aufgabe, den bleibend gültigen Aussagewillen des Dogmas von den unabstreifbaren weltbildlichen Konnotationen abzuheben." Die permanente „Übersetzung des eigentlichen Gehaltes des Dogmas" muss dieses immer wieder neu in den „dynamischen Traditionsprozess" der Kirche einfügen. Darum beschränkt sich die Bemühung um das rechte Verständnis der Dogmen auch

„nicht auf eine Verteidigung des Wahrheitsgehaltes der in der zurückliegenden Geschichte schon formulierten Glaubenssätze." Es „gehört vielmehr zum aktuellen Verkündigungsauftrag der Kirche und ist somit ein tragendes Element an der auf ihre eigene Zukunft hin offenen Dogmengeschichte."

20 Vgl. Beinert, W., Glaube – Einführung in die Dogmatik, in: Beinert, W./Kühn, U., Ökumenische Dogmatik, Leipzig – Regensburg 2013, 1–30, 24.

21 Internationale Theologische Kommission, Die Hoffnung auf Rettung für ungetauft sterbende Kinder (19. 4. 2007), hg. vom Sekretariat der DBK (Arbeitshilfen 224), Bonn 2008.

22 Internationale Theologische Kommission, Die Hoffnung auf Rettung, 4. Das „positive" Anliegen, das *ursprünglich* hinter der Lehre des *Limbus* steckte, bestand darin, die ungetauften Babys nicht direkt in der „Hölle" verorten zu müssen, denn im *Limbus* erleiden sie immerhin keine Qualen.

23 Vgl. II. Vaticanum, DV 8.

24 Internationale Theologische Kommission, Die Hoffnung, 4.

25 Ratzinger, J., Salz der Erde. Christentum und katholische Kirche im neuen Jahrtausend. Ein Gespräch mit P. Seewald, München [5]2004, 222.

26 Vgl. Beinert, Einleitung (s. Anm. 13), 10–17; 133.

27 Vgl. Böttigheimer, C., Lehrbuch der Fundamentaltheologie. Die Rationalität der Gottes-, Offenbarungs- und Kirchenfrage, Freiburg [3]2016, 51–63, 51: „Der biblische Glaubensbegriff ist streng theozentrisch, weshalb er auch nur von Gott her, der sich nach christlichem Verständnis in der Geschichte Israels und endgültig in Jesus Christus geoffenbart hat, adäquat begriffen werden kann."

28 Beinert, Einleitung (s. Anm. 13), 9.

29 Vgl. Benedikt XVI., Enzyklika *Deus caritas est.* Über die christliche Liebe, hg. v. Sekretariat der DBK (VAS 171), Bonn 2006.

30 Papst Franziskus, EG 11; vgl. EG 36.

31 Vgl. Benedikt XVI., *Deus caritas est,* 1; vgl. Papst Franziskus, EG 7. Vgl. Ratzinger, J., Heil. II. Theologisch, in: LThK[2] 5, 78–80. Im Unterschied zur „Erlösung" enthält die Rede vom Heil positiven Sinn und behält so diesen „offenen Horizont".

32 Vgl. Papst Franziskus, EG 8 f.

33 Vgl. Spadaro, A., Das Interview mit Papst Franziskus, hg. v. Batlogg, A., Freiburg 2013, 62; EG 50.

34 Vgl. Rahner, K., Grundkurs des Glaubens. Einführung in den Begriff des Christentums, Freiburg 1976, 56.

35 Rahner, K., Ich hoffe, dass ich ein Christ bin. Gespräch mit Karl-Heinz Weger und Hildegard Lüning im SDR, I (1979), in: Imhof, P./Biallowons, H. (Hg.), Karl Rahner im Gespräch, Bd. 2: 1978–1982. München 1983, 87–95, 90; 92.

36 Vgl. Rahner, Grundkurs (Anm. 34), 56.

37 Rahner, Grundkurs, 60.

38 Vgl. Rahner, Grundkurs, 63.

39 Rahner, Grundkurs, 60 f.

40 Vgl. Fischer, G., Theologien des Alten Testaments (NSKAT 31), Stuttgart 2012, 252 f.

41 Vgl. Ansprache von Johannes Paul II., in: Päpstl. Bibelkommission (Hg.), Die Interpretation der Bibel in der Kirche (VAS 115), Bonn 1993, 13.

42 Ebd.

43 W. Kasper nimmt dabei die Dogmen mit höchster Verbindlichkeit in den Blick: „Unfehlbar verkündete Dogmen sind relativ in bezug auf das Ursprungszeugnis der Schrift, das sie verbindlich auslegen, das sie dabei aber nie voll einholen, weshalb sie selbst immer wieder von der Schrift her ausgelegt werden müssen." Vgl. Kasper, W., Freiheit des Evangeliums und dogmatische Bindung in der katholischen Theologie, in: Ders., Theologie und Kirche, Bd. 1, Mainz 1987, 43–71, 68.

44 Vgl. Päpstliche Bibelkommission (Hg.), Die Interpretation der Bibel (s. Anm. 41), 98 f.

45 Vgl. Johannes Paul II., Schuldbekenntnis und Vergebungsbitte am Ersten Fastensonntag 2000 in St. Peter in Rom, in: Henrix, H. H./Kraus, W. (Hg.), Die Kirchen und das Judentum, Bd. 2, Paderborn 2001, 151–156, bes. 152 f.

46 Die Theodizeefrage befasst sich mit der Rechtfertigung Gottes angesichts des Übels und des Leidens in der Welt und geht auf G. W. Leibniz zurück. Da dieses Thema zum Kerncurriculum der Fundamentaltheologie gehört, wird es hier nicht weiter vertieft.

47 Vgl. Zenger, E., u. a. (Hg.), Einleitung in das Alte Testament, Stuttgart [5]2004, 76 f.

48 Vgl. Dohmen, C., Exodus 1–18, Freiburg 2015 (HThKAT), 157.

49 Vgl. Dohmen, Exodus 1–18, 158 f.

50 Vgl. Dohmen, Exodus 1–18, 165.

51 Vgl. Dohmen, Exodus 1–18, 158.

52 Vgl. Dohmen, Exodus 1–18, 155.

53 Vgl. Dohmen, Exodus 1–18, 155.

54 Dohmen, Exodus 1–18, 155.

55 Vgl. Dohmen, Exodus 1–18, 149; 155.

56 Vgl. Dohmen, C., Exodus 19–40 (HThKAT), Freiburg 2004, 347 f.

57 Vgl. Dohmen, Exodus 19–40, 348.

58 Vgl. Dohmen, Exodus 19–40, 349.

59 Dohmen, Exodus 19–40, 352.

60 Vgl. Fischer, Theologien (s. Anm. 40), 265 f.

61 Vgl. Fischer, Theologien, 278 f.

62 Fischer, Theologien, 287.

63 Assmann, J., Monotheismus und die Sprache der Gewalt, in: Walter, P. (Hg.), Das Gewaltpotential des Monotheismus und der dreieine Gott (QD 216), Freiburg 2005, 18–38, 20. Vgl. auch Tück, J.-H. (Hg.), Monotheismus unter Gewaltverdacht. Zum Gespräch mit Jan Assmann, Freiburg 2015; in diesem Band geht Assmann in leicht revidierter Form auf die Debatte ein.

64 Vgl. Assmann, Monotheismus, 19.

65 Vgl. Assmann, Monotheismus, 20 f.

66 Vgl. Assmann, Monotheismus, 35.

67 Vgl. Assmann, Monotheismus, 24 f.

68 Vgl. Assmann, Monotheismus, 26–29, 37.

69 Assmann, Monotheismus, 38.

70 Assmann, Monotheismus, 38.

71 Zenger, E., Der mosaische Monotheismus im Spannungsfeld von Gewalttätigkeit und Gewaltverzicht. Eine Replik auf Jan Assmann, in: Walter, P. (Hg.), Das Gewaltpotential, 39–73, 39.

72 Vgl. Zenger, Monotheismus, 39.

73 Zenger, Monotheismus, 39 f.

74 Zenger, Monotheismus, 42.

75 Zenger, Monotheismus, 44.
76 Zenger, Monotheismus, 46.
77 Zenger, Monotheismus, 46.
78 Zenger, Monotheismus, 47.
79 Zenger, Monotheismus, 53.
80 Zenger, Monotheismus, 64.
81 Zenger, Monotheismus, 69.
82 Vgl. Ziegenaus, A., Kanon. Von der Väterzeit bis zur Gegenwart (HDG I, 3a), Freiburg 1990, 17 f.
83 Vgl. Johannes Paul II., Ansprache an die Vollversammlung der Päpstlichen Bibelkommission am 11. 4. 1997, in: Henrix, H. H./Kraus, W. (Hg.), Die Kirchen und das Judentum, Bd. 2, Paderborn – Gütersloh 2001, 102–105, bes. 103 f.: „Die menschliche Identität Jesu wird von seiner Bindung an das Volk Israel her bestimmt, war er doch aus dem Geschlecht Davids und ein Nachkomme Abrahams, und es handelt sich dabei nicht nur um eine physische Zugehörigkeit. Jesus nahm an den synagogalen Zeremonien teil, bei denen die Texte des Alten Testaments gelesen und kommentiert wurden, und so nahm er auch auf menschliche Weise Kenntnis von jenen Texten. Er nährte damit Geist und Herz, indem er sich ihrer dann in seinen Gebeten bediente; auch sein Verhalten war ganz von ihnen durchdrungen. So wurde er ein echter Sohn Israels, tief verwurzelt in der langen Geschichte seines Volkes … Spricht man Christus seine Verbindung mit dem Alten Testament ab, dann bedeutet das, ihn von seinen Wurzeln zu trennen und sein Mysterium allen Sinnes zu entleeren."
84 Zitiert nach: Rendtorff, R./Henrix, H. H. (Hg.), Die Kirchen und das Judentum, Bd. 1, Paderborn – Gütersloh [3]2001, 75 f.
85 Ratzinger, J., Die Vielfalt der Religionen und der Eine Bund, Hagen 1998, 32.
86 Vgl. Ratzinger, J., Das Erbe Abrahams, in: Ders., Weggemeinschaft des Glaubens, Augsburg 2002, 235–238, 237.
87 Ratzinger, Vielfalt, 110 f.
88 Nicklas, T., Der Gott der frühen Christen (Neues Testament), in: Ruhstorfer, K. H. (Hg.), Gotteslehre. Theologie studieren – Modul 7, Paderborn 2014, 73–131, 92.
89 Nicklas, Der Gott, 92. Dies wird in der Christologie weiter entfaltet.
90 Vgl. Nicklas, Der Gott, 91.
91 Nicklas, Der Gott, 78 f.
92 Vgl. Nicklas, Der Gott, 80.
93 Vgl. Nicklas, Der Gott, 97.
94 Nicklas, Der Gott, 98.
95 Nicklas, Der Gott, 100.
96 Vgl. Nicklas, Der Gott, 103.
97 Vgl. Nicklas, Der Gott, 108.
98 Vgl. Nicklas, Der Gott, 114.
99 Vgl. Dünzl, F., Kleine Geschichte des trinitarischen Dogmas in der Alten Kirche, Freiburg 2006, 14 f.
100 Nicklas, Der Gott (s. Anm. 88), 120.
101 Vgl. Nicklas, Der Gott, 123.
102 Vgl. Dünzl, Kleine Geschichte (s. Anm. 99), 20.
103 Nicklas, Der Gott, 127.
104 Vgl. Nicklas, Der Gott, 128.

[105] Vgl. Dünzl, Kleine Geschichte, 21.
[106] Vgl. Kany, R., Trinitätslehre im antiken Christentum, in: Ruhstorfer, K. H. (Hg.), Gotteslehre, Paderborn 2014, 133–185, 146.
[107] Vgl. Kany, Trinitätslehre, 147.
[108] Kany, Trinitätslehre, 147.
[109] Vgl. Kany, Trinitätslehre, 148.
[110] Vgl. Gerhards, A./Doeker, A./Ebenbauer, P. (Hg.), Identität durch Gebet, Paderborn u. a. 2003.
[111] Kasper, W., Der Gott Jesu Christi, Mainz 1982, 304.
[112] Vgl. Studer, B., Gott und unsere Erlösung im Glauben der Alten Kirche, Düsseldorf 1985, 41.
[113] Vgl. Studer, Gott, 44.
[114] Studer, Gott, 48.
[115] Vgl. Courth, F., Trinität. In der Schrift und Patristik (HDG II, 1a), Freiburg 1988, 39.
[116] Diese Diktion kennen wir von Philo, der so den Logos bezeichnete. Hier liegt eine christliche Rezeption vor.
[117] Kany, Trinitätslehre (s. Anm. 106), 163 u. 166.
[118] Kany, Trinitätslehre, 163.
[119] Vgl. Kraus, G., Gott als Wirklichkeit. Lehrbuch zur Gotteslehre (Grundrisse zur Dogmatik Bd. 1), Frankfurt a. M. 1994, 276.
[120] Vgl. Kany, Trinitätslehre (s. Anm. 106), 170.
[121] Vgl. Kap. 7, 216 f. in diesem Buch.
[122] Vgl. Rahner, K., Schriften IV, 292.
[123] Rahner, K., Der dreifaltige Gott als transzendenter Urgrund der Heilsgeschichte, in: Feiner, J./Löhrer, M. (Hg.), Mysterium Salutis. Grundriss heilsgeschichtlicher Dogmatik Bd. II, 317–401, 384.
[124] Rahner, Der dreifaltige Gott, 333.
[125] Rahner, Der dreifaltige Gott, 341.
[126] Rahner, Grundkurs (s. Anm. 34), 135.
[127] Vgl. Balthasar, H. U. v., Theodramatik Bd. III, Die Handlung, Einsiedeln 1980, 302, und Theodramatik Bd. IV, Das Endspiel, Einsiedeln 1983, 221.
[128] Balthasar, Theodramatik IV, 66.
[129] Balthasar, Theodramatik IV, 221.
[130] Balthasar, Theodramatik IV, 221.
[131] Balthasar, Theodramatik IV, 470.
[132] Breuning, W., Je größere Unähnlichkeit?, in: Ders., Dogmatik im Dienst an der Versöhnung, hg. v. Dirscherl, E., Würzburg 1995 (BDS 21), 31–46, 44.
[133] Pröpper, T., Allmacht Gottes, in: Ders., Evangelium und freie Vernunft, Freiburg 2001, 288–293, 288.
[134] Pröpper, Allmacht, 292.
[135] Müller, A., Was ist Zeit?, in: Appel, K./Dirscherl, E. (Hg.), Das Testament der Zeit. Die Apokalyptik und ihre gegenwärtige Rezeption (QD 278), Freiburg 2016, 21–36, 23.
[136] Müller, Zeit, 25.
[137] Papst Johannes Paul II. Ansprache an die Teilnehmer der Vollversammlung der päpstlichen Akademie der Wissenschaften am 31.10.1992, Nr. 5: http://w2.vatican.va/content/john-paul-ii/de/speeches/1992/october/documents/hf_jp-ii_spe_19921031_accademia-scienze.html. (15.1.2019)

138 Papst Johannes Paul II., Ansprache, Nr. 12. „Es ist eine Pflicht der Theologen, sich regelmäßig über die wissenschaftlichen Ergebnisse zu informieren, um eventuell zu prüfen, ob sie diese in ihrer Reflexion berücksichtigen oder ihre Lehre anders formulieren müssen." (Nr. 8)

139 Zenger, E./Dohmen, C./Fischer, I., Das Buch Genesis kommentiert, in: Die Bibel. Einheitsübersetzung. Kommentierte Studienausgabe, Bd. 1, hg. v. C. Dohmen, Stuttgart 2017, 6.

140 Zenger/Dohmen/Fischer, Genesis, 7.

141 Vgl. Zenger, E., Das Geheimnis der Schöpfung als ethische Vor-Gabe an Juden und Christen, in: Breuning, W./Heinz, H. (Hg.), Damit die Erde menschlich bleibt, Freiburg 1985, 36–60, 37.

142 Kehl, M., Und Gott sah, dass es gut war. Eine Theologie der Schöpfung, Freiburg 2006, 36.

143 Rahner, Grundkurs (s. Anm. 34), 86. Vgl. auch das Zitat bei Kehl, Und Gott sah, 34.

144 Dieses Lied hat Udo Lindenberg komponiert, als eine seiner besten und vertrautesten Freundinnen überraschend starb. Wenn man das weiß, hört man das Lied noch mal anders: „Hinterm Horizont geht's weiter, ein neuer Tag, … zusammen sind wir stark … das kann nie zu Ende sein" …

145 Kehl, Und Gott sah (s. Anm. 142), 37.

146 „Dieses zielgerichtete Schöpfungshandeln Gottes hält die Schöpfung von Anfang an in Bewegung; und zwar auf eine Zukunft hin, die nicht bloß eine Extrapolation ihrer eigenen Entfaltungsmöglichkeiten, sondern ein neues Geschenk Gottes an sie bedeutet: sie bedeutet wirklich ‚Neue Schöpfung'; in ihr soll das – durch Jesus Christus bereits vorweg gesprochene – vorbehaltlose Ja der Schöpfung als Antwort auf das Schöpfungswort Gottes in allem verwirklicht sein. Erst dann wird Gott ‚über alles und in allem herrschen' (1 Kor 15,28), und alle Beschädigung durch Sünde, Leid und Tod wird überwunden sein." (Kehl, Und Gott sah, 36 f.)

147 Immer noch schön und spannend zu lesen, auch für Schülerinnen und Schüler, als verständliche Einführung in die Philosophie: Gaarder, J., Sofies Welt. Roman über die Geschichte der Philosophie, München [10]2007.

148 Vgl. Kap. 5 und 6 in diesem Buch.

149 Zenger/Dohmen/Fischer, Genesis (s. Anm. 139), 8.

150 Gisel, P., Schöpfung und Vollendung, in: Eicher, P. (Hg.), Neue Summe Theologie Bd. 2, Freiburg 1988, 19–125, 55.

151 Spannend ist, dass die neue Einheitsübersetzung der römisch-katholischen Kirche (2017) nicht mehr von „Abbild" spricht, sondern von „Bild". Dies ist eine offenere Formulierung als zuvor, denn das Bild kann von Gott geschaffen sein, es muss ihm aber nicht in allem gleich sein, was der Begriff „Abbild" oder „Ebenbild" assoziieren könnte. Gleiches gilt für die Änderung „männlich und weiblich" statt „als Mann und Frau erschuf er sie". Dies verdeutlicht, dass nicht an zwei real existierende Individuen gedacht ist, sondern die Erfahrung der Geschlechterdifferenz artikuliert wird.

152 Vgl. Zenger, E., Gottes Bogen in den Wolken, Stuttgart 1983, 87.

153 Zenger, Gottes Bogen, 90; vgl. auch Janowski, B., Stellvertretung. Alttestamentliche Studien zu einem theologischen Grundbegriff, Stuttgart 1997, 30–33.

154 Vgl. dazu Wenzel, K., Sakramentales Selbst. Der Mensch als Zeichen des Heils, Freiburg 2003, 86 f.

[155] Vgl. Zenger, E. (Hg.), Stuttgarter Altes Testament. Einheitsübersetzung mit Kommentar und Lexikon, Stuttgart 2004, 194.
[156] Vgl. Staubli, Th., Die Bücher Levitikus/Numeri, Stuttgart 1996, 155 f.
[157] Es ist höchst spannend, wie sich in diesem Kontext relationalen Denkens christliche und jüdische Reflexionen begegnen können.
[158] Vgl. Janowski, B., Konfliktgespräche mit Gott. Eine Anthropologie der Psalmen, Neukirchen-Vluyn 2003, 8 ff.; vgl. auch Kraus, G., Welt und Mensch. Lehrbuch zur Schöpfungslehre, Frankfurt a. M. 1997, 408–415.
[159] Vgl. dazu die Ausführungen von Langemeyer, G., Theologische Anthropologie, in: Beinert, W. (Hg.), Glaubenszugänge. Lehrbuch der katholischen Dogmatik, Bd. 1, Paderborn u. a. 1995, 540 f.
[160] *Homoiosis* ist auch ein Schlüsselbegriff platonischer Anthropologie, weil dort das Ziel des Menschen die Verähnlichung mit dem Göttlichen ist.
[161] Vgl. Katechismus der Katholischen Kirche, Neuübersetzung aufgrund der Editio typica latina, hg. v. Ecclesia catholica, München – Libreria Editrice Vaticana 2003, 371.
[162] Schüngel-Straumann, H., Mann und Frau in den Schöpfungstexten von Gen 1–3 unter Berücksichtigung der innerbiblischen Wirkungsgeschichte, in: Schneider, Th. (Hg.), Mann und Frau – Grundproblem theologischer Anthropologie, Freiburg 1989, 142–166, 160.
[163] Vgl. Kohler-Spiegel, H., Mensch sein als Mann und Frau, in: Biser, E./Hahn, F./Langer, M. (Hg.), Der Glaube der Christen Bd. 1, München – Stuttgart 1999, 106–129, 121.
[164] Rahner, Grundkurs (s. Anm. 34), 42.
[165] Vgl. GS 17.
[166] GS 17.
[167] Vgl. GS 16.
[168] GS 16.
[169] Rahner, K., Betrachtungen zum ignatianischen Exerzitienbuch, München 1965, 123.
[170] Vgl. zum anonymen Christentum bei Rahner: Hilberath, B. J., Karl Rahner. Gottgeheimnis Mensch, Mainz 1995, 147–160
[171] Vgl. Rahner, K., Schriften II, 237.
[172] Vgl. Assmann, J., Das kulturelle Gedächtnis. Schrift, Erinnerung und politische Identität in frühen Hochkulturen, München 1992.
[173] Messbuch für die Bistümer des deutschen Sprachgebietes. Authentische Ausgabe für den liturgischen Gebrauch, hrsg. im Auftrag der Bischofkonferenzen Deutschlands, Österreichs und der Schweiz sowie der Bischöfe von Luxemburg, Bozen-Brixen und Lüttich, Einsiedeln u. a., 1975, [74].
[174] Zenger (Hg.), Stuttgarter Altes Testament (s. Anm. 155), 22.
[175] Dohmen, C., Schöpfung und Tod. Die Entfaltung theologischer und anthropologischer Konzeptionen in Gen 2/3, aktual. Neuausg. Stuttgart 1996, 217.
[176] Dohmen, Schöpfung, 215 f.
[177] Dohmen, Schöpfung, 216 f.
[178] Vgl. Dohmen, Schöpfung, 217.
[179] So Dohmen, Schöpfung, 230 mit Bezug auf P. Schoonenberg.
[180] Vgl. Häring, H., Das Problem des Bösen in der Theologie, Darmstadt 1985, 1 f.
[181] Übersetzung von Janowski, B., Konfliktgespräche (s. Anm. 158), 330.

182 Vgl. Schupp, F., Schöpfung und Sünde. Von der Verheißung einer wahren und gerechten Welt. Vom Versagen der Menschen und vom Widerstand gegen die Zerstörung, Düsseldorf 1990, 587.
183 Vgl. Theobald, M., Erbsünde/Erbsündenlehre. I. Der Befund der Schrift, in: LThK 3, [3]1995, 743 f., 743.
184 Vgl. Theobald, Erbsünde, 744.
185 Merklein, H., Paulus und die Sünde, in: Frankemölle, H. (Hg.), Sünde und Erlösung im Neuen Testament, Freiburg 1996, 123–163, 148.
186 Werbick, J., Die biblische Rede von Sünde und Erlösung im Horizont der Grunderfahrungen des modernen Menschen, in: Frankemölle (Hg.), Sünde (s. Anm. 185), 164–184, 183 f.
187 Augustinus, Sermo 169,11,13.
188 Vgl. Müller, G. L., Katholische Dogmatik. Für Studium und Praxis der Theologie, Freiburg 1995, 134, 135.
189 Vgl. Hoping, H., Erbsünde/Erbsündenlehre. II. Historisch-theologisch, in: LThK 3, [3]1995, 744–746, 744.
190 Vgl. dazu Menke, K. H., Das Kriterium des Christseins. Grundriss der Gnadenlehre, Regensburg 2003, 24–60.
191 Menke, Kriterium, 49.
192 Pesch, O. H., Frei sein aus Gnade. Theologische Anthropologie, Freiburg 1983, 132.
193 Vgl. Scheffczyk, L., Urstand, Fall und Erbsünde. Von der Schrift bis Augustinus, Freiburg 1981 (HDG II, 3a 1. Teil), 115.
194 Vgl. Schupp, F., Schöpfung und Sünde (s. Anm. 182), 287.
195 Vgl. Katechismus der Katholischen Kirche, 404 (S. 134).
196 Vgl. Rahner, Schriften XII, 419.
197 Vgl. Rahner, Schriften XII, 426.
198 Rahner, Schriften VIII, 226.
199 Vgl. dazu Rahner, Grundkurs (s. Anm. 34), 113–116.
200 Vgl. Rahner, Grundkurs, 100.
201 Vgl. Rahner, Schriften XIV, 99.
202 Vgl. Rahner, Schriften V, 508 f. und 510 f.
203 Vgl. Rahner, Schriften V, 514.
204 Vgl. Kap. 8, 259–266 in diesem Buch.
205 Vgl. Papst Franziskus, EG 53; 56; 59.
206 Vgl. dazu Pröpper, Th., Erlösungsglaube und Freiheitsgeschichte. Eine Skizze zur Soteriologie, München [2]1988, 283, der sich mit dieser skizzierten Position P. Hünermanns kritisch auseinandersetzt (283–285).
207 Dies übersehen ganz und gar jene hier nicht behandelten Modelle, welche die Ursprungssünde im evolutiven Kontext als notwendige negative Begleiterscheinung der Entwicklung der Welt verstehen wollen.
208 Baumann, U., Erbsünde? Ihr traditionelles Verständnis in der Krise heutiger Theologie, Freiburg 1970, 259.
209 Rahner, K., Christologie heute, in: Ders., Schriften XV, 217–224, 220.
210 Vgl. Kap. 1, 40 ff. in diesem Buch
211 Vgl. Söding, Th., Die Verkündigung Jesu – Ereignis und Erinnerung, Freiburg [2]2012; Theißen, G./Merz, A., Der historische Jesus. Ein Lehrbuch, Göttingen [3]2001; Nicklas,

T., Wer war Jesus von Nazaret? Jesus im Spiegel der Evangelien, in: Hotze, G./Nicklas, T., u. a. (Hg.), Jesus begegnen. Zugänge zur Christologie, Freiburg 2009, 7–78.

212 Söding, Die Verkündigung, 145; 149 f.

213 Nicklas, T., Zeit, Zeitmodelle und Zeitdeutung in der Bibel Alten und Neuen Testaments, in: Appel, K./Dirscherl, E. (Hg.), Das Testament der Zeit. Die Apokalyptik und ihre gegenwärtige Rezeption (QD 278), Freiburg 2016, 352–377.

214 Vgl. Söding, Die Verkündigung (s. Anm. 211), 177–181; 377–481.

215 Vgl. Weißer, Der Heilige Horizont des Herzens (s. Anm. 3), 499–504.

216 Vgl. Söding, Die Verkündigung, 179.

217 Vgl. Theißen/Merz, Der historische Jesus (s. Anm. 211), 246; Söding, Die Verkündigung, 272; 279. Im Mk-Evangelium manifestiert sich die Offenheit in der Formulierung „für viele" (Mk 10,45; Mk 14,24; vgl. Jes 42,6; 49,6; 53,11) und hat die universale Öffnung *für alle* im Blick.

218 Vgl. Ps 22,23 ff. und Ps 22,27–32. Vgl. Nicklas, Wer war Jesus (s. Anm. 211), 47 f.

219 Darin sind beide Konnotationen (kausal/final) enthalten.

220 Vgl. Metz, J. B., Memoria Passionis. Ein provozierendes Gedächtnis in pluralistischer Gesellschaft, Freiburg [3]2006, 24.

221 Metz, Memoria Passionis, 98.

222 Nicklas, Wer war Jesus (s. Anm. 211), 43.

223 Söding, Die Verkündigung (s. Anm. 211), 266.

224 Vergil liefert in seinem Nationalepos *Aeneis* auch die passende Untermauerung des römischen Imperialismus. Vgl. Verg. Aen. VI, 851 ff.: „Du, Römer, sollst – dessen sei dir bewusst – die Völker durch deine Herrschaft lenken (das wird dein Talent sein) und Sitten auferlegen dem Frieden; die Unterworfenen schonen und die Hochmütigen bis zum bitteren Ende bekämpfen."

225 Vgl. Ratzinger, Einführung (Anm. 1), 258 ff.

226 Kessler, H., Christologie, in: Schneider, Th. (Hg.), Handbuch der Dotmatik, Bd. 1, Düsseldorf [3]2006, 313; vgl. Nitsche, B., Christologie, Paderborn 2012, 71–75.

227 Kany, R., Christologie im antiken Christentum, in: Ruhstorfer, K. H. (Hg.), Christologie, Paderborn 2018, 141–213, 154.

228 Vgl. Kessler, Christologie, 325–358.

229 Athanasius, De incarnatione Verbi, 54.

230 Gregor von Nazianz, ep. 101,7.

231 Vgl. Kessler, Christologie (s. Anm. 226), 345.

232 Vgl. Kessler, Christologie, 358.

233 Kessler, Christologie, 358.

234 Rahner, K., Probleme der Christologie von heute, in: Ders., Schriften I, 169–222.

235 Vgl. Sobrino, J., Christologie der Befreiung (Jesucristo liberador), Mainz 1998; Ders., Der Glaube an Jesus Christus. Eine Christologie aus der Perspektive der Opfer (La fe en Jesucristo), Ostfildern 2008.

236 Vgl. Metz, Memoria Passionis (s. Anm. 220).

237 Vgl. Bruckmann, F., In IHM erkannt: Gott und Mensch. Grundzüge einer anthropologischen Christologie im Angesichte Israels, Paderborn 2014; Dirscherl, E., Das menschliche Wort Gottes und seine Präsenz in der Zeit. Reflexionen zur Grundorientierung der Kirche, Paderborn 2013; Hoping, H./Tück, J.-H. (Hg.), Streitfall Christologie. Vergewisserungen nach der Shoah (QD 214), Freiburg 2005.

[238] Vgl. Khorchide, M./Stosch, K. v., Der andere Prophet. Jesus im Koran, Freiburg 2018; Langenfeld, A., Das Schweigen brechen. Christliche Soteriologie im Kontext islamischer Theologie (Beiträge zur Komparativen Theologie 22), Paderborn 2016.

[239] Vgl. Schwager, R., Jesus im Heilsdrama. Entwurf einer biblischen Erlösungslehre (ITS 29), Innsbruck 1990; Niewiadomski, J./Palaver, W. (Hg.), Dramatische Erlösungslehre. Ein Symposion (ITS 38), Innsbruck 1992; Balthasar, H. U. v., Theodramatik III. Die Handlung, Einsiedeln, 1980.

[240] Vgl. Theobald, C., Christentum als Stil. Für ein zeitgemäßes Glaubensverständnis in Europa, Freiburg 2018; Ders., Le christianisme comme style. Une manière de faire de la théologie en postmodernité, 2 Bände, CF, 260 et 261, Paris 2007.

[241] Zur Bedeutung der Person und Geschichte Jesu aus historisch-kritischer bzw. kanonischer Perspektive: Kasper, W., Jesus der Christus, Freiburg 2007; Ratzinger J./Benedikt XVI., Jesus von Nazareth. Erster Teil: Von der Taufe im Jordan bis zur Verklärung, Freiburg 2007; Ders., Jesus von Nazareth. Zweiter Teil: Vom Einzug in Jerusalem bis zur Auferstehung, Freiburg 2010.

[242] Vgl. Balthasar, H. U. v., Herrlichkeit. Eine theologische Ästhetik, Bd. 1: Schau der Gestalt, Einsiedeln [3]1988; Ders., Glaubhaft ist nur Liebe, Einsiedeln [7]2011; Ders., Verbum caro. Skizzen zur Theologie I, Einsiedeln [2]1960.

[243] Vgl. Pröpper, Erlösungsglaube (s. Anm. 206); Essen, G., Die Freiheit Jesu. Der neuchalkedonische Enhypostasiebegriff im Horizont neuzeitlicher Subjekt- und Personphilosophie (ratio fidei 5), Regensburg 2001; Lerch, M., Selbstmitteilung Gottes. Herausforderungen einer freiheitstheoretischen Offenbarungstheologie (ratio fidei 56), Regensburg 2015.

[244] Vgl. Rahner, K., Auf der Suche nach Zugängen zum Verständnis des Gott-menschlichen Geheimnisses Jesu, in: Ders., Schriften X, 209–214; Ders., Christologie heute (s. Anm. 209), 217–224; Ders., Der eine Jesus Christus und die Universalität des Heils, in: Ders., Schriften XII, 251–282; Ders., Zur Theologie der Menschwerdung, in: Ders., Schriften IV, 137–155; Weißer, Der Heilige Horizont des Herzens (s. Anm. 3), 395–586.

[245] Söding, Die Verkündigung (s. Anm. 211), 127.

[246] Vgl. Rahner, Was heißt heute an Jesus Christus glauben, in: Ders., Schriften XIII, 172–187; Ders., Auf der Suche nach Zugängen (s. Anm. 244), 209–214; Rahner, K., Grundkurs des Glaubens. Einführung in den Begriff des Christentums, Freiburg [12]2008, 281 ff.

[247] Rahner, K., Hörer des Wortes. Zur Grundlegung einer Religionsphilosophie. Neu bearbeitet von J. B. Metz, München 1963.

[248] Vgl. Sattler, D., Erlösung? Lehrbuch der Soteriologie, Freiburg 2011, 55. Vgl. außerdem Greshake, G., Der Wandel der Erlösungsvorstellungen in der Theologiegeschichte, in: Ders., Gottes Heil – Glück des Menschen. Theologische Perspektiven, Freiburg 1983, 50–79; Knop, J., Soteriologie und Soteriologische Modelle, in: NLKD, 590–601.

[249] Vgl. Müller, G. L., Katholische Dogmatik (Anm. 10), 377.

[250] Studer, B., Zur Soteriologie der Kirchenväter, in: Studer, B./Daley, B., Handbuch der Dogmengeschichte. Band III, Fasz. 2a: Soteriologie. In der Schrift und Patristik, Freiburg 1978, 55–225, 80. Vgl. Studer, Gott und unsere Erlösung (s. Anm. 112), 80–89.

[251] Studer, Zur Soteriologie, 77 f.

[252] Vgl. Irenäus, Adv. Haer. V, praef.

[253] Vgl. Brox, N., Σωτηρία und Salus. Heilsvorstellungen in der Alten Kirche, in: EvTh 33 (1973), 253–277, 262 f.

[254] Vgl. Mußner, F., Schöpfung in Christus, in: MySal II, 455–461, 461; Rahner, K., Die Christologie innerhalb einer evolutiven Weltanschauung, in: Ders., Schriften V, 183–221.

[255] Vgl. Söding, Die Verkündigung (s. Anm. 211), 78.

[256] Söding, Die Verkündigung, 124.

[257] Vgl. Striet, M. (Hg.), Gestorben für wen? Zur Diskussion um das „pro multis", Freiburg 2007.

[258] Vgl. Weißer, Der Heilige Horizont des Herzens (s. Anm. 3), 81–235; 319–334.

[259] Im englischen *sacrifice* z. B. ist das „religiöse Bezugssystem" (W. Stegemann) längst verschwommen, so dass man hier auch profane Hingabe und Verzicht unter den ursprünglich religiös konnotierten Begriff fassen kann.

[260] Vgl. Marx, A., Opferlogik im alten Israel, in: Janowski, B./Welker, M. (Hg.), Opfer. Theologische und kulturelle Kontexte, Frankfurt a. M. 2000, 129–149; Eberhart, C., Kultmetaphorik und Christologie. Opfer- und Sühneterminologie im Neuen Testament, Tübingen 2013 (WUNT 306); Eberhart, C., Der Opferbegriff im antiken Christentum. Zur Entwicklung und christologischen Applikation einer zentralen Kultkategorie, in: BThZ 33 (2016), 11–38.

[261] Vgl. Eberhart, Kultmetaphorik, 159 f.; Hoffmann, V., Skizzen zu einer Theologie der Gabe. Rechtfertigung – Opfer – Eucharistie – Gottes- und Nächstenliebe, Freiburg 2013, 379–384; Hieke, Th., Der Kult ist für den Menschen da. Auf Spurensuche in den Opfervorschriften von Levitikus 1–10, in: BiKi 64 (2009), 141–147.

[262] Hieke, Der Kult, 142. Vgl. Hieke, Th., Levitikus (= HThKAT), Freiburg 2014, 89.

[263] Vgl. Kap. 4, 136–140 in diesem Buch.

[264] Vgl. Hieke, Der Kult, 145.

[265] Vgl. Hieke, Levitikus, 580. Man könnte sagen, dass es sich beim „Sündenbock" um die Entsorgung von geradezu substantiell gedachten Altlasten handelt (Lev 16,21 f.). Der Sündenbock symbolisiert die Entlastung von objektivierten Störungen. Als Träger aller Sünden soll er sie vom Heiligtum wegtragen. Er wird abgeschnitten vom Land der Lebenden (vgl. Hieke, Levitikus, 308 ff.). Das Motiv des Wegtragens und Eliminierens von Schuld begegnet in Jes 53,8–12, wo die Symbolik des Sündenbocks verbunden wird mit dem leidenden Gerechten, der diese Funktion erfüllt und gleichzeitig durch sein Leben Sühne vollzieht (Jes 53,10).

[266] Pesch, O. H., Anselm von Canterbury und die Lehre von der stellvertretenden Genugtuung Christi. Eine kleine kritische Ehrenrettung, in: Acklin Zimmermann, B./Annen, F. (Hg.), Versöhnt durch den Opfertod Christi? Die christliche Sühnopfertheologie auf der Anklagebank, Zürich 2009, 57–73.

[267] Nietzsche, F., Der Antichrist, in: Ders., Sämtliche Werke. Kritische Studienausgabe, Bd. 6, hg. v. Colli, G./Montari, M., München 1999, 214 f.

[268] Vgl. Weißer, Der Heilige Horizont des Herzens (s. Anm. 3), 157 f., Anm. 201.

[269] Gemeinsame Erklärung zur Rechtfertigungslehre des Lutherischen Weltbundes und der Katholischen Kirche vom 31.10.1999 (http://www.vatican.va/roman_curia/pontifical_councils/chrstuni/documents/rc_pc_chrstuni_doc_31101999_cath-luth-joint-declaration_ge.html).

[270] Stuhlmann, R., Wenn die Opfer vergessen werden. Kritische Anmerkungen zur gegenwärtigen kirchlichen Diskussion über die Deutung des Todes Jesu, in: EvTh 72 (2012), 64–75, 67.

[271] Stuhlmann, Wenn die Opfer, 74.

[272] Vgl. Sobrino, Christologie der Befreiung (s. Anm. 235); Ders., Der Glaube an Jesus Christus (s. Anm. 235); Metz, Memoria Passionis (s. Anm. 220).

[273] Vgl. Weißer, M., Die Frage nach Erlösung als Frage nach Gott. Perspektiven einer trinitarischen Soteriologie, in: ZKTh 140 (2018), 244–262.

[274] Vgl. Pröpper, Erlösungsglaube (s. Anm. 206), 97–101; 194–224. Pröpper betont zu Recht, dass die Gestalt der Offenbarung ihrem Inhalt entspricht (vgl. 237; 246 ff.). Die wesentliche Bedeutung der Geschichte Jesu liege darin, „die Offenbarung der unbedingt für die Menschen entschiedenen Liebe Gottes zu sein". Vgl. Ders., „Dass nichts uns scheiden kann von Gottes Liebe …". Ein Beitrag zum Verständnis der „Endgültigkeit" der Erlösung, in: Ders., Evangelium und freie Vernunft. Konturen einer theologischen Hermeneutik, Freiburg 2001, 40–56.

[275] Vgl. Platon, Rep. II,361e–362a; vgl. Ratzinger, Einführung, 275.

[276] Vgl. Ratzinger, Einführung (s. Anm. 1), 273.

[277] Vgl. ebd., 274 ff.

[278] Augustinus spricht deshalb von Christus als *mediator Dei et hominum*. Vgl. Studer, Zur Soteriologie (s. Anm. 250), 174; Augustinus, civ. X,14; Irenäus, Adv. Haer. III,18,7.

[279] Tertullian, Adv. Marc. II,27.

[280] Vgl. Sattler, D., Sakrament, in: NLKD, 556–564, 557.

[281] Nocke, F. J., Allgemeine Sakramentenlehre, in: Schneider, Th. (Hg.), Handbuch der Dogmatik, Bd. 2, Düsseldorf [3]2006, 188–225, 191.

[282] Vgl. Kap. 5, 179 ff. und Kap. 6, 204 ff. in diesem Buch.

[283] Vgl. Kap. 2, 82 ff. in diesem Buch.

[284] Vgl. Vorgrimler, H., Sakramententheologie, Düsseldorf 1987, 41–57.

[285] Faber, E. M., Einführung in die katholische Sakramentenlehre, Darmstadt [3]2011, 39.

[286] Vgl. Sattler, D., Sakrament der Versöhnung, in: NLKD, 564–568.

[287] Vgl. Hebr 7,23–27; Jer 31,33.

[288] Vgl. Sattler, D., Sakrament des Ordo, in: NLKD, 569–572.

[289] Vgl. Merkt, A., Bischof, Pfarrgemeinderäte und Zölibat. Aktuelle Reformthemen in der antiken Kirche, in: Merkt, A./Wassilowski, G./Wurst, G. (Hg.), Reformen in der Kirche. Historische Perspektiven (QD 260), Freiburg 2014, 12–50.

[290] Sattler, Sakrament (s. Anm. 286), 558.

[291] Vgl. Rahner, K., Was ist ein Sakrament?, in: Ders., Schriften X, 377–391, 386.

[292] Vgl. Vorgrimler, Sakramententheologie (s. Anm. 284), 92–95; Faber, Einführung (s. Anm. 285), 48–53; Nocke, Sakramentenlehre (s. Anm. 281), 221 f.; Müller, Katholische Dogmatik (s. Anm. 10), 635 f.

[293] Augustinus, Io. ev. tr. 80,3.

[294] So heißt es bei Thomas von Aquin: „Ein Sakrament ist das Zeichen einer heiligen Wirklichkeit, insofern es die Menschen heiligt." (S.th. III q. 60 a. 2)

[295] Vgl. Sententiae IV dist. I cap. 4.

[296] Sattler, Sakrament (s. Anm. 286), 558; vgl. Nocke, Sakramentenlehre (s. Anm. 281), 200–203.

[297] Vgl. S.th. III q. 61 a. 1 ad 2.

[298] Vgl. S.th. III q. 60 a. 6 ad 2.

[299] Vgl. S.th. III q. 60 a. 3c.

[300] Vgl. Rahner, K., Zur Theologie des Symbols, in: Ders., Schriften IV, 275–311.

[301] Vgl. Rahner, K., Geist in Welt. Zur Metaphysik der endlichen Erkenntnis bei Thomas von Aquin. Im Auftrag des Verfassers überarbeitet und ergänzt von J. B. Metz, München [2]1957.

[302] Vgl. Rahner, K., Der Leib in der Heilsordnung, in: Ders., Schriften XII, 407–427, 426.

[303] Rahner, K., Begriffsbestimmung der Herz-Jesu-Andacht im Licht der theologischen Synthesis, in: Ders., SW 13, 515–526, 519.

[304] Wie ein antignostischer Hinweis der Kirchenväter liest sich die Bemerkung bei Rahner, Theologie des Symbols, 311: „Wirklichkeit und ihre Erscheinung im Fleisch sind eben im Christentum unvermischt und untrennbar für immer eins."

[305] Vgl. Menke, K. H., Sakramentalität. Wesen und Wunde des Katholizismus, Regensburg 2012, 47–53.

[306] Vgl. Kap. 8, 259–266 in diesem Buch.

[307] Ratzinger, Einführung (s. Anm. 1), 234.

[308] Rahner, K., Überlegungen zum personalen Vollzug des sakramentalen Geschehens, in: Ders., Schriften X, 405–429, 413.

[309] Vgl. Faber, Einführung (s. Anm. 285), 64; 22–25.

[310] Vgl. Metz, J. B., Glaube in Geschichte und Gesellschaft. Studien zu einer praktischen Fundamentaltheologie, Mainz, 1977, 150.

[311] Zur deutschen Übersetzung und einleitenden Kommentierung der Texte des II. Vatikanischen Konzils vgl. Rahner, K./Vorgrimler, H., Kleines Konzilskompendium, Freiburg 2008.

[312] So auch im Missionsdekret des II. Vaticanum: *Ad gentes* (AG) 7.

[313] Vgl. Remenyi, M./Wendel, S. (Hg.), Die Kirche als Leib Christi. Geltung und Grenze einer umstrittenen Metapher (QD 288), Freiburg 2017.

[314] Vgl. Titus Livius, Ab urbe condita II 32,9–12.

[315] Vgl. Balthasar, H. U. v., Schleifung der Bastionen. Von der Kirche in dieser Zeit, Einsiedeln [5]1989.

[316] Vgl. Miggelbrink, R., Einführung in die Lehre von der Kirche, Darmstadt 2003, 24 ff.; Kehl, M., Die Kirche. Eine katholische Ekklesiologie, Würzburg [4]2001, 34–38; 132–159.

[317] Vgl. Kasper, W., Katholische Kirche. Wesen – Wirklichkeit – Sendung, Freiburg [4]2011, 45–48.

[318] Vgl. II. Vaticanum, *Unitatis Redintegratio*. Dekret über den Ökumenismus (UR) und *Nostra Aetate*. Erklärung über das Verhältnis der Kirche zu den nichtchristlichen Religionen (NA).

[319] Vgl. II. Vaticanum, *Dignitatis humanae*. Erklärung über die Religionsfreiheit.

[320] Papst Franziskus, Generalaudienz am Petersplatz vom 29. 5. 2013 (http://w2.vatican.va/content/francesco/de/audiences/2013/documents/papa-francesco_20130529_udienza-generale.html).

[321] Vgl. Papst Franziskus, EG 114.

[322] Vgl. Spadaro, Interview (s. Anm. 33), 45.48; EG 46–49.

[323] Vgl. Dekret des II. Vaticanum über den Laienapostolat, *Apostolicam Actuositatem,* 2.

[324] Vgl. Merkt, Bischof, Pfarrgemeinderäte und Zölibat (s. Anm. 289), 12–50.

[325] Forderung und Praxis des Zölibats finden sich (im weiteren Sinne) vermehrt seit dem 3. Jh., die endgültige kanonische Festlegung im heutigen Sinne erfolgt im Jahr 1139 im Rahmen des II. Laterankonzils. Seitdem gilt die Priesterweihe als Hindernis für die

Ehe und umgekehrt. Zu den Entstehungsgründen des Zölibats vgl. Merkt, Bischof, 36–50. Es dürfte sich um eine Reformmaßnahme handeln, um Missständen im Amtsverständnis der etablierten Reichskirche entgegenzuwirken und (real)symbolisch ein Zeichen zu setzen: Der Zölibat soll dabei eingebettet sein in einen umfassenden asketischen Lebensstil, der auf Armut und Freiheit von gesellschaftlichen Konventionen zielt.

326 Vgl. Grieser, H., „Ich empfehle euch unsere Schwester Phoebe" (Röm 16,1). Funktionen von Frauen in frühchristlichen Gemeinden. Historische Überlegungen zum Diakonat der Frau, in: Ochs, H./Nichtweiss, B. (Hg.), Schauen, worauf es ankommt ... FS zum 25jährigen Bestehen des Ständigen Diakonats im Bistum Mainz, Mainz 1996, 173–181; Hünermann, P./Biesinger, A./Heimbach-Steins, M./Jensen, A. (Hg.), Diakonat. Ein Amt für Frauen in der Kirche – ein frauengerechtes Amt?, Ostfildern 1997; Jensen, A., Grundsätzliche Überlegungen zur historischen Frauenforschung anhand von Fallbeispielen aus der christlichen Spätantike, in: Jensen, A./Sohn-Krohntaler, M. (Hg.), Formen weiblicher Autorität. Erträge historisch-theologischer Frauenforschung, Wien 2005, 9–25; Winkler, D. W. (Hg.), Diakonat der Frau. Befunde aus biblischer, patristischer, ostkirchlicher, liturgischer und systematisch-theologischer Perspektive, Wien/Münster [2]2013; Zagano, P. (Hg.), Women in Ministry. Emerging Questions about the Diaconate, New York/Mahwah 2012.

327 Vgl. Seewald, Dogma im Wandel (s. Anm. 5).

328 Vgl. Theobald, C., Christentum als Stil (s. Anm. 240).

329 Vgl. Papst Franziskus, Apostolisches Schreiben *Gaudete et exsultate*. Über den Ruf zur Heiligkeit in der Welt von heute, Rom, 19. 3. 2018. (https://w2.vatican.va/content/francesco/de/apost_exhortations/documents/papa-francesco_esortazione-ap_20180319_gaudete-et-exsultate.html)

330 Vgl. Irenäus, Adv. Haer. I,10.

331 Vgl. Papst Franziskus, EG 16; 32.

332 Vgl. Papst Franziskus, EG 115; 126; 122; vgl. II. Vaticanum: GS 42; 44; AG 6; 22.

333 Vgl. Papst Franziskus, EG 236 f.

334 Papst Franziskus, EG 236 f.

335 Vgl. Kasper, Katholische Kirche (s. Anm. 317), 260.

336 Vgl. II. Vaticanum, *Dei Verbum*. Dogmatische Konstitution über die göttliche Offenbarung (DV) 11; 8.

337 Vgl. DH 3074.

338 Seit der Definition des Dogmas zur Möglichkeit von ex-cathedra-Entscheidungen im Jahr 1870 kam diese außerordentliche Form der Lehrverkündigung nur ein einziges Mal (1950) zur Anwendung. Vgl. Schatz, K., Welche bisherigen päpstlichen Lehrentscheidungen sind „ex cathedra"?, in: Löser, W./Lehmann, K./Lutz-Bachmann, M. (Hg.), Dogmengeschichte und katholische Theologie, Würzburg 1985, 404–422.

339 Vgl. hierzu Wolf, H., Krypta. Unterdrückte Traditionen der Kirchengeschichte, München 2015, 75–92.

340 Vgl. Müller, Katholische Dogmatik (s. Anm. 10), 93.

341 Vgl. Papst Franziskus, EG 33.

342 Vgl. Papst Franziskus, EG 31; 119; Interview mit Spadaro (s. Anm. 33), 42–45.

343 Vgl. hierzu Böttigheimer, Lehrbuch (s. Anm. 27), 670–680; Kasper, Katholische Kirche (s. Anm. 317), 135–141.

344 Vgl. Wiedenhofer, S., Ekklesiologie, in: Schneider, Th. (Hg.), Handbuch der Dogmatik, Bd. 2, Düsseldorf [3]2006, 47–154, 54 ff.

[345] Vgl. Kraus, G., Die Kirche. Gemeinschaft des Heils. Ekklesiologie im Geist des Zweiten Vatikanischen Konzils, Regensburg 2012, 39–59; Miggelbrink, Einführung, 20–24.

[346] Vgl. Rahner, Grundkurs (s. Anm. 246), 306–318; Ders., Was ist ein Sakrament?, in: Ders., Schriften X, 377–391, 386.

[347] Vgl. Hünermann, P., Theologischer Kommentar zur dogmatischen Konstitution über die Kirche *Lumen Gentium*, in: Hünermann, P./Hilberath, B. J. (Hg.), Herders Theologischer Kommentar zum Zweiten Vatikanischen Konzil, Bd. 2, Freiburg ^{2}2004, 263–582, 367.

[348] Vgl. Kasper, Katholische Kirche (s. Anm. 317), 234–238, hier: 235. „Der Anspruch der katholischen Kirche wurde damit nicht relativiert oder gar zurückgenommen, aber er wird nun nicht mehr im Sinn des Alles oder Nichts vertreten. Es sollte gesagt werden, dass außerhalb der katholischen Kirche nicht einfach ein ekklesiologisches Vakuum besteht."

[349] Kasper, Katholische Kirche, 235.

[350] Müller, G. L., Laudatio auf den evangelischen Landesbischof J. Friedrich, in: „zur debatte" 7/2011, der Text findet sich auf der Homepage der Kath. Akademie Bayern: https://www.kath-akademie-bayern.de/tl_files/Kath_Akademie_Bayern/Veroeffentlichungen/zur_debatte/pdf/2011/Vortrag_Mueller.pdf.

[351] Müller, Laudatio, 5.

[352] Vgl. Müller, Laudatio, 7. Mit erläuternden und präzisierenden Klarstellungen zur Erklärung *Dominus Jesus* der römischen Glaubenskongregation aus dem Jahr 2000.

[353] Müller, Laudatio, 7.

[354] Zum Subsidiaritätsprinzip vgl. Marx, R./Wulsdorf, H., Christliche Sozialethik. Konturen – Prinzipien – Handlungsfelder, Paderborn 2002, 181–187; Bohrmann, T., Subsidiarität, in: Heimbach-Steins, M. (Hg.), Christliche Sozialethik. Ein Lehrbuch, Bd. 1: Grundlagen, Regensburg 2004, 293–301. Zur ekklesiologischen Bedeutung vgl. Wolf, Krypta (s. Anm. 339), 129–144.

[355] Vgl. Rahner, K., De Gratia Christi. Summa praelectionum in usum privatum auditorum ordinata, Innsbruck ^{5}1959/60, 19.

[356] Vgl. hierzu: Appel, K./Pittl, S., Das Konzil am Grab. Das Grabmal Pauls VI. und der „Pakt der Katakomben" als Verständnishilfen für den ästhetischen Perspektivenwechsel des Konzils, in: Tück, J.-H. (Hg.), Erinnerung an die Zukunft. Das Zweite Vatikanische Konzil, Freiburg ^{2}2013, 371–384.

[357] Vgl. Ratzinger, Einführung (s. Anm. 1), 237 f.; 271 f.

[358] Rahner, K., Zur Theologie der Hoffnung, in: Ders., Schriften VIII, Einsiedeln u. a. 1967, 561–579, 579, vgl. 576.

[359] Vgl. Weißer, M., Exodus statt Exitus. Dynamik einer lebendigen Kirche, Regensburg 2015 (http://www.feinschwarz.net/exodus-statt-exitus/).

[360] Vgl. Papst Franziskus, EG 6; 10.

[361] Vgl. Papst Franziskus, EG 22.

[362] Vgl. Stubenrauch, B., Dialogisches Dogma. Der christliche Auftrag zur interreligiösen Begegnung (QD 158), Freiburg 1995.

[363] Vgl. II. Vaticanum, *Unitatis Redintegratio*.

[364] Vgl. II. Vaticanum, *Nostra Aetate*.

[365] Vgl. II. Vaticanum, *Dignitatis Humanae*; *Ad Gentes* 13.

[366] Papst Franziskus, El Jesuita. Mein Leben, mein Weg. Die Gespräche mit Jorge Mario Bergoglio von S. Rubin und F. Ambrogetti, Freiburg 2013, 87.

367 Vgl. Tück, J.-H., Extra ecclesiam nulla salus, in: Tück, J.-H. (Hg.), Erinnerung an die Zukunft. Das Zweite Vatikanische Konzil, Freiburg ²2013, 262–290; Müller, Katholische Dogmatik (s. Anm. 10), 576: „Der altkirchliche Satz ‚außerhalb der Kirche kein Heil' […] ist zu interpretieren als Ausdruck der Untrennbarkeit des universalen Heilswillens Gottes von der Sakramentalität der Kirche und nicht als eine kategorische Aussage über das Endschicksal von […] Nicht-Christen oder Nicht-Katholiken."

368 Vgl. Rahner, K., Atheismus und implizites Christentum, in: Ders., Schriften VIII, 187–212; Ders., Anonymes Christentum und Missionsauftrag der Kirche, in: Ders., Schriften IX, 498–515; Ders., Bemerkungen zum Problem des „anonymen Christen", in: Ders., Schriften X, 531–546; Ders., Anonymer und expliziter Glaube, in: Ders., Schriften XII, 76–84. Vgl. Schwerdtfeger, N., Gnade und Welt. Zum Grundgefüge von Karl Rahners Theorie der „anonymen Christen" (FThSt 123), Freiburg 1982, bes. 23–95; 345–428; Ders., Der ‚anonyme Christ' in der Theologie Karl Rahners, in: Delgado, M./Lutz-Bachmann, M. (Hg.), Theologie aus Erfahrung der Gnade. Annäherungen an Karl Rahner, Berlin 1994, 72–94.

369 Vgl. Ratzinger, J., Salz der Erde. Christentum und katholische Kirche im neuen Jahrtausend. Ein Gespräch mit P. Seewald, München ⁵2004, 35.

370 Vgl. Ratzinger, Einführung (s. Anm. 1), 244 f.: „Christsein bedeutet nicht, einen bestimmten Pflichtbeitrag einzuhalten und vielleicht als besonders Vollkommener sogar noch über die Pflichtversicherungsgrenze hinauszugehen. Christ ist vielmehr, wer weiß, dass er ohnedies und in jedem Falle zuerst vom Beschenktsein lebt […]. Der nur Gerechte, rechnend Berechnende, der glaubt, selbst die weiße Weste erschaffen und darin ganz sich selbst aufbauen zu können, ist der Ungerechte. Menschliche Gerechtigkeit kann nur […] in der Großzügigkeit Mensch und Gott gegenüber sich erfüllen. Es ist die Gerechtigkeit des ‚Vergib, wie wir vergeben haben' – diese Bitte erweist sich als die eigentliche Formel christlich begriffener menschlicher Gerechtigkeit: Sie besteht im Weitervergeben, da man selbst wesentlich von der empfangenen Vergebung lebt."

371 Vgl. Papst Franziskus, *Amoris Laetitia*. Nachsynodales Apostolisches Schreiben über die Liebe in der Familie, hg. v. Sekretariat der DBK, Bonn 2016 (VAS 204), 49.

372 Vgl. Weißer, M., Der Heilige Horizont des Herzens (s. Anm. 3), 719–775.

373 Vgl. Ratzinger, J., Über allem: Die Liebe, in: Ders., Vom Sinn des Christseins. Drei Predigten, München 2005, 83–114, 99 f.; 111.

374 Ratzinger, Über allem, 101.

375 Ebd., 91. Dass Benedikt XVI. dieser Auffassung treu geblieben ist, zeigt nicht zuletzt seine programmatische Enzyklika *Deus Caritas est*.

376 Rahner, K., Der neue Auftrag der einen Liebe, in: Ders., Glaube, der die Erde liebt. Christliche Besinnung im Alltag der Welt, Freiburg ⁵1971, 85–95, 89 f. Vgl. auch Ratzinger, J., Glaube als Dienst, in: Ders., Vom Sinn des Christseins (s. Anm. 373), 53–82, 58 f.

377 Vgl. Weißer, Der Heilige Horizont des Herzens (s. Anm. 3), 729–740.

378 Vgl. Theobald, Christentum als Stil (s. Anm. 240), 75–124.

379 Ratzinger, Einführung (s. Anm. 1), 196.

380 Weißer, Der Heilige Horizont des Herzens (s. Anm. 3), 771.

381 Vgl. GS 19; Papst Johannes Paul II., Enzyklika *Redemptoris missio* 10 (DH 4891).

382 Ratzinger, J./Benedikt XVI., „Wo Barmherzigkeit ist, endet das Böse." Fragen an den emeritierten Papst Benedikt XVI. über das Problem der Rechtfertigung durch den Glauben, in: IKaZ 45 (2016), 206–214, 213.

[383] Ratzinger/Benedikt XVI, Wo Barmherzigkeit ist, 213.
[384] Anders verhält es sich mit positiv-hoffnungsvollen Aussagen, die im Blick auf die Heiligen getroffen werden.
[385] Vgl. Rahner, Zur Theologie des Symbols (s. Anm. 300), 297.
[386] Rahner, K., Sendung und Gnade. Beiträge zur Pastoraltheologie, Innsbruck – Wien [5]1988, 533.
[387] Vgl. Rahner, K., Kirche der Sünder, in: Ders., Schriften VI, 301–320; Ders., Sündige Kirche nach den Dekreten des Zweiten Vatikanischen Konzils, in: ebd., 321–345.
[388] Vgl. Rahner, H., Symbole der Kirche. Die Ekklesiologie der Väter, Salzburg 1964, 91–173; Balthasar, H. U. v., Casta meretrix, in: Ders., Sponsa Verbi, Einsiedeln 1961, 203–305.
[389] Vgl. Ambrosius, Expositio evangelii secundum Lucam VI,23; Kasper, Katholische Kirche (s. Anm. 317), 196–201.
[390] Vgl. Brown, P., Augustinus von Hippo. Eine Biographie, Leipzig [3]1982, 184–196; Merkt, A., Theologie und religiöse Volkskultur. Patristische Streiflichter auf eine schwierige Beziehung, in: Grieser, H./Merkt, A. (Hg.), Volksglaube im antiken Christentum, Darmstadt 2009, 473–490.
[391] Augustinus, Enarr. in Ps 95, 11. Zitiert nach Brown, Augustinus, 192.
[392] Vgl. Kasper, Katholische Kirche (s. Anm. 317), 247–254, bes. 249.
[393] Vergebungsbitte von Papst Johannes Paul II. Allgemeines Gebet, Schuldbekenntnis und Vergebungsbitte beim Pontifikalgottesdienst am 12.03.2000 in St. Peter in Rom (https://dbk.de/de/nc/presse/aktuelles/meldung/vergebungsbitte-von-papst-johannes-paul-ii/detail/)
[394] Vgl. Faber, E. M., Einführung in die katholische Sakramentenlehre, Darmstadt 2002, 77.
[395] Vgl. Faber, Einführung, 77.
[396] Vgl. Müller, Katholische Dogmatik (s. Anm. 188), 659.
[397] Vgl. Faber, Einführung, 77.
[398] Faber, Einführung, 77.
[399] Vgl. Nocke, F.-J., Spezielle Sakramentenlehre, in: Schneider, Th. (Hg.), Handbuch der Dogmatik. Band 2, Düsseldorf 1992, 226–376, 234.
[400] Vgl. Nocke, Spezielle Sakramentenlehre, 240.
[401] Häresie bedeutet eine Abweichung vom kirchlichen Konsens in der Lehre, Schisma eine Abweichung in der Leitungsstruktur, z. B. Ablehnung des Papstamtes.
[402] Vgl. Müller, Katholische Dogmatik (s. Anm. 188), 665.
[403] Vgl. dazu Nocke, Spezielle Sakramentenlehre (s. Anm. 399), 242.
[404] Vgl. Kap. 4, 130–135 in diesem Buch.
[405] Vgl. z. B. das Missionsdekret des II. Vaticanum, AG 13.
[406] Vgl. Faber, Einführung (s. Anm. 394), 86 f.
[407] Vgl. dazu Nocke, Spezielle Sakramentenlehre (s. Anm. 399), 244.
[408] Vgl. Thomas von Aquin STh III q.68 a. 9 ad 3, bei Nocke, Spezielle Sakramentenlehre, 245.
[409] Vgl. Das Zitat bei Nocke, Spezielle Sakramentenlehre, 246.
[410] Vgl. Müller, Katholische Dogmatik (s. Anm. 188), 667.
[411] Vgl. Kap. 8, 229–232 in diesem Buch.
[412] Vgl. dazu den erklärenden Text vor dem Abschnitt DH 3866.
[413] Vgl. Faber, Einführung (s. Anm. 394), 90.

414 Vgl. Papst Franziskus in EG 71: „Wir müssen die Stadt von einer kontemplativen Sicht her, das heißt mit einem Blick des Glaubens erkennen, der jenen Gott entdeckt, der in ihren Häusern, auf ihren Straßen und auf ihren Plätzen wohnt. Die Gegenwart Gottes begleitet die aufrichtige Suche, die Einzelne und Gruppen vollziehen, um Halt und Sinn für ihr Leben zu finden. … Diese Gegenwart muss nicht hergestellt, sondern entdeckt, enthüllt werden."

415 Zit. bei Müller, G. L., Laudatio (s. Anm. 350), 5.

416 Müller, Laudatio, 5.

417 Müller, Laudatio, 5.

418 Müller, Laudatio, 7.

419 Müller, Laudatio, 7.

420 Vgl. Höhn, H-J., spüren. Die ästhetische Kraft der Sakramente, Würzburg 2002, 54.

421 Vgl. Höhn, spüren, 54.

422 Vgl. Höhn, spüren, 57.

423 Höhn, spüren, 59.

424 Höhn, spüren, 60.

425 Vgl. Höhn, spüren, 61.

426 Vgl. Höhn, spüren, 63.

427 Vgl. Faber, Einführung (s. Anm. 394), 108; Müller, Katholische Dogmatik (s. Anm. 188), 709.

428 Vgl. Müller, Katholische Dogmatik, 711.

429 Evangelii Gaudium 47.

430 Vgl. Nocke, Spezielle Sakramentenlehre (s. Anm. 399), 269.

431 Wohlmuth, J., Der nie gekündigte Bund in der christlichen Feier der Eucharistie, in: Ders., An der Schwelle zum Heiligtum, Paderborn u. a. 2007, 280–293, 286.

432 Vgl. dazu Wohlmuth, J., Eucharistie – Feier des neuen und ewigen Bundes, in: Ders., Im Geheimnis einander nahe, Paderborn u. a. 1996, 156–175, 169.

433 Vgl. Kap. 6, 193–198 in diesem Buch.

434 Vgl. dazu Wohlmuth, Eucharistie, 172 mit Verweis auf E. Zenger.

435 Vgl. dazu Wohlmuth, Eucharistie, 173.

436 Vgl. Nocke, Spezielle Sakramentenlehre (s. Anm. 399), 279.

437 Vgl. Müller, Katholische Dogmatik (s. Anm. 188), 689 f.

438 Vgl. Müller, Katholische Dogmatik, 691.

439 Augustinus, Conf. VII, 10, bei Hoping, H., Mein Leib für euch gegeben. Geschichte und Theologie der Eucharistie, Freiburg 2011, 464 f.

440 http://www.augustinus.de/bwo/dcms/sites/bistum/extern/zfa/textevon/ostern/sermo272.html (12.6.2013).

441 Vgl. Hoping, Mein Leib (s. Anm. 439), 199.

442 Vgl. Hoping, Mein Leib, 203.

443 Vgl. Müller, Katholische Dogmatik (s. Anm. 188), 694.

444 Vgl. Müller, Katholische Dogmatik, 694.

445 Vgl. Hoping, Mein Leib (s. Anm. 439), 206.

446 Vgl. Hoping, Mein Leib, 212.

447 Hoping, Mein Leib, 220.

448 Thomasvon Aquin, zit. bei Hoping, Mein Leib, 220.

449 Vgl. Hoping, Mein Leib, 221.

450 Vgl. Pesch, O. H., Katholische Dogmatik aus ökumenischer Erfahrung, Bd. 2, Ostfildern 2010, 484.
451 Vgl. Nocke, Spezielle Sakramentenlehre (s. Anm. 399), 284.
452 Müller, Katholische Dogmatik (s. Anm. 188), 693.
453 Vgl. Nocke, Spezielle Sakramentenlehre (s. Anm. 399), 286.
454 Vgl. Nocke, Spezielle Sakramentenlehre, 289, mit Bezug auf Luther.
455 Vgl. dazu Wohlmuth, J., Realpräsenz und Transsubstantiation im Konzil von Trient, Bd. 1, Bern-Frankfurt/M. 1975, 454.
456 Vgl. Nocke, Spezielle Sakramentenlehre (s. Anm. 399), 291.
457 Papst Paul VI., Mysterium fidei. Enzyklika über die Lehre und den Kult der Heiligen Eucharistie, 47: http://w2.vatican.va/content/paul-vi/de/encyclicals/documents/hf_p-vi_enc_03091965_mysterium.html (7.1.2019)
458 Papst Paul VI., Mysterium fidei, 48.
459 Vgl. Papst Paul VI., Mysterium fidei, 11.
460 Zitat von J. Ratzinger, bei Hoping, Mein Leib (s. Anm. 439), 455.
461 Zitat von J. Ratzinger, bei Hoping, Mein Leib, 455.
462 Hoping, Mein Leib, 450.
463 Vgl. Hoping, Mein Leib, 451 f.
464 Kasper, W./Wilckens, U., Weckruf Ökumene. Was die Einheit der Christen voranbringt, Freiburg 2017, 39.
465 Kasper/Wilckens, Weckruf Ökumene, 40.
466 Kasper/Wilckens, Weckruf Ökumene, 40.
467 Vom Konflikt zur Gemeinschaft. Gemeinsames Lutherisch-Katholisches Reformationsgedenken im Jahr 2017. Bericht der Lutherisch/Römisch-Katholischen Kommission für die Einheit, Leipzig-Paderborn 2013, 155, in: http://www.vatican.va/roman_curia/pontifical_councils/chrstuni/lutheran-fed-docs/rc_pc_chrstuni_doc_2013_dal-conflitto-alla-comunione_ge.pdf (3.1.2018)
468 Vom Konflikt zur Gemeinschaft, 156.
469 Kasper/Wilckens, Weckruf Ökumene (s. Anm. 464), 41.
470 Vom Konflikt zur Gemeinschaft, 193.
471 Vom Konflikt zur Gemeinschaft, 67.
472 Vom Konflikt zur Gemeinschaft, 193.
473 Vom Konflikt zur Gemeinschaft, 194.
474 Vom Konflikt zur Gemeinschaft, 194.
475 Kasper/Wilckens, Weckruf Ökumene (s. Anm. 464), 42.
476 Kasper/Wilckens, Weckruf Ökumene, 43.
477 Benedikt XVI., Predigten, Ansprachen und Grußworte im Rahmen der Apostolischen Reise von Papst Benedikt XVI. nach Köln anlässlich des XX. Weltjugendtages (VAS 169), Bonn 2005, 85 f.
478 Vgl. Heidegger, M., Sein und Zeit, Tübingen [19]2006.
479 Wilhelm, K./Kobell, Fr. v., Der Brandner Kaspar und das ewig' Leben. Bairisch und Hochdeutsch, München 1983.
480 Seneca, epist. 1,2.
481 Vgl. Rahner, K., Zu einer Theologie des Todes, in: Ders., Schriften X, 181–208; Rahner, K., Das christliche Sterben, in: Ders., Schriften XIII, 269–304.
482 Vgl. Rahner, K., Zur Theologie des Todes (QD 2), Freiburg [5]1965.
483 Rahner, Über das christliche Sterben, 277.

484 Rahner, Über das christliche Sterben, 277.

485 Rahner, K., Die unverbrauchbare Transzendenz Gottes und unsere Sorge um die Zukunft, in: Ders., Schriften XIV, 405–421, 408.

486 Vgl. Rahner, Die unverbrauchbare Transzendenz, 408 f.

487 Lévinas, E., Die Spur des Anderen, Freiburg – München ²1987, 211.

488 Rahner, Die unverbrauchbare Transzendenz, 420. Vgl. Weißer, Der Heilige Horizont des Herzens (s. Anm. 3), 235–319.

489 Vgl. Renz, M., Erlösung aus Prägung. Botschaft und Leben Jesu als Überwindung der menschlichen Angst-, Begehrens-, und Machtstruktur, Paderborn 2008, 17 f.

490 Vgl. Renz, Erlösung, 19 f.; 59–62; 143 f.; 225 f.

491 Renz, Erlösung, 60 f.

492 Vgl. Renz, Erlösung. 61, Anm. 80.

493 Vgl. Renz, Erlösung 19 f. Eine kritische Anfrage an das Konzept von M. Renz bleibt mit Blick auf den von ihr beschriebenen Zusammenhang von „Dynamismus der Sonderung" und „Sünde" als einer Urprägung. Bei ihrem Sündenverständnis wird man ihr theologisch leider nur bedingt folgen können. Vgl. Weißer, Der Heilige Horizont des Herzens, 508–513.

494 Die Tradition spricht vom „Strafcharakter" des Todes. Vgl. Rahner, Das christliche Sterben (s. Anm. 481), 293–299.

495 Balthasar, MySal II, 16.

496 Balthasar, MySal II, 16.

497 Zum Motiv der Gabe vgl. Hoffmann, Skizzen (s. Anm. 261).

498 Cicero (Tusc. I,31) bezieht sich auf Statius (Frg. 210). Vgl. Tusc. I,32.

499 Vgl. Kap. 6, 186 ff. in diesem Buch.

500 Vgl. Rahner, K., Ignatianische Frömmigkeit und Herz-Jesu-Verehrung, in: Ders., Sendung und Gnade (s. Anm. 386), 510–533.

501 Vgl. Rahner, K., Theologische Prinzipien der Hermeneutik eschatologischer Aussagen, in: Ders., Schriften IV, 401–428.

502 Rahner, Theologische Prinzipien, 413.

503 Vgl. Merklein, H., Eschatologie im Neuen Testament, in: Ders., Studien zu Jesus und Paulus, Bd. 2, Tübingen 1998, 82–113.

504 Rahner, J., Einführung in die Eschatologie, Freiburg ²2016, 199.

505 Rahner, K., Von der Unbegreiflichkeit Gottes. Erfahrungen eines katholischen Theologen, Freiburg ⁴2006, 59–61.

506 https://www.br.de/mediathek/video/video-ein-muenchner-im-himmel-av:5a3a37e57ab98d001ce039b9.

507 Vgl. Kap. 4, 116–129 in diesem Buch.

508 Vgl. Müller, K., Endlich unsterblich. Zwischen Körperkult und Cyberworld, Kevelaer 2011.

509 Man kann Menschen in einer „Chronik" scannen, abbilden und archivieren, aber sie selbst nicht erfasst haben. Der Mensch bleibt unverfügbar und erschließt sich nicht von außen, außer er öffnet sich, um sich selbst mitzuteilen. Obwohl solche Selbstmitteilung milliardenfach in sozialen Netzwerken geschieht und Menschen immer mehr Inhalte in einer digitalen Community „teilen", ändert dies nichts an der Uneinholbarkeit der realen Wirklichkeit, die reduziert abgebildet und durch den (von Hardware, Programmierung und Abruf abhängigen) Speicher nie umfassend erfasst wird. Das Phänomen der „fake news" bzw. „alternative facts" zeigt, wie die Wahrheit der Wirklichkeit gefil-

tert wird und zeit-/kulturbedingter oder auch suchmaschinengesteuerter Deutung mit all ihren Machtmechanismen unterliegt. Man begibt sich in neue Abhängigkeiten. Kann man hier von Erlösung sprechen? Auch künstliche Intelligenz vermag den Menschen nicht als vermeintlich „hochgeladenes“ Subjekt zu vollenden. Hier stellt sich die Frage nach der Identität dessen, der ich einst war, mit dem, der ich dann aufgrund bestimmter Parameter und Prämissen – welcher? – sein soll. Im Film „Transcendence“ mit Johnny Depp kommt diese Ambivalenz z. B. zur Sprache.

510 Werbick, J., Gott verbindlich. Eine theologische Gotteslehre, Freiburg 2007, 200 f.

511 Beinert, W., Ich hab da mal ne Frage … Auskunft zum Glauben der Christen, Regensburg 2002, 136.

512 Balthasar, H. U. v., Umrisse der Eschatologie, in: Ders., Verbum Caro. Skizzen zur Theologie I, Einsiedeln 1960, 276–300, 282.

513 Faber, E. M., Hölle, in: NLKD, 353–356, 354.

514 Vgl. Rahner, J., Einführung (s. Anm. 504), 233 f.

515 Vgl. KEK, 423.

516 Vgl. Balthasar, H. U. v., Kleiner Diskurs über die Hölle. Apokatastasis, Einsiedeln [4]2007.

517 Vgl. ebd., 36–51.

518 Ebd., 59.

519 Vgl. Rahner, K., Das christliche Verständnis der Erlösung, in: Ders., Schriften XV, 236–250, 246; Balthasar, Kleiner Diskurs (s. Anm. 516), 60 f.

520 Ratzinger, J., Meditationen zur Karwoche, Freising 1969, 25.

521 Vgl. Cicero, De officiis I,33: *summum ius summa iniuria.*

522 Nocke, F. J., Eschatologie, in: Schneider, T. (Hg.), Handbuch der Dogmatik, Bd. 2, Düsseldorf [3]2006, 377–478, 463; Rahner, J., Einführung, 227 f.; 266.

523 Vgl. Merkt, A., Das Fegefeuer. Entstehung und Funktion einer Idee, Darmstadt 2005.

524 Vgl. Rahner, J., Einführung (s. Anm. 504), 229–232; Faber, E. M., Allversöhnung, in: NLKD, 52–55, 54.

525 Vgl. Merkt, Das Fegefeuer, 48–51; 71 f.

526 Vgl. Faber, E. M., Läuterung/Fegfeuer, in: NLKD, 437–439.

527 Vgl. Merkt, Das Fegefeuer, 64.

528 Vgl. DH 838; DH 856; DH 1304; DH 1820.

529 Rahner, J., Einführung (s. Anm. 504), 255.

530 Hier wird zwischen *reatus culpae* und *reatus poenae* differenziert, also zwischen einem Anklagezustand hinsichtlich der Schuld (die vergeben werden kann) und hinsichtlich der dennoch abzubüßenden Strafe. Vgl. Nocke, Eschatologie (s. Anm. 522), 446.

531 Vgl. Kap. 6, 189 in diesem Buch.

532 Vgl. Merkt, Das Fegefeuer (s. Anm 523), 72 ff.

533 Rahner, Das christliche Verständnis (s. Anm. 519), 250.

534 Remenyi, M., Auferstehung denken. Anwege, Grenzen und Modelle personaleschatologischer Theoriebildung, Freiburg 2016, 194.

535 Das gilt auch für die Passagen in Ez 37 oder Hos 6.

536 Vgl. Remenyi, Auferstehung, 193.

537 Remenyi, Auferstehung, 199.

538 Remenyi, Auferstehung, 199.

539 Vgl. Remenyi, Auferstehung, 200.

540 Remenyi, Auferstehung, 211, mit Bezug auf U. Schnelle.

[541] Remenyi, Auferstehung, 212 mit Bezug auf H. Merklein.
[542] Remenyi, Auferstehung, 212.
[543] Vgl. Remenyi, Auferstehung, 217 mit Bezug auf E. Peterson.
[544] Vgl. Wohlmuth, J., Mysterium der Verwandlung, Paderborn u. a. 2005, 222.
[545] Vgl. Wohlmuth, Mysterium, 182.
[546] Vgl. Kap. 11, 345 ff. in diesem Buch.
[547] Ratzinger, J., Einführung in das Christentum, München 1968 u. ö., 263.
[548] Ebd.
[549] Ratzinger, Einführung, 264.
[550] Vgl. Ratzinger, Einführung, 221.
[551] Ratzinger, Einführung, 221.
[552] Ratzinger, Einführung, 222 f.
[553] Ratzinger, Einführung, 264.
[554] Vgl. Ratzinger, Eschatologie – Tod und ewiges Leben, Regensburg 1978, 133.
[555] Ratzinger, Eschatologie, 132.
[556] Ratzinger, Einführung (s. Anm. 547), 231.
[557] Ratzinger, Einführung, 225.
[558] Ratzinger, Eschatologie (s. Anm. 554), 190.
[559] Ratzinger, Eschatologie, 191
[560] Ratzinger, Eschatologie, 191.
[561] Ratzinger, Eschatologie, 158.
[562] Ratzinger, Eschatologie, 158.
[563] Ratzinger, Eschatologie, 159.
[564] Ratzinger, Eschatologie, 167.
[565] Ratzinger, Eschatologie, 167 f.
[566] Ratzinger, Eschatologie, 169.
[567] Ratzinger, Eschatologie, 169.
[568] Ratzinger, Eschatologie, 169.
[569] Ratzinger, Eschatologie, 169 f.
[570] Ratzinger, Eschatologie, 171.
[571] Ratzinger, Einführung (s. Anm. 547), 238.
[572] Vgl. Ratzinger, Einführung, 239.
[573] Ratzinger, Einführung, 239 f.
[574] Ratzinger, Einführung, 240.
[575] Ratzinger, Einführung, 241.
[576] Ratzinger, Einführung, 220.
[577] Ratzinger, Einführung, 220.
[578] Ratzinger, Einführung, 218.
[579] Ratzinger, Einführung, 215.
[580] Vgl. Ratzinger, Eschatologie (s. Anm. 554), 157.
[581] Vgl. Ratzinger, Eschatologie, 151.
[582] Vgl. Ratzinger, Eschatologie, 151
[583] Vgl. Ratzinger, Eschatologie, 152.
[584] Vgl. das Zitat des Origenes bei Ratzinger, Eschatologie, 153.
[585] Vgl. Ratzinger, Eschatologie, 156.
[586] Vgl. Ratzinger, Eschatologie, 156 f.
[587] Vgl. Ratzinger, Eschatologie, 157.

[588] Vgl. Ratzinger, Eschatologie, 157.
[589] Ratzinger, Eschatologie, 187.
[590] Ratzinger, Eschatologie, 188.
[591] Ratzinger, Eschatologie, 189.
[592] Ratzinger, Einführung, 189.
[593] Ratzinger, Eschatologie 193.
[594] Greshake, G./Kremer, J., Resurrectio mortuorum. Zum theologischen Verständnis der leiblichen Auferstehung, Darmstadt 1986.
[595] Kremer, J., Auferstehung der Toten in bibeltheologischer Sicht, in: Greshake/Kremer, Ressurectio mortuorum, 7–161, 158.
[596] Kremer, Auferstehung, 158 f.
[597] Vgl. dazu Remenyi, Auferstehung (s. Anm. 534), 507–509. Vgl. Kap. 3, 110 f. in diesem Buch.
[598] Vgl. Greshake, Resurrectio mortuorum (s. Anm. 594), 258.
[599] Vgl. Greshake, Resurrectio mortuorum, 258.
[600] Vgl. Greshake, Resurrectio mortuorum, 259.
[601] Vgl. Greshake, Resurrectio mortuorum, 260 f.
[602] Vgl. Greshake, Resurrectio mortuorum, 263.
[603] Greshake schreibt das Wort so und betont dadurch die zeitliche Komponente. Heute würde man von Antizipation sprechen.
[604] Vgl. Greshake, Resurrectio mortuorum, 361 f.
[605] Vgl. Greshake, Resurrectio mortuorum, 363.
[606] Greshake, Resurrectio mortuorum, 363.
[607] Vgl. Greshake, Resurrectio mortuorum, 364–366.
[608] Vgl. Greshake, Resurrectio mortuorum, 366.
[609] Vgl. Greshake, Resurrectio mortuorum, 271.
[610] Vgl. das Zitat von J. Moingt, zitiert in Greshake, Resurrectio mortuorum, 265.
[611] Greshake, Resurrectio mortuorum, 266.
[612] Vgl. Greshake, Resurrectio mortuorum, 267, mit Bezug auf K. Rahner.
[613] Greshake, Resurrectio mortuorum, 344.